Jacob Probst

Geschichte der Universität in Innsbruck

Seit ihrer Entstehung bis zum Jahre 1860

Jacob Probst

Geschichte der Universität in Innsbruck
Seit ihrer Entstehung bis zum Jahre 1860

ISBN/EAN: 9783743614307

Hergestellt in Europa, USA, Kanada, Australien, Japan

Cover: Foto ©ninafisch / pixelio.de

Weitere Bücher finden Sie auf **www.hansebooks.com**

GESCHICHTE

DER

UNIVERSITÄT IN INNSBRUCK

SEIT IHRER ENTSTEHUNG BIS ZUM JAHRE

1860.

VON

Dr. JACOB PROBST.

MIT UNTERSTÜTZUNG DER K. K. AKADEMIE DER WISSENSCHAFTEN IN WIEN VERÖFFENTLICHT.

INNSBRUCK.

VERLAG DER WAGNER'SCHEN UNIVERSITÄTS-BUCHHANDLUNG

1869.

Quis nescit, primam esse historiae legem, ne quid falsi dicere audeat, deinde ne
quid veri non audeat, ne qua suspicio gratiae sit in scribendo,
ne qua simultatis.

Cicero de Oratore II, 15.

Druck der Wagner'schen Buchdruckerei in Innsbruck.

Vorwort.

Wenn in einem Lande durch längere Zeit eine hohe Schule bestand, so verdient diese auch gewiss eine Geschichte. Denn eine solche Schule ist ja, um alle andern Rücksichten zu geschweigen, die vorzüglichste Trägerin und Spenderin der geistigen Kultur, über deren Pflege man nicht gleichgültig sein kann.

Ueber die Universität zu Innsbruck, welche fast seit der Mitte des siebenzehnten Jahrhunderts besteht, ist bisher noch keine Geschichte veröffentlicht. Das Beste über sie wurde von De Luca [1]) und Tinkhauser [2]) mitgetheilt. Bei Ersterem findet man vorzüglich Notizen und Documente über die Stiftung und Einrichtung der Universität; Tinkhauser aber gibt eine Uebersicht ihrer geschichtlichen Hauptmomente.

Zur vorliegenden ausführlicheren Geschichte derselben wurden vorzüglich die den Daten gleichzeitigen Ephemeriden der theologischen, philosophischen und juridischen Facultät dieser Universität benützt, deren Erstere bis zum Jahre 1816, die philosophischen bis zum Jahre 1782 gehen [3]); die juridischen aber sind nur bis zum Jahre 1734 vorhanden, obgleich sie gewiss über die Mitte des vorigen Jahrhunderts fortgesetzt wurden [4]). Am besten hätten zu dieser Arbeit die Universitäts-Akten gedient; allein diese sind grossentheils, zumal aus den früheren Zeiten, im Universitäts-Archive, und, so viel bekannt ist, auch anderswo nicht mehr aufzufinden. Häufig wurde die Statthalterei-Registratur benützt, die freilich die zuverlässigste Quelle über Berichte und Regierungs-Erlasse u. dgl. ist; aber auch diese

---

1) Journal der Literatur und Statistik. Erster Band. Innsbruck 1782.

2) Beschreibung der Diözese Brixen. Brixen bei Weger 1852 ff. Die Universität behandelt er Seite 202 ff. des dritten Heftes des II. Bandes vom Jahre 1857.

3) Die theologischen Ephemeriden finden sich im Universitäts-Archiv, die juridischen bei der juridischen Facultät, die philosophischen in der Bibliotheca tirolensis des seligen Appellations-Präsidenten Dipauli, welche vom Staate angekauft im Ferdinandeum zu Innsbruck aufbewahrt wird.

4) De Luca führt Seite 49 des Anhangs seines Journals aus demselben eine Stelle vom Jahre 1756 über Professor Brunelli an.

bot über Vieles die erwünschte Aufklärung und Original-Akten nicht dar. Andere manigfaltige Quellen werden bei ihrer Benützung angeführt.

Uebrigens hat die Arbeit keinen andern Zweck, als Nachrichten über die Universität vorzulegen, und etwa auch zur weiteren Aufklärung und Berichtigung mancher in derselben vorkommenden Punkte Veranlassung zu geben. Denn bei einer Arbeit, zu welcher grossentheils ungedruckte Documente benützt werden mussten, die oft sehr lückenhaft, unvollständig und selbst unverlässlich sind, und in welcher so viele Einzelnheiten vorkommen, konnten sich gar leicht Angaben einschleichen, welche bei allenfailiger Auffindung der vom Verfasser vermissten Quellen oder durch andere Documente berichtiget werden sollten.

Innsbruck, den 12. April 1862.

Der Verfasser.

Uebersicht.

VI

Fünfter Abschnitt.

Die Universität vom Jahre 1774 bis zu ihrer ersten Aufhebung im Jahre 1782.

Sechster Abschnitt.

Von der Aufhebung der Universität im Jahre 1782 bis zu ihrer Wiederherstellung im Jahre 1791.

VIII

Siebenter Abschnitt.

Die Universität von ihrer Wiederherstellung bis zur zweiten Aufhebung im Jahre 1810.

Achter Abschnitt.

Von der zweiten Aufhebung der Universität bis zu ihrer Wiederherstellung im Jahre 1826.

Neunter Abschnitt.

Die Universität von ihrer zweiten Wiederherstellung bis zum Jahre 1848.

Zehnter Abschnitt.

Die Universität vom Jahre 1848 bis 1860.

Eilfter Abschnitt.

Vergleichender Rückblick auf die Schicksale der Universität während ihres Bestehens.

Beilagen.

GESCHICHTE

DER

UNIVERSITÄT IN INNSBRUCK.

Erster Abschnitt.

Entstehung und Einrichtung der Universität.

§ 1.

Bis zur Mitte des sechzehnten Jahrhunderts hatte Tirol keine öffentliche Lehr- und Bildungsanstalt; der spärliche Unterricht, welcher in der lateinischen Sprache, in etwas Logik und Aufsatzlehre, und meistens in einigen Kenntnissen der Theologie bestand, und vorzüglich, jedoch nicht ausschliesslich, zum Nachwuchs von Priestern — den fast einzigen Trägern höherer Bildung in jener Zeit — ertheilt wurde, musste bei den Ordinariaten, in einigen Klöstern und vom vierzehnten Jahrhundert angefangen hie und da auch in Städten, wie in Botzen, Trient etc. gesucht werden. [1] Eine öffentliche Studienanstalt verdankt Tirol erst dem Kaiser Ferdinand I., der dem damaligen moralischen, politischen und wissenschaftlichen Verfalle in Tirol steuern wollte. Da er seinen Antrag auf ein Canonicatstift zum Unterrichte und zur Bildung der Jugend aufgeben musste, weil er hiezu bei aller Bemühung keine tauglichen Männer auffinden konnte: gab er im Jahre 1560 der Landesregierung den Auftrag, über die Einführung einer öffentlichen Lehranstalt in Innsbruck zu berichten, welche der neuentstandenen Gesellschaft Jesu anvertraut werden soll. Die Regierung lenkte in ihrem Berichte schon damals die Aufmerksamkeit des Kaisers auch darauf, dass es sehr vortheilhaft wäre, wenn theils vom Papste die Erlaubniss akademische Würden zu ertheilen erwirkt, theils die Aufstellung auch einiger Lehrer der Rechtsstudien bewilliget würde. Das gedruckte Edict Ferdinand's vom 12. Mai 1562 über die Einführung und Eröffnung der neuen Studienanstalt drückt sich allgemein dahin aus, dass der Kaiser die Jesuiten mit grossen Kosten nach Innsbruck berufen habe, damit sie täglich der Jugend ohne Entgelt in verschiedenen Zweigen [2] Unterricht ertheilen. Die Jesuiten organisirten nun das Gymnasialstudium, als abgeschlossenes Institut mit 5 bis 6 Klassen, wie es der Hauptsache nach in den österreichischen Staaten bis zum Jahre 1848 bestand, und fügten demselben im Jahre 1606 nur noch zwei andere Klassen — für Dialektik und Moral bei, deren erstere die Philosophie, namentlich Logik, letztere praktische Theologie — Casuistik zu vertreten hatte. [3]

---

1) Beiträge zur Geschichte der Gymnasien in Tirol (in der Zeitschrift des Ferdinandeums vom Jahre 1858 S. 3 ff.).

2) „in allen guten Künsten, in literis, linquis, artibus, in philosophia et theologia."

3) Auch bei ihren andern Gymnasien pflegten die Jesuiten diese beiden höhern Schulen einzuführen, wenn nicht ohnehin schon, wie z. B. in Trient, andere höhere Lehranstalten bestanden. In Feldkirch wurden über die sechs Gymnasialklassen noch

Die Errichtung einer Universität in Tirol erfolgte über ein Jahrhundert später, wurde jedoch schon früher wiederholt angeregt. Bald nach dem im Jahre 1594 erfolgten Tode des tirolischen Landesfürsten Ferdinand wendete sich dessen Nepot Ferdinand II., damals noch Erzherzog von Steyermark, welcher von der Absicht Ferdinand's I. in Innsbruck eine Universität zu errichten gehört hatte, in dieser Angelegenheit an seinen Oheim Matthias, Bruder Rudolf's II., mit dem Erfolge, dass man den Plan aufgriff, das Jesuiten-Collegium in Hall mit jenem von Innsbruck zu vereinigen, um durch die Einkünfte beider Collegien bei dem Mangel anderer Mittel die Kosten dieser Universität leichter bestreiten zu können. Diesen Plan erfuhr jedoch der bayerische Herzog Wilhelm, Executor des Testaments der Erzherzogin Magdalena, Tochter Ferdinand's I., welche mit ihren Schwestern Helena und Margarita das Haller Damenstift und dortige Jesuiten-Collegium mit Gymnasium gestiftet hatte; und richtete unter dem 29. Juli 1599 über diese testamentswidrige Anwendung der Stiftung an den Kaiser so ernste Vorstellungen, dass es von dem Plane abkam, und die Errichtung der Innsbrucker Universität auf bessere Zeiten verschoben wurde. [1]

Solche Zeiten trafen nicht ein, so lange Tirol unter eigenen Landesfürsten stand. Die Regierung Maximilian's des Deutschmeisters vom Jahre 1602—1618, Leopold's vom Jahre 1618 bis 1632, und darauf seiner Gemahlin Claudia nahm Geld und Sorge anderweitig, besonders wegen des dreissigjährigen Kriegs in Anspruch; der Tirolerlandtag brachte zwar im Jahre 1646, in welchem Claudia die Regierung ihrem nun volljährigen Sohne Ferdinand Carl abtrat, die Errichtung einer Landesuniversität wieder zur Sprache, allein unter der Regierung Ferdinand's bis 1662, dann seines Bruders Sigmund Franz bis 1665 kam man zu keinem günstigen Resultate, so sehr auch bei der Furcht des Aussterbens der tirolischen Landesfürsten eine Universität als einiger Ersatz im Wunsche des Landes lag. Erst als mit Sigmund die zweite Linie der tirolisch-österreichischen Landesfürsten im Jahre 1665 erlosch [2], und das Land erblich an Kaiser Leopold I. übergegangen war, kam endlich die Einrichtung der Innsbrucker Universität zu Stande.

Der Kaiser als neuer Landesfürst nahm im Jahre 1665 persönlich die Erbhuldigung auf, und wurde dabei sowohl von den Ständen als anderweitig um die Errichtung einer Universität in Tirol angegangen. Er forderte unter dem 19. April 1668 Bericht, wo und mit welchen Mitteln in Tirol eine Universität zu errichten wäre, wobei er zugleich auftrug, sich namentlich in Bezug der Kostenbestreitung mit dem eben versammelten Landtage zu benehmen. Dieser äusserte, dass er bei aller Erwünschlichkeit der Universität doch am Schlusse seines Tagens um so

---

zwei andere Schulen (Klassen) gelehrt, die ungezweifelt Dialektik und Moral waren. „Es wird,“ sagt Brugger (Beschreibung der Stadt Feldkirch 1685) „von der Rudiment an biss an die casus conscientiae oder actissen Schuel löblich und wohl doeirt.“ In Hall, wo die Errichtung des königlichen Damenstiftes und Jesuitencollegiums auch die Eröffnung eines Gymnasiums im Jahre 1573 zur Folge hatte, führte der Jesuit Hieronymus Natalis, ein vom Ordensstifter Ignatius sehr geschätzter Mann, welcher im Jahre 1574 von Belgien dorthin gekommen war, das Studium casuum ein (Lipowsky: Geschichte der Jesuiten in Tirol. München 1822. S. 44). In Innsbruck wurde im Jahre 1606 schon eine öffentliche theologische Disputation abgehalten.

1) Historia Soc. Jesu in Germania sup. Decas 12. Nr. 989.

2) Nachdem Tirol im Jahre 1363 unter Margareta Maultasch an Oesterreich übergegangen war, erhielt es die erste österreichische Regentenlinie, welche im Jahre 1490 aufhörte, als Sigmund der Münzreiche, der keine ehelichen Kinder hatte, Tirol an Kaiser Maximilian I. abtrat. Die zweite Linie begann mit Ferdinand I. im Jahre 1563, und starb mit Sigmund Franz im Jahre 1665 aus.

weniger eine Erklärung hierüber abgeben könne, als man ohne Instruktion für diese Angelegenheit gekommen sei, und wies auf den Steuerkompromiss [1]) hin, der sich allenfalls mit den einzelnen Deputirten nach dem Landtage benehmen könnte. Dessen ungeachtet erstatteten die beiden Wesen [2]), nachdem sie von den verschiedenen Beamten die erforderlichen umfassenden Aufklärungen eingezogen hatten, ihren ausführlichen Bericht an den Kaiser, in welchem sie anführten, dass zwar gegen die Errichtung einer Universität in Tirol manche Bedenken bestünden, indem hierdurch den schon bestehenden Universitäten — namentlich der Universität Freiburg [3]) präjudizirt würde, — dass, wenn auch Bauernkinder Gelegenheit zu höhern Studien bekämen, die Zahl der Gelehrten zu sehr anwachsen dürfte; übrigens das Ordinariat Brixen angezeigt hätte, die Regierung soll in Verabreichung des priesterlichen Tischtitels bedächtlich sein, zumal eine ziemliche Zahl Priester mit und ohne Befähigung zur Seelsorge, ohne ein Benefizium erhalten zu können, vorhanden sei, — dass von der Landschaft ein Kostenbeitrag zur Erhaltung der Universität nicht zu hoffen sei, wenigstens hiezu ein neuer offener Landtag berufen werden müsste, die l. f. Kammer aber andere nöthige Ausgaben zu machen habe; — dass auch die Subsistenzmittel für so viele Studirende in Tirol Schwierigkeiten befürchten lassen; — dass Jurisdictionsreibungen zwischen der Universität und den Dikasterien sich ergeben dürften etc. Nachdem die Bedenken von den Wesen weitläufig gewürdigt und als unhaltbar dargestellt worden waren; berechneten sie den jährlichen Kostenbedarf der Universität, die in Innsbruck zu errichten wäre, auf 7000 fl. und schlugen als leichtestes Bedeckungsmittel einen Aufschlag von 12 kr. auf jedes Fuder [4]) des in Hall für das Land verkauften Salzes vor, was jährlich zwar nur etwa 4900 fl. abwerfen dürfte, aber bei dem Umstande, dass die Errichtung aller Lehrkanzeln der Universität nicht auf einmal, sondern nach und nach erfolgen werde, einen Ueberschuss, sohin durch Kapitalisirung desselben eine Rentenvermehrung geben würde; der beantragte Aufschlag wäre für das Land nicht zu drücken, da eine einfache Haushaltung für sich jährlich nur etwa ein halbes Fuder Salz nöthig habe; zwar hätten die Stände schon früher unter dem Landesfürsten Ferdinand Carl gegen einen solchen Preis von 1 fl. per Fuder [5]) sich beschwert, aber es sei doch bis zu seinem Tode dabei geblieben; zu einer andern Auflage würden sich die Stände, namentlich die Stifte (Trient und Brixen) „wegen

---

1) So hiess ein Ausschuss von drei Gliedern aus jedem der vier Stände Tirols, mit zwei landesfürstlichen Commissären, der die Rechnungen des landschaftlichen Generaleinnehmers zu prüfen hatte.

2) Die höchste Landesregierung war damals der geheime und Deputirten-Rath, dem die beiden Wesen, d. i. Regierung und Kammer zur Seite standen. Diese richteten ihre Berichte — jedoch im Wege des geheimen Rathes, zu dem die Präsidenten der Wesen gewöhnlich gehörten, unmittelbar an den Kaiser. Vom Jahre 1749 hiess die höchste Landesstelle Repräsentanz, und die Regierung (beiläufig das spätere Landrecht) wurde von ihr getrennt. Im Jahre 1763 wurde auch die Kammer (Finanzbehörde) abgesondert, und der obersten Behörde der Name „Gubernium" gegeben, dem im Jahre 1851 die Statthalterei folgte. An der Spitze des geheimen Rathes stand bisweilen ein Statthalter (Gubernator), wie vom Jahre 1678 der Herzog von Lothringen, vom Jahre 1707 Carl v. Neuburg.

3) Die sogenannten Vorlande, sohin auch Freiburg im Breisgau, standen damals unter der Regierung von Innsbruck.

4) Ein Fuder Salz betrug 290 Pfund.

5) Gerade für die Universität Freiburg. (Schreiber: Geschichte der Universität Freiburg. II. 413.)

1 *

bekannter Obstinazität und derweilen suchenden Separation" nicht vereinigen, daher die Wesen diesen Antrag bestens empfehlen. [1]

Dieser Bericht hatte die a. h. Entschliessung vom 15. Oktober 1669 zur Folge, in welcher der Salzaufschlag von 12 kr. per Fuder mit der Bemerkung bewilliget wurde, dass der Landeshauptmann, weil der Salzaufschlag insuffizient sei, extra conventum die Landesstände zu einem jährlichen Beitrag von 3000 fl. disponire, und wenn diess vergeblich sei, hiezu der künftige Congress abgewartet und darüber circa Specialia berichtet werden soll.

Auf diesen Erlass wurde die Errichtung der Universität als bewilligt angesehen, und das Salzamt in Hall angewiesen, den Salzaufschlag sogleich abzufordern. Er betrug im Jahre 1669 noch 93 fl. 36 kr.

Die Universität Innsbruck verdankt sohin ihren Ursprung der frühern Vorsorge des Kaisers Ferdinand I. für ein öffentliches Studium in Tirol, der wiederholten Anregung der Tiroler Stände im Lande eine hohe Schule zu erhalten, dem energischen Einschreiten der Landesregierung mit dem Antrag der Kostenbestreitung durch einen Salzaufschlag, und endlich der Genehmigung des Antrages durch Kaiser Leopold I. als neuen Landesfürsten und Erben von Tirol.

§ 2.

Es wurde nun gleich zur Herstellung der Universität Hand angelegt; allein es vergieng mehr als ein Dezennium, bis sie vollständig organisirt war.

Sie entwickelte sich nach und nach in folgender Weise.

Zuerst — in den Jahren 1670 und 1671 — wurde nur das philosophische Studium, welches als nothwendige Vorbereitung zu den höheren Studien-Abtheilungen betrachtet wurde, und bisher nur in einem mit dem Gymnasium verbundenen Jahrgange der Dialektik bestand, auf drei Jahre durch Aufstellung von zwei neuen Professoren aus der Gesellschaft Jesu erweitert [2]. Die drei Jahrgänge der Philosophie hiessen Logik, Physik und Metaphysik. Für die Uebernahme jeder neuen Lehrkanzel, auch in andern Studienabtheilungen, erhielt die Gesellschaft Jesu 200 fl. jährlich. Die Professoren stiegen gewöhnlich mit den Schülern der Philosophie durch die drei Jahre in die höhern Klassen auf, wenn doch, was oft nicht geschah, ein philosophischer Professor drei Jahre in dieser Facultät belassen wurde. Diess Aufsteigen der Professoren blieb bis zum Jahre 1754 Gepflogenheit.

Da im Jahre 1671 mehrere Schüler das philosophische Studium vollendeten, so trug der geheime Rath den Wesen auf, mit den Jesuiten wegen Uebernahme der theologischen Kanzeln zu verhandeln, und auch um zwei Subjekte für den Vortrag der Jurisprudenz umzusehen.

Die Verhandlung mit den Jesuiten stiess auf keine Schwierigkeit; sie stellten für das Schuljahr 1771—72 zwei Professoren der scolastischen Theologie [3]; deren

---

1) Nach einer Abschrift des Conceptes des Berichtes vom September 1668 in der Statthalterei-Registratur.

2) Der bisherige Logik-Professor Manicor, der schon nach Dillingen bestimmt war, blieb in Innsbruck, und lehrte im Jahre 1670 Physik, im Jahre 1671 Metaphysik: Feuerstein übernahm im Jahre 1670 die Logik, 1671 die Physik; für die Logik stand ein neuer Professor ein. — Uebrigens gehörten die Jesuiten in Tirol ehemals zur oberdeutschen, nicht zur österreichischen Jesuiten-Provinz, und waren sohin mit den bayerischen Jesuiten-Collegien zu einer Provinz vereinigt.

1) Jac. Demenou und Ferdinand Visler.

Einer Vormittag, der Andere Nachmittag für 38 Schüler, darunter 12 Priester [1]), Vorlesungen gab. Von den Schülern hörten 15 beide Professoren.

Für die Jurisprudenz wurde unter drei Competenten als Professor der Institutionen der Hofrath und Advokat von München Georg Widman unter dem 6. Oktober 1671 mit einem Gehalte von 350 fl. und der Aussicht auf 450 fl. nach dem Antrage der Landesbehörden a. h. ernannt; zugleich wurde aufgetragen, für die Digesten einen Professor in Vorschlag zu bringen. — Wenn Widmann, über dessen Besoldung sich Anstände erhoben, auf seine Ernennung sogleich lehrte [2]), so bestanden im Schuljahr 1671—72 drei Studien-Abtheilungen — die philosophische, wie im vorigen Jahre, nur mit Vorrücken der Professoren in höhere Klassen, die theologische mit der scolastischen Theologie (die Moral blieb noch bei dem Gymnasium) und die juridische mit den Institutionen.

Im folgenden Jahre blieb das philosophische Studium wie früher, die übrigen Studien-Abtheilungen wurden wesentlich vervollständigt.

In der Theologie nämlich stieg die Zahl der Professoren auf vier, indem die Moral vom Gymnasium auf die Universität kam, und die Kanzel der theologischen Controversen neu eingeführt wurde; beide Lehrgegenstände erhielten Jesuiten. [3]).

In der Jurisprudenz wurde unter dem 17. März 1672 der schon bestehende Professor Widman mit 600 fl. für die Pandekten, und Sebastian Mayr mehrjähriger Universitätsprofessor in Dillingen und geistlicher Rath des Bisthums Augsburg mit 700 fl. Gehalt und 200 fl. Reisegeld als Professor des Codex von den Landesbehörden vorgeschlagen; beides erhielt unter dem 30. April 1672 die a. h. Genehmigung mit dem Beisatze, zu beachten, dass sich andere Universitäten z. B. Freiburg wegen dieser hohen Salare nicht beschweren [4]), übrigens auf einen Kostenbeitrag der l. f. Kammer kein Anspruch zu machen sei. Unter dem 27. Juli 1672 wurde der dritte weltliche Professor für diese Studien-Abtheilung, und zwar Georg Düssel als Professor der Institutionen ernannt. Endlich erhielt sie den vierten Professor für das kanonische Recht, für welches unter dem 14. September 1672 bei dem Umstande, dass diese wichtige Kanzel (umfasste sie ja den einen Theil des Studiums beider Rechte) für einen tüchtigen weltlichen Professor jährlich 900 fl. fordern würde, einsweilen provisorisch ein Jesuit gegen die gewöhnliche Betrauung

---

1) Die Forderungen an Kenntnissen für Presbyterats-Candidaten waren damals nicht so bestimmt, wie seit der Mitte des vorigen Jahrhunderts, und sicher oft sehr gering; höchstens mögen die Kenntnisse, welche das von den Jesuiten eingeführte achtjährige Studium gab, gefordert worden sein. Es erschienen daher häufig unter den Schülern der Theologie, ja selbst der Philosophie auch Priester, die das Bedürfniss weiterer Ausbildung erkannten.

2) Die ersten Blätter der juridischen Ephemeriden, aus welchen diess zu entnehmen wäre, gehen ab.

3) Die Moral Jac. Prugger, die Controversen Joau Stotz.

4) In Wien hatte noch im Jahre 1688 der Professor des Kirchenrechts und Senior der juridischen Facultät 170 fl. Gehalt nebst freier Wohnung, der Professor des Codex 170 fl., die Professoren der Digesten und Institutionen je 110 fl. — bei drei wöchentlichen Vorlesestunden, die freilich oft vernachlässiget wurden. Die medizinischen Professoren hatten 110—120 fl. Gehalt. (Kink: Geschichte der k. k. Universität Wien. Wien 1854. S. 398.) In Freiburg hatte um 1550 der erste theologische Professor 140 fl., der zweite 100 fl., der Canonist und Legist je 120, der Codicist 100, der Institutionist 80, der erste Medizinprofessor 95, der zweite 80, der Professor der hebräischen und griechischen Sprache 90, der Mathematik 40, der Physik 30 fl. jährlich. Doch später erhöhte sich der Gehalt theilweise. — Er war z. B. im Jahre 1668 bei den Medizinprofessoren 400, 300 und 200 fl., bei den Juristen 360, 320, 300 fl. (Schreiber: Geschichte der Universität Freiburg II, 51, 487 und 142.)

mit 200 fl. und gegen den Revers der Abtretung dieser Kanzel, wenn man es wolle, beantragt, und auf erfolgte a. h. Genehmigung dieses Antrages der schon genannte Stotz Professor der Controversen, die er noch fortlehrte, bestimmt wurde. Die Jesuiten behielten diese Kanzel bis zum Jahre 1770. — So war also das Studium der Jurisprudenz unter allen Studien-Abtheilungen zuerst vollständig organisirt, und in derselben das geistliche und weltliche Recht — letzteres nach den gewöhnlichen drei Fächern der Institutionen, Pandekten und des Codex gelehrt. Die weltlichen Professoren erhielten unter dem 12. August 1673 den a. h. Auftrag, auch den Criminal-Prozess [1] abwechselnd in jedem Jahre zu lehren, was aber nicht sogleich geschah. [2]

Endlich wurde auch für das medizinische Studium unter dem 14. März 1673 der einzige Competent Gaudenz v. Sala — jedoch unter der Bedingung vorgeschlagen und a. h. ernannt, dass er vorher noch in Padua sich namentlich in der Anatomie besser ausbilde.

In den zwei folgenden Jahren 1673—74 und 1674—75 erhielt auch die Theologie die Zahl von fünf Professoren, welche bis zum Jahre 1760 normalmässig blieb. Der Professor der Controversen Stotz gieng zwar ganz in die juridische Facultät als Professor des geistlichen Rechtes über; dafür aber traten zwei Weltpriester in die Theologie ein. Unter dem 31. Juli 1674 wurde nämlich der landesfürstliche Kaplan von Mariahilf zugleich apostolischer Notar, Digisser, welcher Seine Majestät um die Extra-Professur der hl. Schrift oder der Controversen gebeten hatte, und von der l. f. Wittwe Anna besonders dazu empfohlen war, über dem vom akademischen Senate und den beiden Wesen abgeforderten günstigen Bericht als ausserordentlicher Professor der hl. Schrift mit einem Gehalte jährlicher 150 fl. mit dem Beisatze ernannt, dass er vor dem Antritte des Lehramtes das theologische Licentiat und Doctorat zu nehmen habe; ebenso und unter der nämlichen Anordnung wurde unter dem 6. November 1674 auch dem Weltpriester Sigismund Epp die Lehrkanzel der Controversen verliehen, welche Stotz auch dieses Jahr unentgeltlich versehen soll. Da beide Weltpriester der gesetzten Bedingung nachkamen, indem Epp, und wahrscheinlich auch Digisser, in Dillingen die theologischen Würden erhielt, so trat Digisser mit dem solenne principium am 23. April 1675, also für das zweite Semester dieses Jahres, Epp aber unter dem 7. November 1675 — also für das Schuljahr 1675—76 das Lehramt an. Ausser den Anstellungsdekreten und den wenigen Lehrstunden findet sich übrigens nichts, durch was sich diese ausserordentlichen Professoren von den ordentlichen unterschieden hätten.

Da auch v. Sala mit gehörigen Zeugnissen aus Padua zurückkehrte, erhielt er unter dem 5. Oktober 1674 sein Anstellungsdekret mit dem jährlichen Gehalte von 300 fl., und trat am 3. November d. J. mit dem solenne principium sein Lehramt an.

In dem Schuljahre 1674—75 wurden sohin in allen vier Studien-Abtheilungen die Vorlesungen von ordentlich aufgestellten Doctoren gegeben.

In den nächsten Jahren trat noch in der Philosophie und Medizin eine bleibende Vermehrung der Professoren ein. In ersterer Facultät war nämlich nach einer a. h. Verordnung vom 26. Juli 1677 auch ein Professor der Mathematik aufzustellen, was von den Jesuiten in der Person des Mich. Gruber geschah, wofür ihnen der „für die Professoren des Jesuitenordens gewöhnliche Gehalt von 200 fl. "

---

1) Processum criminalem tum quoad modum instituendi tum prosequendi alternatim.
2) Videbatur habere in executione difficultatem et propterea alia jussio expectanda — sagen die juridischen Ephemeriden.

unter dem 14. Oktober 1678 angewiesen wurde. Für die medizinische Facultät aber genehmigte nach dem Antrag der Universität Se. Majestät unter dem 30. Oktober 1676, dass Franz Weinhart als zweiter Professor für die medizinischen Institutionen vor der Hand unentgeltlich aufgestellt werde, v. Sala aber die Kanzel der medizinischen Praxis übernehme.

So war also die Universität bezüglich des Lehrpersonals im Jahre 1677 hergestellt. Dieses bestand aus fünfzehn Doctoren, von denen fünf der theologischen, je vier der juridischen und philosophischen, und zwei der medizinischen Facultät angehörten.

Auch war im Jahre 1673 ein italienischer und im Jahre 1677 ein französischer Sprachlehrer, dieser vorläufig auf 2 Jahre, aufgestellt, und im Jahre 1675 erscheint auch ein Fecht- und im Jahre 1676 ein Tanzmeister.

Das Dienstpersonale bestand in einem Notar und einem Pedell [1], im Jahre 1692 kommt auch schon ein Thorsteher vor.

§ 3.

Das nächste Bedürfniss war ein angemessenes Universitäts-Lokale. Als solches wurde schon unter dem 17. März 1672 an den Kaiser das Haus zwischen der Pfarrgasse und dem Reithaus beantragt, welches Erzherzog Franz Carl an der alten Burg für Comödien und andere Exerzitien erbaut hatte, da „Zarg, Dachung und zum Theil Zimmer vorhanden seien, mehrere Contignationen mit nicht grossen Spesen aus dem ersparten Universitätsfonde aufgeführt werden könnten, und die Erzherzogin Wittwe Anna hiezu die Einwilligung gegeben habe; jedoch soll zum Hof kein Zugang und der Eingang bei dem Pfarrhause seyn". Der Antrag wurde unter dem 9. April 1672 a. h. genehmiget, und sohin das Gebäude in den folgenden Jahren für die Universität adaptirt [2]. Die theologischen Vorlesungen wurden schon im zweiten Semester des Jahres 1672, die übrigen im Schuljahr 1673 im eigenen Universitätslokale gehalten; früher waren Lokalien gemiethet.

Auch zur innern Organisirung der Anstalt geschah in dieser Zeit Manches. Unter dem 4. Jänner 1672 wurde um das Privilegium akademische Würden zu ertheilen eingeschritten, aber unter dem 5. Februar nur die Ertheilung des Baccalaureats und Magisteriums der Philosophie mit der Bemerkung bewilliget, dass ja die übrigen Facultäten noch nicht bestünden. In der Philosophie wurden schon im Jahre 1671 öffentliche Disputationen über gedruckte Thesen abgehalten, und am 13. Juli 1672 60 Baccalaurei und darauf 25 Magistri der Philosophie creirt. Die letztere Promotion wurde in der mit prächtigen Tapeten verzierten Aula des Gymnasiums [3] unter Trompeten- und Paukenschall in Gegenwart des Regierungs-

---

1) Als Notar erscheint 1674 Ign. Walter, als Pedell 1673 Urban Stephan.

2) Nach einem summarischen Ausgabenverzeichniss in der Statthalterei-Registratur wurden im Jahre 1671 (wahrscheinlich auf Miethe) 30 fl., im Jahre 1672 aber 3046 fl. 5 kr., im Jahre 1673 noch 2524 fl. 50 kr., im Jahre 1674 wieder 1133 fl. 5 kr., im Jahre 1675 endlich 945 fl. 59 kr. für den Bau verwendet; in den folgenden Jahren erscheint kaum mehr eine Ausgabe von 100 fl., so dass im Jahre 1675 der Bau in der Hauptsache vollendet war.

3) In aula Gymnasii tapetibus pretiosis ex camera impetratis convestita. Fuere Professores omnes etiam Rhetor Epomide quivis philosophico recens confecto insignes, cathedra Promotoris splendide apparata. Processum ex collegio spectantibus in collegii atrio et per plateas comitantibus omnibus candidatis. A tribus pueris scenice vestitis in tribus holosericis pulvinaribus praelatum est sceptrum, corona laurea et liber, clangentibus interim sub adventu pompae in aula tubis et tympanis — sagen die philosophischen Ephemeriden. Vergleiche übrigens über die Promotionsfeierlichkeiten § 34.

präsidenten Gr. Spauer, des Vicepräsidenten Gr. Künigl, des Militärkommandanten, des Abtes von Wilten feierlichst vorgenommen. — Für alle Facultäten erfolgte die kaiserliche Promotions-Bewilligung unter dem 25. März 1673, und die juridische Facultät ertheilte im folgenden Jahre dreien Akademikern das Licentiat beider Rechte [1]). In der Theologie glaubte man ohne päpstliche Autorisation akademische Würden nicht ertheilen zu dürfen.

In der Philosophie und Theologie erscheinen schon im Jahre 1672 Facultäts-Dekane [2]), welche für die Professoren von den Behörden auf Kosten des Universitäts-fondes Doctor-Mäntel und Facultäts-Sigille erwirkten, und den Studierenden die Zeugnisse ausstellten, was für die Philosophen und Moralisten bisher der Gymnasial-Präfekt gethan hat. Im folgenden Jahre erhielt die Universität als solche ihr Sigill [3]); den Scepter hatte sie schon im Jahre 1672.

Für das Schuljahr 1672—73 wurde auch schon ein Universitäts-Rektor und Vicerektor vom geheimen Rathe aufgestellt, ersterer in der Person des Regierungs-Vicepräsidenten Gr. Künigl, letzterer in dem Professor Sebastian Mayr.

Das Schuljahr 1673—74 begann das erstemal mit der Immatrikulation der Studenten vor dem Vicerektor, in Gegenwart des Notars und Pedells, wobei jeder Immatrikulirte, welcher nicht ganz arm war, wenigstens 15 kr. bezahlte. Der ein-gegangene Betrag wurde der Universitätskasse, dem Vicerektor und Notar zu glei-chen Theilen zugewiesen.

Von dieser Zeit an verfuhr man, obschon noch keine bestimmten Vorschriften vorhanden waren, thunlichst und beiläufig nach den später eingeführten Universitäts-Statuten, da insbesonders Professor und Vicerector Mayr die Einrichtung der Uni-versitäten von Dillingen und Ingolstadt genau kannte; und die nachfolgenden Sta-tuten und Privilegien nach dem Muster derselben verfasst wurden.

So bestand also die Universität seit dem Jahre 1675 faktisch mit allen vier Facultäten, mit Rektor, Vicerektor, Dekanen, Notar, Pedell, Immatrikulation, Dis-putationen, theilweise mit Promotionen zu akademischen Würden, Universitäts-Berathungen, Universitäts- und Facultäts-Zeugnissen etc. — Alles nur auf dem Grunde des im Jahre 1669 für die Universität bewilligten Salzaufschlages, und der einzelnen a. h. Entschliessungen über Anstellung von Professoren, Bauten, Promotionen etc.

§ 4.

Es fehlte aber noch immer eine Stiftungsurkunde und ein Organisirungs-Instrument, durch welche der Bestand der Universität, ihre ganze Einrichtung, ihre Rechte und Privilegien ausgesprochen würden, sowie eine päpstliche Bestätigung, welche damals allgemein für katholische Universitäten gefordert wurde.

Ein Entwurf der Universitäts-Privilegien wurde schon im Jahre 1673 im a. h. Erlasse über das bewilligte Promotionsrecht abgefordert, und denselben, so wie

---

1) Einem Pistorius Hochstadius mit zwei andern, wie die Ephemeriden sagen.

2) Feuerstein und Visler.

3) Das Universitäts-Sigill hatte die Grösse eines Thalers mit dem Bildnisse des hl. Leopolds Markgrafen von Oestreich, und der Umschrift: Sigillum Caesareo-tyrolensis Universitatis Oenipontanae. Anno 1673. Die Universität hatte wenigstens später auch drei kleinere Sigille. Dass jede Facultät auch ihr eigenes Sigill hatte, versteht sich von sich selbst. Das grössere der juridischen Facultät wurde im Jahre 1677 angeschafft, woraus erhellt, dass auch die Facultäten mehrere Sigille gebrauchten. Einige der alten Sigille sind bei der Universität noch vorhanden. Vgl. De Luca: Journal für Literatur und Statistik I. B. Innsbruck 1782. S. 80.

einen andern Entwurf über die Universitätsstatuten im Jahre 1674 vorzulegen a. h. befohlen. In diesem Jahre wurde aus Veranlassung von Studenten-Unruhen unter dem 15. März im Allgemeinen erklärt, dass die Akademiker in Civil- und Criminal-Händeln dem Rektor der Universität unterstehen sollen. Beide Entwürfe wurden unter dem 20. Februar 1675 neuerlich a. h. betrieben, und dann — vom Professor und Vicerektor Mayr nach den Statuten und Privilegien der Ingolstädter Universität verfasst — dem geheimen Rathe überreicht. Dieser liess sie durch die beiden Wesen prüfen, und weil darin von Statuten der einzelnen Facultäten die Rede war, wurden auch diese von der Universität abgefordert. In Folge dessen wurde das erste Universitäts-Concil [1]) in Beisein aller Professoren am 25. Mai 1675 abgehalten, und beschlossen, jeder einzelnen Facultät die Verfassung ihrer Statuten zu überlassen. Die theologische Facultät übergab auch wirklich unter dem 8. Juni 1675 dem Regierungskanzler Baron Wittenbach ihre Spezialstatuten mit der Bitte, in Zukunft nach Umständen noch andere für die übrigen Facultäten unpräjudizirliche Punkte beisetzen zu dürfen, und auch die Bewilligung zur Präsentation auf einige geistliche Benefizien und die Bücher-Censur erwirken zu wollen [2]). Auch die juridische Facultät hatte damals schon einige Facultätsstatuten bei ihren Berathungen festgesetzt, dieselben jedoch wahrscheinlich keiner Behörde übergeben. Die Uebergabe der theologischen Statuten hatte, so viel bekannt, keine weitern Folgen. — Ueber die übergebenen allgemeinen Statuten und Privilegien aber machten die Wesen mehrere Abänderungs-Anträge, besonders in Bezug der Jurisdiction, in welcher die Universität völlige Exemtion von allen Dikasterien, selbst in Streitigkeiten mit k. k. Räthen, haben wollte, die lediglich von der Universität untersucht und entschieden werden sollten, und legten sie unter dem 3. Februar 1676 wieder dem geheimen Rathe vor. Dieser stimmte dem weitläufigen Gutachten der Wesen mit nur wenigen Abweichungen und nähern Bestimmungen bei [3]), und schickte alle Akten unter dem 3. Februar 1676 an den Kaiser mit einem Berichte von acht Bogen und der weitern Bemerkung, dass die Statuten am Anfange eines jeden Schuljahres öffentlich vorzulesen wären. Da es sich, wie man glaubte, auch um die päbstliche Bestätigung dieser Statuten und Privilegien handelte, so wurden im Einbegleitungsberichte vorzüglich die Gründe zur Erwirkung der Universität in Innsbruck herausgehoben, die insbesonders von der Nothwendigkeit eines gründlichen Unterrichtes für Priester wegen der schlechten unkatholischen Nachbarschaft Tirols und von den frühern diessfalls stattgefundenen Uebeln, Mangel an gut gebildeten Geistlichen selbst in Klöstern, Auswanderungen in akatholische Orte zur Sommerszeit, Reisen der Akatholiken durch Tirol, hergenommen waren. [4])

Weil besonders die theologische Facultät vor einer päpstlichen Autorisation keine Promotion zu akademischen Würden vornehmen zu dürfen glaubte: so bat der geheime Rath schon vor der Vorlage der Statuten unter dem 27. Jänner 1676 den Kaiser, bei dem päpstlichen Nuntius in Wien zu erwirken, dass noch vor Ge-

---

1) Concilium academicum plenum, wie die Ephemeriden sich ausdrücken.

2) Ephemerides theol. 8. Juni 1675.

3) Z. B., dass die Jurisdiction zwischen Räthen, deren Bedienten etc. und Universitätsgliedern dem Rektor der Universität nur in actibus personalibus, hingegen in actibus realibus dem Forum rei sito zukomme; dass die Universität Exclusionen nur auf zwei Stunden ausser Innsbruck machen könne, für entferntere aber die Regierungs-Genehmigung ansprechen müsse; dass die Professoren von jenen Abgaben, die auch Kleriker zu entrichten haben, nicht frei sein sollen etc.

4) Entwürfe, Gutachten und Bericht findet man in der Statthalterei-Registratur.

nehmigung der Privilegien die Promotion zu akademischen Würden vorgenommen werden dürfe. Hierdurch erhielt die ganze Verhandlung eine andere Wendung. Der Nuntius, welcher sich anfangs als nunmehriger Cardinal dieses Geschäftes ganz entschlagen, und die Austragung desselben seinem Nachfolger überlassen wollte, forderte — wiederholt unter Anschluss der entworfenen Statuten und Privilegien um seine Vermittlung angegangen — die authentische Erklärung, wie Se. Majestät die Universität erigirt, confirmirt und dotirt habe. Es musste daher ein authentisches kaiserliches Dokument hierüber erwirkt werden. Die Wesen legten sohin unter dem 7. April 1677 durch den geheimen Rath das Concept hiezu vor, das der Kaiser schon unter dem 26. April gefertigt zurückschickte. [1]

Diess ist die eigentliche Stiftungsurkunde der Universität.

§ 5.

In dieser Urkunde [2], welche wohl das wichtigste Dokument über die Errichtung der Universität zu Innsbruck ist, sagt der Kaiser im Wesentlichen: Seine Vorfahren haben in ihrer Sorge für Staat und Kirche von jeher die Wissenschaften zu befördern gesucht; er finde sich nach diesen Beispielen auch um so mehr dazu bestimmt, als viele früher katholische Universitäten leider! nunmehr ketzerisch seien, und überdiess andere ketzerische Universitäten errichtet werden. Und da selbst die bestehenden katholischen Universitäten wegen Kriegs schwer besucht werden könnten, das von ihm ererbte Tirol aber seiner Lage nach sicher, gesund, fruchtbar, für Deutsche und Italiener bequem gelegen sei: so habe er vorzüglich zum Schutz und Gedeihen der katholischen Religion, die dadurch erhalten, und zu welcher mancher davon Abgefallene zurückgeführt werden soll, zur Belohnung und Ehre Tirols, das mehrere Bisthümer, aber keine Universitäten, wie die übrigen Provinzen habe, über Beistimmung Papsts Innozenz XI. zu Innsbruck, wo schon über 100 Jahre das Gymnasium und zum Theil Philosophie und Theologie gelehrt wurde, eine vollständige Universität für scolastische Theologie, hl. Schrift und Glaubensstreitigkeiten, für beide Rechte, für Medizin und ganze Philosophie mit Mathematik auf Staatskosten, namentlich auf die Saline in Hall zu errichten beschlossen, welche die Jurisdiction, Privilegien und Freiheiten wie andere Universitäten geniessen, und befugt sein soll, sowohl allgemeine als für die vier Facultäten spezielle von ihm zu genehmigende

---

1) Die Wesen sagen in ihrem Berichte, dass das Instrument dermalen nicht per modum diplomatis ausgefertigt, viel weniger der Universität zugestellt, sondern allein in forma resolutionis cesareae von dem geheimen und Deputirten-Rath gefertigter remittirt, und von dort aus ersagtem Cardinal Pio per authenticas copias zur Erhaltung der päpstlichen Confirmation übersendet werden soll, und der Kaiser schickte unter dem 26. April die begehrte Expedition „wegen der Universität daselbst, die wir dem abgeschickten Projekte gemäss per modum resolutionis verfassen lassen," dem geheimen Rathe zurück. Das Original liegt in der Statthalterei-Registratur — eigentlich im sogenannten Schatzarchiv. — Der Unterschied zwischen a. h. Resolution und a. h. Diplom scheint darin zu liegen, dass Verordnungen durch die Autorität, welche sie gab, ohne Anstand abgeändert werden können, was bei Diplomen nicht der Fall ist. — Uebrigens dürfte das Concept von der Universität ausgegangen sein; denn die theologischen Ephemeriden sagen unter dem 1. April 1677: Formatus conceptus Diplomatis cesarei, quo Universitas ista in perpetuum a suo Majestate erigeretur, fundareturque et confirmaretur, missusque per Referendarium tyrolensem Viennam subscriptus prius a nostris Magistratibus et praecipuis quibusdam ex singulis tribunalibus. — Das letztere kann sich wohl nur auf die zustimmende Aeusserung der Wesen und des geheimen Rathes in ihren Berichten beziehen.

2) Das lateinische Original als Diplom abgedruckt bei De Luca . c. im Anhange. Authentische Abschriften findet man häufig.

Statuten zu machen, und Studirende, die es verdienen, zu den akademischen Graden des Baccalaureats, Magisteriums, Licentiats und Doctorats zu befördern; zugleich gehe er den hl. Vater um Bestätigung derselben an, befehle aber auch dem geheimen Rath den Gegenstand dem Papste durch den Cardinal-Nuntius Carl Pius unverzüglich vorzulegen.

§ 6.

Nach Eintreffen dieses kaiserlichen Erlasses säumte der geheime Rath natürlich nicht, das kaiserliche Fundations-Instrument der Universität dem päpstlichen Nuntius nach kaiserlichem Auftrage mit der Bitte um Erwirkung der päpstlichen Confirmation zu überschicken, was unter dem 23. Mai 1677 geschah. Zugleich schlug er den Bischof von Brixen als Kanzler der Universität vor, und bemerkte, dass die Statuten dem Nuntius aus früheren Mittheilungen bekannt wären. Auch die Bitte der Tiroler-Landschaft und der Stadt Innsbruck um die Universität wurde dem Papste bekannt gegeben. Die Universität schickte auch — vom geheimen Rathe aufgefordert und mit dessen Empfehlungs-Schreiben vom 21. Mai d. J. versehen — nach Senatsbeschluss den theologischen Professor der Moral Furtenbach eigens an das Domcapitel und den Bischof von Brixen [1]) mit der Bitte, sich für die päpstliche Confirmation der Universität zu verwenden, und mit dem weiteren Ersuchen an den Bischof, das Kanzler-Amt an derselben übernehmen zu wollen. Beides sagte der Bischof freudig zu, und berichtete hierüber auch an den geheimen Rath. Da sich der Kaiser selbst, wie das Fundations-Instrument sagt, in dieser Angelegenheit an den Papst verwendet, ja dessen Beistimmung zur Errichtung der Universität bereits erhalten hatte, sohin es sich nur mehr um Förmlichkeiten handelte: so erfolgte auch die päpstliche Bestätigung schon unter dem 28. Juli 1677 und zwar in Form einer Bulle auf Pergament sub plumbo, die im Original bei der Statthalterei-Registratur liegt [2]). In dieser Bulle spricht der Papst seine Geneigtheit aus, die Errichtung der Universitäten zu befördern, daher er auch die ihm vorgelegte Bitte, die vom Kaiser Leopold in Innsbruck zum Schutze der katholischen Religion reichlich gestiftete und mit den kaiserlichen Privilegien anderer Universitäten ausgezeichnete Universität seinerseits zu bestätigen und mit Privilegien auszuzeichnen, willfahre und sohin genehmige, dass diese Universität, an welcher die Professoren der Philosophie und Theologie — mit Ausnahme jener der hl. Schrift und Controversen, welche Weltpriester seien, aus der Gesellschaft Jesu genommen sind, die Lehrkanzeln der juridischen und medizinischen Wissenschaften aber — mit Ausnahme des Kirchenrechts, welches von einem Jesuiten gelehrt werde, von weltlichen Professoren versehen werden, — alle Vorzüge anderer vom Kaiser errichteten und vom hl. Stuhle approbirten und bestätigten Universitäten geniesse, im Benehmen mit dem Bischofe von Brixen als Kanzler der Universität Statuten mache, und abändere, an derselben Kleriker und Andere auch Medizin und Jurisprudenz studiren, und wenn sie würdig gehalten werden, wie an andern auch päpstlichen Universitäten zu den akademischen Würden nach vorher abgelegtem Glaubensbekenntniss befördert werden. Der Papst verbietet dann, der Universität ihre Privilegien und Gesuche aus was immer für einem Grunde streitig zu machen, und verordnet, dass alle Professoren am Anfange eines jeden Studienjahres das Glaubensbekenntniss nach Vorschrift des Trientner-Conzils und den Eid ablegen, nichts

---

1) Paulin Mayr. gewählt am 29. April 1677, und noch nicht confirmirt.

2) Sie mag wörtlich in den Beilagen stehen, da sie, so viel bekannt, nicht gedruckt ist.

gegen den Glauben und die guten Sitten zu lehren, worüber der Bischof nach Vorschrift dieses Trientner-Conzils zu wachen habe; und schliesst mit der Drohung gegen Jene, welche es wagen sollten, gegen den Inhalt der Bulle zu handeln.

§ 7.

So war nun die Universität durch kaiserliche und päpstliche Documente im Allgemeinen mit allen Rechten und Privilegien anderer Universitäten errichtet und ausgestattet und trat förmlich in den Kreis der höchst begünstigten und ersten wissenschaftlichen Institute ein. Nur die genaue Detaillirung, worin diese Rechte und Privilegien bestünden, oder vielmehr wie sie auszuüben seien, sowie der ganze Organisationsplan der Universität durch ein Document ging noch ab, was jedoch bei den einmal von den höchsten Autoritäten verliehenen und garantirten Rechten nicht so bedeutend schien, dass es die feierliche Promulgation des kaiserlichen und päpstlichen Documentes hätte verzögern können. Zwar verzog sich die Mittheilung des Originals der päpstlichen Bulle wegen Differenzen über die Taxen und deren Bezahlung [1]. Allein da eine Abschrift der Bulle bereits angekommen, sohin nicht blos die päpstliche Bestätigung ungezweifelt, sondern auch der Wortlaut der Bulle genau bekannt war, so trug man nicht das mindeste Bedenken zur Promulgation dieser beiden wichtigen Documente zu schreiten. Es wurde hiezu der 16. November 1667 bestimmt, und da sich der Bischof von Brixen vor seiner Confirmation und Consecration über sein persönliches Erscheinen bei dieser Feierlichkeit entschuldigte, wurde der Prälat von Wilten als bischöflicher Commissär aufgestellt. Zur Publikation war anfangs der grosse Saal in der Burg beantragt, dann aber die Jesuitenkirche gewählt. Alle Professoren der Universität zogen in ihrer Amtskleidung von der Stuba academica unter Trompeten- und Paukenschall in die Kirche. Dort celebrirte der Prior des Stiftes Wilten ein feierliches Hochamt, worauf der Vicerektor Mayr von einem eigens aufgerichteten Gerüste eine kurze Anrede hielt, und dann die beiden Documente verlas. Ein feierliches Te deum beschloss die kirchliche Ceremonie, welcher nebst den Celebritäten der Stadt mehrere geheime und Wesens-Räthe unter einem ungeheuren Volkszulaufe, und auch der gerade auf einer Reise nach Rom anwesende polnische Fürst Raczivil Herzog von Lithauen nebst seiner Gemahlin auf erfolgte Einladung im sogenannten Fürstenchore beiwohnten. Letzterer verlangte und erhielt ein Verzeichniss aller Professoren der Universität. Von der Kirche zog man eben so feierlich in das Collegium der Gesellschaft Jesu, wo auf Kosten des akademischen Aerars ein Essen gegeben wurde. [2]

Am folgenden Tage war im grossen Saale der Burg eine feierliche Disputation von sieben Candidaten des theologischen Doctorates, worunter auch der Prior des Stiftes Wilten war. Alle Professoren waren gegenwärtig, eine Menge Zuschauer füllte den Saal, Hofmusik verherrlichte den Akt, und nach jeder Argumentation ward ein reichlicher Trunk gereicht [3]. Nach geendeter Disputation ertheilte der Prälat von Wilten als Commissär des Bischofs von Brixen ad actum die Licenz zum Doctorate, wofür er eine schöne auf 8 Gulden zu stehende Bibel erhielt. Am fol-

---

1) Die Taxen betrugen 760 fl. und nebstdem 76 fl. Agio, und wurden aus dem akademischen Aerar bestritten.

2) Conviviolum loco prandii ex indulto camerae — wie sich die juridischen Ephemeriden ausdrücken.

3) Prolatis singulis argumentis — liberalis haustus — nach den theologischen Ephemeriden.

genden Tage wurde die höchste theologische Würde vom Jesuiten Furtenbach Professor der Moral feierlichst ertheilt, worauf grosse Tafel auf Kosten der neuen Doctoren folgte [1]). Der geheime Rath berichtete unter dem 11. Jänner 1678 dem Kaiser, der Akt sei unter einer Solennität begangen worden, „dergleichen nicht leicht bey einer Universität würdet begangen worden seyn". Zu dieser Feierlichkeit wurden so viele prächtige Embleme mit dem Bildnisse des Kaisers und 30 Thesen angeschafft, dass sie im Jahre 1690 als nicht anzubringend lediglich unter die einzelnen Professoren vertheilt wurden. [2])

Auch die philosophische Facultät suchte ihrer Freude über die bestätigte Universität in der unter dem 17. Dezember 1677 erfolgten Promotion zum philosophischen Baccalaureate einen besondern Ausdruck zu geben. Obschon diese Facultät nicht das erste Mal akademische Würden ertheilte, so war doch diess Mal die Feierlichkeit dadurch ausgezeichnet, dass die Graduirten das erste Mal den Eid auf die Vertheidigung der unbefleckten Empfängniss Mariens ablegten, und der Muttergottes-Statue von Foje in der Jesuitenkirche ein silbernes Herz verehrten, welches die Namen der Graduirten auf Pergament mit goldenen Buchstaben geschrieben einschloss. [3])

§ 8.

Da über den unter dem 3. Februar 1676 vorgelegten Privilegien- und Statuten-Entwurf der Universität noch keine a. h. Entschliessung erfolgt war: so wurde dieser Gegenstand wiederholt — das letzte Mal unter dem 29. August 1678 vom geheimen Rathe in Anregung gebracht, und um die a. h. Erledigung desselben angesucht. — Unter dem darauf folgenden 20. September kam der Entwurf mit dem a. h. Auftrag zurück, die aus der Vorlage ersichtlichen divergenten Ansichten über dessen Inhalt auszugleichen und nach erzielter Uebereinstimmung den Entwurf wieder vorzulegen. Derselbe ging an die Wesen zur Aeusserung zurück, und diese vereinigten sich mit den Anträgen des geheimen Rathes. Die Universität wurde aber nicht mehr gefragt. Die Wiedervorlage des Entwurfs an den Kaiser geschah unter dem 21. April 1679. Die a. h. Genehmigung erhielten diese beiden Urkunden am 7. Oktober 1681 d. d. Sopronii (Oedenburg). Bevor aber die Zurücksendung derselben erfolgte, um welche sich die Universität unter dem 25. Jänner 1682 auch an den damals in Wien verweilenden Gubernator wendete, kam unter dem 4. Mai 1682 der Auftrag, der k. k. Hofkanzlei als Taxe dafür 300 Thaler (100 Thaler sogleich, die übrigen in der Folge) und zwar nach einer weitern a. h. Entschliessung vom 1. September 1683 aus nach und nach eingehen-

---

1) Ex quovis consilio hospites specialiter invitati aderant pro uno aureo in singulas personas etc. Das ganze Mahl kostete 157 fl. und wurde beim goldenen Hirschen (Oberberger) gehalten. Der Prälat von Wilten hatte den ersten Platz, zu seiner Rechten sass Bar. von Wittenbach als Rektor, zur Linken der Vicerektor, der bei der Promotion bloss unter den Professoren seinen Platz hatte.

2) Das Papier allein kostete 198 fl., der Kupferstich 300 fl. Die Kosten übernahm theils schon anfangs, theils nach späterer allerhöchster Auordnung vom 19. Juli 1684 das akademische Aerar, nicht die theologische Facultät. — (Nach den theologischen Ephemeriden, aus welchen die meisten Notizen über diese Feierlichkeit genommen sind.)

3) Das silberne Herz hatte die Ueberschrift: Philosophi, quorum nomina in hoc corde inclusa sunt, primi Academiae oenipontanae votum de propaganda immac. concept. B. M. V. emittentev, dum a P. Bernardo Sonnenberg S. J. anno 1677 Baccalauream Philosophiae susciperent. Unter den Graduirten war ein Joan Wagner l. B. de Sarnthein (Ephem. philos.)

den Fiscal-Extramitteln (Strafgeldern) zu entrichten. Erst unter dem 21. April 1684, nachdem der Kaiser selbst die Taxen für die Offizialen der Hofkanzlei bezahlt hatte [1]), trafen die beiden Documente mit dem Auftrage ein, sie der Universität zur Notifizirung an die Professoren und Studenten im Original mitzutheilen, und darauf die Originalien, die dem geheimen Rath zurückzustellen wären, in dem Schatz-Archiv zu hinterlegen, vorher aber den Dikasterien Abschriften derselben auszufertigen. Allein auch die Universität bat um die Mittheilung authentischer Abschriften sowohl dieser Urkunden als der päpstlichen Confirmation, und erhielt dieselben. Die vom Kaiser eigenhändig unterzeichneten Originalien — prächtig auf Pergament geschrieben — befinden sich in der Statthalterei-Registratur (Schatz-Archiv).

Von diesen für die Universität wichtigen Urkunden folgt nun ein Auszug. [2])

§ 9.

Die Privilegien-Urkunde enthält folgende wesentliche Punkte [3]):

a. Die Universität hat vier Facultäten, Theologie, Jurisprudenz, Medizin, Philosophie mit Mathes; die juridische Facultät hat dignitatem comitivam. [4])

b. Jede Facultät wählt halbjährig einen Dekan als ihren Vorstand aus ihrem Gremium.

c. Der Rektor und auch ein allfälliger Vicerektor wird jährlich von allen Doctoren und Magistern der Universität aus ihrer Mitte oder doch aus ausgezeichneten incorporirten Gliedern der Universität, bei Stimmengleichheit cum voto dirimente des jeweiligen Rektors gewählt, und ist Haupt der Universität. Religiosen haben aber keine Passivstimme.

d. Die Vorstände und Professoren sollen überall mit Auszeichnung behandelt, und die Geschäfte der Universität unverzüglich abgethan oder weiter befördert werden [5]).

e. Insbesonders

1. erstreckt sich die Jurisdiction der Universität auf alle Glieder derselben — Professoren, immatrikulirte Studenten, Notar, Pedell, Universitätsbuchdrucker, Lehrer der Sprachen und anderer freier Wissenschaften an der Universität, deren Frauen, Wittwen, Kinder, Dienerschaft und Familien-

---

1) So sagt wenigstens die Historia Societatis Jesu, die den 232. Band der Bibl. Tirol im Ferdinandeo ausfüllt. Diese Historia ist ein Auszug von Dipauli's Hand aus fünf Bänden der Jesuitengeschichte im Collegium zu Innsbruck, — wenigstens grossen Theils den Begebenheiten gleichzeitig verfasst. Das Manuscript besass der Exjesuit Philipp v. Aignea. — Davon ganz verschieden ist die gedruckte Historia Soc. Jesu in Germania superiore.

2) Abgedruckt sind diese Documente bei De Luca l. c.

3) Die Aufschrift, welche De Luca nicht anführt, lautet: Privilegia Universitatis oenipontanae ab Augustissimo Romanorum Imperatore Leopoldo I., ejusdem Universitatis fundatore concessa, et a sanctissimo Domino Domino Innocentio XI. universae ecclesiae summo pontifice et pastore confirmata. Hiernach sind also auch die Universitäts-Privilegien vom Papste confirmirt.

4) Vgl. § 37.

5) A Praelatis, Episcopis, Abbatibus, Praepositis, Comitibus, Baronibus, Nobilibus, militibus, civilibus, aliisque tam spiritualium quam temporalium principatuum seu dominiorum nostrorum incolis quibuscumque digne, reverenter. gratanter haberi, quotiescunque aliquod pro Universitate vel ejus suppositis coram Nobis aut ipsis tractare habuerint, indilate admitti una cum suis, honesteque et decenter recipi, patienter audiri et celeriter expediri.

glieder sowohl rücksichtlich der Mobilien als der in der Stadt gelegenen Immobilien. — Rekurse (jedoch nur über 50 fl., und nur zwei Monate nach der Entscheidung, und nicht über Kerkerstrafen) bei Injurien allezeit gehen an die Regierung, in geistlichen Sachen an den Bischof. Händel mit Dikasterialbeamten gehören immer vor die Regierung. — In Criminalsachen geht die Macht der Universität bis zur Ausweisung von zwei Stunden ausser der Stadt, bei grösserer Entfernung ist sie vorläufig der Regierung anzuzeigen. Todes-, Bluts-, Galeeren-Strafen beschliesst die Universität, gibt aber den Beschluss der Regierung zur Revision bekannt; zur sichern Verwahrung der Schuldigen wird der Regierungspräsident die landesfürstlichen Gefängnisse nicht verweigern.

2. Ein eingefangener Verbrecher muss der Universität, wenn er unter ihrer Jurisdiction steht, sogleich gegen Vergütung der Kosten ausgeliefert werden.
3. Richter, Administratoren, Offizialen, Bürgermeister etc. haben der Universität als Stellen und in ihrer Person [1]) auf Aufforderung Beistand zu leisten.
4. Magistrate, Offizialen etc. haben Universitätsglieder vor allem Unrecht etc. zu schützen.
5. Landesfürstliches Asyl ist für Verbrechen an Universitätsgliedern aufgehoben.
6. Verfolgung oder Nachsuchung eines Uebelthäters in der Wohnung eines Universitätsgliedes kann nur wie bei kaiserlichen Räthen stattfinden.
7. Abhandlungen über Universitätsglieder stehen dem Rektor zu, aber nur über Güter in der Stadt und den Vorstädten.

Noch wird ausgesprochen

8. Die incorporirten Universitätsglieder sind frei von Abgaben mit Ausnahme der auch von Klerikern zu bezahlenden allgemeinen Kriegssteuer.
9. Bücher und andere Bedürfnisse der Studenten sind zollfrei, für ganze von Professoren gekaufte Bibliotheken und für ihre Bücher ist diese Freiheit bei dem geheimen Rathe nachzusuchen.
10. Salar, Honorar, Stipendien etc. sind den Professoren ohne Verzug zu verabfolgen, und ohne Ansuchen zu schicken.
11. Die Immatrikulirung hat längstens eine Woche nach der Ankunft eines Studenten beim Rektor zu geschehen; nachlässige Studenten sind von der Matrikel zu streichen. Jurisprudenz kann nach päpstlicher Indult jeder Akademiker hören, darin graduiren etc.
12. Die Universität hat ein grosses und kleines Sigill, Urkunden mit denselben sind beweisend.
13. Die Wesen und Universität, Magistrat und Universität sollen in vorkommenden Fällen zusammen helfen; und Magistratsrichter und geschworne Bürgermeister bei ihrer Anstellung in Gegenwart des Rektors oder Deputirten der Universität auf die Handhabung dieser Privilegien beeidet werden.

§ 10.

Die Statuten der Universität, welche nach dem Wortlaute der kaiserlichen Approbation vorläufig von den Landesbehörden genau geprüft wurden [2]), beziehen

---

1) Conjunctim et divisim.
2) Sequentia statuta, utpote previa collatione nostrorum consiliariorum superioris

sich theils auf die ganze Universität — General-Statuten —, theils auf einzelne bei der Universität Aemter bekleidende Persönlichkeiten — Personal-Statuten.

Erstere — in 19 Artikeln (über Gottesdienste, Festtage, Immatrikulationen, Wohnung, Lectionen, Sitten, Einigkeit und Ruhe, verbotene Waffen, Schmähschriften, Gesetz-Uebertretungen, Kleidung, Ferien, Rangordnung, Gerichte, Arrest, Vorladungen, Umänderungen von Geldstrafen, Wiederaufnahme ehemaliger Akademiker, andere Statuten bei der Universität) sind die weitläufigsten und wichtigsten, und besagen auszugsweise Folgendes:

1. Das Studienjahr beginnt am Tage nach Simon und Judae (29. Oktober) mit dem Heiligengeist-Amte, auch ist alle Quatember ein Amt für die verstorbenen Universitätsglieder, das kaiserliche Haus, Wohlthäter zu halten, wozu alle Universitätsglieder zu laden, und wobei die Namen der verstorbenen Professoren abzulesen sind. Auch wird für jedes verstorbene Universitätsglied ein Gottesdienst gehalten, und zwar für einen Professor, der über fünf Jahre lehrte, oder schon dermals lehrt, vom Senate mit einer Rede nach der Messe; für andere von der betreffenden Facultät. Die Begräbniss-Stunde soll die Vorlesungen nicht hindern.

2. Am Fronleichnamstage erscheint die Universität bei der Prozession; andere feierlich zu begehende Feste sind: Weihnacht, Ostern, Pfingsten, Allerheiligen, die Feste Mariens, vorzüglich das Fest ihrer Empfängniss, wo beim Amte eine lateinische Rede zu halten, und das juramentum de tuenda firmiter et defendenda immaculata conceptione zu erneuern ist; dann Leopold und Joseph, endlich die Feste der einzelnen Facultäten. Zu einer allenfalligen Rede an den allgemeinen Festen bestimmt den Prediger der theologische Dekan.

3. Bei der Immatrikulation verbindet sich jeder Studirende eidlich vor dem Rektor auf die Statuten der Universität, Beförderung ihrer Ehre, Treue gegen Regenten und Regierung, Gehorsam gegen Rektor und Professoren, Einhaltung und Herstellung der Ordnung; und übergibt seine Zeugnisse, welche der betreffende Dekan, bei dem sich der Studirende zu melden hat, aufbewahrt. Vor der ein Jahr gehörten Rhetorik wird Keiner zur Philosophie, vor einem absolvirten Logikjahre Keiner in eine andere Facultät aufgenommen. Bei der Immatrikulation zahlt der Graf einen Dukaten, der Adelige einen Thaler, ein Honoratior einen Gulden, ein Anderer 30, 20 kr. oder noch weniger; dem Pedell aber quartaliter nach Stand 30, 15, 8 kr.

4. Die Studirenden sollen in Gasthäusern nicht Kost nehmen, im Sommer nach 10 Uhr, im Winter nach 9 Uhr Abends nicht dort, und bei Nacht nicht, im Nothfalle aber mit Licht auf der Gasse sein. Kostgeber sollen Ungebührliches — wie Saufgelagen etc. — nicht dulden, Studenten bei Nacht an die Thüre nicht stossen, keine falschen Schlüssel halten etc.

5. Die Professoren haben den täglichen Schulbesuch ihrer Schüler fleissig zu überwachen, Nachlässige bei den Quatember-Versammlungen der Professoren, nach fruchtloser Ermahnung auszuschliessen. Vor Bartholome darf kein Student in die Ferien reisen.

6. Studium ist mit guten Sitten zu verbinden; Professoren haben mit gutem Beispiel vorzugehen; gefährliche Orte, häufige Tänze, verbotenes Jagen und Fischen ist zu meiden.

7. Eintracht ist besonders auch unter den Professoren zu erhalten und zu befördern; Schmähungen, Uneinigkeiten, Zusammenrottungen sind auch mit Entlassung zu bestrafen.

Austriae provinciarum bene perpensa et accurate instructa in omnibus et per omnia confirmanda et approbanda esse duximus.

8. Degen — jedoch nur ambulatorii — sind den Akademikern erst im zweiten Jahre oder nach zwei an andern Universitäten zugebrachten Jahren, jedoch nicht in Lektionen, Collegien und bei öffentlichen Universitäts-Akten erlaubt, andere verbotene Waffen, so wie Duelle strengstens untersagt.

9. Schmähschriften ziehen ipso facto den Verlust der Universitätsprivilegien nach sich.

10. Ueberhaupt ist ein ungezogenes Betragen [1]) mit Geld, Kerker, Entlassung, auch unter Anzeige an der schwarzen Tafel zu bestrafen.

11. Kleidung sei anständig, Masken sind, ohne allgemeine Erlaubniss im Fasching etc. verboten.

12. Ferien sind: Von Bartholome bis Simon und Juda (24. August bis 28. Oktober), alle gebotene Feiertage, die Feste Leopold, Maria Opferung und Heimsuchung, ein vom Rektor zu bestimmender Tag, Allerseelen, von Thomas bis Epiphania, vom Freitag vor, bis Freitag nach Fasching, vom Palm- bis weissen Sonntag, an den Bitttägen Vormittag, am Tage öffentlicher akademischer Würden-Ertheilung, bei Todten-Gottesdiensten in den bezüglichen Stunden, alle Donnerstage; für einzelne Facultäten die Facultäts-Feste.

13. Bei Feierlichkeiten folgen sich Rektor, Grafen, Barone, Professoren der Theologie, Jurisprudenz, Medizin, Philosophie mit Dekan an der Spitze; bei Promotionen geht die bezügliche Facultät selbst dem Rektor vor; Pedell mit Scepter ist immer an der Spitze; wegen etwaigen Gästen ist dem akademischen Senate eine klaglose Anordnung überlassen.

14. In Jurisdictions-Angelegenheiten entscheidet der Rektor, der die Dekane oder den ganzen Senat berufen kann; bei Rekursen über Entscheidungen des Rektors und der Dekane ist ein Dukaten, über jene des Senates sind zwei Dukaten zu hinterlegen, welche bei Bestätigung der ersten Entscheidung verfallen sind.

15. Wer nach Verbot flüchtet oder Verbotenes entfernt, verliert die akademischen Privilegien und gilt als meineidig. Arrest befiehlt der Rektor, im Nothfalle auch ein Professor, ja in flagranti z. B. bei Duell selbst der Notar oder Pedell.

16. Wer auf zweite Vorrufung ohne gegründete Ursache vor dem Rektor nicht erscheint, wird mit Arrest, im Wiederholungsfalle mit Relegation und Anschlag auf der schwarzen Tafel bestraft, ein Schuldenmacher bis zur Bezahlung auf Forderung des Gläubigers arretirt, ein Entflohener vorgeladen oder von der Obrigkeit requirirt. Auf vergebliche dreimalige oder peremtorisch einmalige Vorladung eines wegen Vergehen Flüchtigen folgt das weitere Verfahren.

17. Geldstrafen sind zur Vermeidung des Scheins von Geldsucht bisweilen in Arrest umzuändern.

18. Wer fünf Jahre von der Universität abwesend ist, hört auf ihr Mitglied zu sein, wenn ihn nicht der Rektor wieder aufnimmt, was ohne Eid und Gebühr geschieht.

19. Zusätze oder Special-Statuten werden, wenn sie auf Verlangen des Senats landesfürstlich genehmiget sind, diesen Statuten gleich gehalten.

§ 11.

Die wesentlichen Bestimmungen der Personal-Statuten sind:

a. Der Rektor sorgt für die Aufrechthaltung der Rechte und Statuten der Universität, präsidirt dem Senate cum voto dirimente, erlässt die Anschläge zu Feier-

---

[1]) In specie periculosae adunationes et insultus aliaeque nocturnae insolentiae cum explosionibus fistularum, percussionibus fenestrarum et similibus.

lichkeiten etc. an die Akademiker, lässt im ersten Monate seiner Amtsführung die Statuten und Privilegien vorlesen, legt im ersten Monate nach seinem Austritte vom Amte dem neuen Rektor und wenigstens den Dekanen Rechnung, bestraft die Uebertreter der akademischen Gesetze, verhört bei Untersuchungen mit dem Notar protokollarisch, und in wichtigen Sachen eidlich, lässt den vom Arrest Entlassenen bei Bedenken vor zwei Zeugen schwören, keine Rache zu üben, sorgt für das Sigill, das er bei sich behält; führt die Correspondenz mittelst des Notars, der vom Rektor approbirte Schriften siegelt; beruft am Vorabend vor Allerheiligen, oder wenn dieser ein Sonntag ist, am Tage vorher die Professoren zur Wahl eines neuen Rektors, den er beeidet. (Von einem allenfälligen Vicerektor gilt das Nämliche.) Er wird nach dem Turnus der Facultäten gewählt, wenn nicht die Wahl auf ein ausgezeichnetes Individuum, das nicht Professor ist, fallen sollte.

b. Die Professoren legen nach ihrer Ernennung vor dem Senate das Glaubensbekenntniss und in die Hände des Rektors den Eid ab, das Amt nach den Statuten zu verwalten; insbesonders bei Erklärung einer Materie nicht zu lange zu verweilen; in keinem Schultage die Vorlesungen ohne Bewilligung zu unterlassen, daher sich in keine fremden Geschäfte einzulassen; dann als Mitglieder des Senats verschwiegen zu sein, die Privilegien zu erhalten und zu vertheidigen, und ihr Votum nur auf Aufforderung in der Ordnung zu geben.

c. Der Dekan wacht über die Facultät und die Schüler derselben, ermahnt Nachlässige, und zeigt sie nöthigen Falls dem Rektor oder Senate an, fordert keine höheren als die vorgeschriebenen Taxen, und wird in der Regel nach dem Turnus der Professoren der Facultät, übrigens wie der Rektor, jedoch halbjährig gewählt.

d. Der Notar schwört dem Senate, die Bücher und Protokolle genau zu führen, die Beschlüsse sogleich einzutragen und dem Rektor vorzulegen, sich in keine fremdartige Geschäfte einzulassen, sich täglich wenigstens einmal, wenn der Rektor es nicht nachsieht, vor ihm zu stellen, Einläufe gehörig zu tergiren, die Zeugnisse nach der vorgeschriebenen Formel zu verfassen, und dafür nur die bestimmten Taxen zu fordern.

e. Der Pedell, der einige Wissenschaft besitzen, übrigens ledig oder verheirathet sein kann [1]), schwört dem Rektor genaue Pflichterfüllung, keinen Tag ohne dessen Erlaubniss abwesend, und immer verschwiegen zu sein. Seine Pflichten sind: die Ehre und den Nutzen der Universität befördern, die Befehle des Rektors, z. B. Anheftung von Programmen etc., vollziehen, ihn auf Verlangen begleiten, den Professoren die Aufträge ehrerbietig entrichten, die Lehrzimmer reinlich halten; über Fleiss der Studenten dem Rektor und den Dekanen berichten, insbesonders Niemanden ohne Befehl aus dem Kerker entlassen. Der sechste Theil der Immatrikulations-Kosten gehört ihm, nebst den Quartalgeldern der Studenten.

§ 12.

Nebst diesen allgemeinen allerhöchst approbirten Statuten bestanden bei jeder Facultät noch eigene Satzungen (§ 3), über die eine landesfürstliche Approbation nicht bekannt ist, und die auch nur von der theologischen Facultät aus den Ephemeriden näher bekannt sind. Denn die innern Angelegenheiten der Facultäten, wie der Universität überhaupt — Bedingungen und Würdigkeit zu akademischen Würden, Reihenfolge der Lehrgegenstände, Verfügungen über die Facultätskasse, waren damals bereits ganz der Universität und den einzelnen Facultäten überlassen, und

---

1) mediocriter doctus, — celebs aut uxoratus.

es ist daher natürlich, dass sie über ihre Angelegenheiten nähere Bestimmungen machten. Die theologischen Statuten schreiben sich vom Jahre 1675 her (§ 4), wurden aber theilweise öfter modifizirt. Darin wird unter Anderem festgesetzt, der Dekan habe Akten und Journal (Ephemeriden) der Facultät zu führen, und letzteres sowie die Rechnungen bei seinem Austritte vom Amte der Facultät zur Approbation vorzulegen, die Zeugnisse nach erfolgter Information von den Professoren auszufertigen; alle Professoren der Theologie müssen Doctoren der Theologie sein, und sie reihen sich im Range nach den Dienstjahren; das Baccalaureat kann nach zwei theologischen Studienjahren, das Licentiat erst nach empfangenen heiligen Weihen, das Doctorat nur Priestern verliehen werden. Die Promotion geschieht privat durch den Dekan, öffentlich nach dem Turnus, doch muss der Promotor immer schon Dekan gewesen sein; über Scolastik und Moral wird an allen Schultagen, über hl. Schrift und Controversen wochentlich je eine Stunde gelesen etc. — Die juridische Facultät hatte auch schon am 17. November 1673 festgesetzt, dass die Juristen vier Jahre die beiden Rechte hören [1], im ersten biennio waren Kirchenrecht und Institutionen, im zweiten Codex und Pandekten, zum Doctorat aber das Kirchenrecht vier Jahre vorgeschrieben; das Doctorat des Civilrechtes wird ohne jenem des Kirchenrechtes nicht gegeben, wohl aber jenes des Kirchenrechts auch allein; ein Jahr in einer wochentlichen Stunde sind auch die ausserordentlichen Vorlesungen aus dem Lehen- und öffentlichen Rechte zu hören, die im folgenden Schuljahre beginnen werden [2]. Auch die Statuten dieser Facultät wurden öfter revidirt und vervollständigt, doch finden sich in den Ephemeriden hierüber keine genaueren Angaben. Statuten der zwei übrigen Facultäten liegen nicht vor, waren jedoch z. B. bezüglich der Dekane den theologischen wahrscheinlich ganz ähnlich. In den medizinischen Statuten kamen insbesonders Bestimmungen über die Promotions-Taxen vor, von welchen später die Rede sein wird.

§ 13.

In allen diesen Documenten ist von dem Verhältnisse der Universitäts-Jurisdiction zu jener des Bischofs von Brixen, dem sie damals über die Kleriker zukam, keine Rede, da doch manche Glieder der Universität — Professoren und Studirende — Kleriker waren. Diess Verhältniss kam aber bald zur Sprache, und zwar zuerst bezüglich des Rechtes der Abhandlungen bei Todesfällen.

Als nämlich im Jahre 1677 der Professor der hl. Schrift, Michael Digisser, starb, welcher zugleich Kaplan in Mariahilf war, delegirte die Universität den juridischen Dekan Weitenauer mit dem Notar zur Versieglung und Inventarisirung des Nachlasses. Der Bischof, davon in Kenntniss gesetzt, protestirte und verbot der Universität den Akt, trug jedoch dem Ruraldechant Obrist von Thaur auf, das Geschäft mit einem Deputirten der Universität zu versuchen, was diese, da sie bereits die Anzeige an den geheimen Rath gemacht hatte, nicht annahm. Der geheime Rath ahndete das eigenmächtige Verfahren der Universität, und es kam zu Verhandlungen. Die Universität behauptete in ihrem Rechte zu sein, weil die kaiserliche Stiftungs- und päpstliche Confirmations-Urkunde der Universität die Jurisdiction über ihre Glieder, wozu ja Digisser gehörte, zuschreibt, und auch andere Universitäten wie Freiburg, Dillingen, diess Recht hätten, wobei sie sich auch auf die Meinung des Hofkanzlers Hocher, eines Tirolers [3]), der sich um die Errichtung

---

1) Scribendo excipiant lectiones etc.
2) Ephem. juridico 17. Nov. 1673, 1. Mai 1674.
3) Geboren zu Freiburg, aber in Tirol 30 Jahre domizilirt, und in die Landesmatrikel eingetragen. Zeitschrift des Ferdinandeums 1838. S. 69.

2 *

der Universität sehr verdient gemacht hatte, berief. Allein auch der Bischof wollte sein Recht um so weniger fahren lassen, als Digisser in der Eigenschaft eines Kaplanei-Benefiziaten ungezweifelt der bischöflichen Jurisdiction angehörte. Endlich hatte auch die Regierung in Folge des Vertrages vom 13. Dezember 1605 zwischen dem Bischof von Brixen und Maximilian dem Deutschmeister als Landesfürsten Interventions-Ansprüche, da nach jenem Vertrage bei Abhandlungen von Geistlichen die geistliche und weltliche Obrigkeit das Recht cumulativ zu handeln hat. Die Wesen, welche unter dem 16. Jänner 1678 einen sehr weitläufigen Bericht über diese Angelegenheit an den Kaiser erstatteten, wussten am Ende doch nichts Anderes vorzuschlagen, als eine cumulative Kommission, durch welche der Streit ausgetragen werden sollte. Diese wurde auch allerhöchst genehmigt. Indessen verzog sich die Verhandlung noch lange Zeit, und in einem Schreiben vom 20. August 1678 an den Fürstbischof von Brixen [1]) suchte die Universität noch ihre Rechte geltend zu machen. Erst als der Bischof am 29. Oktober 1678 selbst nach Innsbruck kam, wo er am 4. November auch die Universität besuchte, und mit Feierlichkeit empfangen wurde [2]), scheint die Divergenz ihr Ende erreicht zu haben. Bei der nachherigen Aufwartung des Vicerektors und theologischen Dekans beim Bischofe am nämlichen Tage erbot sich dieser dazu, dass die Universität mit ihm bei dem Akte konkurrire, das Direktorium jedoch ihm verbleibe. Diess nahm die Universität an [3]). Die Regierung hat wohl ihr Recht nach der Privilegien-Urkunde der Universität überlassen, da von ihrem Einflusse in dergleichen Fällen auch in Zukunft nichts vorkommt. So ward also die Sache beiläufig in der Art abgethan, wie der Bischof sich gleich anfangs herbeiliess. Ein förmliches Document über diess Uebereinkommen scheint damals nicht ausgefertigt worden zu sein.

Bald darauf entstand eine noch heftigere Divergenz. Ein gewisser Veja, Priester und Student, war im Verdacht, einen Ferrari mit einer Kienburg (Hofdame) ehelich zu kopuliren versucht zu haben. Er wurde desswegen im Juli 1682 auf Zudringen des geheimen Raths Gr. Spauer von der Universität incarcerirt [4]), und nach Senatsbeschluss vom Rektor der Universität constituirt. Am 6. August entfloh Veja aus der Stuba academica, in welcher ihn der Pedell frei herumgehen liess, aus dem Fenster springend, und ging zuerst in das Stift Wilten, dann nach Brixen. Der Bischof von Brixen, welcher sich schon auf die Nachricht von der Incarcerirung des Veja bei der Universität beschwert hatte, und die hierauf erfolgte Rechtfertigung derselben ungenügend fand, schrieb unter dem 25. August 1682 wieder, er könne nicht begreifen, wie sich Rektor und Vicerektor, noch dazu Laien,

---

1) Vorfindig im Brixener Consistorial-Archiv.

2) Alle Professoren waren im Logik-Hörsaale mit dem Vicerektor an der Spitze in ihrer Amtskleidung zum Empfang des Bischofs versammelt, und der Vicerektor empfing ihn mit einer Rede. Der Saal war prächtig verziert. Muri vestiti erant peristromatis pretiosis, ex quibus pendebant quinque emblemata ingeniosa, quorum unum totam Universitatem et reliqua quatuor singulas facultates representabant, explicato singulorum sensu per genios facultatum et Universitatis. — Placuisse visa est Celsissimo, qui humanissime simul et aloquentissime gratias egit pro honore sibi exhibito, seque ad ejus comoda promovenda promtissime exhibuit. — Die Auszierung des Saales war der philosophischen Facultät überlassen, deren Dekan sich in den Ephemeriden mit einem doppelten NB. NB. beklagt, dass sie dafür von der Universität nichts erhalten habe.

3) Ut ipse et Universitas simul ad illum actum concurrerent, relicto tamen sibi tanquam Ordinario Directorio, in quod Universitas consensit (Eph. theol. ad 4 Nov. 1678).

4) Assignatus locus quam decentissimus, concessa etiam eidem omnis ordinaria comoditas, victus, lectus (Eph. theol. ad 26 Jul. 1682).

wider geistliche Personen und zwar in einer rein kirchlichen Sache das Forum Episcopi arrogiren. Ihr habt, setzte er bei, eure vermeintlichen Privilegien hierzu zu eröffnen, was ihr bisher nicht prästirt [1]). Der Vicerektor, der auch in dieser Angelegenheit vorzüglich die Universität vertrat, da der Rektor noch kein Professor war, bat erst nach den Ferien antworten zu dürfen, und reiste dann mit dem Professor der scolastischen Theologie, Baroni, selbst nach Brixen, wo beide mit dem bischöflichen Generalvicar und zwei Räthen unterhandelten. Das Resultat war, dass der Bischof unter dem 18. Dezember den akademischen Senat — eigentlich den geistlichen Gliedern desselben, die Jurisdiction auch über akademische Kleriker, welche ohne kirchliche Censur wären, und kein kirchliches Benefizium oder Amt versähen, delegirte, und auch zu Verhandlungen nach Todfällen dem bischöflichen Commissär einen Laien des Senates beizugeben gestattete, übrigens es der Universität frei stellte, bezüglich ihres diessfalls beanspruchten Privilegiums an den Papst zu rekurriren [2]), was jedoch die Universität nicht that. Hierdurch war also auch die frühere Bestimmung über Verhandlungen nach dem Ableben akademischer Kleriker in authentische Form gebracht; auch gewann die theologische Facultät insofern an Gewicht, als ihr Dekan, wenn der Universitäts-Rektor kein Priester war, bei Jurisdictions-Verhandlungen über Kleriker an des Rektors Stelle trat.

Ein neuer und der heftigste Streit mit dem Bischofe von Brixen ergab sich über die Rechte des Kanzlers der Universität, von dem wohl die päpstliche Confirmation spricht, in den kaiserlichen Documenten und Universitätsstatuten aber keine Meldung vorkommt. Dieser Streit tauchte bei Gelegenheit der Publikation der akademischen Statuten und Privilegien auf, und da er noch längere Zeit nach dieser Publikation fortdauerte: so wird zuerst diese Publikation anzuführen sein.

§ 14.

Obschon die Urkunde der Privilegien und Statuten schon im Jahre 1684 von Wien angekommen war, so verzog sich doch ihre öffentliche Bekanntmachung bis zum 21. Jänner 1686. Die Ursache dieser langen Verzögerung lag wohl nur dem kleinsten Theile nach in der vorläufigen Verfertigung von Abschriften dieses weitläufigen Documents; mehr verzögerten die Publikation die Universitäts-Professoren. Denn da sie über die Modifikationen des Universitäts-Entwurfes, welche von den

---

1) Concept im Brixener Consistorial-Archiv.

2) Volentes ad humilem instantiam senatus academici oenipontani ejus faciliari regimini provide consulere, eidem senatui, quatenus est ecclesiasticus, jurisdictionem nostram ordinariam in scholares clericos ibi studentes actualiter et immatriculatos presentium tenore delegamus, tum in causis civilibus quam criminalibus, iis duntaxat exceptis, qui abnoxii sunt censurae alicui ecclesiasticae et ubi clerici aliquod habeant beneficium ecclesiasticum vel munus aut officium a Nobis dependens, ita tamen, ut si periculum fugae subesset, dictus senatus etiam in casibus criminalibus exceptis possit et debeat delinquentem arrestare et carcerare, quantum opus, donec res ad ordinarium per senatum deferatur, et Brixinae fiat alia dispositio. Caeterum si Rector Universitatis foret laicus, directorium exercitii jurisdictionis nostrae sit et resideat penes decanum facultatis theologicae tunc existentem. — Quoad bona professorum et scolarium, quatenus Universitas intrat judicii laici assistentiam in ejusmodi casibus ordinario praestantis, concessum sit eidem, ut per ejus deputatum etiam laicum possit hujusmodi bonorum discussionibus et distributionibus seu alii cuique dispositioni judiciali intervenire, uti cum laica potestate observatur, et actualiter observatum fuit in discussione et distributione haereditatis relicta a quodam ven. Presbytero Michaele Digisser olim Professore Academiae oenipontanae. Denique reservamus dicto senatui, quatenus recursum ad sanctam sedem pro declaratione praetensi sui privilegii per Nos hactenus non agniti aut admissi sumere possit, cui postmodum stare volumus et ex debito nostrae obedientiae debemus.

Wesen und dem geheimen Rathe beantragt wurden, so wenig als zur allerhöchst anbefohlenen Ausgleichung der Divergenzen zu Rathe gezogen worden waren [1]), so fand sich in den allerhöchst genehmigten Statuten und Privilegien Manches, was der Universität neu und unangenehm war, und nach ihrer Meinung vor der Publikation abgeändert werden sollte, und wohl auch später manche Verhandlungen hervorrief, z. B. über das Aufsteigen in die höhern Facultäten, die Jurisdiction über die Schaarwache etc. Allein vorzüglich der Gubernator drang auf die Publikation, welche auch auf die ersten Tage des Juli 1685 festgesetzt, jedoch damals nicht vorgenommen wurde [2]); vielmehr beschloss eine Conferenz vom 22. Oktober 1685 zwischen dem Universitäts-Vicedirektor mit den vier Dekanen, und zwischen dem geheimen Rathe Gr. Spaur mit dem Universitäts-Rektor Baron Sarnthein, die Publikation erst vorzunehmen, sobald der nach zwei Wochen zu wählende Bischof [3]) von Brixen, dem nach der Ansicht der Universität als ihrem Kanzler die Documente jeden Falls vor der Publikation mitgetheilt werden sollten, dieselben gelesen hätte; wobei auch gegen die Publikation von Punkten, welche die geistliche und weltliche Gerichtsbarkeit betreffen, Einsprache gemacht wurde. Obschon nun auch das Brixener Domkapitel noch vor der Bischofswahl und dann der Bischof selbst gegen die Promulgation protestirte, so befahl der Gubernator doch die unverzügliche feierliche Bekanntmachung ohne Weiters [4]); und sie wurde sohin am 21. Jänner 1686 in der Jesuitenkirche beiläufig mit den nämlichen Feierlichkeiten, mit welchen im Jahre 1677 die Stiftungs- und Confirmations-Urkunden publizirt wurden, vorgenommen und wieder mit einem Essen im Jesuiten-Collegio [5]) auf Kosten der Universitätskasse beschlossen, bei welchem auch der Universitäts-Rektor und Deputirte der Hofkammer gegenwärtig waren.

§ 15.

Die Gründe, aus welchen, wie bemerkt wurde, das Ordinariat Brixen gegen die Publikation der Statuten und Privilegien protestirte, bestanden vorzüglich darin, dass dieselben ohne Einfluss des Ordinariats verfasst seien, da doch die päpstliche Confirmations-Urkunde ausdrücklich bestimme, diese durch den Bischof von Brixen mit den Vorstehern der Universität einzurichten, und dass in diesen Documenten verschiedene Bestimmungen vorkommen, welche „zum Abbruch der päpstlichen Bulle und des Ordinariats Brixen Intention und Gerechtsame zielen“. Die Documente sollen besser überdacht, nach der päpstlichen Urkunde eingerichtet und erst hernach publizirt werden.

Nachdem die Publikation dessen ungeachtet erfolgt war, verlangte der neue Bischof Gr. Franz Kuen von der Universität Satisfaktion, und entzog derselben, da sie sich auf den Befehl des Gubernators stützend in weitere Verhandlungen nicht einlassen wollte, die Licenz zu akademischen Promotionen und die ertheilte Jurisdiction über studirende Kleriker. Nun konnte sich die Universität weitern Verhandlungen mit dem Ordinariate um so weniger entziehen, als sie hiezu vom geheimen Rathe selbst beauftragt wurde, der bei der ganzen Verhandlung vermittelnd eintrat. Diese Verhandlung erhielt erst nach zwei Jahren ihren Abschluss, und die Universität, selbst die Jesuiten fanden das Betragen des Bischofs sehr an-

1) Vgl. § 8.
2) Vgl. §§ 38. 40. 37.
3) Bischof Paulin war am 29. September 1685 gestorben.
4) non obstantibus quibuscumque difficultatibus.
5) lautum prandium — sagen die juridischen Ephemeriden.

massend [1]). Der Bischof klagte nebst der Beschwerde über die voreilige Promulgation der Statuten insbesondere darüber, dass die Jurisdiction auch über Kleriker ohne weiters der Universität zugeschrieben werde, dass die Statuten von keiner Professio fidei, wie sie die Confirmations-Bulle fordere, Meldung mache, dass in allen Documenten von einem Kanzler nicht einmal ein Wort vorkomme, dass selbst zur Abänderung der alten oder Verfassung neuer Statuten von einem bischöflichen Einflusse gar keine Erwähnung geschehe. Die Universität suchte vor allem um die entzogene Licenz zu den Promotionen nach, und erhielt sie auf ein Jahr, und dann — durch ein sehr höfliches Schreiben selbst des geheimen Raths an den Bischof unterstützt — auf ein zweites Jahr. Auf die Klagpunkte des Bischofs machte sie geltend, dass die Privilegien und Statuten schon vor der päpstlichen Confirmationsbulle verfasst worden seien, sohin dabei von einer Beeinträchtigung der Rechte, welche sich erst aus der Bulle ergeben, keine Rede sein könne, dass die Publikation auf höhern Auftrag geschah, dass Bestimmungen über das juramentum fidei in Statuten überflüssig seien, da ja die päpstliche Bulle das Betreffende hierüber ergänze, dass eine päpstliche Confirmation bei Abänderung oder Verfassung der Statuten nicht nöthig sei, wie der Bischof sie fordere, weil ja die Bulle diess nicht vorschreibe, vielmehr die Verfassung etc. gestatte; dass übrigens künftige Statuten ohne bischöfliche Beistimmung nicht gemacht werden sollen; dabei ersuchte die Universität neuerdings den Bischof um die Jurisdiction über studirende Kleriker, und meinte, dass die Rechte und Pflichten des Kanzlers zuerst vom Bischof anzugeben wären. — Ueber diesen letztern Punkt holte der Bischof von andern Bischöfen, welche Kanzler an Universitäten waren, die Universität aber von andern Universitäten Aufklärungen ein. Endlich kam unter dem 21. Sept. 1688 zwischen dem Bischofe und der Universität ein Uebereinkommen zu Stande, das der Bischof vorgeschlagen, und der geheime Rath, dem die Universität theils unmittelbar, theils mittelst der Regierung den Stand der Verhandlungen immer vorlegte, und sich Weisungen erbat, mit wenigen unwesentlichen Veränderungen schon unter dem 3. Juli 1688 gebilliget hatte, und welches die auszugsweise folgenden 8 Punkte enthielt.

1. Die Statuten der Universität — schon vor der päpstlichen Confirmations-Bulle entworfen — sind eben desswegen dem Bischof als erst durch jene Bulle aufgestellten Universitätskanzler unpräjudizirlich; eine Abänderung derselben bedarf aber der bischöflichen Zustimmung. [2])

2. Die Jurisdictionsverhältnisse über studirende Kleriker bleiben nach der Urkunde Paulin's vom 18. Dezember 1682 geregelt. (Diese Urkunde ist wörtlich aufgenommen.)

3. Der Prokanzler nimmt mit Anfang eines jeden Studienjahres von allen Professoren das Glaubensbekenntniss [3]) und den Eid ab, nichts gegen den Glauben und die guten Sitten zu lehren; ist der Vicekanzler Professor, legt er selbst beide in die Hände des theologischen Dekans ab.

4. Den Prokanzler bestellt der Bischof frei, wird jedoch auf die Bitte der

---

1) Die Historia Societatis Jesu des Ferdinandeums stellt die Sache so dar, als wenn sich der Bischof als Herr der Universität und als Richter in allen ihren Streitigkeiten hätte betrachten wollen, und polemisirt zum Jahre 1684 weitläufig dagegen.

2) Dem bischöflichen Entwurfe wurde hier beigesetzt: ita tamen, ut causam et praejudicium Caesaris velut supremi Principis et Fundatoris directe vel indirecte non involvant aut concernant.

3) Nach den Statuten hatten die Professoren nur bei Uebernahme ihres Amtes das Glaubensbekenntniss abzulegen.

Universität, ihn aus ihrer Mitte zu nehmen, bedacht sein. Sein Rang ist nach dem Universitäts-Rektor, ausser bei Versammlungen der Facultät, zu welcher er gehört, und den Rechten des Promotors bei Doctorats-Mahlzeiten unbeschadet. [1]

5. Promotionen werden dem Prokanzler von der betreffenden Facultät durch Notar und Candidaten zur Bestimmung über Tag und Stunde der Licenz-Ertheilung angezeigt.

6. Bei allen Akten des Baccalaureats, Licentiats und Doctorats legt der zu Promovirende das Glaubensbekenntniss und den Eid ab: a. des Gehorsams gegen die römisch-katholische Kirche, b. gegen den Bischof als Kanzler und gegen die Facultäts-Professoren, c. das Wohl der christlichen Kirche nach Kräften zu befördern und zu schützen, d. die Licenz anderswo nicht zu verlangen. Bei nicht öffentlicher Ertheilung des Baccalaureats kann der Prokanzler delegiren. Die Licenz gibt der Prokanzler von der höhern Kanzel.

7. Die Taxe des Prokanzlers für die Licentiats-Ertheilung ist — an den drei höhern Facultäten bei einem Candidaten ein Dukaten, bei zwei je vier Gulden, bei Mehreren je ein Thaler; in der Philosophie von Jedem dreissig Kreuzer.

8. Dem Prokanzler sind immer zwei Exemplare der Thesen, Cataloge etc. für den Kanzler zu übergeben. [2]

§ 16.

So war also die Universität erst nach fast zwei Dezennien seit ihrem ersten Anfang vollständig organisirt und ihre Stellung geordnet.

Es war eine Universität nach dem Begriffe der damaligen Zeit, ein Studium universale bezüglich der gelehrten Wissenschaften, der Studirenden und der Gültigkeit des Studiums. Alle Hauptwissenschaften wurden an derselben gelehrt, kein Stand oder Land war von der Theilnahme an dem Studium ausgeschlossen, die von ihr anerkannte Befähigung sollte überall Gültigkeit haben. Sie war aber keine Universität der ältern Zeit, wo an einer Universität immer vorzüglich Eine Wissenschaft betrieben wurde, wo die artistische Facultät auch das nun ausgeschlossene Gymnasium enthielt, wo die Doctoren und Magistri der Universität sogleich an der Universität lehren konnten, wohl auch mussten etc. Von der Einrichtung der Nationen, von Bursen, von Collegien nach dem Begriffe früherer Zeiten etc. findet sich an der Innsbrucker Universität nichts. War sie vom Staate auch nicht so abhängig wie in spätern Zeiten, so war sie doch keine unabhängige Corporation, wie die ältern Universitäten. Sie hatte auch natürlich nicht das zahlreiche Lehrpersonale und die vielen Lehrfächer der spätern höhern Schulen, aber eine rein katholische Einrichtung.

Ihr Name war: Universitas Leopoldina, die vier Facultäten führten die bei allen Universitäten üblichen Namen, die Philosophie hiess nämlich: inclyta [3] artium liberalium et Philosophiae facultes, die Theologie hatte den Titel sacra, die Jurisprudenz den Titel consultissima, die Medizin den Titel saluberrima facultas.

Als Anfangsjahr der Universität wird gewöhnlich das Jahr 1672 angenommen, wo sie Scepter, Rektor, theilweise das Recht zu Promotionen etc. erhielt, obschon damals weder die Studien noch ihre Einrichtungen geordnet waren, ja die Medizin nicht einmal gelehrt wurde.

---

1) Salva tamen in conviviis doctoralibus Promotoris praerogativa, neque etiam in conciliis illius facultatis, in qua forsan ipse Procancellarius professor existit.

2) Authentische Abschriften dieses Documents finden sich bei der Universität, im Brixener Consistorial-Archiv etc.

3) Inclyto hiessen auch die übrigen Facultäten.

Zweiter Abschnitt.

Entwicklung der Universität bis um das Jahr 1730.

§ 17.

Bis auf die 1730ger Jahre behielt die Universität ihre ursprüngliche Einrichtung ohne wesentliche Veränderungen. Eine Geschichte der Universität wird daher über diese Periode nur zu erzählen haben, wie sich dieselbe nach ihren Statuten und Privilegien in ihrem innern Wesen und in ihren äussern Beziehungen fortbewegte. Wir beginnen mit den materiellen Elementen (Fond und Lokale), gehen dann auf die Professoren und ihre Amtsgeschäfte vorzüglich im Unterrichte, auf die Studenten und ihr Betragen über, fügen Einiges über die Leitung der Universität nach Innen und Aussen durch ihren Senat bei, und schliessen diesen Abschnitt mit ein Paar allgemeinen Bemerkungen.

§ 18.

Die Universität hatte keinen eigentlichen Stiftungsfond an liegenden Gütern, Kapitalien etc., sondern wurde von dem veränderlichen Einkommen des Salz-Aufschlages in Hall im Betrag von 12 kr. auf jedes Fuder des für Tirol verkauften Salzes, sohin eigentlich von Tirolern, welche Salz kauften, erhalten. Gegen eine Ausdehnung dieses Preises auch auf auswärtige Käufer protestirte im Jahre 1709 die Hofkammer, weil hierdurch der Salzverschleiss sich vermindern würde. [1]

Diese 12 kr. für das Salzfuder nahm der k. k. Salzhingeber in Hall ein, und das Salzamt hielt den Betrag in Evidenz [2]. Für die Universität erhob von der Haller-Saline ein eigener mit 100 fl. salarirter Universitätskassier, der Caution zu

---

1) In der kaiserlichen Stiftungsurkunde heisst es: liberali ac perpetuo duratura dote magnificentissime donamus, fundum illi dotalem assignantes tyrolenses nostras salinas, e quarum annuis proventibus professorum salaria, aedificiorum sarta tarta et reliqua Universitatis onera abunde sustentantur. Hiernach sollte man glauben, dass das Einkommen der Haller-Saline überhaupt, und nicht bloss der erwähnte Aufschlag, zur Deckung der Universitätsbedürfnisse bestimmt war. Allein dem ist nicht so. In allen Rechnungen etc. erschienen als Universitätsfond nur die Einkünfte aus den 12 kr. für jedes Fuder Salz, und gegen einen andern Betrag von der Saline wurde in hohen und a. h. Erlassen protestirt.

2) Der Hingeber und das Amt hatten dafür keine Besoldung: Ersterer erhielt aber öfter eine Remuneration, z. B. der Salzhingeber Fenner nach 40 Dienstjahren als Beamter 500 fl., die jedoch nach der a. h. Entschliessung vom 29. Oktober 1695 ohne Nachstand der akademischen Salarien ausbezahlt werden sollten.

legen hatte, die Beträge, und lieferte sie den Professoren etc. ab [1]). Im Jahre 1698 kam zur Sprache, ob nicht das ganze Kassieramt mit dem Salzhingeber-Dienste zu vereinigen wäre. Diess wurde damals und auch noch im Jahre 1711, wo die Hofkammer und der geheime Rath auf diese Vereinigung antrugen, allerhöchst nicht bewilligt, weil ja der Kassier die Einkünfte der Universität gegen die Hofkammer zu kontroliren habe; jedoch unter weiterer Bericht abgefordert. Im Jahre 1714 wurde aber diese Vereinigung genehmigt und das Kassieramt ganz aufgehoben.

Die eigentliche Verwaltung des Universitätsfonds führte die Hofkammer, welcher das Salzamt in Hall, das unter ihr stand, jährlich über diesen Fond belegten Bericht zu erstatten hatte, den die Kammer durch die Buchhaltung prüfen liess, und dann mit ihren Bemerkungen erledigte. Um Ausgaben, welche nicht als systemisirt an die Professoren etc. verabfolgt wurden, z. B. um Remunerationen, Ankauf von Büchern für die Universität, zur Congregation [2]) etc., hatte sich die Universität an die Hofkammer zu wenden, welche diese Anträge in weitere Verhandlung nahm [3]). Dagegen machte und beantragte die Hofkammer oft Ausgaben aus dem Universitätsfond, ohne darüber die Universität gehört zu haben. [4])

Nicht selten kam die Universitätskasse in zeitweilige Aufliegenheit, so dass nicht einmal den Professoren ihre Besoldungen rechtzeitig abgeliefert wurden, und ihre Klagen wohl auch Verhandlungen und besondere Maassregeln veranlassten. Schon bei der Aufstellung eines Professors für das Kirchenrecht im Jahre 1672, und bei der Aufstellung der Professoren Gruber und Weinhart, der ohne Gehalt angestellt wurde, im Jahre 1677 wurde auf den geringen Fond der Universität hingewiesen; und als Weinhart nach zweijähriger unentgeltlicher Dienstleistung unter dem 15. August 1679 ein Salar von 160 fl. erhielt, befahl der Kaiser zugleich, auch die Landschaft um Mittel zur Bestreitung der Auslagen anzugehen. Bei der eingeleiteten Verhandlung wurde der Antrag gestellt, den Salzaufschlag um 4 kr. zu erhöhen, wogegen sich aber die Hofkammer mit der Bemerkung erklärte, dass schon der bestehende Aufschlag den Salzabsatz vermindert, und den Schmuggel an den Gränzorten befördert habe. — Bei den wiederholten Bitten der Professoren um Verabfolgung ihres Gehaltes im Jahre 1683 wurde ein zeitweiliges Anlehen von 700 fl. bewilliget, und wieder Berathung über Verbesserung des Universitätsfonds aufgetragen; bei welcher am 14. Oktober 1684 in Hall auch der Kassier Koller und

---

1) Kassier war zuerst Balthasar, dann mit Dekret vom 21. Juli 1688 dessen Sohn Daniel Koller, zugleich Hofsalzkammerrath und k. k. wirklicher Kammerdiener. Auch dieser erhielt öfter Remunerationen, z. B. mit a. h. Entschliessung vom 18. September 1694 sollte er als Recompens eine Geldgabe von 1000 fl.! — jedoch aus Extra- und Fiscalmitteln erhalten.

2) Vgl. § 49.

3) Nach einer Bemerkung in den philosophischen Ephemeriden unter dem 8. Juli 1712 konnte die Hofkammer nicht systemisirte Ausgaben über 16 fl. aus sich nicht genehmigen, und musste sohin, wenn sie dieselben nicht abschlug, worauf der Universität natürlich der Rekurs an den geheimen Rath offen stand, sich an den geheimen Rath oder selbst an den Kaiser wenden.

4) Im Jahre 1736 bei Gelegenheit eines Gesuches der Wittwe des Professors Hermann um eine Pension klagte die Universität bitter, dass sie nur fünf Male seit ihrem Bestehen um derlei Pensionen angegangen worden sei, die Kammer aber 21950 fl. aus dem akademischen Fonde ohne Rücksprache mit der Universität verwendet hätte. — Bei Cassa-Ueberschüssen scheint die Hofkammer mit Remunerationen etc. sehr freigebig gewesen zu sein. Als Extra-Auslagen schon vom Jahre 1672 erscheinen für die Bibliothek von Baron Wittenbach 500 fl., für Bücher 66 fl. 45 kr., Diäten und Reisegebühren 325 fl. 36 kr., für Schreibereien 39 fl. 1 kr. (Akten in der Statthalterei-Registratur.)

der Hofkammer-Rath Corneth erschienen, und genehmiget wurde, Vorsorge zu treffen, dass nicht von Venedig, Graubünden etc. Meersalz eingeschwärzt werde, was den Salz-Ertrag schon bedeutend gemindert hätte, dass das in das Ausland verkaufte Salz nicht in Tirol abgesetzt, oder wieder eingeschmuggelt werde, dass man mit Anträgen auf Gratifikationen sparsamer sei, die Ausgaben für die Schaarwächter [1]) vermindere, und die Landstände um einen Beitrag angehe; der Antrag der Universität den allmählig erhöhten Gehalt des Tanz- und des Fechtmeisters wieder zu vermindern wurde vom geheimen Rath nicht genehmigt. — Zu einer andern Verhandlung kam es im Jahre 1693, als die Universität die Verwaltung des Universitätsfonds erhalten, und für den Universitäts-Rektor eine ständige Remuneration erwirken wollte. Am 15. Dezember 1693 wurde zwischen Gliedern des geheimen Rathes selbst, und den Universitäts-Vorständen eine Conferenz abgehalten. Der geheime Rath vernahm hierüber die Hofkammer und diese das Salzamt in Hall, welches sich in einem ausführlichen belegten Bericht über seine Gebarung des Fondes etc. genügend auswies, und weder die eine noch die andere Bitte begutachtete. Das Resultat war, dass der geheime Rath den Hof-Vicekanzler und Mitrath Balteser beauftragte, den Rektor und einige Professoren der Universität vor sich zu rufen, und ihnen umständlich zu erklären, dass ihrem Petito nicht Statt gegeben werden könne [2]). Mit der Verwaltung blieb es sohin im alten Stande, für den Rektor aber wurde unter dem 16. November 1697 eine kleine jährliche Remuneration bewilligt (§ 25).

Ueber den Stand und zum Theil über die Gebarung des Universitätsfonds im Allgemeinen gibt der bei dieser Veranlassung unter dem 24. Jänner 1694 vom Salzamte in Hall an die Hofkammer erstattete Bericht nähere Aufschlüsse. Man ersieht daraus, dass unter dem 1. September 1672 bei der Herrschaft Vilsegg 7000 fl. und unter dem 1. Dezember desselben Jahres bei der Stadt Vils 1500 fl. zu 5 Prozent vom Universitätsfond angelegt wurden; und dass der Salzaufschlag nach dem Durchschnitte von 10 Jahren jährlich 5800 fl. abwarf, und bei dem gesteigerten Aufwande von mehr als jährlichen 6700 fl. sich ein Defizit von 460 fl. 26 kr. ergab [3]), welches durch Herabsetzung der Besoldung des Tanz- und des Fechtmeisters und durch eine kleinere Ausgabe für die Schaarwache zu decken wäre.

Auch vom Jahre 1709, in welchem der Kaiser unter dem 23. Oktober eine Commission zur Untersuchung des Oekonomikums der Universität aufzustellen be

---

1) Vgl. § 40.

2) So nach einem kleinen Zettel, der den unvollständigen Akten der Statthalterei hierüber beiliegt, und diesen Auftrag ohne Unterschrift enthält.

3) Das Nähere besteht in Folgendem:

Erträgniss des Salzaccises von 1683—1692 58,371 fl. 2 kr.,		
sohin im jährlichen Durchschnitte	5837 fl.	6½ kr.
Interessen vom angelegten Kapital	425 fl.	— kr.
zusammen	6262 fl.	6½ kr.
Die Ausgaben beziffern sich im Jahre 1692		
auf Besoldungen . . . . . 5909 fl. 30 kr.		
für Holz . . . . . . 179 fl. 42 kr.		
für Gottesdienst . . . . 100 fl. — kr.		
für Schreibereien, Bauten, Recompen-		
sen etc. in den 10 Jahren 3343 fl.		
24 kr., sohin jährlich . . 534 fl. 20½ kr.		
zusammen	6723 fl.	32½ kr.

fahl, liegt ein von der Hofkammer erstatteter Bericht in der Statthalterei-Registratur, nach welchem die jährlichen

Einkünfte der Universität . . . 7097 fl. 37 kr.,
die Ausgaben . . . . 7209 fl. 10 kr.,
sohin das Defizit . . . . . . 111 fl. 33 kr.

betrug, das nach dem Antrag der Hofkammer durch Sparsamkeit und Reduzirung der Besoldungen auf den frühern Stand, und nicht durch Erhöhung des Salzaufschlages zum Schaden des Verschleisses gedeckt werden soll.

Es ist nicht bekannt, dass in dieser Periode der Universitätsfond andere Zuflüsse oder Modifikationen erhalten hätte.

Aus dem Angeführten ergibt sich aber, dass zwar die Wesen in ihrem Berichte über die Errichtung der Universität (§ 1) den Ertrag des Salz-Accises zu klein angenommen haben, was die in den Verhandlungen vorkommende Klage über Verminderung des Salz-Verschleisses wegen dieses Accises nicht rechtfertigt, dass ferner die Erwartung bedeutender Kapitalisirungen aus dem eingegangenen Accis wegen erst allmäliger Einführung der Lehrkanzeln sich nur zum Theil rechtfertigte, vorzüglich desswegen weil der Bau der Universität sehr bedeutende Summen forderte (§ 3), und wohl auch die Organisirung der Universität schneller vor sich ging, als nach den Erfahrungen bei schon bestehenden Universitäten zu erwarten war; daher denn auch schon in dieser Periode der Universitätsfond nur sehr kärglich zureichte, die Bedürfnisse der Universität zu decken; dass aber in keinem Falle die Ausdrücke des kaiserlichen Stiftungs-Instruments über reichliche Dotirung der Universität, welche das päpstliche Confirmationsdekret wiederholt [1]), sich bestätigten.

Von einer Verbesserung des Universitätsfonds durch die tirolischen Stände, auf welche schon das kaiserliche Dekret vom Jahre 1669 über Bewilligung des Salz-Accises hinwies, und in folgenden a. h. Entschliessungen hingewiesen wurde, ist nichts bekannt. Schon im Berichte der Wesen über Errichtung der Universität wird ein ständischer Beitrag zu derselben nicht in Aussicht gestellt, da insbesonders die Stifte (Trient und Brixen), die ungezweifelt auf die Beschlüsse der Stände einen grossen Einfluss hatten, einem Beitrag nicht günstig waren, vielleicht auch desswegen, weil nach der Bemerkung des Brixener Ordinariats an Geistlichen kein Mangel, sohin eine Universität für die nächsten Zwecke der Ordinariate nicht nöthig war. Ueberhaupt aber mögen die Stände schon den Salzaufschlag als eine Last des Landes betrachtet haben, welcher eine neue für den nämlichen Zweck hinzuzufügen sie um so weniger geneigt sein mochten, als wegen der beständigen Kriege der damaligen Zeit etc. immer neue Anforderungen zu grossen Geldbeiträgen an das Land Tirol gemacht, und dadurch die Auflagen für die Bewohner und die Schulden des Landes sehr vermehrt wurden.

§ 19.

Das Lokale der Universität war das später so genannte Neugebäude (§ 3) [2]).

Die Philosophie und Theologie hatte in demselben schon in den ersten Zeiten je drei Hörsäle [3]). Die Philosophie und Medizin gaben ihre Vorlesungen zu ebener

---

1) Munificentissime dotavit, imo ditavit.

2) Jetzt zu k. k. Kanzleien für die Statthalterei-Räthe und für Registratur, und andere Beamte verwendet. Früher hiess Neugebäude der abgebrannte l. f. Palast in der Nähe der Universität.

3) Nach dem Erdbeben im Jahre 1690 gaben die Juristen wegen ihrer beschädigten Hörsäle die Vorlesungen — der Canonist und Digestist im Hörsale der Logik, der

Erde, die Theologie und Jurisprudenz im ersten Stock. Dazu kam eine Stuba academica, welche klein war, daher zu grössern Feierlichkeiten häufig der Hörsaal der
Logik benützt wurde, zu dessen Verzierung man im Jahre 1689 Tapeten mit der
Vertröstung bewilligte, bei bessern Universitätsmitteln einen grössern Saal herzustellen. Wirklich wurde im Jahre 1693 eine Aula academica gebaut, in welcher
am 11. August d. J. schon eine theologische Disputation pro Doctoratu abgehalten
wurde [1]). Einen eigenen Hörsaal für Kirchenrecht erhielt die juridische Facultät
mit a. h. Entschliessung vom 22. November 1726 [2]). — Ferner hatte die Universität zwei Carcer [3]), die aber schlecht waren, so dass im Jahre 1698 ein im
Kräuterhaus detentionirter Jurist aus Furcht vor Entweichung dort belassen wurde.
Nach einer Regierungsverordnung vom 26. August 1694 sollten auch für den
Tanz- und für den Fechtmeister Unterrichtszimmer ausfindig gemacht werden, und
letzterer hatte im Jahre 1721 gewiss ein solches, das damals dem Gymnasium
überlassen wurde [4]). In einem Lokale der Universität war auch ein Billard [5]). Da
doch auch die medizinische und juridische Facultät ihre Lokalien haben mussten
(wahrscheinlich jedoch nur je eines), so waren die Universitätsräume gewiss weniger
beschränkt, als an mancher andern Universität. [6])
Der Eingang zur Universität war unter der Pfarrgasse, die daher ausser die
Stadtmauer führen musste, doch führte auch ein zu verschliessendes Thor, zu welchem die Professoren einen Schlüssel hatten, in den östlich gelegenen Rennplatz.
Auch war ein Thor von der Universität zur Singschule, welches zur Zeit der Lektionen geöffnet wurde; ob mit diesem Thor die Pfarrgasse schloss, ist mir unbekannt. [7])

Die Lage ausser — jedoch in der Nähe der Stadt mag zur Ruhe und Be-
quemlichkeit geeignet gewesen sein.

Eine eigene akademische Kirche hatte die Universität nicht. Sie bezeichnete
im Jahre 1673 als die für ihre Gottesdienste geeignetste Kirche die nahe Stadtpfarre; mit a. h. Entschliessung wurde der Universität selbst die Verhandlung mit
Magistrat und Pfarrer überlassen; sie führte aber zu keiner festen Ordnung, da
das Pfarramt Anstände machte; und so wurden die akademischen Gottesdienste
bald in der Pfarr-, bald in der Jesuiten-, bald in der Mariahilf-Kirche gehalten.

Codicist im Hörsaale der Metaphysik, der Institutionist im Hörsaale der Physik, und
die Theologie erhielt ein viertes Auditorium „impetratum a Gubernatore quartum auditorium“. (Theol. Ephemeriden 19. Januar 1690; auch philos. und jurid. Ephemeriden
von diesem Jahre.)

1) Eph. theol. ad h. d. Der Bau scheint 1800 fl. gekostet zu haben; die Fa-
cultäten-Dekane benahmen sich über denselben mit dem Baumeister Gump.

2) Die Universität hatte einen Ueberschuss von 546 fl. Es sollte eigentlich eine
andere Aula academica erbauet, und die alte Stuba Hörsaal werden, allein man zog das
neue Zimmer zum Hörsaale vor (Eph. jur 7. et 20. Aug. 1726. Eph. theol. et philos.
10. Nov. 1728). Am 27. August 1728, in welchem Jahre der Bau vollendet wurde,
erhielt darin Anton Reschmann, Universitätsnotar, das juridische Licentiat.

3) Im Jahre 1699 entsprang aus dem obern Carcer ein wegen Tanz's eingesperr-
ter Theolog. (Eph. theol.)

4) Ein Donnerschlag hatte das Gymnasialgebäude baufällig gemacht, so dass es
reparirt werden musste. (Eph. jur. 13 Jun. 1721.)

5) Vgl. § 64.

6) Um das Jahr 1713 hatte die Prager Universität nur drei Hörsäle. (Tomek
Geschichte der Universität zu Prag. Prag 1849. S. 236.)

7) Ohne Situations- und Bauplan jener Zeit ist es nicht möglich, sich über die
Beschaffenheit des Universitätsgebäudes eine genaue Vorstellung zu machen, einen
solchen Plan fand ich aber nicht.

Seit dem Jahre 1689 war diese letztere Kirche, bei welcher der theologische Professor Epp Kaplan war, die gewöhnliche akademische Kirche, und nach Senatsbeschluss vom 17. Februar 1690 sollen insbesondere die Quatember-Gottesdienste in derselben abgehalten werden. Zu einer Abänderung und festen Bestimmung kam es erst im Jahre 1720, in welchem vom Senate die Jesuitenkirche als Universitätskirche erklärt wurde, weil dort auch die Grabstätte der Landesfürsten wäre [1]), Mariahilf zu weit entlegen, und im Jahre 1689 nur wegen des verdienten Professors und Prokanzlers Epp gleichsam als akademische Kirche gewählt worden sei, und weil man die Musik-Instrumente auf diese Art nicht mehr übertragen dürfe [2]). Am 21. Mai 1721 hielten die Juristen das Fest ihres Patrons, das sie bisher in der Mariahilf-Kirche gehalten hatten, das erste Mal in der Jesuiten-Kirche. Nur die Feier der unbefleckten Empfängniss Mariens ging fast bis zur Aufhebung dieses Gottesdienstes in der Stadtpfarr-Kirche vor, wahrscheinlich wegen des dort befindlichen Muttergottes-Bildes. [3])

§ 20.

Gehen wir auf die Professoren über. Die Hälfte derselben waren Jesuiten, nämlich die vier Professoren der Philosophie, drei Professoren der Theologie und ein Professor der Jurisprudenz; die zwei übrigen Professoren der Theologie waren Weltpriester, alle andern Professoren waren weltlichen Standes.

Die Jesuiten hatten wohl entschieden den meisten Einfluss sowohl auf die Studirenden, als bei andern Verhandlungen. Denn die Ankömmlinge an der Universität waren in der Philosophie ganz in ihren Händen; und Philosophie war von grossem Einfluss auf die übrigen Studien, in mancher Beziehung Grundlage derselben. Die eigentliche Theologie lehrten wieder Jesuiten, da die zwei wöchentlichen Lektions-Stunden der Weltpriester noch überdiess nur Nebenfächer betrafen. Selbst die eine wichtigste Hälfte des juridischen Studiums — das geistliche Recht lehrte ein Jesuit. — Ausserhalb der Hörsäle hatte Niemand als Rathgeber und Leiter der Akademiker so viel Einfluss als die Gesellschaft Jesu. Konnte auch nach den Universitäts-Statuten kein Religios Universitäts-Rektor werden, so standen doch die Jesuiten als kompakter Körper den übrigen Professoren gegenüber, und waren bei divergenten Ansichten in den Berathungen über Universitäts-Angelegenheiten der Annahme ihrer Meinung fast sicher. — Auch ausserhalb der Universität war ihr Einfluss bei den Dikasterien etc. sehr gross, denn der Orden stand damals im Zenith seines Ansehens, und hatte durch Prediger, Beichtväter, Hausfreunde etc. den grössten Wirkungskreis. Namentlich in der philosophischen Studien-Abtheilung geschah nichts von Bedeutung ohne Genehmigung, ja Anordnung des Rektors oder Provinzials der Jesuiten. [4])

---

1) Ein sonderbarer Grund!

2) Da die Mariahilf-Kirche hierdurch nicht bloss an Ansehen, sondern auch an Emolumenten verlor, indem für die Gottesdienste bezahlt wurde, und dabei Opfergeld einging: so beschwerte sich der Kaplan und selbst der Landeshauptmann Gr. Künigl aus Rücksicht der tirolischen Landschaft, welcher über Mariahilf das Patronat zusteht, — natürlich vergebens.

3) Nach den Ephemeriden der Facultäten.

4) So bestimmte z. B. der Jesuiten-Rektor den 11. November und 6. Dezember als Ferialtag in der Philosophie, obschon Martin und Nikolaus keine gebotenen Feiertage waren, und der Provinzial erklärte alle Beichttage des Volks für die Professoren der Gesellschaft Jesu als Ferialtage, und für den Professor der Moral, der zugleich praefectus Studiorum im Jesuiten-Collegio war, als Ferialtag jeden Tag einer Disputatio

Uebrigens scheint das Verhältniss der Professoren unter einander im Allgemeinen mit wenigen Ausnahmen ein freundliches gewesen zu sein, das durch öftere gemeinschaftliche Mahlzeiten befördert wurde. [1]

§ 21.

Die Aufstellung jener Professoren, die Jesuiten waren, geschah lediglich durch die Gesellschaft Jesu, und es gelangte hievon nicht einmal eine ämtliche Anzeige an die Regierung. Die übrigen Professoren ernannte der Kaiser über den Vorschlag der Universität an die Regierung, über den weitern Vorschlag der beiden Wesen an den geheimen Rath, und endlich über den Vorschlag des geheimen Rathes an den Kaiser. Alle Vorschläge waren sehr ausführlich zumal bei mehreren Competenten, dergleichen sich für juridische und medizinische Kanzeln auch wohl 10 bis 15 und noch Mehrere meldeten, besonders bei divergirenden Ansichten über die Würdigkeit derselben. Keine der erwähnten Behörden wurde in der Regel bei dem Vorschlag übergangen. [2]

Bei der Universität wurden die Competenzgesuche zuerst der betreffenden Facultät mitgetheilt, und der Dekan derselben machte dann in pleno concilio das Resultat der Facultäts-Berathung als Antrag bekannt, ohne von allenfalls abweichenden Stimmen der Facultätsglieder Erwähnung zu machen, welche bei dem Senate wieder Sitz und Stimme wie die übrigen Professoren hatten. Den Beschluss des Senats gab der Rektor der Universität motivirt an die Wesen, respective an die Regierung, und machte dabei von abweichenden Stimmen, selbst wenn vom Vorschlag der betreffenden Facultät abgegangen wurde, wieder keine Meldung. [3]

Der Vorschlag zur Anstellung eines neuen Professors der Medizin und Juris-

---

menstrua in der Philosophie oder Theologie. Bei einem Streite über das Befugniss philosophische Würden zu ertheilen, erklärte der Jesuiten-Rektor, dass nur der philosophische Dekan diess Recht habe etc. (Vgl. Eph. phil. 17. Dec. 1725, 2. Aug. 1727 und Oct. 1713.) Noch im Jahre 1750 sprach der Jesuiten-Rektor aus: Jus concedendi recrationes extraordinarias ab ipso Universitatis exordio pro Nostris P. Rectori nunquam in contradictionem vocatum — bei einer Divergenz mit dem Universitäts-Rektor Brunelli (Hist. sic. S. J.). — Doch immer setzten sie nicht durch, vgl. §§ 39, 44.

1) So lud der Jesuiten-Rektor am 19. Mai 1701 alle Professoren auf den Taxhof, der den Jesuiten als gewöhnlicher Ferien-Aufenthaltsort diente, und — nach einer Bemerkung der theologischen Ephemeriden unter dem 24. September 1748 von den Jesuiten im Jahre 1695 mit einem Beitrag aus dem Universitäts-Aerar auf a. h. Bewilligung angekauft wurde. Der Rektor bewirthete und unterhielt die Professoren dort vortrefflich; am 11. August desselben Jahres wurden die Jesuiten von den übrigen Professoren bei Professor Epp zu einem Mahle geladen. Am 17. August 1730 war in Weierburg communis cujusdam laetitiae et familiaritatis causa ex cassa rectorali communi omnium placito prandium, zu dem nebst allen Professoren auch der Jesuiten-Rektor und Pfarrprediger geladen war. Conventus hic summo cum gaudio hilariique animo celebratus fuit. (Eph. jur. ad h. d.) Dass andere Feierlichkeiten mit Mahlzeiten geschlossen wurden, wurde schon wiederholt bemerkt.

2) Im Jahre 1712 reichte ein Bertilotti ein Gesuch um die Kanzel der Controversen, im Jahre 1719 ein Corneri ein solches für die juridischen Institutionen dem Kaiser ein, beide kamen zum Vorschlag an die Universität zurück. Im Jahre 1686 insinuirte der geheime Rath einen Corneri — Vater des Genannten — der Universität mit dem Beisatze, den Vorschlag nicht per saltum — mit Umgehung der Regierung zu machen. Vgl. jedoch § 47.

3) Noch im Jahre 1729, wo der Fall eintraf, dass der Senat vom Votum der medizinischen Facultät abging, und die Regierung, die davon Kenntniss erhielt, das Facultäts-Votum abforderte, wurde die Vorlage desselben vom Senate geradezu verweigert. Freilich zeigte es sich später, dass die medizinische Facultät ihr Votum der Regierung ohne Wissen und Willen des Senates bekannt gegeben habe.

prudenz geschah in der Regel nicht für die vacante Stelle, sondern für die geringste Kanzel der Facultät, deren wirkliche Professoren zum Vorrücken auf die Kanzeln höhern Ranges oder Gehaltes vorgeschlagen wurden. [1]

Es ist natürlich, dass bei so vielen vorschlagenden Stellen, bei der Wichtigkeit des Gegenstandes, und andern Rücksichten nicht selten von einander abweichende Vorschläge und kleine Reibungen vorkamen [2], die bei der Universität wohl auch Abänderungs-Anträge in der Form der Vorschläge veranlassten; z. B. dass eine geheime Abstimmung eingeführt werden soll, was aber keine Modifikation in dem bisherigen Vorschlags-Verfahren zur Folge hatte.

Der Wechsel der Professoren war übrigens in der Philosophie sehr häufig. Denn die Jesuiten liessen die Professoren gewöhnlich nicht lange Zeit bei einem Lehrfache, sondern versetzten sie zu einem andern, oder auf andere Studien-Anstalten, oder Ordensgeschäfte. Oft standen sie als Professoren der Logik ein, stiegen zur Physik und Metaphysik auf, und gingen wohl auch zur Theologie und zum Kirchenrecht über. Daher zählt die philosophische Facultät bis zum Jahre 1730 achtzig verschiedene Professoren, während die Zahl der juridischen Professoren nur 24, darunter 9 Jesuiten, jene der Medizin nur 9 betrug. Fast eben so gross wie in der Philosophie war der Professoren-Wechsel in der Theologie, wo auch die Weltpriester bei ihrem geringen Gehalte nicht lange aushielten; bis zum Jahre 1730 erschienen 85 neue Professoren, darunter 13 Weltpriester. Ausnahmen verstehen sich von selbst; so lehrte der Jesuit Halden vom Jahre 1690 an 10 Jahre spekulative Theologie, und 10 Jahre die Moral.

---

1) Im Jahre 1677 kam an Mayer's Stelle für Codex und jus publicum Woller, für Digesten und Lehenrecht an Woller's Stelle Rudolphi, und der neu einstehende Professor Pompeati-Luchini erhielt an Rudolphi's Stelle die Institutionen; im Jahre 1716 rückten die schon wirklichen Profesoren Carneri und Hermanin vor, und Andre Rudolphi, Sohn des verstorbenen Rudolphi, erhielt die Institutionen. Nach Weinhart's Tod im Jahre 1716 erhielt Statlender dessen Kanzel der Praxis und Aphorismen, Fischer behielt seine Kanzel der Institutionen, rückte aber in Statlenders Gehalt vor, und der einstehende Professor Egloff erhielt die Kanzel der Anatomie mit dem geringsten Gehalte.

2) So schlug im Jahre 1706 die Universität für die Controversen einen Lindner vor, womit auch die Wesen einverstanden waren, der geheime Rath stellte den Wesen den Vorschlag mit der Bemerkung zurück, dass der Competent Campi schon 1678, wo Epp unter Vorbehalt des Rücktrittes Pfarrer in Silz wurde, für den Fall, dass Epp nicht zurückkehre, für die Kanzel vorgeschlagen worden sei; obschon nun die Wesen dessen ungeachtet auf ihrem Vorschlag verharrten, ernannte der Kaiser doch nach dem Antrag des geheimen Raths den Campi zum Professor. — Im Jahre 1719 schlug die Universität auf Carneri's Ableben als neuen juridischen Professor einen Zeno vor, und zwar nur cum voto dirimente des Rektors, Zeno war zwar ein sehr geschickter Jurist, aber körperlich schwach und kränklich. Zwei Competenten — Carneri und Hebenstreit — beschwerten sich selbst beim Kaiser, dass nicht alle Professoren bei dem Vorschlag gegenwärtig waren. — (Die zum Vorrücken eingekommenen Hermanin und Rudolphi waren eben desswegen nicht bei der Berathung.) — Der Senat sprach sich bei einer neuen Berathung, bei der auch diese Professoren gegenwärtig waren, für Zeno aus. Obschon sich nun die Wesen für Carneri bei seiner genügenden Geschicklichkeit und aus Rücksicht auf die Verdienste des Vaters und mütterlichen Grossvaters Seb. Mayer erklärten, so wurde doch vom Kaiser Zeno ernannt. — Nach dem Ableben des Professor v. Sala im Jahre 1691 wurde der Universitäts-Vorschlag während der Ferien gemacht, zu dem die Jesuiten, die gerade geistliche Exerzitien machten, ihre Vota schriftlich einschickten. Der Senat sprach sich für Linsing aus, allein die Vota der Jesuiten waren etwas zweideutig, und es kam zu einer neuen Berathung, bei der Hohler vorgezogen wurde. (Facultäts-Ephemeriden bei den betreffenden Jahren; Einiges aus der Statthalterei-Registratur.)

§ 22.

Jeder neue Professor musste Doctor der Facultät sein, in welcher er Professor wurde, sohin in den höhern Facultäten auch Magister der Philosophie, weil das Doctorat der höhern Facultäten diess Magisterium voraussetzte. Von einer andern Prüfung vor der Anstellung zum Professor ist nichts bekannt. Selbst das Doctorat wurde von Professoren, die nicht Jesuiten waren, selten erst bei dem Antritte der Professur genommen.

Als wirklicher Professor trat der Angestellte durch das Principium solemne ein, d. i. durch seine erste Vorlesung, zu welcher sämmtliche Professoren der Universität namentlich, die Studenten aber durch Anschlag an der schwarzen Tafel eingeladen wurden [1]). Zu dieser Vorlesung musste daher wenigstens ein grosser Saal gewählt werden. Nach der Vorlesung gab der neue Professor seinen Collegen gewöhnlich eine Erfrischung. [2])

Nach den Statuten der Universität § 116 sollten die Professoren beim Antritte ihres Lehramtes das katholische Glaubensbekenntniss und den Eid auf die Statuten ablegen. Diess wurde aber auffallender Weise nicht beobachtet; denn als Rektor Fröhlich im Jahr 1731 im Senate auf diese Vorschrift aufmerksam machte, wurde auf die bisherige gegentheilige Gewohnheit hingewiesen, bei der es zu verbleiben hätte. [3])

Als Titel der Professoren aus der Gesellschaft Jesu erscheint gewöhnlich: Plurimus Reverendus, Religiosissimus et Clarissimus; — als jener der Weltpriester: Plurimus Reverendus, Praenobilis et Clarissimus; — als Titel eines juridischen Professors: Pronobilis et consultissimus, endlich als der Titel eines medizinischen Professors: Praenobilis, Excellentissimus. Wenn ein Professor schon Dekan oder Rektor gewesen war, kam noch der Titel dieser Beamten hinzu. Mit Ausnahme der Jesuiten wurden sohin alle Professoren als Adelich, Praenobilis, betrachtet; da das Doctorat in früheren Zeiten bekanntlich den Adel verlieh.

Die Amtskleidung der Professoren bestand nach De Luca [4]) in einem langen Talar von gewässertem Tafet, einem Piret, und dem Doctor-Mantel um die Schultern, welcher bei den verschiedenen Facultäten von verschiedener Farbe war — bei den Theologen von veilchen-blauem Sammt mit einem Umschlag von rothem Atlas mit

---

1) Die juridischen Professoren nahmen es sehr übel, dass der theologische Professor Payr S. J. im Jahre 1697 vor seinem Principium solemne bei einer medizinischen Promotion als Professor erschien, und sogar die Taxe pro convivio und Handschuhe erhielt. Auch der Weltpriester Willes betrachtete sich im Jahre 1728 — auf das Beispiel Payr's sich berufend, vor seinem principium solemne als eingetretener Professor, doch bestritt diess vergebens Seybold, Professor des Kirchenrechts und selbst Jesuit. (Eph. th. 10 Mai 1697, 30. Oct. 1728.)

2) Haustus cum ballariis. Die juridischen Ephemeriden merken es ausdrücklich, sohin als etwas Besonderes an, dass Professor Tausch am 8. März 1704 siccum principium gegeben habe.

3) Joan Ferd. Fröhlich . . proposuit . . circa juramentum praestandum ab ipsis academicis patribus juxta contenta et praescripta statutorum academicorum. Cum vero a Majoribus et Antecessoribus nostris non sine urgentibus ut praesumendum est, rationibus id nunquam praestitum fuerit, ideo conclusum, hac in re nil innovandum esse, sed rem in antiquo statu relinquendam, facta tamen admonitione de servando servanda, praesertim tenendo silentium circa ea praeprimis, quae in academicis conciliis tradantur et concluduntur. (Eph. jur. ad 31 Oct. 1731.) Wahrscheinlich wurde der Eid unterlassen, weil ihn die päpstliche Bestätigungsbulle nicht forderte.

4) l. c. S. 114. Dieser musste sie noch aus eigener Anschauung kennen, da sie erst unter Kaiser Joseph II. abgeschafft wurde.

schmalen vergoldeten Tressen, — bei den Juristen von Fen mit einem Umschlag von rothem Atlas, — ebenso bei den Medizinern, jedoch mit einem Umschlag von grünem Atlas, — bei den Philosophen dem Talar gleich mit Umschlag von grünem Tafet. Das Rektor-Mäntelchen war ganz von rothem Sammt mit Gold gewirkt. Diese Kleidung wurde nicht nur bei öffentlichen akademischen und andern Feierlichkeiten getragen, sondern es wurden in derselben auch die öffentlichen Lektionen gegeben [1]). — Die Amtskleidung wurde für die einzelnen Professoren aus Universitätsgeldern angeschafft, und unter dem 4. Dezember 1679 wurde bewilligt, dass die Professoren den Talar nach fünf Dienstjahren als ihr Eigenthum ansehen dürfen [2]).

Die Weltpriester waren in der Regel nicht ausschliesslich Professoren; so versahen die Professoren Digisser und nach ihm Epp zugleich die Kaplanei Mariahilf, Tausch zugleich die Stadtpfarre von Innsbruck, Siber und Willes die Pfarre Thauer, Campi war sogar zu Torro in Südtirol Pfarrer; dieser erhielt die Bewilligung, vier Monate im Jahre abwesend zu sein, wenn er einen Substituten halte; er war aber öfter fast das ganze Jahr abwesend, und sein Collega Summer, Professor der hl. Schrift, zugleich Beichtvater bei den Ursulinerinnen, gab für ihn die Vorlesungen der theologischen Controversen.

Auch die Professoren der Medizin waren häufig besoldete Physiker der Stadt oder der Dikasterien, was jedoch im Jahre 1716 als unverträglich erklärt, sohin Egloff nur als Professor, als Physiker aber ein Payr aufgestellt wurde; dieser erhielt aber im Jahre 1722 zum Physikate doch wieder die Professur, und die Trennung wurde nicht streng eingehalten. Selbstverständlich übten alle medizinischen Professoren die medizinische Praxis. Die weltlichen Professoren der Jurisprudenz aber hatten das Recht zur Advokatur und Agentie.

Ein etwa gestorbener Professor erhielt ein feierliches Begräbniss [3]) unter Begleitung der Professoren, der Studenten, auch Congregationen [4]), das natürlich bei dem allenfalligen Tode eines Universitäts-Rektors noch feierlicher wurde [5]). Die statutenmässige Leichenrede hielt für verstorbene Professoren der Facultätsdecan, wenn er auch kein Geistlicher war, und zwar beim Seelengottesdienste in der Kirche [6]). Bei dem Ableben des Professors Rudolphi im Jahre 1716 beschloss

---

1) Noch im Jahre 1761 wurde diess ausdrücklich vorgeschrieben, § 83. Da zur Zeit De Luca's die feierliche akademische Kleidung nur einmal im Jahre getragen wurde (s. St. S. 115 Anm. II.), so hat sich entweder die Sitte bis dorthin verändert, oder — was wahrscheinlicher ist, die Professoren hatten zu den Vorlesungen eine einfachere Amtskleidung.

2) Solche Kleidung — wohl aber weniger kostspielige musste jede Facultät auch behufs der Ertheilung akademischer Würden vorräthig haben.

3) Auf das Ableben des Professors v. Sala unterblieb das feierliche Leichenbegängniss, weil dessen Hinterlassene, wahrscheinlich eine Wittwe, kein solches wollte.

4) Z. B. am 5. Jänner 1688 beim Leichenbegängniss des Seb. Mayr, das beide Studenten-Congregationen, das Professoren-Collegium mit Scepter etc. begleitete. Nach der Leiche folgten feminae lugubres et inter hau prima Domina vidua a collegis Rudolphi et Weinhart deducta.

5) Z. B. bei der Leiche des Rektors Hermann 21. März 1734 Sandapilam et Clerum praecessit congregatio major et minor, cum ingenti D. D. Studiosorum numero. Post sandapilam et lugentes ibat Pedellus gestans Sceptrum velo nigro obvelatum, postea Exrector cum epomide lugubri et reliquus senatus academicus, quem multi tum consiliarii tum altioris ordinis secuti sunt. (Eph. th. ad h. d. — wo zugleich, jedoch nicht als etwas Neues bemerkt wird, dass luctuosae ceremoniae cum epomide unterbleiben, wenn der Verstorbene nicht als Rektor starb.)

6) Z. B. für Seb. Mayr am 10. Jänner 1788 Zendron S. J.; für den medizinischen Professor Linsing am 4. Juli 1712, Weinhart u. s. w. Für Jesuiten, die

der Senat, dass für einen verstorbenen Professor, der wenigstens 5 Jahre seine Kanzel versah, auch Vigilien gehalten werden sollen.

§ 23.

Die Einkünfte der Professoren bestanden theils in den Besoldungen vom akademischen Aerar, theils in andern zufälligen Bezügen.

Der Gehalt der weltlichen Professoren war in den ersten Zeiten der Universität nicht systemisirt, wurde aber bei Vorschlägen für neu anzustellende Professoren nach dem vom Vorfahren genossenen Gehalte beantragt und bewilligt. Er war für die verschiedenen Kanzeln bedeutend verschieden; im Jahre 1692 in der Jurisprudenz von 850 fl. bis 300 fl.; in der Medizin von 400 fl. bis 100 fl. — Die Gehalte für die Professoren aus dem geistlichen Stande waren systemisirt, — für jeden Jesuiten 200 fl., sohin für 6 Professoren dieser Gesellschaft 1200 fl. [1]), für die Weltpriester je 150 fl. Am höchsten stieg der Gehalt der juridischen Professoren; für manchen andern Professor war er niedriger als für den Tanz- und Fechtmeister [2]). Jeder Professor, welcher nicht aus der Gesellschaft Jesu war,

---

besonders in der Philosophie selten als Professoren starben, kommt selten eine Leichenrede vor, jedoch am 10. November 1703 für Heldtmann; bei Halden wird im Jahre 1723 als Grund der Unterlassung angegeben, dass er nicht als Professor starb.

1) Die Gesellschaft Jesu stellte zwar 8 Professoren (§ 20); allein da der Professor der Moral und Logik schon vor Errichtung der Universität bestanden hat (§ 1), und die Gesellschaft diese Professoren für das dem Jesuiten-Collegium bei seiner Berufung vertragsmässig zu verabfolgende Pauschale jährlicher 1600 fl. für 20 Personen, das im Jahre 1564 um 300 fl. erhöht wurde, stellten; so erhalten die Jesuiten nur für 6 Professoren je 200 fl.

2) Nach einem Hofbericht in der Statthalterei-Registratur war im Jahre 1692 der Gehalt so gestellt:

- *a.* Die Jesuiten für Philosophie, Theologie und Kirchenrecht (6 Professoren) 1200 fl.
- *b.* Professor der hl. Schrift . . . . 150 „
- *c.* Professor der Controversen . . . . 150 „
- *d.* Professor des Codex und jus publicum . . . . . 850 „
- *e.* Professor der Pandekten und des jus feudale . . . 725 „
- *f.* Professor der Institutionen und des Civilprozesses . . 300 „
- *g.* Erster Professor der Medizin . . . . . . 300 „
- *h.* Zweiter Professor der Medizin (Weinhart im J. 1679 mit 150 fl., 1680 mit 200 fl., 1689 mit 300 fl., 1690 mit) . . . . 400 „
- *i.* Dritter Professor der Medizin . . . . . . 150 „
- *k.* Vierter Professor der Medizin . . . . . . 100 „
  Dazu
- *l.* Der Tanzmeister (50 fl.; im Jahre 1676 Zulage 20 fl.; 1677 Zulage 175 fl., im Jahre 1692 herabgesetzt auf) . . . . . 200 „
- *m.* Der Fechtmeister (50 fl.; im Jahre 1676 Zulage 25 fl.; im Jahre 1677 Zulage 125 fl., im Jahre 1679 mit 75 fl., im Jahre 1692 mit) . 175 „
- *n.* Der Kassier . . . . 100 „
- *o.* Der Notar . . . . 150 „
- *p.* Der Pedell . . . . 30 „
- *q.* Der Thorsteher . . . . 52 „
- *r.* Französischer Sprachlehrer . . . . 40 „
- *s.* Italienischer Sprachlehrer . . . . 75 „

Eine andere Aufschreibung in der Statthalterei-Registratur vom Jahre 1706, aber ohne alle Unterzeichnung und Beglaubigung, setzt den Gehalt des juridischen Professors der Institutionen auf 500 fl., eines medizinischen Professors auf 500 fl., der zwei andern (ein vierter bestand damals nicht) auf 400 fl., des Fechtmeisters auf 250 fl., des Tanzmeisters auf 400 fl., des Pedells auf 100 fl., und auch des Salzhingebers auf 100 fl. Für Holz werden 170 fl., für Bau circa 70 fl., für Schreibereien 30 fl., für Extra-Auslagen 60 fl. angesetzt.

erhielt ferner jährlich für Holz 10 fl., der Notar 7 fl., das Jesuiten-Collegium 60 fl. [1]).

Die Nebeneinkünfte waren wieder für die juridischen Professoren am grössten. — Sie erhielten ein bedeutendes Collegiengeld (§ 31), und die Ausübung der potestas comitiva und die Ausfertigung von juridischen Consulten wurde ihnen ebenfalls bezahlt (§ 37). — Den medizinischen Professoren verschafften die Repetionen vor dem Doctorgrade einige Emolumente (§ 35).

Allen Professoren der Universität brachten die Promotionen zu akademischen Würden nicht unbedeutende Bezüge (§ 35).

Für theologische Consulte mögen auch die theologischen Professoren eine Erkenntlichkeit erhalten haben (§ 37).

Dass geschickten medizinischen Professoren, die Zutrauen genossen, die medizinische Praxis eintrug, und jene von ihnen, die eine Anstellung als Physiker hatten, dafür ein bestimmtes Einkommen bezogen; so wie das Ertragniss für die juridischen Professoren durch Advokatur und Agentie, gehört nicht hierher.

Etwas Ausserordentliches, aber gar nichts Ungewöhnliches waren Gratifikationen und Remunerationen bei besondern Veranlassungen, z. B. Verehelichungen [2]), selbst Abtreten von der Professur [3]).

Für Supplirungen eines abgängigen Professors, welche gewöhnlich der älteste Professor übernahm, bestimmte der geheime Rath eine Remuneration, meistens den ganzen Gehalt des abgängigen Professors, der für die Zeit der Supplirung entfiel [4]). In der Philosophie und Theologie, insoweit sie die Jesuiten versahen, kamen solche Supplirungen nicht vor.

Die Facultätskassen waren selbstverständlich Eigenthum der bezüglichen Facultäten, und wenn dieselben einen Ueberschuss hatten, nachdem die Facultäts-Ausgaben bestritten waren, wurde er zur Betheilung einzelner oder alter Universitäts-Professoren benützt [5]).

---

1) Hofdekret vom 31. Jänner 1676, 21. Mai 1681.

2) So erhielt Seb. Mayr bei seiner zweiten Hochzeit 12 Dukaten, — qui, sagt der theologische Dekan Halden, post multas et iteratas solicitationes extorti sunt a me (Eph. th. 26. April 1678). Woller bei seiner Hochzeit 10. Jänner 1689 einen silbernen Becher, im Jahre 1692 Statlender 20 fl., Linsing 30 fl., Froehlich 45 fl., beide im Jahre 1704. Später war bei Hochzeiten öfter ein Commissär des geheimen Rathes gegenwärtig, z. B. 15. Oktober 1731 bei Riedler der Universitäts-Rektor, von Seite der Universität aber Egloff, wobei der geheime Rath ihm einen Monatsgehalt, die Universität 8 Thaler bewilligte. Selbst der Notar Roschman erhielt am 25. April 1724 vom geheimen Rath den juridischen Dekan als Commissär nebst 6 fl.; der akademische Senat aber schlug ihm die Theilnahme ab. Die Gratifikation bestritt natürlich der Universitätsfond, bei Bewilligung der Universität aber die Rektoratskasse, wenn nicht ein Gesuch an die Hofkammer gemacht wurde.

3) So erhielt im Jahre 1728 der zur Pfarre Frastanz abgehende Hohnstetter von der theologischen Facultätskasse 15 fl.; Rudolphi bei seiner Beförderung zum Kammerrath im Jahre 1726 aus der Rektoratskasse 40 fl. Dem im Jahre 1726 als Regierungsrath abgehenden Froehlich wurde mit der Bemerkung gratulirt, dass man bei der bekannten Aufliegenheit der Rektoratskasse keine Gratifikation geben könne.

4) Weinhart erhielt für eine Supplirung vom 13. Mai bis 24. August 1712 fünfzig Gulden, Woller nach Luchini's Tod dessen ganzen Gehalt.

5) So erhielt im Jahre 1715 jeder theologische Professor ein Feriengeld von 5 fl., im Jahre 1713 jeder juridische Professor 10 fl. Nach Majoritätsbeschluss der juridischen Facultät wurden im Jahre 1733 die in der Cassa vorhandenen 60 fl. auch noch unter die als Räthe abgehenden Professoren Froehlich und Zeno vertheilt, worüber sich Dekan Seybold S. J. nicht wenig ärgert. „Ut professores a facultate discedentes ipsis sibi

Ueber Pensionirungen von Professoren erinnere ich mich nicht, in dieser Periode nähere Angaben gefunden zu haben. Aber selbst Wittwen der Professoren erhielten bisweilen eine Abfertigung [1]), was jedoch noch im Jahre 1741 nicht gegewöhnlich war [2]).

Man sieht aus dem Gesagten, dass Professoren selbst ohne Besoldung nicht ganz ohne Emolumente waren.

Als Abgaben der Professoren kommen vor — Taxen für die Anstellung [3]), eine jährliche Arrha von 3 Prozent der Besoldung, welche aber im Jahre 1722 auf eine Bitte an den Kaiser aufgehoben wurde [4]). Im Jahre 1684 musste als Türken-Steuer für jedes Hundert Gulden der Besoldung 3 fl. bezahlt werden, die Jesuiten, deren Bezüge man als Alimentation betrachtete, waren ausgenommen [5]). Ein Gesuch der Professoren schon vom Jahre 1676 um Befreiung von der Kriegssteuer, und vom Jahre 1679 um Freiheit von Mauthgebühren für die Fuhren ihres Weines war vergeblich.

§ 24.

Der Rang unter den Professoren richtete sich nach der Zeit ihrer Anstellung; jedoch hatte der betreffende Dekan, und der Rektor der Universität zeitweilig, der Prokanzler aber beständig eine hervorragende Stellung.

Der Dekan stand nämlich an der Spitze der Professoren seiner Facultät (§§ 11, 12) mit dem Titel Spectabilis, und hatte die Facultät bei Universitäts-Angelegenheiten, an denen die Professoren nicht auch Theil nahmen, zu vertreten, und zu besorgen. Bei der Wahl eines Dekans las er die Ephemeriden über die Zeit seiner Amtsführung vor, und stellte über die Kasse Rechnung, worauf er beide seinem Nachfolger übergab [6]). Was durch Statuten oder Facultätsbeschlüsse schon bestimmt war, schlichtete er nach diesen Normen: zu andern Vorfallenheiten, für die ein Beschluss oder eine Entscheidung erfolgen musste, berief er die Professoren seiner Facultät, oder holte sich ihre Vota durch ein Circulare ein. Sein Amt dauerte nur ein halbes Jahr, worauf eine neue Wahl gewöhnlich nach dem Turnus folgte [7]). Auf die Wahl folgte eine Erfrischung auf Kosten der Facultäts-

---

arrogant hoc. nunquam factum est antea. (Eph. jur. 22. August 1773. — Auch die übrigen Angaben circa personalia sind meistens aus den Ephemeriden, nur Weniges ist aus der Statthalterei-Registratur genommen.)

1) Die Wittwe des Seb. Mayr erhielt mit Hofdekret vom 22. Jänner 1689 300 fl, jedoch nicht auf einmal zahlbar, sondern nach und nach aus Fiscalgeldern, und ohne Beeinträchtigung der Besoldung von Professoren. Selbst für die Wittwe des Tanzmeisters Panuzi, der am 27. April 1721 starb, wurde um eine Pension oder Guadengabo — pro aliqua gratia sive pensione — eingeschritten.

2) Hofdekret vom 31. Mai 1741.

3) Rudolphi sollte bei seiner Anstellung im Jahre 1685 als Taxe die halbjährige Besoldung bezahlen. (Eph. phil. 12. Sept. 1685.)

4) Der Universitäts-Agent Müller in Wien erhielt für seine besondere Verwendung in dieser Angelegenheit 50 fl. ex cassa rectorali. (Eph. jur. 21. Mai 1723.)

5) Hofdekret vom 16. Sept. 1684.

6) Ueber die Ephemeriden vergleiche Vorwort: sie sind oft sehr unvollständig, auch lückenhaft und überhaupt von sehr ungleichem Gehalt nach Fähigkeit, Fleiss und Unpartheilichkeit der Verfasser. Bei den Ephemeriden sind auch die Rechnungen.

7) Nach Beschluss der juridischen Facultät vom 26. April 1681 musste der neue einstehende Dekan zur Passiv-Stimme alle vor ihm eingestandenen Collegen als Dekane gesehen haben, und der am längsten nicht gewesene Dekan gewählt werden. — Die Wahl war sohin lediglich eine Formalität, und der Gewählte schon vorläufig bezeichnet.

kasse [1]). Zur Wahl eines theologischen Dekans soll nach Facultätsbeschluss vom 4. Jänner 1713 auch der Prokanzler eingeladen werden, wenn er auch nicht Professor ist. Einen unter der Zeit abgehenden Dekan supplirte sein Vorgänger [2]). Die Wahl geschah in Stuba academica, auch wohl im Jesuiten-Collegio, wenn in der Stuba gerade ein anderes Geschäft vorkam. Das Amt war unentgeltlich, jedoch mit einigen Vortheilen bei akademischen Promotionen verbunden (§ 35); auch beschloss wenigstens die theologische Facultät unter dem 13. Jänner 1713, einem austretenden Dekan 3 fl. zu geben.

Die Zuflüsse der Facultätskasse waren die Erträgnisse für Zeugnisse und Promotionen (§§ 35, 38); aber in der Regel nicht bedeutend [3]).

§ 25.

Das Haupt der Universität war ihr Rektor. Bis nach der Verkündigung der Statuten versahen diess Amt höhere Beamte [4]), die der geheime Rath aufstellte, über deren Wirksamkeit — mit Ausnahme der Einwirkung Wittenbach's bei einem Studenten-Auflauf im Jahre 1674 (§ 41) wenig bekannt ist; die Universität hatte aber in dieser Zeit auch einen vom geheimen Rathe oktroyirten Vicerektor, in der Person des Seb. Mayr, und eine kurze Zeit im Jahre 1676 des Prof. Widmann, auf den aber bald wieder wegen dessen Abgangs von der Universität Mayr, und zwar diessmal von der Universität gewählt folgte. — Auf diesen Mayr fiel auch nach der Publikation der Statuten und Privilegien unter dem 27. Jänner 1687 die Wahl als erster Rektor aus dem Gremium der Professoren, auf welche ein Dankamt in Mariahilf abgehalten wurde. Die nächste Wahl war am 30. August 1687 und fiel auf den theologischen Professor Epp, die folgende auf den medizinischen Professor v. Weinhart, worauf der Turnus wieder auf die theolgische Facultät kam,

---

1) Bei der Wahl des theologischen Dekans Simonzin wurde nur haustus cum fructibus, und desswegen loco Merendae noch Jedem der Professoren 2 fl. gegeben. Diess blieb vom Jahre 1700 gewöhnlich, und stieg im Jahre 1710 auf 3 fl. Später kommt in den Rechnungen wieder die Merende mit 7—12 fl. vor, und erhielt jeder Professor 2 fl. für den Haller Markt. Bei der juridischen Facultät erscheint eine Aufrechnung von 7—10 fl.

2) Nach Epp's Abgang wurde jedoch am 10. Dezember 1703 sogleich ein neuer Dekan gewählt.

3) Im Jahre 1677 erhielt die philosophische Facultät für

Taxen pro Baccalaureatu	.	.	.	84 fl.	—	kr.
„ „ Magisterio	.	.	.	68 „	—	„
Zeugnisse	.	.	.	7 „	35	„
Kataloge	.	.	.	8 „	—	„
		Zusammen		167 fl.	35 kr.	

Im Jahre 1744 gingen 236 fl. 28 kr., im Jahre 1772 aber 128 fl. ein. — Die theologische Facultät erhielt im Jahre 1677 wegen der vielen Promotionen 1111 fl. 30 kr., bei welchen 1018 fl. wieder auszugeben waren. Später wurden die Promotions-Einnahmen für die Professoren als durchlaufende Posten, wie bei den übrigen Facultäten nicht mehr in Rechnung gebracht, daher im Jahre 1744 nur eine Einnahme von 64 fl. 47 kr., im Jahre 1772 von 50 fl. vorkommt. In der juridischen Facultät betrug im Jahre 1704 die Einnahme 42 fl. 42 kr., im Jahre 1720 aber 71 fl. 45 kr., im Jahre 1742 sogar 96 fl. 50 kr. In diesem Jahre wurden 86 fl. für ein corpus juris canonici et civilis ausgegeben, und 20 fl. 36 kr. unter die Professoren vertheilt. Es fand sich nämlich oft ein Cassa-Rest früherer Jahre vor.

4) Unter dem 13. Jänner 1673 Joh. G. Künigl Regierungs-Vicepräsident, dann Venerand Baron Wittenbach Regierungskanzler, Dav. Wagner Baron v. Sarnthein Regierungsrath und Kammerherr.

da die philosophischen Professoren als Ordensmänner statutenmässig das Amt nicht bekleiden konnten. Auf ein Individuum, das nicht Universitäts-Professor war, fiel die Wahl niemals. — Auf die Wahl folgte ein Mahl — wahrscheinlich immer, wenigstens aber in den spätern Zeiten, bis es um die Mitte des vorigen Jahrhunderts abgestellt wurde.

Vor der Wahl gab der abtretende Rektor Rechenschaft über seine Geschäftsführung, und übergab die Rechnungen etc., worauf ihm von den Dekanen gedankt, der neue Rektor statutenmässig auf das Schuljahr gewählt, und im Rektors-Mantel mit Scepter nach Hause begleitet wurde [1]). Starb ein Rektor unter dem Jahre, oder war er sonst verhindert zu amtiren, übernahm der Exrektor das Amt; nur auf das Ableben des Rektors Luchini im Jahre 1694 wurde und zwar auf die Vorstellung des juridischen Dekans über viele sonstige Arbeiten der juridischen Professoren wegen Supplirung des verstorbenen Professors etc., jedoch nur per majora der medizinische Professor Holer, im nächsten Jahre aber wieder der juridische Professor Woller auch nur mit Stimmenmehrheit gewählt, worauf wieder der gewöhnliche Turnus eintrat, indem auf Woller der theologische Professor Epp folgte.

Die Geschäfte des Rektors waren, wie schon die Statuten zeigen (§ 11 [a]), sehr bedeutend [2]). Das durch die Statuten, Gewohnheit etc. Bestimmte hatte er nach der gewöhnlichen Weise abzumachen [3]), zu andern Geschäften die Dekane oder alle Professoren zu berufen.

Das mühesame Amt wurde nicht gerne übernommen; bis zum Jahre 1696 erhielt der Rektor für seine Mühe nur den dritten Theil der Matrikelgelder — jährlich etwa 20 fl.; unter dem 16. November 1697 aber wurden ihm — auf Widerruf jährlich 75 fl. bewilligt; die er auch bis zur Aufhebung der Universität bezog.

In die Rektorats-Kasse flossen nebst einem Theil des Matrikelgeldes auch kleinere Strafgelder der Studenten, und aus ihr waren Ausgaben zu bestreiten, für welche man von der Kammer keine Bewilligung aus dem Universitäts-Aerar erwarten konnte.

Der Rektor konnte nicht zugleich Dekan einer Facultät sein.

Eine Missachtung des Rektors von Seite der Studenten würde scharf bestraft worden sein [4]).

§ 26.

Der Bischof von Brixen als Universitätskanzler wählte zum ersten Vicekanzler (§ 15) im Jahre 1681 den theologischen Professor und Mariahilf-Kaplan Epp, und da die Universität dagegen Bedenken erhob, befahl der geheime Rath dessen Anerkennung. Bis dort gab die Licenz bei Promotionen gewöhnlich der betreffende Facultätsdekan, das Glaubensbekenntniss vor der Feier der unbefleckten Empfängniss Marien's und den Eid diese zu vertheidigen nahm der Prälat von Wilten ab,

---

1) Eph. th. 31. Oct. 1690, 1691 etc

2) Vgl. auch § 43.

3) Dem Rektor Inama wurde es sehr unliebsam aufgenommen, dass er wegen Neujahrs- und anderen Gratulationen ein Concil berief, da ja schon bestimmt sei, dass er um Neujahr- und andern Namensfesten bei den Magnaten, nach vorläufiger Anfrage über die Stunde durch den Notar, die gewöhnlichen Aufwartungen zu machen habe. (Eph. th. 22. Dec. 1743.)

4) Im Jahre 1713 musste der Mediziner Scherf eine dem Rektor zugefügte Beleidigung öffentlich abbitten, die ausgestreute Lüge widerrufen, und zwei Tage bei Wasser und Brod im Carcer sitzen. (Eph. th. 11. Mart. 1713.)

der gewöhnlich auch das feierliche Amt an diesem Tage hielt. — Epp behielt diese Stelle bis zum Jahre 1703, worauf ihm im Lehr-Amte der Stadtpfarrer zu Innsbruck, Mathias Tausch, bis zum Jahre 1709, im Prokanzleramte aber bis 1721 folgte. Dort wurde Professor Summer Prokanzler; da dieser aber im Jahre 1722 die Pfarre Rankweil erhielt, und sein Nachfolger Gaum die Kanzel der hl. Schrift auch bald wieder resignirte; so überliess der Bischof die Prokanzler-Geschäfte einsweilen dem theologischen Dekan [1]). Im Jahre 1725 erhielt Brunnelli die Lehrkanzel der hl. Schrift. Da verlautete, der Bischof wolle den Rural-Dekan von Thauer zum Prokanzler machen, so stellte der Universitäts-Rektor und die Dekane der Theologie und Jurisprudenz nach Senatsbeschluss, an dem die zwei Weltpriester-Professoren jedoch nicht Theil nahmen, dem Bischofe schriftlich und mündlich vor, wie wünschenswerth diess Amt in den Händen eines am Orte der Universität befindlichen Professors sei; allein der Bischof erwiderte, er habe dieses Mal die Stelle bereits versprochen, Tausch sei auch nur eine Zeit lang zugleich Professor gewesen etc.; bei einer künftigen Vacatur werde er die Wünsche der Universität berücksichtigen. So ward Pfarrer Lindner von Thauer Prokanzler. Die Universität beschloss am 6. Dezember 1725 ihn zu Verhandlungen, die seine Gegenwart nicht forderten, nicht zu laden, da er jedoch im Jahre 1728 bei der Rektors-Wahl gegenwärtig sein wollte, gab die Universität mit dem Beisatze nach, dass er sich auch in odiosis den Statuten conformire, was er versprach [2]).

Die Geschäfte des Prokanzlers sind aus § 15 bekannt. Der Prokanzler sah in den ersten Zeiten sorgfältig darauf seinem Ansehen und seinen Rechten nichts zu vergeben [3]). Später kommt nur hie und da von den dem Prokanzler im Vertrage vom 21. September 1788 zugeschriebenen Verrichtungen etwas vor, aber von einem weitern Eingreifen desselben in Universitäts-Angelegenheiten fehlen alle Angaben; sei es, dass ein solches Eingreifen nicht nöthig war; oder ein Prokanzler sich nicht weiter damit befassen konnte oder wollte [4]).

§ 27.

Der Beruf der Professoren bestand vorzüglich darin, dass sie die Akademiker in den betreffenden Wissenschaften unterrichteten, womit die Prüfung der Schüler über die aufgefasste Lehre und selbst die Ertheilung der akademischen Grade im Zusammenhange steht. Daher dürfte hier der Ort sein, Einiges über den Lehrstoff, über die Lehrart, über die von den Schülern zu gebenden Beweise der von ihnen aufgefassten Kenntnisse, und endlich über die Ertheilung der akademischen Würden anzuführen.

Was nun zuerst den Lehrstoff betrifft, so entsprach derselbe natürlich dem wissenschaftlichen Standpunkt der damaligen Zeit; wer ihn daher in einem Fache

---

1) Numero professorum nondum expleto interea vices hujus muneris, dum a Nobis stabilter constituetur, decano theologico facultatis pro tempore existenti comittimus — sagt der Bischof Gr. Künigl in seinem Erlasse vom 20. März 1723.

2) Eph. jur. 30. Oct. 1728.

3) Im Jahre 1683 wurde Epp nicht förmlich — am Tage vorher zu einer Promotion eingeladen; am Tage der Promotion wollte Epp die Einladung durchaus nicht mehr annehmen, obschon zur Promotion schon Alles angeordnet war. Nur mit Mühe bewog ihn der juridische Dekan noch in der Aula academica, wo die Professoren zum Akte versammelt waren, die Licenz zu ertheilen.

4) Insbesonders mag Lindner, der im Jahre 1732 Pfarrer in Innsbruck wurde, und dort manche Händel bekam, auch z. B. in die canonischen Bücher gar nichts einschrieb, und endlich 1744 die Pfarre resignirte, sich auch um die Universität wenig bekümmert haben. —

genauer kennen lernen will, darf bloss damals gedruckte Bücher über das betreffende Fach zur Hand nehmen.

In Bezug auf die einzelnen Facultäten wurden in der Philosophie in dieser ganzen Periode nur die vier Fächer — Logik, Physik, Metaphysik und Mathematik durch drei Jahre gelehrt. Zwar wurde schon im Jahre 1717 von der Innsbrucker- und Freiburger-Universität das Gutachten abgefordert, ob nicht das philosophische Studium auf zwei Jahre zu reduziren wäre; Freiburg sprach sich dafür aus, und erhielt diese Reduktion; in Innsbruck aber, wo sich die Universität gegen diese Reduktion erklärte, blieben in der ganzen Periode die drei philosophischen Studienjahre; es konnten aber im zweiten, und noch mehr im dritten Jahre zugleich Fächer der höhern Facultäten besucht werden [1]).

Es versteht sich von selbst, dass die sogenannte aristotelische Philosophie gelehrt, sohin der Studirende mit dialektischen Spitzfindigkeiten und mit Disputationen des Pro und Contra der Materien beschäftigt zur Fertigkeit im Disputiren fast über jede Frage angeleitet wurde [2]). — Die Logik (Summulae) lehrte vorzüglich Disputiren, was besonders in der Form von Syllogismen geschah. — Die Physik verdient nach dem damaligen Standpunkt kaum den Namen dieser Wissenschaft [3]). — Die Methaphysik begreift natürlich die subtilsten Materien: de identitatibus, de distributionibus, de infinito, de continuo etc. [4]). — Praktische Mathematik wurde erst später als Lehrfach eingeführt, daher auch diess Fach nur theoretisch gegeben wurde.

Zu einiger näheren Kenntniss über den Lehrstoff der Philosophie mögen in der Note [5]) 50 Thesen aus der ganzen Philosophie stehen, welche im Jahre 1707

1) Vgl. §§ 14. 38.

2) Eine Rede des philosophischen Professors Gaum bei einer philosophischen Disputation im Jahre 1707 hatte zum Thema: Philosophi est, non tantum in unam sed etiam in utramque partem discurrere posse probabiliter. Er gab bei der Gelegenheit in 42 Quartseiten folgende Problemata in den Druck: an ex signis praedici possit terrae motus? an eum semper comitentur certae proprietates et accidentia? an effectus semper sint tristes? an ex astris praedici possint futuri eventus liberi? au unum temperamentum sit aptius prae altero ad literarum studium — an cervi et ferae pulverem pyrium a longe alfacere possint? — und gibt über diese Fragen das Pro und Contra.

3) Im Jahre 1671 disputirte ein Bataglia praeside Feuerstein S. J. über folgende in 159 Duodez-Seiten ausgeführte Materien: De objecto et principio materiali et formali — de unione et composito — de Natura — de Magia — de terrae motu — was sohin beiläufig den Lehrstoff der Physik ausgemacht haben mag. Angehängt sind 20 sehr spekulative conclusiones de causis. Das Büchlein ist gedruckt: Oen. typ. Wagner.

4) So werden sie öfter in Berichten etc. bezeichnet.

5) Defendente Wolauf Philosophiae Magistro et theologiae Moralis Studioso praeside Gaum — ex universa Philosophia.
1. Objectum attributionis logicae sunt omnes et soli tres modi sciendi.
2. Ejus objectum materiale nec sunt 1. voces, 2. nec res, 3. nec intellectus, 4. sed operatio ut sic.
3. Logica est virtus intellectualis 2. ars et scientia, 3. simpliciter practica.
4 Gradus metaphisici non distinguuntur realiter, 2. nec ex natura rei formaliter. 3. sed ratione.
5. Praecisionem tamen objectivam non agnosiumus.
6. Universale est unum aptum inesse multis, vel praedicari de multis, 2. potest manere in actuali praedicatione.
7. Materia prima non consistit in atomis incorruptibilibus et ingeneralibus. 2. nec in elementis chymicis;
8. Sed in substantia aliqua incompleta, de se indifferente ad hoc vel illud compositum;

don Stoff zu einer Disputation gaben. Sie werden freilich in dem Fache Uneinge-
weihten nicht ganz verständlich sein (ist ja eine schwer verständliche Sprache eine
gewöhnliche Eigenheit der philosophischen Schriftsteller besonders über Metaphysik)
und mögen zugleich als eine Probe von der Beschaffenheit der lateinischen Sprache

---

9. Quae licet non possit naturaliter. 2. potest tamen supernaturaliter privari omni
forma substantiali.
10. Appetit omnes formas substantiales naturaliter obtinibiles.
11. Datur forma substantialis a combinatione atomorum distincta, non tantum in
homine, 2. et in brutis;
12. Sed probabilius etiam in mixtis perfectis non viventibus;
13. Non tamen est tota quidditas rei.
14. Non potest duplex forma substantialis principalis informare eandem partem
subjecti naturaliter, 2. potest tamen supernaturaliter.
15. Unio inter formam substantialem et materiam non consistit formaliter in in-
tima praesentia, 2. nec in decreto Dei aut aliis dispositionibus;
16. Sed est modus. 2. simplex et una.
17. Non datur modus totaliter scotisticus.
18. Probabilius per artem confici potest aurum.
19. Violentum est, quod provenit ab extrinseco nullam vim conferente passo.
20. Potest non tantum ab una creatura alteri, 2. sed etiam a Deo inferri violentia.
21. Causa est principium ex propria virtute determinans aliquid sibi insufficiens ad
existendum.
22. Bene dividitur in causam efficientem, materialem, formalem et finalem.
23. Inter duas causas physicas nequit dari mutua prioritas.
24. Finis est proprie dicta causa, 2. non requiritae bonitas realis et re ipsa
possibilis;
25. Sed potest sufficere etiam bonitas solum apparens.
26. Substantiam non producit sola substantia, 2. nec substantia simul cum accidente;
27. Sed sola accidentia sunt causa immediate productiva substantiae.
28. Causalitas causae efficientis in actu secundo consistit in entitate modali, 2. nec
actio distinguitur realiter a passione.
29. Implicat naturaliter duplex actio totalis respectu ejusdem effectus, 2. et probabilius etiam supernaturaliter.
30. Causa productiva accidentalium ad intra est sola substantia, 2. ad extra vero
solum accidens.
31. Intensio qualitatis non fit per productionem novae qualitatis indivisibilis, 2. sed
per additionem gradus ad gradum,
32. Qui gradus probabilius sunt heterogenei.
33. Agens accidentale non potest sibi assimulare passum, 2. nec simile agere in simile.
34. Subjectum substantivum accidentalium est sola materia, 2. hinc in corruptione
corporis non fit resolutio usque ad materiam primam.
35. Mundus non existit ab aeterno, 2. nec potuit cum suis generationibus existere
ab aeterno.
36. Coeli probabilius sunt liquidi, 2. et corruptibiles;
37. Qui saltem directive moventur ab intrinseco.
38. Elementa sunt quatuor. 2. quae virtualiter tantum manent in mixtis.
39. In homine non dantur tres animae simul. 2. nec successive.
40. Dantur tamen in viventibus formae partiales.
41. Sanguis non informatur ab anima,
42. Licet probabilius sit ab hac informari pilos et ungues.
43. Viventia probabilius nascuntur semper ex semine.
44. Animae insectorum sunt divisibiles, 2. probabilius etiam animae brutorum per-
fectorum,
45. Et quidem in partes heterogeneas.
46. Potentiae animae non distinguuntur adaequate ab ipsa anima.
47. Imo probabilius nec inadaequate.
48. Animae rationales in perfectione substantiali omnes sunt aequales.
49. Immortales, 2. Spirituales, 3. et indivisibiles;
50. Et in suis operationibus liberae libertate indifferentiae.

in der Philosophie dienen. Wer eine Probe über die Behandlung der besonders wichtig gehaltenen Materie de causis haben will, mag die in der Note 3 erwähnten Thesen Feuerstein's nachlesen.

Immerhin mögen dergleichen Materien geeignet sein, das Denkvermögen und den Scharfsinn der Schüler zu wecken; es wird aber kaum in Abrede zu stellen sein, dass ein grosser Theil dieser Materien für das praktische Leben wenig Nutzen gewährt, und über dieselben eine klare Einsicht und befriedigende Gewissheit schwerlich erreicht werden kann.

§ 28.

Auch in der Theologie änderte sich in dieser Periode der Lehrstoff nicht. Die scolastische Theologie mit zwei Professoren, deren Jeder täglich eine Stunde lehrte, war das Hauptfach, das durch alle vier Jahre des theologischen Studiums dauerte; die Moral (Casuistik) mit einer täglichen Stunde durch zwei Jahre schloss sich der scolastischen Theologie an. Die zwei andern Fächer des theologischen Studiums — Controversen des Glaubens und heilige Schrift, waren Nebengegenstände, die nur je in einer wöchentlichen Stunde gegeben wurden, und schon von Philosophen besucht werden konnten. Auf diese zwei Fächer wurde so wenig Gewicht gelegt, dass die Controversen im Jahre 1696 wegen Abgang eines Professors gar nicht, und von dem Jahre 1705 bis 1711 unter Professor Campi, welcher den grössten Theil der Zeit auf seiner Pfarre blieb, dann in den ersten Jahren des augenkranken Höchstetter sehr nachlässig gegeben, und grossen Theils supplirt wurde; die Kanzel der hl. Schrift aber vom Jahre 1677 bis 1680 keinen eigenen Lehrer hatte, und im Jahre 1709 nach Abgang des Stadtpfarrers Tausch durch längere Zeit für sie keine Vorsorge getroffen wurde, bis im künftigen Jahre sein Nachfolger Summer eintrat.

In der spekulativen Theologie war die Richtschnur wohl Petrus Lombardus der Magister Sententiarum; mit den Erläuterungen des Thomas v. Aquino. Das Fach wurde in einzelnen Traktaten (gewöhnlich 8) vorgetragen, die erst in vier Jahren ihren Abschluss fanden, und von denen ein Jeder ein Ganzes ausmachte. Der eine Professor scheint die eigentlich spekulative Theologie — Begründung der katholischen Dogmen durch die spekulative Vernunft für fähigere Schüler; der andere aber die durch Schrift und Tradition begründeten Lehren der Dogmatik für schwächere Schüler vorgetragen zu haben. Die meisten Schüler hörten beide Professoren. Auch die Moral wurde in einzelnen unzusammenhängenden Traktaten casuistisch und nach den milden Grundsätzen des Probabilismus gelehrt. Ueber den Inhalt der Nebenfächer mangeln nähere Belege; nach Werken der damaligen Zeit enthielt der Unterricht in den Controversen auch einige kirchengeschichtliche Daten, z. B. über Concilien, in welchen die Irrthümer in den Glaubenslehren verdammt, und die katholische Lehre festgesetzt wurde, und der Unterricht in der hl. Schrift gab nebst einer kurzen Einleitung zur Kenntniss der Bücher auch die Auslegung einzelner Stücke selbstverständlich nach der lateinischen Vulgata. In diesen beiden Fächern konnte ungeachtet des nur einstündigen wöchentlichen Unterrichts doch etwas mehr geleistet werden, weil die Studirenden auch diese Fächer mehrere Jahre besuchen konnten, und nicht in jedem Jahre das Nämliche erklärt wurde.

Zu einiger Beurtheilung des theologischen Lehrstoffes mögen wieder in der Anmerkung 30 Thesen stehen [1]), in welchen auf die Nebenfächer keine Rücksicht genommen erscheint.

---

1) Sie sind einem Traktate — Statera Justitiae von 246 Seiten in Quart, der

§ 29.

Das juridische Studium zerfiel in zwei Theile, in das kanonische Recht, welches ganz nach den fünf Büchern der Dekretalen gelehrt, und als der wichtigste Theil dieses Studiums betrachtet wurde; und in das römische Recht, das nach der bekannten Eintheilung in die Institutionen als Einleitung, in die Pandekten (Digesta) als Inhalt, und in den Codex als praktischen Theil desselben zerfiel, und drei Professoren beschäftigte, deren Jeder schon von den ersten Zeiten der Universität auch ein Nebenfach zu lehren hatte, und zwar der Professor des Codex das jus publicum, der Professor der Digesten das Lehenrecht, und der Professor der Institutionen den Civilprozess. Ueber die Hauptfächer gab jeder Professor viermal in der Woche eine Vorlesung, die Nebenfächer wurden in einer wöchentlichen Stunde am Dienstag oder Donnerstag gegeben [1]).

---

die Lehre de restitutione enthält. — Praeside Zingnis S. J. defendente — Schweiger S. theologiae candidato et Bacchalaureo 1693 — entnommen.

1. Existentia Dei licet a priori vel quasi a priori efficaciter demonstrari nequeat.
2. Potest tamen demonstrari, etiam praescindendo ab impossibiltate processus in infinitum.
3. Essentia Dei metaphysice spectata consistit in praedicato Entis a se, ex quo reliquae Dei perfectiones recte deducuntur.
4. Etsi oculus carnalis non potest, potest tamen intellectus creatus elevari ad intuitive videndum Deum.
5. Major perfectio intellectus per se nihil conducit ad perfectiorem visionem Dei.
6. Dantur Angeli inter se specie diversi, nec repugnant plures ejusdem numeri.
7. Omnes Angeli creati sunt in gratia, quam de congruo per actum supernaturalis charitatis promeriti sunt.
8. Angelis non debetur certa notitia decretorum cordium.
9. Beatitudo formalis adaequate sumta consistit in visione et amore beatissimo.
10. Peccatum actuale est dictum, factum, vel concupitum contra legem Dei aeternam; illius auctor non est Deus.
11. Bma Virgo nec peccatum originale nec illius debitum proximum contraxit.
12. Gratia sanctificans est ratio formalis, qua homo ex injusto fit justus, et filius adoptivus Dei constituitur;
13. Est ex natura sua incomposibilis cum peccato mortali.
14. Datur in mundo vera in Deum fides et Religio, quae est unica, et haec est romano — catholica, quae est evidenter credibilis et vera.
15. Summus Pontifex in definiendis rebus ad fidem aut honestatem morum spectantibus est infallibilis etiam extra generale concilium.
16. Objectum materiale fidei divinae est omnis veritas a Deo revelata.
17. Objectum formale illius est auctoritas Dei loquentis.
18. Per divinam charitatem datur vera inter Deum et hominem amicitia.
19. Nequit in eodem instante dari duplex duorum dominium in solidum.
20. Usus fructus est separabilis a dominio rerum ipso usu consumtibilium.
22. Peccatum mortale non est malitiae simpliciter infinitae nec tamen pro illo potuit condigne satisfieri a pura creatura.
23. Merita et satisfactio Christi est simpliciter infiniti valoris et ita condigna, imo abundans.
24. Sacramenta novae legis causant gratiam non physice, sed moraliter.
25. S. Eucharistia sub utraque specie sumta probabilius per se non causat plus gratiae quam sumta sub una specie.
26. Peccata per poenitentiam deleta non redeunt per relapsum.
27. Dimissa culpa peccati non semper remittitur tota poena, etsi condonato peccato mortali semper remittatur poena aeterna.
28. Ad sacramentum poenitentiae sufficit pura attritio, debet tamen esse supenaturalis.
29. Circumstantiae aggrovantes non sunt necessario exponendae in sacramento poenitentiae, bene tamen specificae.
30. Sacramentum poenitentiae probabilius potest esse validum et informe.

[1]) So werden die Vorlesungen der frühern Zeit in einem Berichte an die Regierung

Von dem Vortrage der tirolischen Statuten, welche in Tirol bis zum Erscheinen des bürgerlichen und Criminalgesetzbuches Geltung hatten, kommt in dieser Periode nichts vor, obschon man selbst aus den Werken von Professoren dieser Zeit [1] sieht, dass sie die Statuten nicht ignoriren konnten. Sicher verschaffte auch in Tirol die Universität dem römischen Rechte mehr Eingang, wozu gerade die Professoren Froehlich und Hermanin, die über die Statuten schrieben, beigetragen haben sollen [2].

Das juridische Studium fordert zu seiner Vollendung vier Jahre.

Zu einiger Kenntniss über den Lehr-Inhalt desselben mögen 25 Thesen aus einer Disputation vom Jahre 1714 in der Note stehen [3].

---

vom Jahre 1733, wo es sich um Abänderung des Studiums handelte, angegeben. Schon bei der juridischen Inscription im Jahre 1689 wurden sola jura audientes ermahnt, ut praeter reliquas ordinarias lectiones Juris juxta statuta et morem facultatis nostrae quivis etiam jus publicum et feudale excipiat (Eph. jur. 3. Nov. 1689), und diess unter dem 14. Nov. 1691 als Bedingung zum Examen bekannt gemacht, und eben so unter dem 20. Dezember 1719 zum fleissigen Besuche der ausserordentlichen Vorlesungen unter Verweigerung der Zeugnisse auch über die ordentlichen ermahnt. (Eph. jur. ad hos dies.)

1) Z. B. Froehlich: de diversis ac temporalibus praescriptionibus statutariis tirolensibus. Oen. 1702.

2) Vgl. Rapp's Abhandlung über das vaterländische Statutenwesen in der Zeitschrift des Ferdinandeums 1827 und 1829. Hermanin schrieb: Commentarii theoretico-politico- practici in jus statutarium tyrolense. Oen. 1716.

3) Parerga ex jure universo (angehängt dem Traktate: Quaestiones selectae ex universo jure publico praes. Joan. Udalr. Rudolphi cod. et jur. publici prof. o. defendente Caes. de Hebenstreit J U. lic. examinato et approbato, in 136 Quartseiten).
1. Constitutio canonica universalis obligat omnes christianos, si modo non solum Romae sed etiam in Provinciis promulgata, ac tempus certum lapsum est;
2. Et obligat independenter ab acceptatione populi.
3. Statuta Episcoporum etiam ipsos subditos extra territorium aut in loco exemto non obligant.
4. Ad valorem consuetudinis, quae etiam per actus extrajudiciales introduci potest, sufficit generalis Superioris consensus.
5. Clericus etiam in actione reali in foro rei sitae non coram laico sed coram ecclesiastico forum sortitur.
6. Quia Clericus verus est dominus fructuum beneficialium etiam ultra congruam sustentationem superfluorem, hinc non tantum in usus etiam profanos, inter vivos impendendo non facit contra justitiam, sed etiam ex consuetudine valide de iisdem testatur.
7. Praelatus ecclesiae haereditatem aut legatum ecclesiae suae relictum repudiat valide, nec incidit in poenas ecclesiasticas.
8. Licet matrimonium metu extortum sit ipso jure nullum, non tamen sponsalia de futuro.
9. Plebejus ab Illustri aut Nobili adoptatus non sit Illustris aut Nobilis.
10. Falsi Procuratoris gesta in favorem Principalis post sententiam non possunt ratificari.
11. Princeps suis legibus in bonum Universitatis latis saltem indirecte tenetur;
12. Quamquam Judex in causis civilibus secundum scientiam publicam non privatam judicare debeat, hoc tamen non procedit in causis criminalibus.
13. Bonae fidei possessor fructus perceptos et consumtos non restituit, etiam locupletior exinde factus.
14. Depositarius vel conductor ex damno in re deposita vel conducta dato non tenetur ad leviasimam legi Aquiliae propriam, sed tantum ad eam contractui congruam culpam.
15. Actus vel contractus jure civili prohibitus per juramentum in jurantis praejudicium appositum ita confirmatur, ut et haeres ejus exinde teneatur.
16. Filium familias saltem jurato potest renuntiare senatus consulto Macedoniano.

§ 30.

Das medizinische Studium begriff Anfangs nur die Institutionen und Praxis mit zwei Professoren, so dass bei Verhandlungen z. B. Promotions-Angelegenheiten auch andere Aerzte z. B. im Jahre 1679 der Vater des Professors Weinhart beigezogen wurden, um die Zahl der Theilnehmer wenigstens auf drei zu bringen. Im Jahre 1688 kam aber Statlender als Physikus nach Innsbruck und wurde nach Dekret des geheimen Rathes vom 22. April 1689 erster Universitätsprofessor der Anatomie, damals ohne Professorgehalt, um welchen, und zwar um 300 fl. unter dem 12. August 1690 eingeschritten wurde (als Physikus bezog er 200 fl.). Im Jahre 1691 starb Professor v. Sala, und da wurde unter dem 14. November 1691 Holer v. Doblhof als Professor der Aphorismen und Primarius mit 300 fl., und unter dem 16. November 1691 Linsing als Professor der Institutionen mit 100 fl. angestellt, wobei Weinhart mit 300 fl. und 100 fl. Zulage Professor der Praxis wurde; so dass nun vier Fächer — Praxis, Institutionen, Aphorismen und Anatomie von eben so vielen Professoren gelehrt wurden. Aber im Jahre 1702 wurde Holer als Leibarzt des Kaisers nach Wien berufen, und die Aphorismen mit der Praxis verbunden.

Der Professor der Praxis lehrte Praegnosis der Krankheiten, Materia medica, und diktirte klinische Fälle, über die er dann examinirte; der Professor der Institutionen lehrte nach Galenus, Avicenna etc. Physiologie, Hygiotheorie, Pathologie, Semiotica, Therapie, und selbst einige Grundsätze der Chirurgie und Pharmazie, der Professor der Anatomie gab Demonstrationen an menschlichen Cadavern, wenn er sie erhielt, sonst aber an Vögeln, Hunden, Schweinen [1]), die Aphorismen wurden nach Hypokrates gelehrt. Man sieht, dass besonders Anatomie [2]) und Praxis nicht am besten bestellt waren, besonders da zu Demonstrationen an menschlichen Körpern statt den Studenten Professoren und Honoratioren eingeladen wurden.

Das medizinische Studium dauerte drei Jahre.

---

17. Vidua pro sua dote non praefectur creditoribus anteriorem expressam hypothecam habentibus.
18. Testamentaria tutela in Electoribus non praefertur legitimae.
19. Testamentum juxta statutum vel consuetudinem loci cum minoribus solemnitatibus conditum valet etiam alibi, ubi jus comune viget.
20. Legitimatus per subsequens matrimonium non praefertur quoad permogenituram ex intermedio matrimonio legitime nato.
21. Qui mandat tantum vulnerare, non tenetur de excessu mandatarii omnino occidentis.
22. Qui in extrema necessitate aliquid surripit, non facit quidem formale furtum, tenetur tamen accedente meliori fortuna ad restitutionem.
23. Jus feudale corpori juris inclusum juri scripto vel non scripto adscribendum? — Problema est.
24. Re feudali legata saltem aestimatio debetur.
25. Castro cum jurisdictione in feudum concesso etiam merum imperium concessum intelligitur.

1) So nach einem Bericht vom Jahre 1733 in der Statthalterei-Registratur, in welchem diess Verfahren durchaus nicht als neu dargestellt wird.

2) In der Anatomie waren menschliche Cadaver schwer zu bekommen, und nur jene der Justificirten von Scharfrichtern zu kaufen. Als im Jahre 1690 mit Dekret des geheimen Rathes der Cadaver eines in Hall justificirten Verbrechers der Universität überlassen wurde, lud Professor Statlender in den Hörsaal der Physik durch eine gedruckte Panagyris alle Professoren etc. zu den diessfälligen Demonstrationen ein, wie dann auch später zu solchen selbst Mitglieder des geheimen Rathes erschienen. Noch im Jahre 1757 war der Rektor mit den meisten Professoren bei einer Demonstration gegenwärtig.

Auch über dasselbe mögen in der Note Disputations-Fragen des berühmten Professors Weinhart vom Jahre 1691 stehen [1]).

§ 31.

Ueber die Art, wie die Professoren den Studirenden die Kenntnisse mittheilten, und letztere sie auffassten, und über diese Auffassung sich auswiesen, kommt weder eine vollständige Beschreibung noch eine erschöpfende Vorschrift

---

1) Angehängt dem Werke: Thesaurus sanitatis inaestimabilis quomodo facili methodo ad plurimos vitae dies integre et incolumis conservari possit — publica disputatione propositus. -- Praeside Weinhart — defendende Blas -- anno 1691. Oen. typis Reisacher (von 287 Oktavseiten).

1. An sanitas perfecta sit possibilis?
2. In quo consistat ratio vitae et sanitatis?
3. An dentur, et quaenam sint causae conservantes sanitatem?
4. An Diaeta praecipuum sanitatis conservandae sit remedium?
5. An Diaetae beneficio vita hominis ultra consuetum terminum prolongari possit?
6. An anni climacterici vel astra effectus diaetae quoad sanitatem et longaevitatem impediant?
7. An diaetae vel medicamenti praesidio homo senex possit rejuvenescere vel immortalis reddi?
8. Quomodo naturae cursus retardari, senectus protrahi ac vita prolongari possit.
9. An pro sanitate diu conservanda necessario requiratur bona natura et talis educatio?
10. Cur aeris inspiratio ad vitam conservandam adeo necessaria?
11. Quale tempus anni respectu aeris sit saluberrimum?
12. Quaenam plaga coeli respectu aeris et ventorum sit salubrior?
13. An siderum influxus aerem malignum et venenatum possit reddere?
14. Quaenam sint conditiones aeris maxime salubris?
15. Quaenam sint signa salubritatis cujuscumque loci, sitque Tyrolis nostra ex locis salubrioribus?
16. Quid sit et in quo consistat natura alimenti?
17. An alimentorum quantitas magis noceat, quam qualitas?
18. Unde cognoscenda sit debita alimentorum quantitas?
19. Quantum pro sanitate et longaevitate contribuat proba alimentorum masticatio?
20. An victus simplex varietate et multiplicitate ciborum sit salubrior?
21. An verum sit illud Avicennae LI. sen. 3: quod sapit, nutrit?
22. Quoties, quo tempore, et quo ordine cibandum sit?
23. An coena vel prandium debeat esse largius?
24. An in Diaeta sit habenda ratio consuetudinis?
25. Quibusnam cibis in genere rarius vel frequentius utendum?
26. An carnis vel panis repletio sit deterior?
27. An potus necessarius et an plus quam ipse cibus?
28. An aqua vel vinum sit salubrius?
29. An pro sanitate diutius conservanda vinum merum an vero dilutum praeferendum sit?
30. Quo tempore et qua quantitate bibendum sit?
31. Unde temulentia, ejusque phaenomina, ac utrum possit esse salutaris?
32. Num frigide vel calide affatim vel paulatim cum vel sine bolo panis bibendum sit?
33. An et qualis somnus pro tuenda sanitate congruus et necessarius?
34. Quantum symbolum sanitati longaevae conferant studia, aliaeque mentis functiones?
35. Utrum horum magis pro tuenda sanitate sit necessarium — non satiari cibis aut impigrum esse ad laborem?
36. An pro morte praematura ac morbis praecavendis prosint evacuationes nonnullae per annum administratae, aliaque medicamenta assumta?
37. An et quomodo morbi animi valeant excitare morbos corporis?

vor. Aus den zerstreuten Bemerkungen in den Ephemeriden lässt sich, jedoch nicht in Allem mit voller Verlässlichkeit, Folgendes entnehmen.

Alle Professoren hielten Vorlesungen, d. h. sie trugen ihre Lehren den Schülern entweder aus dem Gedächtnisse, oder wie es gewöhnlich gewesen zu sein scheint, aus Schriften vor. Die Schüler schrieben diesen Vortrag nach. Das Nachschreiben war den Schülern selbst durch Senatsbeschlüsse vorgeschrieben. Eine Ausnahme machten nur die Demonstrationen in der Medizin, wenigstens zum Theil, und später wahrscheinlich auch andere medizinische Fächer. Vorlesebücher gab es nicht. Die Lektionen wurden durchaus unentgeltlich gehalten; für sie waren die Professoren zunächst aufgestellt, und besoldet.

Nebst den Lektionen wurden in allen Facultäten, jedoch nicht auf gleiche Art, Repetitionen gegeben.

Am genauesten mag diess in der juridischen Facultät geschehen sein, bei welcher diese Repetitionen collegia hiessen, und wie die Lektionen ordentlich, aber gegen Bezahlung abgehalten wurden. Es waren nicht Collegien bloss zur Prüfung der Schüler wie in den spätern Zeiten, sondern das in den Lektionen Vorgetragene wurde in diesen Collegien theils durch weitere Erklärungen und Anwendung, theils durch Prüfung, theils durch Disputationen selbst unter den Studenten weiter bearbeitet. Sie waren genau für jeden Professor in 2 bis 3 wochentlichen Stunden bestimmt, und dauerten einen grossen Theil des Jahres — in den Institutionen 7 $\frac{1}{2}$, in den Digesten 6 Monate [1]). In den Institutionen zahlte jährlich dafür ein Cavalier 18 fl.; ein anderer Student 12 fl., in den übrigen Hauptfächern aber 24 und 18 fl., da letztere weniger Studenten zählten. Der Canonist gab zwar auch Collegien, aber von einer Bezahlung dafür kommt nichts vor. In den juridischen Nebenfächern wurden keine Collegien gegeben [2]).

In der medizinischen Facultät werden solche Collegien nicht erwähnt, aber die medizinischen Professoren gaben den Doctorats-Candidaten statutenmässig vor der Doctorirung Repetitionen, für welche sie sich bezahlen liessen.

Repetitionen — jedoch ohne Bezahlung an die Professoren wurden auch in der Theologie und Philosophie gegeben. In der Philosophie repetirten mit den Schülern auch Studenten der höhern Studien-Abtheilungen, besonders der Theologie, die aber Magistri der Philosophie sein mussten, und dafür bezahlt wurden [3]). Die Repetitionen der Professoren begannen mit der zweiten Inscription der Studenten, und dauerten bis Jakobi. — In den Nebenfächern der Theologie waren die

---

1) Nach einem Bericht vom Jahre 1733 über die frühere Studien-Einrichtung in der Jurisprudenz in der Statthalterei-Registratur.

2) Nebst den Professoren gaben die studirenden Juristen wohl auch andere Männer Unterricht. Unter dem 18. Jänner 1709 erliess die juridische Facultät an einen Kümpl den Auftrag, ut deinceps obstineat a repetendo cum iis, qui collegia non frequentant, und Tschiderer wurde im Jahre 1679 zu seiner Anstellung als ausserordentlicher Professor von den Dikasterien auch desswegen empfohlen, weil er Juristen gut unterrichtet hatte. Es gab auch Studenten, die collegia privata ohne Lektionen hörten — also Privat-Schüler. Nach den juridischen Ephemeriden trug Froehlich in einer Facultäts-Sitzung vom 22. November 1730 auf Abstellung dieses Missbrauches an, da die Studenten sogar mit Zeugnissen über solche Collegien auf Universitäten übergingen; es wurde aber kein Beschluss gefasst.

3) Die Repetitores publici vom Jahre 1732 bis 1772 finden sich in einem Verzeichniss, das im Universitäts-Archiv liegt. Im Jahre 1732 wurde beschlossen, dass jeder Schüler einen Repetitor haben muss.

Repetitionen gerade nicht Vorschrift, oder fortwährende Uebung, jedoch öfter abgehalten [1]).

Ferner waren namentlich in der Philosophie und Theologie Disputationen gebräuchlich, bei welchen in der Regel Schüler gegen Schüler über bestimmte Sätze ihr Pro und Contra vertheidigten. Die Disputantes, welche den aufgestellten Satz vertheidigten, hiessen Defendantes, wohl auch geradezu Disputantes, obschon letzterer Ausdruck eigentlich beiden Partheien zukommt; die Gegner aber Opponentes oder auch Argumentantes. Diese Disputations-Uebungen waren die circuli, noch mehr Disputationes sabbaticae und menstruae.

Der Circulus scheint öfter unter dem Ausdruck Repetitio und umgekehrt begriffen, und von dieser nur dadurch verschieden gewesen zu sein, dass bei ihm die Disputationsform angewendet wurde, was bei Repetitionen nicht allemal geschah. Daher werden in den Ephemeriden von manchen Jahren nur Repetitionen, von andern Jahren nur circuli erwähnt, und von Repetitionen auch Ausdrücke gebraucht, die auf Disputationen passen [2]). Doch kommt öfters von Schültagen [3]) die Bemerkung vor: Lectiones, Repetitiones, et Circulus, wornach dieser von den Repetitionen unterschieden wird. Diese circuli waren sohin die ersten Disputations-Uebungen der Schüler über die vorgetragenen Materien, versteht sich unter der Leitung des betreffenden Professors, wozu sich die Schüler auf Ansinnen des Professors herbeiliessen, aber nicht gezwungen wurden [4]). In der Theologie kommen sie vorzüglich aus der Speculativa vor [5]), jedoch fast nur von Schülern des ersten und zweiten theologischen Studienjahres [6]).

Die Disputationes sabbaticae hatten ihren Namen, weil sie alle Samstage, in denen kein Hinderniss durch Feiertag, Promotion etc. vorkam, abgehalten wurden; sie waren schon feierlichere Disputir-Uebungen der Studenten über Thesen, die bis-

---

1) So bemerkt Professor Summer in den theologischen Ephemeriden unter dem 15. November 1710, dass der Professor der hl. Schrift vi officii zu Repetitionen nicht verbunden wäre, er sie aber doch auf Ansuchen einiger Schüler und aus Neigung für die, welche auch mit andern Stellen der hl. Schrift bekannt werden wollten, abgehalten habe. — Hieraus erhellt auch, dass bei den Repetitionen nicht allzeit gerade das in den Lektionen Vorgetragene wiederholt worden ist.

2) So heisst es in den philosophischen Ephemeriden vom 11. Februar 1711, es seien Vorlesungen, aber keine Repetitionen gehalten worden, „quod nec defendentes nec argumentantes se praepararunt," und in der theologischen Matrikel findet sich vom Jahre 1712 und 1713 über die Controversen die Auskunft: semper professor ipse est argumentatus, von den Schülern aber heisst es: defendit Repetitionem bene, docte, optime etc. Hiernach kann man den Unterschied zwischen Circul und Repetition auch schwerlich darin setzen, dass bei ersterem Studenten, bei letzterer nur der Professor opponirte.

3) Z. B. 13. Februar 1732.

4) Daher heisst es in der theologischen Matrikel häufig: Nullum voluit dare doctrinae specimen — defendit circulum, specimen in circulo non dedit pluries constitutus u. dgl.

5) Bei der Moral wird zum Jahr 1729 bemerkt: Cum in auditoribus casuum vix aliud notari possit, quam diligentia seu frequentatio in lectionibus, de hac sola facta est mentio. Unde et bonitas morum, et profectus diligentiae par praesumitur, nisi constet contrarium; und zum Jahre 1732 von einem andern Professor: Ubi de profectu nil additur, signum est, quod de eo non constet; ubi aliquid additur, id exploratum est tum in privatis congressibus, tum in resolutione casuum quorundam in Academia.

6) Unter dem 6. Juli 1750, wo in der Lehr-Methode noch keine wesentliche Aenderung eingetreten war, kommt in den theologischen Ephemeriden vor: Lectiones sine circulo, quia omnes D. D. theologi primi anni jam comparuerunt in scamnio circuli; alii vero pro more hujus Academiae non defendunt circulos.

weilen sogar gedruckt wurden, und dauerten gewöhnlich ein paar Stunden; auch Schüler anderer Fächer konnten dabei erscheinen. Wer sich dieser Uebung unterzog, hatte schon nichts Geringes geleistet.

Mit weit mehr Aufsehen waren die Disputationes menstruae verbunden, die nicht alle Monate, sondern wenigstens in der Philosophie und Theologie jährlich in der Regel nur viermal abgehalten wurden. Die Thesen hiezu waren gedruckt, und wurden vertheilt; die Defendentes — gewöhnlich zwei — wurden öffentlich bekannt gemacht, auch die Argumentantes bestimmt. Die Professoren der Theologie und Philosophie, deren Facultäten associrt waren, luden sich wechselseitig zu denselben ein; auch Professoren und Studirende anderer Facultäten konnten dabei erscheinen, und nur die ausgezeichnetsten Schüler traten dabei insbesonders als Defendenten auf. Diese Disputationen kamen in allen Facultäten vor [1]), ob so geordnet, wie in der Philosophie und Theologie lässt sich schwer angeben.

Alle diese Uebungen dienten als Mittel, Talent, Fleiss und Fortgang der Schüler kennen zu lernen, noch weit mehr aber zur Belebung des Eifers talentvoller Schüler, die sich dadurch auszeichnen konnten. Sie waren geeignet, bei den Studenten Gewandtheit im Vortrage, und Fertigkeit in der Dialektik zu befördern. Prüfungen, wie sie um die Mitte des vorigen Jahrhunderts in Oesterreich eingeführt wurden, gab es in den frühern Perioden nicht [2]).

§ 32.

Diess war die ordentliche Weise, den Akademikern die betreffenden Kenntnisse beizubringen, sich von der Aneignung dieser Kenntnisse zu überzeugen, und wohl auch fleissige und bessere Studenten auszuzeichnen. Allein vorzügliche Studenten konnten von den Professoren der Universität noch mehr erhalten; nämlich die Auszeichnung durch frei gewählte Disputationen, und die akademischen Würden.

Solchen Studenten wurde nämlich eine Disputation von der Facultät, zu welcher sie gehörten (actus parvus), oder gar von der Universität (actus major, disputatio solemnis) bewilligt, wenn sie darum ansuchten.

Der Actus parvus war eine Disputation über mehrere Sätze eines Faches, oder auch Fach-Abschnittes, welche ein Akademiker unter der Leitung seines Professors gegen die Professoren der Facultät, ja auch andere Eingeladene bestand [3]). Diese Sätze wurden nicht immer gedruckt. Der Defendens hielt vor der Disputation eine Anrede, die Disputation dauerte mehrere Stunden, und war sonst mit keinen Kosten verbunden. Für ausgezeichnete Studirende, welche grössern Aufwand nicht machen

---

1) Im Jahre 1730 trug der juridische Dekan Froehlich auf Auflassung des Dik-tirens an, da es durch circulos scolasticos, disputationes hebdomedales und menstruae in der juridischen Facultät, wie an andern Universitäten und nach dem Beispiele der me-dizinischen Facultät ersetzt werden könnte. Der Antrag blieb ohne Entscheidung (Eph. jur. 22. Nov. 1730).

2) Als etwas Ausserordentliches mag angeführt werden, dass im Jahre 1683 einmal ganz unvermuthet der Gubernator in den Hörsaal der Philosophie kam, und Studenten über Unsterblichkeit der Seele und Vollkommenheit der Welt disputiren liess, was zu seiner Zufriedenheit geschah. (Historia S. J. in der Dipauliana.)

3) Die theologischen Ephemeriden sagen unter dem 7. Dezember 1705: Actus parvus, seu disputatio academica antemeridiana a media octava usque decimam — praeside P. Tonauer et defendente — Wehelin theologo quarti anni — praemissa a defendente oratiuncula, contra quem invitati argumentati sunt O. P. theologi et decanus Philosophiae, et quarti anni theologus. Am 7. Dezember 1709 war actus parvus . . ex tractatu de angelis et actibus humanis, bei dem zwei theologische Professoren, der Dekan der Philosophie und ein vierter Opponent argumentirten etc.

konnten oder wollten, aber doch nach der möglichsten Auszeichnung an der Universität strebten, war diess hiezu das einzige Mittel; denn die feierliche Disputation und noch mehr die akademischen Würden waren mit bedeutenden Kosten verbunden, obschon sie an Kenntnissen eben nicht vielmehr als der actus parvus gefordert haben mögen, zumal, wenn dieser umfassende Thesen zum Stoffe hatte.

Eine öffentliche feierliche Disputation war — die akademischen Würden ausgenommen — die grösste Auszeichnung an der Universität. Sie wurde in der verzierten Universitäts-Aula, und vor deren Erbauung in dem verzierten Hörsaal der Logik abgehalten [1]. Auch zu einer solchen Disputation waren die Thesen nicht immer vom ganzen bezüglichen Fache, sondern öfter nur aus einem Abschnitte desselben z. B. in der Theologie de Deo genommen, aber nicht selten mit wahrer Pracht unter schönen Kupfern — der Mutter Gottes, eines Heiligen, des Kaisers etc. — auf Regal-Bogen etc. gedruckt [2], und in der Regel einem Patron gewidmet, der dann wenigstens theilweise die Kosten trug, oder, wie der Kaiser, sonst regalirte [3]. Statt über Thesen wurde aber öfter über den Inhalt eines ganzen Buches disputirt, welches der Präses der Disputation — in sehr seltenen Fällen der Defendens verfasste, und jeden Falls letzterer drucken liess; gewöhnlich waren dann noch Thesen angehängt. Solche Disputationen gaben daher Veranlassung zur Veröffentlichung mancher interessanten und uninteressanten Abhandlung, und der bei weitem grösste Theil der Druckschriften der Professoren jener Zeit verdankt denselben sein Entstehen.

Zu diesen Disputationen waren zwei Kanzeln, respective eine Kanzel mit zwei Sitzen — einem höhern und niedern unter und vor dem höhern vorhanden; den höhern nahm der Präses der Disputation, den niedern der Defendent ein; die Opponenten sassen diesen gegenüber, und hinter denselben der Universitäts-Rektor, und Zuschauer oft in grosser Zahl. Der Akt begann mit einer Anrede des Defendenten, dann des Präses, und letzterer lud hierauf jeden der Opponenten namentlich und nach bestimmter Reihe zum Argumentiren ein. Solche Opponenten waren gewöhnlich acht, aber auch mehrer, und selten weniger. Der erste Opponent war immer der Patron der Thesen, welcher häufig einen beliebigen Stellvertreter hiezu bestimmte; dann folgten, wenn sie erschienen, die Dekane der Facultäten nach ihrer Rangordnung, also jener der Theologie zuerst, dem aber der Dekan der betreffenden Facultät den Rang streitig machte. Auf die Reihenfolge wurde eifersüchtig gesehen, jedoch nicht immer darauf geachtet [4]. Im Jahre 1725 wurde der förmliche

---

1) Nach Dekanatsbeschluss vom Jahre 1694 war bei gewöhnlichen Disputationen nur die Kanzel, bei Disputationen von Adeligen und pro Doctoratu das ganze Zimmer zu verzieren. (Eph. jur. 30. Juni und 11. August 1694.)

2) Z. B. am 7. August 1702 bei einer Defension eines Ant. Gr. Fugger aus der Philosophie: Theses in folio sat spissae cum 4 emblematibus aere incisis holoserico et phrygio opere celatis etc.

3) Der Kaiser als Patron gab gewöhnlich eine goldene Kette mit seinem Bildnisse im Werthe von 200 bis 300 fl. So dem erwähnten Fugger, so am 4. August 1692 dem Ign. Gr. Künigl, con. brix., der de decimis et reliquo jure pontificio defendirte. Die Universität bezahlte einem Christiani, der ihr die theologischen Thesen dedicirte, nebst andern Kosten 30 fl. (Eph. th. 8. Juli 1712.)

4) Bei einer philosophischen Disputation am 4. März 1697 erschien weder der Dekan noch ein Professor der Theologie, weil der Präses den philosophischen Dekan vor dem theologischen, und zwar approbantibus superioribus als Opponenten bestimmt hatte. Der philosophische Dekan erschien am 30. Mai 1698 und wieder 1701 bei einer theologischen Disputation nicht, weil ihm ein Lektor vorgehen sollte. Dass zu einer medizinischen Disputation des Bacchatoni am 25. Juni 1726 unter dem Patronate der

Senatsbeschluss gefasst, dass die Universitäts-Professoren allen Opponenten mit Ausnahme des Patrons vorzugehen hätten. Auch in andern diese Disputationen betreffenden Punkten sahen die Professoren sehr auf ihre Ehre und gebührende Achtung. Im Jahre 1714 erschien der theologische Dekan Guldiman bei einer philosophischen Disputation nicht, weil er vom philosophischen Dekan ob modum disputandi beleidiget war, und zur Vermeidung des Aergernisses musste der Ex-dekan erscheinen; im folgenden Jahre erschien der Professor der Mathes nicht bei einer Disputation, weil ihm die Thesen nicht drei Tage vor der Disputation über-reicht worden waren, und es musste der Professor der Physik für ihn eintreten. — Man darf aber nicht glauben, dass nur die Professoren diessfalls auf ihre Achtung eifersüchtig waren. Der geheime Rath Gr. Firmian drohte z. B. im Jahre 1728 — die Stelle seines Bruders des Erzbischofs von Salzburg als Patrons vertretend, Nachmittags bei der Disputation nicht mehr zu erscheinen, wenn nicht das Bild-niss des Patrons unter einem Baldachin über die übrigen Bildnisse angemessen ge-stellt, und ihm ein Canapee als Sitz bereitet würde; der Rektor der Universität wich ihm mit dem eigenen Sitze aus, was aber die Senatoren, da es ohne sie ge-fragt zu haben, geschah, missbilligten [1]).

Der feierliche Akt dauerte gewöhnlich einen ganzen Tag — mit Unter-brechung in einigen Stunden, z. B. am 18. August 1704 über Controversen nach einer Abhandlung (Decas assertionum de Christo), der 50 Thesen de sacramentis angehängt waren, bei der die Theologen Crepatz und Schmid S. Theologiae Bacca-laurei et pro licentiatu examinati gegen acht Opponenten defendirten, deren vier Vormittag, vier Nachmittag argumentirten [2]).

Es ging bei diesen Oppositionen bisweilen sehr lebhaft zu, z. B. am 22. Au-gust 1696, wo bei einer metaphysischen Disputation der Blutumlauf im mensch-lichen Körper zur Sprache kam, wofür gegen die Jesuiten der medizinische Professor Statlender stark auftrat, die Leugner desselben eigensinnige Leute nannte, die den fünf Sinnen nicht glaubten; aber dafür von den Jesuiten zurechtgewiesen wurde [3]).

Nach vollendeter Disputation — bisweilen nach vollendeter Opposition eines jeden Argumentanten — wurden Erfrischungen gegeben.

---

tirolischen Stände ausser dem philosophischen Dekan kein anderer geladen war; wurde als Abweichung von der Gewohnheit namentlich von der juridischen Facultät übel auf-genommen (Eph. jur. ad h. d.). Bei einer medizinischen Disputation im Jahre 1695 erschien der theologische Dekan nicht, weil Präses Linsing dem medizinischen Dekan den Vorzug vor dem theologischen gab; daher sich Linsing in seiner Rede bitter gegen die Jesuiten, und auch Philosophen aussprach. Promotor Linsing in sua oratione in nostros aliosque pseudophilosophos invectus est. (Eph. phil. ad 12 Aug. 1695.)

1) Eph. jur. et phil. ad 7. Juli 1728.

2) Es waren 1. der Prokanzler für den Bischof von Brixen als Patron, 2. Pro-fessor Halden S. J. für Gr. Fiegler als Patron des zweiten Defendenten, 3. Tonauer S. J. Professor der Theologie, 4. Simonzin S. J. Professor der Theologie; Nachmittag 5. Amatori Dekan der Philosophie, 6. Schleiermacher Lektor der Franziskaner, 7. Lener Lektor der Serviten, 8. Peregrinus Lektor der Kapuziner.

3) Statlender circa sententiam de sanguinis circulatione valde se gessit insolenter calumniando, et eum nihil proficeret, post unum alterumve verbum victoriam sibi petu-lanter proclamando, quam insolentiam tres e nostris P. P. assidentibus probe contuderunt. Ostendit noster Praeses ex multis concertationibus hoc et priori anno habitis, eum nondum attulisse, quae opinionem negantem sanguinis circulationem labefactarent, atque adeo nihil esse, quod suam opinionem demonstratam dictitet, oppositam qui tenerent, esse pertinaces, sensibus abuti etc. Eph. phil. ad 22 Aug. 1696. Solche Scenen er-innern an den Pentameter, den bei einer solchen Disputation ein schwarz gekleideter Ordensmann auf die spitzige Erinnerung eines Cisterziensers: quid mihi cum corvo? mit der Antwort vollendete: garrula pica tace.

Eine solche Auszeichnung kostete 30 bis 70 fl., manchmal wahrscheinlich noch mehr. Da sie zu den grössten Universitäts-Feierlichkeiten gehörten, werden sie in den Ephemeriden oft mit vieler Genauigkeit beschrieben [1]).

Eine Disputation ohne Präses gehörte zu den Seltenheiten [2]), und gab einen besondern Beweis von den Kenntnissen des Defendenten.

Die Disputation war wie es scheint nicht gerade allgemeines, gewiss aber gewöhnliches Erforderniss zu einer akademischen Würde, zumal zum Doctorate, aber immer Beweis besonderer Kenntnisse; es disputirten auch Akademiker, die nicht Doctoren wurden, oder auch schon wirkliche Doctoren waren [3]). Ein Doctor durfte aber auf der höhern Kanzel disputiren [4]).

§ 33.

Der entscheidendste Beweis für die vollständige Auffassung der vorgetragenen Lehre, den die Universität geben konnte, war, wie an allen Universitäten, die in den Privilegien bewilligte Ertheilung der akademischen Würden — des Baccalaureats der Philosophie und Theologie, des Licentiats in allen vier Facultäten, des Magisteriums in der Philosophie, das wohl auch das philosophische Doctorat hiess, endlich des Doctorats in den drei höhern Facultäten.

Wir führen die Bedingungen, die Ceremonien und die Kosten der Ertheilung dieser Würden an.

Die Bedingungen bestanden überhaupt in guten Sitten, ehelicher Geburt, freiem Stande (im Gegensatz zur Sclaverei), in der zur Würde nöthigen Studienzeit, und in allenfalls nöthigen, niedern akademischen Würden, und endlich in den erforderlichen Kenntnissen. Ob ein Candidat diese zu einem akademischen Grad nöthigen Bedingungen habe, davon hatte sich lediglich die betreffende Facultät die Ueberzeugung zu verschaffen.

Ueber die ersten fünf Bedingungen hatte sich der Candidat bei dem Facultäts-

---

1) So defendirte am 3. Jänner 1690 Franz Bar. Zach ex jure canonico civili, publico et feudali — in dem mit Teppichen verzierten Logik-Hörsaale unter dem Präsidium des juridischen Professors Woller, vor dem geheimen Rath Troyer als Commissär des Kaisers als Patrons, in Gegenwart des Gubernators Carl und seiner zwei Söhne: das Bildniss des Kaisers war unter einem Baldachin aufgehängt; Commissär Troyer opponirte selbst; die Disputation dauerte Vor- und Nachmittag; Zach erhielt eine goldene Kette mit des Kaisers Bildniss, und gab darauf wegen der beschädigten Stuba academica zu Hause ein Essen etc. — Bei der schon erwähnten Disputation Fugger's verbeugte sich Defendens dreimal vor dem Bildnisse des Kaisers, las darauf die Dedication der Thesen vor, legte diese dann auf den Tisch vor den Thron, worauf der Prokanzler statt des kaiserlichen Stellvertreters Paris Gr. Taxis die Argumentation begann, bei der den ganzen Tag der kaiserliche Commissär gegenwärtig war etc.

2) Am 12. März 1712 defendirte ohne Präses ein Weinzierlin über sein gedrucktes polemisches Werk, und am 27. Juni 1712 ein Wolauf ex universa theologia. (Eph. th. ad hoc dies.)

3) Der erwähnte Fugger war zur Zeit seiner Disputation schon Magister Philosophiae.

4) Nicht selten wurden auch in Klöstern feierliche Disputationen der Kloster-Glieder gehalten, und die Universitätsprofessoren zum Argumentiren eingeladen, was allemal ein grosses Klosterfest war. Auch da fehlte es nicht an Rivalitäten. So ging Professor Tonauer S. J. zu einer Disputation bei den Franziskanern, bei der der Prior vor ihm opponiren sollte, nur dann, wenn dieser ausdrücklich als Stellvertreter des Patrons bezeichnet würde. Kloster-Geistliche disputirten aber auch an der Universität, z. B. am 26. Mai 1694 zwei Stiftsherren von Stams ex jure canonico, de praelatis regularibus.

Dekan auszuweisen, der nur bei einem allenfalligen Zweifel die Professoren der
Facultät, oder gar die Universität zur Entscheidung und Verfügung beizog.

Der Beweis über die Kenntnisse aber war durch Prüfungen vor den Facultäts-
Professoren herzustellen.

Dem Baccalaureate der Philosophie musste das Studienjahr der Logik; dem
Baccalaureat der Theologie zweijähriges theologisches Studium; allen übrigen
Würden mussten die für die betreffenden Facultäts-Studien vorgeschriebenen
Studienjahre (in der Philosophie und Medizin drei, in der Theologie und Juris-
prudenz vier) vorausgehen.

Zum Magisterium der Philosophie musste der Candidat schon das philosophische Baccalaureat, zu den Würden der höhern Facultäten das philosophische
Magisterium und zu den höhern Würden einer Facultät die bei derselben etwa bestehenden niedern Würden, also in der Theologie zum Licentiat das Baccalaureat,
und in allen Facultäten zum Doctorate das Licentiat erhalten haben [1].

Die Prüfung zum philosophischen Baccalaureat kann nicht streng gewesen
sein, da es schon nach dem ersten philosophischen Jahre ertheilt werden konnte,
und jährlich einer sehr bedeutenden Zahl von Studirenden (oft mehr als 50) ertheilt
wurde, die doch nicht alle ausgezeichnete Studenten werden gewesen sein. Wegen
der grossen Zahl der Candidaten dauerte die Prüfung sämmtlicher Candidaten jährlich gewöhnlich mehrere Tage, und die bei der Prüfung Approbirten wurden in ein
Verzeichniss gebracht, das gedruckt wurde [2].

Auch die theologische Baccalaureats-Prüfung erstreckte sich über wenige
Thesen, welche die Candidaten selbst wählten, oder wenigstens vor der Prüfung
wussten [3]. Doch hatten die Baccalaureats-Candidaten gewöhnlich schon eine Disputatio menstrua bestanden [4].

Die Prüfung zum Licentiat, das eigentlich nur die Erlaubniss war, eine akademische Würde nehmen zu dürfen, aber doch oft ohne das Doctorat ertheilt wurde,
war schon in der Prüfung für die bezügliche Würde begriffen.

Die Prüfung zum philosophischen Magisterium dauerte wieder mehrere Tage,
da täglich nur etwa vier Aspiranten geprüft wurden, und jährlich eine bedeutende
Zahl diese Würde suchte. Die tauglich Befundenen wurden wieder in ein Verzeichniss gebracht, das gedruckt wurde [5]. Zur Bekanntgebung des Prüfungs-Resultates

1) Die medizinische Facultät erklärte zwar im Jahre 1714 das philosophische
Magisterium zu ihren Promotionen nicht als nothwendig, allein dessen vorläufiger
Empfang blieb doch gewöhnlich. (Eph. phil. 14. Mai 1714. Eph. th. 23. Juli 1716.)

2) In den ersten Zeiten der Universität wurde viel über die Frage verhandelt, ob
diess Verzeichniss nicht die Namen nach Verdienst gereiht enthalten soll.

3) Im Jahre 1692 wollten zwei Canoniker des Stiftes Wilten das Baccalaureat
der Theologie erhalten; sie legten daher dem theologischen Dekan fünf Prüfungs-Thesen
vor, welcher diesen more consueto eine sechste ex sacra scriptura beisetzte, worüber sie
nach wenigen Tagen die Prüfung zu bestehen hatten. (Eph. th.)

4) Wenn in Bezug auf andere Lehranstalten gesagt wird, dass man nach Prüfungen über hl. Schrift, Sprachen und Kirchenrecht und nach einer öffentlichen Disputation
aus Dogmatik und Moral (actus parvus) und nach einer strengen Prüfung darüber zum
Baccalaureate; dann nach einer öffentlichen Vertheidigung aus der ganzen Theologie
(actus major.) und nach einer strengen Prüfung aus der Lehre des hl. Thomas (Punc-
tura) zum Doctorate der Theologie gelangte, so gilt diess von Innsbruck wohl nicht in
jeder Beziehung, wenigstens weisen die Ephemeriden etc. darauf nicht hin.

5) In diesen Verzeichnissen, deren mehrere in der Dipauliana liegen, sind auch
Accessores angehängt, ohne nähere Erklärung; vielleicht waren es Candidaten von
minderer Befähigung, die noch nicht zum gradus zugelassen wurden, jedoch nahe daran

(bona nuntia) wurde ein Tag bestimmt, an welchem Einer der im Hörsaale versammelten Candidaten, gewöhnlich ein Illustris, wenn sich darunter ein solcher befand, um diese Bekanntgebung bat, die der Dekan zusagte, sobald das zu Leistende (die für das Magisterium bemessene Taxe) erfolgt sei.

In der Theologie dauerte das Doctorats-Examen 3 bis 4 Stunden, über 50 aus der ganzen Theologie gewählte Thesen, welche der Dekan 2 bis 3 Tage vorher austheilte, und über die theils durch Abfragen über die Kenntnisse, theils in Disputir-Form geprüft wurde, so dass der Candidat den Stoff auch bei dieser Prüfung wenigstens beiläufig vorher wusste [1]).

Am genauesten verfuhr die juridische Facultät. Der Dekan untersuchte bei der Meldung des Candidaten zur Prüfung vorläufig dessen beiläufige Kenntnisse, und wenn diese genügten, erhielt der Candidat eine Frage aus dem Kirchenrecht, die immer der Professor dieses Faches gab, und eine andere aus dem Civilrecht [2]), welche die weltlichen Professoren gaben, die schriftlich innerhalb 24 Stunden, oder wenn die Prüfung nur über das Kirchenrecht bestanden wurde, innerhalb 12 Stunden zu beantworten waren. Bestand der Candidat auch in dieser Beantwortung, nahmen erst alle Professoren das Examen rigorosum vor. Eine Reprobation erscheint in den Ephemeriden äusserst selten [3]).

In der medizinischen Facultät wurde zuerst ein tentamen und etwa ein Monat darauf ein Examen rigorosum — jedes durch wenigstens zwei Stunden vorgenommen, in der Zwischenzeit aber mit den Candidaten gegen Bezahlung von jedem Professor repetirt.

Da unter den Geprüften ein grosser Unterschied der Befähigung sein musste, so wurden unter dem 13. November 1726 für alle rigorosen Prüfungen zu Doctoraten der Facultäten vier Abstufungen angenommen, je nachdem ein Candidat zur Promotion zugelassen, oder von allen Prüfenden als würdig, ja lob- oder besonders lobwürdig erkannt wurde [4]).

Wenn ein Doctorand sich über schon gemachte Prüfungen hiezu auswies, wurden neue Prüfungen nicht mehr gefordert [5]).

Auch in andern besondern Fällen, wo man bessere Kenntnisse mit Grund voraussetzte, wurde die Prüfung nicht so streng genommen [6]), ja es kommen Fälle

---

waren, zugelassen zu werden. Auch Schüler der höhern Facultäten, die promovirt wurden, sind darin besonders aufgeführt.

1) Ex 50 thesibus ex praecipuis theologiae quaestionibus, quas Decanus duobus vel tribus diebus antea distribuit, argumentando et interrogando — wie sich die theologischen Ephemeriden ausdrücken.

2) Capitulum ex jure canonico, et lege civili in suam facti speciem et quaestiones, earumque resolutiones digerenda. (Eph. jur. 20. Febr. 1675 etc.)

3) Am 6. April 1712 wurde ein Werger auf die Vorprüfung zur schriftlichen und mündlichen Prüfung nicht mehr zugelassen.

4) Die Noten waren: a. admissus, b. unanimi calculo, c. cum magna laude, d. cum singulari laude et commendatione, je nachdem der Aspirant nur per vota majora, oder unanimia, — supra mediocritatem, als Insignis et excellens approbirt wurde.

5) Am 6. August 1705 wurde ein v. Sterzinger, der in Salzburg das Zeugniss über gut bestandene Prüfung zum theologischen Licentiate erhalten hatte, ohne weiters zum Baccalaureat, Licentiat und Doctorat zugelassen.

6) Caspar Siber Professor der Moral in Brixen, und später Pfarrer in Thauer und Prokanzler und 1686 Professor der Polemik wurde für das Baccalaureat, Licentiat und Doctorat 1¼ Stunden über neun durch das Loos gezogene Thesen am 18. Mai 1683, und der Stadtpfarrer Tausch am 4. Dezember 1700 über am Tage vorher gezogene Thesen pro Baccalaureatu et doctoratu geprüft etc.

vor, wo die theologische Facultät wegen ausgezeichneter Disputation die Prüfung sogar ganz nachsah [1]), obschon diess nach einem Facultätsbeschluss vom 14. Juli 1702 nicht geschehen sollte; auch die juridische Facultät hatte unter dem 28. Juni 1680 festgesetzt, dass eine Disputation von der Prüfung nicht befreie; doch wurde diese wegen einer vorzüglichen Disputation des Candidaten am 17. August 1685 abgekürzt.

Vor den rigerosen Prüfungen der juridischen und medizinischen Candidaten wurde immer auf Kosten des Candidaten und in dessen Gegenwart eine hl. Messe gelesen.

Vor den Prüfungen zum philosophischen, medizinischen und juridischen Doctorate musste der Candidat versprechen, sich dem Urtheile der Professoren willig zu fügen, und in den zwei letzteren Facultäten ferner geloben, die Prüfungskosten, die vorläufig zu hinterlegen waren, unter keinem Vorwande zurückzufordern; wenn er bei der Prüfung nicht bestünde, diess Keinen der Professoren weder durch sich noch durch Andere, weder heimlich noch öffentlich, weder direkt noch indirekt entgelten zu lassen [2]), gegen die Professoren und alle Glieder der Facultät die gebührende Ehre nicht zu verletzen, und wenn er in der Prüfung bestünde, den gradum anderswo ohne hiesige Erlaubniss nicht zu nehmen. — Von einem solchen Versprechen vor theologischen rigerosen Prüfungen fand ich ausser dem in § 15 Nr. 6 Angeführten nichts.

Wie in allen Facultäten, so musste auch in der Philosophie ein ungeprüfter Candidat des Magisteriums, der das letzte philosophische Jahr nicht hier studirt hatte, besonders geprüft werden [3]).

War ein Candidat von einer Facultät für die Würden tauglich erklärt, so erhielt er hierüber, wenn er nicht gleich promovirt werden wollte, ein Facultäts-Zeugniss; wenn er aber die Würden wirklich erhalten wollte, so hatte zunächst der Facultäts-Dekan das Weitere einzuleiten.

Alle diese Untersuchungen und Prüfungen fanden nicht statt, wenn, wie diess oft der Fall war, ein Jesuit als Professor in einer Facultät einstand, ohne Doctor derselben zu sein, was er nach den Statuten sein musste; bei diesen setzte man alle Eigenschaften voraus.

§ 34.

Der Tag, an welchem akademische Würden ertheilt wurden, war immer ein Festtag der Facultät, und meistens der Universität, wenn nämlich diese Ertheilung, wie gewöhnlich, öffentlich geschah.

Die Einladung der Professoren hiezu machte der Notar, den der Candidat, oder wenn Mehrere zugleich promovirt wurden, ein paar Candidaten begleiteten [4]). Insbesonders musste der Prokanzler, insofern es sich um das Licentiat handelte, gebührend eingeladen werden.

Die Ertheilung der philosophischen Würden, welche jährlich mehrere Candi-

---

1) Z. B. im Jahre 1712 einem Wolauf und Christiani (Eph. theol. 12. Jun. et 14. Juli 1712).

2) Quod nulli examinatorum quidquam adversi per se vel per alios, operte vel occulte, directe vel indirecte propterea velit inferre.

3) So am 22. November 1713 Wenzel v. Sternbach Canonicus in Augsburg — per mediam horam datis priori die thesibus. (Eph. ph. ad h. d.)

4) Die juridischen Ephemeriden erklären es 14. August 1733 als etwas Besonderes, dass der Doctorand Muschgai ohne Begleitung des Notars die Einladung machte, was aus dem Grunde geschah, weil er schon ernannter Professor war.

daten miteinander regelmässig gegen oder am Ende des Schuljahres erhielten, hatte wenigstens öfters einiges Besondere.

Das philosophische Baccalaureat findet man nämlich so ertheilt. An dem hiezu bestimmten Tage nahm der Dekan der Philosophie in der Stuba academica dem Candidaten das Glaubensbekenntniss ab, und gab die Licenz zum Empfang dieser Würde [1]). Dann zog man in die Aula academica — der Pedell mit dem Scepter voran, dem der Promotor im Doctor-Mantel und Hut, sammt den Candidaten, hernach die Facultäts-Professoren, endlich der Rektor der Universität, und wenn sie erschienen, andere Professoren folgten. Nachdem Alle in Ordnung waren, wurde der Akt, wie beiläufig bei andern Promotionen, vollbracht; ein Candidat richtete nämlich an den Promotor eine Rede mit der Bitte um die Promotion, der Promotor beantwortete sie, und nahm darauf den Eid ab über die in der Convention vom Jahre 1682 Nr. 6 bezeichneten vier Punkte, welche die Candidaten unter Berührung des Scepters gelobten, worauf er sie als Baccalaurei der Philosophie erklärte [2]).

Schon feierlicher ging es bei Ertheilung des philosophischen Magisteriums am Schlusse des Schuljahres her. Der Promotor las die hl. Messe in Gegenwart aller Candidaten, worauf der Zug noch einmal in den Hörsaal ging, wo beim Eintritte des Promotors und der Candidaten Trompeten und Pauken erschallten. Sobald alle ihre Plätze eingenommen hatten, bestieg der Promotor die Kanzel zu einer viertelstündigen Vorlesung etc. Dann ging der Zug in die Stuba academica zur etwaigen Ertheilung des Baccalaureats, wenn einige Candidaten diese Würde noch nicht hatten, und des Licentiats, welches der Prokanzler gab. Hierauf zog man in die Aula, in welcher die Ceremonien beiläufig wie bei andern Promotionen erfolgte. Alle Professoren waren dabei gegenwärtig.

Das Baccalaureat der Theologie, über dessen Ertheilung mir eine nähere Beschreibung nicht bekannt ist, mag auf ähnliche Weise, wie das philosophische ertheilt worden sein.

Das Licentiat wurde vom Prokanzler so ertheilt. Es hatten wenigstens in den höhern Facultäten nebst den Professoren der betreffenden Facultät auch alle Dekane in der Aula academica zu erscheinen; es konnten aber auch Gäste gegenwärtig sein. Wenn alles versammelt und vorbereitet war, bestieg der Prokanzler die höhere Kanzel, und ein oder der Candidat bat ihn um die Ertheilung des Licentiats. Der Prokanzler antwortete in einer angemessenen Rede, liess darauf den oder die Candidaten das Glaubensbekenntniss knieend hersagen, und den Notar die vier Punkte (§ 15) vorlesen, die dann vor Crucifix und Lichtern, wie bei allen Eiden gewöhnlich war, von den Candidaten beschworen wurden [3]), worauf der Prokanzler in feierlicher Formel [4]) die Candidaten für Licentiaten der betreffenden Facultät,

---

1) Der Prokanzler intervenirte bei dieser Promotion in der Regel nicht.

2) Eph. ph. ad 14. Nov. 1736.

3) Die Formel lautete: Ego N. N. spondeo, veneror ac juro, sic me Deus adjuvet et haec santa evangelia.

4) Die Formel lautete: Quod igitur Deus O. M. ad majorem sui gloriam feliciter evenire jubeat, quod B. V. Maria sine labe concepta sacrae hujus almae Universitatis et facultatis patrona et omnes coelites bene fortunent, quod ad majus Universitatis hujus decus et incrementum cedat; Ego N. N. nomine ac potestate Reverendissimi ac Celsissimi domini N. Dei gratia S. R. J. Principis et Episcopi Brix. perpetui hujus Universitatis Cancellarii hac in parte clementissime concessa te N. N. jam N. facultatis Baccalaureum, nunc vero per rigorosa morum ac doctrinae examina rite probatum et ab inclyta facultate N. legitime praesentatum N. Licentiatum dico, creo ac constituo, con-

und für geeignet erklärte, den Doctor-Grad derselben mit allen ihm zukommenden Praerogativen zu erhalten; der Akt schloss mit einer Danksagung des oder eines Candidaten [1]).

Die Doctorats-Verleihung in den höhern Facultäten wird zwar in eine private, eine öffentliche, und eine öffentlich-feierliche eingetheilt; allein eine private Doctorats-Ertheilung, welche bloss vor der betreffenden Facultät ohne Intervenirung der ganzen Universität geschah, konnte nur mit Einwilligung der übrigen Facultäten vorgenommen werden [2]) und scheint eine höchst seltene Ausnahme — nur für Jesuiten wenigstens zum Theil — gewesen zu sein, da schon eine private Licenz-Ertheilung in der juridischen Facultät von den übrigen Facultäten sehr unliebsam aufgenommen wurde [3]). Die bloss öffentliche und die feierliche Promotion unterschieden sich aber im Wesentlichen nicht, sondern nur in Nebendingen, wie Musik, Theater-Knaben u. dgl., daher wird auch nur eine Beschreibung dieser Feierlichkeit überhaupt, ohne nähere Angabe der bei der einen oder andern nicht vorkommenden Punkte genügen.

Vor einer theologischen oder medizinischen Doctor-Promotion hatte eine öffentliche Disputation statt; vor einer juridischen Promotion wird in den Ephemeriden eine solche Disputation vielleicht als selbstverständlich nicht erwähnt. Diese Disputationen waren oft sehr feierlich, wie z. B. am 27. Juli 1705, wo zwei theologische Doctorats-Candidaten (Castner und Rumpelmayr) ihre Vespertinas — so nannte man in der Theologie diese Disputation, weil sie am Abend vor der Doctorirung abgehalten wurden — gegen vier Opponenten (Prokanzler, theologischen Dekan, einen theologischen Professor und einen philosophischen Professor statt des juridischen Dekans), in Gegenwart des Rektors der Universität, welcher Professor der Medizin war, unter dem Präsidium des Prorektors defendirten, wobei der Wein nicht gespart, vom Promotor nach jeder Argumentation Gesundheit getrunken, übrigens den Candidaten nicht viele Schwierigkeit gemacht wurde [4]).

---

stitutumque in hoc magnifico illustrissimo amplissimo nobilissimo ac splendidissimo Virorum consessu palam pronuntio, dans tibi licentiam ad ipsius Doctoratus publici gradum ascendendi, solita hujus gradus insignia capessendi, omnibusque privilegiis, immunitatibus, gratiis, favoribus et praerogativis gaudendi, fruendi et potiundi, quae vel de jure vel consuetudine huic gradui sunt concessa, idque totum in nomine Sanctissimae et individuae Trinitatis Patris et Filii et Spiritus sancti. Amen.

1) Aus einem Berichte des Prokanzlers Epp vom 16. Juli 1681 im Brixener Consist.-Archiv.

2) Nach Senatsbeschluss vom 10. April 1683.

3) Praesentibus solis professoribus facultatis caeterae facultates aegerrime tulerunt, (Eph. jur. 30. Oct. 1680.)

4) In Stuba academica splendide exornata pendentibus ex utroque cathedrae latere quatuor Ecclesiae doctoribus ... Die Argumentation war nec diu nec acriter, ut decebat. Post singularum argumentationum ultimum Syllogismum P. Promotor Simonzin S. J. ex calice argenteo majori (bei einer Disputation am 17. August 1729 sagen die Juridischen Ephemeriden praegrandi) inaurato ac cooperto propinabat solemniter in sanitatem a. . . . Neacaesaris Josephi. b. . . . Regis catholici Caroli III. Hispaniarum et Indiarum Monarchae . . . c. totius domus austriacae . . . d. Episcopi Brix. — Primum haustum propinabat D. Rectori, secundum Decano theologiae, tertium Decano jurisprudentiae, quartum Decano philosophiae. Decanus Medicinae ommissus est, quia Rector Magn. erat ex facultate medica. (Bei einer andern solchen Disputation am 17. Aug. 1729 gingen die Toaste auf a. Carl VI., b. Bischof von Brixen, c. Mäcenaten der Universität, d. Bischof von Konstanz.) Jam vero illi, quibus Praeses probinabat, ulterius dantes per ministros inservientes sanitatem propinatam propagarunt — ad caeteros P. P. academicos ordine fere dignitatis. Ut autem res celerius procederet et haustus etiam ad Illustres

Die Ceremonien am Tage der Doctorats-Ertheilung selbst bestanden in folgenden [1]). Bei einer theologischen und philosophischen Promotion begann der Akt
mit einer bl. Messe um 7 Uhr früh. Die Professoren kamen in Stuba academica in
ihrer Amtskleidung zusammen, und der Zug ging in der schon angeführten Ordnung in die Aula, oder ein anderes zum Akt bestimmtes verziertes Lokale, nahm
dort die genau bestimmten Plätze ein, einzeln begrüsst von dem eine Zeit lang
stehenden Promotor; der Rektor der Universität hatte seinen Platz in der Mitte.
Sobald Alles geordnet war, bestieg der Promotor die höhere Kanzel, und ein oder
der Candidat hielt eine Rede, an deren Schlusse er den Prokanzler, wenn auch das
Licentiat zu ertheilen war, um dieses, sonst aber den Promotor um die Ertheilung
des Doctorats bat. Im ersten Falle bestieg dann der Prokanzler die höhere Kanzel,
und ertheilte das Licentiat auf die angeführte Weise, worauf ein oder der Candidat
in einer zweiten Rede um das Doctorat bat. Der Promotor hielt itzt eine Rede [2]).
Nach dieser forderte er von den Candidaten den Eid ab, 1. nicht anderswo das

---

et alios hospites propagaretur, ministerio trium vel quatuor ministrorum tum academicorum tum aliorum infundentium et ballaria cum argenteis urceolis in argenteis patenis
circumferentium . . ad singulos propinatores solemnes praeter calicem majorem operculo
instructum et a. d. Promotore adhibitum oblatamque invitato, etiam alii calices minores
per tres series ambulabant. (Eph. th. 27. Juli 1705.)

1) Der juridische Dekan Obermayr S. J. führt sie aus Veranlassung einer juridischen Promotion (des Joh. Rudolphi von Bludenz Regierungs-Advokat, Franz Faber
von Lanegg, und Philipp Brandl von Schwatz) am 3. Januar 1697 auf folgende 14
Punkte zurück. 1. Hora octava in Stuba academica convenerant P. P. Professores academici omnes cum suis epomidibus et aliis insignibus doctoralibus. 2. Ex Stuba academica processum est in aulam archiducalem (die akademische Aula war damals noch
nicht erbaut, gewöhnlich zog man früher in den Logik-Hörsaal) sequenti ordine:
Primi ivere tibicines cum tymponistriba, hos Pedellus cum sceptro. Pedellum vero secuti
sunt quinque parvuli scenice vestiti, qui portaverant. super pulvinaribus insignia Neodoctorum. Post parvulos incessit Promotor (Mayr) cum suis candidatis; istos insecuti
sunt caeteri D. D. Professores, ita tamen, ut Professores facultatis juridicae ante alios
haberent praecedentiam. 3. In aulam, ubi deventum est, unus ex candidatis praemisit
orationem, in cujus fine addidit brevem petitionem ad D. Promotorem per collationie
gradus licentiatus (damals bestand noch kein Prokanzler). 4. Subjunxit Promotor suam
orationem et in illius calce, postquam candidatos a virtute et scientia insigniter commendavit, benevole adpromisit collationem licentiae. 5. Facta est professio fidei a candidatis et juratum in verba a D. Notario praelecta. 6. Impertita candidatis licentia.
7. Unus candidatorum rursus petiit etiam collationem Doctoratus. 8. Denuo juratum a
candidatis in verba, quae ipsis a Notario praelecta sunt. 9. Solemni formula renuntiati
sunt Candidati Doctores ex utroque jure. 10. Interposita Synphonia, et interea distri-
buti catalogi, in quibus Neodoctorum nomina et carmen gratulatorium continebantur.
11. Promotor Neodoctoribus contulit insignia doctoralia. 12. Unus e Neodoctoribus dedit
publicum suae scientiae specimen. 13. Actus clausus est gratiarum actione et decanta-
tione hymni ambrosiani. 14. Ex aula solemni incessu itum ad convivium, cui omnes
omnino Professores aderant. Invitata sunt per memoriale ad actum et convivium omnia
nostra dicasteria, sed nemo aparuit in convivio, nisi unus per unum e Neodoctoribus
privato nomine invitatus.

2) Diese Reden wurden oft gedruckt, z. B. die Rede des Professors Weinhart
am 18. Januar 1694: de Podagrarum solatio, des Doblhof vom Jahre 1698: de usu
schocolatae, thée, caffée et tabaci; des Fröhlich vom Jahre 1733: de conjungenda in
Jurista theoria et praxi associata puritate Innocentiae tanquam media inter utramque.
Waren besondere Gäste da, so machte die Titulatur an die Anwesenden bisweilen
Schwierigkeiten. Im Jahre 1722 bei der Promotion eines Frank in Gegenwart des
Brixener Domkapitels-Dekan Gr. Spaur und seines Bruders vom geheimen Rathe lautete
sie: Praenobilis et magnifice Rector, Reverendissimi et Illustrissimi comites, Patres aca-
demici, et caeteri D. D. a. a., so dass der Rektor doch besonders betont am ersten
Platze blieb.

Doctorat noch einmal zu nehmen, 2. die Professoren und Glieder der Facultät gebührend zu ehren, und gegen sie weder in Wort noch That zu handeln, 3. den
Nutzen und das Gedeihen, die Achtung und Ehre der Universität in jeder Lage
seines Lebens zu befördern [1]). — Die feierliche Promotions-Formel, die itzt vom
Promotor ausgesprochen wurde, fand ich nirgends, sie war jedoch höchst wahrscheinlich der angeführten Formel zur Licentiats-Ertheilung ähnlich. Nach vollendeter Erklärung zum Doctorate folgte Musik, Vertheilung des sogenannten
Applausus, d. i. der gedruckten Ankündigung der Promotion in der ersten Seite,
der in den folgenden Seiten Gedichte auf Patrone, Heilige, berühmte Männer der
Facultät etc. mit glückwünschender Anspielung auf den neuen Doctor folgten [2]),
die Ephebi traten wohl auch mit Gedichten gratulirend zum neuen Doctor etc.

Endlich berief der Promotor den neuen Doctor zu sich auf die Kanzel, um ihm
die Doctorats-Insignien mit passenden Bemerkungen zu übergeben [3]). Solche Insignien waren beim juridischen Doctorate der Doctor-Mantel, der Doctor-Hut, Ring,
bisweilen die goldene Kette, das geschlossene und offene corpus juris; der Promotor küsste auch den neuen Doctor, liess ihn neben sich sitzen, dann wieder auf-
stehen etc. Der Promotor der Theologie machte den neuen Doctor aufmerksam [4]),
a. beim Umhängen des Mantels — seine Würde durch solides Betragen zu bewahren, *b.* bei Aufsetzen des Doctor-Hutes — auf die nun erlangte Krone seiner
Arbeiten, und auf die zu gewinnende himmlische Krone; *c.* beim Anstecken des
Ringes — auf seine Vermählung mit der wahren beseligenden Weisheit; *d.* bei
der Uebergabe der geschlossenen hl. Schrift auf den Werth der himmlischen Lehre

1) Quod hunc gradum doctoralem neque hic nec alibi reiterare velit; — quod inclytae facultatis professores et membra debito semper honore prosequi et contra neque
verbo neque facto quidquam velit committere — quod hujus Universitatis comodum et
augmentum, aestimationem et honorem sedulo velit adjuvare et promovere, in quocunque
statu et quamdiu tum hic tum alibi victurus sit. Man findet diese Sponsiones in der
Dipauliana.

2) Die Dipauliana bewahrt mehrere vom Notar Roschman verfasste Applausus.

3) Solche Insignien hatten die Facultäten im Vorrath. wurden ihr aber nach dem
Akte wieder zurückgestellt. Im Jahre 1739 hatte die medizinische Facultät 7 Mäntel,
und 12 Pirete pro graduandis vorräthig. — Solche Bemerkungen bei Uebergabe der Insignien findet man z. B. am Schlusse der gedruckten Rede Muschgay's bei einer Promotion
am 11. August 1742. Oen. Wagner.

4) Nach einer Beilage der theologischen Ephemeriden mit der Bemerkung. die
Formeln seien von Prag überschickt worden; sie lauten: *a.* Induo te eponide doctorali,
et hoc argumento receptae dignitatis admonitus eam morum gravitate et constantia tueri
studeas. *b.* Siquidem nullis fractus laboribus aut difficultatibus retardatus theologici
cursus metam bene felicitaeque attigisti: pilum capiti tuo impono coronae loco, quae
debetur legitime certantibus; tu modo doctrinae talento sic utere, ut immarcessibilem
gloriae coronam laureolamque fidelibus doctoribus repositam aliquando merearis accipere.
c. S. theologiam veramque sapientiam annuli traditione tibi despondeo, ut hac una
deinceps delecteris, quae non est amaritudinis conversatio, nec taedium, sed laetitia et
gaudium. *d* Trado tibi volumen S. Scripturae clausum, ut agnoscas sancta et pretiosa
caelestis doctrinae decreta, quae possides, nec esse pandenda sine delectu, et tanquam
margaritas non esse praejicienda ante porcos. *e.* Trado tibi eadem biblia S. S. aperta,
ut divinam sapientiam, quam sine fictione dedicisti, aliis etiam, qui digni sunt, sine in-
vidia comunices docendo, et honestatem illius non abscondas. *f.* In cathedra theologica
te colloco, ex qua tanquam sapientie vestigio excelsoque candelabro praeluceas omnibus,
qui in domo Dei sunt, tum doctrinae splendore tum vitae exemplo, ut juxta S. Pauli
admonitionem formam habeas vitam sanctorum, in omnibus praebente te exemplum bonorum operum, in integritate . . ut vites quaestiones inutiles et vanas. *g.* Salve charis-
sime Domine Doctor. sede jam et quam abs te universus hic consessus exspectat scientiam docendi, pro officio et auctoritate principium facito.

und auf behutsame Mittheilung, um nicht Perlen den Schweinen vorzuwerfen; *e.* bei
der Uebergabe der geöffneten Bibel auf neidlose Mittheilung der göttlichen Lehre
an Würdige; *f.* beim Sitzen auf der Kanzel — auf die Erhabenheit der Kanzel,
von welcher er wie von einem Leuchter durch Wort und Beispiel nach Pauli Vorschrift Alle im Hause Gottes zur Heiligkeit etc. führen soll; *g.* beim Kusse — auf
die Erwartung, die man auf ihn setze, etc. Der Promotor schloss mit der Einladung, nun sogleich den Anfang im Lehramte zu machen; worauf der neue Doctor
eine kleine Vorlesung hielt, zu welcher den Stoff eine der drei Thesen gab, die in
der Philosophie dem Kataloge der neu creirten Magister, in den übrigen Facultäten
den Applausen beigedruckt waren [1]). Oefter gab die erste These den Stoff zur
Rede des Doctoranden, die zweite zur Rede des Promotors, die dritte zur Vorlesung
des neuen Doctors. Diese Vorlesung schloss mit dem Danke an den Promotor,
Rektor, die Professoren und Theilnehmer an der Feierlichkeit. Zuletzt wurde der
ambrosianische Lobgesang angestimmt, wozu man gewöhnlich unter Trompeten-
und Paukenschall in die Kirche zog; diesen unterliess man niemals.

Wie sich die Jesuiten, welche vor dem Antritte ihres Lehramtes das Doctorat
erhalten mussten, keiner Prüfung bei einer Facultät hiezu unterzogen, so war auch
die wirkliche Ertheilung akademischer Würden an sie, wie in Wien, Freiburg etc.
nicht mit den gewöhnlichen Ceremonien, sondern nur mit den wesentlichen Erfordernissen verbunden, sohin gleichsam eine Privat-Graduirung. Die Promotion geschah
nicht an der Universität, sondern gewöhnlich im Recreations-Zimmer ihres Collegiums, meistentheils vor dem hl. Geist-Amte am Tage der Eröffnung des Studienjahres. Bei Ertheilung des philosophischen Magisteriums war nebst den philosophischen Professoren (nur Jesuiten) bloss der Prokanzler und der Universitätsrektor
zugegen; der neue Professor legte das Glaubensbekenntniss ab, und erhielt das
Licentiat; der philosophische Dekan erklärte ihn dann als Baccalaureus und Magister, und übergab ihm Mantel und Hut. Bei den theologischen Promotionen waren
der Universitätsrektor, der Prokanzler und die theologischen Professoren; bei der
Promotion des Professors vom Kirchenrechte der Rektor und das juridische Professoren-Collegium zugegen, und die Ceremonie war auch da so einfach wie bei der
Ertheilung des philosophischen Magisteriums. Nicht selten, wenn nämlich der
neue theologische oder juridische Professor auch noch nicht Magister der Philosophie war, wurden alle philosophischen und theologischen oder juridischen Grade
zugleich ertheilt. Bei der Promotion Zendron's S. J. zum juridischen Doctor am
2. October 1681 setzen die juridischen Ephemeriden bei, es sei geschehen, ohne
den einen oder andern Theil beeinträchtigen zu wollen [3]) — ein Beweis, dass die

---

1) Philosophische Thesen vom Jahre 1681 lauten: Quaenam inter qualitates sen-
sibiles reliquis mereatur praeferri? — An angelus vel philosophus sit Deo similior? —
An ex mente Platonis Deus recte dicatur anima mundi? — juridische Thesen vom
Jahre 1693 waren: An occidens hominem per industriam et insidias gaudeat asylo
ecclesiastico? — Nexus juris canonici cum theologia et jure civili. — An solvens pretium
pro Doctoratu comittat Simoniam. Die erste dieser juridischen Thesen behandelte der
Candidat in seiner Rede, die zweite der Promotor, die dritte der neue Doctor in seiner
Vorlesung. — In den medizinischen Applausen fand ich jedoch keine Thesen.

2) Im Jahre 1705 wurde am 22. Juni bei einer juridischen Promotion das Te
Deum in der Aula gesungen, weil wegen Ableben des Kaisers keine Feierlichkeit Statt
finden durfte. Aber am 28. Juni zog man bei einer theologischen Promotion in die
Jesuiten-Kirche; doch in platea siluerunt tubae et tympana ob luctum de morte Caesaris, non item in academia et templo Trinitatis, ubi decantatus est pro more hymnus
ambrosianus. Eph. th. ad h. d.

3) Citra tamen utriusque partis praejudicium.

Facultät schon damals diess Verfahren nicht billigte, und im Jahre 1720 hielten es die Jesuiten für unpräjudizirlich, wenn zu dem Akte einer solchen Promotion allemal wenigstens auch die Dekane aller Facultäten erscheinen, ohne dass die Jesuiten desswegen einen Aufwand zu machen hätten [1]).

Aus diesen Angaben ergibt sich, was man sich zu denken hat, wenn damals ein Studirender als Licentiat oder Doctor bezeichnet wird. Man sieht die dem Akte beigelegte Wichtigkeit wohl auch daraus, dass Promotions-Verhandlungen in den Ephemeriden einen vorzüglichen Artikel bilden, und bei den Facultäts- oder Universitäts-Versammlungen häufig zur Sprache kamen. Der neue Doctor wurde auch sonst z. B. von Freunden mit Gedichten etc. beehrt, die öfter dem Buche, über welches etwa disputirt wurde, beigedruckt sind [2]). Bekanntlich gab auch das Doctorat damals nicht bloss eine besondere Auszeichnung, sondern für manche Stellen einen Vorzug, ja es war dafür ein nothwendiges Erforderniss z. B. für viele ansehnlichere Posten der Geistlichkeit.

Selten findet man bei Promotionen sonst noch etwas Sonderbares, wie z. B. bei der Promotion des Notars Roschman zum juridischen Licentiat im Jahre 1728, der vorher reversiren musste, dass er nie das Doctorat nehmen, ohne Vorwissen des Senats keine Advokaturgeschäfte treiben, und selbst vor den philosophischen Professoren keinen Vorrang ansprechen wolle [3]).

§ 35.

Da die Professoren wegen Ertheilung akademischer Würden besondere Arbeiten hatten, und die Promovirten eine besondere Auszeichnung erhielten, so war es billig, dass auch in Innsbruck, wie an andern Universitäten die zu akademischen Würden Beförderten an die Professoren, und andere bei der Promotion intervenirende Personen eine Vergütung leisteten.

Ueber diese Vergütung ist in den Ephemeriden oft die Rede, aber die Angaben weichen häufig von einander ab, weil Manches in einer bestimmten Geldsorte, z. B. Thaler, Dukaten etc., zu entrichten war, deren Werth sich änderte; weil bald mehr bald weniger Posten der Vergütung aufgenommen oder weggelassen wurden; weil sich die Zahl der Professoren etc., die zu betheilen war, nicht immer gleich blieb, und weil endlich für gewisse Vorrichtungen die Taxen wirklich abgeändert wurden [4]). So ist z. B. von den Kosten für die gedruckten Disputations-Thesen, ja von den Disputations-Kosten überhaupt nirgend die Rede, und selbst vom Doctor-Diplom kommt selten eine Erwähnung vor. Am verlässlichsten mögen noch die Angaben sein, welche im Jahre 1739 bei einem Streite mit der medizinischen

---

1) Vgl. Eph. th. 13. October 1697, 9. Mai 1708, 22. October 1722, 29. October 1734 und 1740 etc.

2) Im Jahre 1680 liessen Juristen bei einer Licentiats-Promotion ein Gedicht drucken, worin quaedam obscoena enthalten waren. Die juridische Facultät erinnerte den Buchdrucker gemessen, ohne Censur der Facultät dergleichen Sachen nicht mehr zu drucken. (Eph. jur. 12. August 1680.)

3) Eph. ph. 26. August 1728.

4) So hat z. B. die medizinische Facultät in ihren Statuten für jeden zum Doctorate prüfenden Professor 8 fl. mit der Bemerkung festgesetzt: Si successu temporis major esset futurus candidatorum numerus affluentium, vel quartum membrum forte facultatis accederet, pro examine rigoroso 51 fl. a candidato solvendi, atque inter professores detractis tamen prius illis pro aerario, Notario, Pedello et sacro pari portione dividendi.

Facultät wegen der Promotionskosten von den höhern Facultäten an die Regierung — freilich nicht mit gleicher Genauigkeit vorgelegt wurden [1]).

Nach den Angaben der theologischen Facultät hatte ein theologischer Baccalaureus 23 fl. [2]), ein Licentiatus 33 fl. [3]), endlich ein Doctor 124 fl. 46 kr. [4]) zu bezahlen, so dass alle Grade auf 180 fl. 46 kr. zu stehen kamen. Dabei wird bemerkt, dass bei drei Candidaten für Essen und Handschuhe Jeder nur 23 fl. 35 kr., dem Promotor 2 fl. 30 kr., dem Prokanzler 1 fl. 30 kr. bezahle, sohin sich die ganzen Kosten auf 130 fl. 35 kr. belaufen. Wird das theologische Licentiat besonders genommen, so werden die Kosten auf 93 fl. 30 kr. berechnet [5]), die sich bei mehreren Candidaten rücksichtlich des Essens und Promotors vermindern.

Die Kosten einer juridischen Promotion werden von dieser Facultät auf 169 fl. 59 kr. [6]) angegeben, und dabei bemerkt, dass ein Professor nur beiläufig 19 fl. erhalte, und bei zwei Candidaten die Kosten für Jeden 134 fl. 19 kr., bei drei Candidaten 120 fl. 55 kr. betragen. — Uebrigens waren die Kosten für jus canonicum so gross, wie pro utroque jure.

In der medizinischen Facultät war nach diesen Akten der Gesammtkosten bis zum Jahre 1714 verschieden, und stieg selbst bei drei gleichzeitigen Candidaten für Jeden wohl auf 300 fl.; im erwähnten Jahre aber wurde dieser Kosten auf 150 fl., und darüber festgesetzt [7]), ohne wegen der Zahl der gleichzeitig Promovirten einen Unterschied zu machen; weiter herabgesetzt sollte aber der Kosten auf Anregung des kaiserlichen Leibarztes Bossmann, und wahrscheinlich auch Holers nicht werden, um Geringschätzung des Doctorats, wie in Padua zu verhüten.

Von den Kosten der philosophischen Promotionen kommt in diesen Akten nichts Bestimmtes vor. Sie waren aber für die Candidaten viel geringer als in andern Facultäten, und nicht gleich gross, sondern von Fall zu Fall besonders auch nach der Zahl der zugleich Promovirten von der Facultät festgesetzt. Im Jahre 1696 z. B. bezahlten drei Baccalaurei nur je 3 fl., und die 15 Magistri 15 fl. per Kopf; im Jahre 1700, wo vier Magistri promovirt wurden, 20 fl.; im Jahre 1713

---

1) Die Akten liegen in der Statthalterei-Registratur. Es handelte sich um die bisherige von der frühern Zeit sich herschreibende Gepflogenheit.

2) Jedem der fünf Professoren 3 fl. 36 kr., dem Notar und Pedell 3 fl.. de Kasse 2 fl.

3) Jedem der fünf Professoren 5 fl., dem Notar und Pedell 5 fl., der Kasse 3

4) Darunter jedem theologischen Professor 7 fl., dem Promotor 4 fl., dem Prokanzler 3 fl., Notar und Pedell 6 fl.. der Facultätskasse 4 fl., für hl. Messe 30 kr., für Arme ex consuetudine 30 kr., für 19 Paar Handschuhe à 34 kr. 10 fl. 46 kr. — Für die hl. Messe berechnet die medizinische Facultät die Kosten auf 1 fl. 24 kr.. da jeder Professor, Notar und Pedell zum Opfergang 6 kr., der Messner an Trinkgeld 12 kr., der Ministrant 6 kr. erhielt.

5) Prüfung für Baccalaureat und Licentiat 56 fl.. Prokanzler 3 fl.. Essen für 11 Köpfe 33 fl., dem Pedell 1 fl. 30 kr. — In den theologischen Ephemeriden vom 15. Oktober 1713 werden die Kosten für das Baccalaureat der Theologie mit 33 fl., für das Licentiat mit 60 fl.. für das Doctorat mit 177 fl. 12 kr. angesehen. In den Angaben vom Jahre 1739 ist nämlich von den Promotionskosten zum Baccalaureate keine Rede, und es wird angenommen, dass das Licentiat mit dem Doctorate zugleich ertheilt werde, wo dann das Essen etc. wegfällt; allein das Licentiat konnte auch besonders ohne das Doctorat gegeben werden.

6) Die fünf Professoren erhalten für Prüfung 52 fl. 9 kr., ferner wird für Licenz 10 fl. 30 kr.. für Handschuhe 11 fl. 20 kr., für die Doctorirung 36 fl., für das Essen 60 fl. bezahlt.

7) Et si publice petatur gradus, adhuc ultra, quae maneant solvenda, fore.

entrichtete jeder Candidat nur 10 fl., obschon die Zahl auch gering war [1]). In seltenen Fällen, wo ausserordentlich auch in der Philosophie nur Einer promovirt wurde, musste natürlich auch mehr bezahlt werden [2]).

Eine besondere Erwähnung ist von den bei Doctorats-Ertheilungen vorkommenden Kosten für Handschuhe und bei Licentiats- und Doctorats-Promotionen für Essen zu machen.

Die Betheilung der Professoren mit Handschuhen bei Doctorirungen an höhern Facultäten kommt schon bei den ersten Promotionen, und dann in dieser Periode immer vor, und hatte noch das Besondere, dass bei medizinischen Promotionen den Professoren der Medizin nach ihren Statuten bessere Handschuhe als den übrigen Professoren gegeben werden mussten [3]). — Die Betheilung mit Handschuhen bei dem philosophischen Magisterium wurde im Jahre 1696 eingeführt, um auch hierin den übrigen Facultäten nicht nachzustehen [4]).

Ein Essen bei jeder öffentlichen Erheilung des Doctorats für alle dabei gegenwärtigen Professoren und bei den besonders ertheilten Licentiat für die Facultäts-Professoren, den Rektor und die Dekane der Facultäten war zuerst immer üblich. Im Jahre 1680 wurden aber das erste Mal bei einer Licentiats-Ertheilung für das wirkliche Essen jedem dazu Berechtigten 2 fl. bezahlt, und im Jahre 1681 bei einer medizinischen Promotion jedem 3 fl., und schon von dort an begann statt des Essens allmälig die Bezahlung dafür, und zwar in der Art, dass in den höheren Facultäten jedem zum Mahle Berechtigten 3 fl., in der Philosophie aber 2 fl. bezahlt wurden, weil in letzterer nicht lautum convivium vorgeschrieben war. Wahrscheinlich war diese Ablösung auch den Candidaten vortheilhaft, weil die Essen kostspielig gegeben wurden, z.B. im Jahre 1678 bei einer theologischen Promotion mit 18 fercula, freilich zur allgemeinen Zufriedenheit [5]). — Wie das Essen, so wurde auch die Darreichung von Handschuhen reluirt, und zwar für jeden Betheiligten mit 34 kr.; bei medizinischen Promotionen aber für die medizinischen Professoren mit 1 fl. [6]). Am Essen nahm auch der Notar, und wie es scheint der Pedell, der aufwartete, Theil. Der Notar erhielt auch Handschuhe. Die Kosten für die Promotions-Diplome waren verschieden; für Doctorats-Diplome der Medizin, und wahrscheinlich auch der andern Facultäten gewöhnlich 6 fl. Sie wurden vom Facultäts-Dekan ausgefertigt, und nur vom Notar unterschrieben, und waren in der Regel prächtig, auf Pergamentblättern mit Sammt-Einband angehängten Sigill in Kapseln, auch sogar Goldschrift in den Anfangsbuchstaben. Sie mögen dann auch mehr gekostet haben.

---

1) Ut confunderetur rumor, exigi a facultate 16 fl. — setzen die philosophischen Ephemeriden ad 10 Juli 1713 bei.

2) Im Jahre 1748 zahlte der waldaufische Kaplan Obinger für das philosophische Magisterium 80 fl., praeter ea quae liberalitatis erant. (Eph. ph. 30. Oct. 1748.)

3) Professoribus facultatis medicae pro peculiari honore quilibet eorum (candidatorum Doctoratus) seorsim par chyrothecarum melioris sortis offerat — sagten die Statuten nach dem Facultätsbericht vom Jahre 1739.

4) Die philosophischen Ephemeriden bemerken hiezu, es seien romanae odoriferae gewesen, obschon die philosophischen Professoren bei einer medizinischen Promotion am 20. August 1696 sehr schlechte — levissimas, die übrigen Professoren aber longe honestiores ut proximo anno erhalten hätten — nobis discrimen non facientibus.

5) Eph. th. 18. August 1678.

6) Als im Jahre 1681 sieben medizinische Candidaten zugleich promovirt wurden, verhandelte man auch über die Frage, ob nicht jeder Candidat jedem Professor ein Paar Handschuhe verabreichen sollte. Es blieb jedoch bei der früheren Gewohnheit, dass jeder Professor nur ein Paar erhielt. (Eph. jur. 16. Dec. 1681.)

Ueberhaupt sind die angeführten Kosten wohl als die geringsten, und unausweichlichen zu betrachten, zu denen aber noch manche andere hinzugekommen sein mögen [1].

Die Taxen wurden den Professoren vor dem Anfang der Feierlichkeit in der Stuba academica verabreicht. Bei dem Baccalaureat der Philosophie erhielten sie nur Bilder.

Ueber die Zahl der Promotionen in jedem Jahre lässt sich bei dem Mangel genauer Vormerkungen und dem Verluste der diessfälligen Universitäts-Akten im Allgemeinen nichts Verlässiges angeben. Nach Berichten des Prokanzlers [2]) gab er die Licenz

im Jahre 1726 — 22 Magistris Philosophiae,
                  4 Juristen,
                  1 Theologen,
                  4 Medizinern;
im Jahre 1727 — 16 Magistris Philosophiae,
                  5 Juristen,
                  1 Theologen,
                  3 Medizinern;
im Jahre 1729 — 13 Magistris Philosophiae,
                  1 Juristen,
                  4 Theologen,
                  1 Mediziner.

Diess gäbe im jährlichen Durchschnitt 17 Magistri Philosophiae, 2 theologische Licentiate und 3 juridische und ebenso viele medizinische Licentiate. Allein diese Angabe dürfte für die Doctorats - Promotionen in der Medizin zu klein sein, da z. B. am 23. Juli 1716 zugleich 10 Doktoren und am 3. August 1718 sieben Doctoren creirt wurden. Am 19. Mai 1688 fanden auch 8 juridische Doctorat statt. Uebrigens nahmen ausser der Medizin und Philosophie, wie schon oben bemerkt wurde, nicht alle Geprüften mit dem Licentiate auch das Doctorat; ja Manche wegen der Kosten gar keinen Grad. Auffallend aber ist, dass in der Jurisprudenz das Doctorat aus dem Civil-Rechte ohne jenem aus dem Kirchen-Rechte gar nicht erlaubt war, wohl aber das Doctorat aus dem Kirchen-Rechte allein genommen werden konnte.

---

1) Von einer philosophischen Promotion am 16. Juli 1696 kommen in den philosophischen Ephemeriden folgende Ausgaben vor: a. Für Essen beim Steinbock 3 fl. 15 kr. per Kopf; b. Merend im Jesuitenkollegium 4 fl.; c. Wildgeflügel extra 4 fl.; d. Tafelwein den Musikanten 1 fl. 33 kr.; e. Honorar für Küche 1 fl. 10 kr.; f. für die Paukenträger 12 kr.; g. Merend nach Prüfung 4 fl. 39 kr.; h. den Musikanten jedem 1 fl. 30 kr. und eben soviel ihr Essen und noch eine Mass Wein; i. dem Buchdrucker für seine Arbeiten (die schlecht waren) 3 fl. 25 kr.; k. den Musikanten in der Kirche 3 fl.; l. dem Wächter 31 kr.; m. Papier für Kataloge 1 fl.; n. von jedem Magister der Cassa 4 fl., von jedem Baccalaureus 2 fl.; o. dem Prokanzler von jedem Baccalaureus 15 kr., von jedem Magister 30 kr.; p. eben soviel dem Notar und Pedell; q. dem Pedell noch überdiess 2 fl.; r. jedem theilnehmenden Professor und dem Notar ein Paar Handschuhe. Ueberdiess war zu bezahlen der Hofschneider für theatralische Kleidung der Knaben, welche die Insignia trugen. Trinkgelder für diese Knaben und die Ministranten, und die Sakristei, wovon der Betrag nicht angegeben ist; endlich werden von den Candidaten 110 Bilder à 9 kr. vertheilt. Noch wird bemerkt, dass die Haller Musikanten nicht bezahlt wurden, weil sie nicht gewöhnlich waren.

2) In der Brixener Consistorial-Registratur.

§ 36.

Es wurde schon bemerkt, dass die Promotionen zu manchen Reibungen Veranlassung gaben. Diess traf selbst zwischen Facultäten ein. So entspann sich im Jahre 1713 ein lebhafter Streit zwischen der philosophischen und theologischen Facultät über die Frage, ob nur der philosophische Dekan Magister der Philosophie selbst in dem Falle, wenn der Candidat theologischer Professor wäre, creiren könne: oder ob diess in einem solchen Falle nicht auch den theologischen Professoren, die ja auch Magistri der Philosophie wären, zustehe. Es handelte sich damals um das Magisterium des neu einstehenden theologischen Professors Bernardin Zech, eines Jesuiten, welcher weder die philosophischen noch theologischen akademischen Würden hatte. Der Rektor des Jesuiten-Collegiums erklärte nun, nur der Dekan der philosophischen Facultät habe das fragliche Recht, und zwar auch in Bezug der theologischen, und nicht bloss der philosophischen Professoren. Diess bestritten aber die theologischen Professoren. Des Friedens wegen wollten nun die philosophischen Professoren gestatten, dass der theologische Dekan (Visintheiner, auch ein Jesuit) dem Zech das Magisterium ertheile, jedoch in der Wohnung des Prokanzlers, und in Gegenwart des philosophischen Dekans. Allein am 17. Oktober ertheilte die theologische Facultät diess Magisterium, ohne dass der philosophische Dekan gegenwärtig war. Am 18. Oktober erklärte die philosophische Facultät den Akt als ungültig, und die Entschuldigung der theologischen Facultät über Delegation, Einverständniss, Missverständniss etc. für nichtig, und sprach sich am 19. Oktober schriftlich dahin aus, dass sie zur Schonung der Ehre der Gesellschaft Jesu schweigen wolle, aber fordere, dass zur Ertheilung der theologischen Würden vor Austragung des Streites nicht geschritten werde, sonst müsste sie an den Provinzial oder gar nach Rom rekurriren [1]. Auch wolle sie zugeben, dass der theologische Dekan im Recrenions-Zimmer des Jesuiten-Collegiums den Akt erneuere, wenn authentisch bewiesen werde, dass er diess thun könne, und wenn die theologische Facultät darum ansuche, und endlich rechtsgültig erkläre, in Zukunft einen solchen Akt nicht mehr vorzunehmen. Die theologische Facultät zog nun weitere Erkundigungen ein, die ihr jedoch nicht günstig waren, und wollte, wie wenigstens Zech der philosophischen Facultät sagte, zugeben, dass der Akt — jedoch mit dem Beisatze wiederholt werde, „wenn der frühere Akt ungültig war," was die philosophische Facultät nicht zugestand. Diese nahm vielmehr in Gegenwart des Jesuiten-Rektors, des Jesuiten-Studien-Präfekts und des Professors des Kirchenrechts den Akt neuerlich vor, bei welchem der Promotor (Dekan der Philosophie) sprach: Suppono primum actum esse nullum, dann die Formel für das Baccalaureat hersagte, und darauf die Worte: „wenn die frühere Erlaubniss (des Prokanzlers) noch gilt [2], so verleihe ich die Würde des Magisteriums," die gewöhnliche Promotions-Formel mit dem Beisatze las, dass er wegen der Insignien des philosophischen Doctorates dispensire. In den philosophischen Ephemeriden wird noch beigefügt, man werde auswärtig nichts von der Sache sagen, wenn nicht die Theologen von der Gültigkeit des ersten Aktes vor andern sprechen [3]. Am

---

1) Nos ad honorem Societatis omnia dissimulaturos coram caeteris, attamen petere, ne ante actum validum et litem compositam pergant (theologiae professores) ad gradum theologiae conferendum, alias esse coactos, ad Provinzialem vel Romam recurrere.

2) Si prior facultas adhuc valet, confero gradum magisterii . . . quoad insignia doctoratus philosophici dispenso.

3) Nos nil evulgaturos praesertim exteris, nisi a theologis de valore prioris actus coram aliis vulgetur.

Schlusse des Berichtes in den philosophischen Ephemeriden, in welchen allein, so viel bekannt, diese Divergenzen erzählt werden, bemerkt eine andere Hand, dass die Magister allzeit der Dekan creire, wenn nicht der Professor der Metaphysik seine Schüler selbst promoviren wolle [1]). — Man sieht aus diesem Vorgehen, dass Promotions-Angelegenheiten selbst Glieder der Gesellschaft Jesu entzweiten, und die Vorstehung der Jesuiten sich an philosophischen Studien-Gegenständen betheiligte.

Eine andere erfolgreichere Divergenz ergab sich unter den Facultäten ein Jahr früher. Bis dort nahm die betreffende Facultät nicht bloss beim Aufzuge in die Stuba oder aula academica zu Promotionen, sondern auch in dem Orte und unter der Promotion selbst die erste ehrenvollste Stelle ein. Im Jahre 1712 machte aber der juridische Professor Rudolphi geltend, dass die Statuten nur von der Procedenz der betreffenden Facultät im Aufzuge — accessu — aber nicht in der Stuba oder aula selbst sprechen [2]), daher dort die gewöhnliche Rangordnung (Theologie, Jurisprudenz etc.) einzutreten hätte. Die theologische Facultät als die erste war damit einverstanden, und sohin diese Aenderung vom Jahre 1712 an ausgeführt.

Bei den philosophischen Feierlichkeiten erschienen die Professoren nicht allemal gern. Der philosophische Dekan beklagt sich im Jahre 1698 insbesondere über einen theologischen Professor — auch einen Jesuiten, der bei einer solchen Feierlichkeit nicht erschien [3]). — Im Jahre 1712 mangelte bei einer Merende, welche die Magister der Philosophie gaben, selbst der Promotor, weil er die dadurch verursachten Kosten nicht gern sah, und für unschicklich hielt, unter Akademikern zu zechen [4]).

Eine Reibung mit Musikanten ergab sich schon im Jahre 1672. Als zu einer Promotionsfeierlichkeit vier Hofmusiker bestellt wurden, erschienen deren sieben, von denen Keiner spielen wollte, wenn nicht alle spielten. Für eine halbstündige Musik forderte Jeder einen Philippsthaler (2 fl. 12 kr.). — Im Jahre 1712 wurden Studirende als Musiker verwendet, wogegen die Hofmusiker unter Berufung auf ihre Privilegien protestirten. Allein die Universität und selbst der Burgpfleger v. Troyer fand die Protestation in den Privilegien der Hofmusiker nicht gegründet, und erstere schickte die Urkunde ohne weitere Verfügung zurück. Die Musiker — auch vom Hofstallmeister unterstützt — drohten ihr Recht anderweitig geltend zu machen, was aber nicht geschah; wohl aber wurde ein Gymnasialschüler, welcher am 8. Juli bei einer Universitätsfeierlichkeit als Musiker mitwirkte, von den Hofmusikern geprügelt [5]).

---

1) Magistros semper creat Decanus, nisi Metaphysicus suos discipulos ipse creare velit. In den theologischen Ephemeriden ist unter dem 17. Oktober 1713 nur gesagt: Hodie Baccalaureus et Philosophiae Magister Rev. Bern. Zech a Decano theologico cum consensu et salvis juribus facultatis philosophicae creatus est.

2) Artic. XIII der Statuten sagt: In promotionibus ad altiorem gradum praecedat illa facultas indistincte quae promovet.

3) Omnes reliqui interfuere solo et unico nostro professore theologico cum scandalo caeterorum nescio exqua causa pro modo suo mirabili et inurbano non comparente; — und wieder: Procancellarius in Stuba academica professionem fidei sumsit, tum ascensum in aulam academicam . . . Omnes professores aderant solo iterum et unico illo inhumano homine prius jam nominato theologo cum scandalo remanente. (Eph. ph. ad h. annum.)

4) Non comparuit enixe rogatus — ob sumptus et quia male sonat, si professores cum studiosis simul bibant, et ne mos fiat, et parentes graventur. — Die Merende muss nach der Prüfung gewesen sein, sonst war sie etwas ganz Ausserordentliches.

5) Eph. ph. 7. Juli 1712.

5 *

§ 37.

Bezüglich der Professoren erübrigt nur noch eine kurze Erwähnung einiger Nebenverrichtungen der juridischen, und zum Theil auch der theologischen Professoren. Es sind diess Rechtsgutachten, die von der juridischen Facultät abgefordert wurden, und die Arbeiten, welche die dieser Facultät in den Privilegien verliehene Reichsgrafen-Gewalt — potestas comitiva — mit sich brachte; bezüglich der theologischen Professoren aber ebenfalls von der Facultät abgeforderte Gutachten, und die dieser Facultät anvertraute Bücher-Censur.

Um Rechtsgutachten wurde die juridische Facultät von Partheien, von Advokaten, von Korporationen, von Gerichtsstellen, ja im Jahre 1693 selbst vom Kaiser angegangen [1]). Betraf das abzugebende Gutachten canonische Fälle, so hatte es immer der Professor des Kirchenrechtes zu verfassen; andere Gutachten mussten die weltlichen Professoren und zwar nach dem Turnus bearbeiten. Die Akten über das zu erstattende Gutachten wurden zuerst allen Professoren mitgetheilt, dann dem betreffenden Professor zur Bearbeitung übergeben; endlich über diese Bearbeitung in einer Facultäts-Sitzung votirt, und die Antwort beschlossen; bei Criminalfällen nahm jedoch der Canonist als Priester keinen Antheil. Diese Gutachten wurden natürlich bezahlt [2]), und zwar mit verschiedenen Beträgen, je nachdem der Gegenstand geringfügig oder wichtig, mit mehr oder weniger Mühe verbunden etc. war. Diese Gutachten wurden bisweilen so häufig abgefordert, dass z. B. im Jahre 1722 Consulenten die Alternative des längern Zuwartens oder der Zurücksendung der Akten ohne Gutachten gestellt wurde [3]). Selten wird in den Ephemeriden der Gegenstand der Frage, und noch seltener der Inhalt der Antwort genauer bezeichnet. Im Jahre 1722 verlangte ein Advokat (Schueler) das Rechtsgutachten, ob die zwei Brüder von Ulm, welche Canonici waren, auf ein österreichisches Lehen Anspruch haben, was ihr weltlicher Bruder bestritt; bei Stimmengleichheit entschied das Votum des Dekans Seybold S. J. für die Canoniker. — Im nämlichen Jahre stellte der Fürstbischof von Brixen die Frage, ob ein Bischof zur Einführung von Religiosen in einer Stadt seiner Diözese der Beistimmung oder nur des Rathes seines Kathedral-Kapitels bedürfe; die Antwort lautete, in der Regel bedürfe er nur des Rathes, dem zu folgen er nicht gehalten sei; jedoch hätte der Bischof vor seinem Ausspruch etwa verletzte Interessen, Praejudicia etc. wohl zu überlegen, denn finde sich das Kapitel oder Jemand beschwert, so stehe nach einer Bulle Clemens VIII. der Rekurs an den hl. Stuhl offen [4]).

Welche Befugnisse der juridischen Facultät die ihr in der Privilegien-Urkunde ertheilte Reichsgrafen-Gewalt gab, ist nirgends bestimmt ausgesprochen; in den Ephemeriden kommen nur einzelne Fälle über diese Ausübung vor. Am öftesten wurden Legitimationen unehelicher Kinder erwähnt, die dann als ehelich betrachtet werden sollen; am zahlreichsten mögen sie vom 18. November bis 6. Dezember 1726 gewesen sein, da in dieser kurzen Zeit neun solche Legitimationen ertheilt wurden. Sonderbar ist, dass bei unehelichen Kindern vom Adel der Name umgestaltet werden musste, weil nach tyrolischen Statuten ein uneheliches Kind den Adels-Namen

---

1) Eph. jur. 16. Oktober 1693.

2) Die Ephemeriden erwähnen über einzelne Fälle 20 fl. bis gegen 100 fl.

3) Eph. jur. 9. November 1722. Im Jahre 1729 wurden in den Ephemeriden fünf solche Gutachten erwähnt.

4) Die Facultät gab diess Gutachten ihrem Kanzler gratis; allein der Bischof regalirte es mit 6 Dukaten.

des Vaters nicht führen durfte, worauf die Facultät nach Ertheilung einer solchen Legitimation aufmerksam gemacht wurde. Die Sattler in Sterzing wollten aber einen Sattler in ihre Zunft nicht aufnehmen, weil er eine uneheliche Person geheirathet hatte, obschon sie im Jahre 1721 von der juridischen Facultät legitimirt worden war. Der Sattler wendete sich desswegen an die Universität, diese an die Regierung zur Erwirkung eines angemessenen Auftrages an die Sterzinger-Zunft. Diess muss aber den erwünschten Erfolg nicht gehabt haben, weil der Sattler im Jahre 1724 neuerlich klagte, worauf die Regierung ein energisches Dekret an den Richter nach Sterzing erliess, das aber über eine Vorstellung gemildert wurde [1]. Nach diesem Falle findet man in den Ephemeriden wiederholt die Bemerkung, dass die Legitimation nur im Falle der Möglichkeit einer Dispensation Erfolg haben soll [2]. Für eine solche Legitimation erhielt die Facultät 10—20 fl.

Viel seltener kommen Ertheilungen von Wappen-Briefen vor; durchschnittlich traf es etwa jährlich Eine, wenn in den Ephemeriden, wie kaum zu zweifeln ist, alle diese Verleihungen angemerkt sind; sie kosteten in der Regel 24 fl.

Noch seltener erscheint als Ausfluss dieser Macht die Prüfung und Beeidigung von Notaren.

Uebrigens waren diese Geschäfte auch immer ein Erträgniss für den Notar der Universität, welcher die Urkunden der Facultät besorgte, und zum Theil auch für den Pedell, wenn auch er z. B. wegen Versendung durch die Post beschäftiget war.

Der theologischen Facultät wurden ebenfalls Fälle zur Begutachtung zugestellt, z. B. vom Erzbischof von Mecheln, ja selbst von akatholischen Grafen [3]. Im Jahre 1718 machte die Facultät das Statut, die Antwort solcher Anfragen habe der Dekan zu verfassen, wenn er noch kein solches Gutachten gemacht habe, sonst der Exdekan etc., bis die Reihe wieder an den Dekan komme. Hieraus dürfte man schliessen, dass dergleichen Gutachten von der theologischen Facultät nicht selten erbeten wurden, obschon hierüber in den Ephemeriden nicht viel vorkommt.

Ueber das dieser Facultät vom Ordinariate übertragene Bücher-Censur-Geschäft wird § 46 die Rede sein.

§ 38.

Von den Professoren gehen wir zu den Studirenden über, von welchen schon in den bisherigen Angaben über die Professoren, die vorzüglich auf die Schüler ihre Arbeit und Sorge zu wenden hatten, Manches einfliessen musste, daher über sie nur noch Einiges zu bemerken ist.

Wer an der Universität aufgenommen werden wollte, was vom Rektor geschah, hatte das Zeugniss über gut, d. i. pro ascensu zurückgelegte Rhetorik — damals die oberste Klasse des Gymnasiums, oder über anderswo vorschriftmässig gemachte

---

1) Relaxatum — sagen die Ephemeriden — mit der Bemerkung, dass die Facultät noch ein Memoriale an die Regierung gegeben habe. — Ein eigener Legitimations-Fall kam im Jahre 1722 vor. Eine Maria Margreiter gab als Vater ihres unehelichen Kindes einen Gasser an, der aber die Vaterschaft leugnete. Auf den Eid der Mutter erkannte das Ordinariats-Officium von Brixen Gasser als Vater; dieser protestirte gegen die Legitimation auf seinen Namen; das Kind erhielt sohin den Namen Gasserreiter — (also eine Umänderung wie bei Adelichen), — unter dem ihn der Pfarrer in das Tauf-buch einzutragen versprach. (Eph. jur. 20. Mai 1722.)

2) Si nativitas tali macula, ob quam legitimatio dari non potuisset, aspersa fuisset, ipsam legitimationem nullius valoris fore.

3) Eph. th. 22. August 1675, 3. April 1718.

höhere Studien vorzulegen, worauf er über den von den Statuten geforderten Eid (§ 10 Nr. 3) in die Matrikel eingetragen und der Rechte und Privilegien der Universität theilhaftig wurde [1]).

Jeder Studirende konnte nur Einer der vier Facultäten zugeschrieben werden [2]), obschon er auch Fächer anderer Facultäten hörte; wie denn die Philosophen der höhern Jahrgänge Vorlesungen der höhern Facultäten, und Theologen das Kirchenrecht bei der juridischen Facultät besuchten. Die Inscription in die Fächer jeder Facultät wurde in den ersten Monaten eines jeden Schuljahres gewöhnlich zweimal für jede Studien-Abtheilung abgehalten, und jeder Studirende hatte dabei persönlich zu erscheinen [3]). Bei Bedenklichkeiten folgte wohl auch die Verweigerung der Aufnahme [4]).

Zum Uebertritt in die höhern Studien-Abtheilungen fordern die Statuten nur ein einjähriges philosophisches Studium, da dieses doch in der Wirklichkeit drei Jahre dauerte. Dieser Umstand gab zu vielen Unzukömmlichkeiten, Beschwerden und Verhandlungen Anlass. Schon vor der Promulgation der Statuten wurde über eine Abänderung dieser Vorschrift und über eine zu erzielende höhere Verordnung hierüber, jedoch ohne Erfolg, verhandelt. — Die philosophischen Professoren sahen eine Aufnahme der Schüler in Vorlesungen der höhern Facultäten nicht gern, bevor sie wenigstens das philosophische Biennium absolvirt hatten [5]). Doch gaben die philosophischen Professoren ihren Schülern auf Ansuchen die Erlaubniss, schon im zweiten und noch mehr im dritten philosophischen Jahre Fächer höherer Studien besuchen zu dürfen, wie denn in den Nebenfächern der Theologie, ja selbst in der Moral solche Schüler häufig vorkommen [6]). — Ohne Zweifel hörten Schüler der Philosophie zugleich auch Fächer der Jurisprudenz und Medizin mit den Vorlesungen des zweiten philosophischen Jahres, ja liessen sich nach vollendeter Physik

---

1) Privat-Zeugnisse auch von Klöstern genügten zur Aufnahme nicht, weil sich sogar Excludirte solche Zeugnisse zu verschaffen wussten. (Eph. ph. v. J. 1713.) Wegen Kriegs und Krankheiten wurde unter dem 21. Oktober 1713 vom Gubernator auch die Aufnahme von Ausländern verboten, wenn sie nicht schon hier studirt hatten, oder bessern Familien angehörten.

2) Hierüber bestand ein Senatsbeschluss vom 21. Februar 1697.

3) Am 22. November 1677 schickte ein Graf Piccolomini nur seinen Bedienten zur Inscription der juridischen Facultät, allein man forderte sein persönliches Erscheinen, was ihn so beleidigte, dass er sich gar nicht inscribiren liess. (Eph. Jur. ad h. d.)

4) Einem Grafen Caraffa, der sich der Insubordination schuldig gemacht hatte, wurde unter dem 3. Jänner 1679 von der juridischen Facultät bedeutet, dass er zur Genugthuung und Unterwürfigkeit nicht inscribirt werde. (Eph. Jur. ad h. d.) Im Jahre 1726 wurde ein Melchior Beck selbst nach Senatsbeschluss wegen Schulden etc. nicht mehr aufgenommen (l. c. 31. Okt. 1726).

5) Der philosophische Dekan erzählt in seinen Ephemeriden vom 29. Nov. 1712, er habe dem Professor der juridischen Institutionen, der einen Schüler in seine Vorlesungen aufnehmen wollte, welcher in Trient nur die Logik absolvirt hatte, vorgestellt, dass von den 130 hiesigen Logikern Keiner um die Erlaubniss, juridische Fächer zu hören, angesucht habe, dass es bekannt sei, wie die Somasken in Trient die Philosophie lehren, dass die Jurisprudenz bessere Schüler erhalte, wenn sie vorher durch zwei Jahre Philosophie studirt hatten etc., worauf der juridische Professor selbst von der Aufnahme dieses Schülers abstand.

6) Im Jahre 1700 z. B. erscheinen unter den 127 Schülern der Moral 49 Physiker, meistens im ersten Jahr der Moral, und 33 Metaphysiker schon im zweiten Jahre der Moral; unter den 62 Schülern der hl. Schrift waren 19 Physiker — alle im ersten Jahre, und 14 Metaphysiker etc. Nur in der Theologia speculativa kommen keine Philosophen vor.

geradezu in die höhern Facultäten aufnehmen, indem sie die Fächer des dritten Jahres entweder gar nicht, oder — etwa wegen des philosophischen Magisteriums nur als Schüler der höhern Facultäten besuchten. Ueber diess Verfahren der philosophischen Schüler — dass nämlich viele schon im zweiten philosophischen Studienjahre zu Vorlesungen der höhern Facultäten zugelassen wurden, dass diess ohne Erlaubniss der philosophischen Professoren geschah, und dass endlich Akademiker vor absolvirtem dreijährigem philosophischem Studium förmlich in die höhern Studien-Abtheilungen aufgenommen wurden, beschwerten sich die Professoren der Philosophie häufig, erwirkten auch bisweilen günstige Senatsbeschlüsse, ohne dass jedoch eine feste bleibende Norm eingeführt wurde [1]).

Die vollen akademischen Jahre mussten in allen Facultäten nur von Jenen vollendet werden, welche die höchsten akademischen Würden erhalten wollten; Andere verliessen die Universität öfter um so mehr früher, als zu den meisten Anstellungen kein absolvirtes Fachstudium, wie itzt, gefordert wurde. Andere studirten aber auch über die vorgeschriebenen akademischen Jahre.

Wenn ein Fach, wie z. B. die Theologia speculativa, das Kirchenrecht etc., mehrere Jahre zu hören war, so befanden sich bei den nämlichen Vorlesungen mit Schülern, die das Fach das erste Jahr hörten, auch Schüler, welche es schon ein oder mehrere Jahre gehört hatten, weil das ganze Fach nicht in einem Jahre, sondern in den für dasselbe bestimmten Jahren, sohin jährlich nur ein oder mehrere Tractate des Faches vorgetragen wurden [2]).

Die Schüler hatten in der Regel wenigstens täglich 2 Stunden Unterricht zu erhalten; mehrere Stunden zu hören war aber nicht verboten, ja bei manchen Studenten nothwendig [3]). Doch wurde vom Besuche der Vorlesungen auch dispensirt, z. B. wenn ein instruirender Akademiker seinen Zögling in die Schule begleiten musste [4]).

In der Theologie wurden alle Hörer theologischer Vorlesungen vom betreffenden Professor in eine Matrikel eingetragen [5]), die Hörer der Speculativa jedoch nicht von beiden Professoren, wenn gleich, obschon sich selten, eine abweichende Ansicht über einzelne Schüler vom andern Professor bemerkt ist. Bald wurden den Namen der Studirenden auch Anmerkungen über Sitten, Fleiss und Fortgang beigeschrieben, die nach und nach immer bestimmter, und am genauesten in der Speculativa wurden [6]). Ob eine solche Matrikel auch bei einer andern Facultät bestand, weiss ich nicht, bei der juridischen Facultät bestand sie gewiss nicht.

---

1) Im Jahre 1719 hörten mehrere Studenten vor absolvirtem zweiten philosophischen Jahre nur juridische Vorlesungen; auf Protest der philosophischen Professoren sollten sie, selbst nach Senatsbeschluss incarcerirt werden; der Rektor liess aber Mehrere mit blosser Geldstrafe davon kommen, doch wurde endlich Einer am 20. April 1720 sogar entlassen (Eph. jur. 22. Dez. 1719, 22. April 1720), dagegen aber ein gewisser Bernhard, der die Philosophie in Wien nur ein Jahr studirt hatte, in die juridische Facultät aufgenommen, weil diess auch in Wien so gehalten werde.

2) Im Jahre 1720 waren unter 62 Schülern der Theologia speculativa 2 im fünften, 8 im vierten, 9 im dritten, 18 im zweiten, und 25 im ersten Jahre bei den nämlichen Vorlesungen.

3) Wer z. B. ex jure canonico graduiren wollte, musste diess Fach alle vier juridischen Jahre gehört haben; da nun täglich 2 Stunden die Lektionen und Collegia daruber forderten, so musste er zu den übrigen Fächern andere Stunden verwenden.

4) Eph. jur. 14. Dezember 1675, 19. November 1675 etc.

5) Sie ist noch im Universitäts-Archiv vorhanden, und geht von Anfang der Universität bis zum Jahre 1790.

6) Jedoch nicht so genau, wie später vorgeschrieben wurde, z. B. nur: per omnia

Ein Zeugniss konnte jeder abgehende Student erhalten; der Professor hatte es gratis zu geben; aber Zeugnisse von einzelnen Professoren sah man nicht gern. In der Regel wurden sie vom betreffenden Dekan durch den Notar ausgestellt, wofür aber die bestimmte Taxe von 30 kr. bis 3 fl. 30 kr., ja für Diplome akademischer Grade noch mehr bezahlt wurde, je nachdem dieses Zeugniss bloss auf Papier oder Pergament mit oder ohne Sigill etc. gefertiget wurde. Sonderbar ist, dass Theologen, welche zu den hl. Weihen abgingen, vom Dekan nur über Fortgang, über Sitten aber von einem andern Universitätsgliede ein verschlossenes [1]) Zeugniss beizubringen hatten.

Ueber moralische Bildung der Akademiker kommen ausser den in den Statuten enthaltenen Vorschriften keine besondern Beförderungsmittel, z. B. durch Unterricht in der Religion, Predigt für Akademiker, besondere tägliche oder sonntägliche Gottesdienste etc. vor, jedoch kann man die Studenten-Congregation zur Ehre Mariens hieher rechnen [2]).

Studirende vom höhern Adel waren besonders bevorzugt. Bei Feierlichkeiten gingen sie selbst nach den Statuten der Universität den Professoren vor; in den Studenten-Verzeichnissen wurden sie am ersten Platze gesetzt; Ehren-Anreden etc. z. B. bei Promotionen Mehrerer hielten sie etc.

Da über die Studienfächer, Lektionen, Collegien, Disputationen, Promotionen bereits §§ 27—34 das Betreffende angeführt wurde: so scheint es sich nur noch fragen zu können, wie die Akademiker die dargebotene Gelegenheit zur wissenschaftlichen Bildung benützt, und die Disziplinar-Vorschriften über Betragen befolgt haben; — mit andern Worten, wie Fleiss und Sittlichkeit der Akademiker in dieser Zeit beschaffen war, worüber bereits nur die Ephemeriden zerstreute und unvollständige Aufschlüsse geben.

§ 39.

Den Fleiss in den Studien betreffend mussten schon im Jahre 1674 Studenten die Vorlesungen nicht besucht haben, da unter dem 23. Juli d. J. die Universität den Auftrag der Regierung erhielt zu berichten, welche Studenten immatrikulirt seien, und welche nicht? welche die Lektionen besuchen, und welche nicht? — Ahndungen selbst der theologischen Schüler wegen Unfleisses werden unter den Jahren 1675 und 1676 in den Ephemeriden wiederholt erwähnt, und unter dem 18. Dezember 1676 musste der Senat die Studirenden der Jurisprudenz wegen Unfleisses im Besuch der öffentlichen Vorlesungen warnen. Am 22. März 1677 wurden die Studenten wieder durch Programme an der schwarzen Tafel ernstlich zu grösserm Fleisse im Besuche der Vorlesungen erinnert [3]), und am 30. April d. J. wurden in einem Dekanats-Concil vier, am 11. Juni aber sehr viele Juristen in allem Ernste zu grösserem Fleisse ermahnt [4]). Am 4. Juni 1678 wurden wegen Unfleisses viele Studenten, darunter auch ein Theolog incarcerirt, und am 17. De-

---

laudabilis, oder: diligentia magna, progressus mediocris pro capacitate, mores boni; oder auch: inscriptus nunquam aparuit; oder: non frequens etc.

1) De vita et moribus ab uno ex corpore academico clausum testimonium etc. (Eph. th. 30. April 1705.)

2) Vgl. § 49.

3) Urgebantur — sagen die Ephemeriden.

4) Plurimi Juristae ad concilium academicum citati et ad majorem in lectionibus publicis freequentiam severe admoniti sunt. (Eph. th. ad h. d.)

zember d. J. erklärte der Senat nach langer Berathung [1]) als bestes Mittel gegen
Unfleiss ernstlich anzukünden, dass nach dem Willen des Kaisers kein Nachlässiger
zu akademischen Graden zuzulassen, oder auch nur als Student zu dulden sei.
Allein am 25. Februar 1679 und 28. Februar und 2. März 1680 wurde schon
wieder über Mittel zum Fleisse berathen, da viele Nachlässige zum Quartal-Conzil
wiederholt (bei der ersten Berufung waren sie abwesend) citirt wurden. Am 2. und
4. Juli 1681 wurden Nachlässige zurechtgewiesen, incarcerirt, entlassen, die Studenten beauftragt, nach den Ferien früher (rechtzeitig) zu den Studien zu erscheinen,
und die Universität nicht vor Ende des Studienjahres zu verlassen — beides unter
Androhung des Verlustes des Studienjahres. Am 27. März 1683 wurden sehr
viele [2]) Philosophen als nachlässig angegeben, Mehrere incarcerirt, oder auf andere
Art gestraft, Einige auch am 12. und 16. Juni. Am 4. März 1688 wurden wegen
Unfleisses zwei excludirt und am 30. Mai fand man sich zum Senatsbeschluss veranlasst, Keiner sei als Student zu betrachten, der nicht die Note zum Aufsteigen
erhalten hätte, und die Vorlesungen nach den Statuten besuchte. Da besonders die
Adelichen im Lektionsbesuche nachlässig waren, entschied die juridische Facultät
am 29. November 1689 bei der Inscription, keinen solchen Nachlässigen als Glied
der Universität zu betrachten. — Aehnliche Vorgänge könnten aus den Ephemeriden in grosser Zahl auch über die folgenden Jahre angeführt werden. Besonders
häufig waren die Klagen über den nachlässigen Besuch der philosophischen Vorlesungen, wohl auch desswegen, weil die Schüler der philosophischen Facultät,
welche die Fächer der höhern Studien-Abtheilungen besuchten, oder gar in andern
Studienfächern vor dem absolvirten philosophischen Triennium eingeschrieben waren,
um jene Vorlesungen sich weniger bekümmerten. Das Angeführte mag aber genügend beweisen, dass sich die Universität zwar manche Mühe machte, der Nachlässigkeit zu steuern, energische Maassregeln aber mit strengem Ernst nicht durchgeführt wurden. So ging z. B. im Jahre 1681 bei einer Universitätsversammlung
der Antrag durch, die Logiker und Physiker zu einer Jahresprüfung zu verhalten;
allein schon bei Vorlesung des Concepts des hierüber zu affigirenden Programms
war ein juridischer Professor nicht einverstanden, und die sämmtlichen medizinischen Professoren dagegen; da das Programm nach dem Majoritäts-Votum doch
angeschlagen wurde, schlugen auch die Studenten eine Aufforderung an, nicht mehr
zu frequentiren; besonders die Physiker besuchten die Vorlesungen nicht, zumal
bekannt wurde, dass die Professoren selbst nicht einig seien. Es erfolgten Studenten-
Versammlungen von Hunderten ausser der Stadt; auf die Incarcerirung von ein
Paar Koriphäen bezeichnete ein neuer Studenten-Anschlag die noch Frequentirenden als unwürdige Studenten, welche die Ruthe verdienten [3]), und die Gährung
wuchs so, dass selbst der geheime Rath die Regierung anwies, geeignete Massregeln zu ergreifen. Nach einer Conferenz mit Universitätsgliedern erliess die Regierung ein Dekret, dass den Studenten von ihren Privilegien nichts entzogen werde,
sie aber nun wieder zu frequentiren hätten. Hierdurch war zwar der Senatsbeschluss
nicht förmlich aufgehoben, da die Privilegien weder Prüfungsfreiheit noch Prüfungs-
verbindlichkeit aussprachen; aber er konnte nicht durchgesetzt werden. — Einen
gleichen Antrag zur Prüfung aller Philosophen, nicht bloss der Aspiranten zu
akademischen Graden verwarf der Senat im Jahre 1719 geradezu. Auf Anordnung

---

1) „Cum multum de more aliorum annorum deliberatum est de modo, quo Studiosi
ad publicas lectiones induci possent.“
2) Plurimi.
3) Virginales.

des Jesuiten-Provinzials mussten jedoch vom Jahre 1727 die Alumnen des Nicolai-Hauses, welches Convict den Jesuiten unterstand, examinirt werden [1]). — Auch bestimmte der Senat schon unter dem 19. Dezember 1671, die zweite Inscription soll zwei Wochen vor Weihnachten vorgenommen werden, weil die Studenten „ex professo" zu spät zu den Studien erscheinen; — ein Beschluss, der ebenfalls nicht allgemein beobachtet wurde.

§ 40.

Zur Handhabung der Disziplin bei den Akademikern besonders während der Nacht waren — ausser den aus den Statuten und der Universitäts-Einrichtung hervorgehenden Mitteln der Aufsicht, Bestrafung etc. — zwölf sogenannte Scharwächter — eine Art Polizeisoldaten — aufgestellt, die aber ihrem Zwecke zu wenig entsprachen, und häufig mit den Studenten in Händel geriethen. Die Universität schob die Schuld der nicht entsprechenden Wirksamkeit dieser Wache vorzüglich auf den Umstand, dass die Anstellung und Jurisdiction der Nachtwächter nur der Regierung zustand, und die Universität auf sie keinen Einfluss habe, ungeachtet ihr Aerar die Kosten derselben bestritte. Schon im Jahre 1695, wo auf Exzesse der Akademiker zwischen den vier Universitäts-Dekanen und mehreren Regierungs-Räthen eine Berathung Statt fand, sah man ein, dass das ganze Institut, zu welchem das Personale oft der Versorgung und nicht der Tauglichkeit wegen aufgenommen wurde, nicht passe, und dafür nach dem Beispiele in Wien ein Rumor-Meister mit 15—20 Untergebenen aufgestellt werden soll, denen die Stadt Wohnung, die Hofkammer Gehalt (beiläufig 1200 fl.) zu verabreichen hätte. Allein bei einer andern Conferenz (28. Juli) wurde der Antrag wahrscheinlich wegen der Schwierigkeit der Kosten-Bestreitung abgelehnt. Die Scharwache selbst hielt sich für zu schwach für ihre Aufgabe, und bat um Vermehrung ihres Personals, was die beiden Wesen im Jahre 1702 für beständig nicht begutachteten, jedoch eine zeitweilige Vermehrung desselben angezeigt fanden. Als im Jahre 1707 ein Bedienter des Gr. Spaur, Präsidenten des geheimen Rathes, verwundet wurde, und überhaupt, wie der Erlass des geheimen Raths sich ausdrückte, „fast täglich von Studenten und andern inquieten Burschen verbotene Unhandlungen" verübt wurden, so erging nicht nur der Auftrag strenger Untersuchung etc., sondern auch der Befehl, täglich neun Scharwächter zu verwenden, gegen die Schuldigen mit Landesverweisungen, Leibesstrafen etc. vorzugehen, und zugleich Bericht über Verwendung von regulärem Militär und den Entwurf über Zahl, Sold, Lokale, Fond hiezu vorzulegen. Es blieb jedoch damals noch bei dem alten Stande, und die Bestreitung der Kosten von 637 fl. dem Universitätsfonde (§ 18). Erst im Jahre 1714 erklärte der Gubernator Carl Philipp auf den Tod eines Leib-Lakaien durch einen Schuss, dessen nach genauer Untersuchung flüchtige Studenten verdächtig waren, und nach andern Insolenzen der Studenten und anderer Bursche, es müsse statt der Scharwache eine andere Mannschaft aufgestellt werden. Die weitere Verhandlung hatte die a. h. Entschliessung vom 24. Juni 1717 zur Folge, dass 24 Rumor-Knechte à je 50 fl. und ein Rumor-Meister à 100 fl. aufgestellt wurde, zu deren Erhaltung die Universität wie bisher 630 fl., vom Mehrbetrag von 670 fl. aber das hohe Aerar, die Stadt Innsbruck und das akademische Aerar zu gleichen Theilen beizutragen haben, wogegen sich freilich die Stadt mit wiederholten Vorstellungen, die wenigstens bis zum Jahre 1726 dauerten, sträubte, was aber vergebens war, da ja das Institut zum Nutzen der Stadt wäre. Von diesen Rumor-Knechten

---

1) Eph. th. 27. August 1728.

mussten sechs Mann Tag und Nacht in dem Wachtstübchen ausser dem Vorstadt-Thore [1]) gegenwärtig sein; die Wache wurde einer Deputation von Regierungs-Beamten untergeordnet, und erhielt auf Ansuchen des Rumor-Meisters den Namen: Stadtwache, er selbst aber den Titel: Lieutenant [2]). Gewöhnlich hiess diese Mannschaft auch in der Folge noch Scharwache.

§ 41.

Aus dem soeben Angeführten lässt sich schon Manches über das disziplinäre Betragen der Akademiker jener Zeit abnehmen. Zur Veranschaulichung des damaligen Geistes unter den Studirenden mögen aus den vielen Daten in den Facultäts-Ephemeriden, die aber häufig sehr unvollständig sind, folgende hier stehen.

Um Pfingsten des Jahres 1674 wurden einige Akademiker wegen nächtlicher Unruhen, Streits und öftern Insolenzen auf Befehl der Regierung in das Kräuterhaus (Lokale für zu untersuchende Delinquenten) gesperrt. Am 11. April erklärten die Studenten bei einer Zusammenkunft, zu welcher sie mit Mantel und Degen erschienen, nicht mehr frequentiren (die Lektionen besuchen) zu wollen, und verlangten dringendst [3]) Freilassung der Studenten und privilegirte Gerichtsbarkeit. Der Rektor — Venerand Baron Wittenbach, Kanzler der Regierung und Deputirter bei dem geheimen Rath — versammelte die Studenten im Hörsaale der Logik, verhinderte durch kluge und angemessene Aufklärungen und Vorstellungen bedrohliche Auftritte, und stellte die Ordnung wieder her; die Civil- und Criminalgerichtsbarkeit über die Akademiker wurde schon damals vor Genehmigung der Privilegien dem Rektor der Universität zugestanden. — Nebst andern Händeln um diese Zeit fand man auch ein Pasquil gegen die Universität und ihre Professoren [4]) angeschlagen, worüber der geheime Rath den Wesen unter dem 7. Oktober 1676 die Untersuchung auftrug. — In diesem Jahre verwundete ein Jurist ein Mädchen in Wilten. — Bei einem Auflaufe ausser der Innbrücke im Jahre 1677 wurde von einem Studenten ein Handwerker erschossen; der Thäter flüchtete sich, Theilnehmer des Tumultes wurden theils incarcerirt, theils bei ihren Wunden in ihren Quartieren bewacht; in diesem Jahre gab es auch Duelle. — Als der Rektor im Jahre 1679 einige Studenten wegen Händel mit Militär einsperren liess, rotteten sich in der folgenden Nacht wohl bei 200 Studenten vor seiner Wohnung zusammen, und erzwangen durch Drohungen, die ihm deputirte Studenten hinterbringen mussten, deren Freilassung. Im Jesuiten-Collegium wurden in diesem Jahre, in der Vorstadt aber im Jahre 1680 unter Störung der nächtlichen Ruhe Fenster eingeworfen; im Jahre 1681 Studenten untereinander mehrfach verwundet, und im Jahre 1682 zeigte die eigene Mutter und Schwester einen Studenten wegen Insolenzen bei dem Rektor an, der ihn, weil er sonst nicht folgte, durch die Scharwächter in den Carcer bringen liess. — Unter dem 18. Februar 1683 erschien auf Befehl des geheimen Rathes ein Magistrats-Anschlag, welcher „verdächtigen Burschen und insonderheit Studenten" den Besuch der Gasthäuser nach 9 Uhr Abends verbot. Die Studenten sahen sich durch die Zusammenstellung mit verdächtigen Burschen durch den Magistrat gewaltig beleidigt, und klagten darüber beim Vicerektor, welcher sie nur mit Mühe von nächtlichen Unruhen mit Fakelzügen durch die

---

1) Sohin bei der jetzigen Hauptwache.
2) Nach Akten bei der Statthalterei-Registratur.
3) Instanter, instantius, instantissime — wie sich die juridischen Ephemeriden ausdrücken.
4) Sat impie corrupto Ave Maria.

Stadt etc. abhalten konnte; bei einem Universitäts-Concil, das am 19. Februar darüber und über einen Anschlag der Studenten abgehalten wurde, der Alle, die Studenten sein wollen, auf 2 Uhr Nachmittag auf die Universität berief, erschien eine Deputation der Studenten, welche Widerruf der Publikation verlangte, widrigenfalls sie nicht mehr zu frequentiren beschlossen hätten; man suchte sie zu beschwichtigen, indem man die Schuld auf den Concipienten der Anschläge schob, und zu andern Affixen Hoffnung machte; als diese aber am folgenden Tag nicht erschienen, untersagten neue Studenten-Anschläge den Lektions-Besuch, und der Professor der Moral hatte nur sechs Schüler, welche von den andern Akademikern bei der Franziskaner-Kirche mit Spott empfangen wurden, und auch das angesetzte Menstruum philosophicum musste wegen Mangels an Studenten unterbleiben; so ging es fort, bis ein neues Edikt, das von Studenten keine Meldung machte, die Ordnung herstellte. — Im Jahre 1685 wurden bei Schlägereien und Aufläufen wieder Fenster zertrümmert, und mit Degen und Schiesswaffen Verwundungen etc. beigebracht; der geheime Rath trug Verhütung solcher Insolenzen und Untersuchung auf, auf welche Einige selbst mit Anschlag auf der schwarzen Tafel excludirt wurden; der Anschlag wurde aber von der Tafel gerissen, der Thäter jedoch entdeckt, und dem weltlichen Gerichte übergeben. — Im Jahre 1686 wurden 20 Akademiker wegen Raufereien mit den Scharwächtern durch Geld und Carcer gestraft. — Viel Aufsehen machten im Jahre 1690 Händel mit Militär-Ingenieuren, bei denen ein Jurist zehn Wunden erhielt, ein Theolog seines Mantels und Huts beraubt wurde etc. Die Studenten machten wieder Anschläge, vor erfolgter Satisfaktion nicht zu frequentiren, und nur Wenige besuchten die Vorlesungen. Am 20. Juni bat die Universität um Untersuchung durch unparteiische Richter, und beschloss am 28. Juni sogar Bericht an den Kaiser, auf den der a. h. Befehl der Untersuchung und resp. der Satisfaktion erfolgte, die aber der Senat am 12. August noch bei dem geheimen Rath betrieb. Wenn die Studenten in diesem Fall auch Recht behielten, so wurde doch für die Zukunft durch Programm bekannt gemacht, dass Jene, welche über aufrührerische Anschläge ertappt würden, zu relegiren seien. Auch mag dieser Vorfall — freilich in Verbindung mit andern Exzessen der Akademiker — den Auftrag des geheimen Raths veranlasst haben, in Ueberlegung zu nehmen, auf welche Art und durch welche Mittel Zusammenrottungen und Tumulte der Akademiker zu verhindern seien, wobei begutachtet werden soll, was sonst noch zum Nutzen der Universität dienen würde. Obschon bei der Berathung hierüber so Manches zur Sprache kam, so scheint im Wesentlichen damals doch nichts geschehen zu sein [1]), wenigstens erscheinen auch in den folgenden Jahren und zwar

---

1) Nach den philosophischen Ephemeriden vom 27. Oktober 1690 wurde nebst Handhabung der akademischen Statuten im Allgemeinen — noch insbesondere vom Senate begutachtet, und zwar um die Ruhe zu erhalten: 1. Vermehrung der Wächter, welche die Nacht die Gassen durchgehen, und alle Schwärmer, nicht bloss Studenten, ergreifen sollten; 2. eine Deputation zur schnellen summarischen Justiz in Händeln mit Studenten und Andern; 3. Ausdehnung des Verbots, unerlaubte Waffen zu tragen — auch auf Nichtstudenten; 4. Angabe Derjenigen, welche Wirthshäuser über die Zeit besuchen, durch die Wirthe; 5. Beschwörung der akademischen Privilegien von Seite des Magistrats (der letzte Punkt der Privilegien § 9 war also bisher und wahrscheinlich auch in der Folge nicht ausgeführt). — Da vorzüglich auf Disziplin bei den Philosophen zu sehen wäre, so soll: 1. keine Aufnahme in höhere Studien-Abtheilungen, und keine Verabfolgung von Zeugnissen vor absolvirtem philosophischem Biennium geschehen; 2. Physiker sollen nur nach weisem Ermessen andere Kanzeln besuchen dürfen (non liceat ante biennium ad aliam facultatem deserta philosophia transire, nisi habito testimonio de physica per annum integrum diligenter audita, secus inhabilis ad quem-

theilweise arge Vergehen der Studenten. Im Jahre 1693 hatte z. B. ein Theolog in einem Wirthshause ein Schimpfwort gegen italienische Studenten ausgestossen; desswegen überfielen 15 welsche Studenten am 15. Juni d. J. um 9 Uhr Abends vor dem Palaste der Hofkammer deutsche Studenten, von denen sie den Juristen Freytag erschossen, und den Theologen Delama, der sich tapfer vertheidigte, verwundeten. Die Thäter suchten in Wilten Asyl, und die Scharwächter verhüteten dort ihre Entweichung. Zwei Tage später zog eine Menge Studenten nach Wilten, angeblich zur bessern Bewachung der Schuldigen, trieben aber dort argen Muthwillen, rissen Zäune ein, um Holz zum Feuer zu bekommen, zerstörten eine Wasserleitung und eine Mauer, zertraten und verbrannten Heu etc. Der akademische Senat liess am 18. Juni eine Warnung mit dem Versprechen anschlagen, Gerechtigkeit zu üben, und erklärte am 25. Juni auf die Klage des Abtes von Wilten und hierüber erfolgte Mittheilung der Regierung: die Sache genau zu untersuchen und die Schuldigen streng zu strafen, liess auch am 27. Juni einen Physiker und Logiker, die als Rädelsführer des Exzesses angegeben wurden, incarceriren. Um 10 Uhr der folgenden Nacht rotteten sich wohl 100 Studenten zusammen, und sieben drangen in die Wohnung des Rektors ein, die Freilassung der Incarcerirten fordernd. Da seine Vorstellungen nichts nützten, schickte er den Pedell zu den in der Nähe wohnenden Professoren, welche auf die Freilassung gegen das Versprechen, sich am folgenden Tag wieder zu stellen, einriethen. Allein sie stellten sich nicht, angeblich von Andern gehindert. Am nächsten Tage — es war Sonntag — beschloss die Universität in pleno consilio, der Rektor soll mit den vier Dekanen durch ein persönlich überreichtes Memoriale den Präses des geheimen Rathes und der Regierung um Maassregeln zur Verhütung von Unruhen bei der beantragten Relegation mehrerer Studenten bitten, da die Mittel der Universität — Programm und Bestrafungen — sich unvermögend zeigen. Der Präses des geheimen Rathes (Graf Dietrichstein) bedauerte das gesunkene Ansehen der Universität, und den Mangel einer ihm zu Gebote stehenden Abhülfe; daher die Exekution bis zum Beschlusse des geheimen Rathes, von dem er die Sache behandeln lassen wolle, zu verschieben wäre [1]). — Schlägereien zwischen Studenten und Schneidern im Jahre 1694, bei welchen Fenster eingeworfen und andere Beschädigungen verübt wurden, veranlassten

---

cunque gradum in quacunque facultate accipiatur, et etiam testimonia negentur, et nulli permittatur praeter physicam plures adire lectiones, quam prudenti judicio cum profectu audire censeatur); 3. Die philosophische Straf-Jurisdiction soll den Statuten einverleibt werden (§ 44); 4. ausgezeichnete philosophische Schüler sollen belohnt werden — durch Vorzug bei Kompetenz, Adelstitel für die zwei besten Magistri jeden Jahres. (In Prag wurde der beste Magister jährlich geadelt. Tombek l. c. S. 286.) — Zur Verbesserung im Allgemeinen wurde beantragt: 1. eine akademische Kirche; 2. Erbauung einer Aula; 3. jährliche Renten-Anweisung zur Bibliotheksvermehrung (in augmentum bibliothecae communis Academiae); 4. Verwaltung oder wenigstens Einsicht der Rechnung des akademischen Aerars; 5. Wiederherstellung des ordentlichen Weges zur Universität (vielleicht wurde der Weg durch das Thor beim Rennplatze gestört, § 19); 6. Schulglocke; 7. Auditorium und botanischer Garten für die medizinische Facultät.

1) Gegen die Urheber aller dieser Exzesse, und zur Vermeidung ähnlicher Auftritte scheint gar nichts Wesentliches geschehen zu sein. Der geheime Rath gab den Gegenstand an die Wesen, diese fragten wieder die Universität um Mittel zur Abhülfe, die Universität schlug Conferenz vor u. s. w. Wenigstens berieth der Senat am 3. August die Frage, ob ohne Wissen des geheimen Rathes ein Uebereinkommen mit den Studenten vorzunehmen sei, welche in der Sache des getödteten Freytag vor ihn geladen wurden (amicabilis transactio in causa occisi Freytag) und bejahte sie. Die Dikasterien mögen der Universität um so weniger ernsten Schutz haben angedeihen lassen, als andere Divergenzen z. B. wegen des akademischen Aerars etc. in Verhandlung waren.

den Stadtmagistrat, die Suspension der Doctorirung des Juristen Fritz zu beantragen, in welche um so weniger eingegangen wurde, als die Studenten Schadenersatz versprachen, der durch Uebereinkommen 35 fl. betrug; das Doctorats-Diplom wurde dem Fritz doch erst nach beigelegter Sache ausgefolgt. — Arge Raufereien, bei welchen ein Nachtwächter mit drei Kugeln erschossen wurde, hatten im Jahre 1695 Statt. Der Urheber der Rauferei (ein Kammerlander von Steinach) und Kochner von Echingen, der den Kerker erbrochen hatte, wurden entlassen, Andere mit Geld und Carcer bestraft, z. B. ein Gumer von Botzen, mit 100 Thaler, die aber wegen ausgezeichneter philosophischer Disputation zur Hälfte nachgesehen wurden. — Die Criminal-Untersuchung über einen bei einem Auflauf im Jahre 1700 verwundeten Priester überliess Rektor und Professor der Controversen, Reiter, dem Exrektor Linsing; wegen geringer Bestrafung des Thäters erfolgte ein Regierungs-Verweis, über den man hinauszugehen und nur gelegenheitlich Erläuterungen zu geben beschloss. — Im Jahre 1701 wurden in Hall beim Markte tumultuirende Akademiker eingezogen, die die Universität sogleich abforderte, und Hall gegen 30 fl. Schaden-Ersatz auszuliefern versprach; aber sie dem herabgeschickten Notar wegen Beschädigung und ruinirtem Kerker wieder verweigerte. Die Sache kam an die Regierung, welche die Auslieferung an die akademische Jurisdiktion befahl [1]. — Im Jahre 1707 verwundete ein Student Prigl den Sohn der Wittwe Raif, der an der Wunde starb, der Student Egger den Bedienten des Grafen Caraffa, auch ein Bruder des genannten Egger war bei Schlägereien stark komprommitirt. Dieser wurde mit 130 fl. bestraft, der Bruder zahlte der Wittwe Raif 40 fl. Schadenersatz, Egger dem verwundeten Bedienten 30 fl.; er musste auch 8 Tage im Carcer sitzen; ein Akademiker wurde relegirt etc. — Im Jahre 1705 musste ein Akademiker, der einen Mitschüler unvorsichtiger Weise durch einen Schuss getödtet hatte, zur Strafe nach der Waldrast (5 Stunden von Innsbruck entfernt) wallfahrten, und dort Beicht und Communion dem Getödteten aufopfern. Im Jahre 1709 wurde ein von Salzburg gekommener in Innsbruck noch nicht immatrikulirter Student beschuldigt, einem Juden einen Mantel gestohlen zu haben, und von der Regierung in das Gefängniss gesetzt. Sogleich erfolgten zwei Affixe der Studenten wegen verletzter Privilegien, 150 Studenten versammelten sich vor dem Rektor, und erzwangen von ihm, die Freilassung des Studenten von der Regierung zu bewirken; obschon sie nun dort dessen ausgesprochene Freilassung erfuhren, so erbrachen sie doch die Thüre des Kerkers, in welchem er noch gefangen sass, und erzwangen, da sie den klagenden Juden nicht trafen, von einem andern Juden Kleider; jedoch zur Immatrikulirung des Studenten liess sich der Rektor nicht bewegen. Wegen dieser Aufläufe kam es zu Untersuchungen, selbst zu einer Conferenz mit geheimen Räthen, fünf Koryphäen wurden ausgewiesen, der Jude erhielt Schadenersatz, und ein beschimpfter Sekretär des geheimen Rathes Satisfaktion. — Im Jahre 1710 schoss ein Jurist auf der Innbrücke auf einen andern Juristen, der an der Verwundung starb; der Thäter suchte zuerst ein Asyl in der Kirche zu Hötting, und fand später Mittel zu entfliehen. — Am 23. Juli 1714 erschoss ein Student von Ochsenhausen einen andern Studenten, machte sich flüchtig, und wurde, da er auf Vorruf nicht erschien, exilirt. Im Jahre 1724 bat die Mutter um die Rückkehr ihres Sohnes in das Vaterland, die Universität forderte dafür 130 fl., nebst Bezahlung der er-

---

1) Im Jahre 1721 ersuchte der Syndikus von Hall den akademischen Senat um bessere Aufsicht über die Studenten, die zum Haller Markte kämen, und erhielt zur Antwort, dass er den Gerichtsstand der Studenten wisse, wenigstens wissen soll, und allenfallige Klagen bei demselben anzubringen habe. (Eph. jur. 6. Juni 1721.)

laufenen Kosten. — Im Jahre 1721 hatten wiederholte Händel mit den Wächtern Statt, drei Studenten griffen sogar das Wachthaus an. — Im Jahre 1726 kamen grobe Schlägereien zwischen italienischen und schwäbischen Studenten vor, in Folge deren beschlossen wurde, dass über 3 bis 4 Juristen nicht versammelt zu gehen hätten, mit Waffen ertappte Studenten ipso facto excludirt seien, eben so Jene, welche den vom Rektor diktirten Arrest nicht halten; Mehrere wurden excludirt, Andere mit dem incarcerirt, dass sie diese Strafe mit 2 fl. per Tag ablösen könnten u. s. w. Vgl. auch § 44.

§ 42.

So viele vorkommende Beweise von Unfleiss und Muthwillen, so viele Exzesse, Untersuchungen und Bestrafungen der Studenten scheinen über Verwendung und Betragen derselben in dieser Zeit kein günstiges Zeugniss abzugeben. Man darf aber dabei nicht vergessen, dass in die Ephemeriden vorzüglich das Auffallende und Ungewöhnliche aufgenommen wurde, während das gute Betragen der Meisten als selbstverständlich selten eine Erwähnung fand, und dass manche Exzesse bei einer vollständigeren Kenntniss der Umstände, als die ist, welche die oft nur Einzelnes berührenden Ephemeriden geben, vielleicht ein mildes Urtheil finden dürften. Die Kraft der Universität war in den ersten Zeiten derselben, wo die Statuten noch keine a. h. Sanktion hatten, und eine feste Ordnung erst eingeführt werden musste, allerdings gelähmt. Wenn sich aber auch nachher noch manche Ausschreitungen der Akademiker zeigen, so ist zu bedenken, dass damals unter den Akademikern überhaupt ein Geist jugendlicher Unbotmässigkeit herrschte, der in Innsbruck gewiss nicht bedenklicher war, als an andern Universitäten [1]), und durch die beständigen Kriege der damaligen Zeit wenigstens keinen Hemmschuh erhielt. — Schwerlich dürfte jedoch in Abrede zu stellen sein, dass die Jurisdiktion der Universität sich hie und da zu schwach und unbehülflich zeigte, dass es öfter an dem erwünschten Zusammenwirken mit den Regierungsbehörden gebrach, deren Unter-

---

1) Erinnert ja z. B. der berühmte Ingolstadter Professor Locher (Philomusus). Nachfolger des bekannten Celtes, der nach Wien ging, seinen Studienfreund und nachmaligen Domdechant von Passau Wolfgang von Tannenberg in einer Zueignungsschrift des Fulgentius Placiades über ihren Aufenthalt in Padua unter andern: In memoriam revoco pugnam illam nocturnam cum pt..... filio et stipata excubitorum caterva fortiter a nobis exantlatam, qua victos prostravimus, armis exuimus, et alemanorum derisores ineptissimos compescuimus (Günther: Geschichte der litt. Anstalten in Bayern III. Th. S. 232.) „Wenn man alle die kleinen Fähden und Strassenkämpfe (der Wiener Akademiker) zusammenstellt, so möchte man glauben, dass Stadt und Universität sich spinnefeind gewesen sei; dem war aber nicht so. — Fähden waren damals nicht viel mehr als gewöhnliche Lebens-Aeusserungen.“ — „Man muss auf diese Reibungen kein allzu grosses Gewicht legen. Eine gewisse Unbändigkeit des Sinnes bei noch ungelenken Bewegungen und Formen musste bewirken, dass man nicht darauf sehen konnte und wollte, ob man nicht da oder dort anstosse.“ (Kink l. c. I. b. S. 123, 419.) Wie es diessfalla in Freiburg aussah, mag man bei Schreiber: Geschichte der Universität Freiburg besonders in dem betreffenden Abschnitte des II. Buches nachschlagen; Seite 108 bemerkt er über das Treiben einer dortigen Studenten-Gesellschaft: „Wer gedächte hier nicht unwillkührlich der scherzhaften Verse Mascherosch's in Bezug auf solche Studenten:
    Cum Sterni leuctunt, Monusquoque scheinit ab Himmlo.
    Gassatim lauffunt per omnes Compita, Gossas.
    Cum Geigis, Cytharis, Lautis, Harfisque spilentes:
    Hauyuntque in Steinos, quod Feurius springit ab illis.
    Tunc veniunt Wachtri cum Spiessibus, atque reclamant:
    Ite domum Gaesti, schluxit jam Zwölfius Uhra.“
Aber bei solchen Studenten-Streichen blieb es nicht; häufig kommen dort die ärgsten Schlägereien, Unzuchtsgeschichten, Saufgelagen, Todtschläge etc. vor.

stützung die Universität zur Handhabung der Ordnung bedurfte, aber wegen Eifersucht etc. theils nicht immer wünschte, theils nicht immer erhielt, und dass endlich das Universitätspersonale nicht immer mit vereinten Kräften vorging, zumal wenn der jeweilige Rektor für sein Amt nicht genug Takt und Kraft hatte. Man wird hiernach obige Angaben über den Fleiss und das disziplinäre Betragen der Studenten an der Universität Innsbruck zu würdigen haben.

§ 43.

Die bisherigen Angaben betrafen die Professoren und ihre Geschäfte, die Studenten und ihr Betragen; es erübrigt noch von der Universität als Körper Einiges anzuführen.

Als solcher wurde sie in der Regel vom Rektor vertreten, dem durch die Statuten oder durch Gewohnheit und Senatsbeschlüsse die Geschäfte zugewiesen waren (§§ 11, 25). Allein in vielen Geschäften der Universität traten auch die Dekane, ja die Professoren ein.

Selbst in Fällen der Jurisdiction [1]), die dem Rektor zustand, war er in der Wirklichkeit mannigfaltig beschränkt. Der weltliche Rektor hatte keine Jurisdiction über Kleriker, der geistliche aber bei Criminalfällen keinen Antheil zu nehmen. Der Rektor untersuchte und bestrafte nur kleinere und gewöhnliche Fälle mit Hülfe des Notars. Wichtigere Jurisdictions-Untersuchungen wurden, besonders wenn der Rektor nicht Jurist war, einem oder mehreren Professoren aufgetragen, wobei wohl auch bestimmt wurde, das Resultat der geschlossenen Untersuchung dem Senate zur Schlussfassung vorzulegen. Solchen Professoren wurde dann öfter auch aus den Strafgeldern eine Gratifikation [2]) bestimmt. Sonst fielen dieselben dem akademischen Aerar zu ausserordentlichen Ausgaben oder der Rektoratskasse zu, worüber mir eine nähere Bestimmung nicht bekannt ist.

Bei den Versammlungen, welche der Rektor gesetzlich z. B. alle Quatember, um über das Betragen der Studenten zu berathen, zusammenzurufen hatte, wurden auch andere Geschäfte, die gerade vorlagen, abgemacht.

Die Verhandlungen bei den Senats-Concilien waren summarisch; der Notar hatte das Protokoll zu führen, und bei der nächsten Sitzung zur Approbation vorzulegen. Die betreffende Facultät hatte bei Versammlungen, die sie betrafen, votum informativum durch ihren Dekan; aber den einzelnen Gliedern der Facultät blieb dabei ihr Votum wie allen übrigen Senatoren.

Die Ausführung der Beschlüsse, wenn eine solche schriftlich zu geschehen hatte, geschah durch den Rektor, — in geringern Gegenständen bloss mit der Unterschrift des Notars; in wichtigeren unterschrieb der Rektor selbt, ja bisweilen dazu noch jeder Dekan.

Besonders in den ersten Zeiten der Universität, wo Manches nicht genau bestimmt war, hielten die Senatoren sehr darauf, dass nicht Jemand sich zu viel Macht anmasse. So wurde es im Jahre 1677 missfällig aufgenommen, dass der Vicerektor mit dem Professor Weitenauer ohne vorläufige Kenntniss des Senats eine Criminal-Untersuchung über einen Todtschlag vornahm, und der Senat übertrug ihnen die weitere Untersuchung mit dem, dass der Flüchtling im Namen — nicht des Rektors, sondern des Senates vorgerufen, und eine Caution von 600 Thaler

---

1) Vgl. § 10 Nr. 14.
2) Auf eine Schlägerei im Jahre 1690 blieben von den Strafgeldern nach Bestreitung der Untersuchungskosten 90 fl. übrig, die unter die untersuchenden Professoren, dann unter Pedell und Notar vertheilt wurden.

vou einem auf freiem Fuss zu Untersuchenden im Namen des Senates, und nicht des Rektors oder der Regierung bewilliget werde [1]). Im Jahre 1684 wurde auf Anregung des juridischen Dekans gegen die Berufung eines Concils durch den theologischen Dekan in Abwesenheit des Vicerektors protestirt, da die Berufung durch alle vier Dekane geschehen müsse, wozu den Antrag allerdings der theologische Dekan stellen möge [2]).

Ueber Verhandlungen des Senats, die sich auf Universitätsglieder, auf auswärtige geistliche Korporationen, auf das Ordinariat und die weltlichen Dikasterien beziehen, mögen noch einige nähere Angaben folgen.

§ 44.

Ueber die Universitätsglieder kommen bei dem Senate selbstverständlich die mannigfaltigsten Geschäfte vor. So z. B. schlug der Senat im Jahre 1723 dem Notar Roschmann die Bitte um Papier behufs der Herstellung einer bessern Ordnung des Archivs ab; dem Tanz- und Fechtmeister trug der Senat im Jahre 1717 auf, in Betracht des Gehaltes aus der Universitätskasse wöchentlich wenigstens zweimal Gratis-Lektionen zu geben, und für die Privat-Lektionen nicht zu hohes Honorar zu fordern [3]). Am 2. März 1723 wurde über die Aufnahme des Michael Wagner als akademischer Buchdrucker verhandelt, der daher in die Universitäts-Jurisdiction einzutreten hätte, wobei sich billige Druckkosten und die Freiheit bedungen wurde, Universitäts-Sachen auch anderswo drucken zu lassen u. s. w.

Manche Verhandlungen betrafen Professoren. So erliess an den Professor der Controversen, Hochstetter, der — obschon aus Gesundheitsrücksichten — längere Zeit abwesend war, der Senat unter dem 21. Oktober 1727 den schriftlichen Auftrag, bis künftigen Jänner zurückzukehren [4]).

Professor der Medizin von Sala erhielt unter dem 18. Mai 1690 durch den Notar Senats-Erinnerungen wegen oftmaliger Nachlässigkeit in den Lektionen und im Besuche der Senats-Sitzungen. Er hatte auch Schulden in Freiburg, von welchen er 125 fl. ungeachtet wiederholter Aufforderung selbst des akademischen Senats nicht zahlte. Mit Senatsbeschluss vom 24. Mai 1684 wurden ihm sohin in jedem Quartal 50 fl. an seiner Besoldung abgezogen, bis die Schuld getilgt wäre.

Im Jahre 1675 nahm sich der Vicerektor Widman bei Prüfungen von Juristen den ersten Platz; Professor und Dekan Stotz, der etwas später erschien, liess den Prüfling abtreten, und protestirte dann gegen die Anmassung, so dass Vormittag gar keine Prüfung, Nachmittag aber eine solche nur mit der ausdrücklichen Protestation abgehalten wurde, dem Vicerektor nur diessmal den Ehrenplatz zu geben. — Bei der Inscription, wo die Professoren dem Dekan den mittleren (Ehren-) Platz gaben, stand der Vicerektor auf, und setzte sich auf die andere Seite des Tisches zum Notar. Am 4. Jänner 1677 wurde der Streit vom Senate dahin entschieden, dass in Privatverhandlungen der Facultät der allenfallige Vicerektor oder Rektor nur als Professor erscheine, bei öffentlichen Akten aber den Vorzug habe [5]).

Mehr Arbeit machte dem Senate der vom Jahre 1712 bis 1722 gewesene Medizin-Professor Fischer — ein wie es scheint geschickter, aber moralisch ver-

---

1) Eph. th. 20. März 1677.
2) Eph. jur. 28. Oktober 1684.
3) Eph. jur. 17. Oktober 1717.
4) Eph. jur. 31. Oktober 1727.
5) Eph. jur. 2. August und 14. Dezember 1675, 4. Januar 1677.

dächtiger und nicht sehr verträglicher Mann. Wegen ärgerlichen Umganges mit einer gewissen Reinhartin musste er im Jahre 1716 selbst auf Zudringen des Ordinariats vom Senate ermahnt, und da diess vergeblich war, mit der Anzeige an die Regierung bedroht werden. Der Gubernator hatte aber bereits Kenntniss von Fischers anstössigem Betragen, und forderte über ihn von der Universität Bericht; er wurde unter dem 22. Oktober 1716 dahin erstattet, dass zweimalige Ermahnung des Senates erfolglos gewesen sei, und nun Fischer's Entfernung durch den Kaiser beantragt werden müsse. In diesem Jahre, sowie wieder im Jahre 1719 ward Fischer bei der Rektorswahl ungeachtet des auf ihn fallenden Turnus übergangen. Da er sich dessen ungeachtet in gedruckten Thesen, die unter seinem Vorsitze öffentlich vertheidiget werden sollten, den Titel „Magnificus" beilegte, musste auf Befehl des Senats vom 30. Mai 1722 das Blatt umgedruckt, und als Titel nur praenobilis et excellentissimus aufgenommen werden. Aber in dem Promotions-Applause machte Fischer den Beisatz „famigeratissimus". Rektor Hermanin rief desswegen noch vor der Promotion am 1. Juni 1722 ungeachtet der schon erschienenen Gäste die Professoren zusammen, welche beschlossen, die Promotion nicht vornehmen zu lassen, bis nicht Fischer, der Anfangs zornig äusserte, nicht dem Senate, sondern nur dem Kaiser zu gehorchen, sich zur Erklärung herbeiliess, die mit dem erwähnten Titel gedruckten Exemplare in der Stuba academica zu ihrer Vertilgung zu hinterlegen; erst dann, und sohin um 9 Uhr statt um 8 Uhr begann die Ceremonie der Promotion [1]).

Auch mit ganzen Facultäten hatte der Senat zu verhandeln. Und diessfalls machte eine Verhandlung mit der philosophischen Facultät wegen des Strafrechtes über die philosophischen Schüler grosses Aufsehen und viele Unruhen. Im Jahre 1683 hatte nämlich die philosophische Facultät um das Recht beim Gubernator angesucht, die philosophischen Schüler selbst und nicht mittelst des Rektors oder akademischen Senats zu bestrafen, und es über Einvernehmen der Universität, welche sich bezüglich der delicta scholastica nicht dagegen erklärte, unter dem 22. März 1683 für alle Vergehen mit Ausnahme von Criminalfällen erhalten, eine Beschränkung, die durch Uebereinkommen der Facultät mit dem Senat auch auf die causas civiles ausgedehnt wurde [2]). Aber in der Ausübung dieses Befugnisses — selbst in dieser Beschränkung — ergaben sich Schwierigkeiten, und nicht selten musste die philosophische Facultät nicht bloss den Rektor z. B. wegen des akademischen Carcers, sondern selbst den Senat zur Handhabung der Disziplin um Beistand angehen. Gegen Ende des XVII. Jahrhunderts kam es aber wegen dieser Ausnahmen von den allgemeinen Vorschriften der Statuten zu ernstlichen Händeln. Unter Anderen wurde im Jahre 1698 ein Philosoph, der schon am 14. Juli in die Ferien gegangen war, bei seiner Rückkehr von der philosophischen Facultät mit dem Carcer und 3 fl. gestraft. Der Student klagte bei dem Rektor, der mit dem philosophischen Dekan zu sprechen versprach. Allein die philosophische Facultät brachte den Gegenstand vor den Senat, und wollte das unbeschränkte Bestrafungs-Recht ohne Einmischung des Rektorats vindiziren. Hiebei zeigte es sich, dass die Vota majora dahin gingen, die philosophische Facultät habe nur in geringern Fällen, z. B. Ausbleiben von der Schule und den Repetitionen, aber nicht in bedeutendern Vergehen, wie das vorliegende sei, das Strafrecht zu üben; ein förmlicher Beschluss wurde jedoch nicht gefasst. Diess brachte nun eine sehr grosse

---

1) Fischer hatte um diese Zeit bereits seine Resignation eingereicht, welche unter dem 4. Juli 1722 a. h. angenommen wurde.
2) Eph. th. 20 Apr. et 10 Jun. 1683.

Spannung und Uneinigkeit unter die Professoren, von denen nur die Jesuiten, aber nicht die andern, der philosophischen Facultät beistimmten, — eine Spannung, die so weit ging, dass z. B. beim Ivos-Fest der juridischen Facultät kein Jesuit, aber auch bei dem Katharina-Fest der Philosophen kein weltlicher Professor erschien, und die Jesuiten an einem vom Rektor der Universität auf Ersuchen des juridischen Dekans gegebenen Ferialtag auf Auftrag des Jesuiten-Rektors Vorlesungen gaben, wo dann freilich der Canonist das Vorlesezimmer — angeblich aus Schuld des Pedells — geschlossen fand, und von den Philosophen nur Wenige zu den Vorlesungen erschienen, die von andern Akademikern bei der Franziskaner-Kirche mit Hohn [1]) empfangen wurden. Die Studenten, denen die Uneinigkeit der Professoren kein Geheimniss blieb, nahmen natürlich gegen die strengern Jesuiten Parthei, und widersetzten sich der Verletzung der Privilegien. Im Jahre 1699 kam es zu manchen bedeutenden Exzessen. So erliessen die Studenten am 19. April einen Aufruf, sich am Rennplatz zu versammeln, um sich wegen Verletzung der Privilegien zu berathen. Am Abende dieses Tages durchzogen Schaaren von Studenten lärmend [2]) die Jesuitengasse, zerbrachen die Gymnasialthüre, trugen einen Flügel derselben davon, während Masken vom nächsten Wirthshause ihnen noch Muth zuriefen; auch die Thüre zum Depositorium der Gymnasisten-Congregation zerbrachen sie. Am 1. Mai schlugen sie den Jesuiten Fenster ein, am 14. Juni wurden grosse Steine in das Jesuitenkollegium geworfen, und andere arge Unfuge getrieben; am 15. Juni durchzogen Schaaren von Studenten schändliche Lieder singend die Stadt. — Die Jesuiten hatten indessen unter dem 8. April 1699 eine Schrift an den Kaiser gerichtet, welche dem geheimen Rathe mit dem Auftrage zurückgeschickt wurde, die Sache ohne Aufhebung des Dekretes vom Jahre 1683, da die Schüler am schicklichsten von den eigenen Professoren gestraft würden, beizulegen. Die Schrift wurde der Universität zur Aeusserung mitgetheilt, worüber am 10. Oktober die weltlichen Professoren, am 12. Juni und wieder am 14. August alle Professoren beriethen. Professor Linsing brachte gegen den Anspruch der Jesuiten in einem Aufsatze zwölf Gründe vor, unter welchen der wichtigste wohl der war, dass gegen die von Seiner Majestät gegebenen Universitäts-Statuten der Gubernator oder der geheime Rath keine Ausnahme machen könne, sohin das Privilegium vom Jahre 1688 nichtig sei. Indessen war unter dem 16. Juni 1699 durch den Dekan der Philosophie der Präses sowohl des geheimen Rathes als der Regierung persönlich um Beilegung des Streites angegangen worden, und der Kanzler des geheimen Rathes und zwei Räthe wurden sonach zur Austragung der Sache aufgestellt. Durch ihre Vermittlung kam endlich ein Uebereinkommen des Inhaltes zu Stande [3]): Philosophische Schüler, welche in die Besuche der Lektionen, Repetitionen und Disputationen nachlässig sind, die Scription unterlassen, Andere durch Insolenzen verhindern, oder vor Anhörung der Explikation und Repetition aus den Lektionen gehen, 14 Tage vor Barthlme in die Ferien oder zwei Wochen nach Ende derselben zu den Studien gehen — beides ohne genügenden Grund, bestraft die philosophische Facultät höchstens mit 1 fl. zur Facultätskasse, auch bis 8 Stunden Carcer, beides inappellabiliter, und der Rektor hat den Carcer auf Anforderung des philosophischen Dekans eröffnen zu lassen. — Zeigen sich die Studenten halsstörrig (contumaces), so soll der Rektor der Universität nach den Statuten

---

1) Cum risu et insano clamore descendentes et ascendentes ad Universitatem.
2) Inter insanos clamores et insolentias.
3) Eine Abschrift davon findet man im Brixener Consistorial-Archiv.

6 *

vorgehen, ohne die Strafe zu ändern [1]). Grössere Strafen sind vom akademischen Senate zu erkennen; gegen zu frühes Abgehen in die Ferien oder zu spätes Kommen aus denselben sind für alle Facultäten die Programme vom Senate anzuschlagen. Physiker dürfen andere Lektionen nicht frequentiren [2]). Für einen philosophischen Schüler ist Jeder zu halten, so lang er sich nicht vor dem Dekan einer andern Facultät für ein anderes Studium erklärt hat. Zweifel über diese Convention entscheidet der geheime Rath. — Nachdem diess Uebereinkommen vorläufig dem Bischof von Brixen als Universitätskanzler mitgetheilt worden war, wurde es am 11. März 1700 von allen Professoren der Universität unterschrieben, und zur a. h. Sanktion vorgelegt, welche am 22. Oktober 1701 erfolgte. Bei der Promulgation der Statuten in diesem Jahre und in der Folge wurde der Beisatz über diese a. h. Genehmigung aufgenommen [3]).

§ 45.

Gegen geistliche Korporationen suchte die Universität ihr Ansehen und ihre Rechte zu behaupten.

Da Kloster-Korporationen auch philosophische und theologische Studien hatten, so wachte sie, dass diese Studien nicht auch auf Schüler, welche nicht zur betreffenden Korporation gehörten, ausgedehnt wurden. Im Jahre 1728 z. B. verbreitete sich der Ruf, das Stift Marienberg wolle ein zweijähriges philosophisches Studium einführen; da schickte die Universität eine Vorstellung an den Kaiser um Schutz dagegen, und erhielt die a. h. Erwiederung, dass, wenn sich die Sache, von der man nichts wisse, erwahre, die Universität Schutz zu erwarten habe [4]).

Bei Disputationen kamen häufig wechselseitige Einladungen zum Argumentiren zwischen der Universität und den Korporationen in und um Innsbruck vor, bei welchen es gewöhnlich freundnachbarlich herging (§ 32). Nur mit dem Stifte Wilten ergab sich im Jahre 1710 und 1711 ein unangenehmer Handel. Auf den 17. Juli 1710 war in Wilten eine philosophische Disputation über das Schriftchen: „Innocentia praenotionis thomisticae a Leopoldo Kahlschmid. Can. Wilt." bestimmt. Auf die Einladung an die Jesuiten-Professoren, dabei zu argumentiren, wurde das Buch dem Prälaten mit Beschwerde und Verweigerung der Disputations-Theilnahme zurückgeschickt, da nebst dem Mangel der Drucks-Bewilligung des Werkes in demselben besonders die von den Jesuiten vertheidigte scientia media [5]) angegriffen werde [6]). Die Disputation ging indessen doch ohne Intervention der Jesuiten vor

---

1) Salva poena dictata.

2) Diess wurde — bezüglich der Nebenfächer der Theologie wenigstens — nicht genau befolgt, und wohl nur von einer Frequentirung ohne Erlaubniss der philosophischen Professoren verstanden.

3) Approbamus etiam potestatem facultatis philosophicae in auditores suos circa punienda delicta scholastica juxta tenorem et limites compositionis inter corpus saeculare et professores philosophiae anno 1700 factae. — De Luca führt diesen Beisatz schon in den ersten Statuten vom Jahre 1682 an. — Die philosophischen Ephemeriden, aus welchen vorzüglich die vorstehenden Angaben genommen sind, machen die doppelte Bemerkung, dass bei Verlesung der Statuten am 11. Dezember 1701 wegen der langwierigen Verhandlung wichtige Veränderungen in denselben erwartet worden, aber viele Anwesende bei dem nur kleinen Beisatze sehr betroffen gewesen seien: „damnantes credulitatem", und: „mirum est, quantum conducat ad optata a Dicasteriis impetranda illorum membra prius seorsim accedere, et informando in suas partes declinare."

4) Eph. jur. 7. Januar 1729. In dem Erlasse war auch die Frage über Verbesserung des Innsbrucker philosophischen Studiums enthalten. Vgl. § 55.

5) Praedestinations-Lehre erklärt durch Gottes Voraussehen freien guten oder bösen Handlungen der Menschen.

6) Scientiam mediam ad nihil esse, nostra argumenta esse quotidiana Mollinista-

sich. Im folgenden Jahre aber gab ein gewisser Weinzierlin von Feldkirch, Theolog und schon Weltpriester, ein Werk gegen die Innocentia Kahlschmids zur Disputation mit Erlaubniss der theologischen Facultät in den Druck, welche auf den 27. Februar 1711 festgesetzt wurde. Am 26. Februar Abends wurde jedoch die Disputation vom Gubernator auf Verwendung des Prälaten von Wilten verboten, und der theologische Dekan, welcher dem Gubernator gegen dieses Verbot mündliche Vorstellungen machen wollte, unter Hinweisung auf den erlassenen Befehl gar nicht vorgelassen. Bei einer hierüber gehaltenen Senats-Sitzung am 28. Februar wurde der Gegenstand als Universitäts-, nicht als Facultäts-Sache erklärt, wobei nur der juridische Professor Carneri und der medizinische Professor Linsing nicht einstimmten. Die Universität wendete sich sohin schriftlich an den geheimen Rath, welcher erwiederte, der Gubernator schicke die Sache an den Universitätskanzler nach Brixen, die Disputation möge — jedoch nur aus besonders zu vertheilenden Thesen, aber nicht über das ganze Buch Weinzierlin's abgehalten werden. Diess genügte der Universität nicht, vielmehr schickte sie am 6. März den Universitäts-Notar mit dem Priester Weinzierlin mit Empfehlungsschreiben [1]) zum Bischof als Kanzler ab. An diesen schrieb auch der Prälat von Wilten unter dem 11. März, und stellte die Gefahr von Unruhen vor, die ein Privat-Kleriker, ein Ausländer herbeiführe; die Professoren der Universität — bemerkte er — wären selbst nicht einig. Le Blanc wäre nicht aus dem Original, sondern aus einem vom Bischof in Olmütz approbirten Buche zitirt worden, der Rektor der Jesuiten wäre von ihm — Prälaten — schon sincerirt etc. [2]). Der Bischof erklärte — so wenig diess Anfangs den Anschein hatte — nach genauer Untersuchung der Sache in einem Schreiben an den Prokanzler der Universität durch ihn — den Prokanzler — ein Dekret zustellen zu lassen, nach welchem das Buch Weinzierlins nichts gegen den Glauben, gute Sitten, und die Trienter Constitutionen enthalte, sohin die Disputation über dasselbe allerdings geschehen könne [3]). Sie wurde am 20. März mit allen gewöhnlichen Feierlichkeiten in Gegenwart aller Professoren mit Ausnahme Linsings gegen zehn Opponenten mit Auszeichnung ohne Präses, aber zum nicht geringen

rum murmura, vicinam esse nostram sententiam damnatis ab Innocentio XI. sententiam Suarez ut calvinisticam transscribunt, et confirmant suam sententiam ex Le Blanc, quem auctorem lectu dignissimum ab omnibus veritatis amantibus dicunt — wie die theologischen Ephemeriden die Beschwerden angeben.

1) Literis et aliis requisitis bene instructos — wie die Ephemeriden sagen.

2) Der Brief liegt im Brixener Consistorial-Archiv.

3) Ad recursum . . . in puncto suspensionis de non disputandis thesibus de scientia media a Franc. Weinzierl . . . re mature perpensa, viso, lecto et considerato tenore praedictarum thesium per Praesidem et consiliarios nostros eccl. unacum parergis adjunctis, consideratis etiam objectionibus ex adversa parte factis et protestationibus exhibitis, attentis privilegiis . . . Universitatis . . . decernimus, supradictas theses utpote ad Normam Privilegiorum . . . a Decano approbatas ac nihil contra sanam fidem catholicam romanam continentes (licet author et defendens earundem liberiori calamo acutiora quaedam fervente nimis animo, quae omnino improbamus, et longe melius omitti potuissent, ad nostram displicentiam immiscuerit, praesertim decretum in fine libelli positum) potuisse publice defendi, prout illas defendendi licentiam concedimus . . . dummodo in disputatione debita et conveniens religiosa modestia seclusis quibuscunque scomatibus aut injuriis . . . observetur. Insuper decernimus, ut in posterum quibuscunque professoribus, studiosis aut regularibus dioecesis nostrae non liceret theses, libros aut quaecunque alia ad publicas defensiones pertinentia aut ad alios quoscunque fines imprimi aut excudi facere sine expressa nostra vel eorum approbatione, qui per nos aut successores nostros sunt generaliter vel specialiter ad id deputati vel ad id deputabuntur 14 Mart. 1711. Casp. Künigl.

Aerger des Stiftes Wilten abgehalten [1]), mit dem die Spannung sich mehrere Jahre forterstreckte [2]). Uebrigens kostete der Handel die Universität vorzüglich wegen Sendung des Notars nach Brixen 60 fl. 30 kr.

§ 46.

Mit dem bischöflichen Ordinariate in Brixen stand die Universität in einem dreifachen Verhältnisse — insofern der Bischof Kanzler der Universität war, in welcher Beziehung der Vicekanzler seine Stelle versah, wenn nicht etwa die Wichtigkeit der Sache ein unmittelbares Einwirken des Kanzlers forderte (§ 26); — insofern der Bischof die Jurisdiction über Kleriker der Universität delegirte, in welcher Beziehung das Uebereinkommen vom Jahre 1682 Mass und Ziel gab (§ 13); — endlich insofern der Bischof der Universität — eigentlich der theologischen Facultät das Bücher-Censur-Geschäft für Innsbruck etc. überliess. Diess geschah im Jahre 1684 [3]), und in spätern Erlassen. Ueber die Thätigkeit der theologischen Facultät in der Ausübung dieser Macht kommen in den Ephemeriden viele Belege vor, von denen Einige hier stehen mögen. Im Jahre 1685 wurde ein ketzerisches Buch mit schlechten Anmerkungen [4]) über Kirchenrecht entdeckt, und der akademische Buchdrucker Reisacher und Hofbuchdrucker Wagner davon in die Kenntniss gesetzt; endlich auf Ersuchen von der Regierung den Nürnberger Buchhändlern die Confiscation der Bücher bei fernerer Entdeckung eines solchen Werkes angedroht. — Im Jahre 1691 wurde der akademische Buchdrucker wegen Drucks des „Kräfte des Krauts, Aller Menschen Harnisch" mit Kerker bestraft und mit der Absetzung bedroht, wenn er noch etwas ohne Erlaubniss der theologischen

---

1) A Defendente respondente ad stuporem et satisfactionem omnium sine Praeside ... quod haud minimum erat, quod tam dolenter stomachum Wiltinensibus eorumque assecclis movebat, monstrosum atque exoticum inquiebant et inauditum, actualem studiosum scribere et defendere sine Praeside et quidem contra Professorem Wiltinensem, quem alii lectorem et non professorem rectiori titulo appellant, wie die theologischen Ephemeriden sich ausdrücken.

2) Die theologische Facultät klagte noch unter dem 15. Juni 1712, dass der Präses einer Disputation in Wilten den Weinzierlin hominem mordacem incautissimum scriptorem, omnes charitatis regulas violantem calumniatorem rixas seminantem, incontinentissimum hominem nannte, abjecto etiam ordine Norberti, in quo Novitiatum intraverat. — Auch protestirte die philosophische Facultät noch im Jahre 1713 gegen den von einem Defendenten zu einer Disputation de jure et justitia certminum et bellorum eingeladenen Kahlschmid, für welchen der Prälat von Wilten auch wirklich dann einen Andern schickte. (Eph. ph. 11. Mai 1713.)

3) Praelegebantur (in concilio) literae Episc. brix. potestatem concedentes facultati theologicae pro censurandis libris visitandisque Bibliopolarum et typographorum officinis. (Eph. th. 6. Jan. 1684.) — „Wir comittiren," heisst es in einem bischöflichen Schreiben, „die theologische Facultät, und ertheilen Gewalt, dass selbige in unserm Namben und so vill uns als loci ordinario Von rechts und unsers Ambts wegen zuestendig, die denen Ynsbrugger und der akademischen Drukherey zu drukhen vorkhommenden sachen in Ain und andern juxta regulas conc. trid. fleissig durchsehen, lesen, approbiren oder aber reprobiren, vel ad revisionem ac censuram meam vel officii nostri ecclesiastici remittiren. darvon Jedesmal ein exemplar Unss und Unsserm Geistlichen officio Zusenden, nit weniger die excessen der Buchdrucker und führer circa impressionem et expositionem aut divulgationem quorumcunque operum impressorum circa res sacras et eas concernentia gebührend und exemplarisch abstraffen, die Drukherey und fail exponirten Bücher zu zeuthen fleissig et invocato (quatenus opus) brachio saeculari visitiren und in ain und anderes solch inspection und direction tragen, und geben solle. auf dass all das Jenige vermitten bleibe oder emendirt werde, was wider obig haylsamben Satzungen und Verordnungen laufen mechte."

4) Turpes valde Glosass in jus canonicum.

Facultät drucke [1]). Aber im Jahre 1692 fand das Ordinariat die in gedruckten philosophischen Thesen dem Prälaten von Neustift als Patron excessiv gegebenen Titel zu rügen, und der Facultät durch den Prokanzler die Zurücknahme des Censur-Befugnisses anzudrohen [2]). Im Jahre 1694 entdeckte die Facultät von Masken ausgeworfene ärgerliche Zettel, über deren Druck der Buchdrucker die Schuld auf seinen akatholischen Socius schob; und ein famoses Buch: „de vita confessoris moderni regis Galliarum“, das von Augsburg kam; im Jahre 1700 wollte sie selbst „Institutio parochi di Abreu S. J.“ verbieten, wenn nicht eine Stelle über das Fegefeuer radirt werde [3]). Als im Jahre 1709 dem Erzbischof von Salzburg dedicirte Thesen: diversa Systemata de corpore humano ohne Censur gedruckt wurden, erhielt nicht bloss der Drucker einen Verweis, sondern es musste am Schlusse die Bemerkung beigedruckt werden, dass der Verfasser das in die Theologie Einschlagende nur Eruditionis causa beigesetzt habe, und die nähere Discussion darüber Fachmännern überlasse. Im Jahre 1722 wurde Wagner, der abergläubische Andachtsbücher ohne Censur gedruckt hatte, wiederholt vor die theologische Facultät citirt, und auf erhaltenen Verweis unter dem demüthigen Versprechen entlassen, ohne Genehmigung der Facultät nichts mehr drucken zu lassen [4]).

Viele Mühe machte den theologischen Dekanen immer der Haller Markt, wegen der ausländischen Buchhändler, deren Kataloge untersucht wurden, wobei öfter die Klage vorkommt, dass in denselben nicht alle zu verkaufenden Bücher angezeigt seien. Verdächtige Bücher wurden abgenommen, und ihr Verkauf bis auf weitere Erklärung verboten. Der theologische Dekan nahm zu dieser Untersuchung öfter auch andere Männer mit sich, z. B. im Jahre 1730 den philosophischen Dekan, damit dieser die französischen und italienischen, er selbst aber nur die lateinischen und deutschen Bücher untersuche.

Merkwürdig ist ein Streit über eine Thesen-Aufschrift vom Jahre 1729, in welcher dem Bischof von Brixen als Patron der Titel: Episc. et S. R. J. princeps brix., und nicht der sonst gewöhnliche Titel: S. R. J. princeps et Episc. brix. gegeben wird. Der Notar machte den Rektor und Andere darauf aufmerksam, und die 400 Exemplare mussten mit dem bisher gewöhnlichen Titel umgedruckt werden. Aber auf die Protestation der theologischen Facultät wurden unter Beistimmung des Regierungs-Vicekanzlers die Exemplare mit dem ersten Titel doch wieder ausgetheilt. Dieser Streit veranlasste ein Dekret des geheimen Rathes vom 16. August 1729 an den Buchdrucker Wagner, nichts ohne ein dem geheimen Rathe zur Revision vorgelegtes Exemplar zu drucken, was auch der Universität bekannt gegeben wurde. Die Universität reichte dagegen eine Beschwerde ein, und beschloss die Sache auch durch den Prokanzler zur Kenntniss des Bischofs zu bringen [5])

---

1) Eph. th. 23. Nov. 1685, 13. Juli 1691.

2) Eph. jur. 17. Nov. 1692. Der Senat fand über eine die theologische Facultät betreffende Sache nichts zu veranlassen.

3) Eph. th. 31. Mart. 1694 und 30. Oct. 1700.

4) l. c. 28. Januar 1721.

5) Die theologischen Ephemeriden sprechen davon sehr weitläufig, ohne jedoch den Grund anzugeben, aus welchem die Abänderung des Titels so wichtig schien. Die juridischen Ephemeriden sagen unter dem 17. August 1729 nur, die Abänderung des Titels multas et miras causaverat tricas, ita ut intimum arcanum consilium, dum ista resciret, contra novam inusitatam, titulaturam protestatum fuerit. — Die weitern Schicksale über das Censurwesen gehören in die folgende Periode.

§ 47.

Gegen die Dikasterien, denen die Universität nicht unterworfen war, behauptete sie energisch ihr Ansehen, und ihre Rechte. Im Jahre 1722 ersuchte der Richter in Wilten, zwei Akademiker, die bei einem dort vorgefallenen Todfalle gegenwärtig gewesen waren, zu einem Verhör zu schicken. Die Universität erwiederte, die Studenten stünden nicht unter der Jurisdiction von Wilten; man soll ihr die Akten mittheilen, sie werde dann selbst die Studenten verhören [1]). Wegen der Türkensteuer im Jahre 1717 beriefen die Tiroler Stände [2]) auch die Professoren der Universität zur Berathung; allein die Universität erwiederte unter dem 12. November, sie bilde einen eigenen Körper, habe ihr eigenes Tribunal etc. und wies die Zumuthung zurück [3]) u. s. w.

Der Einfluss der höhern Regierungs-Stellen (Wesen und geheimer Rath) auf die Universität war damals weit kleiner, als in spätern Zeiten. Die innern Angelegenheiten über Studien und ihre Einrichtung, Lehrstoff, Lehrart, und Promotionen, Aufnahme und in der Regel Ausschliessung von Studenten etc. waren der Universität fast ganz frei gegeben; und über Studien-Verbesserungen erfolgten selbst von der höchsten Regierung eher Anfragen als eigenmächtige Bestimmungen, z. B. bezüglich der philosophischen Studien-Einrichtung [4]). Die Universität wendete sich aber selbst in Fällen, wo sie aus sich selbst hätte handeln können, z. B. über Strafbestimmungen der philosophischen Facultät (§ 44), über Unbotmässigkeiten von Studenten (§ 41) etc. an die höhern Behörden, und da sie selbst statutenmässig, und nach der ursprünglichen Einrichtung in Fonds-Angelegenheiten von der Hofkammer, in Jurisdictions-Angelegenheiten von der Regierung nicht unabhängig, und in manchen Handlungen, z. B. Vorschlägen zu Professuren an diese Stellen gewiesen, und überhaupt dem geheimen Rathe unterworfen war, ohne dass überall ganz bestimmte Vorschriften bestanden: so führten diese Umstände manche Reibungen der Universität mit den obersten Stellen des Landes herbei, von denen einige Beispiele anzuführen sein dürften, manche aber z. B. bezüglich der Scharwache, des Universitätsfonds, schon zum Theil berührt wurden.

Schon im Jahre 1677 beschloss die Universität an die Regierung den Ausdruck „unterthänig" in ihren Eingaben nicht zu gebrauchen, sondern sich nur „gehorsam" zu unterschreiben [5]). Im Jahre 1680 liess der theologische Dekan in Abwesenheit des Vicerektors Studenten, die einen Regierungs-Advokaten beleidiget hatten, unverzüglich arretiren und ihnen den Degen abnehmen, damit nicht etwa die Regierung vorgreife, was der Senat vollkommen billigte [6]). — Im Jahre 1689 beschloss der Senat, zu einem Constitut über Studenten einen Regierungs-Commissär, wie die Regierung wollte, nicht zuzulassen, und verweigerte Aufschlüsse über einen Studenten, der einem Mädchen einen vergifteten Liebestrank gegeben

---

1) Eph. jur. 30. Juli 1722.

2) Magistratus inclytae provinciae tyrolensis.

3) Non parendum, cum Universitas sit corpus separatum et separatum habeat tribunal. (Eph. jur. 12. Nov. 1717.) Uebrigens wurden zu dieser Steuer selbst Professoren-Wittwen, Pedell, Sprachlehrer etc. in Anspruch genommen. Der von der Universität eingeschickte Betrag war den Stellen zu gering, und es wurde Erhöhung desselben gefordert, die auch jedoch nicht im zugemutheten Betrage erfolgte (l. c. 19. Nov. 1717. 7. April 1718.)

4) § 27.

5) Eph. th. 13. Jan. 1677.

6) Eph. th. 21. Mai 1680.

haben sollte, da das Constitut nur der Universität zustehe [1]). — Im Jahre 1712 nahm die Regierung nach Linsings Ableben die Obsignation seines Nachlasses vor, weil er als Professor pensionirt und Stadtphysikus war; dagegen protestirte die Universität bei dem geheimen Rathe, der für gemischte Amtshandlung entschied [2]). — Im Jahre 1719 wurde der Akademiker Bombarda von einem Nachtwächter tödtlich verwundet, die Studenten wurden dadurch sehr aufgeregt, der Senat tadelte ihre Tumulte, verurtheilte auch Theilnehmer an Nachtschwärmereien zum Carcer, glaubte aber die Bestrafung selbst suspendiren zu sollen, bis die Gemüther etwas abgekühlt wären. Da verlangte die Regierung diktatorisch Aufklärung, namentlich über die diktirte Strafe, und in den Eingaben die Unterschrift „unterthänig". Der Senat gab ihr keine Antwort, sondern wendete sich an den geheimen Rath, von dem er die Incarcerirung des den Streit veranlassenden Nachtwächters forderte. Und da die Regierung in die Rechte der Universität überhaupt nach der Meinung des Senates eingriff: so beschloss die Universität, eine Deputation — bestehend aus dem Rektor und den Dekanen — soll bei dem Vicepräsidenten (der Präsident war abwesend) Vorstellungen machen und um Abhülfe bitten [3]). — Als in der Nacht vom 21. Juni 1721 der Jurist Boegl von einem Schuhmacher ermordet worden war, nahm die Universität in der Frühe des folgenden Tages den Augenschein vor, musste aber doch die Verhandlung der Regierung abtreten, da Boegl als getödtet kein immatrikulirter Student sei, der Schuster aber nicht unter der Jurisdiction der Universität stünde. Der Universitätsprofessor Fischer aber, der beim Augenschein intervenirt hatte, und bei der weitern Verhandlung erscheinen musste, erhielt von der Universität den Auftrag, sich weder verhören noch beeiden zu lassen, denn es genüge seine Gegenwart und den Hergang schriftlich bezeugt zu haben [4]).

Bei Beschwerden an den geheimen Rath gegen die Wesen konnte sich die Universität selten einen günstigen Erfolg versprechen, da der geheime Rath zum Theil aus Deputirten der Wesen bestand. Daher ging die Universität öfter sogar an den Kaiser, an den wieder der geheime Rath den letzten Bericht erstattete, auf den selten eine erwünschte a. h. Entscheidung zu Gunsten der Universität erfolgte. So wollte die Universität im Jahre 1685 nach Ableben des ersten Notars Walter nach dem Beispiele anderer Universitäten selbst einen Nachfolger wählen, und wendete sich, da ihr diess Recht von den Lokalbehörden streitig gemacht wurde, selbst an den Kaiser durch seinen Beichtvater [5]). Allein auf den Bericht der Wesen und des geheimen Rathes wurde entschieden, dass das Recht, einen Universitäts-Notar aufzustellen, landesfürstlich sei; jedoch wurde unter dem 1. April 1686 nicht der vom geheimen Rathe beantragte Digisser, sondern provisorisch ein Brunner aufgestellt, dem schon früher eine Universitäts-Anstellung versprochen war, und nach ihm ein Würtenberger, auf den im Jahre 1722 nicht der von der Universität vorgeschlagene Lang, sondern Anton Roschman folgte. Wie der Notar, so wurden auch die übrigen Diener der Universität und um so mehr die Lehrer von Sprachen etc. vom Kaiser ernannt.

Eben so fruchtlos war im Jahre 1679 eine Einsprache der Universität gegen die Aufstellung des Regierungs-Advokaten von Tschiderer als ausserordentlicher

---

1) l. c. 16. Dezember 1689.
2) Eph. jur. 13. Mai 1712. Eph. th. 18. Mai 1712.
3) Eph. jur. 17. Januar 1719. Eph. theol. 19. August 1717. — „Ut regimen mitiorem nobiscum agendi modum velit adhibere et arcanum privilegia toties a regimine impetita velit gratiose defendere" — sagen die philosophischen Ephemeriden.
4) Eph. jur. 22., 23. Juni 1721.
5) Eph. th. 9. Januar 1686.

Professor der Rechte, bei welcher freilich die Universität nicht mit der gehörigen Vorsicht vorging. Die Universität hatte diesen Mann schon im Jahre 1675 nach Dinsl's Ableben zwar nicht als den würdigsten, jedoch als tauglichsten Professor der Rechte bezeichnet; er wurde damals auch nicht als Professor ernannt, sondern die Stelle erhielt ein Weitenauer. Nun suchte aber Tschiderer um die Anstellung als ausserordentlicher Professor an, und da sein Gesuch von der Landschaft empfohlen wurde, da er talentvoll und auch als Privatlehrer beliebt war: wurde er auf den Antrag beider Wesen und des geheimen Rathes, ohne die Universität zu fragen, als ausserordentlicher Professor, dergleichen auch an andern Universitäten zu ihrer Ehre bestünden, unter dem 12. Oktober 1677 allerhöchst, jedoch ohne Besoldung ernannt. Itzt erklärte sich aber die Universität gegen die Aufnahme desselben unter die Universitäts-Professoren, da er hiezu nicht einmal tauglich sei, weil er nur zwei Jahre das jus civile studirt, und das Kirchenrecht in Deutschland gar nicht gehört hätte, und doch in Padua ungesetzlich zum Doctor beider Rechte promovirt worden sei. — Allein es blieb bei der a. h. Entschliessung, als einer geschehenen Sache; dem Tschiderer wurde jedoch aufgetragen, sich manierlich und discret zu benehmen, und circa collegia privata sich nach der Observanz und den bestehenden Universitäts-Statuten zu richten. Der Senat wollte ihm nun — nach der bestehenden Gewohnheit [1]) — kein principium solemne, kein Erscheinen bei den Quatember-Sitzungen, keine Präcedenz vor den philosophischen Professoren gestatten, und auftragen, sich die Materien seiner Vorlesungen vom Facultätsdekan vorschreiben zu lassen. Er wurde vom Notar vor die Versammlung der Professoren beschieden, vor welchen er bei den ihm bekannt gewordenen Forderungen nicht erschien. Der Senat beschwerte sich hierüber bei der Regierung, und Tschiderer — zur Verantwortung aufgefordert — erklärte, dass er — vom Kaiser ernannter Professor — es seiner unwürdig gehalten habe, bei solchen Anforderungen an ihn vor dem Senate zu erscheinen; er bitte um Schutz dagegen. Der geheime Rath stellte zur Vermittlung der Sache den Regierungskanzler Baron v. Wittenbach an, welcher mit dem geheimen Rath Schmid in einer Conferenz mit dem Rektor der Universität und dem theologischen und medizinischen Dekan kein Resultat erzielte, indem sich die Universität auf ihr Recht nach dem Beispiel von Ingolstadt berief etc. Die Wesen erklärten sich für Tschiderer, da — abgesehen von dem Umstande, dass das Beispiel von Ingolstadt für Innsbruck nicht massgebend sein müsse — in Ingolstadt das von der Universität geforderte Verfahren, nach ihrem Wissen, nicht Statt finde etc. Der geheime Rath entschied nun, Tschiderer habe principium solemne zu halten, wozu die Akademiker wie gewöhnlich einzuladen seien. Den Professoren stehe frei, dabei zu erscheinen: Tschiderer habe dann wöchentlich 2—3 Stunden den Civilprozess vorzutragen. Die Universität wendete sich dann wieder an den Kaiser, erschien jedoch noch vor der a. h. Entscheidung am 5. Juni beim principium solemne. Der Kaiser genehmigte am 20. Juni 1679 die Entscheidung des geheimen Rathes mit der weitern Bestimmung, dass Tschiderer als ordentlicher Professor mit allen Rechten eines solchen — jedoch ohne Gehalt zu behandeln sei [2]). — Uebrigens übernahm Tschiderer nach dem Tode Heitzmann's im Jahre 1681 die Digesten, und ein Nachfolger resp. fünfter Professor der Jurisprudenz wurde nach dem Gutachten der juridischen Facultät nicht mehr aufgestellt [3]).

---

[1]) Aber gegen die Extra-Professoren der hl. Schrift und Controversen in der Theologie erscheint von einer solchen Gewohnheit in den Ephemeriden nichts (§ 2).

[2]) Nach Statthalterei-Akten und den theologischen Ephemeriden.

[3]) Vgl. Eph. jur. 3. und 7. Januar 1679.

Langwierige Verhandlungen zwischen der Universität und den Dikasterien hatten vom Jahre 1717 bis wenigstens 1720 wegen eines Weges zum Löwenhause an der westlichen Seite der Universität Statt. Gegen einen solchen Weg, dessen Herstellung im Jahre 1717 bereits begonnen wurde, machte die Universität Vorstellungen, weil sie nicht bloss Unruhe, sondern selbst Scandale durch Betrunkene, Verliebte, und Unsicherheit für die Universität etc. fürchtete. Commissionelle Berathungen, an denen nebst der Universität, Kammer etc. auch der Stadtmagistrat Theil nahm, führten zu keinem der Universität günstigen Resultat. Daher wendete sie sich an den Kaiser, und erwirkte ein Verbot des Weges bis auf weitere Anordnung. Der Ausgang der Verhandlung, zu welcher am 18. Juni 1720 der geheime Rath Gr. Brandis bei der Rathssitzung den Auftrag erhielt, ist mir unbekannt [1]).

§ 48.

Schliessen wir diesen Abschnitt mit ein paar Bemerkungen über die Universität überhaupt.

Ungeachtet mancher Unvollkommenheiten hat sich die Universität in dieser Periode im Allgemeinen eines guten Rufes erfreut, und stand selbst neben den Universitäten zu Wien und Prag, die sich von ihrer Verkümmerung durch die Reformation noch nicht erholt hatten, gewiss ehrenvoll da. Von vielen Seiten wendete man sich an die Universität um Gutachten in verschiedenen Angelegenheiten (§ 37). Die Zahl der Akademiker war im Jahre 1634 schon 425 [2]). Mangeln auch über andere Jahre bestimmte Zahlenangaben, so darf man doch für die spätern Jahre dieser Periode mit Zoller [3]) annehmen, dass die Studentenzahl auf 600 und darüber stieg. In der Theologie, von welcher Facultät allein die Matrikel vorhanden ist, war die Zahl der Studirenden immer im Steigen; die Speculativa (nur diess Fach kann als Massstab dienen, weil in den übrigen Fächern Philosophen aufgenommen wurden, § 38) zählte im Jahre 1678 in allen Cursen 34 Schüler, im Jahre 1708 deren 56; im Jahre 1730 aber 71. In der juridischen Facultät waren bei der ersten Inscription im Jahre 1678 schon 92 eingeschrieben [4]). Im ersten Jahre der Philosophie waren im Jahre 1711 hundert dreissig Schüler (§ 38 Art. 6). Es ist zu vermuthen, dass auch in den übrigen Facultäten wie in der Philosophie die Zahl der Studirenden stieg. In der Theologie erschienen unter den Studirenden auch immer viele Priester [5]). Nebst der grossen Schüler-Zahl mag ein weiterer Beweis

---

1) Nach den Ephemeriden und Statthalterei-Akten. Ueber Commissionen findet man in der Statthalterei-Registratur öfter kein Resultat, weil wahrscheinlich bloss mündlich darüber referirt wurde, ohne dass Akten erwuchsen.
2) Historia Soc. Jesu adhunc annum.
3) Denkwürdigkeiten zu Innsbruck II. Th S. 102. Vgl. S. 17, 142.
4) Eph. jur. 5. Nov. 1678. Freilich werden unter den Canonisten nicht wenige Theologen gewesen sein, wenn man sie als juridische Schüler angab. Vielleicht waren in den Institutionen auch Philosophen (§ 38).
5) Z. B. im Jahre 1698 deren 30, von denen 15 der Diözese Chur, 6 Brixen, 7 Trient, 2 Salzburg angehörten. — (Bericht im Brixener Consistorial-Archiv.) Es ist merkwürdig, dass das Ordinariat Brixen unter dem 22. November 1698 die Professoren durch den Prokanzler in die Kenntniss setzte, es werde bei der grossen Menge von Priestern Keiner ordiniren, oder zur Weihe dimittiren, der nicht genugsam bemittelt sei, oder die Studien ganz absolvirt habe, übrigens mit allen Requisiten, welche das Trientner Concil fordere, versehen sei, — während ein Jahrhundert früher der Mangel an Priestern so gross war, dass z. B. ganz Stubay — jetzt mit zwölf Priestern — nur einen Pfarrer, höchstens, aber nicht allezeit, mit einem Hülfspriester hatte (Sinnacher: Beiträge VII. Bd. S. 345), und dass im Jahre 1534 der deutsche Ordens-Comtur in Lengmoos klagte, er könne aus Mangel an Priestern die altherkömmlichen Gottesdienste un-

für den guten Ruf der Universität sein, dass gerade von den höhern Ständen auch des Auslandes sich eine bedeutende Zahl von Studirenden in Innsbruck befand. Von den ersten dreissig Jahren der Universität führt De Luca [1]) 63 Akademiker des fremden Adels namentlich auf, darunter Fürsten von Hohenzollern, Grafen von Caraffa, Kirchberg und Weissenhorn, Piccolomini, Palffy, Wolkenstein aus Bodenberg und Trient, Mansfeld, Reinstam und Tettenbach, Walsegg und Waldsee; — Freiherren von Welsberg und Primör aus Breisgau, Rieden-Ysenburg, Ruestorff-Mittelbiberach, Pinzenau, Wittenbach, Stubenberg, Landsee, Deutenhofen, Russ, Diebach, Rechling, Golz, Imhof, Sauer, Haylsperg, Buol, Völs, Horken, Brodman, Bemelberg und Hochenburg, Waltberg, Perfalli, Gentilotti etc. — aus adelichen Geschlechtern von Preussen, Schwaben, Lothringen, Bayern, Oesterreich, Steiermark, Italien etc. — Basilius Baron Rechlin-Melles, der im Jahre 1700 das kanonische Recht in Innsbruck hörte, und auf Ivo die Predigt hielt, war schon Professor in Kempten [2]). Solche Studirende würden die Innsbrucker Universität ohne besondern Ruf derselben nicht so vielen andern Universitäten vorgezogen haben. Dieser Ruf dürfte sich vorzüglich auf den entschieden katholischen Charakter der Universität, und auf ihre guten Professoren gegründet haben.

§ 49.

Der katholische Charakter der Universität ist in der Stiftungs-Urkunde des Kaisers Leopold eben so, wie in der Confirmations-Urkunde Innozenz's XI. vorgezeichnet, und hat sich namentlich in dieser Periode mit Entschiedenheit bewährt. — Die Jesuiten — damals als die vorzüglichsten Stützpfeiler der katholischen Kirche betrachtet — machten den einflussreichsten Theil des Professoren-Collegiums aus (§ 20). Das Ordinariat Brixen überwachte das katholische Element durch seine Oberaufsicht als Kanzler. Jeder angehende Professor sollte vor dem Amtsantritte und jeder Candidat akademischer Würden musste vor Erhaltung der Licenz das katholische Glaubensbekenntniss ablegen, und eine solche Ablegung erfolgte nach der päpstlichen Confirmationsbulle und dem Uebereinkommen zwischen der Universität und dem Bischof vom Jahre 1688 jährlich von allen Professoren in die Hände des Prokanzlers, indem dasselbe — in der Regel am Tage der unbefleckten Empfängniss Maria's vor dem Zuge in die Kirche in der Stuba academica knieend hergesagt, und dann von jedem einzelnen zum Prokanzler hintretenden Professor beschworen wurde [3]). War ein Professor verhindert, an diesem Tage zu erscheinen, musste er den Akt nachtragen. Selbst der akademische Buchdrucker hatte bei der Uebernahme seines Geschäftes diess Glaubensbekenntniss abzulegen [4]). Jede Facultät hatte ihren kirchlichen Patron — die Theologen den Thomas von Aquino, die Jurisprudenz den hl. Ivo, die Medizin den hl. Pantaleon (da das Fest Cosmas und Damian in die Ferien fiel), die Philosophie die hl. Katharina, und das Fest dieses Patrons

---

möglich mehr halten, was auch bei andern Häusern der Ballay so sei (Ladurner: Beiträge zur Geschichte des deutschen Ordens in Tirol S. 141). Später vermehrte sich die Zahl der Priester noch mehr, so dass man auf Mittel denken musste, sie zu vermindern. Professor Willes erhielt unter Anderm unter dem 13. Jänner 1740 den Auftrag, nachzufragen, ob nicht müssige Priester unter dem Vorwande, Vorlesungen zu besuchen, in Innsbruck seien, besonders aus andern Diözesen, solchen solle er den Aufenthalt in Innsbruck und das Messelesen verbieten. (Sinnacher l. c. IX. S. 403.)

1) l. c. S. 111, 112.
2) Eph. jur. 25. Mai 1700.
3) Eph. th. 12. Dezember 1712.
4) Eph. th. 12. Mai 1702.

wurde von jeder Facultät auf Kosten der Facultätskasse mit kirchlicher Feier begangen, zu welcher auch die übrigen Facultäten geladen wurden, die in der Regel wenigstens am Vormittag eines solchen Festes Ferien halten [1]). Nebst dem Haupt-Patron hatte jede Facultät ihre Neben-Patrone — die Theologie den Apostel Johannes ante portam latinam, und die lateinischen Kirchenväter, die Jurisprudenz einen solchen in jedem Monat [2]). — Jedes philosophische Studienjahr schloss mit einem feierlichen Gottesdienste, wozu die theologischen Professoren ihre Vorlesungen verkürzten [3]); jedes Studienjahr begann bekanntlich mit dem hl. Geist-Amte. — Die Promotions-Angelegenheiten begleiteten kirchliche Feierlichkeiten (§§ 33, 34). Die Grundsätze der Universität über das kirchliche Fastengebot sieht man aus einem Gutachten vom Jahre 1719, in welchem sie, — auf die Anfrage über Dispens vom Fleischgenusse, der durch herrschende Krankheiten in der Nachbarschaft, Theurung, Militär-Durchzüge motivirt wurde, sich nach dem Gutachten der medizinischen und theologischen Facultät gegen diese Dispens in der Fastenzeit aussprach. — Jährlich vor Ostern wurden die Studenten durch Anschlag an die Beichtschuldigkeit erinnert, dann ihre Beichtzettel durch den Pedell von den Dekanen abgefordert, und dem Ortspfarrer übergeben; mangelte von einem Akademiker der Zettel, wurde er zu einer nochmaligen Beicht verhalten [4]). Bei öffentlichen kirchlichen Feierlichkeiten erschien gewöhnlich auch die Universität, und hielt bei allgemeinen Angelegenheiten, z. B. Todfall eines Kaisers, Geburt eines Prinzen etc., noch überdiess ihre eigenen Gottesdienste. Die jährliche Frohnleichnams-Prozession begleitete die Universität, wenn ein kaiserlicher Hof in Innsbruck war, nach dem Personale desselben, sonst unmittelbar vor der Pfarrgeistlichkeit [5]). Der Quatember-Gottesdienst wurde immer statutenmässig abgehalten [6]). — Das ebenfalls statutenmässige Juramentum immaculatae conceptionis B. M. V., welche immaculata conceptio damals nicht Glaubensartikel war, fand das erste Mal am 14. Dezember 1677 und zwar vor dem Prälaten von Wilten in der Mariahilf-Kirche Statt, später war die Feierlichkeit gewöhnlich in der Pfarrkirche (§ 19). Hiebei wurden die gedruckten

1) Die juridische Facultät hielt nach den Ephemeriden ihr erstes Patrocinium am 19. Mai 1676 in der Pfarrkirche, der Rektor lud zu einer Tafel ein, bei welcher alle juridischen Professoren und die Dekane der übrigen Facultäten erschienen. Im Jahre 1791 hielt das Amt Rektor Siber, die herrliche Predigt Ign. Gr. Künigl, Domherr von Brixen und Juris studiosus. Im Jahre 1703 beschloss die Facultät nebst dem jährlichen feierlichen Amte nur alle drei Jahre — materia exhausta eine Predigt zu halten, da auch in den übrigen Facultäten die jährlichen Predigten aufgehört hätten. Diese kirchliche Feier kostete der Facultät allemal bei 8 fl. (Eph. Jur. 19. Mai 1722 etc.)

2) Vgl. Divi Patroni Jurisprudentiae, quos consultissima facultas singulis mensibus per festa collegii celebrat elogiis descripti. Semestre primum, cum. . . . Doctoris laurea decoraretur Jos. Schmid . . ab Antonio Roschman 1724. . . . Semestre secundum, cum D^{ris} laurea decoraretur . . . Steinacher 1731. Diese Applausus sind in der Dipauliana zu finden.

3) Eph. ph. 13. Juli 1672, 12. Juli 1690 etc.

4) Eph. th. 30. April 1694. Eph. Jur. 1679 etc.

5) Als im Jahre 1710 sich zwischen dem Hofpersonale und der Universität andere Illustres eingedrängt hatten, wurde für das Jahr 1711 der frühere Platz von der Universität vindicirt. Gelbe Fakeln, während die Dikasterien weisse erhielten, wurden im Jahr 1726 auf der Stelle zurückgeschickt und weisse herbeigeschafft. (Eph. Jur. 20. Juni 1726.)

6) Pro domo austriaca Universitatis fundatrice, aliisque Universitatis benefactoribus, pro professoribus semel incorporatis etiam ubicunque terrarum defunctis, aliisque omnibus dictae Universitatis subjectis. — Ab Officiatore post evangelium defunctorum (cancellarii, Rectoris, Vicerectoris, professoris alteriusve officii) nomina praelegebantur, et impense supplicationi commendabantur. Nach den Statuten und Senatsbeschluss vom 17. Dezember 1689.

Juraments-Zettel vorläufig von den Professoren eigenhändig ausgefüllt, der Eid in der Kirche nach dem Incarnatus des Credo von jedem Professor insbesondere laut vor dem Prokanzler — während der Pedell den Universitäts-Scepter aufrecht hielt — abgelesen, und dann der Zettel von jedem Professor auf den Altar gelegt etc. [1]. Dabei wurde immer auch eine Predigt dem Feste zu Ehren gehalten, die, wenn sie, wie gewöhnlich, ein studirender Priester hielt, vorher der theologische Dekan durchsah. Die Professoren gingen dabei zwei Mal zum Opfer, was auch bei andern kirchlichen Universitäts-Feierlichkeiten geschah, wozu sie das Geld von der Facultätskasse, nach einem Beschlusse vom 16. Dezember 1689 aber von der Rektoratskasse erhielten, und wobei nach dem nämlichen Beschlusse auch die Studirenden zum Opfer gehen sollen. — Zur Beförderung der Andacht namentlich gegen Maria war für die Akademiker eine Congregation eingeführt (§ 38), die von Zeit zu Zeit bestimmte Andachten hielt und mit Ablässen ausgezeichnet war [2]. Ein Antrag der philosophischen Facultät auf gemeinschaftliche Communion der Congregationsglieder der Universität an den grössern Festtagen ging bei einem Concil im Jahre 1719 nicht durch [3].

Eine solche Entschiedenheit für den römisch-katholischen Glauben wurde damals wohl kaum auf einer deutschen Universität gefunden, und katholische Eltern schickten eben desswegen ihre Söhne gewiss sehr gern auf die Universität Innsbruck.

§ 50.

Für die Geschicklichkeit des Lehrpersonals an der Innsbrucker Universität in dieser Zeit spricht schon der § 21 bemerkte Umstand, dass alle Professoren Doctoren ihrer Facultät sein mussten, und diess Doctorat in den höhern Facultäten allemal das Magisterium der Philosophie, beides aber strenge Prüfungen und Gewandtheit im Disputiren voraussetzte. Wenn die Jesuiten ihr Doctorat ohne Universitäts-Prüfung erhielten, so kommt zu ihren Gunsten in Betrachtung, dass in ihrem Orden selbst strenge Prüfungen ihrer Candidaten abgehalten wurden, dass sie nach der Ordens-Einrichtung vor der Uebernahme akademischer Lehrstellen ge-

---

1) Die Formel lautete: Ego N. N. spondeo voveo ac juro, me juxta summorum P. P. Pauli V. et Gregorii XI. constitutiones publice et privatim velle pie tenere et asserere B. Virginam Mariam Dei genetricem absque originalis peccati macula conceptam esse, donec aliter a sede apostolica definitum fuerit. — In Paris wurde diese Angelobung bekanntlich schon im XII. Jahrhundert eingeführt, um die Dominikaner, welche die Lehre vom Thomas von Aquino nicht annahmen, von der Universität auszuschliessen. Bei den Jesuiten-Schulen war sie allgemein. (Vgl. Eph. 9. Dezember 1711, 20. Dezember 1730 etc.)

2) Sie hiess congregatio major oder Academicorum im Gegensatze zur congregatio minor oder der Gymnasisten. Diese wurde bei dem Gymnasium schon 1578, erstere in den ersten Jahren der Universität eingeführt. Für die erste Klasse des Gymnasiums bestand noch der coetus angelicus. — Daneben bestand die Bürger-Congregation, welche im Gymnasial-Saale ihre Versammlung hielt, wo wahrscheinlich auch die Versammlung der congregatio major war. Die Bürger-Congregation theilte sich wenigstens später in mehrere Aeste, und hat sich bis auf unsere Zeiten erhalten. In einer dieser Congregationen war im XVII. und XVIII. Jahrhundert wohl jeder Herr und Bürger einverleibt. Im Jahre 1700 klagte der geheime Rath, dass Gr. Fugger seinen Gliedern bei der Versammlung vorgehen wolle; und als der Graf desswegen eine Erinnerung erhielt — Illustres domini fecerunt rem comunem, et ne cedere deberent consiliariis, in congregatione deinceps non apparuerunt. So erzählen die philosophischen Ephemeriden. — Die Congregatio major hatte nach De Luca l. c. S. 111 jährlich 124 fl. dem UniversitätsRektor für arme Studenten zu zahlen.

3) Eph. ph. ad 8. Nov. 1719.

wöhulich als Gymnasial-Professoren ihre Lehrgeschicklichkeit erprobt hatten, übrigens die Ordens-Vorsteher für die Theologie und das Kirchenrecht sicher ihre geschicktesten Köpfe aussuchten, um mit den Collegen, die nicht zur Gesellschaft Jesu gehörten, eine ehrenvolle Concurrenz zu bestehen [1]). Bei Disputationen traten die Professoren ohne Anstand als Opponenten in Fächern auf, welche sie nicht lehrten, sogar oft über Thesen aus andern Facultäten, was keinen kleinen Umfang von Kenntnissen voraussetzt. In der juridischen und medizinischen Facultät rückten beim Austritte eines Professors gewöhnlich die übrigen Professoren in andere Fächer vor, was für gründliche Auffassung aller Facultäts-Studien spricht; und die Jesuiten stiegen in der Philosophie nicht bloss mit den Studenten in die höhern Facultäts-Curse auf, sondern gingen häufig zu andern Facultäten über, wie z. B. Zendron S. J. als Professor der Philosophie, Theologie und des Kirchenrechtes und in allen drei Facultäten als Schriftsteller erscheint.

Nicht wenige Professoren der Zeit traten auch als Schriftsteller auf, obschon das Bücherschreiben für den Druck damals weit seltener war, als in spätern und unsern Zeiten, und vorzüglich nur bei Gelegenheit von Doctoren-Promotionen und Disputationen Statt fand, bei welchen die meisten Druckschriften der damaligen Professoren entstanden [2]). Unter den Jesuiten waren die ausgezeichnetsten Schriftsteller dieser Zeit wohl Franz Schmalzgruber — freilich nur auf kurze Zeit Professor der Theologie 1703, und Joseph Seybold, Professor des Kirchenrechts vom Jahre 1712 durch 25 Jahre, deren Werke zahlreich und gesucht waren. Das Kirchenrecht des Ersten ist noch geschätzt. Ausser diesen führt De Luca aus der Gesellschaft Jesu sechs Professoren der Philosophie [3]), sieben der Theologie [4]), und drei des Kirchenrechtes [5]) in dieser Periode als Schriftsteller auf, ohne dabei zu behaupten, dass alle Professoren, die Werke in den Druck gaben, oder alle Werke der als Schriftsteller bezeichneten Professoren angeführt seien [6]). — Unter den

---

1) Die Abschnitte der theologischen und juridischen Ephemeriden, die von Jesuiten verfasst wurden, sind nicht selten ausgezeichneter, als die Parthien anderer Facultäts-Dekane.

2) Selbst zur Centuria Paladis togatae von Rudolphi gaben die erste Idee die Theses, welche sein Sohn am 20. Mai 1704 öffentlich vertheidigte. Vgl. § 32.

3) Es sind: a. Werdenstein, Prof., 1675: Meteorologia in genere et specie. b. Borm, Prof., 1678: Philosophia ad omnia utilis. c. Paul, Prof., 1691: De perfectione mundi, de immortalitate animae et de prudentia Numinis. d. Payr, Prof., 1691: Mundus disputationis subjectus in genere et specie. e. Zendron, Prof., 1674: Philosophia peripatetica rationalis. f. Gaun, Prof., 1705: Problemata philosophica de terrae motu, de astrologia, de temperamento. — Iter per Salinas tyrolenses.

4) Nämlich: a. Hader, Prof., 1677: Controversiae theologicae de actibus humanis. b. Zingnis, Prof., 1687: De septem gratiae fontibus seu sacramentis; — Regula morum; — De vi et efficacia sacramenti poenitentia. c. Halden, Prof., 1689: Bivium theolgicum in re morali inter sententias; — Modus citandi textus utriusque juris; — Ephemerologium ecclesiastico — rubristicum. d. Zendron, Prof., 1691: Quaestiones ex jure Pontificis de consuetudine. e. Tunauer, Prof., 1700: Synopsis universae theologiae in octo tractatus. f. Simonzin, Prof., 1704: De Trinitatis mysterio; — De voluntate creata; — De libertate creata, de jure et justitia. g. Diesbach, Prof., 1726: De dominio Clericorum.

5) Als: a. Zendron, Prof., 1681: Ratio anima legum; — Fons sacer. b. Wez, Prof., 1687: Ariadne Carolino — canonica, seu doctrina theoretica practica S. S. canonum. c. Vogler, Prof., 1704: Liber de sponsalibus.

6) So führt er schon von Feuerstein S. J., Prof., 1671 das Werk über Physik (§ 37); von Zingnis das Werk: Statera justitiae (§ 28) nicht an.

Professoren der Theologie, die Weltpriester waren, führt er von Caspar Siber und Weinziorlin [1]) ein Druckwerk an. Die wenigen Lehrstunden und anderweitige Geschäfte, endlich die meistentheils kurze Lehrzeit dieser Professoren mögen gelehrte Arbeiten derselben nicht begünstiget haben. — Unter den weltlichen juridischen Professoren dieser Zeit sind sieben als Schriftsteller bekannt [2]), unter denen Froehlich durch seine „peinliche Halsgerichts - Ordnung" sich grosses Ansehen erwarb, aber auch die beiden Rudolphi und Hermanin gewiss eine ehrenvolle Erwähnung verdienen. Die medizinischen Professoren dieser Periode waren alle Schriftsteller; der ausgezeichnetste darunter wohl Weinhart, dessen Nucleus universae medicinae und Medicus officiosus noch in spätern Zeiten als Vorlesebücher vorgeschrieben wurden [3]).

Das Andenken mancher Professoren der Universität Innsbruck ist der Nachwelt durch Porträte erhalten, welche noch an der Universität vorhanden sind. Man darf voraussetzen, dass der Mann, dessen Bildniss die Universität in ihrer Aula bewahrt, nicht ohne Auszeichnung war, wenn gleich nicht bekannt ist, was eigentlich die Aufstellung der einzelnen Bildnisse veranlasste. Doch bleibt es auffallend, dass kein einziges Bildniss das Andenken eines Professors aus der Gesellschaft Jesu erhalten hat, obschon gewiss manche ausgezeichnete Männer sich unter denselben befanden [4]). Die Bildnisse von Professoren, welche in dieser Periode abtraten, sind, und zwar von der Theologie:

1. Sigmund Epp von Sterzingen, erster Professor der Polemik im Jahre 1674, dann der hl. Schrift 1679, und erster Prokanzler 1681; im Jahre 1703 ging er nach Brixen ab [5]); er war Kaplan der Mariahilf-Kirche, wo er auch später als Benefiziat des von ihm gestifteten Benefiziums 1720 starb.

---

1) Siber, Prof. 1686 schrieb: de judice controversiarum. Weinzierlin aber Prof. 1701: decas assertionum de Christo.

2) Es sind: *a.* Widman, Prof., 1672: tractatus de transactionibus. *b.* Mayr, Prof., 1673: Conflictus juridicus inter maritum et uxorem de jure utroque in dote competente. *c.* Ulrich Rudolphi, Prof., 1685: Centuria Palladis togatae; — Tribunal juridicum; — Quaestiones selectae ex jure. *d.* Woller, Prof., 1687: Discursus juridicus de restitutione in integrum minorum: — De compensationibus; — Disputatio de mutuo et rebus creditis. *e.* Froehlich, Prof., 1695: tractatus juridicus de diversis et temporalibus praescriptionibus statutariis tirolensibus. Nemesis romano - austr. oder in der zweiten Auflage: Commentarius in Kaiser Karl V. und des hl. r. R. peinliche Halsgerichts-Ordnung. *f.* Hermanin, Prof., 1706: Commentarii theoretico-practici in jus statutarium tyrol. *g.* Andreas Rudolphi, Prof., 1717: Centura controversiarum — quondam sub nomine Palladis togatae ab Uld. Rudolphi edita . . nunc aucta.

3) Die Professoren und ihre Werke waren: *a.* v. Sala, Prof., 1674: Dissertationes medicae de febrium intermittentium periodis — De apoplexia. *b.* v. Weinhart, Prof., 1677: Numerus partium principum corporis humani — Summa fundamentorum universae Medicinae — Thesaurus sanitatis quomodo conservari possit, — De Podagrae solatio — Enchyridion medicinae, wieder aufgelegt als: Nucleus universae medicinae — Conflictus medicus inter merophilum et Hydronobilum; — Medicus officiosus; — De Prudentia medici. *c.* Statlender Prof., 1689; Sanguinis motus circularis ex veterum monumentis *d.* Holer a Doblhof, Prof., 1691: Vita hominis morbus continuus. — Clavis sanitatis — De usu et abusu Chocolattée, Thee, Caffee et Tabaci. *e.* Linsing. Prof., 1691: Principia corporis humani. *f.* Fischer, Prof., 1712: De prestantia Alchymiae.

4) So sagen z. B. die theologischen Ephemeriden von dem im Jahre 1707 verstorbenen Professor Amatori S. J.: Praeclarissimus professor (theol. spec.) academicae congregationis P. V. M. praeses vigilantissimus, vir non quidem perfectae aetatis, sed omnimodae virtutis et pietatis, apposite doctus, vere religiosus, et ob mores candidissimos amaenissimus, omnem fucum quam maxime exosus, omnibus charus etc.

5) Ad Tribunal Celsissimi, ut a consiliis et confessionibus esset — nach den theo logischen Ephemeriden. Er stiftete mit seinem Bruder, Kurat in Hippach, im Jahre

2. Joan. Froehlich von Innsbruck, Epp's Nachfolger in der Polemik im Jahre 1678; er ging nach vier Jahren in die Diözese Salzburg, und starb im Jahre 1734 als Dekan in Zell.

3. Joan. Weinzierlin von Feldkirch vom Jahre 1701 bis 1705 Professor der Polemik; dann Pfarrer in Vorarlberg.

4. Mathias Tausch im Jahre 1705, Nachfolger Epp's als Professor der hl. Schrift und Prokanzler; im Jahre 1709 resignirte er die Professur, im Jahre 1721 auch das Prokanzler-Amt. Er starb 1725, und war Stadtpfarrer in Innsbruck. —

Die Professoren der juridischen Facultät dieser Periode, von welchen Bildnisse in der Aula sind, waren:

1. Seb. Mayr, Professor 1673, ein um die Universität hochverdienter Mann (§§ 2, 3, 26 etc.), der 1687 wirklicher Regierungs-Rath wurde, aber schon 1688 starb.

2. Joan. Ulrich Rudolphi von Bludenz, der vom Jahre 1685 durch 31 Jahre Professor an der Universität war, und im Jahre 1716 starb, — ein vortrefflicher Mann [1]).

3. Joan. Tschiderer von Gleisheim aus Eppan (§ 47), der im Jahre 1686 wirklicher Regierungs-Rath wurde, und im Jahre 1703 starb.

4. Franz Woller von Klagenfurt — früherer Professor in Dillingen, von wo er im Jahre 1687 nach Innsbruck überging; im Jahre 1691 wurde er Regierungs-Rath, im Jahre 1697 aber Professor in Salzburg; er starb im Jahre 1717.

5. Joan. Christoph Froehlich von Innsbruck, früher Advokat, dann Landrichter in Rattenberg, vom Jahre 1695 bis 1706 Professor, hernach wirklicher Regierungs-Rath, und endlich Regierungs-Kanzler, nicht bloss einer der tüchtigsten Professoren, sondern der gelehrtesten und brauchbarsten Männer dieser Zeit in Tirol. Er starb im Jahre 1729 [2]).

6. Thomas Hermanin von Reichenfeld, ein fleissiger Professor vom Jahre 1706 bis 1734, wo er starb.

7. Joan. Andre Rudolphi, Sohn des unter Nr. 5 genannten, Professor vom Jahre 1717 bis 1726, wo er Rath bei der Hofkammer wurde; er starb 1761.

Die Bildnisse der medizinischen Professoren dieser Zeit stellen vor:

1. Ferd. Carl v. Weinhart von Innsbruck — der schon als um die medizinische Facultät höchst verdienter Mann erwähnt wurde. Er erhielt den Charakter eines k. k. Rathes, und Leibarztes Kaiser Joseph I. Er war 39 Jahre Professor, und starb 1716 [3]).

2. Friedrich Statlender von Königsberg, erster Professor der Anatomie im Jahre 1689, lehrte bis 1729, wo er starb. Er war Besitzer von Melans bei Hall.

1696 das erste, im Jahre 1711 mit einigen Wohlthätern das zweite eppische Benefizium zu Mariahilf, wohin er als Benefiziat, und zugleich archidecanus von ganz Innthal zurückkehrte.

1) Die theologischen Ephemeriden sagen von ihm unter dem 27. Jänner 1716: Vir plane clarissimus, sincerus, justus ac de Universitate .. famosissime meritus; cujus anima requiescat in pace, dum corpus terrae et fama pietatis, scientiae et justitiae posteritati relinquitur.

2) Vir annis, meritis, moribus gravissimus — sagt seine Grabschrift.

3) De Luca bemerkt, dass sein Grossvater, sein Vater, und der Grossvater von mütterlicher Seite (Schleiermacher) Medizin-Doctoren und Hofleibärzte im Dienste der Erzherzoge von Oesterreich waren (l. c. S. 54 des Anhangs).

3. Franz Holer von Doblhof bei Meran, Professor von 1691 bis 1702, wo er Hofleibarzt Leopolds I. in Wien wurde, und 1725 starb.

4. Peter Linsing von Innsbruck, Professor vom Jahre 1691 bis 1712, wo er starb; im Jahre 1709 erhielt er den Titel eines Hofmedicus.

5. Wolfgang Fischer aus Neumark in der Pfalz (§ 44) studirte Medizin in Innsbruck. Er starb in Linz als Protomedicus im Jahre 1758, wohin er nach dem Tode des Cardinal v. Lamberg in Passau, dessen Leibarzt er war, zog [1]).

Die vielen Auszeichnungen, Beförderungen und Druckschriften der juridischen und medizinischen Professoren geben gewiss ein rühmliches Zeugniss für die Tüchtigkeit des Lehrpersonals dieser Facultäten. — Uebrigens erschienen die Bildnisse der Professoren in der Universitäts-Aula das erste Mal im Jahre 1731 bei einer Doctor-Promotion aus dem Kirchenrechte [2]), früher mögen sie in der Stuba academica oder anderswo gewesen sein.

§ 51.

Es mag hier noch Meldung geschehen von einigen der Universität als solcher fremden Ereignissen, die aber doch auch die Universität berührten.

Es versteht sich von selbst, dass an allen für die kleine Stadt Innsbruck wichtigen Vorfällen ein so ansehnlicher Körper, wie die Universität war, nicht theilnahmslos bleiben konnte, z. B. bei Festlichkeiten für durchreisende oder ankommende hohe Personen, bei Geburten und Sterbfällen in der kaiserlichen Familie, bei Hochzeitsfeierlichkeiten von Prinzen u. dgl. — So zogen am 4. April 1678 dem Herzog von Lothringen und seiner Gemahlin, der ehemaligen Königin von Polen, beim Einzuge als Statthalter 60 Studenten als geharnischte Ritter bis in die Haller Au, und bei 200 als Infanteristen bis zum Zollhause jenseits der Innbrücke entgegen. Nach seinem Ableben am 18. April 1690 in Linz waren vom 5.—8. Juni feierliche Exequien in der Jesuitenkirche, bei denen auch die Universität erschien. Bei dem Jahrtage am 18. April 1693 hielt der gerade hier anwesende Bischof Khuen eine Rede de immaculata conceptione B. V. M. Der Rektor und die vier Dekane warteten ihm auf.

Das Erdbeben am 22. Dezember 1689 nach 2 Uhr Nachts beschädigte auch das Universitäts-Lokale, namentlich die höhern Lokalitäten im ersten Stocke, wie es den meisten Gebäuden der Stadt sehr grossen Schaden brachte [3]). In den Hörsälen der Theologie konnten bis 19. Jänner 1690 keine Vorlesungen gehalten werden; die Juristen hielten vom 9. Jänner die ihrigen in den philosophischen Auditorien [4]), und in der Stuba academica konnte erst wieder am 12. Mai eine Promotion vorgenommen werden. Wegen des Erdbebens wurde auch ein Fasttag mit Wasser und Brod, und am 27. März eine sehr feierliche Prozession gehalten. Vom 12.—16. Juli und 19.—21. November 1694 folgten wieder Erdbeben, jedoch ohne besondern Schaden [5]).

---

1) So De Luca, der von Linz nach Innsbruck kam, und die Verhältnisse wissen konnte. Die theologischen Ephemeriden lassen ihn am 19. Januar 1754 als Leibarzt des Cardinal-Erzbischofs v. Lamberg sterben.

2) Eph. jur. 8. August 1731.

3) Ut plerisque urbis aedificiis tam sacris quam profanis ingentem attulit calamitatem, ita nec Academiae pepercit. Stuba academica, theologorum et juristarum auditoriis eousque vitiatis, ut nec consuetas lectiones in iisdem peragere jam tutum amplius esset. Secuti terrae motus deinceps plures. (Eph. theol.)

4) Vgl. Seite 28, Note 3.

5) Nach den theologischen Ephemeriden. Auch die übrigen Angaben dieses Paragraphs sind fast durchgängig aus den Ephemeriden genommen.

Am 7. Juni 1691 war eine Prozession — so feierlich wie am Frohnleichnams-Tage wegen der Heiligsprechung der Franziskaner Joann Capistran und Paschol Baylon, welche die gehörig eingeladene Universität mit Scepter, Mänteln und Fackeln nach den Hofdamen begleitete.

Am 1. Februar 1699 um 8 Uhr Abends kam bei schon beleuchteter Stadt die Braut Joseph's I., Wilhelmina Amalia, Prinzessin von Braunschweig-Lüneburg aus Modena. Die Universität war im Rittersaal aufgestellt, den die Braut durchging; am 2. Juli übergab ihr die Universität ein in Seide gebundenes Buch mit ihrem und ihres Gemahls Bildnisse, und mit Encomien in deutscher und lateinischer Sprache.

Der bayrische Einfall im Jahre 1703 veranlasste am 5. Mai auf allerhöchsten Befehl ein Ausweisungs-Dekret aller bayrischen Studenten, die jedoch noch am 14. Mai eine Bittschrift einstellten, bis Ende des Schuljahres bleiben zu dürfen. Der Fechtmeister erhielt einen Verweis, weil er die Studenten eigenmächtig zu Soldaten abrichten wollte, den der geheime Rath mit dem Befehle der Abbitte an den Rektor der Universität wegen dieser Eigenmächtigkeit bestätigte. Am 18. Mai lud ein Programm auf den folgenden Tag die zur Vertheidigung des Vaterlandes geneigten Studenten ein, sich zu stellen; der kommandirende General Gschwind gab ihnen den Veteran Baron von Cles zum Hauptmann, dem sich die Professoren Carneri und Linsing als Commissäre, und der Jesuit Gaun, damals Professor der Rhetorik, als Kaplan anschloss. Auch wurden vom 18. bis 20. Mai mit dem Pfarr-Muttergottes-Bilde Prozessionen in dem Gottesacker abgehalten. Nachdem am 20. Mai bei 300 Studenten in Mariahilf Fahne und Waffen erhalten hatten, rückten sie am 22. Mai bis Hall, am 23. bis zur Volderer-Brücke; da aber Kufstein und Rattenberg bereits in den Händen der Bayern war, so hatte der Feldzug ein Ende, und die meisten Studenten und selbst Professor Weinzierlin flohen, weil am 24. Mai verlautete, der Churfürst wolle alle brauchbaren Studenten zu Soldaten nehmen. Am 25. Mai gingen Deputirte des geheimen Rathes, der Stadt Innsbruck und auch der Universität nach Hall dem Churfürsten entgegen, und Professor Rudolphi erhielt von ihm das erwünschte Versprechen, die Universität zu schützen, wobei er auf die Erinnerung des Churfürsten, dass Studenten die Waffen ergriffen, sie mit der Devotion für den Stifter der Universität entschuldigte, und die Erwiederung des Churfürsten erhielt: „Damals war es schon recht, aber jetzt ist es anders " [1]. Vom 18. bis 30. Mai waren die Studien unterbrochen, am 9. Juli fand wieder eine feierliche Promotion (Levri's aus Judicarien) statt. Die Hörsäle der Medizin und Philosophie waren Anfangs August ungeachtet der Einsprache des Universitäts-Rektors mit Soldaten besetzt. — Uebrigens findet man in den philosophischen und theologischen von Jesuiten verfassten Ephemeriden nicht die mindeste Hinneigung zu dem bayrischen Churfürsten, wohl aber ziemlich ausführliche Nachrichten über dessen am 27. Juli erfolgten Rückzug und die Kriegs-Ereignisse auch in Südtirol, wo die Verheerungen weit grösser gewesen wären, als in Nordtirol, da hier — mit Ausnahme weniger gegen den Churfürsten besonders feindlichen Dörfer [2] — Schonung eintraf, und nach drei Monaten die so unglaubliche Rettung erfolgte, welche vorzüglich dem vielen Gebete zuzuschreiben wäre [3]. Unter dem

---

1) **Jäger:** Tirol und der bayrisch-französische Einfall im Jahre 1703. Innsbruck. 1844. S. 202.

2) Zierl, Kematen, Völs wurden nach den juridischen Ephemeriden abgebrannt.

3) Exceptis paucissimis pagis, a quorum rusticis aliquid cladis sibi illatum credebat Elector. — Post tres fere menses iterum liberata (Tyrolis septentrionalis) pretium

8. Jänner 1704 verbot der geheime Rath der Universität, sich „verdächtiger Correspondenz und Zeitungsüberschreibens" zu enthalten. Im Dezember 1703 hatte die Universität um das seit zwei Quartalen vorenthaltene Salar gebeten; es wurde aber der Bericht abgefordert, *a.* über das Verhalten der Universität bei der Invasion, *b.* zur Zeit der Gegenwart der Bayern, *c.* ob ein Eid geleistet wurde, *d.* unter wessen Auspicien die Studien fortgesetzt wurden; und erst auf den günstigen Bericht über diese Fragen befahl der Kaiser unter dem 5. Mai 1704 die Verabfolgung der Gehalte an die Professoren.

Auf den Tod ihres Stifters beging die Universität am 6. und 7. Juli 1705 in der Mariahilf-Kirche ihren Trauergottesdienst mit dem Todten-Offizium und hl. Amte und einer Trauer-Rede sehr feierlich; die Wände der Kirche waren mit schwarzen Tüchern behangen, auf denselben in den Zwischenräumen etc. Inschriften angebracht, welche die philosophische Facultät verfasste [1]), das Trauergerüst war sehr hoch, und mit den kaiserlichen Insignien geziert etc. Zum Gottesdienst wurden dieses Mal und eben so für Kaiser Joseph I. am 7. und 8. Juli 1711 je 30 fl. von der Kammer bewilligt.

Am 11. September 1707 kam Pfalzgraf Carl Philipp von Neuburg als neuer Gubernator unter mehr als hundert Kanonenschüssen etc. Der Rektor mit den vier Dekanen machte ihm am 4. November als seinem Namenstag die Aufwartung, da früher die Professoren wegen der Ferien abwesend waren.

Am 20. November 1711 kam Carl VI. um 6 Uhr Abends — wegen schlechter Anstalt ohne feierlichen Empfang — ungeachtet der getroffenen Vorbereitungen [2]). Die Universität hatte Aufwartung und Handkuss; auch dem bei der Huldigung gegenwärtigen Fürstbischof von Brixen wartete sie am 23. November auf. — Aehnliches geschah von der Universität am 23. Mai 1713 bei der Ankunft der Kaiserin aus Spanien, welche bis 7. Juni in Innsbruck blieb.

Sehr grosse Feierlichkeiten hatten im Jahre 1716 auf die am 13. April erfolgte Geburt des Erzherzogs Leopold statt. Auf die Ankunft dieser Nachricht läuteten alle Glocken der Stadt. Am 19. April beschlossen bei 400 Akademiker einen feierlichen Aufzug mit Musik und schwarz-gelben Kokarden auf den Hüten, der Senat aber 100 fl. aus der Rektorskasse zu einem Gottesdienst und Essen, dann Ferien durch 8 Tage; der Gottesdienst wurde am 28. April in der Mariahilf-Kirche auch mit einer nachher gedruckten Rede und Tedeum unter 25 Pöller-

---

ac praemium pertulit multiplicium illarum comprecationum ac supplicationum, quae identidem non modo in templis sed etiam in plateis ac per plateas a Rectoribus alta voce Rosarium B. V. M. et praeces alias praeuntibus sunt institutae, cum plerorumque omnium (sic!) judicio his potissimum armis in acceptis videatur deferenda hostium Tyrolis fuga potius quam recessus et modica respective ab eodem patriae nostrae illata clades ac demum adeo incredibilis morphosis.

1) Praeter Levitas ministrarunt 6 clerici linteati omnes, qui lectiones decantabant ad pulpitum, altaria et parietes obducti erant pannis nigris. Castrum doloris multo altius, imposita corona, sceptro, gladio; altaria insignibus austriaco-caesareis, parietes et quatuor chori interstitia emblematibus et elegiis tum pictis tum scriptis panno nigro affixis ornata etc. Altera die et panagyris. Emblemata et elegias confecit facultas philosophica.

2) Ob celerem veredarum cursum non fuerat possibile post datum in monte Isel signum accendere parvas faces ad illuminationem triumphalis portae expositas, nec alias, quae juventuti gymnasticae ad illuminationem civitatis distributae fuerant, et sic sine sono emisso, sine demonstratione publica, sine illuminatione, sine praeexistentia tribunalium in aula ad eum excipiendum ingressus etc. (Eph. jur. ad h. d.)

schüssen abgehalten [1]). Am 2. Mai, als am Geburtstag des Statthalters, machten die Studenten wieder Musik, und erhielten noch drei Ferialtage. Leopold starb am 4. November 1716, worüber die Trauer natürlich nicht weniger gross war, als früher die Freude.

Im Jahre 1721 war durch drei Wochen in der Spitalkirche (wegen Baues der Pfarrkirche) Andacht um Erhaltung eines männlichen kaiserlichen Nachkommens; die Universität erschien dreimal in jeder Woche von 10—11 Uhr.

Am 10. April 1728 war ein Dankamt in der Pfarre wegen Erhaltung der Universität beim Brande des an dieselbe stossenden Neugebäudes etc.

§ 52.

Wenn wir noch einmal auf die ersten 50 Jahre der bestehenden Universität zurücksehen, so finden wir den Stand derselben seit ihrer völligen Organisirung um das Jahr 1688 bezüglich des Lehrstoffes, der Lehrart, so wie ihrer Verhältnisse nach Innen und Aussen ohne bedeutende Veränderungen. Während dieses Zeitraums wurden in der Philosophie wohl aristotelische Spitzfindigkeiten, aber nach Massgabe des damaligen Standes der Wissenschaften auch Physik und Mathematik; in der Theologie wurde vorzüglich spekulative Dogmatik und casuistische Moral, aber doch auch hl. Schrift und Glaubens-Controversen mit einigen geschichtlichen Aufklärungen über dieselben; in der Jurisprudenz vorzüglich das canonische und römische Recht, aber doch auch das öffentliche und das Lehen-Recht, nebst dem gerichtlichen Verfahren — mit einiger Rücksicht auf die Landes-Statute; in der Medizin vorzüglich medizinische Theorie und Praxis — jedoch in der Regel nicht beim Krankenbette, aber doch auch Anatomie und die Aphorismen des Hypocrates behandelt. Im Ganzen wurde weit mehr dialektische Gewandtheit als praktische Fertigkeit erzielt. Die Gesellschaft Jesu übte den grössten Einfluss in der Lehre und auf das Betragen. Die literären Hülfsmittel ohne förmliche Universitäts-Bibliothek, ohne physikalisch-mathematische Sammlungen, ohne anatomische Apparate, und bei seltenen anatomischen Uebungen an menschlichen Cadavern, sowie der Mangel mancher wichtiger Lehrfächer, wie Geschichte, Naturgeschichte, Chemie etc. liessen allerdings Vieles zu wünschen übrig. Allein die meisten von diesen und andern Unvollkommenheiten sowie einige Schwäche in Handhabung der Disziplin, deren Schranken nicht selten arg überschritten wurden, hatte die Innsbrucker Universität mit vielen ihrer Schwestern gemein, dabei aber den Ruf katholischer Lehre und kirchlichen Geistes vor vielen Universitäten voraus; und wenn auch die Gesammtzahl der Professoren aller Facultäten nur auf 18 stieg: so scheinen dieselben in der entschiedenen Mehrzahl brave und ihren Fächern gewachsene Männer gewesen zu sein, die sich auch durch schriftstellerische Arbeiten als solche ausgewiesen haben. Der gute Ruf der neuen Universität und die Gelegenheit, sich im Lande die höchste Bildung zu verschaffen, konnte nicht verfehlen, die Zahl der Studirenden des In- und Auslandes zu vermehren, manches Talent, das bei dem Pfluge oder der Schaufel vermodert wäre, den Wissenschaften aufzuschliessen, und dem Lande aus seinen eigenen Kindern oder auch aus im Lande gebildeten Männern mit weit geringern Kosten als durch den Besuch anderer Lehr-

---

1) Der offizielle Gottesdienst war am 26. April in der Hofkirche mit deutscher und lateinischer Rede, am Abend mit Tedeum durch den Prälaten von Wilten bei der Annasäule unter Abfeuerung von Geschützen; um 3 Uhr sprang rother und weisser Wein. Am 27. April war Gottesdienst in der Pfarre, am 29. bei den Jesuiten, am 30. bei den Serviten, am 1. Mai (bei Schnee) im Regelhaus.

anstalten auch Beamte und Aerzte, und nicht bloss Priester wie früher zu geben. Die nicht unbedeutende Thätigkeit der Universitätsprofessoren und die vielen akademischen Feierlichkeiten, in deren Ceremonien sich immerhin ein guter Kern fand, trugen bei, in dem Lande einen wissenschaftlichen Aufschwung zu befördern, und auch dadurch wie durch die andern Vortheile der Universität den jährlichen Aufwand von beiläufig 7000 fl., zu dem jeder Tiroler nach Verhältniss des Salzverbrauches beitrug, zu überwiegen.

Dritter Abschnitt.

Die Universität vom Jahre 1730 bis 1748.

§ 53.

Wie die Universität zu Innsbruck entstand und eingerichtet war, und wie sie sich durch ein halbes Jahrhundert nach ihren ursprünglichen Statuten gleichförmig fortbewegte: wurde in den zwei vorigen Abschnitten erzählt. So gleichmässig ging es nicht weiter fort, da seit ihrer Errichtung manche Umstände eingetreten sind, die für die Universität nicht ohne Einfluss bleiben konnten. Man war in Wien mit der Lehrart der Jesuiten, und auch mit der Einrichtung der von weltlichen Professoren gelehrten Fächer nicht mehr zufrieden [1]), und dachte auf Verbesserungen. Die Regierung wollte die Leitung des Studienwesens selbst in die Hand nehmen, und nicht mehr den Lehrkörpern überlassen. Ihre Absicht dabei ging dahin, das Studium für die Staatszwecke passender einzurichten, und kirchlichen Uebergriffen einen Damm zu setzen. Man sieht diess z. B. aus einem Berichte der Hofkanzlei vom 29. Oktober 1735 an den Kaiser, worin angeführt wird, dass die Jesuiten in der Philosophie in leeren Subtilitäten sich ergehen, und mit dem Geiste der Zeit nicht fortschreiten; es sei nothwendig, für die Weltgeschichte einen eigenen Professor aufzustellen, das System des Diktirens tauge nichts, weil es zu blossem mechanischen Einlernen führe, es müsse mit der bisherigen Verzichtleistung auf alle Controlle des Staates ein Ende haben, die Regierung müsse das volle Recht der Aufsicht und Einrichtung der Studien, deren Zweck doch zunächst auf den Staat

1) Von einzelnen Seiten war schon lange Zeit dagegen Einsprache gemacht worden. So hat im Jahre 1710 der Superintendent der Prager Universität, Appellations-Rath Birelli, in einem von ihm abgeforderten Gutachten über die dortige Studien-Einrichtung — die Vernachlässigung des vaterländischen Rechts-Studiums, den Missbrauch der Collegien im Gegensatze zu den Lektionen, die unnützen Spekulationen in der Philosophie, die man auf zwei Jahre reduziren und mit nützlichern Lehrgegenständen ausfüllen sollte, die wenige Betreibung der Botanik und Anatomie, das Diktiren in den Vorlesungen gerügt. (Tomek l. c. S. 290—307.) Allein bis auf die letzten Regierungsjahre Carl's VI. und die Studien-Reformation unter Maria Theresia erfolgte keine wesentliche Abänderung.

und das Politikum sich beziehe, sich wahren etc. [1]). Diese Zwecke suchte man auch an der Innsbrucker Universität zur Geltung zu bringen. So wurde z. B. mit der a. h. Entschliessung vom 21. April 1734 über Einrichtung des juridischen Studiums am Schlusse der Beilage die Angabe der Bücher, nach welchen gelehrt wurde, vorzüglich wegen des Kirchenrechtes abgefordert, mit der Bemerkung, dass dieser Auftrag durch das Beispiel anderer Universitäten, ein Proclama der von den Professoren vorzüglich zu gebrauchenden Bücher zu publiziren, motivirt werden soll; wobei den juridischen weltlichen Professoren noch insbesondere aufzutragen sei, „auf die materias mixtas, wie de censuris, de asylo, de causis matrimonialibus, de foro clericorum, de immunitate ecclesiastica etc. besonders aufmerksam zu sein, damit die Studenten, die öfters allein in jure canonico derlei Materien traktiren hören, mithin zuweilen in denselben nicht die rechten principia annehmen, mit diesen dem Publico aber öfter sehr schädlichen und nur auf die Prädomination des Cleri abzielenden Lehrsätzen in die Aemter eintreten, die wahre Lehre, wie sie in Cavarruvias, Van Espen et similibus zu sehen, in derlei Sachen wissen, und nicht von den Widrigen verführt werden".

Es ist nun allerdings zu erwarten, dass eine hohe Schule mit einem Geiste und einer Beschaffenheit der Innsbrucker Universität [2]) nicht gern Veränderungen annehmen werde, welche sich als den frühern Gepflogenheiten und dem bisherigen Geiste, ja selbst als den Statuten und Rechten der Universität entgegen darstellten, und dass sich zwischen Regierung und Universität, namentlich wenn es sich um Neuerungen in der Philosophie und Theologie oder um andere Aenderungen handelte, bei welchen die Jesuiten unmittelbar oder doch wesentlich interessirt waren, ein kleiner Kampf ergeben werde. Allein gegen allgemeine allerhöchste Regierungs-Maximen konnte die Universität um so weniger einen bleibenden Widerstand leisten, als sie ohnehin z. B. in Aufstellung der Professoren, die nicht Jesuiten waren, in ökonomischen Gegenständen, in Jurisdictions-Angelegenheiten u. dgl. sehr von der Regierung abhing, und sich schon öfters in Angelegenheiten ihrer Wirksamkeit selbst an die Regierung gewendet hatte [3]). Der Regierung kam aber hiebei noch der Umstand zu Statten, dass um diese Zeit eine grosse Uneinigkeit unter den Professoren herrschte, und im Laufe dieser Periode unter ihnen eine Zerfahrenheit eintrat, bei welcher die Regierung zur Verhütung des gänzlichen Verfalls der Univertät einschreiten zu müssen glaubte, ja selbst von Professoren und Faculttäten der Universität um Unterstützung angegangen wurde. Der Zeitraum mag als die Periode betrachtet werden, in welcher die Universität aus einer wenigstens theilweise selbstständigen Anstalt in eine Regierungs-Anstalt überging, wenn gleich die Regierung ihre Absicht, die Universität nach ihren Maximen einzurichten, noch nicht vollständig erreichte, und die gänzliche Umgestaltung des Instituts nach ihren Maximen erst in den spätern Perioden erfolgte.

Zur Kenntniss des Universitäts-Lebens in dieser bewegten Periode derselben wird zuerst Einiges über das Verhältniss der Professoren zur Landesregierung und untereinander, dann das Einwirken der Regierung in die einzelnen Faculttäten und die ganze Universität, endlich der Zustand der Hauptmomente der letztern in dieser Zeit, wie er sich nach jenem Einwirken in den achtzehn Jahren dieses Abschnittes ergab, anzuführen sein.

---

1) Kink l. c. I. Bd. S. 425.
2) Vgl. §§ 20, 49 etc.
3) Vgl. §§ 11, 14.

§ 54.

Im Jahre 1730 glaubte die Universität Ursache zu haben, wegen Verfügungen der Lokal-Dikasterien, welche die Rechte der Universität beeinträchtigten, sich zu beschweren. Denn die Scharwache unterliess es, Unruhen, bei welchen Studenten betheiliget waren, sogleich dem Universitäts-Rektor anzuzeigen, und den Studenten abgenommene Gewehre zurückzustellen [1]). Das akademische Aerar sollte für die Wache den der Stadt Innsbruck auferlegten Beitrag bezahlen [2]). Ferner wurde in die Jurisdictions-Rechte der Universität eingegriffen, indem eine der Universität zuständige Untersuchung über Sponsalien-Bruch auf die Klage der Braut — ohne den akademischen Senat auch nur zu hören, bis zum Erlass eines Bescheides vom Brixener Ordinariat der Universität untersagt, der incarcerirte Inquisit entlassen, und der Professor Hermanin ad instantiam fisci vor das Forum der Regierung — ohne Requisition, ja Anzeige an den akademischen Senat, gezogen wurde [3]); von der medizinischen Facultät wurde das Votum zur Besetzung einer Kanzel gegen alle bisherige Gewohnheit abgefordert [4]), das Recht der Büchercensur beeinträchtiget [5]), die potestas comitiva der juridischen Facultät nicht respektirt, indem der geheime Rath einen von der juridischen Facultät creirten Notar von Montafon (Battlay) noch einmal prüfen lassen und bis dort suspendiren wollte [6]). Die Universität verlangte zur Austragung dieser Eingriffe in ihre Rechte, über deren Abhülfe sie theilweise wiederholt, aber vergebens gebeten hatte, eine Deputation vom geheimen Rathe. Dieser gewährte sie, und bestimmte dazu die geheimen Räthe Baron Firmian, Graf Spauer, und Baron Gentilotti. Nach Beschluss der Universität trug nun der Rektor Froehlich im Beisein der vier Dekane Brunelli, Seybold, Payr und Vintler am 10. November 1730 am Tische des geheimen Rathes diese Beschwerden jedoch nur im Allgemeinen vor, indem er auf Verlangen eine schriftliche Vorlage derselben versprach; er drückte dabei den Wunsch einer beständigen Deputation als Schützerin der Universität aus, an welche sich dieselbe bei ihren Angelegenheiten zu wenden hätte. Die Deputation versprach, sich die Sache angelegen sein zu lassen; die Universität soll ihre Beschwerden seiner Zeit schriftlich vorlegen [7]).

Ob diese Vorlage je erfolgte, ist zu bezweifeln, da in den Ephemeriden davon keine Erwähnung geschieht, und um diese Zeit an der Universität eine solche Zerfahrenheit einriss, dass eine diessfällige einstimmige Eingabe nicht erwartet werden kann. Denn die medizinische Facultät stand schon seit längerer Zeit mit den übrigen Facultäten wegen der Promotionen zu akademischen Würden in Spannung [8]). In die Klage wegen Abforderung separater Gutachten konnte diese Facultät schwerlich einstimmen, da sie ein solches ungeachtet eines dagegen stehenden Senatsbeschlusses doch der Regierung übergeben hatte [9]). Ueber das akademische Aerar wollte der medizinische Professor Payr in geheimer Sitzung seine Bemerkungen vortragen, bevor man die Vorstellung bezüglich desselben mache [10]). Die Anträge

---

1) Vgl. auch § 69.
2) Vgl. § 49.
3) Das Nähere hievon ist mir unbekannt.
4) Vgl. § 21.
5) Vgl. § 46.
6) Vgl. § 37.
7) Eph. th. 10. Nov. 1730. Eph. jur. 3. Mai 1730.
8) Vgl. §§ 35, 57.
9) Vgl. § 21 Note 3.
10) Vgl. § 58.

und Begünstigungen der medizinischen Professoren stimmten um diese Zeit manche
andere Professoren für sie nicht günstig [1]). Unter dem 18. Mai 1731 beschloss
der Senat, über Jurisdictions-Angelegenheiten aus wichtigen Gründen zu schweigen [2]).
— Die Uneinigkeit auch mit den weltlichen juridischen Professoren zeigt sich im
Jahre 1732 in einem auffallenden Grade. Die Universität war nämlich in ihrem
Vorschlage für zwei vakante Lehrkanzeln von dem Votum der juridischen Facultät
abgegangen, und hatte denselben wie gewöhnlich ohne Vorlage des Vorschlages
der juridischen Facultät über 19 Competenten überreicht. Nun forderte der geheime Rath wie im Jahre 1729 bei einer medizinischen Vacatur das Separat-Votum
der juridischen Facultät, welches die Universität wieder verweigerte. Auf einen
wiederholten Auftrag, das Votum vorzulegen, wollte die Universität auf ihrer Weigerung verharren; allein die weltlichen juridischen Professoren, darunter die noch
fungirenden Zeno und Froehlich, um deren Nachfolger auf ihre Beförderung zu
Regierungsräthen es sich handelte, und von denen der letztere als juridischer Dekan
das Referat der Facultät gemacht hatte, und schon durch das Abgehen von seinem,
wie er meinte, wohlbegründeten Votum unangenehm berührt war [3]), hielten diess
für gefährlich, und erklärten, ihr Votum selbst der Regierung zu übergeben [4]).
Vergebens suchte der Canonist seine weltlichen Collegen von diesem Vorsatze ab-
zubringen; nicht einmal diess erlangte er und der Rektor Brunelli, dass die juridische
Facultät ihre Vorlage durch den akademischen Senat machte, und so blieb diesem
nichts Anderes übrig, als die frühern Vota der Regierung mit der Bitte vorzulegen,
sie den Akten, wenn die jetzigen Voten der weltlichen juridischen Professoren von
ihren frühern abweichen sollten, nach Hof anzuschliessen. — Diess war nach der
Meinung der Senats-Majorität ein förmliches Lossagen der juridischen weltlichen
Professoren von der Auktorität des akademischen Senates; nach ihrer Ansicht hätte
man die Frage, ob die Universität dem geheimen Rathe als Beschützer der Universität unbedingten Gehorsam schuldig sei, durch Aufklärungen und selbst durch
Rekurs an den Kaiser lösen sollen.

So sehr gebrach es in den ersten Jahren dieser Periode der Universität an
Einigkeit — in den folgenden Jahren wurde es diessfalls nicht besser [5]) — und in
solcher Spannung war sie mit der Regierung. Da gerade in dieser Zeit zwei mit
den übrigen Professoren nicht harmonirende Collegen zur Regierung als Räthe über-

---

1) Unter dem 10. März 1732 schreibt der juridische Dekan Seybold S. J.: Libellus etiam Viennam destinatus mihi in hoc decanatu oblatus est, sed quia is varia et
gravia continebat, ut de bibliotheca publica erigenda, de professore botanico, historico etc.
constituendis ex nostro aerario et fundo, recusavi, subscribere, et propterea indignationem incurri, quia non erat deliberata in senatus concilio, ad cujus tamen deliberationem
res majoris momenti spectant. Cujusmodi plura evenere ultimis bis annis, qualia per
20 annos, quibus in senatu sedeo, prius non scio facta, ut est v. g. augmentum sala-
riorum medicorum, de quo in senatu deliberatum et conclusum esse non scio, ut dubi-
tem, an non sit subreptitie obtentum per patronos, et extra ordinem, saltem motum
Caesaris proprium nondum vidi. Laudetur Jesus Christus. — Die Spannung unter den
Professoren geht daraus klar hervor.

2) Ex urgentibus rationibus — sagen die jur. Ephemeriden ad 18. Mai 1731.

3) Es wurde, wie er sagt, abgefasst mit Rücksicht: partim quoad scientiam, partim quoad patriam, nec non quoad alias facultates v. g. circa officia jam gesta, praxin
longius exercitam, Majorum merita, Nobilitatem et similia caeteris paribus forte con-
sideranda.

4) Reiterato arcani consilii imperio resistere periculosum ac non consultum, et
alligato imperio se subjicere etc. (Eph. jur 14. Dez. 1732.)

5) Vgl. §§ 57, 60.

traten, so konnte sich die Universität von der Lokal-Regierung einen besondern Schutz wohl nicht versprechen. Ein kräftiges einstimmiges Einschreiten der Universität und eine kräftige Unterstützung der Lokalbehörden gegen der Universität missfällige hohe Anordnungen ist nicht zu erwarten. Ein glücklicher Umstand für die Universität war es jedoch, dass wenigstens Einige der neu eintretenden juridischen Professoren kollegialischen Geist mitbrachten, und sohin das Universitäts-Gutachten fast bei allen Verhandlungen, in welche nun näher einzugehen ist, nach den Ansichten der Jesuiten selbst dann ausfiel, wenn es sich theilweise nicht gerade um von den Jesuiten versehene Facultäten handelte.

§ 55.

Die ersten Eingriffe in die innern Studien-Angelegenheiten trafen, wie zu erwarten ist (mit theilweiser Ausnahme in der Medizin, § 58), die Philosophie, welche nur von Jesuiten versehen wurde, die ihre Dialektik in einer, wie man glaubte, wenig erspriesslichen Weise vortrugen. Als im Jahre 1729 gegen Errichtung anderweitiger philosophischen Studien der a. h. Schutz versprochen wurde [1]), war dabei zugleich der Auftrag ertheilt, zu begutachten, ob die Studia philosophica circa tempus et modum tradendi nicht nützlicher eingerichtet werden könnten. Diess veranlasste langwierige und wiederholte Berathungen, und zwar um so mehr, als im Jahre 1732 über Reduzirung dieses Studiums auf zwei Jahre neuerlicher Bericht, wie im Jahre 1717 [2]) abgefordert, und da er nicht gleich erfolgte, darauf wieder allerhöchst betrieben wurde. Zuerst berieth sich natürlich die philosophische Facultät, von der auch die theologische zur Berathung beigezogen wurde; beide wollten keine wesentlichen Neuerungen [3]). Aber auch bei dem akademischen Senate wurde der Gegenstand und zwar am 19. Mai 1733 das fünfte Mal verhandelt, da man bei den frühern Berathungen zu keiner Uebereinstimmung gelangte. Besonders war der medizinische Professor Payr mit dem dreijährigen philosophischen Curse selbst bei der Modifikation nicht zufrieden, dass im dritten Jahre vorzüglich nur die in die Theologie einschlagenden Lehren behandelt werden, und die noch zur Theologie übertretenden Schüler in diesem Jahre die medizinischen und juridischen Institutionen etc. hören könnten; auf diese Art, meinte Payr, würde die Medizin und Jurisprudenz keine vorzüglichen Magistros, sondern nur etwa Accessores erhalten. Die medizinische Facultät wollte sogar selbst einen bessern philosophischen Studienplan vorlegen, was ihr jedoch nicht gelang. Zuletzt brachte man es endlich doch zu einem einstimmigen Antrag für Beibehaltung des dreijährigen Studiums, der im Jahre 1733 der Regierung mit dem wesentlichen Inhalte übergeben wurde: Für ein zweijähriges philosophisches Studium spreche zwar das Beispiel mancher hohen Schule, wie jener zu Salzburg, Freiburg, der Lyzeen und der Klosterschulen; auch dürften bei abgekürzter Studienzeit noch mehrere Studenten zum Flor der Universität zu erwarten sein; selbst für die höhern Facultäten möchten — wenn keinem Physiker höhere Fächer zu frequentiren erlaubt würde, und Jeder nach zweijährigem ausschliesslich philosophischen Studium zu den höhern Fächern übertrete, wegen des Studiums weniger Fächer, aber gänzlicher Verwendung nur für dieselben

---

1) Vgl. § 45.
2) Vgl. § 27.
3) In den philosophischen und theologischen Ephemeriden findet man zum Theil ausführliche Aeusserungen hierüber; auch liegen mehrere Gutachten unter den Universitäts-Akten. Nach den philosophischen Ephemeriden schrieben die Jesuiten, wie öfter in ihren wichtigen Angelegenheiten so auch in dieser an den Beichtvater des Kaisers.

bessere Studenten, wie in der Philosophie selbst bessere Baccalaurei und Magistri erscheinen; andererseits aber hätte das dreijährige philosophische Studium seit der Errichtung der Universität bestanden, und zum Flor derselben beigetragen, wie die grosse Zahl der Studirenden und Graduirten beweise; auch hier wäre der Polizei-Grundsatz anzuwenden, das Gute ohne Substituirung von entschieden Besserm nicht aufzugeben; weder Studenten noch Professoren wünschen eine Neuerung, namentlich könnten Theologen, die doch in Tirol wegen Nachbarschaft ketzerischer Länder besonders gründlich unterrichtet werden sollten, während des vierjährigen theologischen Studiums gründliche Kenntnisse nicht erhalten, wenn sie nicht schon vor dem Eintritte in die Theologie einige Fächer derselben (Controversen, hl. Schrift, Moral) wenigstens theilweise gehört hätten, da sie vielfältig als Repetitoren der Philosophie beschäftigt, und schon Priester wären, die ihr Brevier etc. beten müssten etc.; dreijähriges Studium der Philosophie bestehe auch in Ingolstadt, Dillingen, Turnau, Prag, Olmütz, und selbst in Wien; einstimmig bleibe man daher bei dem Gutachten vom Jahre 1719 für ein dreijähriges philosophisches Studium, jedoch mit der Modifikation, dass die nothwendigen praktischen Fächer — wie Summulae (Logik) physica universalis et particularis etc. in den zwei ersten Jahren, die mehr spekulativen Fächer aber, wie de identitatibus, distributionibus, relationibus, de infinito, continuo, principia moralia philosophiae et ethicae im dritten Jahre gelehrt werden. — Obschon dieser Eingabe für Beibehaltung des philosophischen Trienniums auch die beiden Wesen vorzüglich aus dem Grunde beistimmten, weil die erprobte Einrichtung ohne Noth mit Neuerungen nicht zu vertauschen sei; so wurde doch unter dem 7. Oktober 1733 a. h. beschlossen, dass das philosophische Obligat-Studium nur zwei Jahre zu dauern habe; jedoch wäre zu begutachten, ob nicht eine Kanzel für Freifächer einzuführen sei. Diese wurde begutachtet, und dafür von der Universität auch Animastica (wohl Seelenlehre) oder historia cum reflexionibus ethicis, oder physica experimentalis; von den Wesen aber dazu architectonica militaris et civilis in Anregung gebracht; und in dem Hofberichte vom 3. Jänner 1734 für diese Kanzel die Jesuiten, welche durch die neue Einrichtung eine Kanzel verlieren sollten, besonders empfohlen. — Unter dem 3. Februar 1734 wurde sohin für das künftige Jahr das Biennium definitiv a. h. angeordnet, und unter dem 7. April d. J. die detaillirte Weisung über die neue Organisirung des philosophischen Studiums mit einer Beilage mitgetheilt. Die wesentliche Einrichtung besteht darin, dass im

I. Jahre — Vormittag Prolegomina (historia philosophiae et recensio veterum philosophorum), dann quaedam de dialectica, logica et metaphysica, — was nämlich nützlich ist, mit Hinweglassung alles Obscuren, Weitläufigen, was den Verstand der Zuhörer nur verdunkelt etc. — Nachmittag Mathes;

II. Jahre Vormittag im ersten Semester Physica generalis mit Weglassung des Unnöthigen, dann tractatus de causis — in ordine ad jurisprudentiam; — im zweiten Semester physica particularis und experimentalis; — Nachmittag im einem Vierteljahr Ethica nach Aristoteles und Seneca, dann Cosmographia, besonders Geographia und chronologia;

III. Jahre (Freijahre) Vormittag historia universalis profana, besonders a christo nato, und Nachmittag historia literaria et eloquentia gelehrt werde.

Hiebei wird noch verordnet, 1. dass die neue Kanzel den Jesuiten statt der Metaphysik zu übergeben sei, 2. dass neue Schulbücher zu verfassen und vorzulegen seien, die genau diesem Plane entsprechen, 3. werden bei allen Fächern Auktoren angegeben, nach deren Muster die neuen Bücher zu verfassen sind, z. B. in der Philosophie Clericus, Bourchot — l'art de pense; — in der Physik: Ulloa; in der Geschichte: Turselin, Sleidan; in den historischen Hülfswissenschaften: Cellarius, Hübner, Petavius; 4. wird wiederholt eingeschärft, das Unpraktische wegzulassen, und nur Nützliches zu lehren, z. B. in der Mathes Arithmeticam, Geometriam, architectonicam civilem et militarem, in der Physik hydraulicam, Staticam und Mechanicam, mit Weglassung des minder Nützlichen, wie Astronomiam, Astrologiam, Horographica etc.; 5. bei Verfassung der Bücher seien exotische Worte etc. zu vermeiden, und gutes Latein nach dem Beispiele von Clericus, Bourchot etc. zu gebrauchen; 6. das Diktiren wird streng verboten; bis zur Verfassung neuer Bücher sind schon vorhandene zu gebrauchen. — Endlich wird noch ein weiterer Bericht erlaubt, wenn der Ausführung dieser Anordnung noch etwas entgegen stehen sollte [1]).

Diese Erlaubniss benützend machte die Universität noch eine weitläufige Vorstellung, in der die medizinische und juridische Facultät den Ansichten der Jesuiten um so leichter beistimmten, als damals in diesen Facultäten auch zum Theil nicht angenehme Verhandlungen mit der Regierung eingetreten waren. Es wurde darin Manches wegen Weglassung des bisherigen Lehrstoffes, bei dem selbst mit Einschluss der neuen Fächer die Studien in zwei Jahren vollendet werden könnten, aber wegen der Menge der neu hinzugekommenen Fächer kein gründliches Studium derselben möglich sei; und über den theilweise schon bisher vom Professor der Mathes ertheilten Vortrag einiger neu vorgeschriebenen Fächer bemerkt; besonders aber wurde herausgehoben, die Universität wäre vorzüglich zur Beförderung des katholischen Glaubens gestiftet, wozu viele der neu vorgeschriebenen Gegenstände, die selbst Akatholiken häufig nicht hörten, nichts beitragen; Clericus sei Ketzer und streite gegen Thomas von Aquino und die hl. Väter, Bourchot sei offenbarer Carthesianer mit gefährlichen Lehren z. B. gegen die Eucharistie, daher von der Sorbonne verworfen; Sleidan im Index librorum prohibitorum der ersten Klasse; und doch hätte die Regierung erst vor einem Jahre im Contraste mit den gegenwärtigen Vorschriften Wachsamkeit gegen verbotene Bücher aufgetragen; die Universität sei ja Papste confirmirt, der bei solchen Vorgängen die Confirmation zurücknehmen würde; es gebe ja katholische Auktoren etc. Das Diktiren verbieten heisse alle Universitäten veralteter Fehler bezichtigen, und geschehe zum Nachtheil der Schüler, welche dann nur das vorgeschriebene Vorlesebuch kennen lernen, Interesse an Circuln und Disputationen höre bei einem Vorlesebuche auf. Schüler werden von den Lektionen wegbleiben, da sie das Buch zu Hause lesen können; die Professoren nehmen bisher aus verschiedenen Auktoren das Beste, nicht Lesen, sondern Schreiben gebe Gründlichkeit; Philosophie wäre Fundament der übrigen Wissenschaften, in ihr sollen die Schüler über verschiedene Sentenzen disputiren lernen etc. — Zu einer allgemeinen Studien-Massregel soll man die Fachmänner zur Berathung berufen; ein spezielles Misstrauen verdiene die Universität zu Innsbruck nicht etc. — Die Wesen meinten in ihrem Berichte vom 19. April 1735: Das Diktiren dürfte noch zu gestatten sein, sonst aber spreche sie sich gegen die Universität aus, — für ein zweijähriges obligates Studium der Philosophie mit Freilassung der Gegenstände des dritten Jahres; die Bedenklickeit wegen verdächtigen Auktoren sei lediglich Missverstand, da sie ja nicht für die Vorlesungen,

---

1) Siehe Beilage C.

sondern nur bei Verfassung von Vorlesebüchern empfohlen werden. Das Gerede über Berufung von Fachmännern sei überflüssig, da es sich ja nicht um eine allgemeine Studien-Reform handle. Die a. h. Entschliessung brachte nur die Modifikation, dass die Fächer des Freijahres den Physikern zu empfehlen, den Studirenden der höhern Facultäten zu erlauben wären [1]).

So wurde also für das Schuljahr 1735—36 ein Professor der Gesellschaft Jesu für Geschichte und Eloquenz aufgestellt, die Metaphysik aber dem Professor der Logik überlassen und die ersten wichtigen Studien-Veränderungen in der Philosophie eingeführt. — Weitere Versuche gegen diese Neuerungen bei Gelegenheit einer Universitäts-Deputation nach Wien [2]) waren vergebens. Da keine Controlle über Ausführung der Vorschriften bestand, so wurden sie im Detail nicht durchaus genau beobachtet, namentlich hörte das Diktiren nicht gänzlich auf.

§ 56.

In der Theologie traten um diese Zeit nur wenige Veränderungen ein, über Andere wurde verhandelt, jedoch nicht der Theologie wegen, sondern weil der Canonist in der juridischen Facultät, der Jesuit war, entfernt werden sollte. Es ging so zu:

Als im Jahre 1731 die Professoren der Medizin eine Gehalts-Erhöhung erhalten hatten, erneuerten auch die Weltpriester-Professoren der Theologie, Willes und Brunelli, die schon im Jahre 1728 um Erhöhung ihres Gehaltes auf 150 fl. angesucht hatten, weil er bei der Wichtigkeit ihrer Kanzeln, zumal bei den eventuellen Geschäften eines Dekans oder Rektors zu klein wäre, wieder ihr Gesuch; und auch der Jesuiten-Rektor Trapp bat für die zwei Professoren der Logik und Moral, die kaum 100 fl. bezögen (§ 23), um eine Gehaltsverbesserung. Unter dem 21. Mai 1732 wurde diesen Bitten a. h. in der Art Folge gegeben, dass die zwei Jesuiten je eine Zulage von 50 fl., also der Orden zusammen 100 fl., die zwei Weltpriester aber je 150 fl. Zulage mit der Bemerkung erhielten, dass diese Zulagen nur so lange bestehen sollen, als es der akademische Fond ertrage; bei einer Aufliegenheit desselben aber zuerst die Jesuiten die Zulage verlieren sollen, dass ferner die Weltpriester (Professoren der Controversen und hl. Schrift) dafür wöchentlich vier Stunden zu lehren [3]), und auswärtige Funktionen, besonders solche, welche wie Cooperaturen den nöthigen Studien zu viele Zeit rauben, aufzugeben hätten. Dieser letzte Beisatz wurde auf Professor Willes bezogen, der früher Stadt-Cooperator in Innsbruck, nun Nachfolger des von Thauer nach Innsbruck versetzten Pfarrers und Prokanzlers Lindner war. Allein der akademische Senat glaubte, Willes könne Pfarrer und zugleich Professor sein, weil beide officia nicht incompossibilia wären, wie das Beispiel Sibers beweise, der vom Jahre 1686 bis 1696 die Pfarre Thauer und die Professur zugleich versehen hätte, und weil die a. h. Entschliessung sich nicht auf Entlassung schon angestellter Professoren, sondern auf die Anstellung neuer Professoren beziehe. Ungeachtet nun die Universität diese ihre Ansicht nicht nur bei Gelegenheit eingelaufener Gesuche um die Lehrkanzel der Controversen den Dikasterien wiederholt, und unter dem 17. November 1733 selbst an den Kaiser

---

1) Die Berichte liegen in der Statthalterei-Registratur in Abschrift.
2) Vgl. § 56.
3) Diese Anordnung wurde von der Universität so ausgelegt, dass die zwei Professoren miteinander wöchentlich vier Stunden zu lehren hätten, sohin jeder Professor wöchentlich 2 Stunden Vorlesungen gäbe.

abgegeben hatte, und auf einen darüber erfolgten Auftrag, den Vorschlag zur Besetzung dieser Kanzel zu erstatten, nach Senatsbeschluss vom 22. März 1734 statt des Vorschlages die Erklärung Willes's vorlegte, dass, wenn eine Resignation nothwendig sei, er lieber die Pfarre als die Professur resignire: so kam doch unter dem 19. Oktober 1735 die a. h. Entschliessung, dass Willes's Resignation der bessern Pfarrpfründe schwerlich ernstlich gemeint sein könne, sohin die Kanzel der Controversen ein Jesuit übernehme, zur Erleichterung der Gesellschaft Jesu aber die Kanzel des Kirchenrechtes auf einen weltlichen Professor, und zwar auf Muschgay überzugehen habe, dessen Lehrfach des Codex Professor Riegger zu seinem jetzigen Fache übernehmen soll. Es lässt sich denken, wie ungern die Jesuiten eine so wichtige Kanzel verloren; aber auch den weltlichen Professoren war die Uebernahme neuer Lehrfächer besonders des Kirchenrechtes beim Anfange des Schuljahres ohne Vorbereitung etc. sehr lästig. Die Universität beschloss sohin bei Eröffnung der a. h. Entschliessung am 24. Oktober 1735 zur Abänderung dieser anbefohlenen Neuerungen eine Deputation nach Wien zu schicken, und zwar in der Person ihres Rektors Riegger, welcher des grössern Ansehens wegen das Rektorat bis zu seiner Rückkehr beizubehalten hätte, und auch auf eine Abänderung der Neuerungen in der philosophischen Facultät (§ 55) hinwirken sollte. Riegger fand nach seinem ersten Schreiben an die Universität, in Wien fast so viele Feinde der Universität als Räthe und Referenten; er rieth, die tirolischen Stände um ihre Einwirkung anzugehen; auch legte er die Abschrift eines zur a. h. Unterschrift fertigen Erlasses über Umstaltung der Studien in Innsbruck und Aufstellung eines Superintendenten zur Ueberwachung der Universität bei. In seiner Antwort an Riegger machte der Senat vorzüglich auf die päpstliche Bestätigung der Universität aufmerksam, die den Vortrag des Kirchenrechts einem Jesuiten zuschreibt, daher auch der päpstliche Nuntius anzugehen wäre etc. Vom Landeshauptmann Gr. Künigl, welchen der Exrektor mit den Dekanen der Theologie und Jurisprudenz um die Unterstützung der Stände nach Rieggers Rath anging, erfuhr man bereits, dass das kaiserliche Dekret vom 19. Oktober im heurigen Jahre nicht mehr in Ausführung komme, übrigens wollte Künigl bis zur Versammlung der Stände nichts thun. Auch Rieggers zweites Schreiben war tröstlicher, und bestätigte die Aeusserung des Landeshauptmanns; doch empfahl es, auch die Mitwirkung des Stadtmagistrats zu suchen [1]). Die hierauf erfolgte a. h. Entschliessung vom 12. November 1735 sagt, dass einstweilen an der Universität noch der Status quo zu verbleiben habe, zumal bei bereits begonnenen Studien; da jedoch Seine Majestät zur Einförmigkeit der Studien in der gesammten Monarchie, und weil in Wien und Prag die Tractanda in jure canonico wirklich auf anderem Fusse eingerichtet seien, für die cathedra controversiarum einen Jesuiten, für das jus canonicum aber einen weltlichen Professor aufzustellen gesinnt sei, so wäre für taugliche Subjekte des Kirchenrechtes umzusehen, und das Gutachten der juridischen Facultät vorzulegen. — So blieb Willes Professor der Controversen, und die Kanzel des Kirchenrechts den Jesuiten [2]).

---

1) Der Magistrat hatte ja auch um die päpstliche Bestätigung der Universität gebeten (§ 6), und Aenderungen so wesentlicher Art waren mit der Furcht von Verminderung der Studenten verbunden, über die der Magistrat nicht gleichgültig sein konnte.

2) Die Hist. Soc. Jesu in der Dipauliana erzählt, die Jesuiten hätten sich von den Dikasterien in Innsbruck, vom Bischof in Brixen, von der tirolischen Landschaft etc. Zeugnisse verschafft, dass sie nichts gegen die Rechte des Kaisers und die Ruhe des Staates gelehrt haben; diese legten sie nach Wien vor; auch erbaten sie sich die Intercession der bayrischen Churfürstin Amalia, Tochter des Kaisers, und so blieb es nach einem a. h. Erlasse vom Jahre 1740 bezüglich des Kirchenrechtes beim Alten.

Diess Resultat zeigt, wie viel damals noch die Universität durchzusetzen im Stande war, wenn sie einmüthig und mit Entschiedenheit handelte [1]).

§ 57.

Vielfacher und erfolgreicher waren die Einwirkungen der höchsten Stellen in der medizinischen Facultät; doch kommt vor der Erzählung derselben die Beilegung eines Streites dieser Facultät mit den andern drei Facultäten durch die Einwirkung der Lokalbehörden zu erwähnen, um die etwas verwickelten in einander eingreifenden Verhandlungen wenigstens etwas leichter überschauen zu können.

Es ist bekannt, dass die medizinische Facultät bei Promotionen mehrerer Candidaten die Sporteln nicht wie die übrigen Facultäten bezahlte, und von jedem Candidaten immer 150 fl. forderte [2]). Diess war seit vielen Jahren ungeachtet mancher Klagen darüber so fortgegangen. Nun war auf den 16. August 1734 wieder eine Promotion von 5 Candidaten festgesetzt. Da rief der Rektor Hermann, Professor der Jurisprudenz, am 14. August die Dekane mit Ausnahme des medizinischen zusammen, welche beschlossen, bei dem Akte sammt den Professoren nicht zu erscheinen, wenn nicht die Taxe für die Candidaten vermindert, und jedem Professor für das Essen die doppelte Taxe per 6 fl. verabfolgt würde, was der Notar sogleich dem medizinischen Dekan zu eröffnen habe. Da die medizinische Facultät sich auf ihre Statuten, die sie nach dem ihr zustehenden Rechte gemacht habe, berief, und nicht beistimmte, aber auch die Dekane bei ihrer Weigerung zu erscheinen blieben, so wendete sich die medizinische Facultät mit der Bitte an den geheimen Rath, die Universität das Erscheinen bei der Promotion, für welche schon Alles bereitet sei, aufzutragen, was auch geschah. Die Promotion erfolgte sohin cum protestatione et salvis juribus. Aber über die Sache selbst musste es zur Entscheidung kommen, worüber man bis zum 3. Juni 1735 vergebens verhandelte, dabei aber zum Rektor der Universität nicht nach dem Turnus einen medizinischen Professor, sondern Riegger aus der juridischen Facultät wählte. Am erwähnten Tage kam durch Vermittlung des Vicekanzlers des geheimen Rathes Baron Gentilotti das Uebereinkommen zu Stande, dass jeder der drei medizinischen Professoren für das Examen 13 fl., sohin alle zusammen 39 fl., für die Promotion 7 fl., sohin 21 fl., der Pedell und Notar zusammen 6 fl., die Facultätskasse 6 fl. erhalte, also jeder Candidat 72 fl., dann als übrige Kosten bei

	einem Candidaten	zwei Candidaten	drei Candidaten
dem Prokanzler	3 fl. — kr.	2 fl. — kr.	1 fl. 30 kr.
dem Promotor	4 fl. — kr.	3 fl. — kr.	2 fl. 30 kr.
für das Essen	60 fl. — kr.	30 fl. — kr.	20 fl. — kr.
für Handschuhe für medizinische Professoren . .	3 fl. — kr.	1 fl. 30 kr.	1 fl. — kr.
für die übrigen 16 Paar à 34 kr.	9 fl. 4 kr.	4 fl. 32 kr.	3 fl. 1 kr.

---

1) Dem Rektor Riegger wurde natürlich nach seiner Rückkehr und mündlichen Relation am 28. November für die Erwirkung des Armistitiums, wie die theologischen Ephemeriden die a. h. Entschliessung vom 12. November nennen, vom Senate der gebührende Dank ausgesprochen; auch wurde nach Rieggers Antrag in Wien ein gewisser Müller als Universitäts-Agent gegen Honorar aufgestellt. Dann erst wurde zur neuen Rektorswahl geschritten. — Die Reisekosten Rieggers per 300 fl. wurden von den Dikasterien mit täglichen 10 fl., also 420 fl., aus dem Universitäts-Aerar bewilligt, die dem Rieger, wenn er sie anspreche, vom Senate belassen, sonst aber nach Abzug der wirklichen Kosten und eines Honorars für die Rektoratskasse bestimmt wurden. (Eph. th. 24. Februar 1736.)

2) Vgl. § 35.

bezahle, so dass der ganze Kosten mit einer hl. Messe à 1 fl. 24 kr. für einen allein promovirten Candidaten auf 152 fl. 28 kr., für jeden von zwei zugleich promovirten Candidaten auf 112 fl. 14 kr., endlich von jedem der drei zugleich promovirten Candidaten auf 103 fl. 28 kr. käme; ein vierter Candidat, der arm ist, kann mit Einverständniss der Facultäten gratis promovirt werden, aber bei 4—6 zahlenden Candidaten erhalten die Professoren jedenfalls doppelte, bei 7 und noch mehreren Candidaten dreifache Sporteln, doch darf auf mehrere Candidaten niemals gewartet werden. — Durch die doppelte und dreifache Taxe für das Essen etc. wurden die mehreren Candidaten nicht beschwert, da sie dieselben mit einander zu bezahlen hatten.

Wirklich erhielten im Jahre 1737 bei einer Promotion von 4 Candidaten die Professoren doppelte Sporteln; ob aber die Candidaten nicht mehr, und wie viel sie dem medizinischen Dekan bezahlten, ist nicht angegeben.

Durch diess Uebereinkommen war aber der Streit nur auf sehr kurze Zeit abgethan. Denn schon im Jahre 1738 kam es zu neuen Verhandlungen, als der vierte medizinische Professor (Bacchatoni) a. h. mit der Klausel aufgestellt wurde, „die Sporteln seien unter alle fürohin seienden vier Professoren, wie es auch ehevor gewesen, gleich zu vertheilen, derentwegen aber gleichwohlen zu neuerlichen Beschwerden der Candidaten in keiner Weise zu vermehren" [1]). Diess letzte war aber bei nicht erhöhter Bezahlung der Promovirten, die nun für vier statt früher für drei medizinische Professoren bestimmt war, nicht möglich, wenn nicht die vier Professoren sich mit geringern Bezügen begnügten, gegen was sie sich aber sträubten, oder die Candidaten mehr bezahlten, wogegen die übrigen Facultäten protestirten. Es kam daher aus Veranlassung einer Promotion von vier Candidaten, deren Jeder dem medizinischen Dekan 150 fl. erlegt hatte, und die am 23. Juli 1738 graduirt werden sollten, zu neuen Verhandlungen. Am 16. Juli d. J. hielt Rektor Muschgay eine Dekanats-Versammlung, bei welcher der medizinische Dekan Bacchatoni als Deputirter seiner Facultät sein Recht, Sporteln wie die übrigen Professoren der Medizin zu erhalten, ausführte, wozu die Taxen der Candidaten nicht hinreichen, wenn die Professoren der übrigen Facultäten doppelte Sporteln erhalten. Das Concil entschied: es sei bei dem Vertrag vom Jahre 1735 (sohin bei den doppelten Sporteln für die Professoren) zu bleiben, und da die Mühe der prüfenden Professoren, deren vier, statt der früheren drei seien, nun auch kleiner sei, und die a. h. Entschliessung eine neuerliche Beschwerung der Candidaten verbiete, so haben sich die prüfenden Professoren mit den frühern 39 fl. — die man jedoch auf die runde Summe von 40 fl. erhöhen wolle, sohin jeder Professor mit 10 fl. zu begnügen, und auch die 21 fl. pro gradu seien statt unter drei Professoren, wie früher, nun unter die vier Professoren in gleichen Portionen zu vertheilen. — Die medizinische Facultät erwiederte hierauf, dass sie nur drei Candidaten promoviren werde, weil der vierte freiwillig zurücktrete (wobei also die Professoren nur einfache Taxen zu beziehen hätten); zugleich bemerkte die Facultät, dass sie gegen die Senats-Entscheidung höhern Orts eine Vorstellung einreichen werde. — Der volle Universitäts-Senat, — nicht mehr die Dekane allein — mit Ausnahme der medizinischen Professoren, erwiederte unter dem 21. Juli, dass ihm zwar das Warten eines Candidaten auf eine spätere Promotions-Zeit missfalle, er es jedoch zur Vermeidung von Skandalen etc. geschehen lasse; nur seien für die Prüfung nicht 40 fl., sondern nur 39 fl. zu fordern, wie diess der Vertrag vom Jahre 1735 und die a. h. Entschliessung verlange. — Uebrigens hätte die Facultät dem Senate zu gehorchen;

---

1) Siehe § 58.

auch die Forderungen wegen der Repetitionen vor den rigerosen Prüfungen der Doctorats-Candidaten seien übermässig, sie seien auf 3 Dukaten herabzusetzen, und den Candidaten frei zu stellen; auch sollen diese Repetitionen den Lektionen keinen Eintrag thun, wie es bisher geschehen sein soll. Da von jedem Candidaten 150 fl. abgenommen worden seien, was die bestimmten Kosten nicht fordern, so sei der Mehrbetrag den Candidaten zurückzustellen. Der Senat erwarte über diess Dekret prompte und kategorische Antwort. — Am folgenden Tag machte der Notar in Begleitung der Candidaten die gewöhnliche Einladung zur Promotion mit dem Beisatze, dass die medizinische Facultät mündlich befriedigende Antwort gegeben, und baldige schriftliche Erklärung versprochen habe. Der Rektor — vor der Promotion über die schriftliche Erklärung der medizinischen Facultät in Folge Rathsbeschlusses angegangen — erwiederte, Bacchetoni habe sub fide boni viri versprochen, den Ueberschuss nicht zu vertheilen. Da aber die mit dieser ungenügenden Erklärung unzufriedenen Professoren von Suspension der Promotion sprachen, erklärte der Rektor weiter, hiezu sei jetzt keine Zeit mehr, und die Promotion ging vor sich. Da bis zum 29. Oktober eine befriedigende Aeusserung der medizinischen Facultät nicht erfolgte, wurde die Rektorswahl, die nach dem Turnus auf einen medizinischen Professor fallen sollte, verschoben, am 3. November jedoch — auf die Erklärung der medizinischen Facultät, vor einer hohen Entscheidung der Sache keine Promotion vorzunehmen, der friedliche Egloff als Rektor gewählt. Erst unter dem 20. Februar 1739 gab die medizinische Facultät eine sehr weitläufige Schrift an den geheimen Rath, in welcher sie anführt, dass die Prüfungsarbeit wegen der neu eingeführten Fächer der Chirurgie, Botanik und Aphorismen vermehrt statt vermindert sei; — der Vorwurf des Senats über Widersetzlichkeit grundlos wäre, da jeder seine Meinung und seine Anträge vorbringen dürfe, dass Repetitionen vor den rigerosen Prüfungen in den Facultäts-Statuten gegründet seien [1]), Lektionen aber wegen derselben nicht vernachlässiget werden. Dann wird weiter bemerkt, die a. h. Entschliessung beziehe sich auf die Zeit, wo bei vier Professoren die Taxe nicht bestimmt war, die — seit 1714 mit 150 fl. für jeden Candidaten festgesetzt — seit 20 Jahren klaglos bestand; die Einführung einer neuen Kanzel werde doch den Professoren nicht zum Schaden gereichen können; viele Candidaten werden gratis oder um geringen Preis graduirt, daher bei andern Candidaten ein Ueberschuss billig sei; der Senat selbst habe sich noch im Jahre 1725 bei 6 bis 7 Candidaten mit der einfachen Taxe begnügt, sohin die einfache Taxe gebilligt, die nur bei zehn Candidaten doppelt gegeben wurde; wegen Uniformität, die man anführe, könne die Facultät von ihrer zwanzigjährigen Gewohnheit um so weniger abgehen, als sie ohnehin nicht bestehe; die Philosophie gebe bei 60 Baccalaurei à 4 fl. nur einen Holzstich von 6—10 kr., bei 40 Magistri à 9—10 fl. eine Taxe von 2 fl., obschon sie in manchem Jahre 600 fl. einnehme; Philosophie und Theologie hätten auch für Examina, Testimonia, Licentiats-Promotionen Bezüge, und ihre Professoren brauchen zumal in Corporationen in der Haushaltung wenig; die Juristen seien weit besser besoldet, haben tausend Nebeneinkünfte, oft mehr als 30 Examinandos, deren Jeder mehr als 200 fl. bezahle; die Collegien tragen einem Professor 450 fl.

---

1) Volumen, ut quiscunque Promotor . . . candidatos antecedente mense instruat . . . usque ad subsequentem resolutionem in examine rigeroso facilem brevemque ac rectam sternat viam. Neque volumen, ut aliquis ad examen rigerosum admittatur, nisi praemissa tali sufficiente instructione. Ut autem Promotor debito laboris et instructionis praemio non destituatur, D. Candidatus gratitudinis ergo cum munere quodam dignari non recusabit — heisst es Cap. XI der Facultäts-Statuten, wo freilich nur vom Promotor, aber nicht von allen Professoren die Rede ist.

bis 480 fl. jährlich, für längstens 1 ½ Stunden 16 fl., während die medizinischen Professoren ihre Lektionen collegienartig einrichten. Die medizinische Praxis sei mit Mühe verbunden, die Vergeltung dafür nach Belieben, sohin gering oder gar keine; die Juristen werden auch für ihre Consilia bezahlt; die juridische Facultät bezahle den medizinischen Professoren bei fünf Promovenden auch nur einfache Sporteln; die medizinische Facultät bitte daher um Aufhebung des Senats-Dekretes vom 19. Juli, oder um Erhöhung der Taxen auf 200 fl. für einen Candidaten, da sich die Promotionskosten auf 198 fl. belaufen, und an andern deutschen Universitäten noch höher seien.

Zur Austragung dieser Streitigkeit stellte der geheime Rath eine Commission unter dem Vicepräsidenten Baron Gentilotti und Rath Zech auf, welche verschiedene Aufklärungen von den Facultäten abforderte, und verschiedene Verhandlungen einleitete, und endlich am 21. Jänner 1740 den vom geheimen Rath genehmigten Antrag stellte, dass jeder Candidat des medizinischen Doctorats Jedem der vier prüfenden Professoren 12 fl. == 48 fl., pro gradu 6 fl. = 24 fl.; dem Pedell und Notar zusammen 6 fl., der Facultätskasse 6 fl., für das Diplom 7 fl., sohin 91 fl., dann bei

	einem Candidaten	zwei Candidaten	drei Candidaten
für das Essen.	63 fl. — kr.	31 fl. 30 kr.	21 fl. — kr.
dem Prokanzler	3 fl. — kr.	2 fl. — kr.	1 fl. 30 kr.
dem Promotor	4 fl. — kr.	3 fl. — kr.	2 fl. 30 kr.
für Handschuhe 4 à 1 fl., 16 à 34 kr.	13 fl. 4 kr.	6 fl. 32 kr.	4 fl. 22 kr.
zusammen	83 fl. 4 kr.	43 fl. 2 kr.	29 fl. 22 kr.

zahle, so dass die Doctoratskosten mit Einschluss von 1 fl. 24 kr. für eine hl. Messe bei einem Candidaten auf 175 fl. 28 kr., bei zwei für Jeden auf 134 fl. 38 kr., bei drei für Jeden auf 120 fl. 50 kr. kommen. Wie bei dem Uebereinkommen im Jahre 1734, so wurde auch im Dekrete bemerkt, dass nicht mehr als drei Candidaten miteinander promovirt werden sollen, ausser wenn ein armer vierter gratis hinzukomme; ferner wird beigefügt, über Repetitionen vor den Promotionen sei gesetzlich nichts vorgeschrieben; endlich wird noch insbesonders den Professoren Einigkeit empfohlen.

Vor der Expedition des Dekretes wurde noch am Rathstage der Rektor mit den vier Dekanen zur vorläufigen Intimation von Baron Gentilotti und Rath Zech berufen, und dann durch Dekret des geheimen Rathes die Sache beigelegt.

§ 58.

Die vielen lang anhaltenden Verhandlungen dieser Periode über die zu verändernde Studien-Einrichtung der Medizin kann man vorzüglich auf drei zurückführen, unter denen besonders die zweite wichtig ist.

Die erste entspann sich schon nach dem Ableben des Professors und Physikers Statlender am 18. August 1729 nicht bloss wegen eines Nachfolgers, wozu sich 14 Competenten meldeten, sondern vorzüglich darüber, ob die Professoren künftig auch noch Physiker sein, und ob nicht ein eigenes Individuum auch die Chirurgie lehren soll, wozu sich ein Bacchetoni und zwar zum Vortrage in lateinischer, aber auch in deutscher Sprache antrug. — Die medizinische Facultät und sohin auch die Universität erklärte sich natürlich nicht für eine Trennung beider Stellen, deren jede mit besonderm Gehalte verbunden war, weil die Professoren früher theilweise sogar sämmtlich auch Physiker waren, und sprach sich für die probeweise Aufnahme Bacchetoni's für Chirurgie in der Art aus, dass er nur Lektor, nicht Professor sein, und den übrigen Professoren zu Diensten stehen soll; da an der Universität nur lateinisch zu lehren sei, und die Aufnahme als Schüler nur nach absolvirtem Gymnasium geschehen dürfe. — Der Besetzungs-Vorschlag ging dahin, dass Egloff zum Physikus vorrücke, und — als neuer Professor nach dem Antrag der medizinischen Facultät Ott, nach jenem der Universität aber Rindler einstehe. — Die medizinische Facultät beantragte auch für den Professor Payr eine Gehalts-Erhöhung von 200 fl. und für den neuen Professor von 50 fl., der aber zugleich Demonstrationen und Botanik lehren soll [1]). — Die Wesen waren mit der Verbindung der Professur und des Physikates nicht einverstanden, da jede Stelle ihren Mann fordere, zumal bei epidemischen Krankheiten, und da ganz Oberinnthal mit Reutte keinen Arzt habe; sie seien schon im Jahre 1712 und 1716 dieser Meinung gewesen, daher auch die Professoren der Institutionen und Anatomie keine Physiker wären. Vier ausschliessliche Physiker für Innsbruck wären nicht zu viel. — Als Physiker wäre Aliprandi von Botzen aufzustellen, als neuer Professor aber Rindler; — eine Gehalts-Erhöhung für die medizinischen Professoren wäre billig, und zwar für die bestehenden zwei Professoren mit 200 fl. wie die Regierung, mit 150 fl., wie die Kammer meinte; auch der neue Professor soll um 50 fl. mehr Gehalt erhalten, als sein Vorgänger hatte. — Die Aufstellung eines Lehrers der Chirurgie nach der Regierung mit 200 fl., nach der Kammer mit 150 fl., und zwar ab aerario und in der Person des Bacchetoni, der als Magister der Philosophie, Medizin und Chirurgie und nach vierjähriger Praxis in Spitälern hiezu allerdings tauglich wäre, sprachen sie sich mit dem aus, dass er den Professoren und auch Physikern in Anatomie und Chirurgie Hülfe zu leisten, jedoch nicht unter der Universitäts-Jurisdiction zu stehen, und in seinem Hause oder einem andern tauglichen Orte wochentlich eine Stunde Lateinisch für Akademiker, und eine Stunde Deutsch für blosse Chirurgen Unterricht zu geben habe. Der geheime Rath war in seinem Berichte vom 6. Juni 1730 mit diesen Anträgen — namentlich der Kammer einverstanden, und fügte nur noch bei, dass die besser gestellten Professoren sich bei Contagien und Consultationen verwenden zu lassen, und ihre Schüler auch zu Kranken mitzunehmen hätten. — Die a. h. Entschliessung vom 16. Dezember 1730 lautete auf Trennung der Physikate von den Professuren, Aufstellung Aliprandi's als Physikus, Vorrückung Egloff's auf die Kanzel der Praxis und Aphorismen mit 500 fl., Payr's zu den Institutionen mit 450 fl., Aufstellung Rindler's für Anatomie mit 200 fl. mit der Verbindlichkeit zu Demonstrationen, und zur Lehre der Botanik, endlich Aufstellung Bacchetoni's für Chirurgie mit 150 fl. — jedoch ex fundo Universitatis, wogegen sich freilich die Universität, jedoch vergebens sträubte. — Bacchetoni bat den geheimen Rath noch um ein Lehrlokale; die Universität — um ihr Gutachten befragt, erwiederte, das Erscheinen von Nicht-Akademikern auf der Universität würde Uneinigkeiten herbeiführen, daher er sich selbst nach ihrem frühern Antrage um ein Lokale umzusehen habe; auf der Universität könnte höchstens das Billard-Zimmer, aber nur für Studenten bezeichnet werden. — Bacchetoni scheint aber vor der Hand nicht eifrig Vorlesungen gegeben zu haben.

Die zweite Verhandlung, bei welcher wieder Bacchetoni betheiligt war, entspann sich im Jahre 1733, und zog sich bis 1737, ja zum Theil bis 1740 fort. In der a. h. Entschliessung vom 7. Oktober 1733 über das philosophische Biennium (§ 55), und in einem andern Hof-Erlasse über die Wiederbesetzung des auf Aliprandi's

---

1) Nach der Bemerkung Seybold's in den juridischen Ephemeriden (S. 105 Note 1) wäre der Antrag über Gehalts-Erhöhung im Universitäts-Concil nicht berathen worden, was unrichtig erscheint.

Ableben vakanten Physikats wurde das Gutachten abgefordert, ob zur Verbesserung des medizinischen Studiums nicht vier ordentliche und zwei ausserordentliche, also im Ganzen sechs Professoren aufzustellen wären, und zwar ordentliche *a.* für die Institutionen und Experimental-Physik der Medizin, *b.* Anatomie, Physiologie und Chirurgie, *c.* Materia medica, Institutiones chirurgico - pharmaceuticae, und im Sommer Botanik, *d.* Praxis und therapeusis; ausserordentliche aber *e.* für Pathologia und *f.* Semiotik; die letztern zwei wären mit 200 fl. anzustellen, und hätten den Physikern und Professoren nachzurücken, wobei Aliprandi's Physikat eingehen soll. Die Universität erklärte sich nach dem Gutachten der medizinischen Facultät auf das Entschiedenste gegen die Vermehrung der Professoren, sohin gegen das Projekt, — das akademische Aerar ertrage bei den gerade jetzt vermehrten Auslagen in der Theologie und Medizin einen weitern Aufwand nicht; die drei bestehenden Professoren lehren alle medizinischen Fächer schon dermals, und zwar der Professor der Praxis die Praegnosis, materia medica, Klinik, über die er casus diktire und darüber examinire; der Professor der Institutionen im ersten Jahre Physiologia Hygiotheoria, Pathologia, im zweiten Semiotica, therapia, fundamenta chirurgiae et pharmaceuticae, Alles in Schriften nach Galenus, Hypocrates; der Professor der Anatomie gebe auch Demonstrationen in corpore humano, und da menschliche Cadaver schwer zu bekommen wären, an Vögeln, Hunden und Schweinen; dabei hänge im Studium Alles wohl zusammen ohne Lücken; der gute Erfolg spreche für die gute Einrichtung; mehrere Professoren würden nur Uneinigkeiten, Missvergnügen, Schwierigkeiten wegen Sporteln bei Promotionen herbeiführen, und die Schüler nach Padua und Ingolstadt verscheuchen. Höchstens könnte ein vierter Professor für Praxis hinzukommen, und das Studium hierdurch um ein Jahr verlängert werden. — Aber das Stadtspital könnte den Professoren zur Verbesserung des Salars und der Praxis für Schüler übergeben werden, so wie es nützlich wäre, zu Anstellungen das österreichische Doctorat zu fordern, wie man in Bayern jenes von Ingolstadt fordere; in der Botanik gebe der Professor schriftlich die Charaktere der Pflanzen, und Demonstrationen im Freien; für exotische Pflanzen könnte im Hofgarten oder durch einen Platz hinter der Reitschule gesorgt werden, — auch ein anatomisches theatrum wäre erwünscht, aber dazu ausser dem an den Hörsaal stossenden Billard-Zimmer kein Platz. — Uebrigens wäre Egloff, der um Aliprandi's Stelle ansuche, bei der Universität mit Gehaltsverbesserung, die bei grösserer Mühe auch für die übrigen Professoren — nach der Meinung der medizinischen Facultät billig wäre, zu belassen; — wenn es aber nicht geschehe, Ott als neuer Professor aufzustellen. — Die Wesen waren ebenfalls nicht für eine Vermehrung des Lehrpersonals, da höchstens zwanzig Schüler die Medizin studirten, auch nicht für zwei Professoren der Praxis, die nur Uneinigkeiten veranlassen würden. — Uebrigens wäre Egloff als Professor zu belassen, jedoch mit einer Gehaltszulage von 100 fl. und mit dem Titel eines kaiserlichen Leibarztes; eine Gehaltsverbesserung wäre wegen grösserer Mühe in Demonstrationen, Botanik etc. auch für die übrigen Professoren billig, und da gerade der Gehalt des juridischen Professors Hermanin frei stehe (§ 59), so könnte er hiezu und zur Herstellung eines theatri anatomici und botanischen Gartens verwendet werden; — Bacchetoni wäre mit 300 fl. definitiv als Professor anzustellen, und ihm das Billard-Zimmer zu überlassen; — wegen Uebernahme des Stadtspitals von Seite der medizinischen Professoren werde die Regierung verhandeln. — Auch der geheime Rath war in seinem Berichte vom 26. Juni 1784 in der Hauptsache einverstanden; schlug jedoch als Physikus statt Ott einen Juliani von Roveredo vor, der viele Praxis in Spitälern und bei Soldaten etc. gehabt habe, und sich bald in das hiesige Klima einstudirt haben werde etc. — Die wichtige

a. h. Entschliessung vom 5. Jänner 1735 sprach aus: die Zahl der Professoren
sei nicht zu vermehren; der Professor der Institutionen hätte die Chemie besonders
zu dociren, und in der Hofapotheke im Winter auch zu manipuliren, im Sommer
Botanik im Freien — wochentlich zu Innsbruck, .monatlich einmal auf den Ge-
birgen, über exotische Pflanzen im Hofgarten zu lehren; — wegen grösserer Mühe
werde der Gehalt des Professors der Praxis auf 650 fl., der Institutionen auf
550 fl., der Anatomie auf 450 fl. gesetzt; auch werde eine neue Kanzel für Chirurgie errichtet und dem Bacchetoni mit 300 fl. Gehalt verliehen; er sei comembrum
der Universität, habe deutsche und lateinische Vorlesungen — die eine Vor-, die
andere Nachmittag zu geben, auch sei über Ertheilung des Grades der Chirurgie
zu berichten; theatrum anatomicum sei im Billard - Zimmer, botanischer Garten im
Hofgarten herzustellen, für jenes und diesen werden je 100 fl. ex fundo academico
jährlich bewilligt; zum Garten soll auch jeder Professor mit Gewächsen, und jeder
Besuchende, sei es auch nur mit einem Kreuzer beitragen, und die Professoren
jährlich dazu etwas geben; für Anatomie seien Cadaver von Justifizirten und auch
von Spitälern umsonst zu geben; in Oesterreich graduirte Aerzte seien caeteris
paribus bei Anstellungen ausländischen Doctoren vorzuziehen. Es wäre zu berichten, ob drei Studienjahre der Medizin nicht zu wenig seien, und ob nicht die
Hofapotheke als operatorium universale, von der alle chemica zu nehmen wären,
behufs besserer frischer Medikamente einzurichten, und ob nicht jedem der Professoren, die ihre Schüler auch zu Kranken auf dem Lande mitzunehmen hätten, eine
bestimmte Zahl Studenten zuzuweisen wäre. — Die medizinische Facultät, mit der
auch die Universität übereinstimmte, fasste ihren hierauf erstatteten Bericht in acht
Punkte zusammen, und erklärte 1. die Vorschrift über chemische Experimente in
der Hofapotheke und botanische Excursionen werde bereits befolgt; 2. und 3. Bacchetoni hätte nicht als Professor in die medizinische Facultät einzutreten, da ja
selbst nach der a. h. Entschliessung die Zahl der medizinischen Professoren nicht
zu vermehren, übrigens Bacchetoni auch nicht ausgezeichnet sei, nur Manualia und
Practica, aber keine Wissenschaft lehre, was zu Mailand, Florenz etc. in Spitälern,
nicht auf der Universität geschehe, das Wissenschaftliche dieses Faches behandle
schon der Professor der Anatomie; selbst gradus chirurgiae werde in Italien nur
privat — praesente tantum facultate medica ertheilt, und könne hier bei so wenig
Gelegenheit zu chirurgischen Kunstgriffen, an Würdige gar nicht ertheilt werden;
in den Statuten der Universität sei von Medizin, nicht von Chirurgie die Rede; nach
der a. h. Entschliessung vom 16. Dezember 1730 hatte Bacchetoni den Professoren
und Physikern zu Diensten zu sein, als Professor aber wäre er, wenn er Dekan und
Rektor würde, im Widerspruche damit ihr Oberer; über die Sporteln bei Promotionen müssten bei vier Professoren Streitigkeiten und für die Studenten grössere
Lasten entstehen, welcher doch jetzt schon geklagt und zu Promotionen
nach Padua etc. gegangen werde; Bacchetoni soll daher membrum Universitatis,
wie die Sprachlehrer etc. sein, und könne im Zimmer des theatri anatomici, wenn
das Billard aus demselben weggeschafft werde, nach einem ihm von den Professoren
vorgeschriebenen Plane von 7 bis 8 Uhr lateinische, Nachmittag aber zu Hause
deutsche Vorlesungen geben. 4. Auf die jährliche Verabreichung von 100 fl. für
den botanischen Garten wird nicht angetragen, theils weil dieser Betrag zu klein
und Tirol selbst ein botanischer Garten sei, theils weil der Hofgarten 600 exotische
Pflanzen liefere; — aber für die Vorsorge behufs des theatri anatomici danke man;
5. eben so für den Vorzug inländischer Medizin-Doctoren vor ausländischen; 6. das
medizinische Studium soll wie bisher drei Jahre dauern, wie in Padua, Ingolstadt etc.; in Altdorf daure es gar nur zwei Jahre, diese wären aber strenge ein-

zuhalten, ja schwache Studenten zu vierjährigem Studium anzuhalten; 7. für Praxis soll nur das dritte Jahr verwendet werden, weil die Theorie nothwendig zwei Jahre fordere, diese Einrichtung habe sich durch die Bildung guter Aerzte sattsam bewährt; 8. ein Laboratorium chemicum universale wäre nicht zu errichten, es wäre Monopol, selbst die Apotheker-Lehrlinge müssten dann hieher zum Unterricht kommen, was zu theuer wäre; es würde die ganze Zeit die Hofapotheke in Anspruch nehmen etc. — Die Wesen fanden in ihrem Berichte über diese acht Punkte die Ablehnung von 100 fl. für den botanischen Garten auffallend [1]), und die Regierung vereinigte sich auch nicht mit den Ansichten über Bacchetoni, um den es sich wohl vorzüglich handelte; nach der a. h. Entschliessung verdiene dieser in die medizinische Facultät einzutreten; der Befehl, die Kanzeln nicht zu vermehren, beziehe sich auf die im Erlasse vom 7. Oktober 1733 beantragten Extra-Kanzeln; der Kaiser könne zum Nutzen des Publikums auch neue Kanzeln gründen; sei aber Bacchetoni Professor, so habe er auch in solito auditorio die Vorlesungen zu geben — jedoch nur für Akademiker wegen sonst zu befürchtenden Unruhen, bei Promotions-Prüfungen, conciliis etc. gegenwärtig zu sein; doch soll er — auch nach ihrer Meinung keine Promotions-Sporteln, ausser wenn es sich um Chirurgen handle, beziehen, und nicht Dekan und Rektor werden können. — Der geheime Rath forderte vor seinem Hofbericht noch über Bacchetoni's bezweifelte Geschicklichkeit die Aeusserung ab, welche von der Universität respective der medizinischen Facultät dahin lautete, dass man von einem guten Ruf über dessen Geschicklichkeit nichts wisse, selbst Barbierer hätten ihn nur in kleiner Zahl gehört, nur zwei Operationen wären von ihm bekannt, sonst hätte er nur operirenden Chirurgen zugesehen, ja mit zwei Aerzten die Abnahme des Fusses eines Soldaten beantragt, der geheilt worden sei etc. — Auf diesen Bericht stimmte auch der geheime Rath mit der Universität und Hofkammer, zumal Bacchetoni bei seiner Lehrmanier in 20 Jahren sein Fach nicht vollenden würde. — Dieser Bericht hatte zunächst das Hofdekret vom 20. März 1737 zur Folge, nach welchem Bacchetoni sich zu „einem discursus anatomicus mit dem dortigen Primär-Professor " nach Wien zu begeben hatte. Da diess Examen gut ausfiel, kam unter dem 17. Juli 1737 die a. h. Entschliessung, „der medizinischen Facultät die aus purem Ungrund und Eigennutz erflossene Vorgehung behörig zu verstehen und verweisen zu lassen, dass sie unsere in Sachen ganz klare Resolution mit Fleiss für dunkel zu halten sich vermessen", Bacchetoni sei nach der a. h. Entschliessung vom 5. Jänner 1735 bei der ihm anvertrauten Kanzel der Chirurgie zu belassen, und mit dieser Kanzel sei zugleich die Kanzel der Anatomie zu verbinden; er sei als ordentliches Mitglied der Universität mit allen emolumentis und praerogativis zu halten, so dass nun wieder wie früher vier Professoren der Medizin bestehen; Rindler habe die Botanik mit den Aphorismen zu geben, Sporteln seien ohne Beschwerung der Doctoranden unter alle Professoren zu vertheilen (§ 57) etc. — Bacchetoni hielt sohin am 6. November 1737 sein principium solemne als Professor der Chirurgie und Anatomie, und suchte bald darauf unmittelbar beim Kaiser um Gehaltsverbesserung an, welches Gesuch dem geheimen Rathe zum Bericht mit dem wiederholten Auftrage zugeschickt wurde, für Ablieferung von Cadavern aus Spitälern an die Universität zu sorgen, und zu sehen, dass die Scharfrichter für Cadaver nicht zu viel verlangen [2]). — Die Uni-

---

1) Man möchte vermuthen, dass der Grund der Ablehnung vorzüglich in dem auch von Professoren geforderten Beitrag lag.

2) Cadaver der Justifizirten wurden nämlich damals als Eigenthum der Scharfrichter betrachtet.

versität führte in ihrer Aeusserung über die ihr mitgetheilte Bittschrift Bacchetoni's die Aufliegenheit des Universitätsfondes, und weiter an, dass Bacchetoni längere Zeit ohne Lektionen zu geben seinen Gehalt bezogen habe, ohne sich jedoch gegen eine Erhöhung desselben, zumal er zwei Kanzeln versehe, auszusprechen. — Ob damals schon eine Gehalts-Erhöhung erfolgte, ist mir unbekannt, da aber im Jahre 1739 Rindler starb, und man wieder auf Auflassung des vierten Professors antrug, die unter dem 18. Jänner 1741 genehmiget wurde, so erhöhte sich sein Gehalt wenigstens von dieser Zeit an. Dass nach solchen Vorgängen Professor Bacchetoni in friedlichen Verhältnissen mit den übrigen Professoren zum Besten der Universität wirke, ist wohl nicht zu erwarten.

Eine dritte Verhandlung hatte auf das unter dem 21. Juni 1740 erfolgte Ableben des Professors Egloff statt, für den unter dem 23. September 1741 Gerstner mit der Bemerkung als Professor aufgestelllt wurde, dass es dem Professor Payr freigestellt bleibe, als sein Fach die Praxis oder die Institutionen zu wählen, dass ferner berichtet werden soll, ob der Gehalt Gerstners auf 450 fl. zu stellen, oder etwas für eine ausserordentliche Kanzel zu reserviren, oder wieder ein vierter Professor für Botanik und Chemie aufzustellen sei, wobei auf Sterzinger, der schon bei dem frühern Vorschlage zur Sprache kam, zu reflektiren wäre. — Für eine Kanzel der Botanik und Chemie sprachen sich weder die medizinische Facultät, noch die Universität, noch die Wesen, noch der geheime Rath aus, weil ein gründlicher botanischer Unterricht — wie die Universität bemerkte, wohl zwanzig Jahre fordere, da er in Padua, Rom und Bologna ungeachtet des guten botanischen Gartens zehn Jahre daure, die blosse Kenntniss herbarum usualium noch keinen Professor mache, und „bei diesem neugierigen saeculo immer etwas Neues in Vegetabilibus in Vorschein komme", wo man sich dann in diese Neuigkeiten nicht finde, und kein Professor — zumal kein alternder bei dem Fache bleiben würde; eine Kanzel der Chemie aber sei zu kostspielig, und die medicamenta werden in der Hofapotheke bereitet. — Auch für einen ausserordentlichen Professor sprach sich keine Stelle aus, da er nur Geld koste, nicht alle Professoren zu suppliren fähig wäre, und die Konkurrenz bei Vakaturen ausschliessen würde. — Im Falle der Errichtung einer neuen Kanzel für einen vierten Professor erklärte sich die medizinische Facultät für die Aphorismen, die dann Payr behalten wolle, der sonst die Institutionen wählen würde; die Universität glaubte es aber vor Gott nicht verantworten zu können, auf die Wiederherstellung dieser Kanzel den Antrag zu stellen, zumal die Facultät ohne diese in ihrer Blüthe immer zunehme, jeder Professor das Betreffende aus denselben in sein Fach aufnehmen könne, und auch das akademische Aerar zu berücksichtigen sei, bei dessen Besserung wichtigere Sachen, z. B. Bibliothek, deren Errichtung sonst auf bessere Zeiten warten müsste, Rücksicht verdienen; auch wolle sich der Senat bei schon bestehenden Streitigkeiten ausser Verantwortung setzen; würde jedoch ein vierter Professor für ein Fach aufgestellt, stimme die Universität lediglich um zu gehorchen [1]) für Sterzinger. — Auf die Vorlage der über die Verhandlung im letzten Punkte nicht übereinstimmenden Aeusserungen in einem 21 Bogen langen Berichte des geheimen Rathes vom 14. Jänner 1742 wurde unter dem 14. April 1742 Sterzinger als Professor der Institutionen mit 300 fl. Gehalt ernannt und dem Payr die Aphorismen mit der Vorrückung auf 650 fl. zugewiesen; auf die Vorstellung jedoch, dass nach den a. h. Entschliessungen vom 16. Dezember 1730 und 5. Jänner 1735 die Gehalte der medizinischen

---

1) Obsequendi gloria.

Professoren auf 650, 550, 450 und 300 fl. systemisirt seien, der Gehalt für Gerstner nachträglich von der Zeit seiner Anstellung auf 450 fl. bestimmt [1]).

§ 59.

Da die Regierung durch die Universitäten die Bildung tüchtiger Staatsbeamten bezweckte, unter denen die Juristen den ersten Rang einnehmen, so ist zu erwarten, dass sie vorzüglich das juridische Studium zu diesem Zwecke einzurichten suchte. Nebstdem gab aber die juridische Facultät seit dem Jahre 1740 durch ihre Uneinigkeiten mit dem akademischen Senate und unter sich, welche die Universität nicht wenig kompromittirten, mannigfaltige Veranlassungen zu Einschreitungen der Regierung.

In Bezug auf neue Einrichtungen etc. wurden nach der Beförderung der zwei juridischen Professoren Froehlich und Zeno zu Regierungs-Räthen, wo nebst dem Canonisten S. J. nur mehr der weltliche Professor Hermanin in der juridischen Facultät übrig blieb, nicht nur die vakanten Stellen der Institutionen und Digesten durch die neuen Professoren Promberger und Muschgay besetzt, sondern es wurde mit Hofdekret vom 25. April 1733 eine ganz neue Kanzel für Naturrecht und Reichsgeschichte (historia Germaniae) eingeführt, und in dem Erlasse noch weiter bemerkt, dass dem Staate an diesen Fächern und dem öffentlichen Rechte sehr viel gelegen sei, sohin dieses jus publicum mit den Digesten nicht mehr von Einem Professor cum fructe docirt werden könne, und Hermanin, der eher pro emerito et jubilato zu halten sei, wenn er nicht pro emerito deklarirt werden wollte, nur den codex, jedoch mit Beibehaltung seiner Emolumente ad dies vitae, zu lehren habe; auch sei für Criminal- und Cameral-Prozess, und collegia privata ein ausserordentlicher Professor aufzustellen, der nach der Vakatur durch Hermanin als ordentlicher Professor auch den Codex und processum cameralem zu übernehmen habe. Als neuer Professor des öffentlichen Rechtes, des Naturrechtes und der Reichsgeschichte wurde der geschickte Paul von Riegger aus Freiburg mit 650 fl.; als Professor extraordinarius aber der Tiroler Leopold Püchler mit 450 fl. ernannt, und die Kanzel des erstern zugleich als die erste juridische Kanzel, obschon Hermanin so lang er lebe den Vorzug behalte, erklärt. Riegger erhielt zugleich den Auftrag, methodum tradendi jus publicum et historiam Germaniae einzuschicken, was er auch that.

Nachdem Hermanin am 26. März 1734 gestorben war, wurde unter dem 21. April 1734 angeordnet, dass das juridische Studium von vier auf fünf Jahre auszudehnen und zu lehren sei; im

I. Jahre Kirchenrecht und Institutionen,
II.   „   Institutionen und processus cameralis,
III.   „   Digesten und processus criminalis,
IV.   „   Digesten und jus feudale und Historia Hermaniae,
V.   „   Jus publicum und jus Naturae.

Bei 4 Jahren müssten III. und IV. in einem Jahre gelehrt werden. — Die Rangordnung und die Fächer der Professoren seien: Riegger mit jus publicum et naturae und Historia Germaniae — ohne andere Collegien; Muschgay mit Codex und processus cameralis; Promberger mit Digesten und jus feudale; Püchler mit Institutionen und processus criminalis. — Zugleich wurde aufgetragen, nicht mehr die Vorlesungen zu diktiren, und den Elenchus der jährlich zu gebrauchenden Vorlesebücher einzuschicken; in dem der a. h. Entschliessung beigeschlossenen Projekt:

---

1) Meistens aus Statthalterei-Akten — jedoch mit Ergänzungen aus den Ephemeriden der betreffenden Jahre.

methodus studii juridis war bezüglich der materiae mixtae die § 53 angeführte Bemerkung beigefügt. In den Zeugnissen der Studirenden wäre auch ihre Capacität und Application sowie die Studienjahre auszudrücken. Vor der Einführung des Planes wäre aber wegen etwaiger Bedenken baldiger Bericht zu erstatten.

Da die Professoren ernannt, und an der Universität waren, so mussten die Fächer sogleich eingeführt werden, obschon die Universität mit manchen Bestimmungen des Planes nicht einverstanden war. Sehr entschieden erklärte sie sich, da selbst der Modus ein quadriennium zuliess, gegen das Quinquennium dieses Studiums, das nur die Studenten vermindern würde, ferner gegen den nur einjährigen Vortrag des Kirchenrechtes, da ein so weitläufiger Studienzweig, der nach der Stiftungs-Urkunde und der päpstlichen Confirmation ein Hauptfach wäre, und bei oberflächlicher Behandlung und akatholischen Büchern den zahlreich hier studirenden Klerus verscheuchen würde, in einem Jahre unmöglich vollkommen gelehrt werden könne; endlich und vorzüglich gegen Vorlesebücher und deren Anzeige statt des Diktirens, was die Professoren bei ihren Schülern um ihr Ansehen bringe, den Fleiss der Schüler und Professoren vermindere; Lehrer — würde bemerkt — sinken zu Privat-Docenten herab, Schüler lernen das Vorlesebuch wie einen Katechismus auswendig, mit blossem Lesen ohne zu schreiben lerne man nicht gründlich, die Professoren benützten ohnehin die besten Auktoren, und empfehlen dieselben den Studenten, Schädliches pro publico und orbe christiano lehren die Professoren gewiss nicht [1]). — Wenn das Jus publicum nur im letzten Studienjahre gegeben werde, würden es höchstens 6—10 Schüler hören, die sich noch dazu auf die Prüfungen vorbereiten. Die Universität meinte, die Eintheilung der Fächer wäre so zu machen, dass jeder Professor nebst seinem Hauptfache in einer täglichen Stunde (mit Ausnahme des Donnerstages, an welchem die Nebenfächer zu geben wären und zwar der Professor juris publici et naturae die Reichsgeschichte, — der Professor des Codex den Civilprozess, der Professor der Digesten das Lehenrecht, der Professor der Institutionen den Criminalprozess) so lehr, dass die Fächer beiläufig wie bisher, nämlich im ersten und zweiten Jahre Institutionen und Kirchenrecht, im dritten und vierten Jahre Digesta und Codex vorgetragen, und nur Jus publicum täglich von 10—11 Uhr gegeben werde. Doch wären die Studenten ex certo anno zu keinen Lektionen determinative zu verhalten, und kein Landeskind ohne Examen und Approbation von der Regierung in civilibus anzustellen. — Die Wesen und der geheime Rath, welcher den Bericht unter dem 5. Oktober 1735 vorlegte, machten darüber keine bedeutenden Bemerkungen; doch meinten die Wesen, dass die Stunden für die Freifächer auch näher bestimmt, und das öffentliche Recht für Schüler des dritten und vierten Jahres, nicht für die erst eintretenden Juristen gegeben werden sollte.

Es ist auch § 56 bekannt, dass damals auch andere Gegenstäude verhandelt wurden, woraus sich's zum Theil erklärt, dass eine Haupt-Resolution über das juridische Studium erst unter dem 2. November 1740 nach manchen Zwischenverhandlungen erfolgte. Diese brachte einen sehr detaillirten Plan über die Einrichtung dieses Studiums mit einem Schema über die Lehrstunden für die einzelnen Fächer und Collegien, und mit Anweisungen über die Lehrmethode. Das Studium hatte vier Jahre zu dauern und war für die Institutionisten in den zwei ersten und für die Digestisten in den zwei letzten Jahren so geordnet, dass

---

1) Vgl. § 55. Der Einfluss der Jesuiten bei diesem Gutachten ist schwerlich zu verkennen. Dass vor absoluto biennio philosophico keine Aufnahme in dem juridischen Studium erfolgen sollte, wurde ebenfalls angeführt.

A. die Institutionisten im
  I. Jahre:

Montags, Mittwochs und Freitags
von 8—9 Uhr jus can., 2—3 Uhr Inst., 3—4 Uhr coll. jur. can.,
Dienstags, Donnerstags und Samstags
8—9 Uhr Coll. Inst., 2—3 Uhr jus feudale;

  II. Jahre:

Montags, Mittwochs und Freitags
8—9 Uhr jus can., 2—3 Uhr Inst., 3—4 Uhr coll. jur. can.,
Dienstags, Donnerstags und Samstags
8—9 Uhr jus crim., 9—10 Uhr coll. Inst., 3—4 Uhr hist. Germ.;

B. die Digestisten im
  III. Jahre:

Montags, Mittwochs und Freitags
7—8 Uhr jus nat., 10—11 Uhr coll. jur. publ., 3—4 Uhr Dig.,
Dienstags, Donnerstags, Samstags
9—10 Uhr jus publ., 10—11 Uhr Dig.;

  IV. Jahre:

Montags, Mittwochs, Freitags
9—10 Uhr Codex, 3—4 Uhr Dig.,
Dienstags, Donnerstags, Samstags
7—8 Uhr Proc. cam., 10—11 Uhr coll. Dig.,

zu hören hätten. — Für die einzelnen Fächer werden auch die Lehrbücher bezeichnet [1]. — Ueber die Lehrart war Verschiedenes bemerkt, als: der Digestist habe sich nicht in Materien des Institutionisten und umgekehrt einzulassen; die Zahl der Hörer des öffentlichen Rechtes werden sich mehren, wenn der Professor collegia eodem pretio wie der Digestist gebe, und ohne Zeugniss über diess Fach kein Candidat vorgeschlagen und kein Examen von den Professoren aufgenommen werde; in den Collegiis sei theils explicando et examinando, theils disputando vorzugehen; von Zeit zu Zeit seien aber auch förmliche Disputationen zu halten; die collegia hätten mit den Lektionen oder wenigstens a festo Leopoldo anzufangen, und bis Jakobi zu dauern; die lectiones extraordinariae und juris publici hätten eodem die cum ordinariis zu beginnen u. s. w.

Ueber diese Verordnung wurde wieder die Aeusserung, und zwar der einzelnen Professoren und der Wesen abgefordert, und unter dem 9. August 1741 von Wien betrieben, wobei die Universität ihre Verzögerung damit entschuldigte, dass sie den Erfolg des Schuljahres habe abwarten wollen. In den Aeusserungen der einzelnen Professoren kommen die verschiedensten oft von einander abweichenden Ansichten vor, welche die Wesen in ihrem Berichte vom 18. Dezember 1741 auf 24 Punkte zurückführten; sie werden hier übergangen, weil sie kein bedeutendes Resultat gegen die gegebenen Anordnungen herbeiführten [2].

---

1) Jus Naturae war nach Grotius; Historia Germaniae nach Struvius; Codex nach Hagens Thesen und Plumius; Digesta nach Zoesius; jus feudale nach Strykius; Institutiones nach Kees oder Schomberger; historia juris antiqui nach Brunquellius; Jus criminale nach Carpcovius oder Froehlich zu lehren. — Riegger conspectus über jus publicum wurde unter Hinweisung auf Pufendorf etc. genehmiget. — Jus canonicum hatte Pichler zum Vorlesebuch.

2) Die Hofdekrete über Einrichtung der Studien und Abschriften der Hofberichte liegen grösstentheils unter den Statthalterei-Akten.

§ 60.

In dem erwähnten hohen Erlasse vom 9. August 1741 wurde auch Bericht abgefordert über die an der Universität in dieser Zeit bestehenden Uneinigkeiten. Die diessfälligen Uneinigkeiten entspannen sich bald nach dem Eintritte des juridischen Professors Inama (ernannt am 17. Oktober 1739). Die ersten Streitigkeiten, zu deren Beilegung im Jahre 1740 der Regierungsrath Hormayr von Wien aus bestimmt wurde, sind wenig bekannt, weil die Akten über sie vertilgt worden sind. Im Jahre 1741 entstanden aber wieder aus Kleinigkeiten die ärgsten Händel, die wiederholt bis zum Kaiser gelangten. Professor Püchler glaubte ungeachtet der Gegenvorstellungen seiner Collegen, dass Studirende, welche bloss die Lektionen und nicht auch die Collegien besucht hätten, zu den Prüfungen etc. nicht zuzulassen seien; der juridische Dekan Muschgay erliess nun zur Einholung der Meinung aller juridischen Professoren ein Circulare, worin er unter Anderm bemerkte, dass man wegen Mangels bestimmter Vorschriften über das Bedenken um so mehr hinausgehen dürfte, als man sich sogar über ausdrückliche Vorschriften, Collegien vor Ablauf der Vorlesungen nicht zu beginnen, und Lektionen über Obligat-Fächer zu geben, hinaussetze. Diess bezog Professor Püchler nicht mit Unrecht auf sich, da er seine Collegien vor Schluss der Vorlesungen des Professors Muschgay angefangen, und die Vorlesungen aus dem Lehenrechte aus Mangel an Schülern aufgelassen hatte. Als nun diess von Riegger und Inama bereits gefertigte Circulare zu Püchler kam, behielt er es ohne weitere Fertigung bei sich. Bald darauf kamen die juridischen Professoren wegen eines juridischen Gutachtens bei Inama zusammen, und da liess Muschgay durch Inama melden, dass er vor Zurückstellung seines Circulars zu keiner Professoren-Versammlung erscheine. Auch kam es dabei zwischen Püchler und Inama zu einem Wortwechsel, bei welchem Inama nach Püchlers Angabe, und Riegger's Bestätigung (der Canonist wollte mit Stillung der Gemüther der Professoren beschäftigt auf die Ausdrücke zu wenig Acht gegeben haben) den Püchler Lügner, Protokolls-Verfälscher, homo sordidus etc. nannte. Diess bezog sich auf das Verfahren Püchlers als Universitäts-Rektor im Jahre 1741 bei einer Senatsversammlung, in welcher über ein Regierungsdekret vom 31. Jänner 1741, das die Nachlässigkeit der Professoren, namentlich des Professors der Institutionen (Inama's) rügte, verhandelt, und unter Anderm nach Inama's Behauptung seine Vertheidigung, nach Püchlers Behauptung aber, dem die Majorität des Senats beistimmte, und wie auch das von Püchler, nicht vom Notar, redigirte Sitzungsprotokoll aussprach, nur die Vorlage der von Inama selbst verfassten Vertheidigung an die Regierung beschlossen wurde. Inama, der nun seine Vertheidigung selbst machen musste, verlangte hiezu vom Senate ein Zeugniss über seinen Fleiss, die Vorlesungen zu geben; der Senat aber verlangte von ihm die nähern Angaben über den Inhalt dieses Zeugnisses, da er erst im Jänner von Wien zurückgekehrt war, sohin in den ersten Monaten des Schuljahres die Vorlesungen wirklich nicht gegeben hatte; diese Forderung des Senats schrieb Inama einem gehässigen Vortrage des nunmehrigen Dekans Riegger zu, wodurch zwischen diesen beiden Collegen auch Spannung entstand, oder doch die schon bestandene erhöht wurde. So standen sich die juridischen weltlichen Professoren im Jahre 1741 einander gehässig gegenüber. Zwar bewirkte der Vicekanzler des geheimen Rathes Baron Gentilotti am 18. Mai 1741 eine Aussöhnung, so dass sich die Professoren vor ihm als Zeichen der Versöhnung die Hand reichten; allein schon am 23. Mai wurde vom akademischen Senate, zu dem jedoch Inama und Muschgay nicht berufen waren, der Beschluss zu einer Vorstellung an den Kaiser gefasst, oder vielmehr, da er schon vor der Aussöhnung von Gentilotti gefasst war, erneuert, und mit Beistimmung Gentilotti's auch ausgeführt, weil ohne höhere kommissionelle Untersuchung und Entscheidung keine Ruhe zu hoffen, und wie wenigstens Püchler behauptete, mit Inama nicht auszukommen sei. Auf dieses gaben auch Inama und Muschgay eine Injurienklage gegen Püchler an den Kaiser. Beide Vorstellungen kamen an den geheimen Rath um Bericht, und dieser beauftragte unter dem 9. August 1741 die Wesen, eine Commission zur Aufklärung namentlich über die Urheber der Streitigkeiten aufzustellen, und das Gutachten über allenfallige Personal-Veränderungen, sowie über den Fleiss und die Geschicklichkeit der Professoren, und — nach dem a. h. Erlass auch darüber abzugeben, ob nicht an der Universität ein Superintendent aufzustellen wäre. Unter dem 18. Dezember 1741 wurde nun in einem weitläufigen Bericht [1] im Wesentlichen beantragt, — strenger Verweis an die Schuldigen, als welche Riegger und Püchler bezeichnet werden, — doch hätte nach der Meinung der Hofkammer Inama dem Püchler abzubitten, womit aber die Regierung nicht einverstanden war, weil die Injurien nicht gehörig bewiesen wären, und vielmehr Püchler wegen Parteilichkeit, Ausschliessung Inama's vom Senats-Concil fehlte; — ferner gemessener strenger Auftrag zum Frieden und zur einzigen Rücksicht auf das allgemeine Beste; — endlich Aufhebung der bisherigen Verhandlungen ohne Versetzung, Beförderung oder Degradirung eines Professors, aber Drohung der sogleichen Suspension ab officio et salario bei fernerer Wahrnehmung von Unfrieden; auch wäre der Senat zur unparteiischen Behandlung der Geschäfte — ohne Concil ausser der Stuba academica (wie es in dieser Angelegenheit geschah) nach den Statuten der Universität vorzüglich in Bezug auf die Vota, welche der Notar und nicht der Rektor zu protokolliren hätte, anzuweisen, und Püchler, der mit Inama nicht auskommen zu können behaupte, zurecht zu weisen. In diesem Sinne erfolgte auch unter dem 19. Jänner 1742 der a. h. Erlass, in welchem die Handhabung der Ordnung besonders dem indessen aufgestellten Superintendenten aufgetragen wurde.

Die Einigkeit dauerte aber nicht lange, indem Inama, der im Jahre 1743—44 Universitäts-Rektor wurde, mit dem akademischen Senate in Zwistigkeiten gerieth, und der Universität eine arge Compromittirung zuzog, weil man aus Abneigung gegen ihn nicht vorsichtig genug, und vielleicht nicht ganz unparteiisch vorging. Der Senat wurde mit ihm als Rektor unzufrieden, weil er auf einen Studenten-Tumult im Gasthause zur Sonne ungeachtet eines Senatsbeschlusses keine Untersuchung vornahm, bei ihm hinterlegt sein sollende Gelder eines Studenten Schuldhaus, ohne sich zu rechtfertigen, nicht herausgab, gegen Gewohnheit, ja Senatsbeschluss vom 17. Mai 1742 sich eines akademischen Sprachlehrers, den andere Sprachlehrer beeinträchtigten, nicht annahm; vorzüglich aber weil er die Rektorats-Rechnungen seines Vorgängers Brunelli bei sich behielt, und nicht den Dekanen mit seinen allfälligen Bemerkungen zur Adjustirung mittheilte. Der Exrektor Brunelli berief nun am 25. Juni 1744 ein Senats-Concil, in welchem ein doppeltes Dekret an Inama beschlossen, und dann von allen Dekanen unterzeichnet erlassen wurde — das erste wegen der nicht vorgelegten Rechnungen, das zweite wegen der übrigen Beschwerden. Als Inama hierauf auf den 30. Juni eine Senats-Sitzung berief, schickte ihm der wieder von Brunelli berufene Senat am Tage vorher ein neues Dekret des Inhaltes zu, dass man vor Uebergabe der Rechnungen zu keiner von ihm angesagten Senats-Sitzung erscheine. Inama schickte nun zwar am 30. Juni die Rechnungen, protestirte aber dabei gegen die Eingriffe in die Rechte des Rektors. Brunelli berief am nämlichen Tage wieder den Senat, der nicht bloss die Protestation als nichtig erklärte, weil der Senat nur Gesetzmässiges gefordert hätte, sondern ihm auch neue Aufträge bezüglich des zweiten Dekrets vom 25. Juni zuschickte. Auf dieses Dekret gab Inama seine Aufklärungen — dass er vom Studenten Schuldhaus kein Geld empfangen habe, dass die Klage des akademischen Sprachlehrers schon vor zwei Jahren von der Regierung zurückgewiesen worden sei etc., that es aber auf so injuriös-grobe Weise, dass der Senat unter dem 25. Juli einstimmig ihm die ungebührliche Sprache gegen den akademischen Senat verwies, und eine Abbittsformel zuschickte, welche er binnen 48 Stunden unterschrieben zurückzusenden habe, bei sonst zu erfolgender Absetzung als Rektor [1]). Nun wendete sich Inama an den geheimen Rath, welcher dessen Eingabe sogleich der Universität mit dem Auftrage zuschickte, die Absetzung zu suspendiren, da man die Austragung der Sache einer Deputation übertrage. Am 30. Juli beschloss der Senat dem geheimen Rathe zu erwiedern, er möchte das weitere Vorgehen mit Inama dem akademischen Senate überlassen, da dieser den Rektor ganz frei [2]) zu wählen, sohin wohl auch aus wichtigen Gründen abzusetzen das Recht habe, übrigens sei man vollkommen bereit, die Beschwerden vor einer Deputation darzulegen. — Als solche wurde Graf Firmian als Präses, mit den geheimen Räthen Graf Taxis und Baron Eltaser aufgestellt [3]). Vor dieser Deputation erschien am 14. August um 9 Uhr Inama, um 9½ Uhr der Exrektor und die vier Dekane, ohne besondern, jedoch der Universität eber günstigen Erfolg [4]). Wahrscheinlich hatte die Forderung der Dekane, alle akademischen Professoren zu vernehmen, die Folge, dass auf den 17. August Vormittag alle geistlichen, Nachmittag alle weltlichen Professoren, die sich am 16. August in einem Concil einstimmig gegen Inama sich zu äussern vorläufig ausgesprochen hatten, einzeln zur protokollarischen Erklärung über folgende Punkte vorgeladen wurden: 1. woher der Streit und die Uneinigkeit komme? 2. ob sich seit der frühern Regierungs-Deputation eine Beschwerde gegen Inama ergeben habe, warum man ihn suspendiren wolle, und ob man mit der Suspension einverstanden sei? 3. welche Mittel man zu einem dauerhaften Frieden anzugeben wisse. — Wie die Antworten der einzelnen Professoren lauteten, und welcher Gebrauch davon gemacht wurde, ist mir unbekannt. Da aber hierüber bis zum 31. August — (Ende des Schuljahres) kein Erlass des geheimen Rathes erfolgte, so bat der Senat um eine Entscheidung vor Abgang der Professoren in die Ferien, indem sonst der Senat seine Funktionen gegen Inama fortsetzen müsste. Am 5. September, bis zu welchem Tage der Senat auf eine Entscheidung des geheimen Rathes vergebens wartete, wurden dem Inama durch den Notar und Pedell die Abbittformel wieder zur Unterschrift mit dem Auftrage an diesen zugeschickt, im Falle der Verweigerung der Unterschrift das ebenfalls mitgegebene Absetzungsdekret bei Inama zurückzulassen. Das letztere geschah. Inama eilte mit dem Absetzungsdekrete zu Firmian, welcher auf der Stelle den Exrektor berief, und drohend Widerruf des Absetzungsdekretes forderte, was aber dieser gegen einen Senatsbeschluss nicht thun zu dürfen erklärte. Am 10. September berichtete die Universität die Sache an ihren

---

1) Besonders erbittert war Riegger, welcher die Senatsdekrete verfasst hatte. Die einzelnen Umstände sind aus den Ephemeriden und zum Theil aus den unten angeführten Akten genommen. Die Dekrete etc. fand ich nirgends.

2) Sine ulla approbatione, exceptione, aut intimatione vel acceptatione.

3) Die theologischen und philosophischen Ephemeriden bezeichnen Firmian als singularem Inamae patronum, Graf Taxis aber als der Universität günstig.

4) Firmiano nos obruere parante, baten wir alle Akademiker zu hören etc., eo effectu, ut cum senatus paulo ante vix non reus videretur, Rectorem haud obscure reum agnosceret. (Eph. ph. 14. Aug.)

Agenten Müller in Wien. Am 14. September, und da an diesem Tage aus unbekannter Irrung im Commissionszimmer die Deputation nicht erschien, wieder am 18. September kamen vorgeladen Inama, der Exrektor und die Dekane zur Deputation, bei welcher Graf Taxis nicht gegenwärtig war; diese behandelte Inama durchaus als Rektor, die Uebrigen aber sehr herabwürdigend, und legte eine Formel zur Verständigung [1]) vor, die wohl Inama, aber nicht die übrigen Universitätsglieder als vom Senate hiezu nicht ermächtigt unterschrieben, jedoch zur Vorlage an den Senat sich erboten. Der Senat begnügte sich zwar mit dieser Formel, schickte daher den Pedell mit dem Aufhebungsdekret der Absetzung zu Inama, und berichtete diess dem geheimen Rathe; die Formel unterschrieb der Senat jedoch nicht, weil er sie für ihn herabwürdigend ansah, in derselben vom ewigen Stillschweigen etc. die Rede war, wobei man Vertilgung der Akten, wie bei einer Verhandlung im Jahre 1740 fürchtete. Dem Berichte war auch beigefügt, dass man sich zur Herstellung des Friedens bereits nach Wien gewendet habe, und daher um Aufbewahrung der Akten namentlich des Protokolls vom 17. August bitte. Inama nahm das Senatsdekret gar nicht an, und stellte an den geheimen Rath die Bitte, den bei der jüngsten Deputations-Sitzung ausgesprochenen Beschluss der Unterschrift handzuhaben, ferner bei einem Hofberichte seine Sache pro justitia et veritate zu vertreten. — — Von Wien kam indessen unter dem 26. September der Auftrag an den geheimen Rath, die Sache auszutragen, und bei etwaiger Entstehung das Protokoll sammt Gutachten vorzulegen. — Der geheime Rath forderte — das Vorgehen des Senates verwerfend — einfach die Unterschrift der Sincerationsformel. Auf diesen Erlass beschloss der Senat unter dem 9. Oktober eine Deputation nach Wien in der Person der Professoren Brunelli und Muschgay. Da der geheime Rath unter dem 16. Oktober einen neuen Auftrag, die Formel zu unterschreiben, und unter dem 21. Oktober auch den Befehl erliess, den Inama als Rektor anzuerkennen, und ihm — um was Inama den geheimen Rath eigens gebeten hatte, Pedell und Notar, denen der Senat den Dienst gegen Inama als Rektor verboten hatte, zur Verfügung zu stellen: so gab der Senat eine weitläufige Schrift an den geheimen Rath, worin er sein bisheriges Verfahren gegen Inama, welches von thunlichster Nachsicht zeuge, zu rechtfertigen suchte, andererseits aber Inama's Insolenz darstellte [2]). — Die Deputation berichtete unter dem 21. Oktober aus Wien, der geheime Rath hätte den Auftrag erhalten, den Ruhestand auf die vom Senate und den Deputirten im Majestätsgesuche bezeichneten Wege wo nicht vollständig, doch in der Hauptsache so herzustellen, dass keine Störung der Studien entstehe, und Skandale vermieden werden. — Gegen alle Erwartung der Universität kam am Morgen des 30. Oktober, d. i. am Eröffnungstage des neuen Schuljahres ein Dekret des geheimen Rathes, das Schuljahr mit dem Heiligengeist-Amte zu beginnen, dann die Rektorswahl vorzunehmen, beides unter der Amtshandlung Inama's als Rektors salvis quibuscunque juribus, was auf vorläufige Protestation des Senates und Gegenprotestation Inama's auch geschah. — Die Deputirten kehrten, nachdem sie den a. h. Bescheid vom 21. Oktober erhalten hatten, „dass die Universität ohne Erlaubniss keine Deputirten hätte schicken sollen, und das Erforderliche schon an den geheimen Rath eröffnet worden sei," unverrichteter Sache von Wien zurück. Mit Recht bedauert die philosophische Facultät diesen für die Ehre der Universität so ungünstigen Aus-

---

1) Formulam sincerationis.
2) Eine Abschrift dieser Schrift schickte der Senat am 18. Oktober auch an den Bischof von Brixen mit der Bitte um Unterstützung als Kanzler der Universität. Bericht und Abschrift liegen in der Brixener Ordinariatskanzlei.

gang [1]), an dem aber nicht bloss Ungunst der Dikasterien, sondern auch taktloses Benehmen und rasches eigensinniges Vorgehen gegen Inama, und starres Verharren des Senates auf seiner Meinung Schuld trug [2]).

§ 61.

Solche Vorfälle zeigen nicht bloss die Zerfahrenheit unter dem Universitäts-personale, und erleichterten, ja rechtfertigten das Eingreifen der Regierung in die Angelegenheiten derselben, sondern gaben auch Veranlassung, die ganze Universität unter eigne unmittelbare Aufsicht zu stellen, was zuerst durch die Ernennung eines sogenannten Superintendenten auch an der Innsbrucker Universität geschah.

Die Frage über die Aufstellung eines solchen Superintendenten kam nach Eiegger's Bericht schon im Jahre 1735 zur Sprache, wo bei den höchsten Stellen über den in Wien schon bestehenden Superintendenten bezüglich einer neuen Instruktion verhandelt wurde; sie wurde jedoch damals noch abgelehnt (§ 56); aber bei den Uneinigkeiten der Professoren im Jahre 1741 erhielt der geheime Rath, wie schon bemerkt wurde, den Auftrag, über die Aufstellung eines solchen Superintendenten zu berichten. Die damals bestehende Commission für die Universitäts-Angelegenheiten und sohin auch die Landesstellen sprachen sich zwar für eine beständige Commission aus je einem Individuum der obersten Landesbehörden, des geheimen Rathes, der Regierung und der Kammer und nicht für einen Superintendenten aus; aber von Wien wurde unter dem 20. September 1741 erwiedert, dass nach dem Beispiele anderer Universitäten auch an der Innsbrucker Hochschule ohne weiters ein Superintendent aufzustellen, und für dieses Amt ein taugliches Individuum zu bezeichnen sei. Ueber Vernehmen der Wesen wurde sohin vom geheimen Rathe der Regierungsrath Faber vorgeschlagen, und unter dem 6. Jänner 1742 auch als solcher a. h. ernannt. Dabei wurde ihm die Instruktion des Wiener Superintendenten beigeschlossen [3]), und insbesondere aufgetragen, für die Einigkeit der Professoren, namentlich jener der juridischen Facultät zu sorgen, das Studium zu überwachen, und ein vollständiges System desselben vorzulegen; auch soll der Entwurf einer Instruktion für Superintendenten vorgelegt werden. Von seiner Wirksamkeit, die bei den Uneinigkeiten zu erwarten war, kommt in den Ephemeriden und andern mir bekannt gewordenen Akten wenig vor, vielleicht weil das Meiste, wie häufig bei Commissionen, mündlich abgemacht wurde, ohne dass Akten darüber erwuchsen. Doch zeigt schon seine Aufstellung, dass man die Universität bereits

1) „Ita auctoritate arcani subito obruti, publice prostituti et turpiter delusi sumus — adnitente potissimum exc. Firmiano, qui D. Inama ut filium favet. . . qua servata aequitatis lege, cuilibet perspiciendum relinquitur, sicut illud, quod ad quemlibet libellum supplicem D. Inama Arcanum quanto ocyus eadem fere die et hora ad nos miserit decreta urgentia executionem ejus, quod petebat Inama, Senatus vero suis libellis supplicibus etiam post plures hebdomades nullum responsum ab arcano obtinere potuerit.

2) Der Handel hatte der Universität einen Aufwand von 500 fl. und für die Agentie in Wien von 25 fl. wegen Mühe und 40 fl. an Spesen verursacht, von welchen sie 300 fl. dem Professor Püchler der sie gegen 5 Prozent Interessen vorschoss, schuldig blieb. Der Antrag, die Rektoratskasse durch die Facultätskassen zu unterstützen, blieb erfolglos.

3) Der Wiener Superintendent hatte nach der Instruktion vom 19. Mai 1556 die Person des Landesfürsten bei der Universität zu vertreten, über die Befolgung der Gesetze zu wachen, bei dem Universitäts-Consistorium und actibus publicis gegenwärtig zu sein, was in der neuen Instruktion vom 16. Nov. 1735 der Hauptsache nach bestätigt und mit dem Rechte vermehrt wurde, in dem Consistorium auch zu votiren; er hatte vierteljährig über den Zustand der Universität an die Regierung Bericht zu erstatten etc.

als ganz unter die Regierungs-Behörden gestellt, und als Regierungs-Anstalt betrachtete. Der Superintendent war der Vorläufer der nach ein Paar Dezennien eingetretenen Studien-Direktoren.

§ 62.

Aus den bisher angeführten Ereignissen an der Universität Innsbruck ergibt sich, dass die höchsten Stellen seit den 1730ger Jahren sehr thätig an einer Umstaltung aller Facultäten der Universität arbeiteten, und in allen Facultäten eine zum Theil sehr bedeutende Veränderung eingeführt wurde. Zur nähern Kenntniss dieser Veränderungen und der Universitäts-Verhältnisse gehen wir nun die in der vorigen Periode besprochenen Hauptmomente (§ 17) derselben durch.

Was erstlich Fond und Lokale der Universität betrifft, so erhielt sie zwar nicht die Verwaltung, jedoch die Einsicht in die Rechnungen ihres Fondes, und der Rektor erhielt zu kleinen Ausgaben jährlich 20 fl. [1]). Hieraus erklärt sich die in den Universitäts-Verhandlungen dieser Zeit so häufig vorkommende Rücksichtnahme auf das Universitäts-Aerar, und auf dessen Beschränktheit. Jedoch reichte das Einkommen vom Salzverschleisse zur Deckung der Ausgaben bis gegen Ende dieser Periode nicht nur zu, sondern bei einer Liquidirung des Fondes im Jahre 1740 zeigte sich sogar ein Guthaben der Universität von 12,746 fl. 12 kr. aus frühern Jahren, und ein Cassa-Rest von 4227 fl., daher unter dem 5. Nov. 1740 a. h. befohlen wurde, dass das Staats-Aerar der Universität 11,700 fl. mit 5 Prozent verzinse, von dem Cassa-Reste aber 4200 fl. sicher angelegt werden, was ebenfalls bei dem Staats-Aerar geschah [2]).

In den Lokalien kommt ausser dem Bibliotheks-Bau an der östlichen Seite der Universität, von welchem § 67 die Rede sein wird, keine Veränderung vor; nur wurde das Billard-Zimmer im Universitätsgebäude zu Lehrzwecken — nämlich für das theatrum anatomicum der medizinischen Facultät, und für die neu eingeführte Chirurgie verwendet (§ 58).

§ 63.

Die Verhältnisse der Professoren betreffend — trat bezüglich der Aufstellung derselben die Veränderung ein, dass bei a. h. Erledigung des Vorschlages zur Besetzung der durch die Beförderung der Professoren Zeno und Froehlich vakanten Stellen mit Erlass vom 25. April 1733 a. h. aufgetragen wurde, dem Vorschlage des akademischen Senates über die Besetzung von Lehrstellen immer auch den Vorschlag der betreffenden Facultät beizulegen (§§ 54, 59).

Wenn die Jesuiten sich auch neue Einrichtungen der Regierung im philosophischen Studium gefallen lassen mussten, und sich hie und da gegen die Professoren dieser Gesellschaft eine Opposition zeigte (vgl. §§ 54, 55), so scheinen sie doch in ihrem Uebergewichte unter den Professoren in dieser Periode noch wenig verloren zu haben. Die Gutachten der Universität über Studien-Einrichtungen waren ihren Grundsätzen angemessen.

Der Wechsel der Professoren blieb auch in dieser Periode zumal von Seite der Jesuiten häufig. Vom Jahre 1730 bis 1748 standen in der Philosophie 29, in der Theologie 17, in der Jurisprudenz 8, in der Medizin 4 neue Professoren ein, und zwar in der Philosophie und Theologie nur Jesuiten, und in der Jurisprudenz

---

1) So sagen wenigstens die juridischen Ephemeriden unter dem 19. Dez. 1731. In der Statthalterei-Registratur und bei den Universitäts-Akten konnte hierüber nichts Näheres aufgefunden werden.

2) Die a. h. Erlasse liegen bei der Statthalterei-Registratur. Die Quittung über die 4200 fl. vom 1. Dez. 1740 liegt im Universitäts-Archive.

3 Jesuiten. Von der Philosophie gingen 8 Jesuiten zur Theologie, 2 zum Kirchenrechte über. Die zwei Weltpriester wechselten nicht, vielleicht wegen des nun bessern Gehaltes. Eine Gehaltsverbesserung trat in allen Facultäten, besonders aber in der Jurisprudenz und Medizin ein (vgl. § 65).

Starb ein Professor, so sollen nach Senatsbeschluss vom 31. Oktober 1731 auf den Antrag des Rektors Brunelli statt der Todten-Vigil (§ 22) acht hl. Messen gelesen werden; nach einem weitern Senatsbeschluss vom 28. Februar 1744 sollen die Namen der Verstorbenen jährlich beim ersten Quatember-Gottesdienste gelesen, bei dem folgenden aber sie nur im Allgemeinen dem Gebete empfohlen werden [1]. Die Reden für verstorbene Professoren wurden, und zwar auch von Laien fortgehalten [2], doch nach Senatsbeschluss vom 16. April 1742 nur dann, wenn sie wenigstens 10 Jahre ununterbrochen an der Universität Professoren gewesen waren. Eine Leichenrede für verstorbene Professoren aus der Gesellschaft Jesu wurde nicht mehr gehalten [3].

In den Verhältnissen der Facultäts-Dekane traten keine wesentlichen Veränderungen ein.

Der Universitäts-Rektor erhielt die Auszeichnung, bei Feierlichkeiten eine goldene Kette zu tragen. Der Hofkanzlei- und Kriegsrath-Agent in Wien, Redif — Sohn von Tiroler-Karrenziehern aus Vintschgau, legirte nämlich die ihm wegen seiner Verdienste a. h. verliehene goldene Kette der Universität mit dem, dass sie der Rektor bei Feierlichkeiten tragen soll, was unter dem 5. Jänner 1737 a. h. genehmiget wurde [4]. Er trug sie das erste Mal bei der Frohnleichnams-Prozession im Jahre 1737. Die Wahl des Rektors wurde ein paar Mal nicht ganz statutenmässig vorgenommen (§§ 56, 57). Seine Pflichten wurden insofern vermehrt, als er nach Senatsbeschluss vom 18. November 1730 über die Senatsverhandlungen ein Register zu führen hatte.

Das Amt eines Prokanzlers führte Pfarrer Lindner von Thaur, später von Innsbruck; auf ihn folgte wieder ein Professor, nämlich Brunelli, der in der Theologie die hl. Schrift lehrte. Von der Wirksamkeit des Prokanzlers kommt mit Ausnahme der Licenz-Ertheilung zu Promotionen, und der jährlichen Abnahme des katholischen Glaubensbekenntnisses von den Professoren nichts vor, und als im Jahre 1741 ein Verzeichniss des Universitätspersonals im Druck nach Hof vorgelegt werden musste, beschloss die Universität unter dem 26. Mai 1741 vom Kanzler und Prokanzler nur indirekt Meldung zu machen.

§ 64.

Welche Veränderungen in den Lehrfächern und der Professoren-Zahl in den einzelnen Facultäten vorgingen, ergibt sich grossen Theils aus dem bereits Angeführten. Doch mag hier noch ein Ueberblick folgen.

---

1) Theologische und philosophische Ephemeriden ad hos dies.

2) Z. B. für den medizinischen Professor Rindler den 4. Mai 1739 und für Egloff am 3. Juli 1741 vom Professor Bacchetoni, für den juridischen Professor Promberger am 9. November 1739 und für Zeno am 2. Mai 1742 vom Professor Muschgay.

3) Quando Nostri moriuntur, non dicitur oratio funebris — sagen die philosophischen Ephemeriden bei dem Todfalle Soell's S. J. am 14. August 1741 — im Widerspruch mit frühern und spätern Beispielen.

4) Daher bezieht sich auch die Aufschrift der Medaille mit dem Bildnisse des Kaisers gar nicht auf die Universität; sie lautet: Carolus VI. Augustus, und im Revers mit dem Bildnisse der Religion auf einem von 4 türkischen Pferden bespannten Triumphwagen, auf dem rückwärts die Göttin des Friedens mit dem Caduceum sichtbar ist: De christiani nominis hostibus. Am Ende in drei Reihen: Pace-Turcis-data MDCCXVIII. (S. De Luca S. 115.)

In den ganz von Geistlichen versehenen Facultäten — Philosophie und Theologie — blieb die Zahl der Professoren unverändert; aber die Lehrfächer erlitten in der Philosophie manche Veränderungen. Denn

1. wurde die Geschichte mit ihren Hülfswissenschaften der Chronologie und Geographie ganz neu eingeführt, und auch die Literär-Geschichte vorzutragen befohlen; ein anderes neues Fach war die Beredsamkeit; beide Fächer waren jedoch nicht obligat, sohin wahrscheinlich nicht sehr besucht, was besonders bei der Eloquenz der Fall gewesen zu sein scheint.

2. Der Lehrstoff der frühern Fächer wurde sehr bedeutend geändert; denn das bloss Speculative in der Dialektik, und das Unnütze und Unpraktische in allen Fächern war wegzulassen; dagegen wären vorzüglich in der Physik Experimente aufzunehmen, und soll das Anwendbare betrieben werden; eben so war der praktischen Mathematik eine besondere Aufmerksamkeit zuzuwenden.

3. Ethik wurde zwar schon früher in der Metaphysik gegeben; jetzt aber wurde sie ein eigenes Fach, und nach den Grundsätzen des Seneca und Aristoteles zu lehren befohlen [1].

4. Endlich war auch die Lehrzeit für die Fächer genauer bestimmt, indem die Obligat-Fächer in den ersten zwei Jahren des philosophischen Studiums von allen Schülern derselben besucht werden sollten; hierdurch hörte die Willkühr schon im zweiten philosophischen Jahre höhere Studienfächer zu hören auf [2].

Nach Proclamen, die im Universitäts-Archive liegen, wurden unter dem 14. August 1734 auch Logiker, die das Baccalaureat nicht nahmen, und unter dem 27. Juli 1735 Physiker, die nicht für das Magisterium sich prüfen liessen, zum Examen verhalten, was früher nicht durchgesetzt werden konnte (vgl. § 39).

Bei den vermehrten Gegenständen der Philosophie war die kleine Erhöhung der verhältnissmässig sehr geringen Betrauung des Jesuiten-Ordens für sein Lehrpersonal (§ 56) gewiss billig.

Ueber die Dekanats-Wahlen machte die philosophische Facultät unter dem 31. Oktober 1740 das Statut, nicht neu eintretende, sondern am längsten an der Facultät fungirende Professoren, ja selbst einen schon gewesenen Dekan, und bei gleichen Verhältnissen den Professor der Speculativa (also Logik) zum Dekan zu wählen, die Sporteln aber gleichmässig unter beide Dekane eines Jahres zu theilen, — beides gewiss lobenswerth, da der Dekan einer Facultät die Verhältnisse derselben schon kennen soll, und die Mühe der Dekane bereits gleich gross ist, die Sporteln von Promotionen etc. aber gewöhnlich gegen Ende des Jahres fielen.

Die kleinste Veränderung trat in der Theologie ungeachtet der langen Verhandlungen (§ 56) ein, indem bloss die Lehrzeit der Nebenfächer der hl. Schrift und Glaubens-Controversen, und die Besoldung ihrer Professoren verdoppelt wurde. — Aber über das Nebengeschäft dieser Facultät, der Büchercensur (§ 56), ergaben sich wesentliche Veränderungen. In den ersten Jahren dieser Periode scheint es zwar — wahrscheinlich auf Verhandlungen des Brixener Ordinariates mit dem geheimen Rathe — noch bei der alten Gepflogenheit geblieben zu sein, wenigstens

---

1) Sie wurde als Scientia directiva actuum humanorum ad naturalem finem consequendum (Glückseligkeit) betrachtet, und in die ethica monastica (Privat-Wohl), oeconomica (häusliches Wohl), politica (Staats-Wohl) eingetheilt.

2) Doch muss auch diess nicht genau beobachtet worden sein, indem in dem Berichte der Wesen vom 18. Dezember 1741 der Antrag vorkommt, das vollständige philosophische Biennium nicht blos für das theologische und medizinische, sondern auch für das juridische Studium zu fordern, in welch letzteres man bisher nach dem tractatus de causis übertreten durfte.

wurde der theologischen Facultät unter dem 27. Oktober 1733 vom geheimen Rathe unmittelbare Wachsamkeit über verbotene und glaubensverdächtige Schriften aufgetragen [1]), und im Jahre 1736 konfiszirte der theologische Dekan dem Innsbrucker Buchhändler Wagner, damals auch Bürgermeister, eine Broschüre: „Bericht von sechs Messen" unter scharfem Verweis und Androhung strengerer Massregeln, insofern er pflichtvergessen dergleichen Sachen noch ferner drucken oder veräussern sollte [2]). In den 1740er Jahren aber hatte theils die Wegnahme von Büchern — namentlich verliebten Inhaltes bei dem Haller Markte von ausländischen Buchhändlern, theils die Verweigerung der Ablieferung verdächtiger Werke schon manche Verhandlungen mit den politischen Stellen und Weisungen derselben an die theologische Facultät zur Folge, ohne jedoch der Facultät das Recht der Visitation auch nur theilweise wegzunehmen [3]). Aber im Jahre 1746 wurde die oberste Leitung des Censur-Wesens von der politischen Regierung an sich gezogen, und dem geheimen Rathe Hormayr anvertraut, unter welchem zwei Visitatoren — der theologische Dekan und der Professor juris publici standen. Es wurde das Verfahren eingeführt, dass von den Buchhändlern die Verzeichnisse der zu verkaufenden Bücher eingeschickt wurden, der theologische und juridische Censor dann die verdächtigen Werke abforderten, und im wechselseitigen Benehmen in ein Verzeichniss brachten, das theils ganz verbotene, theils nur behutsam zu verkaufende Werke enthielt, von beiden Censoren unterschrieben, und vom theologischen Censor dem Präses der obersten politischen Stelle übergeben wurde, welcher dann die weitern Erlasse an die Buchhändler besorgte [4]).

Die theologische Facultät stand sohin im Censurwesen weder selbstständig, noch unter dem Ordinariate, sondern der politischen Stelle untergeordnet da, und der theologische Dekan hatte an einem Professor der Jurisprudenz einen Mitcensor, den er gleichsam als Gehülfen betrachtete.

§ 65.

Grössere Veränderungen erfuhr das Studium an den zwei andern Facultäten.

In der Medizin realisirte sich zwar die von den Hofstellen selbst angebotene Erweiterung auf 6 Professoren nicht, weil diese Facultät und sohin auch die Universität sich entschieden dagegen erklärte (§ 58); allein es traten doch sehr bedeutende Veränderungen bei derselben ein. Denn

1. wurde die Zahl der Professoren, die schon in der vorigen Periode eine Zeit lang auf vier gestiegen war, dann aber wieder auf drei herabsank, nun auf vier systemisirt.

2. Es wurde — und diess ist wohl das Wichtigste — eine ganz neue Kanzel — nämlich der Chirurgie eingeführt, obschon sich die Facultät auch dagegen sträubte.

3. Es wurde auch in der Botanik durch Exkursionen, und über exotische Pflanzen in dem Hofgarten der Unterricht gegeben: ein eigener botanischer Garten aber nicht angelegt.

4. Für die Chemie wurden in der Hofapotheke Experimente eingeführt.

---

1) Ein diessfälliger Auftrag von der politischen Stelle ist mir von frühern Zeiten nicht bekannt; die Vorschriften kamen vielmehr vom Ordinariate.
2) Eph. th. 7. Dec. 1736.
3) Eph. th. 17. Mai und 8. August 1742 etc. In Wien wurde unter dem 4. April 1743 die Censur der religiösen Bücher der Universität gelassen, die Censur der in das Politicum einschlagenden Bücher aber der Regierung übergeben. Kink l. c. S. 457.
4) Eph. th. 23. August 1752.

5. Zum theatrum anatomicum wurde der Anfang gemacht, und für dasselbe jährlich 100 fl. bewilligt.

6. Für diess theatrum und den Vortrag der Chirurgie erhielt die Facultät ein eigenes Lehrzimmer.

7. Behufs der Anatomie waren der Universität die Cadaver der Justifizirten unentgeltlich zu verabfolgen; auch von Spitälern sollen Cadaver übergeben werden. Selbst das Trinkgeld für die Scharfrichter zahlte das Kameral-Aerar.

8. Endlich sollten die medizinischen Professoren das Stadtspital besorgen, um den Studirenden bessern Unterricht in der Praxis geben zu können. Wann die Professoren das Spital wirklich übernahmen, ist mir nicht bekannt. Bis zum Jahre 1765 wechselten die Professoren in dieser Besorgung; von dort an aber besorgte es ohne Wechsel der nämliche Professor [1]).

Dass bei Anstellungen inländische Doctoren den ausländischen caeteris paribus vorzuziehen seien, wurde auf die a. h. Entschliessung vom 20. März 1737 öffentlich bekannt gemacht; der Gehalt der Professoren aber so verbessert, dass nun der geringste Gehalt so gross war, wie früher der höchste. Die Stufen waren: 650 fl., 550 fl., 450 fl. und 300 fl. — Aber systemisirte Physiker sollten die Professoren nicht mehr sein, — was aber bald nicht allgemein beobachtet wurde.

Wenn in der Jurisprudenz nicht so viele Veränderungen eintrafen, so waren die eintretenden um so wichtiger. Es wurde nämlich

1. eine ganz neue Kanzel — des Naturrechtes schon im Jahre 1733 eingeführt, welche die Idee des Rechtes und der rechtlichen Verhältnisse unter den Menschen ohne Rücksicht auf besondere Staaten oder positive Vorschriften zu entwickeln hatte, wobei auf das berühmte Werk des Hugo Grotius de jure belli et pacis, welcher die Rechte für Krieg und Frieden aus den Betrachtungen über Rechte überhaupt ableitete, und auf Pufendorf, der die Rechtsverhältnisse selbstständig ausführte, hingewiesen wurde.

2. Das ehemalige Nebenfach des öffentlichen Rechtes, welches die Pflichten und Rechte der Fürsten und die Verhältnisse des deutschen Reiches behandelte, wurde als die erste Kanzel des weltlichen Rechtes erklärt und dem Professor derselben ohne Rücksicht auf die Anstellungs-Zeit der Vorzug und die grösste Besoldung zugewiesen. Zu ihr gehörte auch die Reichsgeschichte. Die Rangordnung der übrigen Kanzeln war: Codex, Digesten, Institutionen mit den Nebenfächern. Der Gehalt der Professoren stieg auf 900 fl., 850 fl., 650 fl., 500 fl. — Der Professor des öffentlichen Rechtes wurde auch Censor der politischen Schriften.

Diese Veränderung in den Lehrkanzeln ist auch desswegen merkwürdig, weil das römische Recht nicht mehr Hauptfach der Jurisprudenz blieb, und der positiven Gesetzgebung das natürliche Recht an die Seite gesetzt wurde.

Die Kanzel des Kirchenrechtes blieb noch bei den Jesuiten, und der neue Professor Soell hielt am 7. Jänner 1736 sein principium solenne. An den übrigen Universitäten waren für diess Fach wohl schon lange weltliche Professoren angestellt [2]).

Die juridischen weltlichen Professoren verloren aber mit a. h. Entschliessung vom 25. April 1733 das Befugniss zu Agentien und Advokaturen; dagegen wurde unter dem 20. Mai 1733 als Ersatz allen Oberämtern und Gerichten aufgetragen.

---

1) § 83 nach der a. h. Entschliessung vom 28. August 1765.

2) Die philosophischen Ephemeriden sagen unter dem 20. März 1734. der juridische Studienplan enthalte „multa absurda et contra catholicam doctrinam." aber ohne sich näher zu erklären.

alle ausstellen zu lassende concilia in civilibus und criminalibus nur bei den Universitätsprofessoren einzuholen, wogegen freilich die Regierungs-Advocaten zum Theil mit Erfolg Vorstellungen machten, wobei auch die Verzögerung der Gutachten, die unangenehme Beschränkung der freien Wahl das Gutachten abzufordern etc. zur Sprache kam. Eine endliche feste Norm hierüber ist mir von dieser Zeit nicht bekannt.

§ 66.

Bezüglich der Art, den Studirenden die Kenntnisse beizubringen, wurde in dieser Periode gesetzlich das Diktiren in der Philosophie und Jurisprudenz verboten und nach Büchern zu lehren befohlen.

Beim Anfange dieser Periode bestand noch im Allgemeinen die Methode des Diktirens; doch kommt vor, dass der juridische Professor Hermanin nur erkläre und repetire, ohne zu diktiren [1]), und auch die medizinischen Professoren behaupten ihre Lektionen collegienartig zu geben (S. 114). Im Jahr 1731 kam die Verschiedenheit im Lehrvortrage schon bei einer akademischen Sitzung zur Sprache, wobei beschlossen wurde, die Lehrart den einzelnen Facultäten zu überlassen [2]). Bei der Aufstellung Riegger's als Supplent statt des verstorbenen Hermanin erhielt er unter dem 1. April 1734 die Weisung der Facultät, bei der bisherigen statutenmässigen Lehrart des Diktirens zu bleiben [3]). Für Philosophie und Jurisprudenz kam, wie bemerkt wurde, zwar die neue a. h. Verordnung, nicht zu diktiren, sondern nach gedruckten Auktoren zu lehren (§§ 55, 59); allein in der Philosophie hielt man sich nicht daran, doch gaben die Professoren der Mathes und Geschichte um diese Zeit, z. B. im Jahre 1745', Eromata in den Druck, d. i. kurze Uebersichten der während des Jahres abzuhandelnden Materien. Auch die juridische Facultät hatte nach dem Senatsbeschlusse vom 8. November 1734 bei ihrer Methode zu diktiren zu bleiben, bis ein neuer Befehl käme [4]). Dieser kam mit der a. h. Entschliessung vom 12. Jänner 1735, wornach „das unserer a. h. Intention und Anordnung zuwider laufende vollkommen unnütze Diktiren in facultate juridica sogleich abzustellen ist, ohne den Studiosis die Aufzeichnung der von dem Professor über die explizirenden Auktoren mündlich machenden particular Reflexiones zu verhindern, wenn nur die Professoren nicht diktiren, sondern anbefohlener Massen auctorem expliziren ".

Im Uebrigen war in der Lehrmethode — Circuln, Repetitionen, Disputationen, selbst Promotionen nichts Wesentliches geändert.

Die Disputationen und Promotionen finden oft in den Ephemeriden, selbst über Kleinigkeiten eine Besprechung, wovon einige Beispiele hier stehen mögen. Ein Senatsbeschluss vom 28. November 1735 bestimmte, dass die Thesen zu den Disputationen den Opponenten und dem Rektor in die Wohnung gebracht, den übrigen Professoren aber, sowie allenfalls erscheinenden Illustribus vom Notar nur in der Aula, jedoch unentgeltlich, zu verabreichen seien. — Bei etwaigen Verlegenheiten suchte man sich wie es ging zu helfen. So war bei einer Disputation des Sohns vom Kanzler des Stiftes Salmansweiler der Prälat Patron, und durch seinen Sekretär vertreten; aber auch der Vater des Disputanten, ein v. Albani, wollte sich

---

1) Eph. jur. 22. Nov. 1730.
2) L. c. 18. Mai 1731.
3) Ut lectiones in scripto tradat more hactenus consueto (a quo prior Codicista ultimis annis recesserat) et conformiter statutis. L. c. 1. April 1734.
4) Donec aliter expresse Vienna fuerit dispositum. (Eph. jur. 8. Nov. 1734.) — Mit der Sitzung an diesem Tage schliessen die juridischen Ephemeriden.

dabei betheiligen, was doch nicht füglich nach den übrigen Opponenten geschehen
konnte, aber statutenmässig nach den Professoren geschehen sollte; man erklärte
sohin den Notar als Mitpatron, und liess ihm bei der Disputation den zweiten
Platz [1]. — Vermögliche Disputanden besorgten fortwährend den Druck von Schriften
des Präses [2]. — Die Prüfungen zu den Promotionen machten auch bisweilen Verlegenheit. So suchte im Jahre 1732 ein äusserst nachlässiger Student (Ceschi) um
die Prüfung für das juridische Doctorat an, ein Regierungs-Rath verwendete sich
für ihn, er selbst entschuldigte seine Nachlässigkeit mit der Unkenntniss der
strengen Forderung des Lektionsbesuches, und da er sich übrigens zu allen Forderungen bereit erklärte, und jedes Jahr zu den Lektionen wenigstens eingeschrieben
war, und einzelne Lektionen auch besucht hatte, so wurde seine Bitte mit dem Beisatze bewilligt, dass er bis Ende des Schuljahres fleissig zu frequentiren habe [3].
Ein Wohlgemuth wurde im Jahre 1734 bei der Doctoratsprüfung unter der Bedingung approbirt, dass er sich eidlich verbinde, nach erhaltenem Doctorate noch
wenigstens ein Jahr sich dem Studium der Jurisprudenz zu widmen [4]. — Da bei
der Prüfung des Fel. Wechselberger für das theologische Licentiat Professor Willes
krank war, prüfte Jeder der übrigen Professoren um 3 Minuten , et parum amplius '
länger und Einer über zwei Thesen [5]. Manche Bedenken über Promotions-Angelegenheiten kamen selbst vor den akademischen Senat; so im Jahre 1735 der Fall
über einen Schwawaser aus Böhmen, der Leibeigener, sohin zum medizinischen
Doctorate, um welches er ansuchte, nicht geeignet war; der Senat entschied, dass
er vor der Promotion authentische Beweise über seine Freilassung von der Leib-
eigenschaft beibringen müsse [6]. Als im Jahre 1744 ein Licentiat einer andern
Universität den Doctorgrad der Medizin in Innsbruck nehmen wollte, beschlossen
die Dekane am 2. Februar d. J. es zu gestatten, wenn er schwöre, sich anderswo
zum Empfang des Doctorats nicht verbindlich gemacht zu haben, und sich auf
eigene Kosten im Falle zu vertheidigen, dass ein Senat oder eine Facultät gegen
diese Verleihung Klage führe, was er schriftlich abgeben musste.

. Eine ehrenvolle Promotion kam im Jahre 1746 vor, wo Franz Leucas v. Meran,
damals Bischof von Sebenico in Dalmatien und Abt und Domherr von Waizen den
theologischen und juridischen Doctorgrad nahm. Der Mann hatte in Innsbruck wahrscheinlich sein philosophisches, gewiss aber sein theologisches Studium mit Auszeichnung gemacht, und am 7. Juli 1726 das Baccalaureat der Theologie erworben,
am 9. Dezember 1727 die feierliche Rede von der unbefleckten Empfängniss Maria's
bei der gewöhnlichen Jahresfeier dieses Festes gehalten, am 7. Februar 1727 in
der Disputatio menstrua defendirt, am 22. Dezember 1728 das Examen pro licentiatu theologico mit Auszeichnung bestanden. Es waltete daher nicht der mindeste
Anstand ob, ihm am 29. November 1746 das theologische Doctorat zu ertheilen;
da er aber auch juridische Studien gemacht und sich unter dem 28. November 1746
einer Prüfung hierüber unterzogen hatte, so erhielt er zugleich das juridische Doctorat. Einem so hochgestellten Manne ging der juridische und theologische Dekan

---

1) Eph. th. 29. Juli 1748.
2) So Baron Joh. Gentilotti, Sohn des Vicekanzlers des geheimen Rathes, bei
seiner ersten philosophischen Disputation am 12. August 1733: Cosmographia sive
peregrinatio animi per mundum coelestem et terrestrem des Präses Fitterer S. J.; —
bei der zweiten Disputation am 30. Juni 1734: Mega — et Microcosmos des gelehrten
Präses Manhart S. J.
3) Eph. jur. 30. Juli 1734.
4) L. c. 18. Juli 1734.
5) Eph. th. 30. Juli 1735.
6) Eph. th. 18. Juli 1735.

bei seiner Ankunft zum Akte über die erste Stiege der Universität entgegen, und alle Dekane begleiteten ihn nach dem Akte bis zu seinem Wagen; der Rektor dankte ihm für die der Universität erwiesene Ehre und empfahl ihm die Anstalt angelegentlichst.

Bezüglich der Promotionstaxen war es wenigstens bei der juridischen Facultät üblich, dass der Professor, der mit Bewilligung des Rektors, sohin aus zureichenden Gründen, bei der Promotion abwesend war, seine Sporteln erhielt, sonst aber sie wegen seiner Abwesenheit verlor. (Uebrigens vergleiche § 57.) Auf die Vermehrung der juridischen Professoren sollten diese nach Senatsbeschluss vom 21. Oktober 1733 den nächstens zu promovirenden Candidaten zur freiwilligen Mehrausgabe bearbeiten, für die Zukunft aber soll weiter berathen werden; bei einer Promotion am 8. Juni 1734, und so auch in der Folge wurde die Taxe in dem Mehrbetrag eines Professors erhöht.

§ 67.

Die Lehrmittel betreffend war über die Anordnungen für medizinische Lehrmittel § 58 die Rede.

Ausserdem war aber zur Beförderung des gesammten Universitäts-Studiums das Wichtigste, dass gegen Ende dieser Periode eine öffentliche Bibliothek errichtet wurde. —

Zwar hatte die Universität schon einige Bücher, welche sie in den ersten Jahren ihres Bestehens vom Baron Wittenbach um 500 fl. kaufte. Auch wurden im Jahre 1695 zum Ankauf von Büchern nach dem Turnus der Facultäten jährlich 30 fl. bewilliget. Im Jahre 1731 suchte aber die Universität bei dem Kaiser um die Bücher-Sammlung an, die sich im Schlosse Ambras befand; Carl VI. verlangte unter dem 26. Mai 1731 über diese Bücher einen Katalog und über die Bitte Bericht von den Wesen. Der Schlossverwalter von Ambras erklärte die Bücher von geringem Werthe, und trug auf Ueberlassung derselben an; das Hofbauamt berechnete die Kosten für einen neuen Büchersaal über der Fechtschule auf 2000 fl. und die Regierung trug auf die Genehmigung der Bitte und bereits auch auf Notar Boschman als Bibliothekar an. Nach weitern Verhandlungen erfolgte im Jahre 1735 die a. h. Entschliessung, dass von den Büchern in Ambras und auch in der Hofburg und im Wappenthurm alle jene, welche für die Studien nützlich sein können (worunter auch hauptsächlich die französischen Geschichtsbücher und die zwar nicht Jedem zum Lesen zu gebenden verbotenen Bücher verstanden sein sollen) zu einer Bibliothek ad usum publicum abgegeben werden dürfen, zur Anschaffung neuer Bücher jährlich 300 fl., so lange der Universitätsfond zureicht, verwendet werden, jeder künftig eintretende Professor dazu 20—30 fl. abgebe, bei Druck-Privilegien die Verbindlichkeit eingeschaltet werde, der Bibliothek ein Exemplar abzugeben; über die Aufstellung eines Bibliothekars wäre zu berichten. Mehrere Werke — unter zweimal 1500 — und alle Manuscripte, 583 an der Zahl, wurden nach Wien gebracht. — Ungeachtet dieser a. h. Entschliessung verzog sich die wirkliche Errichtung der Bibliothek noch über ein Dezennium, wozu die damaligen Wirren an der Universität beigetragen haben mögen (vgl. § 60). Im Jahre 1736 suchte die Universität um ein kleines Häuschen an der Universität als Bibliotheks-Saal an, — für den Fall, dass die Bibliothek zu Stande käme; aber später erkaltete ihr Eifer dafür immer mehr, vielleicht auch wegen der Kostenbestreitung aus dem akademischen Aerar; auch der Ambraser Schlossverwalter erhob nun Bedenken, weil in den Büchern viele Kupferstiche als Kunstwerke vorkämen. Erst als Rudolph Graf Chotek im Jahr 1744 als bevollmächtigter Commissär nach Innsbruck kam, und der Notar Roschman, welcher bei der Richtung seiner Studien an einer Bibliothek ein besonderes Interesse hatte, sich diessfalls an ihn wendete, bewirkte der Graf die a. h. Entschliessung vom 22. Mai 1745, in welcher die Errichtung der Bibliothek auf Kosten der Universität, und zwar durch Roschman's Intervenirung anbefohlen wurde. Das Bibliothek-Lokale im ersten Stock der Universität [1]) kostete 2259 fl. Die Professoren der Universität waren über diese Anordnungen und auf ihren Notar Roschman, der, wie im Jahre 1745 verlautete, schon als Bibliothekar aufgestellt war, und die bei Eröffnung der Bibliothek zu haltende Rede zur Censur eingestellt hatte, eben nicht gut zu sprechen [2]). Die Eröffnung der Bibliothek geschah am 2. Juli 1746 in Gegenwart des Grafen Wolkenstein als Präses des geheimen Rathes etc., wobei Roschman eine Rede hielt über die früher in Innsbruck bestandenen Bibliotheken; die Professoren der Universität wurden zur Feierlichkeit nur einige Stunden vor der Eröffnung eingeladen, und erschienen, obschon sie sonst bei der ganzen Sache keinen Einfluss genommen hatten [3]). Roschman wurde wegen seines diessfälligen Eifers a. h. belobt. Seine förmliche Anstellung als Bibliothekar mit der Anweisung eines Gehaltes von 150 fl. (da er auch als Universitäts-Notar sein Einkommen hatte) und die Aufstellung des Bibliothek-Dieners Häusle mit jährlich 200 fl. aus dem akademischen Aerar erfolgte unter dem 24. September 1746, wobei auch der Verkauf von Doubletten zum Ankauf neuer Werke bewilliget wurde. Es sollen aber nicht kostbare, mehr ad apparatum Bibliothecae als ad usum dienende Bücher, sondern nützliche Werke in den nöthigsten Wissenschaften der Rechte, Theologie, Medizin und Historie, aber für eine Disziplin nicht zu viele, jedoch die auserlesensten etc. angeschafft werden; erst wenn die Bibliothek mit solchen versehen ist, soll man auf ad apparatum et meram eruditionem dienende Bücher bedacht sein. Die angeschafften Bücher hätte der Bibliothekar specifice anzuzeigen, oder nach Gutdünken auch vor ihrer Anschaffung, und wenn der geheime Rath es gut und nothwendig erachten würde, soll die Anzeige vorläufig selbst nach Wien geschehen. — Aber die 300 fl. für Anschaffung der Bücher wurden grossentheils zur Bestreitung der sarta tecta und anderer Bedürfnisse verwendet, zumal unter dem 5. April 1747 a. h. aufgetragen wurde, zwei Nebenzimmer zur Lektüre etc. auf Kosten der Universität herzustellen. — Die Bibliothek zählte 4377 Bände von Ambras, 418 Bände anderer Bücher von Innsbruck und, da nach Roschman's Rede die nach Wien gebrachten Werke dreifach ersetzt wurden, 4467 von Wien erhaltene Bücher, also 12,262 Bände [4]). Uebrigens durften selbst Professoren keine Bücher der Bibliothek nach Hause nehmen. Sie hiess auch nicht Universitäts-Bibliothek, sondern öffentliche, wohl auch theresianische Bibliothek.

§ 68.

Was die Studenten betrifft, so traten in ihre Verhältnisse ausser einigen Bestimmungen über ihre Studien in allen Facultäten, die bereits angeführt wurden, keine wesentlichen Veränderungen ein.

Bezüglich ihres Benehmens kann eine verdienstliche Handlung des Akademi-

1) Der jetzige Saal der alten Statthalterei-Registratur.
2) Dissimulavit, — (der Notar, seine Anstellung als Bibliothekar) — se quidquam ab aliis audiisse, ... tam honeste scilicet ipse et arcanum cum senatu egit — sagen unter Anderm die philosophischen Ephemeriden vom 18. Juni 1745.
3) Una alterave hora prius invitati . . . sed tacendum — sagen wieder die philosophischen Ephemeriden vom 2. Juli 1746. — Man erinnere sich, dass damals die Auktorität der Behörden über die Universität auf den höchsten Grad gestiegen war.
4) De Luca l c. S. 65—66. Vgl. Zeitschrift des Ferdinandeums für Tirol und Vorarlberg II. Bd. S. 3—20.

kers v. Tschiderer angeführt werden, der am 24. Februar 1736 starb. Dieser hat nämlich in seinem Testamente vom 25. Jänner 1736 die Interessen von 500 fl. für kranke Studenten oder auch zu Büchern für arme Studenten bestimmt; diese Zinsen wären dem Universitäts-Rektor zu übergeben, dem die vier Dekane die Liste der zu Betheiligenden einstellen sollen; der Rektor theilt sie nach Belieben aus, soll aber besonders Landeskinder und Candidaten des philosophischen Doctorgrades berücksichtigen. — Diess Legat hat sich bis auf unsere Zeiten erhalten, wenn es gleich nicht immer streng nach dem Willen des Stifters verwendet wurde.

Ueber Unfleiss und Betragen der Studenten kommen nicht mehr so viele Klagen und Exzesse vor, wie in den ersten Zeiten der Universität.

Doch war der Fleiss im Besuch besonders der neu creirten Kanzel Riegger's in der Jurisprudenz nicht gross; er hatte nur 4—5 Studenten als Zuhörer, und unter dem 6. Februar 1737 forderte der geheime Rath sogar Bericht darüber ab, dass diese Kanzel keinen Fortgang gewinnen, ja sogar erliegen wolle.

Auch fehlte es immerhin nicht an disziplinären Ahndungen und Bestrafungen. So ward im Jahre 1732 der Mediziner Vivilaqua zum Carcer verurtheilt, wogegen er in Wilten Asyl suchte und ungeachtet der Aufforderung durch den Pedell nicht zurückkehrte. Da vorzüglich Schulden Ursache seines Arrestes waren, so hielt man das Asyl bei Civilrücksichten unberechtigt und citirte ihn nochmals peremtorisch, innerhalb drei Stunden zu erscheinen, widrigenfalls er excludirt und der politischen Behörde überlassen werden soll, was man auch dem Prälaten von Wilten anzeigte; da Vivilaqua nicht folgte, wurde die Drohung ausgeführt. — Im Jahre 1735 wurde ein Kleriker der Metaphysik in nicht priesterlichem Kleide von einem Mitschüler, den er durch eine Maulschelle gereizt hatte, im Dunkeln verwundet, beide wurden mit 4 Tage im Carcer, der Kleriker bei Wasser und Brod, gestraft; zur Untersuchung wurde der juridische Professor Promberger beigezogen, und für Untersuchung eines Klerikers das erste Mal eine Vergütung geleistet. Am 4. Juli 1736 hatten, wie öfter, Studenten und Wächter heftigen Streit, der wahrscheinlich zum Mord geführt hätte, wenn nicht gerade zwei Professoren dazwischen gekommen wären. Die Studenten waren wörtlich und thätlich beleidigt und wollten sich selbst — 60 an der Zahl — Genugthuung verschaffen. Nach Senatsbeschluss wurden die vom Exrektor und den vier Dekanen mit 11 in der Eile aufgefundenen Studenten, denen bald Mehrere folgten, vor den Regierungs-Präsidenten gebracht, der den Hauptmann der Wache und den ebenfalls betheiligten Kerkermeister rufen liess, die den Studenten als Körper Satisfaktion leisteten, während die Untersuchung über Einzelne in Vorbehalt genommen wurde; da sich der Präsident, der doch auch den Studenten Erinnerungen machte, hiebei sehr befriedigend zeigte, wurde von der im Senat beschlossenen neuerlichen Forderung der Jurisdiction über die Wächter Umgang genommen. — Im Jahre 1737 kamen Raufereien zwischen welschen und deutschen Studenten und in Folge derselben Verletzungen der Ehrfurcht gegen den Rektor und gegen den juridischen Dekan, als Strafe aber Exclusionen, Incarcerirungen und Geldexekutionen vor.

Im Jahre 1740 wurde bei einer Rauferei unter den Studenten der Philosoph Goldrainer von Meran getödtet und ein Eisenschmid verwundet. Der Mörder Poli war flüchtig, und die Untersuchung des Mitschuldigen Weltin gab zu verschiedenen Verhandlungen und Unannehmlichkeiten Anlass, die in dem folgenden Paragraph angeführt werden.

§ 69.

Die Einrichtung des Senates änderte sich nicht. Er übte gegen das untergeordnete Universitätspersonale, Studenten, Beamte, Lehrer, seine Amtshandlung aus.

Auch gegen Auswärtige suchte er seine Auktorität zu behaupten. Als im Jahre 1736 der Akademiker und Priester Spindler starb, der bei dem Gr. Spaur Hofmeister war, liess der Graf in seinem Hause von dem juridischen Dekan und Universitäts-Notar keine Amtshandlung vornehmen. Bei der Verhandlung, die sich hierüber entspann, drohte der Senat, einen künftigen Hofmeister in die Universitäts-Matrikel nicht einzutragen, und wenn er schon immatrikulirt wäre, aus derselben auszustreichen; das Ordinariat aber, an welches sich die Universität wendete, drohte mit der Suspension des Hofmeisters vom Messelesen, wenn die Jurisdiction der Universität nicht anerkannt würde. Diess wurde dem Grafen und dem Nachfolger Spindler's eröffnet. Da indessen Spindler's Bruder den Nachlass bereits zu sich genommen hatte, so hörte für diesen Fall die Jurisdictions-Handlung ohnehin auf. — Im Jahre 1744 führte der Oberst-Fischermeister v. Klebelsberg bei der Regierung Klage wegen des Fischens von Seite der Studenten; der akademische Senat beschloss unter dem 22. März auf die Mittheilung dieser Klage zu erwiedern, dass dieselbe an den Senat als die kompetente Stelle zu richten sei; einen weitern Erfolg geben die Ephemeriden nicht an. — Dagegen wurden die Studenten auf Ansuchen des Oberst-Jägermeisters Gr. Khuen vom Vögelschiessen besonders zur Brutzeit unter dem 18. Mai 1742 gewarnt, jedoch bemerkte man auch dem Oberst-Jägermeister, dass die Jäger, wenn sie dessen ungeachtet Studenten mit Schiessgewehren treffen sollten, requisita moderatione vorgehen, und den Studenten in den Ferien und selbst unter dem Jahre ein mässiges Jagen vergönnt bleibe [1]).

Die früher gegen Professoren vom Senate geführten Amtshandlungen wurden aber seit den Vorgängen wegen des Inama entweder ganz unterlassen, oder an die höhern Behörden hinübergespielt. Als sich im Jahre 1746 Inama verheirathete und seine Frau drei Monate darauf gebar, forderte der Senat drei Tage nach der Geburt von ihm den Beweis früherer Verehelichung, wenn er sich nicht als strafbar erklären wolle. Inama erwiederte einfach, die Sache behange bei dem Fiscus. Der Senat machte gegen die Prävention des Fiscus Einsprache bei dem geheimen Rathe, erhielt aber zur Antwort, der Fiscus sei wegen seiner Wachsamkeit zu loben und sein Verfahren zu billigen [2]). Von Seite der Universität konnte nichts weiter geschehen. Am 7. Juli 1747 präsidirte Inama — zum Aerger der Universität einer juridischen Disputation der Brüder Gr. Wolfegg, die nur actus parvus sein sollte, daher selbst Rektor Riegger dabei gar nicht erschien, — auch wohl, weil er nach dem juridischen Dekan opponiren sollte. Aber Inama gab ihr die Feierlichkeit einer öffentlichen Disputation — liess Räthe. sogar einen geheimen Rath und Religiosen aller Orden und alle Professoren laden, keinen Studenten opponiren, sass auf der höhern Kanzel, lud die Argumentanten der Reihe nach ein etc. Der Senat getraute sich nicht Einsprache dagegen zu erheben. Doch scheint es Inama selbst dem geheimen Rathe in diesem Jahre zu arg getrieben zu haben, so dass er sich auf dessen Bewilligung arge Kränkungen von dem Senate gefallen lassen musste. dem der im Jahre 1746 eingetretene Vicekanzler des geheimen Rathes Gr. Somerau günstiger war. Als er nämlich bei der juridischen Dekanatswahl am 29. Okt. 1747 gegen Riegger und Püchler — die Untersuchungs-Commissäre auf den Todschlag Goldrainers (§ 68) — die Beschuldigung erhoben hatte, sie hätten sich ihre Aufsätze durch einen Advokaten machen lassen, und Riegger hätte das akademische Aerar um 130 fl. betrogen, und von einem Studenten Geld erpresst, stellte Riegger

---

1) Nach den philosophischen und theologischen Ephemeriden.
2) Senatus moram increpare visum est decretum — setzen die theologischen Ephemeriden bei. obschon die Verhandlung schon eingeleitet war.

bei dem Senate dagegen eine Injurienklage ein, während Püchler die Sache fallen liess. Die zwei weltlichen unbetheiligten Professoren der Rechte bestätigten die Richtigkeit der Angaben Riegger's gegen Inama, während der Canonist, wieder mit Stillung des Streites beschäftigt, die Aeusserungen Inama's nicht genau gehört haben wollte. Der Senat suchte die Sache durch mündliche Verhandlungen mit den Streitenden zu vermitteln; allein bei der ersten Versammlung der Dekane und Ex-dekane am 1. Dezember ging Inama, — als der Notar Rieggers Klage vorzulesen begann, gegen Alles protestirend davon, und bei drei in der Angelegenheit gehalte-nen Senats-Concilien erschien er gar nicht, sondern schickte zum zweiten nur eine Schrift, in welcher er sich über den kurzen Termin zur Vertheidigung beklagte, und zum dritten eine trotzige Antwort, auf die er vom Senate eine innerhalb vier-undzwanzig Stunden zu unterschreibende Widerrufsformel bei sonst eintretender Suspension erhielt. Statt zu gehorchen, gab Inama die Sache auch diessmal zum geheimen Rath, der dem Inama zur Vertheidigung Zeit zu lassen und zur Verhand-lung eine Deputation zu wählen befahl, übrigens es dem Senate überliess, ob er nicht die Suspension aufheben wolle. — Die sohin gewählte Deputation bestand aus dem Rektor Brunelli, den drei Facultätsdekanen, und von der vierten Facultät aus dem Canonisten. Vor dieser erklärte sich Riegger am 3. Februar 1748 gegen Aufhebung der Suspension, aber für Verlängerung des Vertheidigungs-Termins, oder, wenn Inama die Widerrufs-Formel unterschreibe, für sogleiche Vertilgung derselben, wenn nur die Verhandlungs-Akten erhalten werden. Inama erklärte sich zur Vertheidigung, deren Termin nicht er, sondern die Deputation zu bestimmen habe. Der Termin wurde auf 6 Wochen und 3 Tage bestimmt, während welcher Zeit Inama von allen Collegialgeschäften suspendirt blieb, so dass er am 12. Jänner bei der Inscription der Juristen, und am 1. April von einer medizinischen Promo-tion wegbleiben musste. Inama's Vertheidigung — zumal von Riegger beleuchtet, befriedigte nicht, und nachdem er noch einmal unter Mittheilung von Riegger's Schrift zur Aeusserung, jedoch mit Weglassung alles zur Sache nicht Gehörigen bis 29. April aufgefordert worden war, wurde am 4. Mai in pleno concilio der frühere Senatsbeschluss — ohne Appellations-Erlaubniss bestätigt und vom ge-heimen Rathe genehmigt [1]). Der Handel erreichte am 19. Mai sein Ende, an welchem Tage Inama post aliquas tricas die Widerrufs- und Abbittsformel vor dem Senate las und wieder in seine Rechte eingesetzt wurde [2]). Der akademische Senat, und insbesonders Rektor Brunelli dankten dem geheimen Rath in eigenen Einlagen für die wohlwollende Unterstützung in dieser Angelegenheit, in der sich übrigens die völlige Abhängigkeit der Universität von der Regierung und die ängstliche Be-hutsamkeit des Senates, sich nach höhern Weisungen zu richten, zeigte.

In dem Verhältnisse des akademischen Senates zu den obersten Regierungs-behörden der Provinz zeigt sich — nebst der erwähnten allmälig gänzlichen Abhängigkeit von ihnen ein Eingreifen des geheimen Rathes in Universitäts-Ange-legenheiten, die der Regierung oder Kammer zustanden, — ein Eingreifen, das a. h. nicht immer gebilliget wurde, wie man zum Theile auch aus einigen Verhand-lungen mit den obersten Landesbehörden ersehen kann, die hier noch berührt wer-den. — Schon im Jahre 1733 hatten die Nachtwächter in dem Hause des Wirthes Berlacher dessen Sohn, einen Studenten, angeblich misshandelt. Die Universität sprach in einer Einlage an den geheimen Rath mit der Klage gegen diese ihr immer

---

1) Diese Umstimmung des geheimen Rathes ist wohl vorzüglich der indessen dem Inama von Wien ertheilten scharfen Rüge zuzuschreiben (§§ 74, 75).
2) Nach den philosophischen und theologischen Ephemeriden.

anstössige Wache und ihren Lieutenant eine Conjurisdiction an, da sie auch zur Erhaltung dieser Wache zahle, und eine solche gegen die ehemalige Scharwache gehabt hätte (vgl. § 40). Die Regierung, vom geheimen Rathe zum Bericht hierüber aufgefordert, läugnete unter dem 1. Juli 1733 (wohl mit Recht) eine ehemalige Conjurisdiction über die Scharwache und bemerkte, dass die Wache mit ihrem Diensteide nur dem Statthalter und der Regierung untergeordnet sei und sich ohne deren Wissen von Niemanden verwenden zu lassen habe; bei einer Verhandlung mit der diessfalls aufgestellten Commission (geheimer Rath Graf Lodron, Kammerrath Egiz und Regierungsrath Graf Somerau) hätte die Universität nur allgemeine Beschuldigungen gegen die Nachtwache, aber keine speziellen Fälle vorgebracht, und sei daher mit ihrer Klage abgewiesen worden; die Nachtwache handle nach ihrer Instruktion und den speziellen Weisungen der Commission und Regierung: dass bei der neuen Einrichtung im Jahre 1717 der akademische Fond nebst seinem frühern Beitrag von 630 fl. den dritten Theil des Mehrbetrags von 670 fl. übernahm, gebe ihr über die Wache so wenig eine Jurisdiction als der Stadt Innsbruck, die ungeachtet ihrer Weigerung auch ein Drittel jenes Mehrbetrages übernehmen musste. Den letzten Fall betreffend habe der Student Berlacher, Sohn des Wirthes, bei dem die Nachtwache um 11 Uhr Nachts wegen Spiels und Zechens eindrang, sich für den Wirth selbst ausgegeben und auf erfolgten Wortwechsel wohl einen Streich, der Nachtwächter aber dafür seine Rüge erhalten, obschon die Nachtwache von dem Wirthe auch mit Streichen bedient worden wäre. Die Universitätsbeschwerde sei sohin abzuweisen, was wohl auch geschah [1]). — Nach Goldrainers Todschlag im Jahre 1740 (§ 68) wurden Riegger und Püchler als Untersuchungs-Commissäre aufgestellt. Da der Mörder Poli flüchtig war und der Vater des Mitschuldigen, Weltin, um Auflassung des Prozesses in via gratiae ansuchte, so begutachteten diess die Commissäre, und der geheime Rath selbst unterstützte im Hofbericht den Antrag. Allein mit Hof-Erlass vom 15. Juli 1741 wurde der processus offensivus und das weitere Verfahren gegen Poli ohne weiters aufgetragen, und den Erfolg anzuzeigen befohlen; zugleich aber wurde dem geheimen Rath ausgestellt, dass er vor der Vorlage dieses Gegenstandes nicht die Regierung vernommen habe. Zur Fortsetzung der Untersuchung erhielt die Untersuchungs-Commission einen Vorschuss von 200 fl. aus der Universitätskasse. Auf weitern Bericht vom 21. Juli 1742 wurde jedoch auch vom Hofe genehmiget, dass Weltin die Criminalkosten bezahle und mit dem Vater des Goldrainer und mit Eisenschmid sich abfinde; dem geheimen Rathe aber wurde wieder ausgestellt, dass er sich die Akten nicht durch die Regierung vorlegen liess, die ihnen ihre Bemerkungen hätte beisetzen sollen.

Auch mit der Hofkammer veranlasste dieser Prozess Divergenzen. Weltin hatte im Vergleichswege 400 fl. für Criminalkosten bezahlt. Nun forderte die Kammer die vorgeschossenen 200 fl. von den Commissären zurück, und da diese die Restitution verweigerten, suspendirte sie beiden Professoren die Besoldung. Diese wendeten sich an den geheimen Rath und stellten vor, der Vorschuss wäre dem akademischen Senate, nicht ihnen gegeben worden, und baten jedenfalls um die schnelle Aufhebung der so schmählichen Suspension bis zur Entscheidung der Sache, da sie ja ansässige Leute etc. wären. Die Kammer, der diese Eingabe zum Bericht und vorläufiger Aufhebung der Suspension mitgetheilt wurde, rechtfertigte ihr Verfahren weitläufig; — die 200 fl. wären gegen Ersatz gegeben worden, sohin nach dem Empfange von 400 fl. zurückzustellen; die Untersuchung hätte ex officio zu geschehen, wie diess Professor Rudolphi nach dem Todschlag eines Bom-

---

[1]) Nach Akten in der Statthalterei-Registratur

barda that, sohin seien nicht 700 fl. Kosten anzunehmen, wie die Commission wolle; die Restitution wäre ab judicibus, die die Sporteln bezogen, und nicht vom Senate zu fordern etc. Der geheime Rath forderte hierauf die Spezifikation der Prozesskosten, die auf 737 fl. 4 kr. angegeben wurden, hob dann am 19. August 1747 die Suspension auf, weil es sich nicht um das Cameral-, sondern Universitäts-Aerar handle, das , anforderist von des geheimen Raths Besorgung abhange, der daher zur Bescheidung hätte angegangen werden sollen, um so mehr, da die Professoren ansässig, Püchler sogar Gläubiger des Cam.-Aerars sei ". In dem Majestätsbericht bat der geheime Rath um Bestätigung dieser Verfügung mit dem weitern Antrage, dass die zur Aufbringung des Mörders Poli etc. verwendeten 246 fl. 39 kr. nicht zu beanständen, die 200 fl. dem Universitäts-Aerar zurückzustellen, der Rest per 153 fl. 21 kr. für Mühe und Sporteln zu belassen sei. — Die a. h. Entschliessung (im sogenannten Choteck'schen Restabilirungs-Dekrete § 74) ging dahin, dass die 200 fl. zur Beschaffung der Requisiten, welche zur Auszierung des Auditorii publici bei den actibus publicis erforderlich seien, angewendet werden [1]).

Uebrigens werden wir bald sehen, dass die Kammer in ihrem Einflusse auf den Universitätsfond beschränkt, dagegen die Regierung in ihrem Einfluss auf die Universitäts-Jurisdiction bestätiget worden sei.

Wie sehr die Dikasterien bis gegen Ende dieser Periode gegen die Universität eingenommen waren, mag auch aus einem Vorfall vom Jahre 1746 hervorgehen. Am Geburtstage der Kaiserin drängten sich Studenten selbst in die Burg ein, ohne dass sie der Rektor entdecken und sohin bestrafen konnte, was er, über die Straflosigkeit derselben zur Rechenschaft aufgefordert, zu seiner Rechtfertigung vorbrachte. Allein am 19. Juli d. J. kam ein Hofdekret, das dem in die Burg berufenen Senate vorgelesen wurde, in welchem er wegen Vernachlässigung der Disziplin unter den Studenten und wegen nicht erfolgter Abstrafung derselben einen Verweis erhielt. Der Rektor wiederholte seine früher angebrachte Entschuldigung, und erbot sich zur Rechtfertigung nach Wien. Diese unterblieb jedoch, da sich der Vicekanzler Somerau bei einer Aufwartung des Rektors und der Dekane am nämlichen Tage für die Universität günstiger aussprach und der Senat den Choteck, der von München wieder erwartet wurde, durch eine Eingabe zu irritiren befürchtete [2]).

Mit dem Ordinariate, das sich in dieser Periode wenig in die Universitäts-Händel gemischt zu haben scheint, kommen ausser der Unterstützung des Senats in der Spindler'schen Verlassenschaft keine Verhandlungen vor.

§ 70.

Ungeachtet der Zerfahrenheit im Innern der Universität, und mancher missliebigen Eingriffe der Behörden in ihre bisherige Einrichtung und der nicht günstigen Meinung in Wien über sie zeigen sich doch noch keine auffallenden Beweise ihres verminderten Ansehens beim Publikum. Die Zahl der Studenten scheint wenigstens nicht abgenommen zu haben. In der Theologia Speculativa waren vom Jahre 1740 bis 1748 durchschnittlich 118 Schüler, sohin mehr als in den frühern Jahren, und

---

1) Nach Akten der Statthalterei-Registratur. — Auch unter die Juridischen Professoren brachte die Untersuchung eine Spannung. Als die Untersuchungs-Commission den Professor Muschgay, der im Hause Weltin's wohnte und Anzeigen über den Vorfall gemacht hatte, vor sich lud, war er darüber so aufgebracht, dass er selbst beim Kaiser klagen wollte, bis der Senat sich gegen ihn erklärte, und dem Commissions-Ansinnen beistimmte. — Inama machte der Commission auch wegen des Vorschusses Vorwürfe.

2) Nach den theologischen Ephemeriden. Vgl. § 74.

von einer Abnahme ihrer Zahl in den übrigen Facultäten, von denen keine Matrikeln vorhanden sind, kommen bestimmte Angaben nicht vor, obschon die Uneinigkeiten in der juridischen Facultät und die neuen Studien-Einrichtungen gewiss nicht zur Vermehrung des Universitäts-Besuches beitrugen. Bei dem grossen Ansehen der Jesuiten in Tirol, die wie früher an der Universität blieben, war in kirchlicher Beziehung ein nachtheiliger Ruf kaum zu besorgen. Doch spricht sich selbst das Choteck'sche Reformationsdekret (§ 75) ungünstig und Professor Inama (§§ 60, 69, 89) sehr unrühmlich über die Universität, namentlich über die juridische Facultät aus.

Auch an Geschicklichkeit — nach dem damaligen Stand der Wissenschaften — scheint es den Professoren nicht gefehlt zu haben. Nicht wenige derselben traten wieder als Schriftsteller — meistens öffentliche Disputationen und Promotionen benützend — auf. Von den in dieser Periode abtretenden Professoren gaben aus der Gesellschaft Jesu nach De Luca fünf philosophische [1]), vier theologische [2]) und zwei Professoren des Kirchenrechts [3]) Schriften in den Druck; besonders gelobt wird Anton Soell, der jedoch in Innsbruck nur kurze Zeit (vom Jahre 1736 bis zu seinem Tode 1741) Professor war [4]); auch Fitterer und Manhart waren gelehrte Männer; von den übrigen abtretenden Professoren aber schrieb der Jurist Zeno [5]) und der ältere medizinische Professor Eglof Franz Carl, [6]) Einiges.

Durch Porträte bei der Universität im Andenken erhalten wurden ausser dem schon in der vorigen Periode erwähnten Hermanin — der juridische Professor Promberger von Linden in Bayern, der aber nur vom Jahre 1733 bis 1739, wo er starb, an der Universität fungirte, dann der eben genannte Eglof von Baden in der Schweiz, der vom Jahre 1716 bis 1739, wo er starb, Professor war, und im Jahre 1728 geadelt wurde. Von andern in dieser Periode nicht abtretenden Professoren wird später die Rede sein. — Ausser den Professoren aber darf in dieser Periode nicht übergangen werden der von 1722—1747 gewesene Universitäts-Notar Ant. v. Roschmann, „ein Mann von den ausgebreitetsten Kenntnissen der klassischen Literatur, Philologie, Alterthümer, alter und mittelalterlicher Geographie, vorzüglich aber alles Dessen, was in diesen Gegenständen sein Vaterland Tirol anging" [7]). Er

---

1) Nämlich Fitterer und Manhart, dann Fränklin, Prof., 1745: Declaratio phaenomenorum electricorum juxta methodum scholasticam: De electricitate ejusque phaenomenis; Zwiklin, Prof., 1733: Oeconomia mundi universi; endlich Daiser, Prof., 1746: Manipulus thesium de corpore naturali. Fitterer ging im Jahre 1736. Manhart 1741 zur Theologie, Zwicklin im Jahre 1735 zum Kirchenrechte, doch nur auf ein Jahr, über.

2) Es waren: Schaser, Prof., 1739: Innocentia ecclesiae catholicae vindicata; Neustifter, Prof., 1740: theatrum passionum humanarum; Binner, Prof., 1741, und Manhart, deren Jeder mehrere Schriften zum Drucke gab, z. B. ersterer: apparatus eruditionis jurisprudentiae praesertim ecclesiasticae I—VIII P. — Dissertationes de beneficiis ecclesiasticis etc.: letzterer: Bibliotheca domestica omnes scientias et artes complectens, Tom. XII. etc.

3) Der schon genannte Binner, der im Jahre 1743 zum Kirchenrechte übertrat, und Soell, Prof., 1736: Dissertatio de legibus, judiciis, tributis, decimis et Novalibus.

4) Nach den philosophischen Ephemeriden starb er: maximo sui desiderio apud omnes, qui virum doctissimum prudentissimum religiosissimum et colosissimum noverant, non in collegio solum et Brixinae, sed in tota urbe oenip., etiam apud summos dicasteriorum praesides relicto.

5) Gloria Austriae seu compendium genealogiae historicum sereniss. domus lotharingicae.

6) Anthropologia anatomica. — An praesentibus turbis expedit creare Medicinae doctores. — De corpore humano.

7) So sagt sein Biograph — ungezweifelt A. A. Dipauli: „Beiträge zur Geschichte,

wurde 1746 Bibliothekar und 1747 auch Adjunkt des Schatz-Archivars Ant. Spergs, und sein Sohn Nachfolger als Notar. — Roschman's grössere und kleinere Werke — meistens in der Dipauliana als Manuscripte vorfindig — belaufen sich auf mehr als 200, und Mehrere, z. B. Valdidena, wurden gedruckt. Von seinen Applausen bei Doctor-Promotionen war schon die Rede. Noch im Jahre 1756 gab ihm die Universität 10 Dukaten aus der Rektoratskasse ob merita multa antiqua. Mit Hofdekret vom 3. Jänner 1769 erhielt er für eine Abhandlung de juribus advocatiae über Münster und Chur 100 fl. Vgl. auch § 95.

§ 71.

Begebenheiten, welche ohne eigentliche akademische Gegenstände zu sein, die Universität doch berührten, waren unter Anderm die Feierlichkeiten bei der Ankunft der Erzherzogin Maria Theresia mit ihrem Gemahle am 13. Mai 1739, der akademische Senat hatte gleich nach der Regierung Aufwartung und Handkuss — zuerst bei der Erzherzogin, dann bei ihrem Gemahl. Am 14. Mai war feierlicher Aufzug der Studenten mit Musik und unzähligen Windlichtern, wobei Clerus Studens die erste Compagnie bildete; viele Studenten schlossen sich jedoch an die adeliche Schützenkompagnie und an die Hofwache an.

Auf das Ableben Carl's VI. am 20. Oktober 1740 wurde der Kaiserin von der Universität durch einen Magnaten ein Beileids-Schreiben übermittelt. Der Hof-Trauergottesdienst war vom 11. bis 14. November in der Jesuitenkirche, wozu die Universität, die während dieser Tage Ferien hielt, durch den Hofraths-Diener eingeladen wurde[1]. Am 11. und 12. Jänner hielt die Universität einen eigenen Trauergottesdienst durch den Prälaten von Wilten; das Castrum doloris war 18 Schuhe hoch mit drei sehr grossen vergoldeten Statuen von 11 Schuhen und 254 Fackeln und Kerzen verziert, zuoberst das prächtige Paradebett mit schwarz-gelber Farbe[2]. Die Bänke für die Professoren und eingeladenen Räthe und adelichen Studenten waren mit schwarzem Tuche überhängt; die vier grossen und acht kleinen Pilaster — mit schwarzem Tuch überdeckt — enthielten acht grosse Emblemata vom Geschichts-Professor Peitner[3] mit der Hauptaufschrift: Imago et character Caesaris. In der Engelkapelle war eine eigene Kanzel aufgerichtet, auf welcher der juridische Dekan die Rede hielt. Der Gottesdienst dauerte von 9—1 Uhr, die Kosten betrugen 260 fl., wozu die Kammer nur 30 fl. bewilligte. Dazu hatte man sich, wie die philosophischen Ephemeriden beisetzen, noch gegen den Prälaten von Wilten verbindlich gemacht.

Auf die Geburt des Erzherzogs Joseph am 13. März 1741 hatte die Universität vom 24. März bis 2. April Ferien, am 24. März war in der Hofkirche der feierliche Gottesdienst, Nachmittag floss Wein etc., die Beleuchtung der Stadt wurde wegen Winds auf den folgenden Abend verschoben, wo sich das Landhaus und die Anna-Säule auszeichneten. Die akademische Feierlichkeit fand am 30. März statt,

---

Statistik, Naturkunde und Kunst von Tirol und Vorarlberg. — herausgegeben von den Mitgliedern des Ferdinandeums. II. Bd. Innsbruck 1826. S. 4.

1) Die theologischen Ephemeriden führen an, der Rektor sei bei den Trauer-Feierlichkeiten im Trauer-Mantel, den Scepter schwarz verschleiert, die Professoren aber seien nur schwarz gekleidet erschienen, weil die Kammer Trauerkleider wie im Jahre 1705 und 1711 bei Leopold's und Joseph's Tod mit 60 fl. für den Rektor und 54 fl. für jeden Professor mit Ausnahme der Jesuiten nicht bewilligte. Von so grossen Fonds-Beiträgen bei den frühern Feierlichkeiten fand ich nichts.

2) Super omnia pendebat grande canapaeum aere suspensum colore nigro et flavo.

3) Die vom Notar Roschman verfassten wurden nicht angenommen.

durch den Prälaten von Wilten, unter drei Salven von 24 Mörsern, und Musik selbst von den Chören beim Hochaltar, wobei die Universität mit Scepter und Doctor-Mänteln erschien; am 1. Mai war Fackelzug der Studenten zur herrlich beleuchteten Anna-Säule, wieder unter Krachen von 24 Mörsern, was jeden Cavalier 2 Dukaten, jeden Adelichen 2 fl., jeden andern Studenten wenigstens 34 kr. kostete; aber nicht alle Studenten, besonders die Italiener aus dem Vorwande eines für sie ungeeigneten Platzes waren damit zufrieden; vielmehr wünschten sie ein feierliches Scheiben-schiessen, für welches aber der akademische Senat und auch die Regierungs-Com-mission, zu welcher der Rektor und die vier Dekane geladen wurden, nicht stimmten, obschon die Professoren Muschgay und Inama diess wollten. — Noch am 15. Mai wurde vom geheimen Rath gegen die Theilnahme der Studenten an Scheibenschiessen ein abrathender Bericht nach Hof erstattet. Ein Gastmahl wurde wegen Aufliegenheit der Rektoratskasse nicht gehalten. — Eine solche militärische Feierlichkeit wurde — jedoch gegen den Willen der Senats-Majorität und Anfangs auch der Regierung — weil man Schiessgewehre in den Händen der Studenten nicht statutenmässig fand — auf endlich erhaltene Bewilligung des geheimen Rathes am 17. Mai 1747 auf die Geburt des Erzherzogs Leopold durchgesetzt, wo die Studenten, die den geheimen Rath um 200 Flinten gebeten hatten, von der Univer-sität militärisch auf den Rennplatz zogen, und sich dort lagerten, am 18. Mai, an welchem Tage die Universität wieder durch den Prälaten von Wilten das Dankfest in der Kirche feierte, von dort zur Kirche und nach dem Gottesdienste in die Vor-stadt, dann wieder auf den Rennplatz marschirten, und auch noch am folgenden Tage dort kampirten. Zum Glücke lief Alles gut ab, und selbst die Salven beim Gottesdienste, bei dem auch 25 Mörser knallten, entsprachen.

Oefter, z. B. im Jahre 1731 und 1741, mussten Lokalien der Universität, namentlich jenes des Fechtmeisters, zu andern Zwecken, z. B. zu Schauspielen, ge-fangenen Franzosen, ungeachtet dagegen gemachter Vorstellungen, überlassen werden [1]).

Auf das Ableben des Fürstbischofs Künigl am 24. Juli 1747 veranstaltete die Universität so wenig als bei frühern Todfällen ihrer Kanzler eine Feierlichkeit; aber der Vicekanzler Brunelli hatte Zweifel, ob mit dem Tode des Kanzlers nicht auch sein Amt als Vicekanzler erloschen sei. Obschon man diess nicht für wahr-scheinlich hielt, weil das Amt zunächst nicht von der Person des delegirenden Bi-schofs, sondern a dignitate principis delegantis abhänge, welche Würde nicht stirbt, so suchte Brunelli doch nach dem Beispiele Epp's auf das Ableben des Bischofs Paulin um die Bestätigung im Amte an, welches das Domkapitel am 7. August 1747 ex officio prorogirte [2]).

§ 72.

Der Rückblick auf die 18 Jahre dieser Universitätsperiode zeigt, dass wie die letzten Regierungsjahre Carl's VI. und die ersten der Kaiserin Maria Theresia im Grossen für Oesterreich eine sehr bewegte Zeit waren, auch die Innsbrucker Uni-versität sich um diese Zeit in einem sehr bewegten Zustande befand. Innere Un-einigkeiten und Reformations-Bestrebungen der Regierung an der Universität ver-anlassten denselben. Die Periode begann schon mit einer grossen Spannung unter den Professoren (§ 54) und bald hatte die philosophische Facultät über die Ein-

---

1) Eph. jur. 3. November 1731. Eph. th. 1746. von denen auch die übrigen An-gaben dieses Paragraphs grossentheils genommen sind.
2) Eph. th. 7. August 1747.

richtung ihres Studiums auch vorzüglich mit der medizinischen Facultät zu kämpfen (§ 55). Gegen diese medizinische Facultät ergaben sich 1734 und wieder 1738 bis 1740 die heftigsten Kämpfe über Promotions-Taxen (§ 57). Der juridische Professor Inama verursachte in den Jahren 1741 bis 1744 und 1747 der eigenen Facultät und der ganzen Universität die verdriesslichsten Händel etc. Gleichzeitig und zum Theil damit in Verbindung setzte die Regierung durch ihre Anträge zur Umstaltung der Facultäten — und zwar der philosophischen von 1730 bis 1735, der theologischen von 1732 bis 1736, der medizinischen und juridischen von 1730 bis in die 1740er Jahre in grosse Bewegung.

Sieht man um das Jahr 1748 auf die Erfolge an der Universität hin, so bemerkt man zwar äusserlich — etwa mit Ausnahme eines neuen Bibliothek-Saales wenige Aenderungen an den frühern Einrichtungen. Professoren und ihr Wechsel, Studirende und ihre Verhältnisse, Feierlichkeiten und Promotionen etc. waren beiläufig wie in der frühern Periode, und die etwas bessere Stellung mehrerer Professoren hatte keine auffallende Folgen. Aber die Regierung war in ihrer Einwirkung auf die Universität bedeutend fortgeschritten. Die Jesuiten — anscheinend noch immer an der Universität dominirend — hatten doch schon an Einfluss verloren. Sie behielten zwar noch alle Kanzeln der Philosophie, erhielten aber die Vorschrift, von ihren Spekulationen abzulassen, und dafür Geschichte und Eloquenz als neue Fächer, und die übrigen Gegenstände praktischer zu lehren. Nur mit Mühe behaupteten sie noch die wichtige Kanzel des Kirchenrechtes, mussten aber sehen, wie zur Ethik der Philosophie das Naturrecht in der Jurisprudenz, und zwar unter Hinweisung auf akatholische Auktoren eingeführt wurde; und in der Theologie die nicht von ihnen versehenen Kanzeln der Glaubens-Controversen und der hl. Schrift eine grössere Wichtigkeit erhielten. Das Censurwesen — bisher von der theologischen Facultät allein geübt, musste diese mit der juridischen theilen, und die oberste Leitung derselben in den Händen der Regierung sehen. — In der medizinischen Facultät wandeln jetzt zur Kanzel der Chirurgie, die wider Willen der Universität eingeführt wurde, auch Schüler, die nicht einmal die lateinische Sprache verstehen, viel weniger das Gymnasium studirt hatten. Das römische Recht hatte in der Jurisprudenz bedeutend verloren, dagegen das öffentliche Recht den ersten Platz erhalten. — Die Professoren hatten grossentheils das wichtige Privilegium der Lehrfreiheit nicht mehr, indem sie — jedoch noch nicht allgemein — den freilich auch nicht sehr befolgten Auftrag erhielten, statt zu diktiren, einen gedruckten Auktor in ihren Vorlesungen zu erklären. — Statt sich beklagen zu können, wenn etwa ein Professor vor die Regierung oder vor den geheimen Rath citirt wurde, hatten nun nicht bloss einzelne Professoren, sondern wohl auch ihr ganzes Collegium nicht etwa bloss vor dem geheimen Rath, sondern selbst vor Commissionen zu erscheinen, über ihre Angelegenheiten Rede und Antwort zu geben, und hohe und höchste Entscheidungen abzuwarten. Dazu hatten freilich auch die Professoren selbst durch ihre Uneinigkeiten und Appellationen wesentlich beigetragen, und in höhern Kreisen die Meinung herbeigeführt, die Universität sei so zerfahren, dass sie erst wieder in Ordnung gebracht oder, wie man sich ausdrückte, restabilirt werden müsse. Wie die Regierung, die bereits einen Superintendenten über sie gesetzt hatte, diess ausführte, kömmt in den folgenden Perioden zu erzählen.

Vierter Abschnitt.

Die Universität vom Jahre 1748 bis 1773.

§ 73.

Wie die a. h. Regierung seit den letzten Zeiten Carl's VI. in die Organisirung der Universität, zumal der einzelnen Facultäten derselben, einzugreifen begann, wie sie sich das Dispositions-Recht an derselben allmälig zueignete, und zu welcher Absicht diess geschah, wurde im vorigen Abschnitte erzählt. Im nämlichen Geiste, aber in noch weit grösseren Dimensionen wurden die Neuerungen in dieser Periode fortgesetzt, ohne dass in der Regel eine vorläufige Rücksprache mit der Universität nöthig erachtet wurde. Höchstens setzten sich die Hofstellen über die Ausführung der beschlossenen Neuerungen mit den Landesbehörden, und durch diese bisweilen mit der Universität in das Benehmen. Diese Periode ist vorzüglich die Zeit der Reform in Studien-Sachen an der Universität. Die Absicht der Regierung bei ihren Neuerungen blieb die nämliche, und ging dahin, die Universität immer mehr zu einer nützlichen Staatsanstalt zu machen, an welcher die Studirenden nach den Zwecken und für die Zwecke des Staates gebildet werden sollten. Brauchbarkeit für die künftigen Verrichtungen der Studirenden als Beamte, Aerzte und Seelsorger war vorzügliches, ja fast einziges Augenmerk. — Insbesondere sollen aber auch nicht bloss die dialektischen und scolastischen Spekulationen der Jesuiten in der Philosophie und Theologie, als zum obigen Zwecke nicht zuträglich, ganz verdrängt, sondern es sollte der Einfluss des Jesuiten-Ordens überhaupt beseitiget werden. Dabei blieben die Richtungen und Fortschritte der Zeit in einzelnen Zweigen der Wissenschaften, wie in natürlichen und historischen Kenntnissen, nicht ohne Einfluss.

Da der Staat die Leitung der Studien in seine Hand genommen hatte, so mussten dafür auch eigene Organe aufgestellt und die erlassenen Vorschriften genau kontrollirt werden. Welche Organe an der Innsbrucker Universität die Vorschriften überwachten, wird die fortlaufende Erzählung zeigen. In Wien aber, wo beim Anfange dieser Periode die Studien-Sachen beim Direktorium in publicis et cameralibus der Hofkanzlei besorgt wurden, wurde im Jahre 1752 eine eigene Abtheilung dieses Direktoriums errichtet, an deren Spitze der Erzbischof und Cardinal Trautson als Protektor Studiorum stand, dessen Befehlen insbesondere die Jesuiten nachzukommen, und an den die eingeführten Direktoren der Studien-Abtheilungen ihre Berichte zu geben hatten [1]). Da Trautson im Jahre 1757 starb, führte die Leitung der oberste Kanzler Haugwitz und der Kanzler Graf Chotek, bis im Jahre 1759 der neue Erzbischof und Cardinal Migazzi als Präses eintrat. Im Jahre 1760 wurde sie ohne Veränderung des Personals eine eigene Hofstelle: „Studien-Hof-Commission" genannt, die ganz unabhängig war und unmittelbar unter der Kaiserin

----

1) Commissions-Glieder waren: Gebhart van Swieten als Vicepräsident und Direktor der Medizin, Canonicus Stok als Direktor der Theologie, Hofrath Bourguignon als Direktor der Jurisprudenz, Canonicus Simen als Direktor der Philosophie, Professor v. Martini als Generalien-Referent und Professor Caspari als Direktor der Gymnasien. Sekretär war ein Gantner.

stand. Die Aufgabe dieser Hofstelle war, „die Studien überhaupt zu heben, sohin ihr beständiges Augenmerk auf die Aufnahme der Wissenschaften und Studien in den gesammten Erbländern zu richten, über die in Studien-Sachen ergangenen oder zu erlassenden Verordnungen, und wie sie vollzogen werden, genau zu invigiliren, sofort hierüber und was zum Wachsthum der Studien gedeihen kann, a. u. Anzeige zu machen.“ Diese Hofstelle bestand mit kleiner Unterbrechung fort, bis in Folge des Jahres 1848 das Unterrichtsministerium eintrat, jedoch oft, zumal später, unter dem Präsidium des obersten Kanzlers der Hofkanzlei.

An die Universität Innsbruck ergingen in dieser Zeit vorzüglich vier respective fünf Organisations-Verordnungen der Studien-Einrichtung, nämlich die sogenannte Chotek'sche Restabilirungs-Urkunde vom Jahre 1748, also noch vor der Aufstellung der unabhängigen Studien-Commission, die allgemeinen Studien-Reformations-Dekrete vom Jahre 1752—53, die Vorschriften des Hof-Commissärs Bourguignon vom Jahre 1756, und endlich, nachdem im Jahre 1760 noch einige andere wichtige Verfügungen angekommen waren, im Jahre 1765 das sogenannte Martini'sche Normale. — Von diesen betrafen die erste und letzte Verordnung, sowie theilweise die Erlasse vom Jahre 1760 die ganze Universität, die zweite Anordnung vorzüglich die Reformation der Philosophie und Theologie, die Anordnungen Bourguignon's, endlich vorzüglich die Studien-Einrichtung der Jurisprudenz; die Anordnungen vom Jahre 1756 und 1765 erfolgten auf vorläufige Untersuchung der Universität durch Bourguignon und Martini.

Es soll nun wieder zuerst die Geschichte dieser Anordnungen, dann die Angabe der Veränderungen und Zustände der Universität in ihren Hauptmomenten bis zur Aufhebung der Gesellschaft Jesu folgen.

§ 74.

Schon mit Hofresolution vom 29. Juli 1744 erhielt Rudolf Graf Chotek, geheimer Rath und Statthalter von Böhmen, die Commission, das Polizei-, Cameral-, Justiz- und Commerz-Wesen in Tirol zu untersuchen und mit Vollmacht einzurichten. Ob er damals bezüglich der Universität, welche die bekannten Uneinigkeiten der Professoren in grosse Missachtung gebracht hatten, einen besondern Auftrag hatte, ist mir unbekannt, gewiss aber ist, dass er am 19. Juni 1744 einer sehr feierlichen philosophischen und am 6. August 1744 einer eben so feierlichen juridischen Disputation als kaiserlicher Commissär beiwohnte [1]). Er schien mit den-

---

1) Zur juridischen Disputation wurde Chotek um 8 Uhr früh vom Präses derselben, Professor Riegger, und den 4 Dekanen an der Universität im Wagen empfangen und zu einem zwei Stufen erhöhten Sitze in der Mitte der Aula begleitet, worauf der Senat aus der Stuba academica erschien. Das Bild des Kaisers hing unter einem Baldachin, vor diesem verlasen die Defendentes — darunter ein Balaus — nach Kniebeugung die epistolam dedicatoriam an Ihre Majestät, legten dann ein in Seide gebundenes Exemplar der gedruckten Thesen in einer silbernen Tasse vor das Bild und überreichten ein anderes dem kaiserlichen Commissär, worauf der Präses die obere, die Defendentes die untere Kanzel bestiegen. Der kaiserliche Commissär, zur Disputation eingeladen, überliess die Ehre dem Prälaten von Wilten, welcher mit vielen Personen von Adel und von den Dikasterien der Feier beiwohnte. Dann folgten als Opponenten der Rektor, der Dekan der Theologie, der Canonist bis 11 Uhr, und nach einer Unterbrechung von 2 Stunden Professor Muschgay, der Dekan der medizinischen und philosophischen Facultät nebst zwei Chorherrn von Wilten. Chotek blieb bis zur darauf folgenden Merende und äusserte bei der Aufwartung der Professoren am folgenden Tage auf die Entschuldigung wegen etwa nicht gehörig beobachtetem Ceremoniell, dass ihn nach dem Beispiele Wien's und Prag's beim Wagen alle Professoren hätten empfangen sollen.

selben zufrieden zu sein. Die Dekane machten ihm auch eine Aufwartung wegen des Professors Inama (§ 60), bei welcher er äusserte, dass ihn der Gegenstand eigentlich gar nicht berühre. Chotek kam am 26. Jänner 1746 wieder, und gab bei der Aufwartung des Rektors und der Dekane gute Hoffnung über Herstellung der Universität und Ruhe des Senates [1]), da die ganze Universitäts-Angelegenheit einer unparteiischen Commission übertragen sei. Nach seiner dritten Ankunft am 23. März 1747 von München beschäftigte er sich angelegen mit der Universität; denn er lud darauf den Rektor der Jesuiten zur Tafel und trug ihm auf, schriftlich an Handen zu geben, was er zum Glanze und Nutzen der Universität zuträglich finde [2]). Aehnliche Aufträge gab er wohl auch anderweitig. Das Resultat der Untersuchung fasste die a. h. Entschliessung vom 13. Jänner 1748, von Chotek unter dem 3. Mai 1748 mitgetheilt, zusammen und erhielt den Namen: Chotek'sche Restabilirung der Universität, auch wohl Reformation derselben [3]). Am 13. Mai 1748, als am Geburtstag der Kaiserin, wurden der Rektor, der Prokanzler und die Dekane zum Vicepräsidenten, und am 22. Mai um 11 Uhr wurde die ganze Universität mit Einschluss des Notars, des Pedells, und des Sprach-, Tanz- und Fechtmeisters vor den geheimen Rath berufen, über die a. h. Entschliessung in die Kenntniss gesetzt, und die schriftliche Mittheilung derselben versprochen. Nach Entlassung der Nicht-Professoren erhielt Professor Inama vor allen Collegen, Bacchetoni aber nach Entlassung des übrigen Universitätspersonals einen in der a. h. Entschliessung enthaltenen Verweis [4]).

§ 75.

Der wesentliche Inhalt der a. h. Entschliessung in 34 Punkten ist folgender [5]): Auf einen a. u. Vortrag der Commission und der Staatskanzlei, wie den eingeschlichenen Mängeln an der Universität Innsbruck überhaupt und den in facultate juridica insbesondere obwaltenden Uneinigkeiten abgeholfen und bessere Ordnung eingeführt werden könne, habe Ihre Majestät zu bestimmen geruht:

---

1) Restituendae academiae et senatus tranquillitatis.

2) So nach der Historia Soc. Jesu in der Dipauliana, die übrigen Angaben nach den Ephemeriden.

3) Der Beichtvater der Kaiserin, Pater Kampmüller S. J., nannte sie vielmehr Deformatio, wie die Hist. Soc. Jesu sagt.

4) Bei der Einschärfung der statutenmässigen Disziplin bemerkt nämlich die a. h. Entschliessung, die Universität habe zu viel nachgesehen, oder vielmehr Uebertreter favorisirt, „die besonders in facultate juridica durch das unruhige Betragen des Prof. Inama und denselben annoch hierin unterstützt gehabt, oder den meisterlosen Studenten mit Rath und That an Hand gegangenen Professor Bacchetoni die Jahre herab obgewalteten Streitigkeiten, welche nur zur liederlichen Nachfolge, Beispiel und Aergerniss auch des Publici gedient, viele fremde wohlerzogene Kinder entweder von der dortigen Universität abgehalten, oder die gegenwärtig gewesen, abgetrieben haben, einfolglichen den Zerfall derselben endlich selbst verursachen müssen, sollen aus dem Grunde gehoben werden.“ Der geheime Rath habe in plena sessione nach Einberufung des Rektors und der gesammten Professoren den Inama auf das Schärfste zu ahnden und peremptorisch zu warnen, dass, insofern er sich in der bisherigen Widersetzlichkeit, unanständigen Aufführung und Aufstachlung der Studenten wider Verhoffen weiterhin betreffen liesse, er ipso facto der Professur ohne fernere a. h. Gnade verlustig sei; der geheime Rath habe hiernach vorzugehen und Bericht zu erstatten; auch Bacchetoni sei mitioribus terminis zu ahnden. — (Nach dem Chotek'schen Dekrete in der Statthalterei-Registratur.) — Dass Inama auch hierauf nicht Ruhe gab, werden wir in der Folge sehen (§§ 81, 89).

5) Siehe Beilage D.

A. Bezüglich der einzelnen Faoultäten:

1. In der Theologie haben die Kanzeln der Speculativa, Moralis und Dogmatica zu bestehen, mit letzterer ist die Kanzel der Controversen mit Anmerkungen über Kirchenhistorien, Concilien und öftere Disputationen und auch die Kanzel der hl. Schrift zu verbinden. Das Diktiren ist abgestellt, und sind nur Noten über vom Vorlesebuch abweichende Meinungen erlaubt.

2. In der Jurisprudenz ist die Kanzel des Codex nach Unterbringung des Professors (Muschgay) aufgehoben und mit jus publicum zu verbinden; die Professoren der Institutionen und Digesten haben den Inhalt des Codex als Supplement und Correction anzusehen und zu benützen; unnütze Materien des alten Rechtes sind nur kurz notitiae causa zu berühren, dagegen die Prozessordnung, Statuten und Gewohnheiten zu berücksichtigen. Bei den Lektionen (collegia publica), die im Mantelkleid, um mehr Ehrfurcht zu erhalten, zu geben sind, ist $^3/_4$ Stunden vorzutragen, dann allemal zu examiniren. Collegia privata sind für Arme nicht nothwendig. Das Kirchenrecht bleibt den Jesuiten und ist wochentlich dreimal vorzutragen. Zu L. f. Anstellungen ist im Inland gehörtes jus civile, canonicum, criminale, feudale und NB. publicum nöthig. Das Studium dauert drei Jahre. Dabei werden Lehrbücher, Stunden des Vortrages etc. genau bestimmt.

3. In der Medizin ist nach Payr's Abtritt die Kanzel der Aphorismen aufzuheben, Praxis drei Jahre zu geben, in allen drei Kanzeln nach Auctoren zu lehren. Das Studium dauert vier Jahre; auch da wird über Zeit, Lehrbücher etc. Genaueres angegeben; von der wirklichen Praxis als Doctor ist 3—4 Jahre in Spitälern etc. zu praktiziren.

4. Ueber den Vortrag der Philosophie wird starker Tadel wegen des fortgesetzten Diktirens und vernachlässigten Experimentirens zum Schaden künftiger Schüler der Medizin ausgesprochen; das Studium hat zwei Jahre zu dauern, und ist Geschichte gründlich mit Angabe der Quellen etc. zu lehren, in der Physik auf Erklärung der natürlichen Erscheinungen hinzuarbeiten etc.

B. Ueberhaupt wird angeordnet:

a. Genaue Beobachtung der Statuten und Disziplin (dabei über Inama und Bacchetoni).

b. „Zur Verhütung aller bisher vorgewalteten Confusionen, Parteilichkeiten und Heftigkeiten" hat der Senat nur aus dem Rektor und den vier Dekanen oder deren Stellvertretern zu bestehen — mit Ausnahme der Criminalfälle. In diesen bestimmt bei insolventen Inculpaten der geheime Rath den Betrag für Mühewaltung etc.

c. Der Direktor und Vicekanzler des geheimen Rathes (Paris Gr. Wolkenstein und Gr. Somerau) sind Protektor der Universität, an den sich Rektor und Professoren wenden, und welcher kleine Geschäfte selbst schlichtet, grössere dem Rathe vorträgt.

d. Das Amt des Rektors und der Dekane dauert drei Jahre; ersterer wird vom geheimen Rath confirmirt und ist nach Tauglichkeit, nicht gerade nach dem Turnus zu wählen.

e. Der Jesuiten-Provinzial hat die Veränderungen seines Lehrpersonals dem geheimen Rathe zur Genehmigung vorzulegen. — Auch akademische Promotionen der Juristen und Mediziner genehmigt über Bericht der bezüglichen Facultät der geheime Rath, „damit von der Facultät selbst künftighin keine Promotion unfähiger Leute vorgenommen werde, vel favores unterlaufen". Attestate sind vom bezüglichen Dekan zu vidiren.

f. Ferien sind vom 23. Dezember bis 2. Jänner, Mittwoch vor bis Mittwoch nach Ostern, Schulanfang ist am Tage nach Allerseelen.

g. Der geheime Rath, „dem die Universität für beständig in allen ihren Angelegenheiten und Vorfallenheiten angewiesen wird," hat auch die Direktion des Universitätsfondes und die Entscheidung über Anstände, die Kammer nur mehr die Behebung und Verrechnung der Bezüge; der Cassier hat eine Sistirung oder Beschlagnahme einer Professor-Besoldung durch den Senat zu respektiren.

h. Ueber Geld-Angelegenheiten werden mehrere Bestimmungen gegeben, als: über Zuflüsse zur Rektorskasse bei Promotionen (§ 86), — über das akademische Aerar und über Verbesserung der Gehalte durch die eingehenden theologischen und juridischen Kanzeln. [1]

i. Professoren und übrige Subordinirte werden in ihren Offizion a. h. bestätigt. Auch zu einer Reitschule würde Ihre Majestät helfen, wenn die Stände beitrügen.

Die Intimation des geheimen Rathes vom 22. Mai erfolgte mit der Bemerkung, die Kanzeln wären noch nicht vakant, sohin könnten auch die Zulagen noch nicht eintreten.

§ 76.

Aus diesem kurzen Auszug der a. h. Entschliessung erhellt, dass dieselbe als neue Organisirung der Universität — nicht selten ohne Rücksicht auf die ursprünglichen Statuten — zu betrachten ist, wie denn auch das sämmtliche Personale auf's Neue bestätigt und die Universität gänzlich unter den geheimen Rath gestellt wird. Zu vielen einzelnen Bestimmungen findet man den Schlüssel leicht in den Vorgängen der vorigen Periode.

Von diesen Chotek'schen Anordnungen kamen jene, welche die Universität überhaupt betrafen, grossentheils in Ausführung, nur die Bestimmungen über die Vorstände unterlagen Anständen. Chotek hatte wohl vorzüglich Bildung brauchbarer Juristen und Mediziner im Auge.

Ueber die innere Einrichtung der Studien, namentlich der Theologie und Medizin, hatte Chotek wohl nicht die gehörige Einsicht, daher auch manche Bestimmungen weitern Verhandlungen unterzogen und gar nicht ausgeführt und modifizirt wurden, sowie auch die errichtete Studien-Hof-Commission hierin mehr auf frühere Studien-Vorschriften, als auf die diessfälligen Chotek'schen Verordnungen Rücksicht nahm. In der Jurisprudenz wurde jedoch die Kanzel des Codex aufgehoben, da Muschgay auf sein Ansuchen unter dem 25. Juni 1750 der Professur a. h. enthoben wurde und als Magistratsrath nach Augsburg abging; aber die in der Medizin und Theologie zur Aufhebung beantragten Kanzeln blieben.

Die Jesuiten, denen Manches in der Verordnung sehr unlieb war, z. B. der Tadel des philosophischen Studiums, die neuliche Abstellung des Diktirens etc., erhielten von ihrem Provinzial den Auftrag zur Abänderung der Odiosa nichts zu übereilen und nur im Einverständnisse mit dem Senate zu handeln [2]); der Senat aber beschloss durch eine Deputation in der Person ihres Rektors Riegger und des Professors v. Sterzinger an Chotek nach München Vorstellungen zu machen; diese bewirkte vorderhand einen Aufschub der Wahlen des Rektors und der Dekane und die Erlaubniss, schriftliche Anträge bezüglich der Verordnungen vorzulegen.

---

1) 100 fl. für den Professor der medizinischen Institutionen, je 50 fl. für die zwei andern medizinischen Professoren, 200 fl. für Jesuiten, 200 fl. zu physischen Experimenten, 30 fl. dem Pedell für Bewachung der Inculpaten, da die Universität keinen Civil-Kerker hat, 150 fl. für den italienischen und französischen Sprachlehrer gegen drei wöchentliche öffentliche Vorlesungen.

2) Eph. th. ad annum 1748

Die Folge davou war eine zweimalige Vorstellung an Chotek, die er erledigte, und welche auf eine dritte Einlage der Jesuiten an die Kaiserin eine a. h. Entschliessung hervorrief.

Die erste Vorstellung, welche die Universität durch den geheimen Rath an Chotek nach seiner Bewilligung gelangen liess, enthielt Bemerkungen gegen Vorlesebücher statt des Diktirens, gegen die beschränkte Lehrzeit des Kirchenrechts, gegen die Verlängerung des medizinischen Studiums, besonders der Lehrkanzel der Praxis, gegen Beschränkung des Collegien-Zwangs, gegen Verlängerung der Verwaltung des Rektorates und der Dekanate, — sowie gegen manche Anordnungen für einzelne Professoren, wie man auch aus Chotek's Antwort sieht. Diese Antwort aus München vom 11. November 1748 lautete im Wesentlichen: Das Diktiren bleibe abgestellt, Ihre Majestät hätten ihm in Wien erklärt, keine Vorstellung dagegen ferner anzunehmen, das Diktiren raube nur Zeit, befördere den Müssiggang, verhindere die Explication des Professors, die Anbringung von Argumenten sei den Professoren zur Beförderung der Aufmerksamkeit nicht verboten; — Kirchenrecht könne in zwei Lehrjahren und wochentlichen drei Stunden wohl vollendet werden, wie diess auch an andern Universitäten geschehe; — Gradus medicinae könne nach absolvirtem Studium genommen werden, nur zur Praxis sei darauf noch vierjähriger Besuch von Spitälern und Prüfung bei dem geheimen Rathe nöthig; — für die längere Verwaltung des Rektorates und der Dekanate spreche die Nothwendigkeit besserer Kenntnisse über die Studenten; medizinische Institutionen können in zwei Jahren gegeben werden, wenn nur die Studenten dadurch nicht vom dreijährigen Besuche der Kanzel der Praxis abgehalten werden; auch könne der Professor der Institutionen aus gedruckten Auktoren ein Compendium verfassen, welches die Schüler zu Hause abschreiben mögen; Froehlich sei nur beispielsweise im Criminalprozess als Vorlesebuch genannt worden, in studiis extraordinariis können auch andere Bücher genommen werden; — er hätte, was aber in die a. h. Entschliessung nicht aufgenommen worden sei, auf gänzliche Aufhebung der Collegien gegen 12—24 fl. Schulgeld für die juridischen Lektionen angetragen, da er überhaupt von dem Unterschiede zwischen Coll·gien und Lektionen keinen rechten Begriff habe, welcher daher aufzuklären sei. Der Vorzug inländischer Studien in der Jurisprudenz und Medizin sei auch auf Theologie und Philosophie auszudehnen. Andere etwaige Zweifel wären vom geheimen Rathe selbst zu lösen oder zu berichten etc.

Ueber dieses Rescript folgte eine neue Vorstellung der Universität durch den geheimen Rath, in welcher sie zuerst den Unterschied zwischen Lektionen und Collegien dahin aufklärte, dass erstere die Lehre expliziren, letztere per quaestiones, exercitationes, disputationes erläutern; — ferner viele Abänderungsanträge machte, als: das Kirchenrecht soll zwei Jahre an allen Schultagen vorgetragen werden; in der Medizin seien zwei Jahre für die Institutionen zu wenig, drei für die Praxis zu viel, da erstere alle wesentliche Theile der Medizin [1] umfasse, diese nur die fundamenta ad curandum anwenden lehre, und Studenten der letztern schon im zweiten medizinischen Jahre zum Respondiren und Defendiren der Praxis unmöglich fähig sein können; — die Rektorswahl soll wie bisher jährlich sein, da beim jährlichen Abgehen eines Drittels der Studenten von der Universität volle Kenntniss der Studenten der Rektor doch nie erhalten könne, übrigens der Exrektor und die Dekane ihm zur Seite stehen, er nur die Kenntniss der Delinquenten nöthig habe, ein allen-

---

1) Quoad statum sanum et morbosum, morborum differentias, syntomata, media, signa, diagnosin, praegnosin, methodum curandi, dazu principia chirurgica et pharmaceutica.

falls untüchtiger Rektor für drei Jahre sehr schlimm wäre etc. — Die Dekane der Medizin und Jurisprudenz sollten höchstens ein Jahr, jene der Theologie und Philosophie wie bisher ein halbes Jahr bleiben, wegen der vielen Geschäfte des theologischen Dekans in Censur-Gegenständen, Haller Markt, Jurisdiction in Clericos, Disputationen; in der Philosophie könnte der Professor der Logik und Physik bei einem zweijährigen Studium nie Dekan werden; die Wahl soll nach dem Turnus geschehen; — der Senat soll auch den Prokanzler und die Exdekane in sich fassen; — vier Jahre des medizinischen Studiums seien zu viel; in Italien sei dessen Zeit unbestimmt, in Freiburg und Tübingen zwei Jahre, in Ingolstadt drei Jahre; vierjähriges Studium würde die Studenten verscheuchen, wenigstens Ausländer sollen nach drei Jahren graduirt werden dürfen etc. — Der geheime Rath, der, ohne nunmehr die Wesen zu hören, die Einlage weitläufig einbegleitete, war meistens einverstanden, begutachtete jedoch statt der Exdekane für den Senat Senioren, welche der Weltpriester der Theologie, der Professor juris publicis und der wirkliche Professor senior der Medizin sein sollen, ohne dass von der Philosophie ein Senior hinzukäme; dadurch wäre dem Uebergewichte der Jesuiten vorgebeugt; der Prokanzler [1]) soll nur, wenn er Professor wäre, zum Senate gehören, der Bischof von Brixen hätte zwar unter dem 9. Oktober 1748 die Manutenenz der Präcedenz des Prokanzlers von den Dekanen nach der Convention vom Jahre 1688 beantragt; allein die Convention binde die Regierung nicht, ein weltlicher Professor wäre als Prokanzler tauglicher und nicht gegen die päpstliche Bulle; — Collegien sollen in der Jurisprudenz zu ändern als Lektions-Stunden, aber nie zu Hause und ohne Zwang für die Studenten erlaubt werden; — der medizinische Grad soll Ausländern auf besondere Erlaubniss des geheimen Rathes früher als Inländern gegeben werden dürfen; der geheime Rath schloss noch ein Schema der Lektions- und Collegienstunden an. — Chotek erwiederte unter dem 15. März 1749 [2]), wie er sehe, zeige die Universität aus Partikular-Rücksichten schlechte Lust, sich dem Restabilitionsdekrete zu unterwerfen; der Unterschied zwischen Lektionen und Collegien hätte aufzuhören, erstere ½ Stunde länger gegen Bezug des Collegiengeldes in der Jurisprudenz zu dauern; die Rektorswahl dürfe jährlich, die Wahl der Dekane nach zwei Jahren, aber nicht gerade nach Turnus, sondern nach besserer Tauglichkeit geschehen, da ein guter Professor desswegen nicht auch ein guter Rektor, und der Dekan der Philosophie nicht Professor der Logik, sondern nur ein tauglicher Mann sein müsse; wenn dem Canonisten 2 Jahre und 3 Wochen-Tage à 1½ Stunden nicht genügen, soll er am Sonntag Kirchenrecht statt Katechismus lehren; Senioren haben auch Bedenken gegen sich; der theologische würde aus Dankbarkeit für die Aufstellung als Professor immer mit den Jesuiten stimmen; wegen eines Prokanzlers aus dem Laienstande, der besser wäre, da es sonst nur der Professor der Dogmatik sein könnte, möge man mit dem Ordinariate verhandeln. Der Professor des Kirchen-

---

1) Da in der a. h. Entschliessung vom 3. Jänner 1748 vom Prokanzler keine Rede ist, trug der Bischof von Brixen dem Brunelli auf, sein Votum im senatu zu behaupten, was Brunelli als unthunlich erklärte. Der Bischof hatte sich auch an Chotek selbst gewendet, der ihm unter dem 2. Oktober 1748 erwiederte, er habe vom Prokanzler keine Erwähnung gemacht, weil er bisher ein non ens war, er sei jedoch nicht dagegen, seine Verwendung für ihn abzugeben. (Der Brief liegt im Brixener Consist.-Archiv.) Ob Brunelli dem Lindler erst 1744, wo dieser die Pfarre Innsbruck resignirte, oder schon früher als Prokanzler folgte, ist mir nicht bekannt.

2) Beide Schreiben Chotek's in der Statthalterei-Registratur. Natürlich gab er die Verhandlungen auch nach Wien, von wo aus Manches, was Chotek nicht definitiv entschied, einer neuen Berathung — zumal auf die Einlage der Jesuiten — unterzogen wurde.

rechtes wäre vom Senate auszuschliessen. Das Schema über Lektionen etc. gefalle ihm nicht etc.

Die Ausschliessung des Canonisten vom Senate war natürlich den Jesuiten sehr unangenehm; sie wendeten sich daher unmittelbar an die Kaiserin, welche das Gutachten des geheimen Rathes und des Direktoriums in publicis et cameralibus abverlangte [1]). Hiebei kamen die im Schreiben des Grafen Chotek nicht genehmigten unerledigten Gegenstände — namentlich über die Senioren etc., wieder zur Sprache. Es wurde begutachtet, dass der Canonist als Dekan allerdings bei dem Senate sein könne, aber nur Doctoren juris canonici, nicht utriusque juris creire, Senioren bestehen und in Verhinderung eines Seniors — als Rektor etc. ein Subsenior seine Stelle vertrete. In diesem Sinne erfolgte auch die a. h. Entschliessung vom 26. Juli 1749 [2]), durch welche das Personale des Senats wesentlich verändert wurde, der Einfluss des Professors vom Kirchenrechte sich verminderte und bezüglich der Amtszeit des Rektors und der Dekane es bei der Chotek'schen Bestimmung auf ein resp. zwei Jahre blieb.

Uebrigens wurde für die theologische Kanzel der Controversen mit a. h. Entschliessung vom 16. Dezember 1752 Weyeter aufgestellt, der am 15. Jänner 1753 sein solemne principium hielt; auch die zwei Professoren der Speculativa blieben, wie zuvor. In der Medizin lehrte Payr ebenfalls fort. Selbst das wiederholt eingeschärfte Gebot, nach Vorlesebüchern zu lehren, wurde theilweise umgangen, wenn gleich die Universität die Vorlesebücher durch Senats-Proclame vom Jahre 1749 bekannt machte [3]).

Auch Anderes wurde bald durch nachfolgende Verordnungen modifizirt.

---

1) Die Hist. Soc. Jesu in der Dipauliana sagt: Die Kaiserin hätte dem Chotek die Sache abgenommen und dem Grafen Haugwitz übergeben. Gewiss ist, dass bald darauf der Erzbischof von Wien in Studien-Sachen grossen Einfluss erhielt und Manches von den Chotek'schen Anordnungen nicht zur Ausführung kam. z. B. die Reduzirung des philosophischen Studiums auf zwei Jahre, da im Jahre 1753—54 schon wieder das Intercalar-Jahr und zwar mit Obligatfächern eintrat.

2) Die Kaiserin schrieb auf den Vortrag des Direktoriums: „Placet, wenn Chotek es gesehen;" dieser auf ein kleines Zettelchen: „Diese a. h. Resolution habe gelesen. und hiebei. wenn Ihre Majestät schon die Patres favorisiren wollen, nichts zu erinnern." So nach in der Registratur des Unterrichtsministeriums in Wien liegenden Akten in zwei Fasszikeln über die Innsbrucker Universität, die über die ältere Geschichte derselben sehr sparsam, von dieser Zeit an aber zahlreicher sind.

3) Es waren folgende:

α. Theologia speculativa . . . Mayr, von dem mehrere Exemplare in der Bibliothek angeschafft wurden.
b. Dogmatica . . . . Danis.
c. Moralis . . . . Busenbaum.
d. Jus canonicum . . . . . Pichler.
e. Jus Naturae et gentium . . Hugo Grotius.
f. Jus publicum . . . . . . Mascovius.
g. Digesta . . . . Zoesius.
h. Jus criminale . . . . . . Froehlich.
i. Institutiones . . . . . . Schamberger.
k. Jus feudale . . . . . . Stykius.
l. Praxis medica . . . . . Weinhart.
m. Anatomia . . . . Heister.
n. Institutiones medicae . . . Heister.
o. Philosophia . . . . . . Mayr.
p. Mathematica . . . . . . Instructio math. Dill. 1747.
q. Historia . . . . Turselin.

§ 77.

Die Studien-Reformation vom Jahre 1752—53 betraf, wie schon bemerkt wurde, vorzüglich die Philosophie und Theologie, sohin insbesonders die Jesuiten. Die § 53 angeführte Ansicht der höchsten Hofstellen über das jesuitische Studium war demselben nicht günstiger geworden. Man sieht diess aus einem Berichte des Direktoriums in publicis et cameralibus vom 21. Februar 1750 an die Kaiserin [1]), worin es unter Anderem heisst: Ein Ruin für die philosophischen Studien sei es, „dass die Patres S. J. diess Studium fast lediglich ad theologiam speculativam eingerichtet, selbes mit vielen unnützen Subtilitäten angefüllt und die materias magis utiles nur obenhin berührt oder gar ausgelassen haben;“ die meiste Zeit werde mit Diktiren und Schreiben verloren, in zwei Jahrgängen liesse sich mehr und Besseres lehren etc. Bei der Studien-Hof-Commission wurde diese Ansicht nicht geändert.

An die Innsbrucker Universität waren zur Hebung dieser Uebelstände zwar im Jahre 1733 und auch 1748 Vorschriften erlassen worden (§§ 55, 75), die freilich nicht durchaus genau befolgt wurden; für Wien wurde unterm 25. Juli 1752 ein neuer nicht nur philosophischer, sondern auch theologischer Studienplan bekannt gemacht, der unter dem 9. September 1752 behufs der allgemeinen Einführung, sohin auch in Innsbruck der Repräsentanz [2]) zur Begutachtung innerhalb 4 Wochen mitgetheilt wurde. Dieser Plan änderte die Lehrgegenstände nicht sehr bedeutend, doch wurde in der Philosophie das neue Lehrfach der hebräischen und griechischen Sprache, dann Naturgeschichte; in der Theologie aber die Patrologie eingeführt und dabei die Stundeneintheilung für alle Fächer genau bestimmt, z. B. in den drei Monaten des ersten philosophischen Jahres Einleitung in die Philosophie, dann Logik täglich in 4 Stunden, in der Theologie Controversen für die zwei ersten Jahrgänge täglich eine Stunde, der Professor dieses Faches hatte aber auch an jedem Freitag 1 Stunde Patrologie ($\frac{1}{2}$ Stunde Prolegomena, $\frac{1}{2}$ Stunde Erklärung von Stellen der hl. Väter) zu geben. Wichtiger war aber, dass für jede Facultät ein Direktor und vier Examinatoren einzuführen waren, welche nach jedem Semester jeden Schüler zu prüfen und in der Philosophie alle Schüler in ein gedrucktes Verzeichniss nach Verdienst zu bringen hatten. — Auch wurden in der Philosophie die Promotionen zu den akademischen Würden fast aufgehoben und nach dem Resultate der Prüfungen das Magisterium nur Einigen — jedoch nach mehreren Jahren zu geben befohlen; in der Theolgie aber wurden die Forderungen zu den Promotionen so erschwert, dass vor 6 Jahren dieses Studiums kaum eine Promotion stattfinden konnte. — Die vorgeschriebenen Vorlesebücher muss jeder Schüler haben. — Der Direktor der Theologie hat monatlich zweimal mit den Doctoren der Theologie Versammlungen zu halten etc. [3]).

---

1) Bei Kink l. c. S. 450.

2) So hiess seit 1743 die höchste Landesstelle, bis dort der geheime Rath (§ 1 Seite 3 Note 2).

3) Einiges Nähere über den Plan ist Folgendes:

A. In der Philosophie ist die eigentliche Philosophie vorzüglich nur in den ersten drei Monaten des ersten Jahres mit Einleitung, Logik etc. täglich 4 Stunden zu betreiben, dann 2 Stunden Vormittag Mathes, 2 Stunden Nachmittag Metaphysik zu geben. — Im zweiten Jahre ist in den ersten drei Monaten Prolegomena der Physik täglich 4 Stunden, dann 1 Stunde Naturgeschichte, 1 Stunde Ethik Vormittag, Nachmittag aber 2 Stunden Experimentalphysik zu lehren. — Im dritten Jahre ist Geschichte, Sprachen und Eloquenz, diese wie Geschichte auch für Juristen, griechische Sprache aber auch für Mediziner vorgeschrieben. Diktiren ist nur $\frac{1}{4}$ Stunde in jeder Vorlesung erlaubt. Beweise aus Aristoteles, hl. Schrift sind untersagt. Unnützes, z. B. de forma peripatetica

Das abverlangte Universitäts-Gutachten über diesen Plan war sehr genau und enthielt z. B. in einer Spalte die Vorschriften für Wien, in der andern die Bemerkungen und Anträge für Innsbruck; es wird dabei vor Allem die Armuth der Innsbrucker Studenten, von denen etwa der achte Theil mit eigenen Mitteln studire, angeführt, um zu zeigen, wie schwer von ihnen der Ankauf von Büchern, genauer Lektionsbesuch wegen Instruktionen etc. zu fordern sei. Einzelne Anträge waren, dass 4 tägliche Lektionsstunden für den Professor der Philosophie und auch für die Studenten zumal im kalten Winter etc. zu viel sei, daher eine andere Stundeneintheilung vorgeschlagen wird; für Polemik werden wöchentlich nur 3 Stunden beantragt, ein Jahr griechischer Unterricht in der Philosophie nütze wenig, man solle ihn in den Gymnasien mehr betreiben; wegen der neuen Kanzel wird auf die Aufliegenheit des akademischen Fonds hingewiesen. — Die Promotionen in der Philosophie und Theologie sollen, wie sie bisher waren, belassen werden, da sie mehr zum Studium anspornen, als die Bekanntgebung der Prüfungs-Resultate, und in der Philosophie das Baccalaureat nur 5 fl., das Magisterium 12 fl. koste, in der Theologie nur Wenige promovirt werden, und bei den neuen strengen Forderungen das Graduiren fast aufhöre, während doch die Sporteln in partem salarii, für Kasse etc. gehören. — Diktiren soll über ¼ Stunde erlaubt werden, da z. B. der · Professor der Philosophie ein neues System herausgeben wolle, Mathes aber ein Buch mit Figuren fordere, das nicht existire, die Bibliothek theure Bücher für Studenten nicht werde anschaffen wollen. Consesse der Doctoren können hier nicht gehalten werden, da ausser den Professoren der Theologie keine theologischen Doctoren bestehen. Am Schluss wird noch um Massregeln gegen Winkelschulen, gegen Eintritt in die höhern Facultäten vor absolvirtem philosophischen Biennio, und um Aufschub der Einführung dieses Planes gebeten, und werden die weitern Anordnungen über Protektor, Examinatoren, Direktoren erwartet. — Die Repräsentanz legte den Bericht unter dem 12. September 1752 unter Anderm mit der Bemerkung vor, dass sie das Diktiren gegen die wiederholten Vorschriften und beim Gebrauche von Schulbüchern in den andern Facultäten zu begutachten sich nicht getraue, dass die Polemik täglich zu geben wäre, und machte noch den auffallenden Beisatz, dass die päpstliche Confirmation der Universität den ausdrücklichen Vor-

---

darf nicht vorgetragen werden. — Beigefügt sind Vorschriften über Examina und Promotionen. Das Examen pro Baccalaureatu in 1½ Stunden vor dem Direktor und vier Examinatoren bestand in je zwei Fragen aus Metaphysik und Physik, und einer Frage aus Mathes und Ethik; beiläufig so war es auch bei einer Disputatio zu halten. Für das Magisterium ist keine neue Prüfung nöthig, soll aber erst nach etlichen Jahren Einigen ertheilt werden. — Die Reihenfolge aller Schüler der Philosophie nach Verdienst ist am Schlusse des Jahres zu verlesen, oder auch gedruckt zu vertheilen.

B. In der Theologie wird die Speculativa von zwei Professoren in 4 Jahren gegeben, vom Einen die Scolastica, vom Andern die Dogmatica; — dann werden die Controversen durch die zwei ersten Jahre mit Patrologie täglich 1 Stunde, Moral aber in den letzten zwei Jahren täglich in 2 Stunden und ½ Stunde casus — dazu in den zwei letzten Jahren Kirchenrecht gelehrt. — Doctoranden müssen in allen Fächern bei der Prüfung Vorzug erhalten und gehen sechs Jahre darauf bei Besetzungen etc. nach ihrem Senium vor. Examina und actus publici geschehen vor der ganzen Facultät, das Urtheil aber geben vier Examinatores mit dem Direktor. — Vor der Prüfung ad Baccalaureatum musste Prüfung aus dem griechischen neuen Testament, aus Eloquenz, dann öffentlicher Akt ex Polemica; vor dem Doctorate öffentlicher Akt aus der hl. Schrift alten Testaments und aus Kirchenrecht — jeder in 2 Stunden vorhergehen. — Protektor ist der Erzbischof in Wien, an den die Direktoren zu berichten haben.

Eine gedruckte Vorschrift für das Studium theologicum findet sich auch im Universitäts-Archiv zu Innsbruck.

behalt enthalten habe, dass der allenfallige Abgang der Universitäts-Fonds-Mittel aus dem h. Aerar zu ersetzen sei [1]).

Mit der Erledigung dieses Berichtes vom 14. Oktober 1752 war die neue Organisirung noch nicht vollkommen bestimmt, sondern wiederholter neuer Hofbericht nothwendig. Auf diese Berichte bestimmten die Erledigungen vom 14. Oktober 1752, 14. Juli und 27. Oktober 1753 im Wesentlichen Folgendes: Die Stundeneintheilung für die Fächer wird den Professoren im Benehmen mit der Repräsentanz gegen Hofanzeige überlassen, wenn nur die Zahl der vorgeschriebenen Stunden für die einzelnen Fächer bleibt; der theologische Gradus wird belassen, wenn nach dem Actus parvus oder magnus die Prüfungen nach Vorschrift mit Vorzug bestanden werden, was vor 6 Jahren kaum möglich sein wird; die Aufmunterung durch Prüfungen und gedruckte Bekanntgebung des Resultates befördert in der Philosophie den Fleiss mehr als Promotionen; behufs der Promotionen in den höhern Facultäten sind dieselben jedoch erlaubt; zu den bezüglichen Prüfungen sind vom Direktor und den Examinatoren aus Mathes, Metaphysik, Experimental-Mathes und Ethik zwei Fragen zu geben. Sonst ist das Magisterium nach etlichen Jahren ohne weitere Prüfung nach dem Resultate der jährlichen Examina zu ertheilen; das Verbot zu diktiren und der Gebrauch von Vorlesebüchern bleibt aufrecht, da diese für Medizin und Jurisprudenz mehr kosten, als für Philosophie und Theologie; — das dritte Jahr der Philosophie (Intercalarjahr) ist Obligatjahr mit den Kanzeln der Eloquenz, Geschichte und Sprachen, da bisher für eine unnütze Philosophie 3 Jahre verwendet wurden; vor Vollendung desselben darf in die Jurisprudenz und Theologie (Speculativa) Niemand eintreten; den Abgang des akademischen Fonds tragt das h. Aerar, doch ist zu sehen, ob nicht durch andere Mittel, Privilegien für Kalender, Universitäts-Zeitungs-Druck etc. geholfen werden kann. Protektor der Universität ist der Präses der Repräsentanz, der die Direktoren und Examinatoren aus Professoren und andern Männern vorzuschlagen hat, die wohl auch in Innsbruck, wie in Gratz etc. gratis zu bekommen sein werden. Von Doctoren-Versammlungen hat es abzukommen. Wegen Winkelschulen und Frequenz der philosophischen Curse haben die Lokalbehörden zu verfügen. Die zwei neuen Kanzeln in der Philosophie übernehmen zwei Jesuiten gegen die gewöhnliche Betrauung der Gesellschaft. Zu hören haben an denselben vor dem Eintritte in die Fachstudien Theologen und Juristen Eloquenz und Geschichte, erstere auch griechische Sprache, Mediziner, die aber zugleich die medizinischen Institutionen hören dürfen, die griechische Sprache, und die Theologen in allen vier Jahren der Theologie die hebräische Sprache.

§ 78.

Zur Ausführung und zur genauen Befolgung dieser Vorschriften war noch Folgendes angeordnet:

1. Auf den Vorschlag des Protektors wurde als Direktor der Philosophie der Mathematik-Professor Weinhart, als Direktor der Theologie aber der Professor der Speculativa, Bernstich, aufgestellt. Schon unter dem 26. August 1752, worin das Gutachten über den neuen Studienplan betrieben wurde, also vor der wirklichen Aufstellung der Direktoren, kamen für sie Instruktionen, nach welchen sie alle öffentlichen Prüfungen, sohin jene nach jedem Semester, aber nicht die blossen Schulprüfungen wie Menstrua etc. zu leiten hatten. Die Vorschriften über solche Prüfungen waren sehr detaillirt. Auch hatten sie jährlich zu verfassende Kataloge

---

1) Der Bericht liegt bei der Registratur des Unterrichtsministeriums.

über den Fortgang und das Verhalten der Schüler in duplo (einen ad acta der
Universität, den andern für den Protektor) vorzulegen; sie waren auch zu beeiden [1]).

2. Als Examinatoren wurden auf den Vorschlag des Protektors aufgestellt —
für die Philosophie — zu drei Professoren an derselben auch der Stiftspriester
Plattner von Stams, in der Theologie aber die zwei Weltpriester der Facultät; die
zwei andern waren Jesuiten; auch sie hatten einen Eid zu leisten [2]).

3. Die Professoren der Philosophie und Theologie, dann auch des Kirchenrechts erhielten unter dem 8. März 1753 Instruktionen, die unter dem 14. Juli 1753
auch für Innsbruck verbindlich erklärt wurden. In diesen wurden allen Professoren
die Stunden zu den Vorlesungen und zum Examiniren, dann die Regeln über Disputationen, Vorlesebücher etc. vorgeschrieben; insbesondere werden die Professoren
wiederholt ermahnt, selbst Vorlesebücher zu verfassen [3]). Allenfalls gedruckte Thesen
zu Disputationen hat der Direktor zu approbiren.

Endlich wurden — und diese Massregel betraf alle vier Facultäten — Berichte über die Studien vorgeschrieben. Der Rektor hatte monatlich [4]) durch den
Protektor Bericht nach Hof zu erstatten, zu welchem die Professoren der Univer-

---

1) Die Eidesformel lautete: Ego N. N. spondeo, me fideliter juxta normam ab
Aug. praescriptam studia promoturum, item in examinibus quibusvis ita suffragaturum,
ut contra aequitatem nemini faveam, nemini noceam, et sic me Deus adjuvet, et haec
sacra Dei evangelia.

2) Er lautet: Spondeo ... me in tentaminibus quibusvis ita suffragaturum, ut contra aequitatem etc., wie bei den Direktoren.

3) Nach diesen Instruktionen haben z. B. die zwei Professoren der Speculativa
täglich abwechselnd circulos, dann sabbatica und menstrua zu halten, bei erstern jedoch
die Opponenten etc. vorher nicht zu bestimmen; der Professor der Moral hat täglich
1 Stunde zu examiniren und insbesonders die vom Papste verbotenen Lehren deutlich
zu expliziren; der Professor der hl. Schrift 3 Jahre das alte und 1 Jahr das neue Testament auf Grund des sensus literalis, auch, wo die Kirche diess annimmt, tropologisch
und figürlich und jährlich kurz die Prolegomena vorzutragen; der Professor der Controversen lehrt die alten Ketzereien kurz, vorzüglich aber gegen Indifferentismus, Lutheraner,
Calvinisten, Quietisten, aus ihren eigenen Büchern; der Canonist lehrt Prolegomena und
Citationes jährlich, dann im ersten Jahre Institutiones imperiales und die zwei ersten
Bücher der Decretalen, im zweiten Jahre das dritte Buch nach einem Auktor, wenn er
nicht selbst ein Compendium drucken lässt; weitläufig ist die Instructio für den Professor der Philosophie, der statum quaestionis, rationes concludendi etc. genau zu bestimmen, sehr viele Zeit zum Examiniren und Opponiren zu lassen hat; der Professor
der Mathes hat auch zwei öffentliche Prüfungen zu halten; der Professor der Ethik
nach einem vom Direktor approbirten Auktor — allgemeine Sittenlehre (Richtschnur
freier Handlungen) Ethica propria und politica zu lehren; der Sprachen-Professor hat
auch für Rhetores und Poeten des Gymnasiums zu lehren, im Hebräischen vorzüglich
Radices und Paradigmata zu behandeln, dann Bibel zu erklären; der Professor der Eloquenz abgesondert Juristen in genere judiciali et deliberativo argumenta erfinden, und
disponiren und lateinisch und deutsch ausarbeiten zu lassen, die Theologen in genere
exornativo et deliberativo lateinisch und deutsch — auch in Predigten zu üben; der
Professor der Geschichte abgesondert — Geistlichen vorzüglich Leben der Päpste, hei-
liger Väter, Verfolgungen, Concilien etc. der Kirche, Weltlichen österreichische und
deutsche Reichsgeschichte — aus jedem Jahrhundert das Vorzüglichste, bei Zweifelhaften die Vertheidigung juxta leges criticas etc. vorzutragen etc. Instruktionen für weltliche Professoren liegen mir nicht vor.

4) Am 17. Dezember 1766 liess der Senat den Professor Inama, „qui singulis
mensibus sine stylo debito magnifico officio Rectoris per excubitorem refert numerum
et diligentiam suorum auditorum,“ durch den Notar zum gehörigen Respekt erinnern.
(Eph. th. ad h. d.)

sität das Materiale an die Hand geben mussten, und auf welchen die allenfalligen Bemerkungen der Studien-Commission von Wien folgten [1]).

Zu den zu erstattenden Semestral-Berichten wurden die Angaben der Professoren, die wenigstens eigenhändig unterschrieben, wo nicht geschrieben sein mussten, und die Zahl der Zuhörer, ihren Fleiss, die abgehandelten Materien etc. anzugeben hatten, beigelegt. Die Repräsentanz setzte dem Berichte des Rektors ihre allenfalligen Bemerkungen bei, und die Hofstelle erledigte ihn mit den betreffenden Weisungen [2]).

In der Theologie wurde sohin die Zahl der Professoren nicht vermehrt, in der Philosophie aber kamen zwei neue Professoren aus der Gesellschaft Jesu hinzu, und zwar für die Eloquenz Grassmayr, für die Sprachen der berühmte Weitenauer; statt des Professors der Metaphysik, die der Professor der Logik zu geben hatte, gab ein Jesuit die Ethik. Die Facultät hatte nun 7 Professoren.

In der Theologie war diess die erste bedeutende Reformation, zumal auch

---

1) Auf einen solchen Monatsbericht wurde unter dem 6. April 1754 nach Einrathen des Wiener Erzbischofs erinnert, es sei zu berichten, ob über Nebenschulen, über die geklagt werde, nichts verfügt wurde, und was diessfalls nöthig sei; Verwechslung der Lehrstunden in Moral, Polemik, Kirchenrecht könne geschehen, wenn nur ihre Zahl eingehalten werde, — griechische Sprache zugleich mit den medizinischen Institutionen und Anatomie zu hören sei nicht verboten; wohl aber Eloquenz und Geschichte mit den juridischen Institutionen und dem Völkerrechte; — der Professor der Digesten habe, wenn ihm kein Vorlesebuch des Criminalrechts tauge, sein Manuscript nicht zum Abschreiben, sondern zum Druck zu geben; Professor juris pubblici hätte Collegien nicht zu Hause, sondern öffentlich mit der Vorlesung explicando et examinando nach verschiedenen Auktoren zu geben; fremde Unterthanen, die in Oesterreich nicht angestellt werden wollten, hätten volle Freiheit im frequentiren.

2) So bemerken die Beilagen der einzelnen Professoren zum beim Unterrichtsministerium liegenden Repräsentanz-Bericht vom 28. Mai 1757 : Die Controversen hatten 29 obligate, 5 freie Schüler, keinen infra mediocritatem; die Speculativa 51 Schüler, ebenfalls keinen infra mediocritatem; die hl. Schrift 60 inscribirte Schüler, die mit Bibeln versehenen frequentirten fleissig, Andere selten oder gar nicht; Moral 42 Schüler, 24 Gäste, 15 Intercalaristen, also 81; erstere rühmenswerth, letztere weniger; Kirchenrecht mit Theologen 130 Schüler, sehr fleissig; Digesta und Jus criminale 32, sehr fleissig; Jus publicum und Naturae 9, darunter 5 fleissig; Institutionen und Jus feudale 48, fast alle beständig fleissig; Aphorismen 3, meistens nur 2 oder 1; Praxis 5 lobenswerth; Institutiones 9 mit rühmlichem Fleiss; Anatomie und Chirurgie 7 fleissig; Logik und Metaphysik 101, Physik 106, meistens sehr fleissig; Hebräisch 36, Griechisch 25 zur Zufriedenheit; Historia profana 10 ziemlich fleissig, sacra 25 sehr fleissig, eloquentia sacra 25 und 8 obligate ex morali — drei liessen sich nie sehen; profana 9, einer freiwillig, darunter nur 3 fleissig. Dabei war genau angegeben, was vorgetragen wurde, z. B. in Dogmatik Vormittag bis 1. Februar explicando repetendo et disputando: tractatus de actibus humanis — quid sit actus humanus, quid voluntarium proprie tale et quotuplex, quid involuntarium, quinam effectus sint moraliter et imputabiliter voluntarii in causa, sive physica sit sive moralis, qui in causa per accidens; quid requiritur, ut effectus ex ommissione sint voluntarii; an simpliciter voluntaria sint, quae fiunt ex motu; an etiam ea, quae fiunt ex concupiscentia; an dari possit aliqua moralis ignorantia juris humani, divini positivi; an etiam juris naturalis; an invincibilis ignorantia sive juris sive facti excuset operantem in illa a peccato formali, quod negant Lutherani, Jansenistae, Nicolaus et alii; an etiam excuset ignorantia vincibilis vel sit culpabilis; — Oeffentliches Recht nach Grotius de jure belli et pacis nach absolvirten Prolegomenis explicando repetendo et etiam impugnando vom 1. Buche das 3. Kapitel geendet: — Medizinische Aphorismen Hypocratis usque ad 25 Aphorismen sectionis 6; — Physica: de principiis corporum, eorum divisibilitate porositate, elasticitate, gravitate — de motu in genere et illius causa, de motibus in specie, worin man noch begriffen sei etc — Die Repräsentanz bemerkte hiezu nur, dass die Nachlässigen entfernt werden sollten; die Hof-Resolution vom 23. April 1757 befiehlt die Ausführung dieses löblichen Antrages.

Eloquenz und Sprachen in der Philosophie vorzüglich für Theologen berechnet war. In der Philosophie waren die Einrichtungen vom Jahre 1733 vorausgegangen, die nun mit verschiedenen Modifikationen zur Ausführung gebracht wurden.

In beiden genannten, ja zum Theil in allen Facultäten war vorzüglich eine genaue Controlle über die Befolgung der a. h. den Unterricht betreffenden Vorschriften eingeführt.

§ 79.

Obwohl durch die angeführten Anordnungen die philosophische und theologische Studien-Einrichtung geregelt schien, so fehlte es doch nicht an manchen Verhandlungen über Gegenstände, welche durch die a. h. Entschliessungen noch nicht bestimmt waren, oder — zumal bei der Zähigkeit der Jesuiten, von bisherigen Einrichtungen und Gewohnheiten abzugehen — nicht mit Genauigkeit gehandhabt, oder zu Modifikationen beantragt wurden, oder noch einer Erläuterung zu bedürfen schienen.

So ergab sich gleich bei der Aufstellung der Direktoren ein Streit über ihr Verhältniss zu den Facultäts-Dekanen bezüglich der Präcedenz. Bei der theologischen Dekanatswahl am 4. November 1754 wurde von der theologischen Facultät festgesetzt, der Direktor habe nur bei Prüfungen, Disputationen und Promotionen [1] die Präcedenz. Auch bei der philosophischen Facultät kam der Gegenstand zur Sprache, und wurde, jedoch nicht einstimmig, gleichförmig mit dem Beschluss der theologischen Facultät entschieden. Diess war wohl mit der a. h. Anordnung nicht im Einklang. Bei der Ernennung des neuen theologischen Dekans Horaz vom 5. Juni 1756 war nun in dem Dekrete bemerkt, der Direktor habe bei Zusammenkünften in Universitäts-Angelegenheiten Rang und Sitz vor dem Dekan, der Dekan aber nur in andern das Studium nicht berührenden Gegenständen, z. B. Dekanats-Wahlen, die Präcedenz; der Direktor sei zu allen öffentlichen und Privat-Disputationen ad examina et tentamina zu berufen, habe dabei zu präsidiren, der Erste zu examiniren und zu votiren, jährlich die Zuhörer zu den Lektionen aufzunehmen und testimonia et attestata zu geben.

Bezüglich der Vorlesebücher schien die Ausführung der a. h. Verordnungen ungeachtet so oftmaliger Einschärfung fast eine Unmöglichkeit [2]. In dem Berichte über das Schuljahr 1755 war unter den Vorlesebüchern keins von der Philosophie angeführt; hierauf kam das neuerliche Verbot, zu diktiren, und der Auftrag, das Vorlesebuch anzuzeigen. Man gab Hauser und Mangold an. Allein abgesehen von dem Gebrauche zweier Vorlesebücher in einem Fache wurden in Wien beide verworfen, weil ersteres viel Unnützes enthalte, die alte Methode der neuen vorziehe etc., das Zweite aber schon desswegen, weil es im Auslande gedruckt sei; man möchte

---

1) De studiorum disciplina, nimirum de examinibus, disputationibus et gradibus theologicis — quid-quid fiat Viennae, et ita procedatur. (Eph. th. ad h. d.)

2) Cardinal Migazzi sagt in einem Berichte vom 14. August 1761 an die Kaiserin: „Die Erfahrung hat schier allzeit gezeigt, dass die Patres S. J. die Lehrsätze ihrer Mitbrüder hart oder gar nicht verwerfen, wohl aber dieselben auf alle mögliche Weise zu vertheidigen pflegen.“ Nachdem er diess selbst durch päpstliche Bullen zu zeigen gesucht hatte, führt er weiter an, dass wegen der gefährlichen Lehrsätze des P. Gobat, La Croix, Busenbaum die Moral des Antoin vorgeschrieben worden sei. „allein die Sache ist ganz anders ausgefallen, sintemalen zu Innsbruck und Olmütz die Professoren aus der Societät die verbotenen Bücher stets zur Vorlesung fortgebraucht und in so lange nicht aus Händen gelassen, und aus ihren Schulen verwiesen haben, bis sie nicht durch wiederholte Befehle E. M. in die unumgängliche Nothwendigkeit, davon endlich abzulassen, versetzt worden.“ (Kink l. c. S. 417 ff.)

das Manuscript des Professors vorlegen. Nach wiederholten Berichten, — dass man kein Manuscript habe [1]), dass man in Hauser das Unnütze weglassen wolle etc., wurde endlich in den Antrag eingangen, die in Wien und Prag gebrauchten Vorlesebücher anzuwenden, die daher unter dem 21. Februar 1766 vorgeschrieben wurden.

Im Jahre 1756 kam die Frage zur Sprache, wer die Zeugnisse über die Fächer des dritten philosophischen Jahres (Intercalar-Jahr) auszufertigen habe, die theilweise zur Theologie gehörten. Der Jesuiten-Provinzial bestimmte, beide Facultäten hätten den Betrag gleichmässig zu theilen. Auch bestimmte er, dass Jedem der philosophischen Facultätsprofessoren jährlich, wenn keine Promotionen vorkommen, 5 fl. aus der Facultätskasse zu geben seien [2]).

Gegen die Anordnung, dass die Jesuiten als Professoren immer auf Bericht des Protektors der Universität mit a. h. Genehmigung aufzustellen seien, die unter dem 15. Oktober 1757 noch eigens bekannt gegeben wurde, hatte die Kaiserin unter dem 14. Oktober 1758 motu proprio die Anzeige dieser Professoren-Abänderungen durch ihren Beichtvater angeordnet. Das Wiener Universitäts-Consistorium erbat sich durch den Erzbischof eine Aufklärung über diese a. h. Entschliessung, die die Kaiserin damit gab, dass sie dem Beichtvater nur für die Fälle einer gewünschten Abänderung in den Anordnungen Anzeige bewilliget habe [3]).

Vorzüglich unangenehm waren die Vorschriften über die philosophischen und theologischen Promotionen zu akademischen Würden, zumal durch diese Beschränkung auch das Einkommen der Professoren litt. Der Notar und Pedell erhielten zwar im Jahre 1756 durch das Einschreiten des Protektors, welches in der allerhöchsten Entschliessung vom 27. Oktober 1753 bewilliget war, wegen des Entganges von Sporteln — ersterer 100 fl., der Pedell 75 fl. Entschädigung. Allein auch die Professoren hatten Schaden gelitten [4]). Als daher im Jahre 1757 wieder für Notar und Pedell eingeschritten wurde, bemerkte man auch, es möchte die Strenge bei theologischen Promotionen gemildert und zu philosophischen Promotionen wieder die Erlaubniss ertheilt, oder den Professoren für den Entgang der Sporteln ein Entgeld verabreicht werden, da ihre Mühe wegen der neuen Lehrart grösser sei, übrigens die Salare bei den vermehrten Auslagen für Professoren, Bibliothek etc. öfter im Ausstande wären. Hierüber erfloss unter dem 17. Dez. 1757 ein sehr ungnädiges a. h. Dekret, — es sei nicht abzusehen, warum die Requisita pro doctoratu theologico bloss um den Professoren einige Gulden mehr Douceur zu bringen sollen verringert und so Unwürdige zu den akademischen Würden zugelassen werden; dafern sich aber die Professoren — meistens Ordensmänner — beschweren sollten, um den angewiesenen Gehalt ferner zu dienen, werden sich schon andere taugliche Leute finden, denen diese cathedrae anvertraut werden können. — Das philosophische Magisterium betreffend, sei ohne dasselbe Niemand zu den höhern Graden zuzulassen. Der Notar habe sich um so mehr zu begnügen, als er

---

1) Nach früherer Aeusserung wollte der Professor doch ein eigenes System herausgeben!

2) Eph. ph. ad h. ann.

3) Die Kaiserin schrieb auf den Vortrag: „Bleibt dabei, wie es längst verordnet, nur in diesem Fall hab den Weg des Beichtvaters erlaubt, wenn selbe einige Ursachen, darinnen sie eine Abänderung wollen, vortragen wollen, sonsten müssen sie in allen den Repräsentations-Präsidenten übergeben."

4) Promotio medica quinque candidatorum omnibus professoribus duplicatam sportulam referentibus — solatium unicum hujus anni, cum lauteas doctorales philosophicas et theologicas caeteras omnes fulmen viennense stravisset. — Eph. ph. 27. Mai 1754.

bei seiner neuen Anstellung 300 fl. Gehalt und das Recht zur Advokatur erhielt. — Dem Pedell wurde fast jährlich auf Einschreiten eine Remuneration bewilligt. — Mit den Promotionen in der Philosophie bloss zum Behuf der Promotionen in den höhern Facultäten war man vorzüglich auch desswegen nicht zufrieden, weil die Schüler der höhern Facultäten, besonders der Theologie, als Repetitoren in der Philosophie verwendet wurden und diese doch Magistri Philosophiae sein sollten. Man wendete sich daher an den neuen Erzbischof von Wien, und da dieser sich für diese Ansicht nicht abgeneigt zeigte, durch die Dikasterien nach Hof mit dem Erfolge, dass unter dem 5. Juli 1760 die a. h. Bewilligung erfloss, den am Ende des Schuljahres mit erster Klasse Geprüften das Baccalaureat und nach dem zweiten philosophischen Jahre das Magisterium zu ertheilen, wenn der Direktor sie hiezu nach Prüfung tauglich befunden hätte. — Aber zur Erforschung dieser Tauglichkeit nach schon bestandener Semestral-Prüfung wurde vom Direktor eine viertelstündige Prüfung als genügend erklärt und schon im Jahre 1760 wurde die Promotion von 64 Baccalaurei und 10 Magistri und noch im Jahre 1771 von 71 Baccalaurei und 33 Magistri vorgenommen.

Wie übrigens ein grosser Theil der Universität mit den Studien-Reformen unzufrieden war, so war man in Wien auch mit der Universität Innsbruck nicht zufrieden [1]). Und wenn auch nach kränkenden Erlässen einmal auf einen günstigen Bericht des Protektors Grafen Enzenberg im Jahre 1756 eine a. h. Zufriedenheits-Bezeugung an die Universität erfolgte, so enthielt doch selbst diese den bedenklichen Beisatz, dass Ihre Majestät auswärtige Examinatoren nicht entfernen, ja alle Regulares ad cathedras zulassen wolle [2]).

§ 80.

Dass die Juristen [3]) vor dem Eintritte in ihr Fachstudium Eloquenz und Geschichte hören sollten, während die Mediziner mit der griechischen Sprache Fächer der Medizin hören durften, gab zu vielen Klagen etc. Anlass, so dass um die Nachlässigen zu schrecken, auf die Statuten über Ausschliessung von der Universität und auf den Senatsbeschluss vom 22. Jänner 1722 gleichen Inhalts hingewiesen wurde [4]). Da jedoch die Studenten mit den einzigen Intercalarfächern zu wenig beschäftigt schienen, stellte diess der Protektor in einem Hofberichte mit dem Erfolge vor, dass mit der a. h. Entschliessung vom 19. März 1757 der Protektor ausgezeichneten Schülern zugleich den Besuch juridischer Vorlesungen bewilligen konnte, welche sie aber das künftige Jahr wieder zu besuchen hätten. Damit war

---

1) Literae infames contra academiam afferebantur, ac si nil nisi inutile, sophisticum et id male tradatur — scriptae italice ... ut fertur a D⁰· Martini professore Institutionum Viennae ad fratrem suum theologiae moralis et juris canonici studiosum (Eph. ph. 29. Februar 1756). Dabei bemerken diese Ephemeriden weiter, dass Professor Weitenauer S. J. vom Rektor des Jesuiten-Collegiums den Auftrag erhalten habe, an die Gräfin v. Enzenberg, deren Beichtvater Weitenauer war, acceptissimam Reginae propter patrocinium zu schreiben.

2) Eph. 5. Juni 1756.

3) In Wien wurde um diese Zeit wohl auch über einen juridischen Studienplan verhandelt, es kam aber zu keinem Abschluss. Im Jahre 1752, wo die Studienkommission errichtet und Bourguignon — früher Professor des Natur- und Lehenrechtes in Prag — als juridischer Studiendirektor (zugleich Justiz-Hofrath) berufen wurde, wurden fünf Professoren — für jus publicum et feudale, — Kirchenrecht, — Digesten, — Institutiones et jus naturae, — endlich Geschichte aufgestellt — für Kirchenrecht Rieger, früher Professor in Innsbruck, für Institutionen und Naturrecht der Tiroler Martini. Beiläufig die nämliche Einrichtung bestand schon länger in Tirol. (Vgl. § 89.)

4) Eph. ph. 27. Sept. 1757, 15. Nov. 1758.

11

aber den juridischen Candidaten wenig gedient, daher sie im Jahre 1759 ansuchten, dass dieser Besuch als erstes juridisches Studienjahr angerechnet werde. Die Universität begutachtete diess Gesuch und sogar die Erlaubniss, dass auch künftige Theologen die Speculativa hören dürfen. Hierauf kam die a. h. Entschliessung vom 13. Dezember 1760, dass für Juristen und Mediziner das Intercalar-Jahr ganz aufhöre und die den Theologen vorgeschriebenen Fächer zur Theologie gezogen werden mit Ausnahme der Geschichte. Die Einrichtung des obligaten philosophischen Intercalar-Jahres dauerte also kaum ein halbes Dezennium, nachdem es als Freifach lange bestanden hatte (§ 55).

§ 81.

Mit dem Zustande der juridischen Facultät waren die Professoren selbst nicht zufrieden. Wenigstens klagte der unruhige Inama darüber und verlangte wiederholt Berathungen über Reformation dieser Facultät zur Vermeidung ihres Ruins, Klagen, welche die Facultät gegen Inama unter dem 5. Februar 1756 der Repräsentanz vorlegte. In diesem Jahre erfolgte, vielleicht auch durch diese Klagen veranlasst, eine Untersuchung der Universität durch den juridischen Studiendirektor bei der Studienkommission des Direktoriums in publicis et cameralibus, Joh. Franz Bourguignon, von welcher nun das Nähere anzugeben ist.

Der Mann kam auf den unter dem 28. August 1756 an ihn ergangenen Auftrag zur Untersuchung und Einleitung der Gleichförmigkeit der Innsbrucker Universität besonders in der juridischen Faculät schon während der Ferien an [1]) und informirte sich bei den Professoren etc. über den Stand der Universität. Am Schlusse seiner Sendung hielt er am 11. Oktober eine Versammlung aller Professoren, und hinterliess zur Herstellung der Gleichförmigkeit mit andern Universitäten zwei Verordnungen, und eine Instruktion für den Professor der juridischen Institutionen und des Criminalrechtes [2]).

Die erste dieser Verordnungen über die Universität überhaupt enthält mehr formelle Bestimmungen über schon bestehende, aber hier wahrscheinlich nicht genau befolgte Vorschriften, als Abänderungen in den bisherigen Einrichtungen. Sie wiederholt in zwölf Punkten die Bestimmungen: der Senat habe aus 9 Individuen (Rektor, 4 Dekane und 4 Senioren — also auch aus jenem der Philosophie, übrigens nach der Chotek'schen Einrichtung — oder deren Stellvertretern bei ihrer Bekleidung anderer Aemter als Rektor, Dekan) zu bestehen, wobei statt des etwa anderweitig verwendeten Professors des öffentlichen Rechtes ein anderer fähiger friedliebender Mann der juridischen Facultät zu wählen ist; Senatus plenus ist aufgehoben; noch wird beigefügt, vota seien nicht ausser dem Senate abzufordern, sondern immer durante senatu zu geben, und nachher nicht mehr zu ändern; alle pikanten händelsüchtigen Ausdrücke seien unter Strafe a. h. Ahndung zu vermeiden; alle Händel habe der Senat in erster Instanz zu entscheiden, etwaige Rekurse gehen in Studiensachen an den Protektor, in andern Gegenständen an die respectiven Oberbehörden; auf ungegründete Rekurse habe Verweis zu erfolgen; die bezügliche Facultät habe in ihren Angelegenheiten das erste Votum. Der Notar habe bei allen und jeden Versammlungen das Protokoll zu führen, ohne sich sonst ein-

---

1) Vir prorsus modestus et affabilis, wie ihn die philosophischen Ephemeriden bezeichnen, der am 14. September mit dem Rektor und dem Vicepräsidenten der Repräsentanz den Jesuiten im Taxhofe, ihrem Ferien-Aufenthalte, und nach der Rückkehr auch in ihrem Collegium einen Besuch machte, je zwei Professoren S. J. vor sich lud und sich ihre Bemerkungen über die von ihnen versehenen Kanzeln etc. erbat.

2) Sie liegen abschriftlich — jedoch ohne Datum in der Statthalterei-Registratur.

römischen, dem Rektor und den Dekanen zu folgen, ohne jedoch sich als Pedell gebrauchen zu lassen.

Die zweite Verordnung für die juridische Facultät bezieht sich fast ganz auf die juridischen Promotionen, über die sie sehr genaue Vorschriften gibt; es sind im Wesentlichen folgende:

1. Der Doctorand hat sich vorläufig beim Dekan über Studien, Sitten etc. gehörig auszuweisen.

2. Rigorose Prüfungen sind vier — aus Natur- und Criminalrecht, — aus Civilrecht, — aus Kirchen- und Lehenrecht, — aus Völker- und öffentlichem Recht des römischen Reichs, — jede 2 Stunden, ½ Stunde von jedem Examinator, nicht über Kleinigkeiten, captiöse Fragen, Subtilitäten, sondern über verschiedene casus, capitula, textus ex jure feudali etc., Wahlkapitulationen, westphälischen Friedens-Instrument, Civil- und Criminalfällen, kurz was nützlich ist.

3. Die Vota über Zulassung, Repetitionen, bessere Verwendung werden nach Abtretung des Candidaten gegeben, und vom Notar zu Papier gebracht; bei paribus hat der Candidat zu repetiren — nach angemessener Frist, die er bei votis disparibus hierüber selbst dirimirt.

4. Intervalla der Prüfungen bestimmt der Candidat selbst und geht vor jedem Rigerosum den Dekan an, der die Zeit hiezu, jedoch nicht in Lektions-Stunden, bestimmt.

5. Für jedes Rigerosum zahlt der Candidat vorhinein 16 fl. [1]).

6. Für einen verhinderten Professor examiniren die Andern und beziehen die Taxe; Nachlässigkeit eines Professors wäre dem Protektor anzuzeigen.

7. Nach vollendeten Rigerosen gibt der Dekan sieben Fragen, je eine aus jedem juridischen Fache, — zur schriftlichen Ausarbeitung. Besteht der Candidat auch hierin nach der Mehrheit der Vota, so erfolgt die Disputatio inauguralis über 30 Thesen aus dem ganzen juridischen Studium solo Deo praeside vor den Professoren, statt denen auch andere gelehrte Männer eingeladen werden dürfen; jeder opponirt nicht über ½ Stunde.

8. Die Versprechungen vor den Rigerosen und der vierte Punkt vor der Licenz fallen als unnütz, unbillig und unanständig weg. (Vgl. §§ 33, 15.)

9. Für das Licentiat wird bezahlt, wenn Einer graduirt, 50 fl., wenn Zwei miteinander graduiren, 66 fl., und 81 fl., wenn Drei graduiren. Für Licentiat und Doctorat ist zu bezahlen 126 fl., wenn Einer graduirt, 178 fl., wenn Zwei miteinander graduiren, und 244 fl., wenn Drei miteinander graduiren [2]). Das Diplom kostet 6 fl. (3 fl. für den Dekan, 3 fl. für den Notar). Die Kosten für Gastmahl, Merend etc. sind aufgehoben. Bloss Musik etc. in der Kirche bei der feierlichsten Promotion wäre besonders zu bezahlen. Stellvertreter erhalten die Taxe der vertretenen Stelle; der Betrag eines abgängigen Professors fällt der Facultätskasse zu. Der Prokanzler hat in seiner Rede keine theologischen, sondern juridische Themate zu behandeln.

Ausserdem wird noch bemerkt:

a. Ferien sind: 1. Sonn- und Feiertage; 2. Donnerstag, wenn in die Woche kein Feiertag fällt; 3. Mittwoch vor bis Mittwoch nach Ostern exclusive; 4. Ivo; 5. die 3 letzten Faschingstage; 6. vom 8. September bis 2. November inclusive. —

_____

1) 3 fl. jedem Professor, 1 fl. 30 kr. dem Notar, und eben so dem Pedell, 1 fl. der Facultätskasse.

2) Dabei wird immer genau bestimmt, was jeder der Theilnehmer, die Kassen etc. erhalten. Zu einer nochmaligen Controle und genauern Angabe wurden die Akten in der Statthalterei nicht mehr aufgefunden.

11 *

Actus publici, examina, Disputationes, Promotiones, Electiones, festa patronorum aliorum sind an Sonn- und Feiertagen, oder doch ausser den Lektions-Stunden zu halten.

b. Der Dekan fordert am Ende des Schuljahres die Abschrift der in jedem exercitio menstruo verhandelten Sätze mit den Namen der Defendenten und Opponenten, und catalogum und calculum auditorum, die er dem Rektor und dieser dem Protektor zur a. h. Vorlage übergibt.

c. Zeugnisse werden in der Regel nur am Ende des Schuljahres vom Professor über ein Fach, und unter dem Jahre aus billigen Ursachen mit genauer Angabe, was und wie lange der Studirende frequentirte, — nach vollendetem Curse aber als Facultäts-Zeugnisse in conformitate der Particular-Zeugnisse vom Dekan durch den Notar ausgefertigt.

d. Jeder Professor ist befugt, für 2 tägliche Stunden an Schultagen ein Collegiengeld und zwar vorhinein zu fordern, von höhern Ständen mit 24 fl., von andern mit 12 fl. jährlich; Armen mit Talent und Fleiss ist jedoch der Zutritt ohne Bezahlung nicht zu versagen.

e. Einen kranken Professor suppliren zwei Collegen, nach Befund des Protektors, oder ein Correpetitor, dem der Professor seine Notate communiziren muss, der jedoch nicht ex cathedra docirt.

Die sehr in das Detail gehende Instruktion für den Professor der Institutionen und des Criminalrechtes in 12 Punkten schreibt unter Anderm vor:

1. Täglich sind zwei Collegien nach Westenberg und Banniza zu geben — mit Empfehlung auch der einschlägigen Auktoren bei den einzelnen Materien, zum Beispiel de salvo conductu, und Benützung der römischen Antiquitäten zum Verständniss.

2. In den Institutionen sind vorzüglich die Novellen, welche Digesta corrigiren oder Neues enthalten, das Brauchbare gründlich, das Uebrige kurz anzuführen, mit Nachschlagen in corpore juris civilis, ohne Subtilitäten und Wortstreite, mit casus practici hauptsächlich nach jus patrium, und nur als Subsidium nach jus commune; besonders ist im jus criminale auf vaterländische Statuten, Gewohnheiten und Praxis zu sehen.

3. Ueber Lehrmethode wird eingeschärft, es sei Status quaestionis genau zu bestimmen und dann zu decidiren, hernach seien die Gründe — aus dem Gesetze. — aus der Vernunft Auktoritäten anzugeben, — mit den Einwendungen und nach Beschaffenheit mit Beispielen ex praxi dicasteriorum. Zu dictiren ist nicht, aber langsam vorzutragen, damit die Zuhörer Noten machen können, da solo auditu Niemand etwas lernt, Notiren die Gedanken beisammen erhält, Schwatzen verhindert. Täglich ist fast eine halbe Stunde über das vorige Collegium zu examiniren, ohne die Examinanden vorher zu bestimmen.

4. Alle Monate mit Ausnahme des ersten, wo die Prolegomena und historia vorkommen, ist exercitium academicum über 12 propositiones controversas von 2 Defendenten und 4 Opponenten, deren Jeder ¼ Stunde opponirt, ohne Solemnität im gewöhnlichen Auditorio und in gewöhnlichen Vorlese-Stunden. Ihre Namen sind am Ende des Jahres dem Dekan zur weitern Vorlage einzuhändigen.

5. Am Ende des Jahres ist Catalogus auditorum mit Namen, Vaterland und Fortgang in drei Klassen nach Examen und calculum privatum dem Dekan ebenfalls zur weiteren Beförderung einzureichen.

Man wird aus diesen Anordnungen, deren Befolgung der juridischen Facultät auch unter dem 13. Dezember 1760 a. h. aufgetragen wurde, vorzüglich die Art und grössere Strenge bei den juridischen Promotionen, manche Abweichungen von den bisherigen Vorschriften und Gewohnheiten und manche genaue Bestimmungen ersehen, welche bisher nicht vorkamen.

§ 82.

Das Jahr 1760, in welchem die Studienkommission in Wien von dem Direktorium in cameralibus et publicis förmlich excindirt und als eigene von der Hofkanzlei unabhängige Hofstelle aufgestellt wurde, und das Jahr 1761 brachten auch der Universität Innsbruck, insbesondere der theologischen Facultät, sehr wichtige Veränderungen.

Die erste ist die Aufstellung der nicht aus dem Gremium der Professoren genommenen Direktoren für alle vier Facultäten [1]). Die Studien-Hof-Commission erliess nämlich den Auftrag, für jede Facultät einen Direktor vorzuschlagen, der in keiner Facultät aus den Jesuiten, die so viele Kanzeln versehen, und auch nicht aus dem Gremium der Professoren genommen werden soll; alle Direktoren sollen ein Collegium bilden, jeden Monat wenigstens einmal zusammenkommen und sehen, ob die Studienverordnungen beobachtet werden und was zu verbessern wäre, darüber Protokolle aufnehmen, die der Studien-Hof-Commission vorzulegen sind. In Folge weitern Berichts kam unter dem 13. Dezember 1760 die a. h. Entschliessung, nach welcher für die Jurisprudenz ad interim der geheime Rath Sarnthein, für die Medizin der Physiker Juliani als Direktor aufgestellt wurde, für die Theologie aber vom Bischof ein Direktor vorzuschlagen sei. Dieser schlug zuerst den Dekan von Matrei, dann den Kaplan von Mariahilf vor, endlich aber wurde mit a. h. Entschliessung vom 10. Dezember 1761 der Prälat von Wilten als solcher und zugleich als Präses des Collegiums aufgestellt; und da für die Philosophie der Rath Müller als Direktor bestimmt wurde, so war die Einrichtung am Ende des Jahres 1761 vollständig. Aber schon unter dem 18. Oktober 1762 kam die Anordnung, dass der Präses nicht zugleich Direktor einer Facultät sein soll, in Folge dessen Sarnthein Präses, Rath Püchler aber statt seiner Direktor der Jurisprudenz wurde. Dem Collegium war der Universitäts-Notar gegen eine Remuneration monatlicher 3 fl. und zur Dienstleistung der Pedell gegen jährliche 12 fl. beigegeben.

Mit dem a. h. Erlass vom 13. Dezember 1760 war zugleich ausgesprochen, dass die Prälaten von Stams und Wilten „wegen Herbeilockung fremder Geistlichen zu Seminär zur Uebernahme theologischer Lehrstühle durch beste Subjekte zu vernehmen" seien. In Folge weiterer Verhandlungen wurde mit Hofdekret vom 31. Oktober 1761 der Canonicus Adrian Kemter von Wilten für Augustinische Theologie, und Joachim Plattner von Stams für Thomistische Theologie, ferner mit weiterm Hofdekrete vom 10. Dezember 1761 der südtirolische Franziskaner Flavian Ricci als Professor der Moral — zu den drei Professoren dieser Fächer aus der Gesellschaft Jesu aufgestellt [2]).

Endlich wurde mit dem erwähnten a. h. Erlass vom 13. Dezember 1760 der Bibliothekar, Weltpriester Graser, als eigener Professor für das Lehrfach der Ethik in der philosophischen Studien-Abtheilung ernannt.

Nebst diesen Anordnungen zur Verminderung des Einflusses der Jesuiten drohte ihnen auch der Verlust der Kanzel des Kirchenrechts. Denn es wurde Bericht abgefordert, aus welchen Mitteln ein Professor des Kirchenrechts weltlichen

---

1) In Wien wurden unter dem 10. September 1759 die aus der Gesellschaft Jesu genommenen Direktoren entfernt und statt ihnen als solche andere Männer aufgestellt.

2) In Wien wurden mit Erlass vom 10. September 1759 zu den Jesuiten ein Dominikaner und ein Augustiner als Professoren angestellt.

Standes, wie er an allen Universitäten schon bestehe, auch in Innsbruck aufgestellt werden könnte, und es war wohl nur dieser Kostenpunkt, aus welchem den Jesuiten diese Kanzel noch blieb, für die ein weltlicher Professor eine bedeutende Besoldung hätte bekommen müssen.

§ 83.

Es ist sich wohl nicht zu verwundern, wenn bei so vielen und so wichtigen Veränderungen an der Universität, welche besonders den Jesuiten nicht angenehm sein konnten, ein erwünschter Zustand noch immer nicht eintrat. Im Jahre 1764 z. B. wurden mehrere Concilien wegen akademischen Einrichtungen, insbesondere auch in Jurisdictions-Angelegenheiten abgehalten, und der juridische Professor La Paix gab an das Gubernium eine Schrift, in welcher er nebst persönlichen Beschwerden über Missbräuche an der Universität in Abhaltung der Lektionen, Celebrirung von Universitäts-Festen, Solennitäten an Schultagen, Beibehaltung der fast 6 Monate des Jahres ausfüllenden Vakanztage klagte. Die Universität erhielt unter dem 1. Dezember 1764 einen Verweis und den Auftrag, Bericht zu erstatten. Im folgenden Jahre kam bekanntlich die Kaiserin nach Innsbruck, und sie muss über die Universität Klagen vernommen haben. Denn unter dem 27. Juni 1765 erhielt die Universität die Anzeige vom Hof, dass der Hofrath bei der obersten Justizstelle und Professor juris naturae an der Wiener Universität ehestens zur Untersuchung sämmtlicher Universitätssachen eintreffen werde. In Folge seiner Untersuchung gab v. Martini der Kaiserin seine motivirten Vorschläge, welche diese dem obersten Kanzler Grafen Chotek zufertigte und über erfolgte Beurtheilung und theilweise Modifikationen unter dem 28. August 1765 a. h. genehmigte. Diess Normale [1]), welches, wie es im Eingange desselben heisst, „in Erwägung, dass die Innsbrucker Universität den blühenden Zustand und das Ansehen der Wiener und Prager Universität bei Weitem nicht erreicht und an der zu Grund gelegten Gleichheit noch Vieles abgeht, nach vorgenommener reiflicher Ueberlegung" erlassen wurde, enthält — bezüglich der Universität überhaupt § 1—6, des Rektors § 7—13, der Direktoren § 14—24, der Dekane § 25—27, der Professoren § 28—40, der Senioren und des Senats § 41—44, dann der Theologie § 45—53, der Jurisprudenz § 54—62, der Medizin § 63—73, der Philosophie § 74—81, und endlich der akademischen Promotionen § 82—93 im Wesentlichen folgende a. h. Anordnungen zur unverbrüchlichen künftigen Beobachtung.

A. Protektor, zugleich Präses der Landes-Studien-Commission, ist der Gubernial-Präsident Graf Enzenberg, in dessen Verhinderung der Gubernial-Rath Graf Sarnthein. Die Commission überwacht die genaue Beobachtung der Gesetze, schlichtet bis zur a. h. Entscheidung, wenn eine solche nöthig ist, die Irrungen und erstattet alle 3 Monate ausführlichen Bericht über die Universitäts-Vorfallenheiten an Ihre Majestät. Der Universitäts-Jurisdiction sind alle Doctoren, Notare, Chirurgen, Apotheker und die Künstler der Universität, dann ihre Buchbinder gratis einzuverleiben, und ist ein Verzeichniss aller Glieder herzustellen und zu übergeben. Das neu zu errichtende Universitäts-Judicium erkennt über alle Streitigkeiten ihrer Glieder in erster Instanz, daher ist ein bei einem Gerichte eingezogenes Glied der Universität sogleich dem Rektor abzuliefern. Die Bibliotheks-Dotation von 300 fl. ist zur Anschaffung von Büchern für alle Facultäten zu verwenden, ausgeliehene Bücher sind sogleich hereinzubringen und keine mehr ohne Recognition auszuleihen.

---

1) Siehe Beilage E.

Ihre Majestät ist geneigt, sie aus ausserordentlichen Fonds mit einigen höchst nothwendigen Werken zu versehen.

B. Dem Rektor gebührt der Titel: Herr; er ist Anfangs September jeden
Jahres nur vom Senate zu wählen und a. h. zu bestätigen, — auch aus würdigen
und tüchtigen Gliedern der philosophischen Facultät, wenn der Turnus sie trifft,
aber nicht aus Religiosen, also auch nicht aus Professoren des Stiftes Stams und
Wilten, was Ihre Majestät abolirt. Thesen werden auctoritate et consensu Rectoris
zum Druck befördert. Der Rektor hat die zu Immatrikulirenden vorher auf die
Wichtigkeit und Verbindlichkeit des Eides aufmerksam zu machen.

C. Die Direktoren ernennt Ihre Majestät, sie haben den Rang vor den Dekanen
und dem Kanzler, und der medizinische soll auch gleich den andern den Charakter
eines k. k. Gubernial-Rathes haben. Ihre Pflichten sind: Die Professoren als Vorsteher derselben zu allen Facultäts-Sachen, wie Dekanatswahl, Verleihung akademischer Würden etc. zu versammeln, Invigilirung der Professoren in ihren Pflichten
nach der Instruktion der Professoren, Ermahnung, Anzeige etc., Besuch — auch un-
vermutheter — der Vorlesungen, nach Vollendung eines Lehrgegenstandes Veranlassung kurzer Prüfungen mit Noten der 1., 2., 3. Klasse, Einsendung der Kataloge
am Ende des Schuljahres an Ihre Majestät, Approbation der Attestate und Thesen,
wenn letztere nicht in Wien approbirt sind, Gegenwart bei der Inscription und Vertheilung der Studenten zu den Vorlesungen, Bestimmung von Tag und Stunde für
die Examina pro gradu, wechselseitige Abhaltung einer Rede in Stuba academica
am Feste des hl. Leopold's aus ihrem Fache, Gegenwart bei den Versammlungen
der Universität, Aufstellung der öffentlichen Repetitoren über Vernehmung der
Professoren.

D. Die Dekane sind von allen Gliedern der Facultät zu wählen, der bestehende kann bestätiget werden, der Direktor kann die Wahl eines Unwürdigen
suspendiren und von der Landes-Studien-Commission den Befehl zur Wahl eines
Andern verlangen. Ihre Pflichten sind: Den Direktor zu suppliren, Dokumente
der Facultät zu unterschreiben und zu siegeln. Sie gehen den Lehrern aller Facultäten vor.

E. Lehrer haben in Zukunft (die gegenwärtigen behalten ihre Rechte) Gehalt
und Rang nach dem Senium, sohin der Eintretende den letzten, bleiben aber bei
einem Fache, haben täglich vom 4. November bis 7. September inclusive der Examina mit Ausnahme der Feier- und Donnerstage und der achttägigen Ferien um
Weihnachten und Ostern auch an dispensirten Feiertagen zu lehren; die Vorlesungen an der Universität in vorgeschriebener Kleidung zu halten, Vor- und Nachmittag mit einer viertelständigen unbestellten Prüfung und nach dem Resultate
dieser und der Final-Prüfungen die Attestate mit ihren Klassen zu geben; sie haben
vor den übrigen Gliedern der Facultät den Vorrang; auf ihren Gehalt kann nur
a. h. Beschlag gelegt werden, ausser in via juris wegen Schulden etc. Musiken für
sie sind abgestellt; Anzüglichkeiten und Schmähungen werden das erste und zweite
Mal mit Sperre von einem Drittel Gehalt, das dritte Mal mit Cassation bestraft;
monatlich hat eine Disputation von 12 Thesen zwischen einem Defendenten gegen
drei bis vier Opponenten nach Vorschrift der Logik stattzufinden, wofür der Professor der Anatomie seine Demonstrationen fortsetzt. Jeder Professor soll jährlich
eine Abhandlung über eine wo möglich neue Materie seines Faches auf Kosten der
Defendenten oder Rektoratskasse statt des Mahles drucken lassen und a. h. einsenden. Der Provinzial S. J. und geistliche Vorsteher haben bei Abänderung ihrer
Lehrindividuen drei Subjekte durch die Landes-Studien-Commission und das Gubernium vorzuschlagen.

F. Auch in der Jurisprudenz und Philosophie ist nach Austritt der jetzigen Senioren der älteste Professor Senior; die Einrichtung des Senates bleibt nach der Vorschrift vom Jahre 1756. Für Civil- und Criminal-Prozesse wird ein Judicium academicum gebildet aus dem Rector facultatis juridicae als Präses bis zur Wahl eines neuen Rektors aus dieser Facultät, also durch 4 Jahre, und dem Dekan und einem andern Gliede der juridischen Facultät ohne Lehrkanzel, nebst Notar. Ist der Exrektor Dekan, so wählt die Facultät einen Stellvertreter. In Prozessen über geistliche Personen ist auch der Prokanzler Mitglied. Die causae ecclesiasticae sind nach Vergleich vom Jahre 1688 zu behandeln. Die Prozesse vertheilt zur Bearbeitung der Präses. Wer ohne billige Ursache im Senat nicht erscheint, zahlt 1 Thlr.

G. Die Theologie, schon im Jahre 1752 auf bessern Fuss gesetzt, behält ihre Lehrbücher, bis andere von Wien vorgeschrieben werden; de locis theologicis ist jedoch nach Melchior Canus oder einem andern berühmten Auktor zu lesen, de probabilismo nach 'Antoin oder wenigstens sehr bescheiden zu lehren; auch der Professor der Moral hat disputatio menstrua zu halten; die hl. Schrift muss jeder Theolog hören bei Strafe verweigerten Attestates auch über andere Examina, ohne welches keine Präsentation zu einem kaiserlichen Benoficium stattfinden kann. Die neuen Kanzeln können auch Weltpriester erhalten; daher Landschaft und Magistrat tüchtige Subjekte zu besserer Auswahl ad beneficia präsentiren sollen. Die Instruktoren für Studirende sind nicht nach Willkühr vom Rektor S. J. auszutheilen. Ohne hebräische und griechische Sprachkenntniss kann kein Theolog ad gradum zugelassen werden, das Fach haben alle Theologen zu frequentiren.

H. Die Professores juris haben ihre Vorlesungen 2 Stunden täglich Vor- und Nachmittag nach dem Normale vom Jahre 1756 bis zur Auffindung auch eines zweiten Auditoriums, bis dort in Stuba academica, der Canonist von 3 ¼—5 Uhr, damit ihn auch die Theologen hören können, zu geben. Die Collegien-Gelder bleiben und sind im April und November vorläufig einzutreiben. Pufendorf ist nicht zu gebrauchen, dafür können die Positiones juris von Wien gebraucht werden, die über Staats- und Völkerrecht werden auch bald nachfolgen, Weltgeschichte ist nicht zugleich zu hören, sondern Fach des Gymnasiums und der Philosophie. Jus criminale ist nach Banniza oder einem andern neuen Buche, jus canonicum nach der Wiener Auflage (Principia juris publici eccles. cath.) bis zum Erscheinen von Riegger's Werk zu lehren. Advocatur können nur Doctoren, nicht Licentiaten treiben. von der Regierung abgeforderte consilia oder andere Ausarbeitungen verfassen die Professoren abwechselnd, ohne Vernachlässigung der Vorlesungen. Richter, Vicarien, Advocaten sind nur über Attestate von in Oesterreich absolvirten Studien auf Erlaubniss des Guberniums aufzustellen, die seit drei Jahren ordnungswidrig angestellten Advocaten bis zur erforderlichen Approbation des Guberniums suspendirt.

I. Die medizinische Facultät hat in Wien gebrauchte Vorlesebücher, sohin auch Boerhavius zu gebrauchen. Die Professoren haben täglich vorzulesen, in der Anatomie ist sich um mehrere Cadaver umzusehen, welche die Civil- und Militär-Stand unentgeltlich verabreichen soll, und die dann im Pestfriedhof zu begraben sind. Die andern Kosten dazu von circa jährlich 75 fl. sind ex cassa Universitatis zu bestreiten. In das theatrum anatomicum ist Wasser zu schaffen. Das Spital ist dem Professor Institutionem nicht wechselweise, sondern beständig gegen die üblich sein sollenden 60 fl. zu überlassen; im Spital ist ein Assistent anzustellen und um mehrere Kranke umzusehen, wenn es die Einkünfte erlauben. Wegen Abgangs der Chemie und Botanik und pro Metallurgia, auch eines und andern bessern Salars und Anderes werden Ihre Majestät nach Auffindung eines Fonds bedacht sein. Die Doctores sollen vor gradum, wie in allen Facultäten auch Disputationes inaugurales sine praeside gegen Fremde und nur in deren Abgang vor den Professoren halten. Wer Medizin, Chirurgie, Hebammenkunst übt, muss an der Universität geprüft und approbirt sein, sonst ist er nicht zu dulden; Landstreicher, Marktschreier, Arcanisten sind als Betrüger auszurotten; Materialisten dürfen ihre Waare nicht unter einem halben Pfund und nur nach vom Gubernium bestimmten Preisen und auf Gubernial-Bewilligung verkaufen. Consilia und Examina practica nimmt der Direktor sammt den Professoren vor, zum Examen eines Chirurgen ist der Professor der Chirurgie mit zwei Stadt-Chirurgen zu berufen, Holz für Auditorien wird aus dem Universitätsfond angeschafft. Die Apotheken in Orten ohne Physikat sollen in Physikate umgeschafft werden.

K. Die Professoren der Philosophie haben Mako's S. J. Werke zu gebrauchen, Professor Matheseos kann sein Buch behalten; Professor Logicae et Metaphysicae sollen nicht zur Physik übertreten, sondern bei ihren Kanzeln bleiben. Der Direktor — zugleich Gubernial-Rath — ist im Verhinderungsfalle vom Professor Medicinae Menghin als Vicedirektor bei Examen, Disputation etc. zu suppliren; ohne mathematische Kenntnisse ist Niemand zum Studium der Physik zuzulassen. Nach Vollendung eines Theils der Logik, Metaphysik, Physik ist Disputatio von zwei besten Zuhörern mit Einladung von fremden Opponenten zu halten. Der Professor Logices hat die bessern Auctoren des Fachs — Malebranche, Loke, Leibnitz etc., der Physiker Newton etc., der Ethiker Wolf, Müller etc. zu empfehlen, letzterer hat sich in juridische Lehrsätze nicht zu mischen. Wer nicht fleissig frequentirt, soll nach Leopold's Statut aufhören, Akademiker zu sein, diess muss den Fleiss spornen.

L. Ohne vorgeschriebene Examina und Disputationes kann Niemand Doctor werden. Ein Lehrer soll bei Rigerosen nicht über seine Zeit examiniren und Andern einreden. Das Examen dauert 2 ½ Stunden, die Taxen sind bestimmt, der Direktor erhält bei Rigerosen, nicht aber bei den Disputationen, doppelte Taxe, ohne Handschuhe; Nobilitationen, Wappenbriefe, Restitutiones honoris sind den Landesfürsten reservirt. Keiner ist ohne schriftliches Zeugniss über die vorgeschriebenen Prüfungen, bei Juristen auch über Abhandlung der sieben Fragen zu doctoriren; zur Ausarbeitung dieser Fragen wird die eingerichtete juridische Bibliothek, über welche das oben von andern Bibliotheken Gesagte gilt, gute Dienste leisten. Promotionen als Universitäts-Recht sind ohne weitere Anfrage zu ertheilen, und ist auch Chirurgen und Apothekern ihr Diplom von der medizinischen Facultät auszufertigen, Attestate haben die Klassen ohne Vorzugs-Note, Diplome per majora oder unanimia zu enthalten. Wer im Rigerosum nicht besteht, ist wenigstens 3 Monate zu suspendiren. Der Direktor hat ein Protokoll über Materia examinis approbatio per majora etc. Suspension zu führen, das im Archiv der Universität aufbewahrt wird, und wovon er eine Abschrift zu Handen hat. Der Notar ist zu den Prüfungen nicht beizuziehen. Freiburger Doctoren sind jenen von Wien, Prag und Innsbruck nicht gleich zu halten, bis dort die juridische Lehrart eingeführt sein wird. — Der Notar hat bessere Ordnung zu halten und ohne Quittung keine Schrift abhanden zu lassen. Eine Kasse für Wittwen der juridischen und medizinischen Facultät gleich jener von Wien würde Ihre Majestät gestatten. Das Betreffende dieser a. h. Entschliessung ist jährlich den Studirenden bekannt zu geben. Alles vom Gubernium zu überwachen.

§ 84.

Diese a. h. Verordnung ist seit der Entstehung der Universität wohl die umfassendste [1]), sie trägt die klar ausgesprochene Absicht an der Stirne, der Inns-

---

1) De Luca citirt sie unter dem lat. Titel: Normale caes. reg. d. d. 28. Aug. 1765.

brucker Universität mehr Ansehen zu verschaffen und sie den übrigen österreichischen Universitäten gleichförmig zu machen und gibt ein ziemlich klares Bild nicht nur über die Beschaffenheit und über manche Gebrechen bei derselben in dieser Zeit, z. B. über Ferialtage, bei Senatssitzungen, Promotions-Prüfungen etc., zumal wenn die Vorschriften, wie kaum zu zweifeln ist, früher Vorgekommenes ändern sollten, sondern überhaupt von der Einrichtung der Universitäten in Oesterreich, namentlich jener zu Wien, nach der die Innsbrucker Universitäts-Verhältnisse geordnet werden sollten.

Dass über die Ausführung auch dieser Anordnungen manche Bedenken auftauchten und Vorstellungen gemacht wurden, ist bei den vielen Neuerungen, die sie enthalten, eben so natürlich, als dass sie bei der Stellung und dem Einflusse Martini's in Wien in der Regel vergebens waren. Doch kam unter dem 22. Oktober 1769 die a. h. Entschliessung, dass Licentiaten juris, die schon früher ihre Studien vollendet hatten, zur Advocatur zuzulassen seien und bezüglich der Anstellung der Gerichts-Prokuratoren, dann der Stadt-, Markt- und Gemeinde-Richter es bei dem bisherigen Herkommen zu bewenden habe. Manches, z. B. die Abhaltung von Reden der Direktoren am Feste des hl. Leopold's, mag unterblieben sein, wenigstens ist mir von der Ausführung dieser Vorschrift nichts bekannt. Selbst das Judicium academicum wurde erst im Jahre 1772 nach der Vorschrift eingeführt.

§ 85.

Während die Universität ihr ziemlich bewegtes Leben fortsetzte und nach und nach den a. h. Verordnungen Gültigkeit verschafft, auch wohl unter dem 30. Jänner 1773 ihr guter Zustand a. h. zur Nachricht genommen wurde, trat eine eben so unerwartete als allgemein und insbesonders für die Innsbrucker Universität wichtige, Epoche machende Begebenheit ein, — die Aufhebung der Gesellschaft Jesu. Die Jesuiten hatten zwar an ihrem Einflusse, namentlich in Studien-Angelegenheiten, so wie an ihrer Achtung auch in Oesterreich Vieles verloren [1]), und selbst in Tirol, namentlich in Innsbruck, sprach sich bei aller Achtung, die man im Allgemeinen für sie hatte, doch nicht immer ein günstiges Urtheil für sie aus. Einen Stoss gab der Gesellschaft im Jahre 1703 der Verdacht eines Einverständnisses mit dem bayrischen Churfürsten Emmanuel bei seinem Einfalle in Tirol [2]). Im Jahre 1749 warf man ihnen bei ihrer sogenannten Mission vor, dass sie Gewissens-Scrupel erregen, die Leute zur Verzweiflung führen, unmögliche Dinge anrathen, nur von der Hölle predigen, die Gemüther nicht so fast belehren, als ver-

---

1) Dass selbst der Erzbischof von Wien nicht sehr für die Jesuiten eingenommen war, wurde bereits bemerkt (§§ 77, 79). Besonders aber war Gebhard van Swieten, Leibarzt der Kaiserin und zweiter Präsident bei der Studien-Hof-Commission, dem Studienwesen der Jesuiten nicht geneigt. Unter dem 5. Sept. 1757 schrieb er an die Kaiserin unter Anderm: L'effet a montré, que les études ont langui et sont deperi dans l'Université, depuis que la société y a eté incorporée etc. und unter dem 28. Juni 1759 begehrte die Studien-Commission in corpore von der Kaiserin die Absetzung der zwei Direktoren S. J. der Philosophie und Theologie an der Universität zu Wien, die auch unter dem 10. Sept. 1759 a. h. erfolgte. Dass Viele die Wirksamkeit der Jesuiten in Studien-Angelegenheiten überhaupt tadelten, ist bekannt. Tomek l. c. sagt Seite 290: „Die Blüthezeit des Jesuiten-Ordens war für Böhmen die Zeit des tiefsten Verfalls der Nationalbildung überhaupt und der Wissenschaften insbesondere, und dem Einfluss des Ordens war es vorzüglich zuzuschreiben, dass nach den schweren Schlägen einer innern Umwälzung und eines langwierigen verheerenden Krieges, welcher den Verfall herbeigeführt hatte, das Wiedererwachen vom Todesschlafe mehr als ein Jahrhundert aufgehalten wurde."

2) Vgl. Jäger: Tirol und der bayrisch-französische Einfall im Jahre 1703. S. 201.

wirren [1]). Im nämlichen Jahre schlug der landschaftliche Congress-Ausschuss vor, ein Gesetz zu erlassen, dass ein Orden, der die Seinigen nach Verlauf mehrerer im Orden zugebrachten Jahre entlasse (diess kann bekanntlich bei den Jesuiten bis zur vierten Profess geschehen), sie auch erhalte oder legitimam zurückstelle. In Brixen sträubte sich das Domkapitel gegen ihre Einführung, und alle diessfälligen Bemühungen des Bischofs waren vergeblich [2]). In Innsbruck wollte man ihnen selbst, als Maria Theresia im Jahre 1765 das Theresianum zu errichten befahl, ihr Convict — das Nicolaihaus nehmen [3]). An der Universität hatte schon in der vorigen Periode die Schwächung ihres Ansehens begonnen (§ 72); die Studien-Reformation dieser Periode stellte die Jesuiten an der Philosophie und Theologie unter die Aufsicht von Direktoren und Examinatoren und zwar seit 1760 unter Direktoren, die nicht ihrem Orden angehörten (§§ 77, 78); sie bekamen im Jahr 1761 in den von ihnen gelehrten Fächern der Theologie Rivalen aus andern geistlichen Corporationen, und in der Philosophie einen Weltpriester in ihr Gremium; in der Jurisprudenz verlor der Canonist aus der Gesellschaft Jesu Vieles von seinem Einfluss (§ 76) und endlich selbst die Kanzel; die Aufstellung der Jesuiten als Professoren geschah nur durch den Kaiser und zwar aus drei von der Landeskommission und dem Guberuium vorgeschlagenen Individuen. Selbst ihre Promotion zu akademischen Würden musste wie bei andern Promovenden geschehen.

Indessen dachte in Tirol wohl Niemand an die Aufhebung der im Allgemeinen hochgeachteten Gesellschaft, — eine Aufhebung, die bekanntlich nicht von Wien aus, sondern auf Betreibung mancher Regierungen vom Oberhaupte der katholischen Kirche im Jahre 1773 ausgesprochen, und in Innsbruck am 1. Oktober 1773 durch den Weihbischof von Brixen mit drei Ruraldekanen und von Gliedern des Guberniums vollzogen wurde.

Diese wichtige Begebenheit, durch die eine Gesellschaft von der Universität abtrat, welche über 80 Jahre zwei Facultäten derselben bereits ganz versehen, die wichtige Kanzel des Kirchenrechtes in der dritten Facultät bis zum Jahre 1769 behalten und besonders in den erstern Zeiten ihres Bestehens den entschiedensten Einfluss auf sie ausgeübt hatte, macht billig einen Abschnitt in der Geschichte der Universität [4]).

---

1) Zoller: Denkwürdigkeiten von Innsbruck, II. Th. S. 147.

2) Sinnacher: Beiträge, IX. Bd. S. 225, 230 ff.

3) Es handelte sich um ein Lokale für das neu zu errichtende Collegium Nobilium. Da das Nicolaihaus (das jetzige Jesuiten-Collegium) nicht als absolutes Eigenthum der Jesuiten anerkannt wirde, wollte man dieses dazu verwenden. Bei den weitläufigen Verhandlungen darüber mussten die Jesuiten sogar ihre Original-Rechnungen über dasselbe vorlegen und als Kaufpreis zur Beibehaltung 20,000 fl. anbieten. Jedoch kam es nicht zur Annahme dieses Angebotes. (Verhandlungen in der Statthalterei-Registratur.)

4) Dekan Herculan Oberrauch, ein Franziskaner, schrieb darüber in den theologischen Ephemeriden vom 1. Oktober 1773 Folgendes: Ad fragorem tantae ruinae omnes vehementer commoti vel concussi sunt etiam. Erat quippe huic coetui ex tota fere juventute ingeniorum selectus, suorum vero educatio exactissima, laboris amor invictus. et quod inde sequitur, doctrina plane insignis et major etiam ad omnes opinio, virorum fama virtutis, et ipsa virtute celebrium uber proventus, opes, prout plerique credidere. fere immensae, firma insuper apud omnes (gratia ac — diese Worte sind wahrscheinlich durch eine spätere Hand durchstrichen) potentia incredibilis, denique paene consummata et quae etiam comparate ad integrum privati sortem excedere videbatur, felicitas. Quae vero tantae et quam vel contingere posse superioribus annis nemo suspicatus est, cladis causae exstiterint, decernere altior quaedam Potestas prohibet. Generale tamen et verissimum illud adscribere licebit (utilissimam — diess Wort ist wieder durchstrichen) banc societatem divinae providentiae res humanas perpetuo motu versantis

Zur bessern Kenntniss ihres Zustandes in den 25 Jahren vor der Aufhebung dieser Gesellschaft durchgehen wir wieder kurz die wichtigsten Momente derselben in den folgenden Paragraphen, wobei freilich einige Wiederholungen unvermeidlich sind.

§ 86.

Was zuerst den Fond betrifft, so genügten bis zur Studien-Reformation im Jahre 1752—53 noch immer die Erträgnisse des für die Universität bestimmten Salzaccises, und eine Rechnung vom Jahre 1753 gibt die Einnahmen — mit Einschluss eines Cassarestes von 4248 fl. 31 kr. 2 dl. — auf 13,506 fl. 42 kr. 2 dl., die Ausgaben aber — freilich nur Besoldungen — auf 8946 fl., also den Ueberschuss mit 4248 fl. 31 kr. 2 dl. an [1]), so dass — den Cassarest abgerechnet —

---

et felicitatem nunquam in iisdem semper castris militare permittentis novum prorsusque celeberrimum exemplum evassisse. — Et quidem proplus ad res nostras — Viri bi facultatem nostram per quatuor annos soli, exin adjuncto uno et mox altero sacerdote octoginta et ultra annos tenuerunt; anno demum 1761 tres alii easdem, quas Patres Societatis disciplinas daturi accessere etc.

1) Die nähern Angaben dieser in der Statthalterei-Registratur vorfindigen Rechnung sind:

I. Empfänge.

a. Rest des vorigen Jahres	4248 fl. 31 kr.	2 dl.
b. Salzaccis	8062 fl. 11 kr.	— dl.
c. Interessen der im J. 1672 angelegten Kapitalien	425 fl. — kr.	— dl.
d. Kapital per 15,400 beim h. Aerar	770 fl. — kr.	— dl.
	Zusammen 13505 fl. 42 kr.	2 dl.

II. Ausgaben.

A. An die Jesuiten (immer mit Einschluss des Holzbeitrags) .	1960 fl.
B. Für Theologie (Wille und Brunelli)	620 „
C. Jurisprudenz, für den Professor	
1. Juris publici	910 „
2. Digestorum	760 „
3. Institutionum	510 „
D. Medizin, für den Professor	
1. Payr	660 „
2. Gerstner	610 „
3. Sterzinger	510 „
4. Egloff	410 „
E. Für das übrige Personale:	
1. Französischer Sprachlehrer	160 „
2. Italienischer Sprachlehrer	234 „
3. Notar	310 „
4. Bibliothekar	156 „
5. Bibliotheks-Diener	200 „
6. Pedell	155 „
7. Thorsteher	54 „
8. Tanzmeister	252 „
9. Quästor	116 „
10. Dem Rektor für Gottesdienst und Diener	175 „
11. Fechtmeister 275 fl. und 9 fl. für 9 Fuder Holz .	284 „
	Zusammen 8946 fl.

Ueber den Bezug von 1900 fl. (ohne Holz) für die Jesuiten gibt ein Ausweis des Cassiers vom 23. März 1762, der als Beilage eines Hofberichts vom 20. Jänner 1770 bei der Studien-Hof-Commission liegt, an, dass von den neun damals bestehenden Professoren aus der Gesellschaft Jesu nur jene der Eloquenz und Sprachen 200 fl., alle übrigen aber nur 187 fl. 30 kr. beziehen, was offenbar unrichtig ist, weil die für die Universität angestellten Professoren immer 200 fl. erhielten. Die 1900 fl. ergeben sich vielmehr so: Nach der Studien-Reformation von 1752—53 stellten die Jesuiten im

für Bauten, Regie, Lehrmittel etc. 311 fl. 4 kr. erübrigten. — Es erhellt sohin, dass der Salzaccis allein bei den durch neue Einrichtungen etc. vermehrten Auslagen nicht mehr genügen konnte, und es ergibt sich diessfalls in dieser Periode die wichtige Veränderung, dass das hohe Aerar für den Mehrbedarf einstand. Diess ist das erste Mal in dem Reformations-Dekrete vom Jahre 1752—53 (§ 77) ausgesprochen, während in dem Restabilitions-Dekrete vom Jahre 1748 (§ 75) vielmehr Lehrkanzeln aufgehoben wurden, wodurch man, ohne das hohe Aerar in das Mitleid zu ziehen, den Bedürfnissen genügen konnte. Freilich wies man auch jetzt noch nach dem Erlass vom 14. Juli 1753 subsidiarisch auf andere Quellen, ja unter dem 8. November 1766 wurde sogar der Stadt Innsbruck ein Fleisch-Appalto zur Gehalts-Verbesserung der Professoren aufgetragen, dessen Ueberschuss zur Tilgung der Stadtschulden zu verwenden wäre, und unter dem 14. Oktober 1768 die Ausführung dieses Auftrages neuerlich befohlen. Allein es zeigten sich Schwierigkeiten, bei welchen die Verhandlung an die Tiroler Stände geleitet wurde. — Es blieb bei der Unterstützung des Fonds aus dem Aerar, aus welchem mit a. h. Entschliessung vom 15. Juli 1758 bereits jährlich 1500 fl. für die Universität angewiesen wurden. Neue Ausgaben hatte nun häufig das hohe Aerar zu übernehmen.

Unter dem 9. Mai 1769 berichtete das Gubernium an den Hof, die Universitäts-Kasse habe in den letzten drei Jahren 3783 fl. 23½ kr., sohin jährlich 1261 fl. 7¾ kr. in Ersparung gebracht, die als Ersatz für das hohe Aerar bei der Direktorats-Kasse in Schwaz à 4 Prozent angelegt werden könnten; allein die a. h. Entschliessung vom 23. September 1769 bestimmte, dass zur Gleichstellung der Besoldung der theologische Professor Weyeter 100 fl., der juridische Professor La Paix und der medizinische Professor Menghin je 150 fl. und die medizinischen Professoren Egloff und Gerstner je 50 fl. Zulage erhalten sollen, das Uebrige aber zur Fructificirung angelegt werde. Der Fortbezug der 1500 fl. vom Aerar habe fortzugehen. — Die Rektoratskasse erhielt durch das Chotek'sche Normale zu Ausgaben, die mit dem Universitätsfonde keine Gemeinschaft haben, einen Zuwachs, da von jedem Studenten der Theologie und Jurisprudenz für die Licentiatsprüfung 1 fl., für die Doctoratsprüfung 2 fl., in der Medizin für beide 2 fl., in der Philosophie überhaupt jedes Mal pro Magisterio et Baccalaureatu drei Dukaten zu bezahlen waren.

In den Lokalien der Universität scheint in dieser Periode keine wesentliche Veränderung vorgegangen zu sein, obschon die vermehrten Professoren in der Theologie und die Verbindung der früher in der Wohnung der Professoren gehaltenen Collegien mit den nun längern Lektionen in der juridischen Facultät mehrere Auditorien sehr erwünscht gemacht hätten. Mit Hofdekret vom 5. Juli 1760 wurde auch wirklich die Herstellung von zwei neuen Auditorien und bis zu dieser Herstellung 1—2 Zimmer in der Burg zu Lektionen zu benützen befohlen. Diess geschah bis 1765 gewiss nicht, da das Martin'sche Normale nur von einem Auditorio und Benützung der Stuba academica spricht, und der Protektor wies noch für das Jahr 1768—69 zu den Vorlesungen der Digesten von 9—10 Uhr die Stuba academica major, zu den Vorlesungen aus der Moral von 8—9 Uhr die Stuba academica minore an.

Ganzen zehn Professoren. von diesen kamen zwei — der Professor der Moral und Logik — ausser Berechnung (§ 23), acht Professoren à 200 fl. geben 1600; dazu kommen die § 56 und 75 bemerkten Zulagen von 300 fl. — In diesem Ausweis vom Jahre 1762 erscheint ein juridischer Professor mit 100 fl. Gehalts-Verbesserung.

§ 87.

In den Verhältnissen der Professoren ergaben sich in dieser Periode sehr bedeutende Veränderungen.

Alle Professoren hatten nun bei ihrem Fache zu bleiben, rückten aber an Charakter, und, wenn an einer Facultät ungleich systemisirte Gehalte bestanden, an Gehalt vor; ein neu eintretender Professor erhielt die vakante Stelle und den niedrigsten Rang und Gehalt.

Der Wechsel der Professoren war auch noch in diesen 25 Jahren, zumal bei den Jesuiten, sehr gross; es traten 62 neue Professoren ein, und zwar in der Philosophie 25, darunter 23 Jesuiten, in der Theologie ebenfalls 25, darunter 17 Jesuiten, in der Jurisprudenz 9, darunter 4 Jesuiten, endlich in der Medizin 3.

Etwas Besonders war es, dass zur neuen Besetzung der Lehrkanzel der heiligen Schrift am 18. August 1754 unter dem Präsidium des Superintendenten Regierungs-Rathes Baron v. Buol von den vier theologischen Professoren actuante Regierungs-Rekretär v. Spergs mit den zwei Competenten Kopf und Leitner eine Prüfung vorgenommen und das Protokoll darüber mit Fragen und Antworten nach Wien vorgelegt wurde, worauf die Ernennung Kopfs, der dem Leitner weit vorging, erfolgte.

Der Gottesdienst für verstorbene Professoren und zwar mit Leichenrede auch für Jesuiten wurde immer fortgehalten [1]).

Die Dekane hatten durch die Aufstellung der Direktoren fast allen Einfluss verloren. — Ihr Amt dauerte statt ½ Jahr nun 2 Jahre. — Selbst ihre Wahl, die durch die Gegenwart des Direktors der Facultät kontrollirt wurde, konnte die Landes-Studien-Commission annulliren.

Den Rektor wählten nach dem Martin'schen Normale nicht mehr alle Professoren, sondern nur der Senat; er musste nach dem Chotek'schen Normale vom Protektor, nach der Martin'schen Vorschrift sogar vom Kaiser bestätiget werden, und war daher drei Monate vor dem Anfang des Schuljahres zu wählen.

Eine neue Erscheinung sind die Senioren, welche in Folge des Chotek'schen Normales zuerst eingeführt wurden, um im Senate den Jesuiten das Uebergewicht zu nehmen, daher die Philosophie keinen Senior, die Jurisprudenz den Professor des öffentlichen Rechtes, und die Theologie den Weltpriester als solchen hatte; — allein nach dem Martin'schen Normale soll der wirkliche Senior in jeder Facultät, sohin auch in der Philosophie, Senats-Senior sein. Diese waren daher bleibende Senatoren, während Rektor und Dekane im Senate wechselten. Die übrigen Professoren gehörten nicht mehr zum Senate.

Auch der Prokanzler verlor an seinem Einfluss, da er als solcher nicht mehr Mitglied des Senates war, sohin den Direktoren, Dekanen und Senioren nachstand.

Der im Jahre 1741 aufgestellte Superintendent wurde durch die Aufstellung des Universitätsprotektors im Jahre 1748 und noch mehr durch die Aufstellung der Direktoren überflüssig. Zwar folgte auf den Superintendenten Faber im Jahre 1753 Baron v. Buol als solcher, oder vielmehr pro humanioribus; von seiner Wirksamkeit für die Universität ist mir aber ausser der Leitung der Prüfung zur Besetzung der Kanzel der hl. Schrift nichts bekannt [2]).

---

1) Für Bacchetoni, der arm starb, hielt die Leichenrede am 29. Mai 1749 Professor Payr, für Cronthaler S. J. am 5. Dezember 1772 Oberrauch, für Horaz S. J. am 9. August 1757 Weyeter etc., nur für Plank von Wilten, der im Jahre 1771 auf einer Reise zum Grossherzog von Florenz starb, wurde zwar Gottesdienst, aber keine Rede gehalten, weil er abwesend starb und seine Leiche moralisch nicht gegenwärtig sei!

2) In Wien wurde der Superintendent bei Einführung der Direktoren im Jahre 1754 ebenfalls aufgehoben.

Durch die Beschränkung der Senatoren nur auf neun Personen, durch die Senioren, durch die Direktoren und die Studien-Landes-Commission etc. musste der Corporationsgeist der Universität nothwendig geschwächt, andererseits aber auch Skandalen unter den Professoren durch Uneinigkeiten vorgebeugt werden.

§ 88.

Die einzelnen Facultäten erfuhren nach den bereits angeführten Verordnungen auch bedeutende Veränderungen.

In der Theologie, welche nach dem Chotek'schen Normale nur mehr drei Kanzeln erhalten sollte, was aber nicht zur Ausführung kam, wurden nach weitern Reformations-Verordnungen vom Jahre 1752—53 und 1760 — zur Bildung brauchbarer und aufgeklärter Seelsorger — drei neue Fächer, Eloquenz, hebräische und griechische Sprache, endlich Geschichte eingeführt. Die Theologen hatten also zu hören: 1. ein Jahr Eloquenz, Geschichte und griechische Sprache; 2. speculative Theologie durch 4 Jahre täglich 2 Stunden; 3. Moral durch 2 Jahre täglich 2 Stunden; 4. Polemik durch 2 Jahre ebenfalls mit 2 Stunden, mit etwas Patrologie; 5. heilige Schrift an Sonn- und Feiertagen durch alle vier Jahre [1]); 6. die hebräische Sprache durch alle vier Jahre des theologischen Studiums täglich eine Stunde.

Die (§ 82) drei im Jahre 1761 vom Stifte Wilten, Stams, und der südtirolischen Franziskaner-Provinz aufgestellten Professoren lehrten Anfangs gratis; allein auf Anregung des Prälaten von Wilten als theologischen Direktors erhielten die Stifts-Professoren mit a. h. Entschliessung vom 14. Mai 1765 und zwar vom 1. November 1754 angefangen jährlich 300 fl. vom h. Aerar; der Franziskaner aber lehrte, so viel bekannt, immer umsonst. Sonst waren die neuen Professoren den übrigen gleichgehalten, bei allen Prüfungen wie jene beizuziehen; die Stiftspriester bezogen auch die Sporteln etc., ja konnten bis zum Martin'schen Normale sogar Rektor der Universität werden. — Plattner blieb in der ganzen Periode Professor, Kemter aber hatte nach seinem Ableben im Jahre 1765 den Stiftspriester Blank und dieser bei seinem Austritte im Jahre 1770 den Alberik Jäger zum Nachfolger. Auf den Franziskaner Ricci folgte im Jahre 1767 der nordtirolische Franziskaner Herculan Oberrauch [2]).

Die zu den Jesuiten aufgestellten Professoren aus andern Orten hatten Anfangs keinen leichten Stand; die Schüler strömten den Jesuiten zu [3]). Daher ordnete schon ein Dekret vom 28. Oktober 1762 an, den Jesuiten und den neuen

---

1) Nach Anregung des Professors Kopf beim Präsidenten der Landes-Studien-Commission Grafen Sarnthein sollte jedoch die heilige Schrift nach einem Erlass vom 17. Dezember 1763 auch ein paar Mal unter der Woche gegeben werden.

2) Auf die Vorstellung des nordtirolischen Franziskaner-Provinzials Brandstetter, dass die nordtirolische Franziskaner-Provinz für diese Kanzel auch geschickte Männer habe, und Flavian Ricci von einer andern Provinz dieser Kosten verursache, wurde unter dem 12. Oktober 1765 a. h. befohlen, dem Flavian seine Entlassung anzukünden, und drei Subjekte aus der nordtirolischen Franziskaner-Provinz vorzuschlagen, aus denen Oberrauch gewählt wurde. Auf Blank's Versetzung wurde mit a. h. Entschliessung vom 15. August 1765 aufgetragen, in Zukunft immer drei Subjekte vorzuschlagen. — Nach dem Martin'schen Normale konnten für die neuen Kanzeln auch Weltpriester vorgeschlagen werden.

3) Der theologische Dekan Oberrauch schreibt Eph. th. 1. Oktober 1773: Anno 1761 tres alii eandem, quas Patres S. J. disciplinas docturi accessere. Primis tamen annis ad praevalens exiguum pondus fuerunt, plerisque discipulis ad cathedras societatis confluentibus, donec mitigatis praejudiciis plus fiduciae novis cathedris accesserit.

Lehrern die Schüler nach freier Wahl zuzutheilen und das Martin'sche Normale befahl die Zutheilung durch die Direktoren. Diess hatte aber kaum einen erwünschten Erfolg; wenigstens wurde auf eine Anzeige vom 3. November 1769, „dass bei den neuen Lehrstühlen gänzlicher Abgang von Schülern verspürt werde," unter dem 20. Jänner 1770 befohlen, auf Schüler der Thomistischen und Augustinischen Theologie (und diese lehrten die Stifts-Professoren) bei Ertheilung der Tituli mensae und Beneficiorum vorzüglichen Bedacht zu nehmen.

Die Direktoren der Theologie waren bis zum Jahre 1761 Jesuiten, und zwar Professoren der speculativen Theologie. Bei der Bestätigung des Professors Horaz als Direktor im Jahre 1757 wurde die Aufstellung durch den Protektor mit blosser Anzeige an die Hofstelle geahndet und befohlen, dass der abtretende Direktor dem Protektor einen motivirten Terno-Vorschlag zur Vorlage an die Hofstelle zu übergeben habe. — Im Jahre 1761 wurde, wie schon erwähnt, der Prälat von Wilten Direktor; vom Jahre 1765 blieb diess Amt wegen Kränklichkeit des Prälaten gleichsam suspendirt, indem die Geschäfte der Dekan abmachte [1]); aber nach dem Ableben des alten Prälaten übernahm der neue das Amt wieder.

Ueber die Vorlesebücher blieb die alte wiederholte Anordnung.

§ 89.

In der juridischen Facultät gingen folgende Veränderungen vor:

Die Collegien (Privat-Repetitionen) der juridischen Professoren hörten in Folge des Chotek'schen Normals auf, aber das Collegiengeld wurde für die Vorlesungen fortbezahlt.

Durch das Chotek'sche Normale wurde die eigene Kanzel des Codex aufgehoben; sohin lehrten nur vier Professoren Natur- und Lehenrecht, — Institutionen und Criminal-Recht, — öffentliches Recht und Reichs-Geschichte, — endlich Kirchenrecht. — Es weist auch die Professoren ausdrücklich auf die tirolischen Statuten hin und auf die Gewohnheiten etc. des Reichs, wenn sie vom gemeinen Rechte abweichen, und Bourguignon schärfte diese Vorschrift wieder ein.

Die wichtige Kanzel des Kirchenrechtes ging endlich nach dem a. h. Erlass vom 12. Jänner 1770 nach dem Beispiele anderer Universitäten von den Jesuiten an einen Laien — Georg Lackics aus Ungarn — über, der 300 fl. Gehalt aus dem Universitäts-Fond und 500 fl. und für Uebersiedelung einen Quartals-Gehalt aus dem Cameral-Aerar erhielt. Diesem folgte schon im folgenden Jahre der berühmte Behem [2]).

Im Chotek'schen Normale war den Professoren täglich 1 ½ stündige Vorlesung vorgeschrieben; und auch unter dem 1. August 1761 wurde diese Vorschrift bezüglich der Hauptfächer wieder erneuert, und für die Institutionen 7 ½—9, für Digesten 9—10 ½, öffentliches Recht 2 ½—3 ½, für Kirchenrecht 3 ½—5 Uhr bestimmt. Allein im Jahre 1767 wurden die Vorlesungen wieder auf 1 Stunde herabgesetzt, aber Vor- und Nachmittag Vorlesung zu geben befohlen.

Durch das Martin'sche Dekret verlor diese Facultät das Privilegium der potestas comitiva. Schon im Jahre 1746, wo die Facultät den Scharfrichter in Hall, Jakob Ohermahl, famam restituirt hatte, wurde sie vom geheimen Rath über ihr

---

1) Eph. th. 19. April 1769.
2) Die in Wien schon früher erfolgte Aufstellung eines weltlichen Professors des Kirchenrechts wurde bei der Kaiserin von der Studien-Commission damit motivirt, dass von keinem Religiosen, am wenigsten von einem Jesuiten, eine ersprießliche und bei jetzigen Zeiten dem Staate anständige Lehre des juris canonici zu hoffen sei. — (Kink l. c. S. 501.)

Befugniss hierüber gefragt; sie berief sich auf die Universitäts-Privilegien (§ 9 a), auf das Beispiel der Altdorfer Universität etc. Der geheime Rath berichtete an die Kaiserin, welche mit a. h. Entschliessung vom 22. Juli 1747 befahl, dem Obermahl sei fama zu restituiren, über das Privilegium aber werde die Entscheidung folgen [1]). Es ist mir nicht bekannt, dass bis zur a. h. Entschliessung vom 29. August 1765 eine andere Entscheidung hierüber ergangen wäre.

Endlich hörte nach der nämlichen a. h. Entschliessung vom Jahre 1765 der Vorzug des Professors des öffentlichen Rechtes als Primarius und beständiger Senator auf.

Das juridische Studium gewann dadurch an Wichtigkeit, dass zu höhern Anstellungen dasselbe gefordert und zu allen Anstellungen als Prärogativ betrachtet wurde [2]).

Nebst den vier Jesuiten und zwei weltlichen Professoren für das Kirchenrecht traten im Jahre 1750 Payr, 1758 La Paix, 1768 Jos. Banniza als neue Professoren ein. — Einige Professoren erhielten eine Gehalts-Zulage, wie La Paix 1769 aus dem Universitäts-Fond von 150 fl., was aber vielmehr eine Vorrückung in die höhere Gehalts-Stufe nach dem Senium war; dann Banniza von 200 fl. aus dem Cameral-Aerar im Jahre 1772.

Vorlesebücher waren in Natur- und Civil-Recht Martini, in den Institutionen und Pandekten blieb Heineccius, im Lehenrechte Steykius; im Kirchenrechte war zuerst Pichler, dann Riegger vorgeschrieben etc.

Die Direktoren der Facultät waren im Jahre 1760 Graf Sarnthein, und als dieser im Jahre 1762 Präses der Landes-Studien-Commission wurde, mit a. h. Entschliessung vom 28. Oktober 1762 Gubernialrath, früher Professor Püchler, auf dessen unter a. h. Zufriedenheitsbezeugung wegen Alters erfolgten Abtretens mit a. h. Entschliessung vom 23. September 1769 Baron Coreth und im Jahre 1772 Gubernialrath Buffa folgte [3]).

§ 90.

Bei der medizinischen Facultät ergaben sich in dieser Periode folgende Veränderungen.

---

1) Die Hofkanzlei beantragte in ihrem Vortrage an die Kaiserin nähere Nachforschungen über den Umfang des Privilegiums. Die Kaiserin schrieb auf den Vortrag: „soll allda gehalten werden, wie in meinen übrigen Erbländern, nicht anders, dem Menschen aber die Gnade zu geben" etc. (ohne Beisetzung ihres Namens). Das Aktenstück liegt bei der Registratur des Unterrichtsministeriums.

2) Das Chotek'sche Dekret vom Jahre 1748 sagt wörtlich: „Ihre Majestät wollen als pragmatical Gesätz a. h. angeordnet haben, dass kainer bei denen Oe. und V. Oe. Dicasteriis als Rath, auch zu denen vorländischen Landtsrichter- und Schreiberstellen, nicht minder zum Advokaten-Amt in Vorschlag gebracht werden solle, er habe dann das Jus civile, canonicum, criminale, feudale et NB. Publicum in beeden Universitäten Ihnsprugg, oder Freyburg, oder auch noch zu Wien, oder Prag absolviret, und hierüber die erforderlichen Attestata Universitatis beygebracht, dergestalten, dass solches ainem jedwedenn hierinnfalls vor andern auch tüchtigen und geschickten Candidaten ein praecipuum und praerogativ zuwegen bringe. Was aber die gewöhnliche Gerichtshalter, und Gerichtsschreiber anlanget, so wäre bey sollchen hinreichend, wenn sye nur die Attestata von absolvirten Studio civili et criminali der Regierung, allwo sye über ihre Wissenschaft zu examiniren seyen, beybringen."

3) Einige allgemeine Vorschriften über die Einrichtung des juridischen Studiums etc. vom 17. August 1765 in der theresianischen Gesetzsammlung berühren die Universität Innsbruck wenig, da für sie in andern a. h. Anordnungen spezielle Bestimmungen enthalten sind.

Probst, Universität.   12

Durch das Chotek'sche Normale wurde die Kanzel der Aphorismen aufgehoben, sohin nach dem Ableben des Professors Payr im Jahre 1750 nicht mehr besetzt. Dagegen wurde das neue Fach des Hebammen-Unterrichts und gegen Ende der Periode auch ein eigener Professor desselben eingeführt. Auf einen Bericht der Repräsentanz vom 20. April 1754 erfolgte nämlich über die darüber gemachten Bemerkungen des für das medizinische Studium so einflussreichen Hofraths etc. van Swieten die a. h. Entschliessung vom 25. Mai 1754, dass der Professor der Anatomie, Egloff, den Unterricht über Geburtshülfe, und zwar das ganze Jahr wochentlich in zwei Stunden zu geben habe, bei dem auch Chirurgen — Meister und Gesellen — erscheinen können; die tirolische Landschaft wäre um Beigebung der dem Professor Bacchetoni verabfolgten 150 fl. anzugehen [1]). Diess Ansinnen an die Stände scheint vergeblich gewesen zu sein, da dem Egloff unter dem 8. Februar 1755 für diesen Unterricht 150 fl. aus dem Cameral-Aerar mit dem Beisatze bewilliget würden, dass er jährlich die Schüler dem van Swieten anzuzeigen habe. — Zehn Jahre später wurde der Unterricht auch für Hebammen eingeführt; denn in einem gedruckten Circulare vom 2. April 1765 wurde bekannt gegeben, dass nach der a. h. Entschliessung vom 30. Juni vorigen und 23. Februar laufenden Jahres in Innsbruck Cathedra artis obstetricis durch den Professor der Anatomie und Chemie, v. Egloff, errichtet und befohlen worden sei, diese Vorlesungen nach Kranz durch 6 Wochen täglich zu geben und die Candidatinnen das Jahr darauf nach ihrer Praxis bei den Hebammen ihres Geburtsortes vor Anfang dieses Kurses zu prüfen mit dem, dass die Nichtbestehenden die Lektionen andere sechs Wochen zu hören haben; jedes Gericht und Obrigkeit habe eine oder zwei taugliche Personen mit nöthiger Beischaffung aus der Gerichts- und Obrigkeitskasse von Viertel zu Viertel — vom Viertel Unterinnthal angefangen — zu schicken, wirkliche Hebammen aber, besonders jene mit Wartgeld oder Besoldung, haben die eine oder zwei lernenden Hebammen bei Gebärenden zu unterrichten. Auch bekamen die approbirten Hebammen eine eigene Instruktion, hatten einen Eid zu leisten und den Unterricht über Nothtaufe nach Anweisung ihres Ordinariates zu empfangen; in Städten und Märkten mussten sie des Lesens und Schreibens kundig sein, in Flecken und Dörfern war diess nicht zu fordern. — Das Martin'sche Normale untersagte die Ausübung der Geburtshülfe ohne Prüfung an der Universität. — Unter dem 31. August 1772 wurde für Chirurgie und Geburtshülfe Rutroff als eigener Professor a. h. aufgestellt mit einem Gehalte von 800 fl.; der Professor geht nach einem Erlasse vom 5. Jänner 1772 den übrigen Professoren der Medizin nach, aber andern Medicis vor, und akademische Würden (Rektorat etc.) kann er nicht bekleiden; auch sind blosse Chirurgen nicht zu immatrikuliren, wohl aber auf Verlangen ad gradus doctoratus chirurgici zuzulassen, — sohin ist gradus chirurgiae gestattet. Das medizinische Studium wurde ferner durch das Chotek'sche Normale von drei auf vier Jahre verlängert, und ferner wurde vorgeschrieben, dass hierauf die Mediziner 3—4 Jahre in Spitälern etc. praktiziren, dann eine neue Prüfung bei der obersten Landesstelle bestehen [2]), und erst hernach von ihr die Befugniss der

1) Hier begegnet man einem Beitrag der Tiroler Stände für einen Universitäts-Professor, von dem mir aber nichts Näheres bekannt ist.
2) Unter dem 20. Oktober 1752 wurde über diese Prüfung an das Collegium medicorum eine eigene Instruktion erlassen, nach welcher nebst den zwei Wesens-Physikern ein dritter Physikus beizuziehen ist, zwei klinische Casus über wirkliche Krankheiten in 4½ Stunden von den Candidaten vor einem Sekretär ohne Hülfsmittel schriftlich zu lösen, dann nach mündlicher Prüfung ohne Disput unter den Prüfungen die Noten in 5 Abstufungen zu geben sind, worauf im Fall der Approbation der geheime Rath das Befähigungsdekret ausstellt.

medizinischen Praxis erhalten sollen; aber mit a. h. Entschliessung vom 25. Mai 1754 wurde diese Prüfung etc. und wohl auch die vorläufige drei- bis vierjährige Praxis in Spitälern aufgehoben; da nach vollendetem medizinischen Studium das Doctorat zu nehmen erlaubt war.

Das Chotek'sche Normale schrieb den medizinischen Professoren drei wöchentliche Vorlesungen à 1 ½ Stunden, das Martin'sche aber tägliche Vorlesungen vor. Die vermehrten Arbeiten hatten auch im Martin'schen Normale in Aussicht gestellte Gehalts-Erhöhungen zur Folge; im Jahre 1769 erhielt Professor Menghin 150 fl., Egloff und Gerstner je 50 fl. Zulage aus dem Universitätsfonde, nachdem der Professor der Institutionen 100 fl., die zwei andern Professoren je 50 fl. schon durch das Chotek'sche Normale erhalten hatten.

Endlich wurde durch das Martin'sche Normale der Wechsel der Professoren zur Verwaltung des Spitals abgeschafft und Menghin, der nun die Verwaltung bis zu seinem Tode im Jahre 1789 seit 1764 allein führte, erhielt einen Assistenten.

Für eine eigene Kanzel der Chemie und Botanik wurde zwar unter dem 2. Jänner 1762 die Auffindung eines Fondes aufgetragen, da diese Kanzel bereits approbirt sei; allein unter dem 2. Juli des nämlichen Jahres wurde wegen Mangels eines Fondes mit der Errichtung dieser Kanzel einzuhalten befohlen.

Als Vorlesebücher werden Heister und Weinhart (§ 76 Note), dann Boerhavius, und für Hebammen Kranz genannt.

Direktor der Facultät wurde 1760 der Physiker Juliani, nach dessen Ableben im Jahre 1763 der an seine Stelle beförderte v. Sterzinger mit 600 fl., der auch nach dem Martin'schen Normale Gubernialrath sein soll.

Der Titel excellentissimus für einen medizinischen Professor wurde unter dem 18. Jänner 1755 abgeschafft; er hätte nur clarus und celeberrimus zu heissen.

Von Einfluss auf die Facultät waren noch die der Chotek'schen Vorschrift analoge Verordnungen vom 13. Januar 1753, nach welcher auf ausländischen Universitäten graduirte Mediker nicht zu Physikaten oder zur Praxis gelangen, sondern dazu vorzüglich Landeskinder vorgeschlagen werden sollen; — dann die Verordnung vom 27. März 1755, Aerzte zur Praxis, zu Doctoren, Apotheker, Chirurgen, Bader, Hebammen ohne strenge Prüfung nicht aufzunehmen oder ansitzen zu lassen; ferner die Vorschriften vom 25. Mai 1754, dass bei Epidemien die Physiker Bericht erstatten, die Professoren aber die Abhilfsmittel anzugeben hätten, bei Visitation von Apotheken Professoren beizugeben; Apotheker der Professor der Chemie nebst einem Physiker und Apotheker; Chirurgen der Professor der Anatomie, ein Physiker und zwei Chirurgen; Hebammen der Professor des Faches und der Praxis, dann ein Physiker zu prüfen habe [1]). Unter dem 5. Jänner 1762 wurde noch aufgetragen, medizinische Gutachten habe der Direktor über Berathen mit dem Professor der Praxis und nach der Natur der Sache mit andern Professoren — bei Vergiftungen mit jenen der Chirurgie und Anatomie, auch Physiologie; bei Infektionen und Epidemien mit Berathung der hierin erfahrensten Professoren zu erstatten; endlich vom 6. August 1764, dass die facultas medica sowie überhaupt Physici und chirurgi ihre Parere nach reifer Ueberlegung mit Anführung ihrer Bewegursachen klar, deutlich, verlässig ohne Gebrauch dunkler und zweideutiger Ausdrücke mit Beseitigung einer irrig und übel verstandenen Gewissens-Zärtlichkeit abzugeben, und bei einer zweiten, etwa abweichenden Angabe die wohlbegründeten Ursachen beizufügen haben, bei Vermeidung von Cassation und höhern Strafen —

---

1) Das Martin'sche Normale spricht sich nicht so genau aus.

12 *

Verordnungen, welche nicht für die hiesige Medizin allein und zum Theil für diese wenig berechnet waren, sondern als allgemeine Circularien erlassen wurden.

§ 91.

In der philosophischen Facultät endlich wurde der dritte Jahrgang, welcher in der vorigen Periode nur empfohlen war (§§ 55, 64), in dieser Periode — mit dem Unterrichte in der griechischen und hebräischen Sprache vermehrt — auf einige Zeit für Theologen und Juristen als Intercalar-Jahr Obligatstudium, bis die Sprachen in die Theologie übergingen und die Eloquenz für Juristen wieder im Jahre 1760 aufhörte (§ 80). Vom Jahre 1760 hatte also die Philosophie nur 2 Studienjahre, in welchen aber auch die Geschichte gelehrt wurde.

Als neues Fach kamen im Jahre 1769 die politischen Wissenschaften in die Philosophie, welche zu lehren hatten, wie die Staatswirthschaft in allen Theilen zu besorgen sei [1]. Der erste Professor dieses Faches war Wüstenfeld mit 800 fl. Besoldnug aus dem Cameralfond und Anfangs 200 fl., bald aber nur 100 fl. jährlich zur Anschaffung von Büchern. Auf diess Fach wurde grosses Gewicht gelegt, so dass ohne Zeugniss der ersten Klasse aus demselben keine politische, ständische, städtische, ja justizielle Anstellung erfolgen sollte; selbst den Theologen wurde der Wunsch ausgedrückt, diess Fach zu hören, und das Verzeichniss der Schüler war, nach der Prüfung in Gegenwart des Direktors, mit Angabe der bessern Talente vorzulegen [2].

Im Jahre 1760 wurde, wie schon oben angeführt, die Kanzel der Ethik einem Weltpriester übergeben.

In Folge des Martin'schen Normals und nach einer spätern nochmaligen Erlaubniss vom 27. Oktober 1770 wurde für das Schuljahr 1771 Professor Wüstenfeld als erster Rektor aus dieser Facultät gewählt.

Ein grosser Theil der für diese Facultät angeführten Vorschriften ging dahin, die Fächer derselben praktischer zu machen und die Befolgung der Vorschriften zu kontroliren, — und diese Facultät war die einzige, in welcher ein auswärtiger Examinator — bis zur Aufstellung von nicht aus dem Gremium genommenen Direktoren — den Professoren beigegeben wurde, — Verfügungen, die nebst dem Fortschritte der Zeit in diesen Fächern auch zur Hebung dieser Wissenschaften beitrugen [3].

Direktoren der Facultät waren: von 1754—1762 der Mathematik-Professor

---

1) In Wien war der erste Professor dieses Faches im Jahre 1763 Jos. v. Sonnenfels, dessen Lehrbuch in drei Theilen die politischen, Handlungs- und Finanz-Wissenschaften behandelt und bis zum Jahre 1848 vorgeschriebenes Lehrbuch blieb.

2) Allerhöchste Entschliessung vom 3. November 1770, 8. Oktober 1771. Bei einer feierlichen Disputation aus diesem Fache argumentirte selbst der Guberneur. (Eph. th. 14. August 1770.)

3) Man vergleiche z. B. mit den § 27 angeführten Thesen Feuerstein's jene 265 Sätze des Joh. Zallinger, welche dessen Abhandlung de incremento frugum. Oen. 1771 — als Positiones ex philosophia zur Disputation des Ant. Offner und Ant. v. Klebelsberg praes. Joan. Zallinger angehängt sind. Die Positiones ex philosophia theoretica in 52 Sätzen sind aus Logik, Ontologie, Cosmologie, Psychologie und natürlicher Theologie genommen; die übrigen aus Physik und Mathematik handeln de viribus in materia existentibus, de earum lege, de operationibus chemicis, de motuum causis, impedimentis et affectionibus; de motu aequabili, simplici, composito et rectilineo, de geometria curvorum, de motu curvilineo (mit vielen mathematischen Formeln), de centro gravitatis, de aequilibrio plurium massarum a jugo pendentium, de motu per machinas, de motu et quiete fluidorum, de gravitate universali, de corporibus mundi totalibus, de mundi systemate, de motuum coelestium causis; de igne, aere, aqua etc.

Weinhart; dann der Regierungsrath Müller und nach dessen Versetzung nach Wien mit a. h. Entschliessung vom 23. September 1769 der medizinische Professor Menghin, der schon den frühern Direktor im Verhinderungsfalle zu suppliren hatte.

§ 92.

Nebst den mannigfaltigen Veränderungen im Lehrstoffe schrieben die Verordnungen dieser Zeit auch wichtige Veränderungen in der Lehr- und Prüfungs-Art vor oder brachten frühere Vorschriften zur bessern Ausführung.

Das schon in der vorigen Periode erlassene Verbot, zu diktiren, statt nach gedruckten Auktoren zu lehren, wurde in dieser Periode in allen Facultäten durchgeführt und nur ¼ Stunde zu Notaten bewilligt.

Selbst die Stunden der Vorlesungen wurden vom Protektor vorgeschrieben, wo nicht allgemein, doch wenigstens bei Anständen, ja waren theilweise selbst in den a. h. Normalen angegeben.

Die Collegien der Professoren wurden aufgehoben, dagegen die Lektionsstunden theilweise vermehrt und in den Lektionen zu examiniren strengstens eingeschärft; es war in allen Lektionen eine Zeit lang zu examiniren, dazu sollen die Schüler ohne frühere Bezeichnung aufgerufen und die Resultate der Prüfungen zur Bestimmung des Fortgangs in den am Ende des Jahres einzureichenden Katalogen benützt werden.

Bei Einführung der Direktoren hörten zwar nach der a. h. Entschliessung vom 4. Oktober 1761 die examina publica wieder auf, „weil die Beschaffenheit der Examinanden z. B. bei Verzagten doch nicht erforscht werden könnte." Allein da nach Vollendung eines Semesters, oder Faches, oder eines grössern Abschnittes desselben vor dem Direktor eine Prüfung vorzunehmen war, was in der Regel nach einem Semester oder Jahre eintraf, so wurde dadurch im Wesentlichen nichts geändert. —

Es scheint, dass nicht bloss die Jesuiten, sondern alle Professoren Instruktionen über die zu beobachtende Lehrart erhielten, da das Martin'sche Normale die Direktoren anweist, sie in ihren Pflichten nach ihrer Instruktion zu invigiliren.

Insbesondere dringen auch die Vorschriften dieser Zeit auf die Disputationen der Schüler. Die Menstrua waren in allen Fächern abzuhalten, und in der Jurisprudenz war sogar der genaue Ausweis darüber mit den Jahres-Akten dem Protektor vorzulegen. Die öffentlichen Disputationen gingen nicht nur fort[1]), sondern wurden in allen Facultäten vor den Promotionen ausdrücklich vorgeschrieben. Die Kupfer in den Thesen stellte jedoch das Chotek'sche Normale ab; sie sollten nur die quaestiones disputabiles enthalten.

In den Promotionen selbst herrschte die erwünschte Gleichförmigkeit in allen Facultäten noch nicht.

In der Philosophie sollten die Promotionen — mit Ausnahme jener zum Behufe der Würden in den höhern Facultäten — ganz aufhören, und diese äusserst

---

1) Im Jahre 1760 zeichneten sich Ign. Gr. Tannenberg und Gr. Fieger in einer philosophischen Disputation aus. Tannenberg licet a Nativitate coecus tanta promtitudine et omnigenae scientiae philosophicae aeque ac mathematicae soliditate argumenta omnia tum speculativa tum practica solvit et explicavit, ut praesentibus omnibus admirationi fuerit ac gaudio. Eodem prorsus modo se gessit Fieger, ut tam illustre par Pugilum in arena philosophica hactenus comparuerit nunquam. (Eph. th. 16. Juni 1760.) Nescio, an ullus actus alius in Universitate nostra majori celebritate et honore tum in nostram facultatem totamque Universitatem, tum in ipsos Pugiles locum habuerit. (Eph. ph. ad 16. Juni 1760.)

erschwert werden (§ 77); allein später kam es bei jenen Schülern, die in den Prüfungen bestanden waren, zur frühern Gewohnheit (§ 79).

In der Theologie wurden die Promotionen durch die Studien-Reformation vom Jahre 1752—53 ebenfalls äusserst erschwert. Das Baccalaureat setzte schon eine öffentliche Disputation aus der Polemik und eine stundenlange Prüfung voraus. Das Doctorat forderte vier rigorose Prüfungen aus allen theologischen Fächern [1]. Es scheint, dass bei dieser Strenge sehr selten Promotionen vorkamen; die Facultät ertheilte wohl auch die Erlaubniss, das Doctorat anderweitig zu nehmen [2]. Bei Gelegenheit der Doctor-Promotion des Stiftspriesters Sterzinger von Stams im Jahre 1766 machte die theologische Facultät das Statut, dass eine feierliche Disputation [3] statt zweier Examina gelte, wonach Sterzinger dafür auch die Taxe von zwei Examen zu zahlen und darauf noch die Prüfungen aus den Sprachen mit der heiligen Schrift, dann aus Kirchenrecht und Polemik zu machen hatte. — Doctorirungen inter privatos parietes waren durch das Chotek'sche Normale verboten, und bezüglich der Jesuiten war unter dem 31. Juli 1756 noch genauer vorgeschrieben, dass die vor dem 1. Mai d. J. promovirten Jesuiten ungestört zu belassen, nach diesem Tage aber sie wie Andere zu prüfen und zu promoviren seien, jedoch kostenfrei; allein die im Jahre 1761 einstehenden Professoren Kemter, Plattner, Ricci, und noch im Jahre 1766 Oberrauch, dann in der Philosophie Graser, und noch im Jahre 1769 Wüstenfeld, wurden ohne alle Prüfung doctorirt. Als im Jahre 1769 der neue theologische Direktor eingetreten war, kommt auch eine neue Bestimmung der Taxen vor — wie es scheint, ziemlich nach der alten Gepflogenheit, und ohne viele Rücksicht auf neue Regierungs-Verordnungen [4].

Genauer dürfte wohl das Bourguignon'sche Normale für juridische Promotionen (§ 81) beobachtet worden sein, da sich die eifersüchtigen Professoren und bald auch der weltliche Beamte als Direktor kontrolirten. Statt dasselbe zu wiederholen,

1) Die Instruktion des theologischen Direktors vom Jahre 1752 schreibt z. B. vor, der Candidat müsse das alte Testament fertig interpretiren, Antologien, harte Passus etc. behend lösen, ex prolegomenis gefasst sein; — in polemicis die Einwürfe der Ketzer heben und die Wahrheit nach dem vorgeschriebenen Auktor unumstösslich beweisen; in jure canonico das Recht ex textu decretalium anzuführen wissen etc.

2) So im Jahre 1753 einem „Sontag" gegen Erlag je eines Dukaten für die damals bestehenden fünf Professoren, und 2 fl. 12 kr. sowohl für Notar als Pedell, — mit dem, dass ihm bei einer allenfalligen spätern Promotion in Innsbruck der bezahlte Betrag an die dann noch lebenden Professoren eingerechnet werden soll; so im Jahre 1766 einem Licentiaten gegen Erlag von 60 fl. (Eph. th. 24. Aug. 1753, 22. Jan. 1766). — Eine Doctors-Promotion bei der theologischen Facultät war im Jahre 1758; ob aber bei derselben — namentlich bei den Prüfungen — ganz vorschriftmässig vorgegangen wurde, ist zu zweifeln; da diess bei der Promotion gewiss nicht geschah, sondern nach früherer Gewohnheit selbst bezüglich des Mahles verfahren wurde. Usa est facultas jure suo — sagen die theologischen Ephemeriden.

3) Sterzinger bestand sie am 19. Dezember vor zehn Opponenten, unter denen aber nur die drei Seniores mit dem Direktor über die Zulassung entschieden. (Eph. th. ad h. d.)

4) Eph. th. 18. Mai 1769. Es waren vor den Prüfungen 97 fl. zu hinterlegen (9 fl. für jeden der acht Professoren; dem Notar 2 fl.; dem Pedell 3 fl.; für Arme etc. 48 kr., der Rest für die Facultätskasse etc.); für die Promotion soll bezahlt werden jedem Facultäts-Professor 9 fl., jedem andern Professor 3 fl., dem Promotor 4 fl. dem Prokanzler 3 fl., der Rektorats- und Facultätskasse je 2 fl. etc., dann kommt auch der Thorsteher mit 34 kr. und eine Fackel mit 1 fl. in Erwähnung. Bei mehreren Promovenden sind die Promotions-Taxen der Professoren nur einmal zu bezahlen etc. — Es ist zu zweifeln, ob die Bestimmungen je in Anwendung kamen, da theologische Promotionen in dieser Zeit besonders selten waren.

mögen hier bloss ein paar Promotionsfälle bei der juridischen Facultät stehen, von denen besonders der zweite Aufsehen erregte.

Im Jahre 1760 beschwerte sich ein Locatelli, und zwar in einer Eingabe an die Repräsentanz, dass er bei den Prüfungen zum Doctorate nicht die erste (beste) Note bekommen habe, die doch die Professoren beantragt hätten; diess war auch von Seite einiger Professoren wirklich der Fall. Die Repräsentanz schöpfte Verdacht über Ausschwätzen der Professoren, und auch diese verdächtigten sich untereinander. Endlich erklärte man sich — da Locatelli nicht mehr hier war, sohin auch keinen Aufschluss geben konnte — die Sache damit, dass der Pedell die Vorthüre zum Prüfungszimmer nicht gehörig geschlossen hätte, sohin der Candidat vor derselben die Censurirung der Professoren erlauscht habe. Damit begnügte sich die Regierung und auch die Spannung unter den Professoren hörte auf. — Im Jahre 1768 fand die Doctor-Disputation eines Steinberger statt, dessen Thesen der Immunität und Freiheit der Kirche nicht zusagten, und die vom Professor La Paix als Promotor herrührten. Der Professor des Kirchenrechtes, Holl S. J., griff bei der Disputation die bedenklichen Thesen aus Rücksicht auf seinen Collega La Paix nicht an, verwickelte aber in andern Thesen den Defendenten selbst in Lächerlichkeiten, was ihm Professor Inama nachmachte; er wurde aber doch per majora zum Doctorate zugelassen, hatte aber die Unvorsichtigkeit, selbst in Wien über die harte Behandlung zu klagen. Es wurden sohin die Prüfungs-Protokolle etc. dorthin abgefordert, und der Erfolg war ein Verweis an die Professoren wegen zu grosser Nachsicht, Abbitte Steinbergers an Holl und Inama und Cassation des Doctorates, um das sich Steinberger, wenn er sich getraue, nach Wien wenden könne [1].

In der Medizin endlich galt, so viel bekannt, fortwährend in der Wesenheit das Normale vom Jahre 1740 für die Doctorirungen (§ 57); nur die Austheilung der Handschuhe und einige Versprechungen werden nach der Vorschrift vom Jahre 1765 auch in dieser Facultät unterblieben sein.

Die a. h. Entschliessung vom Jahre 1748 beschuldiget die juridische, vorzüglich aber die medizinische Facultät der Leichtigkeit in der Approbation bei Doctorats-Prüfungen und machte sogar die Ertheilung des Doctorats von der Genehmigung der politischen Landesstelle abhängig, was aber die a. h. Entschliessung vom Jahre 1765 wieder aufhob.

Die Sorge der Professoren, bei diesen Feierlichkeiten an der Ehre nichts zu vergeben, scheint auch in dieser Periode nicht aufgehört zu haben. Wenigstens beschloss der akademische Senat am 31. Mai 1766 bei einer Disputation im Serviten-Kloster, zu welcher der Ordens-General erwartet wurde, die Präcedenz im Opponiren mit Ausnahme des Patrons zu wahren, und bei einer feierlichen philosophischen Disputation am 2. August 1771 erschien kein theologischer Professor und selbst der Dekan der Philosophie nicht, weil Menghin als Direktor der Philosophie, aber sonst Professor der Medizin, vor ihnen opponiren wollte [2].

Das Diplom hat nicht mehr nur der Notar, sondern nach dem Martin'schen Normale der Dekan zu fertigen, und es kostete in der juridischen Facultät — vielleicht auch in den übrigen Facultäten 6 fl.

Ueber die Zahl der Promotionen kann nichts Bestimmtes angegeben werden;

---

1) Eph. theol. et Historia S. J. ad hunc annum. Der Inhalt dieser Thesen gab auch zu andern wichtigen Verhandlungen Anlass (§ 97).

2) Eph. th. ad h. dies.

sicher ist jedoch anzunehmen, dass sie sich bei der neu eingetretenen Strenge und dem theilweise erhöhten Kostenbetrag nicht werden vermehrt haben.

Die Promotions-Feierlichkeiten scheinen sich gleich geblieben zu sein.

§ 93.

Bezüglich der Lehrmittel konnte über die Bibliothek der Bibliothekar Roschman dem Hofkommissär Bourguignon im Jahre 1756 einen sehr befriedigenden Bericht erstatten. Die griechischen und lateinischen Classiker waren beinahe vollständig in guten Ausgaben vorhanden, für Philosophie und besonders Experimental-Physik waren die besten neuesten Schriften angeschafft, nur für Natur-, Staats- und Völker-Kunde war noch zu wenig gesorgt; für Theologie war aus alten Zeiten sehr Vieles vorhanden, aber wenig von Kirchengeschichte und Concilien-Sammlungen; für alterthümliche Werke — dem Lieblingsfache des Bibliothekars — suchte er nach Thunlichkeit zu sorgen und hatte z. B. Montfaucon's und Scipio-Maffei's Werke herbeigeschafft [1]). Die Martin'sche Verordnung schärfte gleichmässige Rücksicht auf alle Facultäten ein und verbot das Ausleihen von Büchern ohne Recognition [2]). Das Bemühen, für die Bibliothek zu sorgen, mag daraus erhellen, dass die im Jahre 1750 für Ueberlieferung von Büchern aus Wien erlaufenen Kosten per 75 fl. aller Vorstellungen der Universität ungeachtet aus dem Tschider'schen Legate bestritten werden mussten; die Universität verwendete hiezu wohl Interessen desselben, kündete jedoch das bei der tirolischen Landschaft liegende Kapital nicht auf und ersetzte den Abgang aus der Rektoratskasse [3]).

Der brave Professor Weinhart S. J. hatte behufs der physikalisch-mathematischen Wissenschaften schon vom Anfange seines Lehramts (1742) Einiges zu sammeln gesucht; aber den Grund zu einem diessfälligen Kabinete, das durch die vorgeschriebene Experimental-Physik eine Nothwendigkeit wurde, legte das Chotek'sche Studien-Normale vom Jahre 1748, in Folge dessen vom Jahre 1751 bis 1761 jährlich 200 fl., von dort an aber 150 fl. hierzu aus dem Universitäts-Fonde angewiesen wurden.

Für das anatomische Kabinet der Medizin waren schon seit 1735 jährlich 100 fl. bestimmt, und die beiden Professoren der Anatomie, Franz Karl und Franz Kaspar Egloff suchten dasselbe immer mehr zu vervollständigen. Im Martin'schen Dekrete wurden zur Herbeischaffung von Cadavern 75 fl. jährlich angewiesen, die übrigens nicht bloss von Justifizirten, sondern auch von Civil- und Militärspitälern unentgeltlich überlassen werden sollten.

Auch für Chirurgie und Hebammenkunst wurde unter dem 23. Mai 1772 zur Herbeischaffung von Instrumenten 200 fl. bewilliget, die man den für die Anatomie jährlich bewilligten 75 fl. in gutem Zustande erhalten werden sollen.

Die mathematisch-physikalischen und medizinisch-anatomischen und chirurgischen Kabinete verdanken also dieser Periode ihr Dasein; doch mag das anatomische Kabinet schon früher einige Präparate besessen haben.

§ 94.

Die angeführten Anordnungen und Einrichtungen hatten vorzüglich den Zweck, die Studirenden zur fleissigen Verwendung anzuhalten und gleichsam zu

---

1) Zeitschrift des Ferdinandeums vom Jahre 1826, II. Bd. S. 94.

2) Dass nebst der öffentlichen Bibliothek bei der Universität selbst noch eine Büchersammlung — wenigstens der juridischen Facultät, freilich ohne gute Einrichtung — bestand, sieht man aus dem Martin'schen Normale vom Jahre 1765, das zur Ausarbeitung der juridischen Promotions-Abhandlungen darauf hinweist.

3) Eph. th. 22. Jan., 13. Mart., 22. April 1751 (§ 68).

zwingen, sich die für ihren künftigen Beruf dienlichen Kenntnisse und Fertigkeiten anzueignen.

Dahin zielt die so oft wiederholte Vorschrift des oftmaligen, ja täglichen Prüfens in den Vorlesungen, dahin die Semestral- und Final-Prüfung oder die Prüfung nach Vollendung eines Faches oder eines grössern Abschnittes desselben; dahin der Bericht an die höhern Stellen oder selbst an die Kaiserin über den Fortgang und Fleiss der Studenten, dahin die Vorschrift, den Fortgang der Philosophen selbst durch den Druck bekannt zu machen, dahin die a. h. Verordnung vom 23. April 1737, Studirende infra mediocritatem sogar abzuschaffen, dahin die vermehrte Zahl der Lehrstunden, mit der Vorschrift, selbst an abgewürdigten Feiertagen Vorlesungen zu geben, dahin die vorgeschriebene Strenge bei rigorosen Prüfungen, dahin die Sorge für die Lehrmittel etc.

Die Universität machte unter dem 2. Dezember 1757 selbst bekannt, dass zur Erhaltung eines Zeugnisses und zum Aufsteigen in eine höhere Klasse wenigstens genügender Fleiss und Fortgang unentbehrlich sei.

Aber den Studenten wollte manche dieser Einrichtungen um so weniger gefallen, als selbst die Professoren nicht allgemein damit zufrieden waren. Besonders wiederholen sich in den Ephemeriden die Klagen über nachlässigen Lektionsbesuch und über das Sträuben vor den Prüfungen. Noch im Jahre 1773 erschienen am Nicolai- und an dem darauf folgenden Ambrosi-Tag weder Theologen noch Philosophen zu den Vorlesungen, obschon sie einige Professoren völlig darum gebeten hatten [1]. — Sie wollten ferner keine förmlichen, sondern nur Privatprüfungen bei dem Professor [2], und reisten ungeachtet wiederholter Warnungen nach solchen von der Universität weg, was selbst Professoren gerechtfertiget fanden [3].

Wenn auch in allen Facultäten die Studien nach Jahrgängen eingetheilt waren, so hörten sie die Studenten doch nicht insgesammt in der gehörigen Ordnung und Zahl. Selbst in der Jurisprudenz, wo die Reihenfolge der Studien am genauesten vorgeschrieben war, hörten im Jahre 1757 nur 9 Schüler das öffentliche und Natur-Recht, während in den übrigen juridischen Fächern wenigstens mehr als 30 Schüler waren; in der Medizin hörten alle 9 Schüler, in den Aphorismen war oft nur 1 Schüler u. s. w. Auch in dieser Beziehung musste erst nach und nach durch die Direktoren eine bessere Ordnung hergestellt werden.

Disziplinar-Vergehen kommen in den Ephemeriden nicht so häufig vor, wie in den frühern Perioden; bei mancher Quatember-Sitzung, so lange solche Sitzungen gehalten wurden, war über das Betragen der Studenten gar nichts zu bemerken. Doch fehlte es nicht ganz an Excessen. So fanden im Jahre 1750 Schlägereien zwischen Militär und Studenten statt; im Jahre 1751 machte eine Verwundung unter zwei Studenten wegen der daraus entstandenen Verhandlung Aufsehen (§ 96); im Jahre 1761 zerbrachen ein paar Studenten einem Bürger auf dem Wege zum Löwenhause seinen geliehenen Degen und warfen ihn in den Inn-Fluss, es wurde ihnen aufgetragen, innerhalb acht Tagen mit dem Bürger sich zu vergleichen, worauf der Rektor sein weiteres Amt handeln werde; allein schon nach

---

1) Eph. th. 6. Dec. 1773.

2) Nolentes, ut puto, aliquot minutorum discrimini judicium de sua doctrina committere. Plerique enim privata et justa examina desiderabant (l. c. 20. Juli 1773).

3) Theologi, qui examen subiere, examinati antea privatim, cum passim attestata exigerent, alii ex aliis titulis v. g. pro ordinibus, pro titulo mensae, pro seminariis, pro monasteriis, pro stipendiis, pro beneficiis, pro recommandationibus, ut vocant, ad suos patronos etc., ut adeo sine injuria iis nec examen nec attestatum possent negari, his obtentis retineri non amplius possunt — schreibt Dekan Ehrhard S. J. ad 26. Aug. 1766.

drei Tagen brachte sie die Wache, welche sie nach 10 Uhr Nachts auf der Gass-
lärmend eingefangen hatte, in Verwahrung und lieferte sie dem Rektor aus. Im
Jahre 1764 verwundete ein Moralist den Maler Schmutzer, was ihm Bestreitung
der hieraus erlaufenen Kosten und dreijährige Relegation zuzog. Im Jahre 1769
verlor ein Student im Spiele mit einem andern 43 fl., die dieser aber nicht bezahlte;
der Gewinner suchte beim Rektor sein Recht; der Senat beschloss eintägigen Arrest
für beide ablösbar mit 4 fl., für den Verlierenden Bezahlung von 21 fl. für Arme,
der Gewinner erhielt nichts; auch erschien ein Proclama gegen das Spielen. Wichtiger ist, dass im Jahre 1761 einige Philosophen und Moralisten auf Anstiften
eines gewissen Larch sich ein nachgemachtes Universitäts-Sigill zu verschaffen
wussten und mit dessen Hülfe falsche Zeugnisse verfertigten, welche sie nicht bloss
zum Betteln, sondern zur Aufnahme an andern Lehranstalten missbrauchten.

Sonderbar ist, dass die Repräsentanz bei dem Umstande, als in den vorgelegten Katalogen Adels-Anmassungen von Studenten vorkamen, der Universität auftrug, den zweifelhaften Adel von den Studenten durch Diplome ausweisen zu lassen
— ein Geschäft, das die Universität für sie nicht geeignet fand. Die Sache kam
sogar nach Hof und die Hofstelle erklärte unter dem 7. Juli 1759, sich in keine
nähere Bestimmung einzulassen, da der angemasste Adel ohnehin kein weiteres
Recht gebe.

Noch sprach ein allgemeines Hofdekret vom 16. Mai 1752 aus, dass Studenten, welche sich durch üble Aufführung, allzu geringfügige Funktionen auf dem
Theater, oder frühzeitig als Studenten kontrahirte Heirathen der Universitäts-Frei-
heiten unwürdig machen, keineswegs als der Universitäts-Jurisdiction unterworfen
angesehen werden. Ein anderes Hofdekret vom Jahre 1760 verbot das Tragen
militärischer Abzeichen (portes d' epées).

§ 95.

Der Wirkungskreis der Universität in Geschäftan, die zunächst nicht die Universität betrafen, wurde theils vermindert, theils erweitert.

Vermindert wurde er insofern, als die potestas commitiva der juridischen Facultät durch das Martin'sche Normale ganz abgeschafft wurde, und das Bücher-
Censur-Wesen ganz an die Regierung überging.

Das letztere Geschäft betrachtete die theologische Facultät auch nach der
Einrichtung vom Jahre 1746 (§ 64) als ihr Geschäft, weil sie die Verzeichnisse
verbotener oder verdächtiger Werke übergab und der geheime Rath nur die Anträge ausführte. Allein als auf den friedlichen Riegger als Professor des öffentlichen Rechtes und sohin als politischer Bücher-Censor Payr folgte, ergaben sich
bald Streitigkeiten theils mit Payr selbst, gegen den sich der theologische Dekan
als eigentlicher Censor im Namen des Ordinariats erklärte, theils gegen den geheimen Rath, gegen den die theologische Facultät die nämlichen Ansichten ausdrückte, — dass nämlich die Censur Sache des Ordinariats wäre, und dass selbst
eine cumulative Censur dasselbe nicht zugeben könnte, Ansichten, die das Ordinariat
auch billigte, gegen die jedoch von der weltlichen Behörde unter Anderm bemerkt
wurde, dass wenigstens politische Strafen das Ordinariat nicht verhängen könne,
sohin Ansprüche mache, die es nicht auszuführen vermöge [1]. — Allein das Ordi-

---

1) Die theologische Facultät censurirte auch Pufendorf's Introductio in historiam
Europeam, und da diess, wie man hörte, zu streng befunden wurde, rechtfertigte sich
der theologische Dekan selbst vor dem Präses des geheimen Rathes damit, dass Pufendorf offenbar potestatem et jurisdictionem ecclesiasticam omnem, S. S. ordines, sacra-

nariat und sohin auch die theologische Facultät verloren allmälig Macht und Einfluss in diesem Geschäfte; denn in Wien wurde eine oberste Censur-Hofstelle eingesetzt, unter welcher die Landes-Censur stand; diese Landes-Censur übten unter einem Beamten der höchsten Landesbehörde zuerst noch die beiden frühern Censoren, dann alle Dekane der Facultäten, hernach die Landes-Studien-Commission, bis im Jahre 1781 in der Person des Grafen Coreth ein sogenannter Revisor mit einem Actuar aufgestellt wurde, der das ganze Geschäft — beiläufig wie später bis zum Jahre 1848 ein Gubernial-Beamter und Revisor leitete. Die Thesen censurirten die betreffenden Direktoren [1]). Dagegen wurde der Einfluss der Universität theils gesetzlich, theils durch den natürlichen Gang der Dinge erweitert.

So war, da der theologische Studienplan vom Jahre 1752 nach h. Erlass vom 16. September d. J. auf alle Kloster- und Stiftstudien auszudehnen war, unter dem 23. Februar 1754 vorgeschrieben, dass die theologischen Lektoren der Klöster und Stifte wie theologische Doctoren — sohin aus hl. Schrift mit hebräischer und griechischer Sprache, Kirchengeschichte, Controversen, Kirchenrecht, Moral und allen Tractaten der speculativen Theologie von dem Direktor studii theolgici und den ihm zugegebenen Examinatoren öffentlich und gratis geprüft werden. — Unter dem 28. Oktober 1762 wurde verordnet, dass nach 3 Monaten in allen Klöstern für die hl. Schrift ein eigener Lehrer einzuführen sei, dessen Vorlesungen der theologische Direktor zu überwachen hätte. Ueber die Ausführung dieser Vorschrift ist mir nichts Näheres von dieser Zeit bekannt; gewiss aber ist, dass sich um diese Zeit in manchem tirolischen Kloster eine besondere namentlich theologische Thätigkeit zeigte [2]). — Oefter wurde der theologischen Facultät die Prüfung der Competenten für Seelsorgs-Stationen aufgetragen, so unter dem 17. April 1759 von 7 Candidaten für die Stadtpfarre Hall, wozu der theologische Direktor einen Canonicus von Wilten und einen Serviten beizog; so prüfte am 22. März 1770 der Prokanzler mit zwei theologischen Professoren zwei Candidaten für die Seelsorge in Sellrain [3]).

---

menta pleraque, sacrificium missae, purgatorium, invocationem sanctorum, vota ecclesiastica positiv bestreite. Man vergleiche Eph. th. 27. Mai, 2. und 24. Juni, 17. Okt. 1750, 15. Januar 1751.

1) Die Landes-Censur hatte die von ihr verbotenen Bücher mit Anzeige der anstössigen Stellen vorzulegen; die Hofstelle zeigte die von ihr verbotenen Bücher der Landesstelle bloss an. Dass öfter nicht Uebereinstimmung herrschte, ist begreiflich; so verbot die Landescensur: „Schmausen's neuesten Staat v. Portugal"; die Hofstelle erlaubte es — tantum refert — schreibt der theologische Dekan Kopf, in quas manus singulae res incidunt. Bei der Eröffnung der Büchersendungen vom Ausland musste ein Censor gegenwärtig sein, und alle Werke des Inlandes unterlagen vor dem Druck der Censur (Hofdekret vom 27. März 1771 etc.). — Der Zeitgeist drückte sich auch in den Censur-Vorschriften aus; so war besondere Behutsamkeit gegen ausländische Werke wegen Mirakeln eingeschärft, von auswärtigen Ordinariaten approbirte Werke wurden ohne inländische Censur nicht zugelassen (Hofdekret vom 11. April und 25. November 1766); Weitenauer Heptaglotton alterum, gedruckt in Augsburg 1762, war nur über Wegnahme der Facultät des Jesuiten-Provinzials bewilligt etc. Schon im Jahre 1750 erhielt der theologische Dekan, der die weggenommenen Bücher aufbewahrte, den Auftrag, sie in die öffentliche Bibliothek abzugeben, wobei er aus einem Werke die schändlichen Bilder herausriss etc.

2) Beweis davon mag sein, dass von Klöstern ohne Anstand taugliche Professoren an die Universität abgegeben werden konnten, manche Kloster Conventualen die rigerosen Prüfungen bestanden und überhaupt als Schriftsteller bekannt waren, zum Beispiel Tschafeller in Wilten, Schranzhofer in Stams etc.

3) Eph. th. 17. April 1759, 22. Mart. 1770 etc. Solche Prüfungen schreibt das Concil von Trient vor, und Carl VI. wünschte sie im Jahre 1731 bei allen Candidaten l. f Pfründen. Benedikt XIV. erneuerte den Auftrag, und das Ordinariat Brixen gab

Um diese Zeit entstanden in Innsbruck einige auf Verbreitung nützlicher Kenntnisse berechnete Gesellschaften, die ohne die Universität schwerlich entstanden wären, und an denen Universitäts-Glieder Theil nahmen. Eine solche Gesellschaft war vom Jahre 1738 die Gesellschaft der Silentiariorum, vom Jahre 1741 academia taxiana genannt [1]), die im Jahre 1741 auch durch einen Grafen Zeil förmliche Statuten erhielt. Ihr Zweck war Beförderung der Wissenschaft und edler Zeitvertreib; sie zählte 18 Mitglieder, Hauptgegenstand war Geschichte; aber auch der gesammte Umfang der Wissenschaften und Gelehrsamkeit mit Ausnahme von Glaubenslehren, Staatsgeheimnissen, polemischen und politischen Fragen — in Abhandlungen in lateinischer oder einer andern Sprache. Jede Woche soll regelmässig eine Versammlung gehalten werden, wo Abhandlungen von Mitgliedern verlesen, und wenn Zeit ist, Gegenstände aus Petavius: Ratiocinium temporum besprochen werden; gebildete Männer können manchesmal als Gäste eingeführt werden. Vorsteher war Graf Zeil und nach dessen baldiger Abreise Regierungs-Vicepräsident Rossi — Mitglieder: Notar Roschman, Professor Riegger, Kemter, Ricordin vom Stifte Wilten, Gabrieli Kaplan von Mariahilf — aber auch Graf Wolkenstein später Minister in Mailand, Carl und Lorenz Graf Firmian, Franz und Josef Graf Spauer, ersterer später Reichskammer-Richter, letzterer Bischof von Seckau, dann Brixen; Cardinal Migazzi, Ignaz Hormayr, auch Resch, Bonnelli etc. Im Jahre 1755 las Roschman noch eine Abhandlung vor [2]).

Unter dem 12. Mai 1765 und 16. August 1766 kamen a. h. Aufforderungen zu einer Ackerbaugesellschaft mit einem zu wählenden Direktor und einer jährlichen Preismedaille von 150 fl. Die Gesellschaft kam wirklich zu Stande, Präsident wurde der Gubernial-Vicepräsident Leopold Graf Künigl, Sekretär der Landschafts-Syndikus v. Strobl, zu Büchern erhielt die Gesellschaft jährlich 300 fl. vom hohen Aerar. Vom Jahre 1769 gab sie „Vermischte Schriften, Innsbruck bei Trattner" heraus, worin die mit der Preismedaille belohnte Abhandlung des Universitäts-Professors Joh. Zallinger S. J. über die schleunigsten und zuverlässigsten Hülfsmittel, den Ackerbau in Tirol zu verbessern und zu vermehren, wie auch dem an-

im Jahre 1742 dem Professor Willes den Auftrag. nebst zwei Benefiziaten die Prüfung vorzunehmen, dabei quaestiones practicas zu geben etc. (Sinnacher l. c. IX. B. S. 448.) Maria Theresia befahl diese Examina unter dem 2. Oktober 1752 selbst für Privat-Patronats-Pfründen bei den Ordinariats-Examinatoren, unter dem 31. Oktober 1753 bei der Universität. — Dass die Regierung über diese Prüfungen später genaue Anordnungen erliess, ist bekannt (vgl. § 173).

1) Graf Taxis überliess ihr nämlich zu ihrer Versammlung seinen Bibliotheksaal.
2) Zeitschrift des Ferdinandeums II. Bd. S. 37, 56 ff. Vgl. De Luca l. c. S. 87. — Wahrscheinlich war es diese Gesellschaft, die dem Fürstbischof Künigl von Brixen als Freimaurer-Gesellschaft in einem Bericht verdächtigt wurde, und worüber er unter dem 4. Jänner 1741 dem Professor Willes „in möglicher geheim haltung sicherern nachrichtung einzuholen, und uns hienach selbe umbstendlichen beyzubringen" befahl: „da sotaner Bericht aus antrib eines vnzeitigen eiffers hergeflossen sein türfte" — übrigens „genante Sect" vom Päpstlichen Stuel mit dem geistlichen Banne behaftet sei. (Sinnacher l. c. IX. Bd. S. 410.) — Was es mit der Freimaurer-Gesellschaft. welche im Jahre 1757 vom Gubernial-Vicepräsidenten Leopold Graf Künigl gestiftet sein und 1788 60 Mitglieder (Heister, Sarnthein, Primisser, Michaeler etc.) gehabt haben soll, für ein Bewandtniss hatte, ist mir unbekannt. Gewiss ist nach dem Gränz-Boten (Leipzig 1861 Nr. 6). welcher davon Nachricht gibt, dass sie für den katholischen Glauben unschädlich war. Bischof Leopold von Brixen erliess jedoch schon unter dem 3. Juli 1767 auf a. h. eigenhändigen Auftrag ein Circulare an seine Dekane. über den Orden zu wachen und quartaliter Bericht zu erstatten. (Brix. Consist.-Protokoll.) Die Innsbrucker Loge hiess „zu den drei Bergen". Wenigstens das „Geheimthun" wird man nicht billigen können, wenn auch die Mitglieder keine bösen Plane und Absichten hatten.

scheinenden Holzmangel durch Beförderung des Nachwuchses werkthätig zu steuern,
das erste Stück bildet. Vom nämlichen Zallinger rühren noch drei Abhandlungen
„Erzeugniss, Wachsthum, Krankheiten der Feldfrüchte" her. — Im Jahre 1770
richtete die Gesellschaft ihre Aufmerksamkeit auf Säe-Maschinen, Bienenzucht etc.
auf einen Verein zur Käsebereitung in Kitzbüchl etc. Diese Gesellschaft erhielt
sich mehr oder weniger bis zur dermalen noch bestehenden Ackerbau-Gesellschaft [1]).

§ 96.

Der akademische Senat bestand nun nicht mehr aus allen Universitäts-Professoren, sondern nur aus neun Individuen (§ 81).

Seine Geschäfte in Bezug auf Studirende, das untergeordnete Personale und
sein Verhältniss gegen niedrige Beamten-Stellen etc. bleiben im Wesentlichen unverändert.

Die Jurisdictions-Geschäfte sollte nach dem Martin'schen Normale nebst
dem Rektor ein eigenes Gericht ausüben. Diess Gericht wurde aber nicht sogleich
eingeführt, und als im Jahre 1772 die Universität desswegen zur Verantwortung
aufgefordert wurde, bat sie, es bei der bisherigen Einrichtung zu belassen. Allein
eine a. h. Entschliessung vom 30. Juni 1773 befahl, es habe bis zur Zeit, wo die
juridische Facultät auch aus mehreren mit keiner Lehrkanzel versehenen Gliedern
bestehen werde, der Rektor aus der juridischen Facultät als Präses mit drei Professoren eben dieser Facultät und mit einem vom Gubernium zu bezeichnenden
vierten Doctor der Rechte ausser dem Gremium der Professoren die Jurisdiction zu
üben und zwar der Rektor auch als Exrektor durch 3 Jahre, bei mehreren Doctoren
der Universität ausser dem Professoren-Gremium seien die Professoren durch solche
zu ersetzen. Sohin wurde als viertes Mitglied der Fiscal-Adjunkt Dr. Sardagna
bestimmt. Zum Wirkungskreis dieses Gerichts gehören nach einem Hofdekret vom
7. August 1773 alle peinlichen, dann bürgerlichen zu einem ordentlichen Schriftwechsel gelangenden Streitsachen; aber Klagen, Verlassenschafts-Verhandlungen,
Vormundschaften nur dann, wenn sie zur contentionem juridicam erwachsen sind,
sonst gehören sie in agendam Rectoris [2]).

Ueber seine Verhältnisse zu den Dikasterien in dieser Periode führen wir
folgende Daten an.

Der Hofkammer war die Universität nach der Chotek'schen Reformation nicht
mehr unterworfen; und diese hatte sich in Geschäften des Oeconomicums lediglich
an den geheimen Rath oder an ihren Protektor zu wenden. Die Universität und
auch der geheime Rath wollten im Jahre 1751 auch den Einfluss der Regierung
auf die Universität beseitigen [3]), allein der geheime Rath selbst wurde unter dem

---

1) Aus Statthalterei-Akten. Vgl. Zeitschrift des Ferdinandeums vom Jahre 1833.
De Luca l. c. S. 87—88.

2) Ueber die Erweiterung der Universitäts-Jurisdiction durch das Martin'sche Dekret bezüglich der unter derselben stehenden Personen erklärt ein Hofdekret vom 9. August 1767, dass unter ihr die ihr einverleibten Studenten und Doctoren stehen. Die
Advokaten unterstehen dem Gerichte, bei dem sie dienen, chirurgi, Apother, Hebammen
seien nicht membra Universitatis, haben jedoch dem Decano medico Red und Antwort
zu geben, obschon sie der ordentlichen Obrigkeit unterworfen sind; nur von der Universität angestellte Buchbinder ohne anderes Amt stehen unter ihr, aber nicht andere
oder Künstler.

3) Die Veranlassung war die Aufforderung der Regierung an die Universität, sich
wegen verzögerter Untersuchung auf eine in der Nacht vom 13. Juni 1751 an dem
Physiker Rovara erfolgte starke Verwundung durch einen Steinhauser, worauf letzterer
in Wilten Asyl suchte, zu rechtfertigen. Die Universität gab die Vertheidigung an den

31. Juli 1751 durch ein sehr ernstes Hofdekret zurechtgewiesen und unter Hinweisung auf die Privilegien der Universität angewiesen, die Regierung als unmittelbaren Oberrichter der Universität zu erkennen, dem diese in Zukunft directe Red
und Antwort zu geben habe, „welches — wie es weiter heisst — dem Directorio,
so euch über solche Universität zusteht, ganz und gar keinen Einbug machen wird,
wenn es nur im gehörigen Mass geschieht, wie auch respectu der Landrichter ganz
unnachtheilig praktizirt wird. Sollte aber von Regierung mit dieser Gelegenheit
wider Vermuthen excedirt werden, steht euch immer bevor, die Universität zu pro-
tegiren, allenfalls auch, wenn und so oft es nöthig, die behörige Anzeige anher zu
machen, wo auf erforderlichen Fall hierunten schon remedirt werden wird“.

In dieser Periode machte der bei der Untersuchung der Universität durch
Bourguignon berücksichtigte Professor Inama ungeachtet des im Jahre 1748 erhaltenen eingreifenden Verweises in der juridischen Facultät und an der Universität
manche Störung, da er theilweise noch immer selbst bei Gliedern der höchsten
Landesstelle Unterstützung fand. Im Jahre 1749 lud er wieder ohne Intervention
des Universitäts-Rektors und ohne Wissen der juridischen Facultät zu einer feierlichen Disputation der Grafen Taxis und Khuen ein, deren Väter bei dem geheimen
Rathe angestellt waren, wesswegen man über diesen unregelmässigen Vorgang
hinauszugehen beschloss. Im nämlichen Jahre beleidigte er den Rektor Brunelli
durch verweigerte Achtung und wörtliche Injurien, und der geheime Rath Hormayr
— nach fruchtlosen Versuchen an Inama, die Ausdrücke zu mildern — um Austragung dre Sache angegangen, zwang ihn auf ernsten Verweis zum Widerruf. Am
18. Dezember 1750 erhielt er ein Senatsdekret, bei den Professoren-Versammlun-
gen fleissiger zu erscheinen und Studenten vor absolvirter Philosophie nicht zu
seinen Vorlesungen zuzulassen; da er nicht gehorchte, suspendirte ihn der Senat
a Salario [1]), wenn er sich in 3 Tagen nicht rechtfertigte, was er zwar that, aber die
Rechtfertigung gab er auch an die Repräsentanz, welche das Vorgehen der Universität nach den vorgelegten Akten billigte; zwei Studenten, die den Besuch von
Inama-Lektionen nicht aufgegeben hatten, wurden excludirt. — Er allein protestirte
gegen die vom Senate unter dem 11. August 1753 getroffene Vorlese-Ordnung für
das künftige Schuljahr, weil seine Vorlesungen auf Nachmittag fielen, wo er keine
Vorlesungen geben könnte. Im Jahre 1752 zeigte er sich besonders unruhig; er
klagte über den Ruin der juridischen Facultät, stellte an den Senat die Zumuthung
zu untersuchen, warum die Zahl der juridischen Schüler so klein sei, ob nicht consilia academica cuidam Rabulae (er meinte den Advokaten Lang) zur Abfassung
gegeben, ja selbst falsche Zeugnisse ausgestellt worden seien, und als die von der
juridischen Facultät darüber abgeforderte Aeusserung, welche Püchler ge-

---

geheimen Rath und dieser nach Wien. Nach Vorlage aller Akten erfolgte unter dem
31. Juli 1751 die a. h. Entscheidung: da der Pedell erst um 8 Uhr Morgens den Fall
anzeigte, der Thäter aber um 12 Uhr nach Wilten kam, sohin Rektor nicht Fleiss angewendet habe: so scheine die Regierung in merito Recht zu haben, zumal die Universität nur wenigstens mediante inquisitione generali instantanea, ob nicht factum prae-
meditirt, oder alias talis species sei, wo das asylum nicht Platz haben möge, erheben
und trachten sollen, des Thäters habhaft zu werden, was dem Rektor und Senat vorzu-
halten sei, und pro futuro wenigstens Fleiss zu recommandiren. — Uebrigens geben
causae privatorum tam civiles quam criminales vel in poena vel in ulteriori instantia an die Regierung mit alleiniger Ausnahme relegationis ad distantiam 2 horarum, und mithin liege
ihr ob, zu invigiliren, dass die Justitia vindicativa nicht negligirt werde. Universität
ist also anzuweisen, auf Art und Weise, wie Privilegien vorschreiben, die Regierung
als unmittelbaren Oberrichter zu erkennen etc.

1) Dazu war der Senat nach dem Reformationsdekret vom Jahre 1748 befugt.

macht hatte, den Inama zum Beweise seiner Anschuldigung aufforderte, beschuldigte
er den Püchler, die Aeusserung ohne Rücksprache mit den übrigen Professoren gemacht zu haben, erklärte als Ursache des Ruins der Facultät, die jedoch die Universität aufsuchen sollte, Geiz und Unfähigkeit der juridischen Professoren. Der
Senat gab, nachdem er Püchler's Vertheidigung abgefordert hatte, die Sache unter
dem 6. März an die Repräsentanz, was wahrscheinlich auf Bericht derselben in
einem a. h. Rescript vom 6. April 1753 den Beisatz veranlasste, „dem Inama sei
seine Abneigung gegen Collegen das letztemal zu verheben, und darauf zu denken,
wie er unterzubringen sei". Er wurde aber durch alle Drohungen nicht gebessert.
Im Jahre 1760 hatte er auch wegen der Jurisdiction über Geistliche nach dem
Uebereinkommen mit dem Brixener Ordinariate vom Jahre 1682 mit der theologischen Facultät einen Streit erregt, der zur Verhandlung der Repräsentanz kam,
und wurde endlich im Jahre 1768, zuletzt noch wegen Streitigkeiten mit seinem
Collegen Payr über Lektions-Stunden abgesetzt, und da sich das Gubernium auch
da noch seiner annahm, erhielt selbst dieses unter dem 23. September 1769 wegen
seines Einschreitens „für den des Lehramts wegen unruhigen und strafbaren Betragens entsetzten Inama" einen a. h. Verweis. Er starb 1783 [1]).

Der brave Professor Weyeter — zugleich Ruraldekan, erhielt im Jahre 1761
wahrscheinlich auf Anregung des Rektors Inama ohne Wissen und Willen ein Hofdekret, das ihn zum Pfarrer in Mils bei Hall und Resch von Brixen zu seinem
Nachfolger mit 400 fl. Gehalt bestimmte. Auf der Stelle reiste Weyeter nach Wien,
die Pfarre abzulehnen, zu deren Verwaltung er aus Scheue vor dem Kranken-
besuche etc. nicht tauglich sei. Es gelang ihm mit Dem, dass Resch die Kanzel
bei der nächsten Erledigung erhalten soll. Bei der Rektorswahl am 6. Nov. 1761
entzog ihm jedoch ein Dekret der Repräsentanz die Passiv-Stimme; auch darüber
protestirte er auf der Stelle zu Protokoll und appellirte an die Kaiserin, indem er
auch die Gründe seiner Ausschliessung von der Wahl wissen wollte. Die Wahl
wurde indessen am 9. Nov. doch vorgenommen und fiel natürlich auf seinen Collega
Weltpriester Kopf, der sie ungern annahm [2]). Die Gründe gegen Weyeter waren,
er habe den calvinisch-preussischen Offizier Baron Kleist mit der katholischen Irene
v. Welz copulirt (allein diess war auf Auftrag des Ordinariats über vom Bräutigam
abgelegtes Jurament de catholice educandis prolibus und die Ehe nicht zu trennen
— geschehen); das Amt eines Ruraldekans und Universitäts-Rektors sei incompa-
tibel (was gar nicht bewiesen wurde), er habe seine Jurisdiction als Dekan miss-
braucht (was die Zeugnisse selbst der Inculpaten widersprachen). Von Wien wurde
unter dem 16. Jänner 1762 anerkannt, dem Weyeter, der nur die Befehle seiner
Obrigkeit vollstreckt etc., sei aus Abneigung schon zu weit geschehen etc. — Auch
Professor und Rektor La Paix veranlasste Streitigkeiten. Er hatte wiederholt nicht
gehörig absolvirte Philosophen in seine juridischen Vorlesungen aufgenommen und
glaubte diess wenigstens in Bezug auf Ausländer nach den Normalien vom Jahre
1754, 1756 und 1761 thun zu dürfen, die Ausländern ihre Studien nach Belieben
einzurichten erlauben. Allein auf Zuthun der philosophischen Facultät erhielt er
unter dem 13. Dezember 1768, dann 14. Jänner und 27. Juli 1769 Aufträge,

1) Der theologische Dekan Hilarion Staffler sagt unter dem 26. Jänner 1783
von ihm: clarissimus omnigena jurium doctrina professor, digna indignaque, quae vir
caeteroquin meritissimus praesertim a funesto sibi anno 1768 ad diem extremum usque
tulit, legere tum in istis nostris tum juridicae facultatis plenioribus actis erit.
2) Weyeter klagte beim Bischof, dass sich Kopf zu sehr zur Partei Inama's etc.
wende; auch protestirte er gegen ein vor Kopf als Rektor zu bestehendes Constitut
über die ihm gemachten Beschuldigungen, weil sie geistliche Sachen betreffen.

Studenten vor absolvirter Philosophie vom Eintritte in das juridische Studium abzuweisen, und mit Dekret vom 7. Juli 1769 wurde ihm erklärt, dass Trientnerund Brixener-Studenten hierin Inländern gleich zu halten wären und Folgsamkeit oder Rekurs nach Hof aufgetragen. — Im Dekrete vom 27. Juli 1769 wurde ihm als Rektor zugleich befohlen, zu sorgen, dass die Studenten vor dem 7. September, als Schluss des Schuljahres, die Universität nicht verlassen. — Wahrscheinlich irritirt wegen des wiederholten Verbots der Aufnahme nicht absolvirter Philosophen in seine Vorlesungen, verbot er — nach Senatsbeschluss vom 9. August 1769, bei dem jedoch nur fünf Individuen (der medizinischen und juridischen Facultät) gegenwärtig waren, von welchen zwei dem Beschluss nicht beistimmten, da doch La Paix auf das Protokoll „per unanimia" schrieb, die auf den 10. August festgesetzte Ertheilung des philosophischen Baccalaureats, und zeigte diess dem Vicepräsidenten der Studien-Commission mit der Motivirung an, dass sonst dem Dekrete vom 27. Juli keine Folge gegeben werden könne, weil die Studenten nach erhaltenem Baccalaureat nicht mehr an der Universität bleiben, und weil die Professoren ihre Materien, über welche die Schüler bei den Prüfungen zu den akademischen Würden Rechenschaft zu geben haben, vor Ende des Schuljahres nicht vollständig vorgetragen hätten. Das Gubernium verwarf, und zwar wegen Dringlichkeit noch am nämlichen Tag, die Verfügung des Rektors, welche die Rechte der philosophischen Facultät und des Vicepräsidenten verletze, und trug dem La Paix auf, das Weitere zu veranlassen. La Paix berief noch um 6 Uhr Abends den Senat, der — mit Ausnahme von zwei Stimmen wieder ungeachtet des Gubernial-Dekrets [1]) den Verschub der Promotion beschloss, wobei der philosophische Dekan sich protestirend entfernte und in der Frühe des folgenden Tages den Vicepräsidenten in die Kenntniss vom Beschlusse setzte. Dieser befahl sogleich schriftliche Anzeige, auf welche vom Guberneur Graf Spauer mit einem andern Rathe an den Rektor zur Ertheilung eines Verweises und gemessener Erinnerung, den Gubernial-Auftrag zu befolgen, abgeschickt wurde. Der Rektor berief noch einmal den Senat, von welchem durch Mehrheit der Stimmen zu folgen beschlossen wurde; so dass die Promotion, jedoch erst am 12. August, Statt fand [2]).

Mag auch der Rektor und der Senat immerhin in den Normalien über die Studien und selbst auch in Gubernial-Aufträgen Grund zur Widersetzlichkeit gefunden haben, so ist doch aus solchen Vorgängen, die wohl auch wegen HofErlässen gegen das Gubernium gewagt worden sein mögen, sehr erklärlich, dass das Gubernium auf die Universität nicht gut zu sprechen war, und um diese Zeit bei der Hofstelle bitter über sie klagte. So heisst es in einem Berichte vom 9. Mai 1769 [3]), man finde sich ausser Stand, das Nöthige zu verfügen, „insolange die Uneinigkeiten unter den Professoren und ihre zum Eigensinn, Neid, Eigennutz und Hass abzielenden Leidenschaften nicht aus der Wurzel gehoben, solche sohin zur schuldigsten Subordination geschärft angewiesen und verhalten werden, folglich ihnen alle heimliche und ordnungswidrige Privat-Ueberschreibungen untersagt und somit alle Gelegenheit zu ungegründeten Anklagen und Anschwärzungen benommen wird". In einem andern Bericht vom 27. Juli 1769 wegen Aufnahme von Studenten in die juridische Facultät ohne gehörig absolvirte Philosophie über Bericht der Studien-Commission bemerkt das Gubernium, dem Rektor und Senate wäre über Zulassung dieser Studenten eine gemessene Ahndung zu geben und da

---

1) Insuper habito decreto Gubernii.
2) Aus einem Manuscript jener Zeit, das ich aber jetzt nicht mehr auffinden, noch näher bezeichnen kann.
3) In der Registratur des Unterrichtsministeriums.

das subordinationswidrige Betragen der Universität in Mehreren nicht zu bezwingen gewesen, bittet das Gubernium ihm eine hinlängliche Gewalt einzuräumen, den schuldigen Gehorsam herbeizubringen und die a. h. Vorschriften bei der Universität aufrecht zu erhalten. '

Nach dem Jahre 1761 kamen in der Regel Universitäts-Angelegenheiten nicht unmittelbar, sondern — wie früher durch die Wesen — so jetzt durch die Landes-Studien-Commission an das Gubernium. Sehr wichtig wäre wohl die Auswahl guter Direktoren der einzelnen Facultäten gewesen, aus welchen diese Mittelstelle grössten-theils zusammengesetzt war, zumal diese Direktoren als Aufsichtspersonal über die Facultäts-Professoren diesen schon an sich unmöglich angenehm sein konnten. Die meisten Glieder dieser Commission waren gewiss auch brave Männer, die wenig-sten mögen aber über die Universitäts-Geschäfte, namentlich über das Lehramt praktische Kenntnisse gehabt haben, wie selbst die Präsidenten Sarnthein und Choret, der Prälat von Wilten etc. Jedenfalls aber hatte diese Commission auf das Gubernium den entschiedensten Einfluss in Bezug der Universität, da die Protokolle der Commission an das Gubernium und durch dieses an die Hofstelle gelangten, da es in der Regel nur durch diese Commission in die Kenntniss über den Zustand der Universität kam, da Glieder der Commission zu dem Gremium des Guberniums gehörten u. s. w.

§ 97.

Eine besondere Erwähnung verdient in dieser Periode auch das Verhältniss der Universität zum Episcopat.

Die neue Studien-Einrichtung besonders in der Theologie veranlasste zwischen der Universität und den bischöflichen Ordinariaten manche unangenehme Spannung. Als unter dem 17. Oktober 1758 die Akten über die Studien mit den gedruckten Katalogen nach Wien mit der Bemerkung vorgelegt wurden, dass die Bischöfe von Brixen und Trient ein theologisches und philosophisches Studium eingeführt haben, welches bei der alten Lehrart sehr gedeihe und die Rückkehr zu derselben auch an der Universität erwünschlich mache, erklärte die Hofstelle unter dem 25. Novem-ber 1758, es sei auf die getroffene Studien-Einrichtung mit fester Hand zu halten, und trug auf, dass kein Geistlicher, der nicht in Innsbruck oder einer inländischen Universität die Theologie absolvirt habe, zu einem inländischen Benefizium und auch weltliche Unterthanen, welche anderweitig die juridischen Studien hörten, zu keiner Bedienstung, zu welcher das juridische Studium gefordert wird, zugelassen werden. — In einem spätern Erlasse vom 15. März 1760 wurde aufgetragen, ein wachsames Auge auf Jene zu haben, die sich anderswohin ad studia begeben, um sie dem Protektor anzuzeigen; strengere Massregeln gegen Bischöfe, z. B. Sperre der Temporalien unter gewissen Umständen, welche Graf Enzenberg als Protektor in Antrag gebracht hatte, wurden nicht genehmiget, wohl aber wiederholt aufge-tragen, die erlassene a. h. Resolution wegen inländischen Studiums zu Anstellungen scharf einzuhalten.

Im Jahre 1763 wurden dem Bischof von Brixen die juridischen Professoren La Paix und Payr wegen verdächtiger Grundsätze denunzirt; der Bischof wendete sich an den Cardinal-Erzbischof Migazzi (dieser war auch Domherr von Brixen) als Präses der Studien-Hof-Commission; die Professoren wurden zur Verantwortung gezogen und nach einem Schreiben des Cardinals vom 4. Juni 1763 an den Bischof von Brixen im Allgemeinen angewiesen, sich in ihren Vorträgen vor solchen Sätzen zu hüten, welche den Grundsätzen der katholischen Kirche zu nahe treten.

Im Jahre 1768 beschwerte sich der Bischof von Brixen wegen der Thesen des Juristen Steinberger (§ 92), worüber ihm bemerkt wurde, sie sprechen sich vorzüglich nur für das Exercitium religionis simultaneum innoxium aus, dessen Introduktion von den Katholiken im ganzen römischen Reiche gegen die Akatholiken vertheidiget werde; übrigens stehe dem Bischof das Recht nicht zu, Disputations-Thesen abzufordern, was auch der Kanzler in Wien nicht thue, da ihre Censur den Direktoren der Facultäten zukomme; auch wurde unter Bezug auf das Normale vom Jahre 1765 bemerkt, dass in Wien vertheidigte Thesen auch in den Provinzen ohne weiters vertheidiget werden dürfen. Der Bischof wendete sich nun nach Rom und erhielt unter dem 1. Juni 1768 ein Breve, dass über den Inhalt der Thesen die Censur nachfolgen werde, übrigens zu bedauern sei, dass dem Bischof die Censur entzogen werde, der Papst habe sich desswegen an die Königin gewendet, und auch dem Nuntius in Wien Aufträge gegeben [1]. — Auch an den Graf Choret schrieb der Bischof noch, erhielt aber unter dem 3. Dezember 1768 die Erwiederung, dass im Kirchenrechte keine Sätze vertheidiget werden dürfen, die nicht in der auch in Rom bekannten Synopse des Kirchenrechts enthalten seien [2].

Bei solchen Verhältnissen konnte den Ordinariaten das Studienwesen an der Innsbrucker Universität unmöglich angenehm sein. Der Bischof von Brixen baute auch im Jahre 1764 ein geräumiges Seminar für hundert Alumnen, wozu ihm von der Hälfte der Ueberschüsse der Bruderschaften und milden Orte auf sieben Jahre 4000 fl. a. h. bewilligt und vom Gubernium ausgefolgt wurden, richtete jedoch das theologische Studium im Jahre 1773 nach der Norm des öffentlichen Universitäts-Studiums ein [3].

§ 98.

Was den Ruf der Universität bei dem Publikum betrifft, so geschah von Seite der Regierung in diesen 25 Jahren sehr Vieles, was ihr Achtung verschaffen, ihren Glanz erheben, und besonders ihre Erfolge bei den Studirenden befördern sollte. In allen Facultäten wurden die Lehrgegenstände vermehrt, für Lehrmittel wurde mit bedeutendem Aufwand gesorgt, wiederholte Untersuchungen durch ausgezeichnete Männer von Wien sollten die Gebrechen an derselben heben und ihren Zustand vervollkommnen; die mit Universitäts-Zeugnissen versehenen Competenten waren bei allen l. f. Besetzungen vorzuziehen, Andere zum Theil sogar ausgeschlossen; das hohe Aerar kam der Universität mit ergiebigen Zuflüssen zu Hülfe; alle Facultäten erhielten geachtete und gelehrte Direktoren in angesehenen Männern, die seit dem Jahre 1760 für keine Facultät aus dem Gremium der Professoren genommen werden durften, sondern sich in hervorragenden Stellungen ausser der Universität befinden mussten; zu Professoren zum Theil selbst der bisher nur von Jesuiten versehenen Kanzeln wurden nicht bloss die ausgezeichnetsten Männer dieser Gesellschaft, sondern hervorragende Subjekte anderer geistlichen Corporationen und des Weltpriesterstandes aufgesucht, nicht bloss der erste Beamte der Provinz, sondern seit dem Jahre 1760 eine eigene Landes-Commission sollte die Universität immer mehr zu verbessern und zu heben trachten etc.

Auch die Qualität der Professoren scheint sehr entsprechend gewesen zu sein, wenn man wenigstens von ihrer Schriftstellerei auf ihre Geschicklichkeit und son-

---

1) Nach Akten der Registratur des Brixener Consistoriums. Vgl. auch Sinnacher Beiträge Bd. IX. S. 667.
2) Diese Synopse hatte der theologische Studien-Referent in Wien, Domherr Stock, im Jahre 1759 verfasst.
3) Sinnacher l. c. Bd. IX. S. 689.

stige Tauglichkeit schliessen darf. Denn kaum gab es in einem Zeitraum unter ihnen so viele Schriftsteller, wie in diesem. Von den in dieser Periode abtretenden Professoren aus der Gesellschaft Jesu sind in der Philosophie dreizehn [1]), in der Theologie, zu der auch Einige der philosophischen Professoren übergingen, vier [2]) als Schriftsteller bekannt, unter denen Stattler, Weitenauer, Joh. Zallinger ihren Ruhm und ihre Lehrthätigkeit weit über Innsbruck hinaus erstreckten. Von den übrigen Professoren waren in der Theologie die zwei Canoniker von Wilten [3]), der Franziskaner Ricci [4]), in der Jurisprudenz fünf [5]), in der Medizin [6]) alle Schriftsteller.

1) Es waren: *a*. Lachemayr, Prof. 1749: Disceptatio de anima vegetativa — De visione — De auditu. — De gravitate et aequilibrio corporum.
  b. Daiser, Jos., Prof. 1746: Manipulus thesium de corpore naturali.
  c. Daiser, Joh., Prof. 1750: De coelo dialogus — De coelo aereo — Antidotum Scepticismi — Mensura virium vivarum.
  d. Gassmayr, Prof. 1753: Tabula sacrae et profanae eloquentiae — Argumenta evangelica ex notis Canisii — Libellus pro studio eloquentiae profanae.
  e. Raith, Prof. 1754: Dissertatio de commercio inter corpus et animam.
  f. Peintner, Prof. 1738: Disquisitiones philosophicae hujus temporis.
  g. Herz, Prof. 1756: Usus et abusus critic.
  h. Unterrichter, Prof. 1759: Synopsis philosophiae hodiernae — De aestu lacus Lucii in Tiroli — Magnitudo Veneris, ejusque a Tellure distantia etc.
  i. Crauer, Prof. 1761: Causa motus et quietis.
  k. Griesenbeck, Prof. 1760: Principium aequilibrii corporum solidorum.
  l. Sette, Prof. 1764: De philosophiae nexu et societate cum agricultura tanquam praecipuo commercii fundamento.
  m. Zalllinger, Joh., Prof. 1768: Conspectus assertionum ex universa philosophia — De viribus Materiae — nebst mehreren landwirthschaftlichen Abhandlungen. Vgl. § 95.
  n. Endlich der gelehrte fruchtbare Schriftsteller Weitenauer, Prof. 1753.

2) Nämlich: *a*. Wagemann, Prof. 1747 der Philosophie, 1760 der Theologie: Dissertatio de coelo et terra — Synopsis theologiae moralis.
  b. Horaz, Prof. 1755: Delineatio doctrinae catholicae de vera religione et christi ecclesia — Animi collectio triduana.
  c. Payr, Prof. 1758: Providentia Numinis hunc mundum gubernantis.
  d. Stattler, Professor der Philosophie 1764, der Theologie 1769 — in mehreren gelehrten Werken.

3) Kemter, Prof. 1761, schrieb: prima et praevia jurisprudentiae sacrae principia — Acta pro veritate Martyrii B. Andreae Rinn. — Veterum disciplina in re rustica — Introductio in theologiam patrum — De sacramentis in genere, de baptismo confirmatione, S. Eucharistia; Plank, Prof. 1766 aber: Theologia positiva patrum de trinitate.

4) Prof. 1761: Theologia moralis P. Reiffenstuel instaurata II Tom. u. A.

5) Nämlich: *a*. Riegger, Prof. 1733, Verfasser mehrerer Werke.
  b. Püchler, Prof. 1733: Assertiones juridicae de fidei commisso — Fratrum nobilium tir. Unio triplici dissertatione exposita.
  c. Inama, Prof. 1739: Synopsis historiae juris Justiniani — Dissertatio de sententia et re judicata — de sufficienti legis cognitione.
  d. Muschgay, Prof. 1733: Medela contra Pseudopoliticos — Analysis Erotematis de certa et fatali regnorum periodo.
  e. Lackicz, Prof. 1769, gab seine Schriften jedoch erst später heraus.

6) *a*. Bacchetoui, Prof. 1733: Anatomia cum figuris. — Speculum matris non lactantis — Prototypon verae matris — Disquisitio philos.-medica circa similitudinem prolis — an probet filiationem?
  b. Payr, Prof. 1722: Institutiones medicae — Hyppocratis Aphorismi — Regnum animale vegetabile et minerale medicum tirolensi. — Apologia de jejunio servando — De diaeta litteratorum.
  c. Sterzinger, Prof. 1742: Abusus praeservatoriae venaesectionis et alveorum

Einige lehrten auch noch in der folgenden Periode; und mehrere Schriftsteller derselben, z. B. Graser, Menghin, Banniza, Oberrauch etc. waren schon in dieser Periode als Professoren thätig.

Von mehreren Professoren sind auch Porträte an der Universität erhalten, nämlich:

a. von theologischen jenes von B r u n e l l i aus Banale, Regelhaus-Kaplan und im Jahre 1725 Professor der hl. Schrift, dann Prokanzler, im Jahre 1755 pensionirt und im Jahre 1756 gestorben [1]), — dann von W i l l e s aus Flies, im Jahre 1729 Professor der Polemik, bis 1752 zugleich Pfarrer in Thauer, gestorben 1758;

b. von juridischen jenes des vielverdienten P a u l v. R i e g g e r aus Freiburg, im Jahre 1733 bis 1749 Professor, gestorben als Hofrath in Wien im Jahre 1779, — dann des P ü c h l e r von Innsbruck, Professor vom Jahre 1733 bis 1757, wo er Regierungsrath und im Jahre 1762 juridischer Studiendirektor wurde, gestorben im Jahre 1769;

c. von medizinischen jenes des P a y r von Innsbruck — nach verschiedenen Reisen zu Spitälern etc. im Jahre 1722 Professor bis 1759, wo er starb; — des B a c c h e t o n i (vgl. § 58), gestorben 1749; — des S t e r z i n g e r aus Schluderns, Professor vom Jahre 1742 bis 1763, wo er kaiserlicher Rath und Facultätsdirektor wurde, wegen neu erfundener Salzsud-Manipulation im Jahre 1765 mit 500 Dukaten belohnt und im Jahre 1766 mit dem Prädikate Salzrein geadelt, starb als Protomedicus im Jahre 1774.

Im Hinblick auf diese Umstände möchte man versucht werden, den Zustand der Universität in dieser Zeit als einen der blühendsten zu bezeichnen, während er doch nur ein noch immer sehr bewegter war und den guten Ruf der Universität bei dem Publikum nicht beförderte. Denn die Zahl der Studenten nahm bedeutend ab, was um so mehr auffällt, als im Allgemeinen die Studirenden sich gewiss eher vermehrten als verminderten. Im Jahre 1748 zählte die speculative Theologie noch 111 Theologen, im Jahre 1757 nur mehr 51, die Controversen hörten im Jahre 1748 noch 51, im Jahre 1757 nur 34, und so verminderte sich auch in den übrigen theologischen Fächern die Studentenzahl. Von den übrigen Facultäten liegen keine speziellen Nachweisungen vor, doch ist bekannt, dass z. B. Professor Inama wiederholt über die Abnahme der Studenten in der juridischen Facultät klagte. Wenn die Zahl der sämmtlichen Akademiker früher auf 600 und darüber stieg (§ 48), so war sie nach einem in der Registratur des Unterrichtsministeriums liegenden detaillirten Ausweis vom Jahre 1757 nur mehr 391 [2]). Das a. h. Rescript

---

purgationum — De homine in matris utero — An indigesta aut propinata venena ... speciales effectus habeant — Ursprung und ächte Eigenschaft des Hall-Innthalischen Kochsalzes 1757.

d. R i n d l e r, Prof. 1730: De medicinae dogmaticae substantia.

e. G e r s t n e r, Prof. 1741: De salubritate aquae purae — De podagra eradicanda — Commentaria theor. practica de morbis solitorum u. A.

1) Die Juridischen Ephemeriden sagen von ihm: ob singularem Prudentiam, eximiam virtutem et suavissimam humanitatem aeterna memoria dignus. De Luca l. c. Anhang S. 49. Nach ihm gab er in den Druck: Oratio genethliaca ad Joseph archid. Natales Oen. 1741.

2) Nämlich 99 Theologen, darunter 30 Ausländer; 65 Juristen, darunter 7 Ausländer; 9 Mediziner, darunter 5 Ausländer; 228 Philosophen, darunter 31 Ausländer. — Diess gäbe die Gesammtzahl von 401 statt 391, über welchen kleinen Unterschied ich jetzt keine Aufklärung zu geben vermag; wahrscheinlich wurden einige Philosophen doppelt, nämlich auch bei den höhern Facultäten gezählt.

vom 29. August 1765 sagt ausdrücklich, dass die Universität Innsbruck den blühenden Zustand und das Ansehen der Wiener und Prager Universität bei weitem nicht erreiche.

Die Ursache dieser Erscheinung lag wohl vorzüglich darin, dass das Aufblühen der früher verfallenen Universitäten von Wien und Prag den Glanz der Innsbrucker Universität verdunkelte, da sie bei ihren beschränkten Mitteln jenen Universitäten nicht gleich gestellt werden konnte. . Dazu kam, dass die neuen Einrichtungen, die theilweise selbst für den Glauben nicht unbedenklich schienen, zum Beispiel die Vorschriften über Bücher-Censur, akatholische Lehrbücher etc., manche Professoren, besonders der Gesellschaft Jesu, dann die Ordinariate, ja selbst Studenten unzufrieden machten; und wegen des grossen Einflusses der Jesuiten und Ordinariate, welche die Urtheile des Landes influenzirten, Studenten von der Universität verscheuchten, zumal die Bischöfe nun auch Gelegenheit zu den Studien verschafften. Zahlreiche Veränderungen in den Einrichtungen von Instituten sind auch in der Regel nicht geeignet, den guten Ruf derselben zu erhöhen. Endlich konnten die Uneinigkeiten unter den Professoren, die auch auswärtig bekannt werden mussten, und die Klagen der Oberbehörden des Landes über die Universität dem guten Ruf der letzteren unmöglich gedeihlich sein.

§ 99.

Von Begebenheiten, welche die Universität nur mittelbar berührten, mag angeführt werden, — die Säkularfeier des vom Landesfürsten Ferdinand Carl der Stadtpfarre geschenkten, von Lukas Kranich gemalten Muttergottes - Bildes vom 3.—9. August 1750, bei der täglich um 9 Uhr Predigt von verschiedenen Rednern gehalten wurde, und wenigstens die theologische Facultät Vormittags keine Lektionen gab. Am 9. August war feierliche Prozession — geführt vom Brixener Bischof in Begleitung seines Weihbischofs und der Prälaten von Neustift, Stams, Wilten und Welschmichel; das Bild wurde auf einem Wagen in die Vorstadt, dann ausser die Innbrücke etc. geführt. Der Rektor mit den vier Dekanen wartete dem Bischof am 10. August auf.

In der Periode des siebenjährigen Preussen-Kriegs nahm die Universität theils in corpore, theils vereinzelt an den diessfälligen Andachten Theil, wie am 26.Juni 1758 wegen Daun's Sieg bei Matzenitz, wegen dessen am 28. Juni auch Prozession gehalten wurde; am 15. Jänner 1759 wurde das Pfarr-Madonna-Bild um Waffenglück in Prozession herumgetragen, und vom 28. Februar feierliche Gebete und am Schlusse derselben und wieder am 28. April mit dem Bilde Prozession gehalten. Am 28. November kam eine Freuden-Nachricht über den am 21. November erfochtenen Sieg [1]. Am 23. Juni 1760 nahm Laudon den General Fugent gefangen. Da am 25. Jänner 1760 preussische Gefangene nach Innsbruck kamen, wurden die Studenten gewarnt, sie nicht als hostes, wohl aber als inimicos anzusehen; auch unterblieb bei akademischen Promotionen die Prozession zum Tedeum in die Kirche, bis im Jahre 1762 auf ausdrückliches Verlangen von Promovirten die frühere Gepflogenheit wieder eintrat. Der Krieg hatte für die Professoren auch die Folge, dass ihr Salar ein ganzes Jahr im Ausstande blieb.

Als im Jahre 1765 Kaiser Franz und Maria Theresia sammt dem römischen König Joseph wegen der Hochzeit des Erzherzogs Leopold mit der spanischen Prinzessin Maria Ludovica nach Innsbruck kamen, empfing die Universität die

---

1) CLaDes FInkIana FestVM praesentatIonIs — bemerken die Ephemeriden.

kaiserlichen Ankömmlinge bei der Residenz nahe an der Pfarrkirche und hatte einige Tage darauf Aufwartung bei Kaiser und Kaiserin, dann Handkuss; ebenso nach der Hochzeit bei Leopold. Am 18. Juli starb bekanntlich der Kaiser am Schlagfluss [1]). Nach Ausrufung Joseph's II. als Kaiser war auch bei ihm, jedoch wegen Trauer, stiller Handkuss. Der Rektor mit den Dekanen machte auch dem anwesenden Cardinal Migazzi als Präses der Studien-Hof-Commission Aufwartung.

Der Brand am Haller Franziskaner - Kloster wahrscheinlich durch gelegtes Feuer am 18. Oktober 1760, das Eis am 2. und der viele Schnee am 4. Okt. 1761, die grosse Ueberschwemmung am 10. Juli 1762, wo die ganze Nacht in der Kirche gebetet wurde, sowie die Eröffnung des zum Andenken an den Tod des Kaisers Franz I. gestifteten adelichen Damenstiftes am 8. Dezember 1765, bei welcher nach der um 9 1/2 Uhr gehaltenen Predigt und dem vom Prälaten in Wilten gefeierten Hochamte alle Dikasterien — Adel, Professoren, Magistrat etc. in Prozession von der Pfarr- in die Hofkirche zogen, berührten die Universität nur ferne.

Dem am 8. März 1773 angekommenen Guberneur Heister, Nachfolger Enzenberg's, machte der Rektor mit Prokanzler und Dekanen sogleich Aufwartung.

§ 100.

Wenn man die Ereignisse an der Universität vom Jahre 1748 bis 1773 überschaut, so findet man wohl in keiner Periode so viele Verordnungen und so viele Veränderungen, wie in dieser. Die Jesuiten, am Anfange dieses Zeitraums noch immer die einflussreichsten Glieder der Universität, verloren durch die fortgesetzten Regierungs-Verordnungen immer mehr von ihrem Einfluss und ihrer Wirksamkeit, bis sie am Schlusse desselben ganz verschwanden. — Die Dekane der Facultäten, vorher die Vorsteher der Studien-Abtheilungen, sind nun fast ohne Einfluss und durch Direktoren ersetzt, die, nicht Glieder der Universität, sie wie eine andere Staatsanstalt überwachen. Als solche hat sie nun die Aufgabe, tüchtige Staatsdiener zu bilden, daher sind die spekulativen Gegenstände der Philosophie mit nützlicheren Lehrfächern der praktischen Mathematik und Naturgeschichte vertauscht, in der Theologie vorzüglich auch das Studium der hl. Schrift betrieben, in der Jurisprudenz ist das römische Recht immer mehr in Schatten gestellt und dafür das öffentliche und Naturrecht, das gerichtliche Verfahren nebst den Landesstatuten bedacht, das Kirchenrecht aber für die Zwecke des Staates geistlichen Händen genommen und einem weltlichen Professor anvertraut. Von der Regierung bestimmten Lehrbücher enthalten die ihren Absichten entsprechenden Grundsätze; überwachte Prüfungen beweisen die Auffassung derselben durch die Studenten und häufige Berichte setzen die Regierungs-Organe über die Handhabung der Vorschriften und etwaigen noch erspriesslichen Vorkehrungen in die Kenntniss. — Die Freiheit, die akademischen Jahre nach Belieben zuzubringen, ist den Studenten genommen; sie müssen nun in mehr Stunden und selbst durch eine längere Zeit des Jahres (vom November bis 8. September, statt früher vom 29. Oktober bis 24. August) und auch an abgewürdigten Feiertagen die Vorlesungen besuchen; immer zur Rechenschaft über die Auffassung der frühern Lektionen bereit sein und bedurften zu einer k. k. Anstellung der Zeugnisse über ihre mit Erfolg absolvirten akademischen Jahre. Den Senat konstituirt nicht mehr die Gesammtheit der Pro-

---

1) Die theologischen Ephemeriden bemerken vom Kaiser: Septimanis singulis bis in sacro tribunali omnes animae maculas volebat exponere. was auch an seinem Sterbetag geschehen sei.

fessoren, sondern nur ein — zum Theil beständiger Ausschuss derselben, und sein Haupt muss vom Kaiser selbst genehmiget sein. — Am Anfange dieser Periode wurde die Universität unter das Protektorat des Landeschefs gestellt, unter dem sie auch blieb; nur erhielt sie in dem Collegium der Direktoren auch noch eine Mittelstelle zwischen ihr und dem Gubernium, an welche in der Regel die Angelegenheiten der Universität zunächst gelangten. — Die Professoren tragen nicht mehr ihre Ansichten als Orakelsprüche den begierig horchenden und genau nachschreibenden Schülern vor, sondern erklären nun die Grundsätze eines von der Regierung vorgeschriebenen oder wenigstens approbirten Vorlesebuchs, nach welchem sie ihren Vortrag unter Ueberwachung der Direktoren einzurichten haben.

· Seine Zwecke zu erreichen, lässt sich der Staat allerdings Manches kosten, vermehrt selbst die Professoren von 18 auf 24, allein es zeigen sich in der Ausführung seiner Absichten Schwierigkeiten, die nicht bloss wiederholte Erläuterungen, Modifikationen und Einschärfungen seiner Vorschriften, sondern eigene Commissionen und Untersuchungen nöthig machen. Wenn auch die Universität an Schriftstellern und theilweise an Professoren von Celebrität gewonnen hat, und Stifte und Klöster in ihr Interesse gezogen wurden, so hat sie doch an der Zahl der Studirenden und an gutem Rufe im In- und Auslande abgenommen, erfreute sich selbst bei den höchsten Regierungs-Stellen der Zufriedenheit nicht, ja wurde von wichtigen Seiten, z. B. von den Ordinariaten, misstrauisch angesehen.

Fünfter Abschnitt.

Die Universität vom Jahre 1774 bis 1782.

§ 101.

Wie die Universität in den ersten hundert Jahren ihres Bestehens, in welchen Jesuiten an derselben lehrten, sich fortbewegte, wurde bisher erzählt. Es kommt nun zu berichten, welche Veränderungen die Aufhebung der Gesellschaft Jesu an derselben hervorbrachte, und zunächst welche Schicksale sie in den acht Jahren bis zu ihrer eigenen Aufhebung hatte.

Die Richtung der Regierung, von welcher die Universität nun gänzlich abhing, blieb sich in der Bemühung, praktische Männer für den Staat zu bilden, gleich. Es kam aber, vorzüglich von jetzt an, das Bestreben hinzu, den Einfluss des Staates über kirchliche Gegenstände, zumal über äussere kirchliche Einrichtungen nach den Grundsätzen des sog. Gallicanismus und Febronianismus, die auch in Oesterreich eingedrungen waren, und deren Verbreitung auch an der Innsbrucker Universität durch die Aufstellung eines weltlichen Professors für das Kirchenrecht eingeleitet war. zu befördern.

Bei der Studien-Hof-Commission in Wien, von der alle Anordnungen für die

Universität ausgingen, war der Erzbischof als Präses in einer so unangenehmen Lage, dass er wegen beständiger Konflikte im Kirchenrechte dieses Präsidium aufgab; als Referent und Direktor der Theologie trat statt des Domherrn Stock, der im Jahre 1772 starb, im Jahre 1773 Domherr Gondola und auf dessen Ableben im Jahre 1774 der Benedictiner-Abt Rautenstrauch von Braunau ein, der in die reformatorische Richtung vollkommen einging; Präsident wurde der Staatsrath Kresel. Jedoch stellte die Kaiserin bald misstrauisch die Studien-Hof-Commission wieder in der Art unter die Hofkanzlei, dass sie als eine Abtheilung derselben ohne Aenderung der Referate in den einzelnen Studienzweigen fortwirkte, und in den letzten Jahren ihrer Regierung erhielt der Gubernial-Referent Martini sogar den Auftrag, über die nöthigen Aenderungen im kirchenrechtlichen Lehrbuche eine Verständigung herbeizuführen, was ihm im Zusammentritte mit den theologischen Wiener Professoren Gazzaniga und Bertieri nach unsäglicher Mühe gelang, und wozu er auch den Erzbischof zu gewinnen hoffte. Das neu projektirte Lehrbuch wurde bereits gedruckt, als Maria Theresia starb. Diess unterbrach die weitern Arbeiten, das neue Lehrbuch wurde verboten, die kirchlichen Grundsätze noch mehr nach dem febronianischen Systeme gemodelt, als unter dem 29. November 1781 Gottfried van Swieten, Sohn des Gebhard van Swieten, als Präses der Studien-Hof-Commission ernannt wurde, — ein Mann von freiester Gesinnung und wenig scrupulanter Handlungsweise [1]). Selbst Martini trat dann von der Studien-Hof-Commission aus.

Wir gehen nun die Schicksale der Universität nach ihren Hauptmomenten in dieser kurzen Periode durch.

§ 102.

Die materiellen Elemente der Universität — Fond und Lokalien — wurden durch die Aufhebung der Gesellschaft Jesu wesentlich geändert.

Denn das Vermögen der Jesuiten wurde zur Bestreitung der Kosten der von ihnen versehenen Lehrkanzeln verwendet und z. B. unter dem 9. Juli 1774 für Philosophie und Theologie 7100 fl. angewiesen; in der Folge aber wurde aus ihren Gütern und Bezügen ein eigener Fond zur Bestreitung der Kosten für die Studien überhaupt — unter dem Namen Studien-Fond, gebildet [2]). Der Fond bestand aus dem jährlichen Ertägniss des Salzaccises und den aus dessen Ueberschüssen erwachsenen Kapitalien, aus dem Vermögen der Gesellschaft Jesu in den tirolischen Jesuiten-Collegien und aus den bisher für die Studien fixirten Beiträgen des h. Aerars. Aus dem Jesuiten-Vermögen waren die darauf haftenden Stiftungen und — so lange Exjesuiten lebten und nicht andere Bezüge erhielten, die Pensionen derselben zu bestreiten. Bald nach der Aufhebung der Jesuiten zeigte es sich, dass ihr Vermögen in Tirol etc. zur Deckung der Studien-Erfordernisse nicht zureiche, daher aus andern Provinzen, z. B. Steyermark, ausgeholfen wurde. Nach der vollendeten Liquidirung des Fondes im Jahr 1793 warf er jährlich 28,575 fl. 44 1/4 kr. ab, forderte aber zur Bestreitung aller Studien-Auslagen 37,025 fl. 23 1/2 kr., daher das hohe Aerar mit 8449 fl. 39 1/4 kr. jährlich beitragen musste. Die Verwaltung des Fondes ging ganz an das Gubernium über, das hierzu Buchhaltung und Zahlamt benützte.

Das Universitäts-Lokale wurde nach der Aufhebung der Jesuiten ganz ver-

---

1) Vgl. Kink l. c. S. 540.
2) Hofdekret vom 24. Februar 1776.

ändert. Maria Theresia hatte Anfangs das Jesuiten-Collegial-Gebäude zum Lokale für das Collegium Nobilium in Innsbruck bestimmt, dessen Errichtung sie schon im Jahre 1765 beschlossen, aber noch nicht ausgeführt hatte. Ein Antrag, das Gebäude zur Universität zu machen, wurde daher unter dem 15. Oktober 1774 geradezu abgeschlagen und die Reparirung des bisherigen Universitäts-Gebäudes aufgetragen. Es entspannen sich jedoch weitere Verhandlungen, da für das erwähnte Collegium doch nicht das ganze Jesuiten-Gebäude nöthig war und unter dem 17. Februar 1775 wurde bestimmt, dass in das Jesuiten-Collegium nebst der Ritter-Akademie (collegium Nobilium) auch das Gymnasium, in das bisherige Gymnasial-Gebäude die Universität, in das bisherige Universitäts-Lokale aber Gubernial-Registratur, Buchhaltung und Zahlamt verlegt werde; vorher jedoch soll Plan und Kostenvoranschlag vorgelegt werden. Erst unter dem 17. November 1775 wurde bewilligt, dass statt des Gymnasiums die Universität in das ehemalige Jesuiten-Gebäude verlegt werde, wenn die Professoren erklärten, dass sie nach Unterbringung der Ritter-Akademie noch hinlänglichen Raum für die Universität erhalten, was sie einzeln schriftlich mit dem Beisatze thaten, dass anderweitig für eine akademische Aula gesorgt werden müsste. Diess wurde bewilliget und zur Aula unter dem 10. Februar 1777 der Congregations-Saal (jetzt der südliche Bibliothek-Saal) bestimmt. Unter dem 23. März 1776 wurden zu Umbauten für Kanzleien und für die Universität 9000 fl. aus dem hohen Aerar angewiesen [1]). Am 5. August 1776 zog die Universität in das neue Lokale ein, das den östlichen an die Jesuitenkirche stossenden Theil des Jesuiten-Collegiums mit zwei Stockwerken in sich fasste, die Lehrzimmer gegen Süden mit der Aussicht auf die grossen Gärten der Jesuiten und Franziskaner hatte, und durch die nördlichen breiten Gänge an der Gasse Lehrer und Schüler vor störendem Geräusche etc. schützte, sohin gewiss wesentliche Vorzüge vor den frühern Universitäts-Lokalien auswies. Die Theologie erhielt drei, die Philosophie ebenfalls drei Lehrzimmer im ersten Stock, die Jurisprudenz und Medizin je zwei Lehrzimmer im zweiten Stocke, dazu hatte die Medizin zu ebener Erde das chirurgische Lehrzimmer und noch zwei chirurgische Lokalien für Chemie und anatomische Präparate, und die Philosophie für die physisch-mathematischen Vorlesungen und das diessfällige Museum ein Lokale im zweiten Stock [2]).

Nur die Bibliothek blieb noch in ihrem frühern Lokale.

§ 103.

Das Professoren-Personale hätte durch die Aufhebung der Gesellschaft Jesu keine Veränderung erleiden müssen, wenn die Jesuiten nur als Exjesuiten ihre Lehrkanzeln hätten behalten dürfen. Allein es kam die a. h. Vorschrift, dass kein Exjesuit bei der Theologie und allen mit derselben in Verbindung stehenden Kanzeln zu belassen oder anzustellen sei. Sohin traten aus der Theologie die fünf Jesuiten, welche die speculative Theologie und Moral, dann die Sprachen und Eloquenz lehrten, aus der Philosophie aber der Professor der Logik und Metaphysik aus; für die Kanzeln der speculativen Theologie und Moral waren keine neuen Professoren nöthig, weil diese Kanzeln zugleich mit Priestern anderer Orden besetzt waren; für die hebräische und griechische Sprache aber wurde der Franziskaner Hilarion Staffler, für die Eloquenz der Weltpriester Ant. v. Sterzinger, Sohn des

---

1) Nach Akten in der Statthalterei-Registratur.
2) Vgl. De Luca l. c. S. 62 ff., der als Augenzeuge und Professor in dieser Zeit vollgültige statistische Angaben etc. freilich nicht über alle Universitäts-Gegenstände gibt.

Medizin-Professors, in der Philosophie endlich für Logik und Metaphysik der Servit Güntherod aufgestellt [1]).

Für die definitive Anstellung der Professoren gelangte unter dem 12. Febr. 1774 die wichtige bis zum Jahr 1848 bestandene und vielfach näher bestimmte Normal-verordnung herab, dass dieselbe in der Regel, wenn es sich nämlich nicht um die Anstellung bekannter und berühmter Männer handle, nur auf Konkurs-Prüfung zu erfolgen habe. Diese Prüfung war auf erfolgte öffentliche Bekanntmachung schrift-lich und mündlich unter der Leitung der Direktoren am Orte der Vacatur und in Wien — auch in andern Fall zu Fall bezeichneten Universitäten etc. — abzuhalten, und die Resultate derselben mussten mit allen Akten zur a. h. Entschliessung vor-gelegt werden.

In Folge der bestandenen Konkurs-Prüfung wurden nun — in der Theologie v. Sterzinger und Staffler für die bereits von ihnen versehenen Fächer, und für Logik, Metaphysik und auch Ethik der Weltpriester Albertini für das Jahr 1774—75 definitiv angestellt, Graser übernahm statt der Ethik 1777 Welt- und Literargeschichte.

Sogleich nach der Aufhebung der Jesuiten kam von der Studien-Hof-Commis-sion an die Studien-Landes-Commission der Auftrag, sich über die Reformation der Studien zu berathen, worüber 16 Punkte mitgetheilt wurden. Der theologische Direktor (wahrscheinlich der Direktor jeder Facultät) forderte das Gutachten der ihm unterstehenden Facultät ab, der Gegenstand wurde auch im akademischen Senate verhandelt, wobei allerlei Ansichten auftauchten, z. B. Vermehrung des Ge-haltes für die Professoren, Erhaltung der Universitäts-Privilegien, von denen bald dieses bald jenes zu Grabe gehe, Freiheit der Studenten im Lektionsbesuche, Be-schränkung des Besuches auswärtiger Lehranstalten, Bitte an die Kaiserin, einmal einen festen Studienplan vorzuschreiben, da in 17 Jahren drei Studien-Reformatio-

---

1) Der Stand der Professoren im Jahre 1773—74 war folgender:

I. Theologie:

a. Weyeter: Polemik, Hist. sacra, Patrol.	. . . .	mit	40	Schülern,
b. Kopf: hl. Schrift	. . . .	„	30	„
c. Plattner } spekulative Theologie (Dogmatik)				
d. Jäger }	. .	„	106	„
e. Oberrauch: Moral	. . . .	„	125	„
f. v. Sterzinger: Eloquentia sacra	. . . .	„	15	„
g. Hilarion Staffler: Lingua sacra	. . . . .	„	9	„

II. Jurisprudenz:

a. Payr, k. k. Reg.-Rath: Jus publ. et gentium, feudale		„	15	„
b. La Payx: Jus Naturae, histor., jus civ., Instit.	.	„	34	„
c. Banniza, k. k. Rath: Pandekten, jus crim.	. .	„	29	„
d. Pehem: Jus ecclesiasticum	. . . .	„	38	„

III. Medizin:

a. Gerstner: Pathologie und Praxis	. . . . .	„	8	„
b. Egloff: Anatomia	. . . .	„	7	„
c. Menghin: Instit., Materia med.	. . . . .	„	13	„
d. Rottruf: Chirurg. Obstet. 13 Hebammen	. .	„	15	„

IV. Philosophie:

a. Sigm. Weinhart: Math., physica experim.	. . .	„	116	„
b. Graser: Ethica	. . . .	„	89	„
c. Stadler: Physika	. . . .	„	89	„
d. Güntherod: Logica, Methaphysica	. . . .	„	116	„
e. Wüstenfeld: Polizei, Cameral, Finanz	. . .	„	17	„

Dazu kamen der italienische Sprachlehrer Zueck, der französische Sprachlehrer Peter Seiser, der Tanzmeister Pelican, der 1779 einging, und der Fechtmeister Michelansky. Allgemeine und Literär-Geschichte erscheint in diesem Jahre nicht.

neu erfolgt seien, von denen keine Wurzel fasste etc. [1]). Als Resultat folgte die a. h. Entschliessung vom 21. Mai 1774 des wesentlichen Inhaltes, der Ruhm und das Gedeihen der Universität werde vorzüglich durch Fleiss, gründlichen Vortrag und Druckschriften der Professoren befördert, nebst den Senioren der drei höhern Facultäten können auch andere Professoren, welche sich besonders als Schriftsteller ausgezeichnet hätten, auf den Vorschlag des Guberniums zu kaiserlichen Räthen ernannt werden, Ausländern stehe der Besuch der Vorlesungen frei, akademische Würden aber hätten sie wie Inländer zu erhalten; bezüglich der Gehaltsverbesserung werde eine a. h. Entschliessung nachfolgen.

Diese erfolgte wirklich unter dem 9. Juli 1774 dahin, dass: a. in der Theologie sich Weyeter mit 500 fl. jährlich zu begnügen habe, Kopf aber 150 fl. Zulage, sohin im Ganzen auf 500 fl., Plattner und Jäger statt 300 fl. nun 400 fl. mit der Aussicht auch 500 fl., wenn sie sich auszeichneten, erhalten; diess wäre Besoldungs-Status für theologische Professoren, wobei mit Ausnahme der zwei ältesten Professoren 100 fl. zu Remunerationen, Auszeichnungen etc. in Ersparung zu bringen wären, was auch bei einer neu zu schaffenden Kanzel gölte. Die Theologie soll sechs Professoren haben [2]). b. In der Jurisprudenz wäre der Besoldungs-Status 1000 fl., wozu auch der Jesuiten-Fond, besonders bezüglich des Kirchenrechtes beizutragen habe. Bei Unfleiss, Nachlass des Eifers und Zanksucht könne aber die Vermehrung des Gehaltes wieder zurückgenommen werden; Franz v. Weinhart dürfe ohne Gehalt gegen Collegiengeld Reichsgeschichte und Staatsverfassung lehren, — mit Aussicht auf Vorzug caeteris paribus bei einem Konkurse zu einer definitiven Lehrkanzel. c. Der Besoldungs-Status der medizinischen Professoren wäre 900 fl. — mit ähnlichen Bemerkungen, wie für die juridischen Professoren. d. In der Philosophie habe der Professor der Ethik (Graser, zugleich Bibliothekar) Welt- und Literärgeschichte, die Ethik der Professor der Logik und Metaphysik zugleich zu übernehmen, der Professor der Mathes auch Mechanik, der Professor der Physik, wenn er im Stande sei, gegen Collegiengeld auch Metallurgie und Naturgeschichte Tirols zu lehren. Der Gehalt des Professors der Logik, der ein Weltlicher sein dürfte, werde auf 600 fl. bestimmt. Die Philosophie hätte 5 Lehrer.

Diess ist, so viel bekannt, das erste allgemeine Gehalts-Normale für die Universitäts-Professoren, nach welchem die theologischen und philosophischen Professoren beiläufig gleichgestellt sind, jedoch noch Manches unbestimmt belassen wird und namentlich der Normalgehalt für die philosophischen Professoren nicht bestimmt ausgesprochen wird.

In den Verhältnissen der Professoren, Senioren, Dekane und Direktoren wurde nichts geändert, — ausser dass die Senioren den Rathstitel erhielten, den auch ausgezeichnete Professoren namentlich wegen Druckschriften erhalten konnten. Die Dekane bedurften nach Erlass vom 5. Mai 1774 keiner höhern Bestätigung. Die Direktoren — namentlich nach Hofdekret vom 29. Juli 1775 der juridische Direktor — hatten mit Zuziehung ihrer Professoren die Censur der Schriften ihres Faches.

Bezüglich des Universitäts-Rektors ergab sich im Jahre 1780 der Fall, dass bei einer streitigen Rektorswahl Professor Jellenz als solcher a. h. octroyirt, der juridische Professor v. Weinhart aber als Ursache der Streitigkeiten mit a. h. Entschliessung vom 4. Oktober 1780 bis zum Beweise eines pflichtmässigen Betragens von der Würde eines Dekans oder Rektors ausgeschlossen wurde.

---

1) Eph. th. 26. Dezember 1773.
2) Von den beiden Franziskanern Oberrauch und Staffler ist keine Rede.

Ueber den Prokanzler kommt nichts Besonderes vor. Sein Einfluss und seine Amtshandlung war auf die Licenz bei Promotionen und auf die Abnahme des Glaubensbekenntnisses und des Eides für die unbefleckte Empfängniss Maria's beschränkt.

§ 104.

Die einzelnen Facultäten betreffend, erhielt die Theologie durch den Studien-Hof-Commissions-Referenten Rautenstrauch einen neuen Studienplan, dessen Hauptabsicht nach der Erklärung Rautenstrauch's selbst dahin ging, „die angehenden Theologen statt des bisherigen scolastischen Wustes und Schulgezänkes nur in soliden Gegenständen zu unterrichten, welche zum Besten der Seelsorge, sohin des Staates anwendbar sind". Die Studien-Hof-Commission legte den Plan der Kaiserin zur Approbation vor, die ihn unter dem 1. August 1774 mit Vorbehalt der fortgesetzten Aufsicht der Ordinarien genehmigte; allein mehrere Bischöfe waren nicht allseitig damit einverstanden [1]). Der Plan bestimmte, die Theologie sei in 5 Jahren mit folgenden Fächern zu lehren:

I. Jahr Kirchengeschichte und hebräische Sprache;
II. „ Hermeneutik des alten und neuen Bundes, Patristik, theologische Literärgeschichte;
III. „ Moral und die erste Hälfte der Dogmatik;
IV. „ Kirchenrecht und die zweite Hälfte der Dogmatik;
V. „ Polemik und geistliche Beredsamkeit; diese ging aber schon im Jahre 1777 in die Pastoral mit Katechetik über.

Nun hörte alle Freiheit, Fächer zu hören und zu wählen, auf. — Das Kirchenrecht mussten die Theologen wie bisher bei dem juridischen Professor des Faches hören, und keiner durfte nach Hofdekret vom 2. November 1776 ohne wenigstens zweite Klasse aus demselben erhalten zu haben, nach Hofdekret vom 26. Nov. 1781 aber ohne erste Klasse zu den höhern Weihen zugelassen werden.

Für fast alle Fächer waren selbstverständlich die Vorlesebücher — jedoch nicht ohne Wechsel vorgeschrieben — für Geschichte Berti, für Patristik und Literärgeschichte Schleichert, für das alte Testament Monsberger, für die neue Testament Hayd etc., für Dogmatik Gazzaniga und Bertieri, für Moral Antoin, für Eloquenz Wurz — dann für Pastoral Obstraith, im Jahre 1779 aber Pitroff. Dem Professor dieses Faches wurde aufgetragen, nicht bloss die Theorie der Beredsamkeit zu geben, sondern Uebungen in Predigten und Katechesen vorzunehmen und die sich Auszeichnenden anzuzeigen.

Zu den sieben Professoren des Jahres 1774 kam im Jahre 1775 noch der Weltpriester Staffler für Patristik und theologische Literärgeschichte, mit 500 fl. Gehalt und der Aussicht auf Stabilität, wenn er ganz entsprechen würde; allein

---

1) Der Erzbischof von Wien, Cardinal Migazzi, erklärte im Jahre 1776, dass aus der neuen Einrichtung nichts zu hoffen sei, als für die Religion der Verfall, für die Kirche Verwirrung, für die Diener des Altars Unwissenheit und für das gläubige Volk Irrthum; auch Cardinal Graf Firmian von Passau erklärte sich dagegen. — Rautenstrauch reichte auf die Mittheilung dieser Aeusserungen eine Vertheidigungs-Schrift ein, und die Studien-Hof-Commission beantragte bei der Kaiserin den Druck beider Ansichten, um die Meinung des Publikums zu erfahren. Die Kaiserin schrieb auf diesen Vortrag der Studien-Hof-Commission: „Ich bin für alle Mittel gewogen, die die menschlichen Leidenschaften mit christlicher Liebe übertragen und corrigiren; nicht aber für solche, wie hier vorgeschlagen werden, die mehr in das Sublime bringen, die Köpfe verwirren und die Herzen angriren, also keineswegs approbire. Es wird jetzt nur zu viel geschrieben und gedruckt, wenig ausgeübt." (Kink l. c. S. 536. Vgl. 527.)

wegen des schlechten Vortrages übernahm das Fach im Jahre 1777 Graser, und nach dessen Pensionirung im Jahre 1779 Schwarzl; statt Weyeter, der im Jahre 1779 starb, trat wieder für die Kirchen-Geschichte Güntherod ein, der im Jahre 1773—74 die Philosophie supplirt hatte.

Direktor der Facultät war der Prälat von Wilten, wegen dessen Krankheit aber unter dem 29. Juli 1777 der Prälat von Neustift eintrat, welcher im Jahre 1778 an Professor Kopf einen Vicedirektor erhielt, bis unter dem 29. Juli 1779 der neue Abt von Wilten, Norbert von Sperges, Direktor wurde, der das Amt bis zur Aufhebung der Universität, resp. bis zu seinem Tode behielt.

§ 105.

In der Jurisprudenz änderte sich auch in dieser Periode der Studienplan nicht; bloss die Vorlesebücher wurden hie und da abgeändert, z. B. im Lehenrechte wurde statt Steykius Mascovius vorgeschrieben. — Die andern Vorlesebücher waren: Martini, Heineccius; für Reichsgeschichte Pütter; für Statistik Achenwall; im Criminalrechte hatte Banniza sein eigenes Vorlesebuch.

Auf das Kirchenrecht wurde eine besondere Aufmerksamkeit gerichtet. Der theologische Referent bei der Studien-Hof-Commission schrieb auf u. h. Auftrag wieder eine neue Synopse [1]) in 253 Sätzen; Vorlesebuch blieb jedoch Riegger bis im Jahre 1782 der viel freisinnigere und gegen Rom polemisirende Pehem vorgeschrieben wurde.

Im Jahre 1777 trat v. Weinhart mit a. h. Entschliessung vom 22. Oktober für Reichsgeschichte und Statistik mit einem Gehalte von 300 fl. und allen Rechten eines ordentlichen Professors ein, so dass die Facultät mit einem Professor und einem Fache vermehrt wurde.

Ausserdem trat im Jahre 1779 Franz Jellenz statt des nach Wien beförderten Pehem für das Kirchenrecht, und endlich im Jahre 1780 Dinzenhofer für Staats-Lehen- und Privatrecht statt Payr ein, der 1770 Regierungsrath wurde und Professor blieb, 1780 aber die Professur ganz verliess.

Direktor blieb Gubernial-Rath Buffa, auf den mit Hofdekret vom 26. November 1781 Regierungsrath Vincenz v. Egloff, Sohn des Medizin-Professors, folgte.

§ 106.

In der Medizin wurde unter dem 2. November 1774 endlich die förmliche Errichtung der Lehrkanzel für Chemie und Botanik angeordnet, und unter dem 15. Dezember 1774 die Kostenbestreitung aus den früher den Jesuiten verabreichten 1900 fl. befohlen. Als Professor dieses Faches wurde unter dem 15. Okt. 1775 Schiverek (aus Westphalen) aufgestellt.

Unter dem 8. Mai 1777 wurden 994 fl. 12 kr. zur Herstellung des chemischen Laboratoriums und 232 fl. 38 kr. für Geschirre und Werkzeuge und zwar, da der tirolische Jesuiten-Fond nicht zureichte, aus dem niederösterreichischen Jesuitenfond ein für allemal angewiesen. Als jährliche Dotation — mit Einschluss eines Laboranten — waren 350 fl. 20 kr. bewilligt.

Eine andere neue Kanzel — der Thierarznei — entstand im Jahre 1781 durch die tirolischen Stände, die den Claudius Scherer zur Erlernung dieser Kunst nach Wien abgeschickt hatten und ihn dann auch besoldeten. — Die Zahl der Professoren der medizinischen Facultät stieg daher von drei auf fünf.

---

1) Synopsis juris ecclesiastici publici et privati quod per terras hereditarias Aug. Imperatricis M. Theresiae obtinet Viennae 1776.

Ausserdem trat als neuer Professor nur noch Trabucco aus Worms für Anatomie und Chirurgie etc. statt des pensionirten v. Egloff im Jahre 1780 ein.

Vorlesebücher waren: Boerhavius, Heister, Leber, Cranz, Linné.

Direktor der Facultät war im Jahre 1774 Menghin, der auf sein Ansuchen nach dem Beispiele von Prag und Olmütz mit Hofdekret vom 23. September 1775 als wirklicher Sanitäts-Rath beim Gubernium Sitz und Stimme erhielt, dabei aber gegen die Vorschrift vom Jahre 1760 doch noch Professor blieb.

§ 107.

Der Lehrplan der Philosophie wurde in der Zeit auch nicht geändert, es blieben für die exakten Wissenschaften Physik und Mathematik Jesuiten als Professoren. Als neue Professoren traten ein Albertini (§ 103), im Jahre 1776 der Exjesuit Jac. Zallinger für den in die Seelsorge tretenden Exjesuiten Franz Stadler; aber schon im folgenden Jahre folgte dem Jac. Zallinger sein Bruder Franz Zallinger, ebenfalls Exjesuit, der im Jahre 1780 die Mathematik übernahm und die Physik dem Jos. Stadler, ebenfalls einem Exjesuiten, überliess; endlich im Jahre 1777 Michaeler, auch Exjesuit, für die allgemeine und Literärgeschichte, da Graser zur Theologie für Patristik und theologische Literärgeschichte überging.

Als Vorlesebücher kommen vor: für Logik, Metaphysik und Ethik Baumeister; für Physik Biwald; für Geschichte Berti, später sogar Schlötzer; für politische Wissenschaften Sonnenfels; Weinhart brauchte sein eigenes Vorlesebuch, Zallinger aber Wolf.

Zum Direktor wurde im Jahre 1774 der theologische Professor Kopf, im Jahre 1779 Albertini gegen das Normale vom Jahre 1760 aufgestellt; beide erhielten den Rathstitel, ohne jedoch Gubernial-Räthe zu werden. Ueber die politischen Wissenschaften hatte seit dem Jahre 1781 der Vicepräsident der Landes-Studien-Commission, Graf Coreth, das Protektorat, resp. Direktorat.

§ 108.

In der Lehrart, in den Prüfungen unter der Aufsicht der Direktoren, in der Leitung der Studien durch die Landes-Studien-Commission trat keine wesentliche Veränderung ein. Schon mit dem a. h. Erlasse vom 12. Februar 1774, in welchem die Einleitung zum Unterrichtswesen nach Aufhebung der Jesuiten getroffen wurde, war jedoch wieder die gleichförmige Studien-Einrichtung ausgesprochen, so dass die Lehrart aller Ordensgeistlichen, die einzusehen sei, mit jener der Universität gleichförmig zu machen war [1]). Die Berichte der einzelnen Professoren hörten auf und den Direktoren wurden durch wiederholte Hofdekrete [2]) die Formalien zu ihren Berichten, die nun über die einzelnen Facultäten und über allgemeine Studien-Gegenstände abgesondert an die Studien-Hof-Commission halbjährig zu machen waren, mitgetheilt, und die Einrichtung der Berichte nach den Vorschriften wiederholt aufgetragen.

---

1) Unter dem 29. Juli 1775 wurde den Franziskanern und Kapuzinern in Tirol ein theologisches Studium in Innsbruck mit der Bestimmung bewilliget, dass sie die Lehrsätze an die theol. Direktion einzusenden und das Studium nach den bestehenden a. h. Vorschriften einzurichten hätten. („Placet unter diesen Vorsichten." schrieb Maria Theresia auf den Vortrag hierüber.) Unter dem 22. Juni 1776 wurden ihnen Nebenstudien in Botzen, den Kapuzinern auch in Meran, mit Dem bewilliget, dass selbstverständlich die nämlichen Lehrsätze, welche auf der Universität eingeführt sind, gelehrt und gelernt werden. (Hofdekret vom 9. Mai 1778. Vgl. § 43.)

1) 12. Februar 1774, 21. Dezember 1776, 7. Jänner 1777, 16. Juni 1778.

Bezüglich der akademischen Promotionen traten einige Neuerungen ein.

Unter dem 16. November 1780 wurde entschieden, dass zum medizinischen Doctorate das Magisterium der Philosophie nicht nothwendig sei, da keine a. h. Verordnung diess ausdrücklich vorschreibe (vgl. § 66). Schon unter dem 18. März 1778 wurde diess Magisterium auch zur Competenz um theologische Lehrkanzeln als nicht nothwendig erklärt. Gut absolvirtes philosophisches Studium wurde selbstverständlich immer gefordert.

Für theologische Promotionen kam im Jahre 1777 ein Normale, das die frühern Vorschriften theils genauer bestimmte, theils modifizirte. Zwar blieben die vier rigerosen Prüfungen (§ 92) und zwar: *a.* aus Hermeneutik des alten und neuen Bundes, Exeges aus dem Grundtexte, Patristik und theologische Literärgeschichte; *b.* aus Dogmatik und Polemik; *c.* aus Moral und Pastoral; endlich *d.* aus Kirchenrecht nach der Wiener Synopse und aus Kirchengeschichte; jede war wenigstens durch zwei Stunden mit wohlgewählter Strenge vorzüglich ex doctrina plana und jus planum vor vier Professoren und dem Direktor zu bestehen. Dazu forderte das Doctorat noch eine Disputation über 50 Sätze aus der ganzen Theologie und eine Abhandlung [1]). Die Kenntnisse mögen übrigens wo immer erworben sein. Zum Baccalaureat waren nur die Prüfungen, aber nicht die Disputation und die Abhandlung gefordert. — Für jedes Rigerosum waren 5 Dukaten (Einer für jeden Prüfenden), für die Promotion zum Baccalaureat 4 Dukaten [2]) zu bezahlen. Für die Disputation zum Doctorate waren 8 Dukaten [3]), für die Promotion 7 Dukaten [4]) zu entrichten. — In diesem Normale war sehr auffallend von der Gegenwart und den Bezügen der Professoren als solche bei der Promotion keine Rede. In Folge dessen wurden auch die theologischen Professoren bei den Promotionen anderer Facultäten nicht mehr eingeladen, und der theologische Dekan sah sich am 30. Jänner 1778 bei einer juridischen Promotion zu seinem Erstaunen ohne seine theologischen Collegen, daher er am 17. Februar 1778 bei einer medizinischen Promotion allein gar nicht mehr erschien und selbst den ihm dessen ungeachtet durch den Pedell überschickten Dukaten wieder zurückschickte. — Auch protestirte schon unter dem 4. Februar 1778 die theologische Facultät schriftlich an den Senat über die Ausschliessung vom juridischen Akte am 30. Jänner, bei dem doch die Professoren der Philosophie und der medizinischen Facultät gegenwärtig waren, — lediglich auf ein nur die theologische Facultät betreffendes Dekret, und ohne dass die juridische Facultät wisse, ob nicht die theologische Facultät vorkommenden Falls die Sporteln doch wie früher verabreiche. — In einem Concil vom 6. Mai kam man auf ein Gubernial-Dekret, die Differenz beizulegen, überein, dass man ad interim die Sportel — jedoch nicht von den schon vorgekommenen Akten, wie die theologische Facultät wollte, verabreichen werde. Allein im Jahre 1779 kam der Hofbescheid, dass die theologischen Gradualtaxen zur Gleichförmigkeit für alle erbländischen Universitäten festgesetzt worden seien, mit dem Auftrage, die Verordnung auch in Innsbruck um so mehr in Ausführung zu bringen, als sie sehr

---

1) Diese Vorschriften sind im Wesentlichen in der Folge nicht mehr geändert worden.

2) Einer dem Direktor, drei der Facultätskasse.

3) Je zwei für den Direktor und Präses und je einer für die vier Professoren, oder im Abgange der Professoren für die Facultätskasse.

4) Zwei dem Promotor und je einer dem Rektor, Prokanzler und den drei Dekanen der übrigen Facultäten. — Vom Licentiat ist keine Rede, doch musste es ertheilt werden, weil vom Prokanzler die Rede ist.

wenig von den frühern Taxbestimmungen abweiche [1]), wobei es sich von selbst versteht, dass die bei der theologischen Facultät eingeführte Ausschliessung der Professoren von allen Bezügen der Promotion auch in den übrigen Facultäten geltend zu machen sei.

Hierdurch verloren die Professoren ein seit der Errichtung der Universität bestandenes Emolument, das bei den nicht seltenen Promotionen — zumal in der juridischen und medizinischen Facultät — nicht unbedeutend war.

Uebrigens giebt De Luca [2]) die Promotions-Kosten in dieser Zeit so an: ein Doctor der Theologie zahlt 130 fl., ein Doctor der Rechte 106 fl. 42 kr. nebst den Kosten für die drei Prüfungen (wofür er jedem Professor einen Dukaten, dem Direktor zwei Dukaten bezahlt) und für die Disputation; ein Doctor der Medizin für Alles 173 fl. 22 kr. [3]), für das Magisterium der Philosophie, welches gewöhnlich Mehrere zusammen nehmen, werden 91 fl. 21 kr. bezahlt; dann entrichtet jeder noch insbesondere 6 fl. 30 kr. (für das Diplom?). Er bemerkt noch, dass wenn zwei Juristen zusammen graduirt werden, sie zusammen 178 fl. 57 kr. und drei zusammen 253 fl. 25 kr. bezahlen; ein ähnliches Verhältniss hatte ungezweifelt auch bei den zwei andern höhern Facultäten Statt.

Von einer Prüfung einstehenden Professoren zum Doctorate, das jeder Professor von seiner Facultät haben musste, kommt auch in dieser Periode nichts vor.

§ 109.

Die Massregeln, die Studenten in Fleiss und Ordnung zu erhalten, gingen in dieser Periode fort, erhielten ihre volle Stabilität und wurden theilweise vervollständigt. So war mit Hofdekret vom 22. Juni 1778 zur Vorzugsklasse, die nebst den drei Klassen gegeben werden durfte, die schöne Beantwortung aller Prüfungsfragen, zur ersten Klasse ihre richtige Beantwortung, zur zweiten Klasse die richtige Beantwortung der meisten Fragen, zur dritten Klasse die richtige Beantwortung der Minderzahl der Fragen, zu keiner Klasse die Nichtbeantwortung der meisten Fragen angeordnet.

Ueber Fleiss und Betragen der Akademiker kommen wenige Klagen vor, doch zogen Nachlässigkeit und andere Exzesse im Jahre 1777 zweien Studirenden die Abgabe zum Militär zu. Im Jahre 1775 hatten Studenten Händel mit Komödianten, über welche beide Theile schuldig befunden wurden etc.

Unter dem 13. Jänner 1780 verbot das Ordinariat Brixen den Klerikern

---

1) Falsa narratio, nam in sola collatione gradus doctoralis centum et ultra fl. facultati subtrahuntur. — (Eph. th. ad 15 Maj. 1779.)

2) L. c. Seite 105.

3) Diess stimmt nicht ganz mit einem Beschlusse der medizinischen Facultät vom 16. Juni 1780 (in den Universitäts-Akten) zusammen; nach diesem ist zu bezahlen:

1. Den Professoren pro examine 26 fl.	104 fl.	— kr.
2. Dem Direktor zwei Dukaten à 4 fl. 31 kr.	9 fl.	2 kr.
3. Ratione gradus jedem Professor 6 fl.	24 fl.	— kr.
4. Dem Direktor und Rektor je 1 Dukaten	9 fl.	2 kr.
5. Dem Promotor 1 Dukaten	4 fl.	31 kr.
6. Den Dekanen der drei übrigen Facultäten	13 fl.	33 kr.
7. Der Facultätskasse	10 fl.	— kr.
8. Der Rektoratskasse	2 fl.	— kr.
9. Dem Notar	9 fl.	— kr.
10. Dem Pedell	6 fl.	— kr.
11. Dem Thorsteher	— fl.	45 kr.

Zusammen 191 fl. 53 kr.

strengstens den Besuch von Theater, Wirthshäusern, Redouten und Tänzen, was die Universität auf Ersuchen desselben bekannt machte.

Nach der Einführung der bestimmten Jahrgänge in allen Facultäten und Lehrfächern scheint die Zahl der Studirenden — wenigstens in der Theologie — bedeutend abgenommen zu haben, wozu wohl auch die Studien bei den Ordinariaten und in Klöstern beitrugen. In den beiden Jahrgängen der Dogmatik waren im Jahre 1776 noch 59, im Jahre 1777 nur 23, im Jahre 1782 doch wieder 34 Studenten.

§ 110.

Was die Lehrmittel betrifft, so wurden die Bücher der Jesuiten zum Vortheil der öffentlichen Bibliothek verwendet. Ueber die Bibliotheken der Jesuiten waren Kataloge, von einem Exjesuiten, und zwar auch über die Manuscripte und verbotenen Bücher zu verfassen, und an Universitäts-Orten unter der Aufsicht eines Professors diese Bibliotheken zu eröffnen [1]). In Innsbruck verfasste diesen Katalog der Exjesuit Franz Stadler, in welchen er selbst die Bücher, die von den Exjesuiten in ihre Zimmer entlehnt waren, aufnehmen musste, und dessen Richtigkeit erst anerkannt wurde, nachdem er sie durch Vergleichung mit den frühern vom Professor Weitenauer verfassten Bibliotheks-Katalog dargethan hatte. Die Bibliothek des Haller Jesuiten-Collegiums mit 6652 Bänden, über welche schon im Jahre 1771 bis 1772 ein sehr guter Katalog verfasst worden war, und die nach einer a. h. Entschliessung vom 14. September 1775 bis zur Entscheidung über ein in Hall zu errichtendes Institut dort zu bleiben hatte, wurde über eine a. h. Entschliessung vom 10. Jänner 1780 ebenfalls mit der Innsbrucker Bibliothek vereiniget und die Duplikate aller Bücher wurden zum Vortheil der Bibliothek verkauft [2]).

Nach einem Hoferlass vom 16. März 1776 soll die jährliche Bibliotheks-Dotation in 5 Theilen, $\frac{1}{5}$ für jede Facultät, $\frac{1}{5}$ zu Werken der schönen Literatur verwendet werden; die Facultäten durften den Betrag von zwei Jahren für ein grösseres Werk zusammen nehmen. Unter dem 18. Februar 1778 wurde das Ausleihen der Bücher an Professoren auf 14 Tage gegen Schein bewilliget, was jedoch nach Hofdekret vom 15. Jänner 1781 auf seltene Werke und Manuscripte nicht auszudehnen war. Solche seltene Werke, besonders Incunabeln, hatte die Bibliothek nicht wenige [3]).

Als Bibliothekar folgte auf Roschman im Jahre 1761 der Weltpriester Graser und auf diesen im Jahre 1779 der Weltpriester Schwarzl.

Die Vervollständigung der philosophischen und medizinischen Cabinette ging nach Massgabe der Dotationen fort.

Für Schulbücher, deren Verschleiss bei der Vorschrift, jedes Fach nach dem bestimmten Vorlesebuch zu lehren, sehr gross war, hatte nach Hofdekret vom 22. Juni 1776 die Trattner'sche Buchhandlung in Wien gegen 20—25 Prozent Rabatt zu sorgen.

§ 111.

Mit den Dikasterien, namentlich mit dem Gubernium, mit dem die Universität durch die Landes-Studien-Commission in Verbindung stand, scheint sie nach der

---

1) Hofdekret vom 2. November 1773, 18. Dezember 1773, 15. Jänner 1774, 28. Jänner 1775.

2) Vgl. De Luca l. c. S. 69. De Luca spricht Seite 68 auch von einer Bücher-Sammlung, die von Brixen nach Innsbruck kam, was mir nicht klar ist, da in dieser Zeit in Brixen kein Jesuiten-Collegium bestand und andere Corporationen, deren Bücher bei ihrer spätern Aufhebung allerdings der Innsbrucker Bibliothek zufielen, damals nicht aufgehoben wurden.

3) Vgl. De Luca l. c. S. 71.

Aufhebung der Jesuiten im guten Benehmen gestanden zu sein. Wenigstens suchte sie ihrem Dank gegen Gouverneur und Präsidenten der Commission öffentlichen Ausdruck zu geben, indem sie — jetzt nicht mehr die Porträte ihrer Professoren, sondern die Bildnisse dieser Männer und anderer Wohlthäter der Universität in ihre Aula zu erhalten wünschte. Im Jahre 1777 wurden nämlich die Bildnisse des Grafen Heister — seit 1773 Gouverneur und Präsident der Landes-Studien-Commission — und des Grafen Coreth, Vicepräsident dieser Commission, zur Dankbarkeit [1]) aufgestellt, und schon ein Jahr früher wurden auf den Senats-Antrag über den Vortrag des Rektors v. Sterzinger die Porträte der Hofräthe v. Martini und Störk, beide Mitglieder der Studien-Hof-Commission und von grossem Einfluss, ersterer als Generalien-Referent, der zweite in medizinischen Angelegenheiten, bewilliget, und auch die Bildnisse der Kaiserin und des Kaisers, um die man gebeten hatte, übersendet.

Nicht so gut war das Verhältniss zu den Ordinariaten, namentlich zum Ordinariat Brixen (vgl. § 97). Diess ist schon daraus erklärlich, dass besonders seit der Regierung Joseph's II. den Ordinariaten nicht angenehme Verordnungen erlassen wurden, in welche die Universität als kaiserliche Anstalt ohne Anstand einging [2]). Es gab aber auch ein paar besondere Divergenzen. Die Aufstellung Kopf's als Prokanzler nach Weyeter's Ableben wurde der Universität vom Ordinariate in einem Schreiben notifizirt, das die Aufschrift hatte: „Dem Hochwürdigen Edlen Hochgelehrten unsern besonders lieben andächtigen N. Rektor und Senatui academico zu Innsbruck". Die Universität war empfindlich, weil das nach dem Martinischen Dekrete dem Rektor gebührende Wort „Herr" mangelte; doch blieb die Sache damals ohne weitern Erfolg. Als aber im Jahre 1781 der Prokanzler ein anderes Ordinariats-Schreiben mit der nämlichen Aufschrift übergeben wollte [3]), wurde es dem Prokanzler mit der Bemerkung zurückgestellt, ohne den Titel „Herr" für den Rektor kein Schreiben anzunehmen. Bei Weyeter's Verlass-Abhandlung forderte die Universität die Präcedenz vor dem Ruraldekan, weil ihm der Rektor doch nicht nachstehen könne. Sede vacante antwortete das Brixener Generalvicariat unter dem 11. Februar 1779, Zweifel über den Vertrag vom Jahre 1688 (§ 13) hätte der Delegans auszulegen, im vorliegenden Falle sei aber nicht einmal ein Zweifel, und zwar um so weniger, als Weyeter nebst der Professur noch ein anderes Amt als Ruraldekan versah. Der Senat beschloss nun zwar, wie es der neue Prokanzler sogleich vor einer Verhandlung mit dem Ordinariate beantragt hatte, zur Amtshandlung den Notar zu schicken, dem der Ruraldekan allerdings vorgehen könne, suchte aber doch noch bei andern Universitäten nähere Aufklärungen [4])

---

1) Grati animi tesserae, wie die Aufschriften sagen.

2) Z. B. vom 16. Mai 1781, in allen Facultäten — mit Ausnahme der Theologie — auch Juden als Studenten zuzulassen; vom 6. November 1781, auch Akatholiken zu akademischen Graden zu promoviren; das Verbot, dass österreichische Unterthanen in Collegio romano studiren; dass nach Hofdekret vom 4. Mai 1781 von der Bulle unigenitus nur historische Meldung ohne Vertheidigung ihrer Grundsätze zu machen sei. — Der Brixener Bischof Jos. Gr. Spaur verbot seiner Geistlichkeit den Gebrauch dieser Bulle, worüber ihn der Papst in einem eigenen Schreiben tadelte, der Bischof aber sich vertheidigte. (Siehe die Aktenstücke bei Sinnacher Bd. IX. S. 537 ff.)

3) Es betraf den Theologen Clement, der nach bestelltem Quartier von Innsbruck nach Brixen zu den Studien gegangen war und von dem die Bezahlung für das bestellte Quartier gefordert wurde.

4) Der Senat schrieb nach Wien, Prag und Freiburg und erhielt von Wien die Aufklärung, die Abhandlung eines Professors stehe der Universität zu, wenn er jedoch dazu ein geistliches oder weltliches Amt habe, handle der Bischof oder die Regierung

und schrieb später noch einmal an das Ordinariat, ihr Recht geltend zu machen, da das Recht des Ordinariats sich nur auf den durch spätere Verordnungen abrogirten Maximilian'schen Vertrag gründe und die Sache bereits contentiös geworden sei, sohin die Jurisdiction des Bischofs ohnehin aufhöre (§ 96). Der Bischof wendete sich unter dem 1. März 1781 an das Gubernium, und diess entschied nach wiederholtem Bericht der Universität [1]) für diese, weil die Abhandlung bereits contentiös geworden sei, daher Dekan Norz, der noch immer seine Mitwirkung anspreche, eine Rüge verdiene. — Allein das Ordinariat und der Dekan liessen den Vorwurf nicht auf sich liegen und der Streit über das Recht ging noch fort.

Im Jahre 1781 wurde bei einer Rauferei auch ein Kleriker verwundet. Das Ordinariat bewilligte dem Prokanzler die Absolution ab excommunicatione gegen Auferlegung einer heilsamen Busse. Dekan Jäger hielt diess seine Jurisdiction präjudizirlich und machte geltend, dass der Prokanzler nur pro foro interno eine Busse aufgeben könne [2]).

§ 112.

In den ersten Jahren nach der Aufhebung der Jesuiten suchte selbst die Regierung den katholischen Charakter der Universität aufrecht zu erhalten. Sie befahl unter dem 7. Juni 1777 den Empfang der sacra Synaxis am grünen Donnerstag der Universität in corpore; mit a. h. Entschliessung vom 5. September 1777 wurde die ehemalige Jesuitenkirche, welche unter dem 6. Mai 1775 als Filiale der Aufsicht der Stadtpfarre untergeordnet wurde, als Universitätskirche in der Art erklärt, dass der Universitäts-Rektor Kirchpropst sei, mit den vier Dekanen den Gottesdienst anordne, und ein vom akademischen Senate zu wählender Präfekt das Oekonomikum gegen Rechnungslegung besorge; den Gottesdienst hätten in allenfalliger Ermanglung von Exjesuiten die geistlichen Universitäts-Professoren zu versehen. Als Präfekt wurde sohin der Exjesuit Delama aufgestellt, der auch die Obsorge über die ihm übergebenen Einrichtungs-Stücke erhielt. Von jetzt an wurden natürlich alle akademischen Gottesdienste, und selbst die Feierlichkeit der unbefleckten Empfängniss, bei welcher auch das Gubernium erschien, in dieser Kirche gehalten. Die Universität ermangelte jedoch nicht, bei allgemeinen kirchlichen oder politisch-kirchlichen Feierlichkeiten auch in andern Kirchen zu erscheinen [3]).

Dass der Antrag einer Säcularfeier der Stiftung der Universität im Jahre 1773 erfolglos blieb, mag seine Erklärung in der gerade damals erfolgten Aufhebung der Jesuiten finden.

Auch der damals ventilirte Zweifel, ob die akademischen Gesetze, welche wegen ihrer Menge nicht im Gedächtnisse behalten werden könnten und theilweise, z. B. nach 9 Uhr Abends etc. nicht mehr ausser seiner Wohnung zu sein, so häufig übertreten wurden, dessen ungeachtet verlesen und beschworen werden könnten und

das Amt; von Prag und Freiburg aber erhielt er die Anzeige, dass dort keine kirchliche Jurisdiction bestehe.

1) Der erste Bericht der Universität wurde ihr zur Milderung der Ausdrücke zurückgeschickt, in die der theologische Dekan Jäger gegen die Majorität des Senates nicht eingehen wollte.

2) Decanus theologiae — id in praejudicium suae jurisdictionis fieri existimans continuo intercessit, effecitque, ut non poena alia nisi forum internum respiciens injungeretur. So erzählt Dekan Jäger selbst Eph. th. 4. Mai 1781.

3) Nach einer Gubernial-Anweisung kostete das bei der Frohnleichnamsprozession im Jahre 1782 von der Universität verbrauchte Wachs 89 fl.

14 *

sollten, berührten den katholischen Charakter um so weniger, als es ungeachtet des allgemeinen Bedauerns über die häufigen Eide bei dem Alten blieb [1]).

Allein in den letztern Jahren dieser Periode kamen — zum Theil in Folge der Gesetzgebung — Erscheinungen vor, die in frühern Zeiten nach dem damals an der Universität herrschenden kirchlichen Geiste gewiss nicht vorgekommen wären. Nichts zu sagen von einer merkbaren Geringschätzung der sonst vom Publikum hochgeachteten marianischen Congregation [2]), kam es im Jahre 1781 in Betreff des Eides von der unbefleckten Empfängniss Maria's zu einem förmlichen Scandal, welches die Aufhebung dieser Feierlichkeit in der ganzen österreichischen Monarchie zur Folge hatte. Der Professor Schwarzl sprach nämlich diesen Eid beim feierlichen Hochamte vor dem Prokanzler Kopf nicht in der gewönlichen Formel [3]), die er jedoch ausgefüllt auf den Altar legte, aus, was Kopf auf der Stelle rügte [4]). Diess anscheinend nicht bedeutende Faktum hatte sehr bedeutende Folgen; es erschien nämlich die ganze Geschichte in den „Novelles ecclesiastiques" von Utrecht [5]), und zwar so injuriös für die Universität und für in Innsbruck sehr geachtete Männer, dass die Universität nach mehreren Senats-Berathungen beschloss [6]), anonym eine Rechtfertigung drucken zu lassen, und sie in Europa, namentlich nach Wien und Utrecht zu verbreiten. Und sohin erschienen zwei sehr gut aufgenommene [7]) Broschüren ohne Druckort und Verfasser: „Erinnerung an den Herrn Zeitungs-Verfasser von Utrecht 1782" (sie war von Jäger) und: „Widerlegung eines Zeitungs-Artikels von Innsbruck, so in der Kirchenzeitung von Utrecht unter dem 1. und 11. Mai d. J. herausgegeben wurde 1782 (von Prof. Stadler). — Der Prokanzler Kopf hatte den Hergang sogleich auch dem Bischof von Brixen angezeigt, und dieser (Jos. Gr. Spaur) klagte darüber bei dem Gubernium, welches den Schwarzl vernahm, der sich weitläufig rechtfertigte, er hätte, mit leiser Stimme die Formel sprechend, kein Aergerniss gegeben (was er sich von mehreren Professoren, Güntherod, Jellenz, La Paix etc. bezeugen liess), übrigens niemals die gewöhnliche Formel anerkannt, da sie Päpsten statt der Kirche die Bestimmung der Glaubenslehren zuschreibe und eine blosse Meinung als zu beschwören hinstelle; diess wäre gegen sein Gewissen, er bitte, die Sache dem Kaiser vorzulegen. Der Bischof, den das Gubernium noch einmal vernahm, bemerkte unter Anderm, Schwarzl hätte die

---

1) Eph. th. 9. Dezember 1773. Es wurde bemerkt, dass der Eid auf ein Gesetz, das durch Gewohnheit schon lang abrogirt sei, als accidens ganz ungültig wäre, was aber Andere sehr ungenügend fanden, und vielmehr auf gänzliche Unterlassung des Eides antrugen.

2) Der Saal der Bürger-Congregation im Gymnasium diente der Universität als Aula. Diese Congregation hatte vom 13. August 1777 durch acht Tage das zweite Jubiläum ihres Bestehens cum pompa, qua decuit et potuit, unter Anderem mit einer sehr feierlichen Procession begangen.

3) Alia a priori multum diversa formula in orali sua nuncupatione non sine adstantis multitudinis admiratione usus. (Eph. th.)

4) Nach Kopf's Angabe mit den Worten: cur non legitur formula. — Nach Schwarzl's Angabe: quare non juxta formulam consuetam.

5) Obtegi quidem isthaec perperam gesta consepelirique aeterna oblivione oportuerant, quum ecce dimidium annum postea eadem haec insipida fabula nescio quo auctore vel subventore alibi terrarum cum haud modica inclytae Universitatis nostrae infamia atque perturbatione fuit excocta. (Eph. th.)

6) Ut apologeticus liber sub tecto Universitatis nomine typis ederetur, iaque uti in alias Europae plagas, ita quoque Viennam ipsumque Ultrajectum divulgaretur, in quo res ipsa gesta sincere exponatur, et sic ultrajectensis distorta illa fabula calumniaque solide confutetur. (Eph. th. unter Dekan Staffler.)

7) A nemine non veri rectique amante cum plausu ferme recepti. (Eph. th.)

Sache vorher bei seinen Obern vorbringen sollen etc. So ging die Sache nach Wien und von dort erhielt mit a. h. Entschliessung vom 3. Jänner 1782 Schwarzl und noch mehr Kopf einen Verweis über ihr Benehmen, und — der ganze Eid wurde bei allen Universitäten, Doctor-Graduationen und grössern lateinischen Congregationen, wo er üblich sei, abgeschafft, „da die Wichtigkeit des Eides fordere, dass solcher nur alsdann abgelegt werde, wenn er eine gewisse Wahrheit zum Stoffe, und Noth zum Beweggrund habe, welche beiden Erfordernisse hier mangeln". Eine Bitte Kopf's vom 6. Juli 1782 um Zeugenverhör gegen Schwarzl's Darstellung der Sache wurde vom Gubernium unter dem 12. Juli abgewiesen, weil er nur wegen zu lauter Stimme am unrechten Orte getadelt worden sei, die das Gubernium selbst gehört hätte. Auch Professor und Direktor Albertini beklagte sich beim Gubernial-Präsidium noch insbesonders sehr bitter, dass er vom Verfasser des Utrechter Aufsatzes, der wahrscheinlich Schwarzl sei, angegriffen wurde, und bat um Satisfaktion. Die Klage ging unter dem 29. Dezember 1782 nach Wien, von woher unter dem 17. Jänner 1783 der Bescheid kam, dass Albertini von Schwarzl nur dann Genugthuung zu erwarten hätte, wenn er vorläufig beweise, dass Schwarzl die in den Novelles eingerückte Stelle berichtet und um Aufnahme derselben ersucht habe.

Ein anderer auffallender Akt an der Universität war im Jahre 1782 auch die Doctorirung des Göttinger Professors August Schlötzer, dessen Staats-Anzeiger die freien Aeusserungen an der Universität Innsbruck — wie die Antritts-Rede des juridischen Professors Jellenz [1]), welcher unter Anderem den Kaiser Joseph als Alexander gegen Rom darstellte, und auch die Geschichte mit Schwarzl etc. aufnahm und dessen Weltgeschichte Prof. Michaeler zum Vorlesebuch für Innsbruck bearbeitet hatte [2]). Nachdem sich Schlötzer im November 1781 bei acht Tagen in Innsbruck aufgehalten hatte und von den meisten Professoren ehrenvollst aufgenommen worden war, wurde er am 23. Juli 1782, obschon abwesend, mit grösster Feierlichkeit von der juridischen Facultät zum Doctor der Rechte an der Innsbrucker Universität creirt [3]).

Solche Vorgänge zeugen allerdings von einer gewaltigen Veränderung des ursprünglichen Universitäts-Charakters und dem in die Universität wenigstens theilweise gedrungenen Geiste eines Gottfried van Swieten.

§ 113.

Seit der Aufhebung der Gesellschaft Jesu that die Regierung Vieles, um der Universität Ansehen und Ruf zu verschaffen, ohne dass diess an der Innsbrucker Universität gelingen wollte.

Man fuhr fort, die Lehrmittel zu vermehren, und führte endlich die Lehrkanzel der Chemie ein, über die so lang verhandelt worden war; zu allen k. k. Anstellun-

---

1) I. Band 2. Heft Seite 304—334. Jellenz's Rede handelte de vetustate juris canonici novi.

2) Breviarium historiae universalis Schlötzerianae hincinde succinctius excerptae atque ad usus auditorum in Universitate oenipontana latine conversae A. C. M. Oenip. 1780. Die Arbeit wurde von Wien belobt, jedoch zu einem Vorlesebuch nicht geeignet gefunden.

• 3) Dies 23. Juli . . in nostris fastis commemorandus venit, quod in eo clmo. . . Schlötzer tametsi absenti, tametsi quoque Protestantium uni gradus nihilominus ac dignitas Doctoria jurium oenipontani ad praecedentem ipsius supplicationem, gubernii quoque hujatis conformiter ad anteriora augustissima decreta assecutam approbationem ab inclyto collegio Juridico oenip. decretus atque etiam in publico academico palatio ab ill. D. Facultatis illius decano inter tympanorum et lituum festos strepitus solemnissime collatus fuerat.

gen in der Seelsorge, oder höhern l. f. Stellen in den österreichischen Erbländern wurde absolvirtes inländisches Studium gefordert; die Senioren aller Facultäten wurden zu kaiserlichen Räthen erhoben: die Lehrer bei theologischen Privat-Lehranstalten mussten an der Universität geprüft werden [1], sich nach den Vorschriften an der Universität richten, und die Lehrsätze zur Beurtheilung an den theologischen Direktor einsenden; nur die geschicktesten Männer sollten mittelst Konkursprüfung zu Professuren gelangen etc.

Auch lässt sich nicht läugnen, dass in dieser Periode manche geschickte Professoren an der Universität lehrten, die insbesonders der Anforderung der Regierung zur Verfassung von Druckschriften entsprachen. Denn in der Philosophie waren alle damaligen Professoren Schriftsteller [2], ebenso in der Theologie [3], mit Ausnahme des sonst ausgezeichneten Weyeter, von den Professoren der Jurisprudenz sind mir nur von La Paix, Weinhart und Payr keine Druckschriften bekannt [4]; in der Medizin gilt diess aber nur von Rottruff [5]; doch mögen Manche zur Schrift-

---

1) So wurde im Jahre 1778 der Servit Voglsanger aus Dogmatik und Kirchenrecht geprüft, wobei er am 21. Mai eine Vorlesung über Analysis fidei, und am 25. Mai über forma regiminis ecclesiastici vor vier Professoren zu halten und darauf die mündliche Prüfung zu bestehen hatte, was er Alles cum insigni eruditionis laude leistete; ebenso wurden geprüft am 21. und 22. September 1777 die zwei Stiftspriester von Stams, Wolf und Stöckl, von denen Ersterer de systemate gratiae und de concordatis Germaniae, Letzterer de necessitate religionis revelatae und de pace religiosa ac westphalica vorzutragen hatte.

2) Von den Exjesuiten veröffentlichte Jeder der drei Zallinger mehrere Werke; Franz Stadler Abhandlungen de attractionibus specialibus — de ventis — de natura et effectibus ignis vulgaris; — Jos. Stadler eine Dissertatio de Satione; — Weinhart nebst drei Auflagen seines mathematischen Lehrbuches eine Abhandlung, „warum die Fische unter stehendem mit Eis bedecktem Wasser bald absterben" und sehr nützliche „Vergleichungs-Tabellen über Tiroler Uhren mit dem Wiener Mass"; — Albertini aber Dissertationen — de conscientia dubia — de rerum internarum possibilitate — de natura animae humanae — de miraculis; — Michaeler endlich: tabulae parallelae antiquissimarum teutonicae linguae dialectorum, — seine Antritts-Rede: de studii historici in patria necessitate — nebst der schon angeführten Bearbeitung der schlötzerischen Weltgeschichte, und später mehrere andere Werke. — De Luca wurde schon öfter erwähnt. Er führt von sich 11 Druckschriften an in seinem Journal S. 36.

3) Kopf schrieb: Tyrocinum sacrae scripturae, und der unstudirte Schriftgelehrte, — Hilarion Stäffler: De vera Xti militante ecclesia — de militantis ecclesiae supremo capite; — Plattner: Dissertationes — in tractatus universae theologiae — Augustini et Thomae le gratuita Electorum praedestinatione sententia — De revelatae Religionis cum recta ratione et sensu universarum gentium consensu; — Oberrauch: Theologia moralis — Vindiciae theologiae suae adversus Recensentem Friburgensem — Tractatus de lege Dei aeterna; — Jäger: Dissertatio de dolore necessario sacramenti poenitentiae et baptismi — De Tertulliano duce Anthropomorphitarum — De jure territorii praesulum ecclesiasticorum — De veterum templorum idolatria; — Sterzinger: Abhandlung von der Taufe und der Firmung; — Schwarzl: praelectiones theologicae polemicae und Anderes; — Graser und Güntherod waren fruchtbare Schriftsteller. wie man bei De Luca l. c. S. 43 und 19 sehen kann. Ersterer gab unter Anderm in Druck: Orazione funebre in morte di Gerolamo Tartarotti — de historici studii amoenitate etc., Letzterer: Theologia naturalis — De criteriis veritatis — Auctoritas concilii oecumenici supra rom. pontificem etc.

4) Der fruchtbarste Schriftsteller war Banniza, von dem De Luca Seite 23 zweiunddreissig Druckwerke aufzählt. Jellenz gab seine Trauerrede auf Maria Theresia und seine Antrittsrede, Dinzendorf: tractatus de decimis, Pehem: de consensu parentum — und Mehreres nach der Versetzung von Innsbruck in den Druck, was theilweise auch von Schriften anderer Professoren gilt.

5) Egloff schrieb: Dissertatio de vita longa et simplici — Gerstner: Dissertatio de podagra — De salubritate aquae purae — Commentaria in Boerhavium und andere

stellerei nicht allein durch das Interesse für die Wissenschaft, wie in frühern Zeiten, sondern zum Theil auch durch die wiederholten Aufforderungen der Regierung und Belobung derselben über vorgelegte Druckwerke ermuntert worden sein. So wurde z. B. Albertini unter dem 3. November 1778, Sterzinger unter dem 7. November 1779 wegen ihrer Abhandlungen belobt, und unter dem 11. November 1780 Franz Zallinger wegen seiner Abhandlung de aestimanda perfectione machinarum, und schon früher wegen seiner berühmten Abhandlung de causis et remediis inundationum in Tiroli mit angehängten Thesen aus der Physik [1]). Ebenso wurde Schwarzl unter dem 11. November 1780 und Gerstner wegen seines Commentars mit der Bemerkung belobt, „zu andächtig ausfallende Ausdrücke wegzulassen". Dagegen wurde freilich auch den Professoren Jäger und Plattner die vom Direktor beantragte Gehalts-Erhöhung auf 500 fl. unter dem 16. Dezember 1780 nicht bewilligt, weil sie den im Jahre 1773 gestellten Bedingungen der Auszeichnung — namentlich durch Druckschriften nicht entsprochen hätten [2]).

Mehrere Professoren machten der Universität auch in anderer Beziehung Ehre, z. B. Weyeter, der nicht nur ein vielseitig gelehrter Professor, sondern auch Prokanzler und Ruraldekan war, ein Amt, das vor und nach ihm kein Professor versah [3]); er war auch k. k. Rath und Rath der Bischöfe von Brixen und Chur. Professor Kopf war der erste Gymnasial-Direktor im Jahre 1761 und später Direktor der Philosophie, auch geistlicher und kaiserlicher Rath und von den Tiroler Ordinariaten aufgestellter Commissär bei der im Jahr 1770 aufgestellten l. f. Commission zur Untersuchung der milden Stiftungen [4]); Oberrauch Beichtvater der Erzherzogin Elisabeth [5]). Professor Weinhart leitete die Mappirung von Vorderösterreich, und zwei Karten (Vorarlberg und die Landvogtei Tittmaning) wurden unter seiner Leitung fertig. De Luca machte sich durch sein oft angeführtes Journal, welches vorzüglich die Universität Innsbruck behandelt, verdient. Manche der damaligen Universitäts-Professoren dürften des Andenkens durch Porträte in der Aula nicht weniger würdig gewesen sein, als durch Bildnisse verewigte Collegen früherer Zeit;

Werke; — Trabucco: De Mechanismo et usu Respirationis — Dissertatio de usu glandis quercinae. — Schierek: Flora Tyrolensis.

1) Der nachmalige Bischof von Chur, Carl v. Buol, disputirte über die Thesen. Die Abhandlung gab der Passauer Domherr Joan Gr. Auersberg im Jahre 1779 deutsch heraus, und der Baudirektions-Adjunkt Duille wieder erweitert im Jahre 1826.

2) Beide hatten seit 1773 nur einige Dissertationen drucken lassen und waren Stiftspriester.

3) Docuit theologiam polemicam, cui patrologia adjuncta fuit, postremo theologis 1mi anni historiam ecclesiasticam, 23 annis Procancellarii munus gessit, et ferme totidem annis officium decani forensis, quod ante ipsum nemini professorum actualium legimus fuisse concessum. Fuit quoque primus inter professores ecclesiasticos consiliarius caes. reg. qua senior facultatis, consiliarius quoque Principis brix. et cur; — Vir magni ingenii ac doctrinae, singulari claritatis dono in docendo praeditus, discipulis carus, mansuetus, in consulendo prudens, quippe quem diuturna rerum experientia erudivit, et virtus et liberalior natura parens excelsum fecit, — so schreibt Dekan Plattner in Eph. th. ad 18. Jan. 1779, als dem Tage seines Ablebens.

4) Sinnacher Beiträge IX. 670.

5) Der Tiroler Nationalkalender vom Jahre 1824 liefert über ihn eine Biographie. Seine Moral wurde beim ersten Erscheinen wiederholt unter dem 4. Jan. 1775, 20. Jan. 1776 belobt, doch als Vorlesebuch nicht erlaubt, und im Jahre 1778 erhielt der theologische Direktor von Wien sogar den Auftrag, zu sehen, ob er wohl nicht Laxismus lehre. Sie kam im Jahre 1797 in den römischen Index librorum prohibitorum. Er blieb in Innsbruck bis zum Jahre 1806 und starb am 22. Oktober 1808 als Franziskaner im Kloster zu Schwatz. (Vgl. § 158. Note.)

allein kein Professor erhielt jetzt mehr diese Auszeichnung, wohl wegen der veränderten Zeitverhältnisse (vgl. § 111).

Im Jahre 1781 ward auch vorzüglich durch Trabucco die tirolische Gesellschaft der Künste und Wissenschaften gegründet [1]), die aber mit der Universität und dem Tode Trabucco's im Jahre 1782, wie es scheint, sich wieder verlor.

Ungeachtet dieser für den Flor der Universität geeigneten und sprechenden Momente lässt sich doch in dieser Zeit keine stetige Berühmtheit derselben behaupten. Der zweifelhafte vorzüglich durch ausländische auf Konkurs angestellte Professoren erstrebte Ruhm nunmehriger Aufklärung galt — mit Ausnahme von ein paar auffallenden Erscheinungen (§ 110) — von andern Universitäten vielleicht noch mehr, als von jener zu Innsbruck, in welcher noch so viele Ueberbleibsel der alten Schule wirkten, und dieser Ruhm sagte auch dem Lande gewiss nicht zu und schützte auch die Universität nicht vor der baldigen Aufhebung.

Dagegen mussten die Uneinigkeiten, die auch in dieser Zeit an der Universität nicht aufhörten, ihrem Rufe nachtheilig sein. Die theologischen Ephemeriden bezeichnen die juridische Facultät geradezu als der theologischen Facultät immer missgünstig [2]). Selbst bei einer Rektorswahl musste sich die a. h. Regierung wegen Streitigkeiten in das Mittel legen (§ 103). In einem Berichte der juridischen Facultät vom 25. September 1781 wird geklagt, dass die theologische Facultät die in dem canonischen Fache eingeführten Grundsätze vereitle. Die Studien-Hof-Commission trug strenge Untersuchung und Vorlage des Befundes mit Angabe der Personen auf. Der theologische Direktor, dem der Hoferlass mitgetheilt wurde, hielt mit dem theologischen Dekane und einigen andern Professoren in der Stille eine Versammlung, und es zeigte sich, dass vorzüglich der Dogmatik-Professor Jäger gemeint sei, der sich darüber muthvoll vertheidigte, freilich ohne erwünschten Erfolg [3]). — Auch die Errichtung und Sanktionirung von theologischen Schulen ausser der Universität war nicht geeignet, der Hochschule in Innsbruck Ansehen zu verschaffen; und die Zahl der Akademiker hat sich in der Zeit wohl nicht vermehrt (vgl. § 109).

Der Einfluss des freien Geistes der Universität darf indessen nicht unterschätzt werden, da er mit der Universität an der hohen Schule nicht erstarb, da die Juristen nothwendig an öffentlichen hohen Schulen gebildet werden und auch die Theologen zu einer Anstellung in den österreichischen Erbländern an öffentlichen Lehranstalten, sohin in Tirol nur an der Innsbrucker Universität studirt und namentlich das Kirchenrecht mit gutem Fortgang gehört haben mussten. Von geringerem Einfluss mag das Einschicken der theologischen Thesen und der Befehl, alle Lehranstalten nach dem Muster der Universität einzurichten, gewesen sein, zumal eine strenge Controle hierüber wohl nicht gehandhabt wurde.

§ 114.

Von die Universität zunächst nicht berührenden Begebenheiten führen wir an, dass am 29. Juli 1777 Kaiser Joseph II. vom Besuche seiner Schwester in Paris

---

1) De Luca l. c. S. 88.

2) Invidiosa semper nostrae facultati juridica facultas. (Eph. th. 23. Febr. 1782.)

3) Juridica facultas tecto nomine questa, quod per anni decursum nonnulli de nostris doctoribus opiniones paradoxas et praescriptae canonicarum materiarum synopsi de regione oppositas palam tradidissent, et odhucdum defensassent . . . Jaeger minime dubitavit, nervosa, modesta tamen apologia rem a capite amoliri, atque retundere, id quod egregie praestitit, sed cum modico effectu. (Eph. th. 23. Febr. 1782.)

incognito nach Innsbruck kam, und obgleich er schon am folgenden Tage wieder abreiste, doch auch die Universität besuchte [1]).

Der akademische Gottesdienst, welcher am 3. Jänner 1781 für die am 29. November 1780 verstorbene Kaiserin Maria Theresia abgehalten wurde, gab Veranlassung zu divergenten Sinnes-Aeusserungen. Die Trauerrede dabei hielt Schwarzl; er kam in derselben auch auf den frühern Zustand der Wissenschaften auf eine Art zu sprechen, die Manche ärgerte, während es Andere höchst wohlgefällig aufnahmen [2]). Das erste Traueramt hielt der Prälat von Wilten, zum zweiten lud Rektor Jellenz den Exjesuiten Aigner, Präses der akademischen Congregation, ein, was einige Professoren wieder nicht gut aufnahmen [3]).

Auf die am 7. März 1781 erfolgte Ankunft der Erzherzogin Elisabeth als Abtissin des adelichen Damenstiftes wurden am 10. März Tiroler Stände, Universität, Collegium Nobilium und Magistrat zum Handkuss zugelassen [4]).

---

1) Am 30. Juli, als einem Sonntag, empfing er in der Franziskaner-Kirche die Sakramente der Beicht und Communion, besuchte dann das Collegium Nobilium, das am 15. September 1775 mit einer Rede des Gouverneurs und einer Gegenrede Pehem's eröffnet worden war, dann die Universität, den Hofgarten etc. und reiste um 5 Uhr Abends — zur Triumph-Pforte fahrend und dann den Weg hinter der Stadt einschlagend — weiter nach Hall etc. Utinam — schreibt Dekan v. Sterzinger in Eph. th. — Tirolis digniorem se et amore et favore caesareo redderet!

2) Cujus insignis oratio, etsi quosdam abolitae societatis patronos non parum offendit, a reliquis tamen applausum tulit, et Aug. Vind. in lucem prodiit. (Eph. th. 3. Januar 1781.) Er sagte unter Anderem: Wie wurden alle die Wissenschaften betrieben? nämlich so, dass das benachbarte Ausland unserer Unwissenheit nur spottete, unser Aller Meinungen nur verlachte, ja unsere Vorurtheile sogar zum Sprüchworte machte. Denken Sie an die letzten zwei Jahrhunderte Dentschlands zurück und bekennen Sie mit deutscher Redlichkeit frei heraus, dass ein dichter Nebel des Irrwahns unsern Horizont verfinstert und eine fast undurchdringliche Wolke der veralteten Unwissenheit die kurzsichtigsten Blicke unserer Provinzen umnebelt haben. — Unsere heilige Religion selbst, war sie nicht in allen ihren Theilen auf das Schändlichste verunstaltet, da die Diener derselben das ehrwürdige Priesterthum mit Hintansetzung der reinen Quellen der hl. Schrift und der Altväter, die die Unwissenheit verstopfte, ihre ganze Wissenschaft in den Schlacken neuentstandener Casuistik suchten, woraus entstand, dass die heiligsten und wesentlichsten Pflichten der Religion gar nicht gekannt, niemals gelernt oder wenigstens vergessen und vernachlässiget, statt dem aber äusserliches Blendwerk, lächerliche Gebräuche, ja wohl gar abergläubische Irrthümer eingeführt wurden; die geheimnissvollen Gerichte büssender Sünder waren nicht mehr ein Heilungsort verwundeter Gewissen, ein lehrreicher Unterricht irrender Sünder, sondern ein blosser Missbrauch menschlicher Schwachheiten, ein falscher Deckmantel des schändlichsten Eigennutzes und ein boshaftes Werkzeug irdischer Absichten geworden; die ehrwürdigen Predigtstühle, wo man das Wort Gottes lehren und lernen sollte, waren sie nicht ebedem possirlichen Gaukelwerken einer weltlichen Schaubühne mehr als dem Ernste eines christlichen Unterrichtes gleich? Und der Prediger selbst, wurde er nicht mehr aus Zeitvertreib als aus Lehrbegierde und Wahrheitsliebe gesucht? . . . . Ebenso war es mit der Rechtskunde bestellt, welche ebenfalls mehr auf einen rabulistischen Wörterzank, als eine gründliche Auslegung des Natur- und Völkerrechts hinausließ; die Geschichte, was war sie anders, als ein trockenes Skelett, ein mageres Gerippe alt ägyptischer und assyrischer Beinamen etc.

3) Aigner praeses congregationis academicae a Rectore invitatus, id quod nonnulli professores theologici et non abs re indigue ferebant — bemerkt Dekan Jäger l. c.

4) Ihre Installation als Abtissin war am 20. März; zwischen Spalieren von Soldaten zog sie unter Vortritt des Adels und Hofes in die Hofkirche, wo sie von 4 Prälaten und dem Bischof von Brixen, welcher in pontificalibus ihr beim Eintritte in die Kirche das Weihwasser reichte, empfangen wurde, worauf sie den während des Zuges vom Grafen Spauer getragenen Poedum ergriff, zu dem an der Evangelium-Seite des Presbyteriums errichteten Baldachin fortschritt, und dem vom Bischof celebrirten Hochamte beiwohnte. Nach erfolgtem Rückzuge in die Burg übergab ihr Gouverneur Heister zum Zeichen der Würde feierlich die Schlüssel des Stiftes.

Andere Feierlichkeiten, an welchen die Universität Theil nahm, mögen unerwähnt bleiben, weil sie bezüglich derselben nichts Besonderes darboten.

§ 115.

Seit der Aufhebung der Gesellschaft Jesu hat die Universität in 9 Jahren, wie wir sehen, eine ziemlich veränderte Physiognomie erhalten. Ihre neuen Lokalien sind ansehnlicher und geräumiger, ihre Aula ist ein prächtiger Saal, freilich nicht allein für die Universität bestimmt; zu ihren kirchlichen Verrichtungen ist ihr die schönste Kirche der Stadt übergeben; ihre Kostenbedeckung ist nicht mehr der Salzaccis allein, sondern ein eigener Fond unter Verwaltung und Aushilfe des Staates; durch Einführung der Pastoral und Katechetik in der Theologie, der Statistik in der Jurisprudenz, der Chemie in der Medizin sollte das Studium immer praktischer werden; der Fleiss und Fortgang der Schüler, die Geschicklichkeit und Wirksamkeit der Professoren nach den genauen Vorschriften sollte sorgfältig überwacht, schriftstellerische Arbeiten durch h. und a. h. Anerkennung belohnt werden. Insbesonders hatte der von der Regierung vorzüglich in kirchenrechtlichen Gegenständen beabsichtigte freie Geist an den juridischen Professoren La Paix, Pehem, Jellenz, aber auch an den theologischen Professoren Schwarzl, Güntherod, v. Sterzinger und an dem philosophischen Professor Michaeler treffliche Vertreter erhalten. Von Seite der älteren Glieder der Universität und selbst des Ordinariats zeigte sich dagegen bei der Entschiedenheit der Regierung für die Neuerungen mehr Unzufriedenheit als wirksamer Widerstand.

Uebrigens stand die Universität wie alle Studien-Anstalten unter der Centralstelle in Wien, wo für alle Erbländer die nämlichen Referenten wirkten, die alle Studien-Anstalten gleichförmig einrichteten und von den Provinzen über alle Lehranstalten gleichförmige Berichte forderten.

Sechster Abschnitt.

Von der Aufhebung der Universität im Jahre 1783 bis zu ihrer Wiederherstellung im Jahre 1791.

§ 116.

Obschon die Universität am Anfange dieses Zeitraumes aufgehoben wurde, so dürfen doch die 9 Jahre bis zu ihrer Wiederherstellung um so weniger übergangen werden, als diese Aufhebung keine vollständige, sondern nur eine Umgestaltung in ein ausgedehntes Lyceum mit Beibehaltung zweier Facultäten und mehrerer Studienzweige der zwei andern Facultäten war, und unter Kaiser Joseph II. und auch unter seinem Nachfolger noch vor der Wiederherstellung der Universität über das Studienwesen sehr einflussreiche Verordnungen erlassen wurden, welche für die künftige Universität wichtige Folgen hatten.

Uebrigens ist der Geist der Regierung unter Kaiser Joseph auch bezüglich der Studien in der Hauptsache bekannt. Der sogenannte Gallicanismus erreichte in Oesterreich in dieser Zeit den Culminationspunkt; von dem an die Spitze der Studien-Hof-Commission als Präses gestellten freisinnigen Gottfried van Swieten und vom theologischen Referenten Rautenstrauch war schon oben die Rede. Der Professor der politischen Wissenschaften in Wien, Sonnenfels, erhielt statt des abgetretenen Martini das Generalien-Referat bei dieser Commission. Der Kaiser selbst fand gegen Ende seiner Regierung und noch mehr sein Nachfolger Leopold eine etwas gemässigtere Richtung einzuschlagen, die sich in der Hauptsache auch unter der langen Regierung des Kaisers Franz erhielt.

Die Hauptgrundsätze des Kaisers Joseph im Unterrichtswesen gehen aus dem Handbillet vom 29. November 1781 hervor, mit welchem der Hofbibliotheks-Commissär Gottfried van Swieten zum Präses der Studien-Hof-Commission aufgestellt wurde, und in welchem der Kaiser unter Andern ausspricht: „es sollen hinfüro die grossen Universitäten auf drei in den österreichischen und böhmischen Ländern eingeschränkt werden, nämlich Wien, Prag und eine in Galizien, die Innsbrucker, Brünner und Gratzer cessiren“ . . . Doch sollen bei den aufgehobenen „auch die jura tradirt werden, mit viel weniger Professoren jedoch, auch aus keinem medizinischen Fache, wohl aber eine chirurgische und Hebammenschule bestehen“ . . . „Zur Besetzung der Lehrämter muss die grösste Sorgfalt und die beste Auswahl getroffen werden, ohne Rücksicht auf Nation und Religion und Alles per concursum, was nicht wohlbekannte geschickte Männer sind“ . . . „Bis man nicht recht vergewissert ist, was Besseres zu finden, wird man sich an die bestehenden theologischen, philosophischen und juridischen Vorlesebücher in Allem halten“ . . . „Die Anzahl der des Lesens und Schreibens Lernenden muss so gross als möglich, Jener der auf höhere Studien sich verwendenden minder, und endlich Jener, die alle Studien der Universität frequentiren, nur die ausgesuchtesten Talente sein“ [1]).

§ 117.

Aus dem angeführten a. h. Handbillet geht hervor, dass der Grund der Aufhebung der Innsbrucker Universität nicht in innern Gebrechen derselben zu suchen sei, da gerade in den letzten Zeiten ihres Bestehens ihr literärischer Ruf nicht schlecht war und der in dieselbe eingedrungene freiere Geist bei Kaiser Joseph keine Aufforderung zur Aufhebung sein konnte. Die wirkliche Aufhebung erfolgte erst ein Jahr nach dem erwähnten Handbillet, obschon bald nach dem Regierungs-Antritte des Kaisers die Furcht davon sich verbreitete, und Bittschriften der Tiroler Stände etc. um Abwendung dieses Unglückes an den Kaiser gerichtet wurden. Es war schon ein schlimmes Vorzeichen, dass nach dem Beginne des Schuljahres 1781—82 die Promulgation der akademischen Statuten unterblieb; und während dieses Schuljahres beeilten sich viele Juristen und Mediziner, den Doctorgrad zu erhalten. Das Organisirungs-Dekret des Lyceums vom 14. September 1782 kam während der Ferien an und enthielt in Verbindung mit einigen andern Erlässen folgende wesentliche Bestimmungen: Die Universität wird in ein Lyceum mit zwölf Professoren und zwei Facultäten — der philosophischen und theologischen, dann mit einem juridischen und chirurgischen Studium — ersteres mit zwei, letzteres (einschliesslich des Professors für Vieharzneikunde) mit drei Professoren umgestaltet. Von den Professoren bleiben in der Theologie: Sterzinger für Moral und Pastoral, Schwarzl für Dogmatik und Polemik, Staffler für heilige Schrift, Patro-

---

1) Kink l. c. 541.

logie und Literärgeschichte, Güntherod für Kirchengeschichte und Privat-Kirchenrecht; Oberrauch, Jäger und Plattner kehren in ihre Klöster zurück (Kopf wurde mit der Hälfte seines Gehaltes, d. i. 250 fl., pensionirt); in der Philosophie bleiben Zallinger für Mathematik, Stadler für Physik, De Luca für die politischen Wissenschaften, (Landwirthschaft, Manufakturen, Steuern, statist. Abriss der Provinzialverfassung nebst Geschäfts-Styl), Albertini für Philosophie (der freisinnige Michaeler wurde nach Wien versetzt); für die Jurisprudenz blieb La Paix als Professor der Institutionen und des Naturrechts und Banniza für das allgemeine Kirchenrecht und die Landesgesetze. Privat-Collegien für andere juridische Fächer wurden erlaubt. Jellenz wurde nach Freiburg, Dinzenhofer nach Prag übersetzt, Weinhart mit dem Jahresgehalt von 300 fl. entlassen; in der Chirurgie blieb für Medizin und Klinik Menghin, für Chirurgie Rutroff, für Veterinärkunde, aus der jedoch zum Absolutorium kein Zeugniss nöthig war, Scherer; Gerstner wurde mit 900 fl. pensionirt, Trabucco mit dem Jahresgehalt von 300 fl. und Schiverek mit dem Jahresgehalt von 900 fl. entlassen. Die bleibenden Professoren behielten ihren Gehalt, Neueinstehende erhalten in der Theologie, wenn sie Weltpriester sind, 500 fl., von Klöstern ausser Innsbruck 400 fl., von Klöstern in Innsbruck 300 fl.; in der Philosophie weltliche Professoren 600 fl., geistliche wie in der Theologie; in der Jurisprudenz 800 fl.; in der Medizin 600 fl. Fecht- und Sprachmeister hören auf. Die Studien dauern in jeder Abtheilung ausser der Theologie 2 Jahre. Die 100 fl. zur Anschaffung von Büchern für politische Wissenschaften hören auf, die angeschafften Bücher sind der öffentlichen Bibliothek zu übergeben.

Die Organisirung wurde mit Erlass vom 18. Februar 1783 dahin vervollständigt, dass aus den zwölf Professoren jährlich ein Rektor, wie früher gewählt werde, der die Promotions-Geschäfte der beiden Facultäten, die Ordnung bei den rigorosen Prüfungen und die Disziplin des Lyceums besorgen soll; dass ferner Direktoren wie bisher bestehen, jedoch in der Theologie, da der Prälat von Wilten am 22. Dezember 1782 gestorben war, diess Amt jährlich von einem Professor aus dem Gremium abwechselnd — vom Senior angefangen, versehen werde.

Die Facultäts-Akten wurden Anfangs an das Gubernium abgegeben, dann aber theilweise wieder an das Lyzeum zurückgestellt.

§ 118.

Die ersten Jahre des Lyceums waren ziemlich bewegt, vorzüglich wegen Professoren der Theologie und wegen Errichtung des Generalseminars, das auf die Theologie zurückwirkte, und diese bei weitem zur wichtigsten Facultät in dieser Zeit machte.

Das erste Studienjahr des Lyceums begann am 4. November 1782 mit dem Heiligengeist-Amte, bei welchem auf Gubernial-Auftrag der vorjährige Rektor Schiverek — obschon entlassen — ohne Scepter funktionirte, weil der noch vor Aufhebung der Universität gewählte Rektor Michaeler bereits nach Wien abgegangen war, wo er Custos der Universitäts-Bibliothek wurde und 1804 starb. Als neuer Rektor wurde — ungeachtet mancher bestehender Umtriebe und Parteiungen — am 9. Jänner 1783 der philosophische Professor De Luca gewählt und sogleich vom Gubernium — nicht mehr vom Kaiser — bestätigt.

Drei Tage vor seinem Tode hatte der Prälat von Wilten dem Gubernium angezeigt, dass mehrere Studenten mit Uebergehung der Metaphysik in die Theologie eingetreten seien und dass er umsonst ihren Rücktritt in die Philosophie angeordnet habe, indem sie hierauf nur eine umständliche, sehr ungeeignete Bittschrift, die er hiemit vorlege, übergeben hätten; — selbst von der dritten Gymnasial-Klasse

— sagten sie unter Anderm in dieser Schrift — wären Studenten in die Philosophie aufgenommen worden etc. Das Gubernium befahl am folgenden Tag (20. Dezember) den Rücktritt der Studenten in die Philosophie und beauftragte seinen Sekretär v. Leis zur Untersuchung über den Verfasser der Bittschrift. Leis konstituirte die Studenten, brachte die Sache zu keiner Gewissheit [1]), sprach sich jedoch gegen Güntherod als schuldig aus. Das Gubernium trug dem philosophischen Direktor Albertini unter Anschluss des Constituts und der Einlage des Prälaten die Besorgung des Rücktrittes der Studenten in die Philosophie auf, Güntherod aber erhielt einen Verweis. Der Direktor erwiederte, die Studenten folgen nicht, und Güntherod entschuldige die Aufnahme derselben mit der Unwissenheit eines Verbotes einer solchen Aufnahme. Nun erhielt der indessen gewählte Lyceal-Rektor De Luca den Auftrag, die Studenten einen Tag bei Wasser und Brod zu incarceriren, und wenn sie noch nicht folgten, zu entlassen. — Er berichtete unter dem 3. Februar, vier Studenten hätten die Strafe bestanden, Einer, der sich dazu nicht verstand, sei entlassen worden; das Dekret vom 22. Februar 1780 über Nichtaufnahme von Studenten in höhere Studien-Abtheilungen vor absolvirter Philosophie hätte bei allen Professoren circulirt. Diesen Bericht des Rektors legte das Gubernium nach Wien vor, von woher der Rekurs der Studenten zur Berichterstattung eingetroffen war. Von Wien wurde unter dem 28. Februar auf den vorgelegten Bericht bemerkt, dass zwar die Zurückweisung der Studenten genehmigt werde, die Strafe jedoch, für Austreten wollende, nicht in der Ordnung war; die Rüge an Güntherod, der nur den Studenten helfen wollte, wäre zu ernst gewesen, über den Umstand, dass Güntherod das Dekret vom 22. Februar 1780 nicht wusste, und über die Angabe der Studenten wegen Aufnahme von Schülern aus der dritten Gymnasial-Klasse wäre fernerer Bericht zu erstatten. Diess veranlasste neuerliche wiederholte Constitute mit den Studenten, zuletzt am 1. Mai 1783, vor dem ordentlichen akademischen Gerichte (Rektor, Dekane, von der Jurisprudenz auch Professor Banniza) von 3 Uhr bis 9 Uhr Abends, wobei sich die Studenten in Widersprüche verwickelten, ihr Benehmen als fehlerhaft erklärten und mit einem Verweis des Rektors abkamen. Ein befriedigender Hofbericht konnte nun keine Schwierigkeiten haben; aber die Zerfahrenheit unter den Professoren des Lyceums beim Beginne seines Bestehens musste auffallen. In der Theologie war die Spannung unter den Professoren so gross, dass keine Facultäts-Versammlungen gehalten werden konnten, weil die Professoren Schwarzl und Güntherod auf Berufung des Direktorats-Vertreters dazu gar nicht erschienen, was Güntherod sogar schriftlich aussprach [2]). Der Streit hatte auch auswärtig so viel Aufsehen erregt, dass die Bischöfe von Trient und Brixen erklärten, nicht absolvirte Philosophen in die Theologie nicht aufzunehmen.

§ 119.

Gegen Professor Güntherod war um diese Zeit schon eine andere Verhandlung eingeleitet, welche noch mehr Aufsehen erregte und wichtigere Folgen hatte. Dieser schon wiederholt erwähnte Mann — ein Baron aus dem Mailändischen und Servit in Innsbruck — hatte sich durch seine Kenntnisse, die er als Kloster-Lektor zeigte,

---

1) Aliqui ex inquisitis rotunde negare, nonnulla quoad poterant, extenuare, modis vero omnibus interrogatum auctorem (tametsi iste aliunde jam sciretur) celare, ad haec non solum contra modum factae inquisitionis insolenter protestare, verum insuper de interponenda a se Viennam apud altum tribunal (supremae ibi studiorum commissionis) querela aut appellatione minitari, quin interpositam jam denuntiare. (Eph. th.)
2) Se nolle amplius cum prodirectore (Staffler) coram agere. (Eph. th.)

so bemerklich gemacht, dass er nach der Aufhebung der Jesuiten zur Supplirung der Kanzel der Philosophie und im Jahre 1779 nach Weyeter's Tod als Professor der Kirchengeschichte an der Universität angestellt wurde. Er war ungezweifelt ein Mann von Fähigkeit und vielen Kenntnissen, und da er in die freie Richtung der damaligen Zeit ganz einging, bei der Studien-Hof-Commission vortheilhaft bekannt, so dass diese Stelle unter dem 3. Mai 1777 auftrug, ihn wider offenbare Unterdrückungen zu schützen und unter dem 2. Februar 1779 so zu behandeln befahl, dass er nicht Ursache habe, den Uebertritt in fremde Staaten anzusuchen, ja unter dem 26. Dezember 1780 wurde a. h. anbefohlen, den Serviten zu bedeuten, dass es Seine Majestät gern sehen würde, wenn das Kloster mit 100 fl. für Kost etc. sich begnügen und die andern 200 fl. seiner Besoldung ihm überlassen würde. Dagegen war er bei Vielen, und namentlich in seinem Kloster nicht beliebt, da er sich über die scolastische Behandlung der Theologie, abergläubische Andachten, obscure Ansichten etc. nur zu offen und zu satyrisch ausliess, und insbesonders auch im Kloster durch sein freies Betragen Anstoss gab. Das f. b. Ordinariat Brixen, auf sein Betragen und seine Lehre aufmerksam gemacht, befahl dem Innsbrucker Dekan Jac. Norz, Belege gegen ihn zu sammeln, und Norz erhielt über Klagen des Serviten-Provinzials unter dem 31. Oktober 1781 sogar den Auftrag, Güntherod nach vorläufiger Meldung beim Gouverneur Heister zu konstituiren. Heister fand jedoch die Klage gegen einen Mann wie Güntherod zu wenig gegründet, und seine Patronanz bei gegenwärtiger Zeit in Wien zu gross, als dass er ein solches Vorgehen gebilliget hätte; er schrieb hierüber unter dem 9. Dezember dem Bischof mit dem Ansinnen, der Bischof möge ihn selbst ermahnen und beaufsichtigen lassen. Die Ermahnung des Bischofs erfolgte unter dem 22. Dezember 1781 durch ein an Güntherrod gerichtetes Schreiben, in welchem der Bischof rügte, dass Güntherod ohne Erlaubniss seiner Obern das Kloster verliess, sein Ordenskleid ablegte, den Bart wegnahm u. s. w. Güntherod vertheidigte sich unter dem 5. Jänner 1782 an den Bischof weitläufig — auch hier Witz und Satyre nicht vermeidend: — er habe zur Reise nach Wien als Universitätsprofessor nur die Erlaubniss der Regierung, nicht auch seiner Obern nöthig erachtet; im Kloster trage er den Habit, den Bart hab' er sich abnehmen lassen, weil man ihn auf der Reise für einen Juden hielt und um in Wien anständig erscheinen zu können, der Prälat Rautenstrauch hätte diess gebilligt, welsche Serviten trügen auch keinen Bart; es wäre zu komisch gewesen, wenn er bei Wind Bart und Habit hätte halten müssen etc. Bei seinen wichtigen Geschäften als Professor könne er sich freilich nicht allen Kloster-Vorschriften unterwerfen, den Vorwurf von Ausschweifungen müsse er aber als Verläumdung erklären etc. [1]. Der Serviten-Provinzial konstatirte auf ein General-Kapitel des Ordens in einer Gubernial-Einlage vom 22. April 1782 das schlechte Betragen Güntherod's auf's Neue, und detaillirte auf weiterm Auftrage unter dem 12. Oktober mit Vorlage des Kapitels-Protokolles das Betragen Güntherod's dahin, dass er nach der Angabe seiner Lokal-Obern keine Ordnung, wie sie die Ordensregeln fordern, halte, des Nachts ausser dem Kloster sich befinde, in Wirthshäusern ungebührliche Reden führe, sich damit entschuldige, dass er als Professor sich an die Ordensregeln nicht halten könne etc. Der Guberneur überschickte unter dem 18. Oktober 1782 die Beschwerde dem Bischof, nun selbst mit dem Antrage auf gründliche Untersuchung durch einen bescheidenen Mann, da er nicht bergen könne, dass das zu freie, einem Priester und Religiosen keineswegs anständige unvorsich-

---

[1] Der Brief liegt im Brixener Consist.-Archiv, aus welchem manches hier Angeführte entnommen ist.

tige Betragen, welches bereits zur öffentlichen Aufmerksamkeit zu gereichen beginne, weiters nicht gleichgültig angesehen werden könne. Dekan Norz erhielt wieder den Auftrag zur Untersuchung und fand die Klagen bestätigt etc., worauf das Ordinariat auf Güntherod's Entlassung vom Lehramte, in welchem er anstössige Sätze vortrage, und auf Zurückgabe in sein Kloster unter dem 2. Jänner 1788 antrug, ein Antrag, den auch das Gubernium in seinem Berichte nach Wien unterstützte. Von dort kam aber unter dem 17. Februar ein Verweis, dass man eine Untersuchung, in welcher es sich nicht bloss um das Betragen, sondern auch um Lehre handle, dem Ordinariate überlassen habe; sie soll durch die Landes-Studien-Commission unter Beiziehung des Commissionsrathes Hofer und Professors Schwarzl genau vorgenommen, das Protokoll darüber von allen Mitgliedern unterschrieben vorgelegt, übrigens Güntherod discret behandelt, ihm z. B. ein Ueberrock gestattet werden; er hätte sich aber auch möglichst nach den Ordensregeln zu richten. Die Untersuchung wurde über 70 Klagepunkte im März und April 1783 unter allgemeiner Spannung über das Resultat [1]) geführt, Güntherod rechtfertigte sich dabei oft sehr unbescheiden, beleidigte fast alle Commissionsglieder und diktirte am Ende der Untersuchung dem Notar eine Vertheidigung in die Feder, wie auch Professor Schwarzl eine solche für ihn einreichte. Die Akten, zu denen auch die Beschwerden mehrerer Commissionsglieder — Sterzinger's, Albertini's, selbst Coreth's wegen Ehrenbeleidigung durch Güntherod und zum Theil durch Schwarzl — kamen, wurden vom Gubernium unter dem 3. Juni nach Wien mit dem Antrag vorgelegt, Güntherod zu entlassen, und auch Schwarzl als offenbaren Sachwalter Güntherod's zurechtzuweisen. Schwarzl reiste im September nach Wien, wo er nicht wird unterlassen haben, sich für Güntherod und sich selbst zu verwenden. Nach den theolo-Ephemeriden wurde Güntherod von der Studien-Hof-Commission als unschuldig, seine Ankläger aber wurden als Verläumder erklärt, die Hofkanzlei sprach aus, dass Güntherod als Professor zu verbleiben habe (und als solcher wird er auch noch in einem Erlass vom 20. September 1783 über die Organisirung des erweiterten theologischen Studiums, § 121, bezeichnet); allein der Kaiser habe die Verhandlung auf Zudringen einer hohen Persönlichkeit und durch den gerade in Wien sich befindenden Gouverneur Heister aufgeklärt, dem Staatsrathe übergeben und erst über nochmaliges Einvernehmen Güntherod's die endliche Resolution erlassen. Die a. h. Entschliessung vom 29. Oktober 1783 sprach Güntherod's Absetzung als Professor und Zurückgabe in seinen Orden aus, — den er nach den theologischen Ephemeriden schon früher verlassen hatte [2]). In einem Hoferlass vom 14. Dezem-

---

1) Cum ingenti totius hujus civitatis dicam, imo regionis suspensione et varia admurmuratione. (Eph. th.) — Dass die Lehren Güntherod's mehr als frei waren, verstehs sich von selbst. Er sprach z. B. aus: „Der Ablass ist nur Nachlassung der Kirchenstrafe, jener Leo's X., wenn er an einen geschickten Wechsler kam, für die päpstliche Kammer ein kleines Peru. — Charakter romm. pontificum Epochae III. est iste: ditescunt. pinguescunt, turgescunt, insolescunt, furescunt, vilescunt. — Der römische Bischof ist so wenig infallibel als allwissend. — Der zweite nicäische Kirchenrath, so wie der erste zu Lyon und zu Vienne sind nicht ökumenisch. — Der Bilderdienst ist zwar zuzulassen, aber die Mönche treiben damit einen abscheulichen Wucher. — Kaiser Heinrich der Heilige hatte mehr Anlage zu einem Mönch als Fähigkeit zu einem Ehemann, weil er sonst wider den Zweck der Ehe gesündiget hätte, da er sich seine Gemahlin Kunigunde entschlagen hat. — Dem Kirchenrath in Trient ist der hl. Geist von Rom aus in einem silbernen Felleisen zugeschickt worden, um die versammelten Väter von der Reformation der römischen Curie abzuhalten. Dieses Wunder wäre unterblieben, wenn nicht vorher so viele goldene Felleisen aus Deutschland nach Rom gekommen wären u. s. w." — Güntherod erkannte diese Sätze als die seinigen und als wahr an.

2) Der Serviten-Provinzial bat unter dem 17. November 1783 das Gubernium um

ber 1783 wurde befohlen, den Serviten aufzutragen, dass Güntherod, der schon vor Erhaltung des nun verlornen Lehramtes im Orden Kränkungen erlitten habe, in Gradiska, wohin er sich auf a. h. Bewilligung begebe, vor Kränkungen und Gewaltthätigkeiten zu schützen sei [1]. Auch Schwarzl wurde entfernt und auf die Univerität Freiburg versetzt.

§ 120.

Während dieser Zeit war eine andere wichtige Verfügung für die Bildung der Theologen erfolgt, nämlich die Errichtung eines Generalseminariums für ganz Tirol in Innsbruck.

Seit dem Jahre 1752 hatte die Regierung schon mannigfaltige Verordnungen zur Bildung der Priester erlassen; und seit dem Jahre 1761, wo in Innsbruck zu den theologischen Professoren aus dem Jesuiten-Orden auch andere Professoren aufgestellt wurden, scheint auch die Idee bestanden zu haben, die ganze Priesterbildung durch Seminarien unter die Aufsicht der Regierung zu stellen (§ 82). Das Gubernium musste unter dem 28. Oktober 1769, 23. Februar 1771, 15. April und 6. Juni und 16. Oktober 1773 über diese Angelegenheit Hofbericht erstatten. — Nach der Aufhebung der Jesuiten war in Folge a. h. Entschliessung vom 12. Februar 1774 von den Ordinarien über die Priesterhäuser Bericht abzufordern; die Kaiserin wäre zu ihrer Erweiterung oder Errichtung geneigt, die Bischöfe sollen die Fonds hiezu bezeichnen: Jünglinge unter 20 Jahren wären in dieselbe nicht aufzunehmen, hätten 5 Jahre in denselben zu verbleiben. Plan und Einrichtung vorhandener Priesterhäuser wären einzuschicken. Die Errichtung der Priesterseminarien in allen Provinzen des österreichischen Staates war um diese Zeit eine vorzügliche Angelegenheit der Kaiserin [2], und es musste nach einem Erlasse vom 21. Juni 1774 von 8 zu 8 Tagen hierüber Bericht erstattet werden; als Fond dazu wurden die Ueberschüsse geistlicher Stiftungen bezeichnet. Allein die Sache verzog sich bis auf den raschen Kaiser Joseph, der unter dem 30. März 1783 anordnete, dass auch zu Innsbruck für alle künftigen Weltpriester und Religiosen ein Generalseminar errichtet werde, in welchem alle Zöglinge den ganzen theologischen Kurs hinterlegen, nach Vollendung dieses Kurses aber ein Jahr alle Gattungen von praktischen Seelsorgs-Verrichtungen unter Anleitung der Seminar-Direktion auszuüben hätten, und wo denselben eine gute moralische Bildung beizubringen sei. Die theo-

---

Zurückstellung der von Güntherod aus dem Kloster genommenen Sachen, was auf Verlassen des Klosters hindeutet. — Das Gubernium erwiederte, das Kloster, dem er zurückgestellt wurde, hätte dafür selbst zu sorgen.

1) Güntherod schrieb mehrere Werke — unter andern: Herr und Frau v. Holz in zwei Aufzügen. Kempten 1783. (Gespräch zwischen dem Bilde unsers Herrn im Elende zu Matrei und der Mutter Gottes in der Waldrast — voll Sarkasmen über Beförderung der Ehre solcher Bilder durch Mönche.) Auf einem Umschlage eines Exemplars dieses Büchleins fand sich die Nachricht: P. Carolus Guntherod ex hujate (oenip.) Servitorum monasterio Logices professor factus valedixit coetui nostro, cui multas injurias intulit, vagus deinde per tempus varia, atque uti legenti patet, scandalosa scripsit, quorum fere ultimum fuit: Komische Merkwürdigkeiten aus alten theologischen Makulaturen. Denique Principi Esterhazio in Hungaria Bibliothecarius in ipsa bibliotheca de scala lapsus paulo post, ut referebatur poenitens obiit, Mense Octobri 1795. Requiem det mortuo Deus, quam vivus nec vivis nec mortuis reliquit.

2) Als die Studien-Hof-Commission unter dem 30. September 1774 wegen einer Akademie der Wissenschaften an die Kaiserin einen Vortrag erstattete, rescribirte diese: „Ehestens wegen deren Priesterhäuser oder Seminarien den Vortrag, auf keine Akademie oder weltliche Lehrhäuser zu denken, in keinem Land, ehe nicht erstere fundirt sind" (Kink l. c. S. 510.)

logischen Studien ausser dem Seminar wurden für Welt- und Ordens-Priester als ungültig erklärt. Auf eine unter dem 15. September 1783 mit einem Schreiben an den geheimen Rath Freiherrn v. Kressl an den Kaiser gerichtete Vorstellung des Bischofs in Brixen, wo erst im Jahre 1764 ein geräumiges Priesterhaus erbaut worden war, wurde nur gestattet, dass die Theologen nach Vollendung des fünfjährigen theologischen Kurses in das Brixener Seminar gesendet und nach befundener Tauglichkeit zu den höhern Weihen befördert werden. Als Lokale erhielt das Innsbrucker Seminar die Räume der adelichen Ritter-Akademie, die weichen musste, und nach der Aufhebung des Franziskaner-Klosters im Jahre 1784 (§ 126) auch dieses, welches desswegen durch Gänge mit dem westlichen Theile des ehemaligen Jesuiten-Collegiums, der für die Akademie verwendet worden war, verbunden wurde. Alle Anordnungen über das Seminar gingen von der Regierung aus, nicht einmal über die Reinheit der Lehre wurde den Bischöfen eine Controle gelassen [1]). Die Eröffnung des General-Seminars erfolgte im Jänner 1784, wo 82 Theologen auf eigene Kosten, da die zugewiesenen Renten damals nur 2200 fl. abwarfen, eintraten. Den Anfangs kleinen Fond vermehrten die Vermögenheiten der aufgehobenen Klöster, Bruderschaften, Stiftungen etc., z. B. der Missionsfond der Jesuiten mit 22,000 fl., der Ueberschuss des Nikolaihauses mit 20,000 fl., die Einsiedelei Wiesele bei Prutz im Oberinnthale mit 3000 fl. u. s. w. Dazu kam noch ein Alumnaticum von jährlich 1 fl. 30 kr. von einem Pfarrer und 1 fl. von andern Priestern; überhaupt wurde die Erhaltung des Seminars unter dem 14. August 1784 dem Religionsfond übertragen, der vorzüglich aus dem Vermögen der aufgehobenen Klöster und der Intercalarien geistlicher Pfründen gebildet wurde. — Als Direktor erhielt das Seminar den bisherigen Professor der Philosophie, Weltpriester Albertini, dem zwei Vicedirektoren (De Pretis und Zamboni), dann mehrere Studien-Präfekte zur Seite standen.

§ 121.

Die Errichtung des General-Seminars hatte auf die Theologie einen bedeutenden Einfluss. Es war nämlich ausgesprochen, dass das theologische Studium an Orten der General-Seminarien ganz so wie an Universitäten einzurichten sei. Daher wurde die Zahl der theologischen Professoren von vier auf acht vermehrt, indem von dem aufgehobenen theologischen Studium in Laibach vier Professoren (Lanaz, Sortschan, Pogatschnig und Ziegler) nach Innsbruck versetzt, und die theologischen Fächer in der Art eingetheilt und vermehrt wurden, dass Güntherod die Kirchengeschichte — (ohne Privat-Kirchenrecht, da der juridische Professor Banniza wieder das ganze Kirchenrecht zu lehren hatte), Staffler hebräische Sprache mit Hermeneutik des alten Bundes, Sortschan griechische Sprache mit Hermeneutik des neuen Bundes, Lanaz den ersten Theil der Dogmatik, Pogatschnig Patrologie und theologische Literärgeschichte nebst Polemik, Ziegler Moral, Schwarzl den zweiten Theil der Dogmatik, Sterzinger endlich die Pastoral zu lehren hatte. — Dieser Stand der Lehrer wurde aber bald verändert; denn da Güntherod bald darauf entlassen und Schwarzl nach Freiburg versetzt wurde, erhielt der Carmelit Macarius Pisenti die Professur der Dogmatik und Kaspar Tominik die Professur der Kirchen-

---

1) „Die dem Ordinarius zuerkannte Einsicht in die theologischen Studien, insoweit solche die Reinheit der katholischen allgemeinen christlichen Lehre zum Gegenstande hat, ist überflüssig." — diesen Grundsatz erklärte van Swieten, an Kaiser Leopold II. später sich rechtfertigend, als den, welchem man bei Einrichtung der theologischen Studien- und General-Seminarien folgen zu müssen glaubte. (Kink l. c. S. 572.)

geschichte; auch Lanaz lehrte hier nur ein halbes Jahr und hielt am Ende des ersten Semesters mit seinen wenigen Schülern die Prüfung, suchte durch das Gubernium um die Bewilligung zu einer Reise nach Wien an, die er vor erhaltener Bewilligung [1]) im April 1784 antrat, und da er noch im nämlichen Jahr nach Graz versetzt wurde, trat auf sein Ansuchen wieder Jäger von Wilten als Professor ein.

§ 122.

Nach der Angabe dieser Hauptveränderungen durchgehen wir wieder kurz die Hauptmomente der hohen Schule.

Ueber Fond und Lokalien ist — ausser dem neuen Bibliotheks-Lokale (§ 125) nichts Besonderes anzuführen.

Auch über die Verhältnisse der Professoren ergaben sich keine besondern Veränderungen, ausser etwa, dass die unter dem 18. September 1768 aufgelassene Arrha unter dem 25. Oktober 1786 für den Studienfond gegen Pensions-Fähigkeit der Wittwen der Professoren wieder eingeführt wurde und das Amtskleid der Professoren aufhörte, welches nach Hofdekret vom 24. November 1784 zum Vortheil der Facultäten verkauft werden solle.

Der Stand des Dienstpersonals änderte sich — wohl in den Personen, aber nicht in der Zahl [2]).

Ueber die einzelnen Facultäten sind jedoch einige Ereignisse anzuführen.

In der Theologie erfuhr in der kurzen Zeit Studienplan und Lehrpersonale zweimal eine bedeutende Reduktion. — Die erste erfolgte mit a. h. Entschliessung vom 16. Juni 1785, mit welcher ausgesprochen wurde, dass die genügende mindere Weitläufigkeit in Streitsachen und die Supplirung der Patristik eine Reduzirung des theologischen Studiums auf 4 Jahre gestatte. — Entlassen wurde dabei nur ein Professor, nämlich l'isenti, aber mit ihm wurde auch Staffler in sein Kloster zurückgeschickt und ein Ertl aus Wien statt seiner für den alten Bund aufgestellt [3]).

Eine besondere Veränderung erlitt noch die Professur der Pastoral, da v. Ster-

---

1) Inscio gubernatore, inscia studiorum commissione, inscia tota facultate theologica — sagen die Eph. th.

2) Der Notar Casimir Mühlbacher, Nachfolger des jüngern Roschman, wurde unter dem 20. Juni 1786 mit 150 fl. pensionirt und sein Sohn Sebastian mit 300 fl. angestellt. Der Thorsteher Kastner wurde unter dem 25. August 1790 provisionirt und an seine Stelle auch sein Sohn mit 158 fl. und 25 fl. Quartiergeld aufgestellt. Der Gehalt des Pedells bestand nach Hofdekret vom 28. März 1787 in 130 fl.

3) Das Studium war nach Hofdekret vom 24. August 1785 so organisirt:
    I. Jahrgang: 8—9, 2—3 Uhr:
Kirchengeschichte, theologische Enzyklopädie (Professor Pogatschnig).
9—10, 3—4 Uhr:
Hebräische Sprache, Hermeneutik des alten Bundes (Professor Ertl).
II. Jahrgang 8—9, 2—3 Uhr:
Literärgeschichte der Theologie, griechische Sprache, Hermeneutik des neuen Bundes (Professor Sortschan).
9—10, 3—4 Uhr:
Patristik, Dogmatik erster Theil (Professor Jäger).
III. Jahrgang 8—9, 2—3 Uhr:
Polemik, Dogmatik zweiter Theil (Professor Tominik).
9—10, 3—4 Uhr:
Moral (Professor Ziegler).
IV. Jahrgang 8—9, 3—4 Uhr:
Kirchenrecht (Professor Banniza).
9—10, 2—3 Uhr:
Pastoral (Professor v. Sterzinger).

zinger im Jahre 1785 Pfarrer wurde (§ 127), für den der Seminar-Präfekt Hofer auf Konkurs einstand. Dieser starb aber schon im folgenden Jahre am Blutsturz, und Professor Ertl supplirte die Kanzel, bis im Jahre 1788 Gallus Isser ebenfalls auf Konkurs diess Fach übernahm. Nach Hofdekret vom 16. August 1785 hatte der Professor dieses Faches die welschen Theologen lateinisch oder italienisch zu unterrichten.

Die zweite Redaktion ergab sich im Jahre 1788, wo das theologische Studium mit a. h. Entschliessung vom 26. August gar auf 3 Jahre beschränkt wurde, da Patrologie mit Kirchengeschichte verbunden, Literärgeschichte aber von jedem Professor für sein Fach gegeben werden könne [1]. — Dadurch wurde die Zahl der Professoren um zwei vermindert. Tominik war im Jahre 1787 gestorben, Sortschan wurde pensionirt. Allein da Professor Ertl noch im nämlichen Jahre 1788 statt Klotz (Hofers Nachfolger) bei der Studien- und geistlichen Commission des Guberniums die Rathsstelle erhielt, trat Sortschan nach einem halben Jahre wieder als Professor ein.

Die Theologen hatten aber auch fortwährend Naturgeschichte und Landwirthschaft bei dem Professor der Physik oder Mathematik zu hören. — Auch noch besondere Vorlesungen, z. B. Erklärung der hl. Schrift etc., gaben die Professoren den Seminaristen in ausserordentlichen Stunden, wofür sie besonders remunerirt wurden [2].

Die Vorlesebücher wechselten besonders für die Bibelfächer häufig; für Kirchengeschichte war unter dem 8. September 1786 Schroeck's Compendium historiae ecclesiasticae mit dem weitern Auftrage vom 30. November 1786 vorgeschrieben, die von der Lehre der katholischen Kirche abweichenden Sätze zu widerlegen, worüber Bischof und Gubernium zu wachen hätten [3]. Allein unter dem 7. Jänner 1787 wurde ein Preis von 100 Dukaten für Verfassung eines zweckmässigen Lehrbuches festgesetzt und unter dem 24. August 1788 Dannenmayr's Institutiones historiae ecclesiasticae als solches eingeführt, das bis zum Jahre 1834 Lehrbuch blieb. Für Pastoral wurde unter dem 18. November 1784 Güfschitz's Werk Lehrbuch, Moral war nach Schanza zu lehren.

Den theol. Professoren wurde mit a. h. Entschliessung vom 19. März 1784 und 5. Dezember 1785 auch die Beurtheilung der Pfarr-Konkurse aufgetragen, was aber, da das Ordinariat nicht in Innsbruck ist, bis zur königl. bayr. Regierung nie in Ausführung kam; die theologischen Professoren selbst waren durch obige Verordnung vom Pfarr-Konkurse mit Ausnahme einer Predigt frei. — Direktor der Theologie war immer ein Professor — im Jahre 1783—84 nach a. h. Ent-

---

1) Das Studium erhielt folgende Einrichtung:

I. Jahrgang: Das ganze Schriftstudium (Professor Ertl).
Kirchengeschichte etc. (Professor Pogatschnig).
II. „ Dogmatik (Professor Jäger).
Moral (Professor Ziegler).
III. „ Pastoral und Enzyklopädie (Professor Isser).
Kirchenrecht (jur. Professor Banniza).

2) So erhielt Sortschan im Jahre 1796 für die sonntägliche Erklärung der heiligen Schrift 100 fl., die auch für die Zukunft versprochen wurden; und für Vorlesungen des neuen Bundes mit Ertl 300 fl.; Jäger für ausserordentlichen Unterricht in der Dogmatik 200 fl. (Hofdekret vom 7. Januar 1790.)

3) Der Bischof von Brixen machte gegen diess Vorlesebuch wiederholte Vorstellungen und gab dem Prokanzler und auch dem Dekan Norz von Innsbruck den Auftrag, zu wachen, ob der Professor die vorkommenden Irrthümer gründlich widerlege und die katholische Wahrheit mit überwiegenden Gründen vertheidige. (Sinnacher IX. 769.)

schliessung vom 22. Dezember 1783 Lanaz, der schon in Laibach Direktor der Philosophie und Theologie mit einer Zulage von 100 fl. war, die er behielt; nach ihm Jäger als Senior u. s. w.

In der philosophischen Facultät brachte die Errichtung des Generalseminars insofern eine Aenderung hervor, als der Philosophie-Professor Albertini Seminar-Direktor wurde, dabei aber doch noch Direktor der Philosophie blieb. Statt seiner kam Franz Zinner von Prag, ein Mann, gegen dessen freie Grundsätze schon im Jahre 1784 acht Studenten [1]) eine Klage einreichten, dafür aber mit a. h. Entschliessung vom 11. Jänner 1785 von den Studien ausgeschlossen, jedoch mit einer andern a. h. Entschliessung vom 22. Februar 1785 auf ein an den Kaiser gerichtetes Gesuch der Studenten und ihrer Eltern wieder begnadigt wurden [2]). — Auf Zinner's Tod im Jahre 1787 folgte Friedrich Nitsche. — Zum Eintritte in die Philosophie wurde unter dem 31. Oktober 1783 neuerlich vollendetes Gymnasialstudium im Inlande, unter dem 4. Jänner 1785 aber wenigstens genaue Prüfung über alle vorgeschriebenen Gegenstände derselben gefordert. — Unter dem 11. November 1784 wurden die politischen Wissenschaften von der Philosophie excindirt und dem juridischen Studium einverleibt. Professor De Luca wurde nach Linz versetzt und dafür als Professor unter dem 14. Februar 1784 Hauk mit 800 fl. aufgestellt und ihm, da er schon Professor war, das juridische Doctorat zu geben befohlen. (Vgl. § 129.)

Am wenigsten wurde sonst in der juridischen Studien-Abtheilung geändert. Die Anstellung künftiger Professoren der politischen Wissenschaften hatte zu geschehen, wie jene anderer juridischer Professoren. Unter dem 8. März 1787 wurde befohlen, mit dem römischen Rechte auch das bürgerliche Gesetzbuch zu verbinden, sobald es erscheint. — Einige Privatdocenten, z. B. Peer, ein Stoker etc. gaben bisweilen Vorlesungen über juridische Fächer. Hauk hatte in einigen Abschnitten zu Sonnenfels's Lehrbuch auch die Landesverfassung vorzutragen; er schickte darüber eine Bearbeitung an die Studien-Hof-Commission, die unter dem 17. April 1789 wie gewöhnlich belobt, aber doch mit Ausstellungen zurückkam.

Im medizinisch-chirurgischen Studium war nach einem Hofdekrete vom 28. Juni 1786 im ersten Jahre Anatomie und Chirurgie, nebst kurzem medizinisch-theoretischen Unterrichte, im zweiten Jahre Operations-, Instrumenten- und Bandagenlehre sammt Geburtshülfe und praktischer Unterricht am Krankenbette zu hören.

Als im Jahre 1789 Menghin starb, erhielt der Lehrer der Veterinärkunde, Scherer, sowohl dessen Lehr- als Protomedicats-Stelle; den Vieharznei-Unterricht übernahm im Jahre 1790 Dr. Niedermayr mit einem Gehalte von 400 fl. aus dem ständischen Fonde.

Nach einer a. h. Entschliessung vom 16. August 1785 hatte der Professor der Pastoral (und des Kirchenrechts) alle k. k. Verordnungen an die Consistorien über Seelsorge behufs des Unterrichtes zu erhalten, und die Bibliothek sie aus den Verlagsgeldern anzuschaffen.

§ 123.

Bezüglich der Lehrart traten keine wesentlichen Veränderungen ein, ausser dass nach der a. h. Entschliessung vom 25. November 1782 alle Gegenstände,

---

1) Darunter Georg Lechleitner, Mich. Feichter, Gottfried Purtscher etc.
2) Vielleicht beachtete der Kaiser die Ausschliessung zu wenig, da die Studien-Hof-Commission die in ihren dem Kaiser vorgelegten Protokollen vorkommenden Gegenstände als a. h. Entschliessung herausgab, wenn der Kaiser keine besondern Bemerkungen darüber machte.

und selbsten in der Theologie, Hermeneutik, Moral und Pastoral deutsch gelehrt werden mussten.

Zur Erleichterung der Anschaffung von Vorlesebüchern wurden sie nach Hofdekret vom 12. November 1784 gegen Anzeige an die Hofstelle auf Verfügung des Guberniums im Lande nachgedruckt; es war aber genau nach denselben zu lehren, und nach dem Hofdekret vom 7. September 1784 die Prüfung vor dem Direktor und dem betreffenden Professor mit genauer Klassenertheilung nach den vier Abstufungen (Vorzug I., II., III. Klasse) vorzunehmen und das Aufsteigen in höhere Kurse von dem guten Erfolge derselben abhängig gemacht.

Wesentliche Veränderungen wurden in den Promotionen zu akademischen Würden angeordnet.

Bei der Promotion des Professors Hauk zum juridischen Doctorgrade, der ihm ausnahmsweise zu verleihen war (§ 172) wurden die früher gewöhnlichen Versprechungen und das Glaubensbekenntniss vom Prokanzler abgenommen. Darüber berichtete der Professor sogleich nach Wien, wahrscheinlich an den Generalien-Referenten Sonnenfels bei der Studien-Hof-Commission und liess sich bitter über diese Ceremonien, namentlich über das abgelegte Glaubensbekenntniss und — wie er sagt, die Angelobung des Gehorsams gegen den Papst aus [1]). Diess anonyme Schreiben (so nennt es die Studien-Hof-Commission in ihrem Berichte an den Kaiser) legte die Hofstelle, resp. der Generalien-Referent Sonnenfels, mit einem ihrer Protokolle dem Kaiser vor und glossirte es mit der Bemerkung: „Ueber den Eid des Gehorsams, welcher dem römischen Stuhle abgelegt wird, ist es überflüssig, etwas beizusetzen. Dieses Ueberbleibsel aus der Zeit der Finsterniss und römischen Usurpation beleidiget nicht nur den Verstand, sondern auch den bürgerlichen Gehorsam“ [2]). Es erfolgte hierauf die a. h. Entschliessung vom 3. Februar 1785, dass bei Ertheilung der akademischen Grade und beim Antritte was immer für eines Lehramtes Alles aufzuhören habe, was einer geistlichen Feierlichkeit ähnlich sei, wie Glaubensbekenntniss, Eid des Gehorsams an den römischen Stuhl. — Mit weiterem Erlasse vom 27. April 1785 hatten bei akademischen Promotionen nur mehr Angelobungen statt, welche Ehrfurcht gegen den Rektor, Gehorsam gegen die akademischen Statuten, Beförderung der Ehre des Instituts und bei theologischen Promotionen (charakteristisch) Reinigung der christlichen Religion vom Aberglauben, Scolastik, bei der Jurisprudenz und Medizin aber andere entsprechende Pflichten ausdrückten [3]). Der Promovend antwortete: Spondeo. — Auf diese

---

1) Er schreibt: „Seit einigen Stunden bin ich nun Licentiat und beider Rechte Doctor. Bei dieser Gelegenheit musste ich einem Pfaffen, der als Kanzler (!) vom Herrn Bischof in Brixen bestellt war, das Glaubensbekenntniss und dem hl. Stuhle (?) den Gehorsam schwören, eine Thorheit, die ich gewiss nicht begangen haben würde, wenn ich es mir nicht zum Gesetze gemacht hätte, die Eintracht unter meinen Mitkollegen zu erhalten und das Aufsehen unter dem Pöbel zu vermeiden. Dafür aber ward der hl. Segen einmal vom Kanzler, das andere Mal vom Rektor über mich gesprochen.“

2) Vgl. Kink l. c. S. 556.

3) Die Sponsionen lauten wörtlich: Spondebis te Rectori Lycei hujus reverentiam, obsequium ex debito, et quod leges academicae postulant, praestiturum . . . Decanum facultatis et singulos ordinis hujus collegas, quo par est honore, studio prosequuturum . . . Donec membrum hujus Lycei eris, omnibus, quae in eodem rite et in commune statuta sunt, statuenturve, obtemperaturum, jura et privilegia ejusdem pro virili semper procuraturum, promoturum. — In der Theologie kam noch die vierte Sponsio: Religionem christianam a spuriis cultibus integram servaturum, disciplinasque theologicas a jejuniis scholasticorum opinionibus expurgaturum, veram, quae ad mentem Jesu christi sit, theologiam excluturum; illamque ad usus vitae humanae constanter et sollicite traducturum.

Sponsionen hatte der Promotor zu erklären, dass er vermöge seines Amtes den Candidaten in alle Privilegien und Rechte einsetze, welche die kaiserliche Munificenz mit dem Doctorgrade verbunden habe, dessen Ehre etc. er nun befördern soll [1]). Dieser einfache Vorgang ersetzte nun die feierlichen Ceremonien früherer Zeiten (§ 34). Diess Verfahren wurde auch durch spätere Verordnungen nicht abgeändert. Das Licentiat hatte sohin von selbst aufzuhören; das Baccalaureat wurde mit Hofdekret vom 30. März 1788 abgeschafft.

Die Forderungen zum Doctorate der Philosophie wurden unter dem 3. November 1786 dahin bestimmt, dass demselben drei Prüfungen aus den Hauptfächern der Facultät — Philosophie, Mathematik mit Physik, und Geschichte [2]) — vorhergehen müssen, für die Nebenfächer aber Zeugnisse genügen. Eine schriftliche Abhandlung und eine Disputation wurde nicht gefordert. Der Name: philosophisches Magisterium ward aufgehoben und dafür durchaus philosophisches Doctorat gesetzt, übrigens schon früher erklärt, dass das philosophische Doctorat zu den Promotionen in höhern Facultäten nicht nöthig sei.

In der Theologie blieben die Vorschriften für die Prüfungen wie früher; die schriftliche Abhandlung der Seminar-Präfekte, die zum Doctorat verpflichtet waren, sollten gedruckt werden. — In der ersten Zeit der Periode wurden die Professoren noch ohne Prüfungen doctorirt, wie im Jahre 1783 Pogatschnig, Ziegler, Pisenti, Tominik [3]). Allein nach den eingetretenen neuen Vorschriften wurde darauf gesehen, dass sie wie Andere auf Prüfungen etc. das Doctorat erhalten, und sie wurden vor ihrer Doctorirung nicht einmal Professoren, sondern nur Lektoren genannt, wie z. B. Isser und Rudolf. Bloss die Disputation sah die theologische Facultät im Jahre 1789 dem Professor Rudolf nach, weil in den neuesten Erlassen dieselbe nicht ausdrücklich erwähnt sei, nach der Aufhebung der Universität eine solche nicht mehr üblich war, und als scolastisch (!) dem dermaligen sokratischen Zeitgeiste nicht mehr angemessen sei [4]).

§ 124.

Ueber Fleiss und Sittlichkeit der Studenten ist von dieser Zeit nichts Besonderes zu berichten, ausser etwa, dass namentlich in der Theologie sich Misstrauen gegen die Professoren zeigte. (Vgl. §§ 119, 122, 128.)

Die Ferien waren nach dem Hofdekret vom 17. April 1784 auf die Monate September bis 3. November und die Schulstunden von 8—10 und 2—4 Uhr fest-

---

— Für Juristen (um auch diess beizufügen, obschon es damals für Innsbruck's Lyceum keine Anwendung hatte: Linguam, stylum, conatusque tuos Patriae, Principi, Civium juribus tutandis, consulendo, respondendo, patrocinando dedicaturam, — für Mediziner: Artem salutarem, quam adeptus es, in Aegrotorum solamen honeste, solerter exerciturum, quantunque in te erit, aucturum; eadem sollicitudine ac animi aequitate pauperi atque diviti operam medicam laturum.

1) Wörtlich lautet die Formel: Pro auctoritate muneri meo ab Augusto collata te in praemium scientiae (phil. theol.) cujus rite et ex praescripto legis specimina a te omnia data sunt, Doctorem (phil. theol.) pronuntio, simulque in omnium, quae Augustorum Munificentia et fovendarum scientiarum amore huic academicae dignitati concessa sunt, et erunt, jurium, privilegiorumque possessione constituo. Tuum nunc erit, locum, in quem bonarum artium studio evectus es, iisdem artibus tueri, reipublicae literariae, ordinis denique, in quem advectus es, utilitatem, incrementum, decus promovere.

2) Geschichte aber wurde am Lyceum nicht einmal gelehrt.

3) Nach erhaltener Licenz wurden sie — citra solitarum alias ceremoniarum ambages intra parietes conclavii senatorii tantum — wie die theologischen Ephemeriden sagen —. promovirt.

4) Eph. th. ad h. annum.

gesetzt; allein unter dem 24. Mai 1786 wurden die Ferien auf die Monate Juli und August übertragen, und unter dem 23. Mai 1783 für Ostern fünf Ferialtage, und unter dem 12. November 1788 für Weihnachten zwei Ferialtage bestimmt.

Während dieser Periode erfolgten aber einige Verfügungen, die — obschon theilweise nicht das Lyceum betreffend, doch auf die Studirenden an demselben entschiedenen Einfluss hatten, weil sie die sogenannten Handstipendien für Studirende begründeten.

Es wurde nämlich:

A. Mit a. h. Entschliessung vom 3. Mai und 2. Juni 1784 das Unterrichtsgeld behufs von Stipendien eingeführt. Ein Student am Lyceum hatte jährlich 18 fl. zu bezahlen; Theologen, welche nicht von eigenen Mitteln, sondern von Stipendien oder im Seminar den Unterhalt bezogen, waren davon frei; Andere befreite guter Fortgang in den Studien etc. Anfangs nicht, und das Gubernium, welches einigen vorzüglichen Studenten die Bezahlung desselben nachsah, erhielt von Wien mit der Bemerkung einen Verweis, dass der Zweck des Schulgeldes Verminderung der Studenten sei. Diess Schulgeld wurde nicht für die Professoren oder den Studienfond, sondern zu Stipendien für die Studirenden verwendet, welche erst im Laufe eines jeden Jahres verliehen werden konnten, weil das Schulgeld erst unter dem Jahre einfloss und der Ertrag desselben liquidirt werden konnte. Zur Erlangung eines Stipendiums waren vorzüglich gute Studien zu berücksichtigen, aber nicht auf relative Klassen (nach der Zahl der an einer Anstalt Studirenden), sondern auf die absolut guten zu sehen, so dass die Vorzugs-Schüler auch bei einer wenig zahlreichen Anstalt nicht zurückstanden. Die Summe des Schulgeldes vom Lyceum und von den Gymnasien (denn auch an Gymnasien des k. k. Territoriums war Schulgeld zu bezahlen) war zwar besonders anzugeben, aber nicht ausschliesslich für Studenten des Institutes zu verwenden, aus welchem es floss; auch waren natürlich die Stipendien nicht alle Jahre gleich gross und gleich zahlreich und sie mussten daher jährlich verliehen werden. Die Verleihung geschah durch die Studien-Hof-Commission, der nach dem Hofdekret vom 22. März 1789 Tabellen über Fortgang, Sitten, Verdienst der Eltern, Vermögen der Competenten, zur Verleihung oder Bestätigung der Stipendien gutächtlich vorzulegen waren [1]). In der Folge traten über Bezahlung des Schulgeldes mildere Bestimmungen ein; so wurde mit Hofdekret vom 10. November 1787 dem Gubernium das Befugniss eingeräumt, dürftige eines Stipendiums würdige Studenten vom Schulgelde zu befreien. Auf Verwendung der Stände Tirols wurde es unter dem 2. Dezember 1791 wieder ganz aufgehoben.

B. Es wurden unter dem 14. August 1784 alle Convicte aus wichtigen politischen und moralischen Gründen, wie die a. h. Entschliessung sagt, aufgehoben und deren Erträgniss zu Handstipendien verwendet. In Innsbruck traf diess Schicksal die Ritter-Akademie, in welcher wohl das Zusammenleben, aber nicht der in derselben gegebene Unterricht — im Fechten, Tanzen, fremden Sprachen aufhörte, der nebst manchen Pensionen von dem Fonde bezahlt werden musste [2]). Im Jahre

---

1) Im ersten Jahre der Einführung des Schulgeldes ertrug es vom Lyceum und von den Gymnasien zu Innsbruck, Meran, Roveredo, Lienz und Feldkirch 4416 fl. 36 kr., woraus nach Hofdekret vom 1. Februar 1786 folgende Stipendien resolvirt wurden: 15 à 80 fl. für das Lyceum, 38 à 50 fl. für die Gymnasien, 8 à 30 fl. für Normalschulen.

2) Nach einer in der Statthalterei-Registratur liegenden Rechnung vom Jahre 1790 hatte der Fond bei der Kreditskasse in Schwaz 156,201 fl. und bei der tirolischen Landschaft 3000 fl. Kapital, und von dieser auch einen jährlichen Betrag von 1600 fl., vom Nikolaihaus aber von 600 fl.; das jährliche Einkommen aber betrug 8910 fl. 26 kr. — Die Ausgaben aber waren nebst den Stipendien von 6900 fl. für den Direktor 500 fl.

1790 hatte der Fond 29 Stipendien und zwar 7 à 300 fl., 8 à 250 fl., 14 à 200 fl.
— zusammen 6900 fl. — Ferner wurde in Innsbruck aufgehoben das Nikolaihaus
— ein Convict der Jesuiten, das schon vor der Gründung der Universität errichtet
und nach und nach erweitert worden war [1]).

C. Endlich hatte die Aufhebung mehrerer geistlichen Korporationen, namentlich des Regelhauses in Innsbruck und des Haller Damenstiftes auf die Stipendien-Gründung einen Einfluss, weil das Regelhaus (königliches Stift) stiftungsmässig 14 Studenten täglich eine Suppe, ein Brod und einen Heller zu verabfolgen hatte, das Kapellhaus des Haller Damenstiftes aber Studirende erhalten und auch das Stift Beiträge für Studirende verabreichen musste, daher bei der Aufhebung dieser Korporationen Vermögenheiten für Stipendien ausgeschieden wurden.

Vom Schulgelde, vom Nikolaihause, vom Regelhause und dem Haller Damenstifte weist nun ein Verzeichniss vom Jahre 1788—89 [2]) folgende Stipendien aus, und zwar:

a. vom Schulgelde, das vom Lyceum und von den Gymnasien jährlich beiläufig 3000 fl. abwarf, 16 Stipendien à 80 fl., 74 à 50 fl., 7 à 30 fl., mit denen 17 Theologen, 3 Juristen, 6 Philosophen, 1 Chirurg, 22 Gymnasisten und 7 Normalschüler — letztere nicht ausschliesslich von Innsbruck, sondern z. B. auch von der Schule zu Imst — betheiliget wurden;

b. vom Nikolaihause 29 Stipendien von 30—108 fl., womit 4 Juristen, 1 Theolog, 9 Philosophen, 9 Gymnasisten und 5 Normalschüler betheiliget wurden; der Betrag der Stipendien, die meistens aus Privatstiftungen für das Nikolaihaus von sehr ungleichem Betrag für bestimmte Familien entstanden, war eben desswegen auch sehr verschieden; die ganze Stipendien-Summe erscheint im erwähnten Ausweise mit 2136 fl. 42 kr.; diese verbesserten sich in der Folge (§ 148);

c. vom Regelhause, von dem jährlich 758 fl. zu Stipendien auszuscheiden waren, wurden 13 Stipendien à 56 fl. und 1 à 36 fl.;

d. endlich vom Haller Damenstifte 8 Stipendien à 50 fl., also im Gesammtbetrage von jährlich 400 fl. errichtet.

Dazu kommen noch die Stipendien aus dem Fonde der theresianischen Ritter-Akademie.

Alle diese Stipendien waren, wie man sieht, nicht ausschliesslich für Akademiker bestimmt, sondern es nahmen nach der Analogie der ursprünglichen Stiftung und früherer Betheilung und bezüglich des Schulgeldes nach den a. h. Vorschriften daran auch vorzüglich Gymnasialschüler Theil.

Vor dieser Zeit war von Hand-Stipendien für Studenten in Innsbruck keine Rede.

Tanzmeister 300 fl., Fechtmeister 100 fl., italienischen Sprachlehrer 200 fl., französischen Sprachlehrer 100 fl.; — der Wittwe des frühern Tanzmeisters 50 fl., dem Vorgeiger 25 fl. 12 kr., dem Portier 120 fl., dem Hausknecht 96 fl., Librär-Erforderniss 58 fl. 20 kr., 5 Instruktoren à 40 fl. — 200 fl., Holz 100 fl. 24 kr., Licht 52 fl., Zeitungen 21 fl., kleine Erfordernisse 35 fl. 28 kr., Rechnungs-Auslagen 16 fl. — Ueber Errichtung etc. der Akademie (Collegium nobilium oder Theresianum etc.) kann verglichen werden: Beiträge zur Geschichte der Gymnasien in Tirol. 1858. S. 82

[1]) Vergleiche die angeführten Beiträge etc. S. 79. Die Aufhebung der Jesuiten berührte diess Convict nur insofern, als ihm nun nicht mehr Jesuiten als solche vorstehen konnten und selbst die Stiftungen vom Jesuiten-Convicte in Hall (Borgiashaus) damit vereint wurden. (Vgl. die angeführten Beiträge S. 95 ff.) Selbst die beantragte Verwendung der Lokalien desselben für das zu errichtende Theresianum wurde nicht gestattet.

[2]) In der Statthalterei-Registratur.

§ 125.

Es ist mir nicht bekannt, dass die Beiträge für Lehrmittel, welche für die Universität bewilligt waren, am Lyceum aufgehört hätten. Nur für Bücher zu den politischen Wissenschaften wurde nichts mehr bezahlt.

Bezüglich der Bibliothek gingen aber wesentliche Veränderungen vor.

Sie erhielt ein neues Lokale. Als nämlich im Jahre 1785 auch die marianie schen Congregationen aufgehoben wurden, machte Gouverneur Heister — gerad in Wien anwesend — unter dem 16. April 1785 den Antrag, die zwei grossen Säle im Gymnasialgebäude, die bisher zu der Congregation und zum Theil als Aula dienten, für die Bibliothek zu verwenden. Diess wurde unter dem 28. Juli 1788 genehmigt, und der veranschlagte Kosten von 4266 fl. zur Herstellung etc. bewilligt. Da der ehemalige Bibliotheksaal Gubernial-Registratur werden sollte, so hatte die Kammer 2250 fl., das Uebrige aber der Studienfond zu bestreiten.

Ferner folgte auf Schwarzl's Versetzung nach Freiburg ein neuer Bibliothekar in der Person des Ambraser Schlossverwalters Joh. Primisser [1]), unter dem die Uebertragung der Bibliothek und die Adaptirung der Lokalien erfolgte. Dieser erhielt aber nach abgelegter und adjustirter Rechnung über die dabei erlaufenen Kosten die angesuchte Bewilligung, diese Stelle zu resigniren, und als Nachfolger von ihm wurde mit a. h. Entschliessung vom 23. Juni 1789 Wikosch, Scriptor bei der Wiener Bibliothek, mit einem Gehalte von 800 fl. aufgestellt.

Endlich erhielt die Bibliothek einen Zuwachs von Büchern, oder wenn diese verkauft wurden, an Geld durch die Aufhebung der Klöster, deren Bücher nach der a. h. Anordnung der Bibliothek zufielen, und wenn sie wichtig und brauchbar waren, in die Bibliothek aufgenommen, sonst nach Hofdekret vom 3. April 1786 wie Dupplikate verkauft, oder wenn sie als schädlich erkannt würden, eingestampft werden sollten. Im Jahre 1792 erscheinen durch den Verkauf 3634 fl. 40 kr. für die Bibliothek erlöst, von denen noch 846 fl. 23 kr. zur Ausbesserung eines Büchersaales verwendet wurden. — Auch die ständische Büchersammlung wurde mit der Bibliothek unter gewissen Bedingungen, z. B. der Bezeichnung der Bücher als von der Landschaft herrührend, auf a. h. Genehmigung vom 1. Juni 1790 vereiniget. — Die Bibliothek erscheint jetzt unter dem Namen Lyceal-Bibliotkek.

§ 126.

Auch das Verhältniss der hohen Schule zu den höchsten Landes-Behörden wurde unter Kaiser Joseph II. wesentlich verändert.

Nach Erlass der obersten Justiz-Stelle vom 18. November 1784 kann nämlich eine Universitäts-Jurisdiction mit der allgemeinen Jurisdictions-Norm nicht mehr bestehen und ist daher aufgehoben. So erlosch dieses seit der Gründung der Universität bestandene und in den Privilegien derselben ausgesprochene so wichtige Vorrecht. Das ganze Personale der Universität und alle bisher unter ihrer Jurisdiction stehenden Personen kamen unter die Jurisdiction der für Alle bestehenden ordentlichen Richter und dadurch hörten auch alle bisher so häufigen Verhandlungen mit der Regierung in Jurisdictions-Angelegenheiten auf.

Das Verhältniss gegen das Gubernium und den Gouverneur, sowie in Bezug auf die Landes-Studien-Commission änderte sich nicht, jedoch ist von letzterer in dieser Zeit wenig die Rede, da die Direktoren und im weitern Zug das Gubernium den politischen Einfluss auf die hohe Schule übten.

---

1) Bergmann widmete ihm eine Biographie in den „Berichten und Mittheilungen des Wiener Alterthumsvereins 1861.

Auch der Einfluss des Ordinariates auf die Universität hatte fast ganz aufgehört, da der Prokanzler durch den am Ende der vorigen Periode abgeschafften Eid von der Vertheidigung der unbefleckten Empfängniss und wahrscheinlich auch der am nämlichen Tage vorgenommenen Eides-Ablegung für das katholische Glaubensbekenntniss, dann durch die Aufhebung des akademischen Grades des Licentiats alle Wirksamkeit verloren hatte und nur mehr dem Namen nach bestand. Der Prokanzler Kopf klagte zwar bei dem Bischofe über die Abweichungen von den Vorschriften bei Promotionen, zu denen die Licenz nicht mehr verlangt und bei welchen Rektor v. Sterzinger selbst das Glaubensbekenntniss und zwar nicht in der Form des Trientner Concils, sondern wie es gewönlich gesprochen werde, abgenommen habe; der Bischof beschwerte sich hierüber auch bei dem Gubernium, das dem Professor Sterzinger grössere Bescheidenheit auftrug. Da diess gerade im Jahre 1784 vorging, so mag es ebenfalls zu den a. h. Entschliessungen über die Aenderungen bei den Promotionen (§ 127) beigetragen haben. Wie wenig Einfluss der Bischof auf das Lyceum nehmen konnte, sieht man aus einer Verhandlung vom Jahre 1787 bezüglich des Professors Ertl, der nach Hofer's Tod die Pastoral supplirte.

Dem Bischof wurden 31 verdächtige Sätze zugeschickt, die Ertl in seinem Pastoralunterrichte vorgetragen habe [1]). Der Bischof schrieb unter dem 1. Jänner 1787 eigenhändig unter Mittheilung der Sätze an Ertl, er könne nicht glauben, dass er diese Sätze vorgetragen habe, da Einigen eine gute Erklärung schwer gegeben werden könne, Andere aufgelegt falsch sind; er habe sich um Erklärung hierüber, die er erwarte, selbst an die Quelle wenden wollen. Ertl gab die entworfene weitläufige an den Bischof gerichtete Vertheidigung, in welcher er viele, z. B. die zwei in der Note angeführten Sätze vorgetragen zu haben gar nicht läugnet und sie als wahr vertheidigt, andere in einem guten Sinn erklärte, über Verdrehung klagte etc., vor der Absendung an den Bischof sammt dem Schreiben des Bischofs an ihn an das Gubernium, als seine vorgesetzte Behörde zur Einsicht. Der Gubernial-Präsident Graf Sauer — Heister's Nachfolger — gab Alles nach Wien, und von dort kam unter dem 25. September der Auftrag zurück, Ertl habe die Vertheidigung — nicht an den Bischof, sondern an das Gubernium stylisirt umzuschreiben, dem Bischof aber zu antworten, „es wäre ihm sehr schmerzhaft gewesen, zu vernehmen, dass man sich nicht gescheut habe, ihm Lehrsätze und Ausdrücke zur Last zu legen, auf die er niemals dachte, oder zu verdrehen und ausser dem Zusammenhange in das gehässigste Licht zu stellen, und so seinen Unterricht als irrig, seine Gesinnung als verdächtig anzugeben. Ebenso tröstlich hingegen wäre ihm das Vertrauen gewesen, welches der Bischof nicht bloss durch sein Schreiben, sondern auch dadurch bezeugt habe, dass er dem Gerüchte keinen Glauben zugestand. Das Bewusstsein von der Lauterkeit seiner Absichten und von den Bestrebungen, immer ächte und unverfälschte Lehre vorzutragen, habe die mindeste Störung seiner Ruhe nicht gestattet; um sie aber auch äusserlich zu befestigen, habe er seine schriftlichen Erläuterungen über die 31 Sätze dahin abgegeben, wohin es ihm als öffentlichem Lehrer allein gestattet sei, von seinen Handlungen und seinem Betragen im Amte Rechenschaft zu geben." [2]) Man sieht hieraus, dass der Bischof auf die Professoren der Universität durchaus nicht anders, als etwa durch das Gubernium einwirken konnte, das sich natürlich nach den Grundsätzen und Vorschriften der Studien-Hof-Commission richten musste. Ertl wurde, wie bereits bemerkt worden,

---

1) Z. B. Castigatio et maceratio corporis pugnat contra jus naturae — Christus jejunium servandum non praecepit etc.

2) Die Akten liegen in der Statthalterei-Registratur.

bald darauf Rath bei dem Gubernium. — Der Bischof — besorgt für die Reinheit der katholischen Lehre, aber ausser Stand, bei den gegenwärtigen Verhältnissen weitere Vorsorge zu treffen, gab unter dem 3. Jänner 1788 dem Dogmatik-Professor Jäger den Auftrag, auf den Vortrag der übrigen Professoren in Hinsicht auf die Orthodoxie aufmerksam zu sein, und den nämlichen Auftrag — vom Ordinariat Trient angelegenst ersucht — auch in dessen Namen dem Seminardirektor Albertini [1]).

§ 127.

Die Jesuiten-Kirche, welche der Universität zugewiesen worden war, hatte in dieser Zeit mancherlei Schicksale. Statt des Präfektes Delama (§ 112) wurde im Jahre 1783 Professor v. Sterzinger als solcher aufgestellt, nachdem man die Stiftungen an dieser Kirche in Evidenz zu stellen gesucht hatte und auch ein Messner (Ebner) mit 130 fl. Gehalt gegen Kaution bei derselben aufgestellt worden war. Die Uebergabe der Paramente, von denen manche an andere Kirchen vertheilt oder auch verkauft worden waren [2]), erfolgte an Sterzinger unter Consignation derselben am 25. August 1783, und am 12. April 1783 wurde in derselben für den am 12. Jänner d. J. verstorbenen Professor Inama der Todtengottesdienst abgehalten [3]), für die Exjesuiten Peintner und Weitenauer wurden nur Messen gelesen [4]). Da v. Sterzinger im folgenden Jahre Lyceal-Rektor, sohin auch Kirchpropst werden sollte, ward für letzteres Amt statt seiner vom Gubernium Professor Banniza, der sich hiezu herbeiliess, aufgestellt.

Bei der neuen Pfarr-Einrichtung im Jahre 1785 wurde die Kirche als zweite Stadtpfarre beantragt und darüber unter dem 15. Juli 1785 vom Gubernium ein weitläufiger Hofbericht erstattet [5]), mit dem Vorschlage, die Pfarre dem Professor

---

1) Sinnacher: Beiträge IX. 775.

2) Eph. th. 22. August 1783.

3) Die theologischen Ephemeriden bemerken. dass bei diesem Gottesdienste statt des Castrum doloris nach dem Beispiele in der Hofkirche nur ein schwarzes Tuch mit einem darauf gestellten Crucifix und 6 Leuchtern ausgebreitet war. dass ferner an gewissen Bruderschafts-Festen nicht mehr, wie früher, in Mitte der Kirche ein besonderer Altar, welcher den Hochaltar gleichsam verdeckte, aufgerichtet wurde. — Eine Rede wurde natürlich nicht gehalten.

4) Den Weitenauer nennen die Ephemeriden a vastissima amaenissima sua eruditione per editionem tot doctissimorum operum et opusculorum quoque extra Germaniam divulgata celebratissimum.

5) Das Vermögen der Kirche ist mir nicht bekannt, da ich keine Original-Akten über die Inventarisirung des Jesuiten-Vermögens bei ihrer Aufhebung fand. Nach einem spätern Berichte der Provinzial-Staatsbuchhaltung vom 18. Juni 1839 hatte die Kirche bei der Schwazer Kreditskasse 7400 fl. und bei der Tiroler Landschaft 14,869 fl. tir. W. à 4 Prozent, zusammen 19,909 fl. 31 kr. C.-M., — was wahrscheinlich Kapitalien für Stiftungen waren. — Nach dem Gubernial-Bericht vom 15. Juli 1785 besass die Kirche

a. bei der tirolischen Landschaft und dem Bergwerks-Direktorate an Kapitalien 11,800 fl. mit Interessen von	432 fl.
b. Xaveri-Mess-Stiftung Karl's von Lothringen 4500 fl.	180 „
c. Stiftung für katholischen Unterricht 4000 fl.	160 „
d. Nikolaihaus-Musikstiftung jährlich	550 „
e. Stiftung de sanctissimo, noch vom Mitstifter Exjesuiten Hippoliti verwaltet:	
f. Stiftung für Maria v. Foja von einem Exjesuiten 300 fl.	12 „
g. Für ehemalige Naturalabgaben (446 Pfund Wachs, 548½ Pfund Oel. 2 Klafter hartes Holz zum Backen von Hostien, 18 Klafter Holz zum Heizen der Sakristei, 2 Pennen Kohl), zusammen kapitalisch 15,375 fl. vom Cameral-Aerar jährlich	615 „
h. Für bisherigen akademischen Gottesdienst.	120 „

Dazu könnten auch noch. wie der Bericht sagt. andere Stiftungen aufgehobener Institute genommen werden.

v. Sterzinger mit drei Cooperatoren zu verleihen, was mit einem Kostenbetrag von jährlich 5029 fl. bewilliget wurde. Die Kirche war nun als Eigenthum des Religions-Fondes erklärt. Allein im Jahre 1787 wurde diese Pfarre an die Serviten-Kirche übertragen, weil sie dort, wo die Cooperatoren von den Serviten genommen. sohin für den Religions-Fond erspart wurden, nur 2402 fl. kostete; die Jesuiten-Kirche aber sollte ganz gesperrt werden. Da jedoch Seiner Majestät ein Gesuch der Gemeinde um Belassung der Pfarre bei der Jesuiten-Kirche mit dem Anbot, den Mehrbetrag zu bestreiten, überreicht wurde, so gestattete eine a. h. Entschliessung vom 15. Juni 1788 die Rückversetzung der Pfarre, weil der Ort für dieselbe einerlei sei. Bei der Ausführung dieser a. h. Entschliessung wollte Niemand den versprochenen Mehrbetrag bezahlen; um aber dem Wunsche so Vieler, die Kirche offen zu sehen, zu willfahren, beantragte das Gubernium, die Jesuiten-Kirche zur Kirche des Seminars zu machen, wozu sie geeigneter wäre, als die Franziskaner-Kirche, was unter dem 2. Dezember 1789 von Wien bewilliget wurde. Nach der bald darauf erfolgten Aufhebung des General-Seminars blieb die Kirche wieder — obschon Eigenthum des Religions-Fondes, akademische Kirche und erhielt mit Hofdekret vom 10. Jänner 1792 eine jährliche Dotation von 700 fl. gegen Verrechnung aus diesem Fonde [1].

§ 128.

Der Ruf des Lyceums war nicht günstig. Manche Professoren, die sich von der Universität erhalten hatten, wie in der Theologie Staffler, Jäger, Sterzinger, in der Jurisprudenz Banniza und La Paix, in der Medizin Menghin, in der Philosophie zuerst noch De Luca und in der ganzen Zeit Zallinger, waren nicht ungelehrte Männer, die wie Banniza, Zallinger und Menghin auch in dieser Zeit Einiges schrieben (§ 113), was von den neu angestellten Professoren, so viel ich weiss, in dieser Zeit nicht der Fall ist. Unter diesen war wohl Ertl der beste Kopf, aber von sehr verdächtigen Grundsätzen, und der Medizin-Professoren Menghin und nach ihm Scherer, sowie später Ertl wurden zu Gubernial-Räthen befördert. Von den neu einstehenden theologischen Professoren setzten Einige als Dekane nicht einmal die Ephemeriden fort, die in dieser Zeit am lückenhaftesten sind, und über manches Jahr gar nichts oder nur sehr Weniges und Unbedeutendes erwähnen. — Die Zahl der Studenten war zwar noch über Vierthalbhundert [2]; diess kam aber daher, dass alle Theologen, selbst von Klöstern, im Seminar studiren mussten, und dass die Chirurgen und Juristen ihr Studium in zwei Jahren vollenden konnten; auch sank später diese Zahl bedeutend [3]. In Tirol konnte das Lyceum schon desswegen in keinem guten Rufe stehen, weil man überhaupt mit den Neuerungen des Kaisers Joseph II. nicht zufrieden war, das Lyceum aber für dieselben sich sehr empfänglich zeigte. Dass selbst der ebenso aufgeklärte als rechtschaffene und kluge Fürst-

---

1) Die Franziskaner-Kirche wurde geschlossen, aber im Jahre 1792 auch wieder eröffnet; die Pfarre bei den Serviten wurde 1796 aufgehoben und dort nur eine Aushülfs-Seelsorge belassen, wie sie noch besteht. — (Nach Akten bei der Statthalterei-Registratur.)

2) Nämlich:

	im Jahre 1785:	im Jahre 1786:
Theologen	155	170
Juristen	63	64
Mediziner	51	50
Philosophen	95	89
Zusammen	364	382

3) Im Jahre 1789 waren nur 264, im Jahre 1790 aber 195 Studenten.

bischof Joseph Graf Spaur von Brixen über die Reinheit der katholischen Lehre am Lyceum so bekümmert war (§ 126), konnte diesem unmöglich zur Empfehlung dienen. Selbst Studenten und Seminaristen fanden die Lehre ihrer Professoren, z. B. Zinner's, und selbst der Seminar-Vorsteher verdächtig [1]), vielleicht zum Theil anderwärtig, z. B. von dem damals einflussreichen Beichtvater und Rathgeber der Studenten, Herculan Oberrauch, influenzirt. (Vgl. §§ 113 und 158.)

Selbst bei dem offenen Landtag im Jahre 1790 (§ 132) wurde über das Lyceum geklagt. Als diess der Lyceal-Rektor und zwei Professoren durch den l. f. Landtags-Commissär Graf Enzenberg erfuhren, verfasste das Lyceum eine Beschwerde hierüber, welche der Commissär den Akten des Landtages in einem Hofberichte beilegen zu wollen äusserte. Auf diesen Bericht kam von Wien unter dem 6. November 1790 der Bescheid, „die Mittheilung der Klage an den Rektor etc. wäre unzeitig gewesen, die Professoren hätten vom Hof eine Mittheilung über allenfällige Beschwerden vor einer Vertheidigung abwarten sollen; noch lasse sich über die Sache nichts Bestimmtes sagen; nachdem aber das Misstrauen, obwohl aus eigennützigen Gründen, wie der Commissär bemerke, einmal gegen die Professoren erregt sei, so hätten sie in ihren Vorlesungen, Reden, Betragen eine solche Klugheit, Bescheidenheit und Mässigung zu beobachten, die einerseits den Umständen und der gegründeten Erwartung, die man von ihnen habe, zusage, und andererseits dem bösen Willen sowie der leichtgläubigen Unwissenheit jeden Anlass zur Missdeutung benehmen möge".

Diese Daten mögen genügen, sich zu überzeugen, dass das Lyceum, namentlich die theologische, zum Theil auch die philosophische Facultät in der Provinz — etwa mit Ausnahme der Regierung — keinen guten Ruf hatte; ausser der Provinz kann vom Rufe eines Lyceums ohne besondere Veranlassung ohnehin keine Rede sein.

§ 129.

Das Gebahren der Studien-Hof-Commission unter dem Präsidium des v. Swieten, Generalien-Referenten Sonnenfels, theologischen Direktors Rautenstrauch etc. war dem Kaiser Joseph selbst — zumal gegen Ende seiner Regierung — zu destructiv, als dass er — durch Vorstellungen von anderen Seiten aufmerksam gemacht — nicht wenigstens einigen Einhalt hätte thun sollen. So klagte das Ordinariat Sekau im Jahre 1787, dass es Alumnen des Görzer Seminars wegen Aeusserungen zwei-

---

1) Es liegt mir eine Liste von mehr als 70 Sätzen der damaligen Professoren und Seminar-Vorsteher vor, welche nur von Studirenden herrühren kann, und die nicht auf einmal gelehrten, sondern nach und nach gesammelten falschen Sätze derselben angibt, da z. B. das Jahr 1793 und wieder Zinner, der dort schon lange gestorben war, erwähnt wird. Die Auktoren der Sätze werden immer namentlich angeführt, z. B.: „Es ist Gottes Macht unmöglich, dass der Mensch im nämlichen Fleische auferstehe. Zinner. — Ohne Staats-Placet kann der Papst Niemanden exkommuniziren. Hauk. — Wallfahrten sind auf den Geiz der römischen Curie sich gründende Missbräuche. Hauk. — Nach nachgelassener Schuld bleibt keine Strafe. Zamboni und De Pretis. — Strafe der Sinne gibt's in der Hölle nicht. Ertl. — Joh. III. 6 ist nicht von der Taufe oder Busse zu verstehen. Ertl. — Unterscheidung zwischen Tod- und lässlichen Sünden ist scolastisch und wegzulassen. Zamboni, Ertl. — Die Moral der Protestanten ist besser, als jene der Katholiken. Albertini. — Wenn Kinder als vom Teufel besessen exorcismirt werden, soll man Confitentes desto mehr exorcismiren. Albertini. — Das Fastengebot ist unnütz. Pertboldi" etc. — Die Nachfolge Christi von Thomas v. Kempis musste vor der Confiscation der Seminar-Vorstehung im Strohsacke versteckt werden, so erzählen die katholischen Blätter vom Jahre 1859 S. 74. Inwiefern sich auf diese Angaben vollkommen zu verlassen ist, muss dahingestellt bleiben.

deutiger Grundsätze nicht ausweichen könne, und es wurde die a. h. Entschliessung erwirkt, welche den Bischöfen und Generalvicarien das Befugniss einräumte, den Vorlesungen der Theologie beizuwohnen oder durch vertraute Personen beiwohnen zu lassen, und den Professoren und Vorständen der Seminarien wurde alle Bescheidenheit und Klugheit im Unterrichte aufgetragen. Gegen diese a. h. Entschliessung richtete der Präsident der Studien-Hof-Commission eine Vorstellung an den Kaiser, worin er für die Professoren freie Aeusserungen, denen man eine geläuterte Theologie verdanke, um so mehr beanspruchte, als „Kirchengeschichte, biblische Auslegungskunde, Moral, Pastoral, Kirchenrecht und Patrologie grossentheils auf philosophische Grundsätze gebaut sei". Allein der Kaiser schrieb unter dem 29. Dezember 1787 vor, sämmtliche Lehrer höherer Wissenschaften haben weder in Schriften, noch in Privatunterredungen mit Schülern Behauptungen gegen die katholische Religion oder was sie zu lehren angewiesen sind, oder Zweifel gegen die Gründlichkeit der Religion anregen sollte, zu äussern; Gebrechen aber sind mit Bescheidenheit und Mässigung aufzuklären [1]. — Unter dem 9. Februar 1790 — also kurze Zeit vor seinem Tode — sprach der Kaiser in einem Handschreiben an den obersten Kanzler Grafen Kolowrat aus, er hätte der Hofkanzlei schon mehrere Male die Klagen über Anhäufung der Lehrgegenstände mit Abbruch der zur Bildung tüchtiger Beamten nöthigen Berufs-Studien zu erkennen gegeben, die Klagen mehren sich, so dass einsichtsvolle Eltern ihre Söhne dem öffentlichen Unterrichte entziehen, weil dieser grossentheils nur im Memoriren bestehe, . . . es werde die Zeit mit Beibringung oberflächlicher Kenntnisse verschwendet, . . . der Schüler mit den brauchbaren Staatsbeamten nöthigen Kenntnissen nicht ausgerüstet etc. Ein wesentlicher Punkt — Religion und Moralität — werde viel zu leichtsinnig behandelt. Er beauftrage daher den Kanzler — mit Uebergehung v. Swieten's und des Generalien-Referenten der Studien-Hof-Commission, Sonnenfels — zu einer eigenen Commission behufs der Aenderungen etc. [2]

In dieser Zeit beginnt die Wendung vom Culminationspunkte des Gallicanismus zu einem gemässigtem System, nach welchem auf die Wünsche der Bischöfe zumal in Bezug auf Religion und Sittlichkeit mehr Rücksicht genommen, jedoch den Rechten des Staates in äussern kirchlichen Einrichtungen (publico ecclesiasticis) nichts vergeben, dabei aber fortwährend in den Studien, deren allseitige Regulirung und Ueberwachung der Staat nicht aus den Händen liess, die Bildung praktischer Männer zur Handhabung der Regierungs-Maximen bezweckt wird, — ein System, das im Wesentlichen bis zum Jahre 1748 fortdauerte.

Noch vor der Wiederherstellung der Innsbrucker Universität sind die in diesem Geiste erlassenen Verfügungen über die Aufhebung der Generalseminarien und deren nächste Folgen in Tirol, die neuen Studienplane vom Jahre 1790 und endlich die in Folge des Tiroler Landtages vom Jahre 1790 erfolgte a. h. Entschliessung in Religions- und Kirchen-Angelegenheiten vorzüglich zu beachten.

§ 130.

Unter dem 4. Juli 1790 sah sich Kaiser Leopold auf gemeinschaftliche Verwendung mehrerer Ordinariate bewogen, alle Generalseminarien mit Ausnahme des

---

1) Kink l. c. S. 582.
2) Kink l. c. S. 588. Es ist bekannt, dass Kaiser Joseph II. unter dem 25. Jänner 1790 auch erklärte, dass seinem Volke jene Andachts-Uebungen, zu welchen dasselbe nach alt hergebrachter Gewohnheit ein besonderes Zutrauen hegt, insofern die Herren Bischöfe, an welche sich in jedem Falle in ordnungsmässigem Wege zu wenden ist, solche mit den reinen Begriffen der Religion vereinbarlich finden, auch noch in Zukunft gestattet werden können.

Ruthenischen in Lemberg als der Erwartung nicht entsprechend — sohin auch jenes von Innsbruck mit folgenden wesentlichen Bestimmungen aufzuheben: 1. Die Stiftungen und Fonds werden den Bischöfen zurückgegeben; 2. die Bischöfe und Orden können theologische Studien errichten, doch müssen die Lehrer an inländischen Schulen geprüft und als tauglich erkannt sein, sich nach den vorgeschriebenen Lehrbüchern richten und die Schüler bei öffentlichen Lehranstalten prüfen lassen; 3. die Bischöfe können aus den zurückgestellten Fonds und andern freiwilligen Zuschüssen Seminarien, jedoch ohne Beihülfe des Religionsfonds, und wenn sie wollen, selbst in den Hauptstädten eigene Schulen errichten; 4. die die öffentlichen Schulen besuchenden Theologen haben sich durch allenfällige Stipendien, auf die sie gleich andern Studirenden Anspruch haben, durch eigene Mittel, Instruktionen etc. zu erhalten; 5. zum praktischen Unterrichte in der Seelsorge kann der Bischof vor den Weihen diese auf kürzere oder längere Zeit versammeln; 6. zum Eintritte in das theologische Studium ist ordentlich vollendetes philosophisches Studium und die Aufnahme in die Diözese, zur Priesterweihe aber — auch für Kloster-Candidaten — das vollendete theologische Studium mit Pädagogik, Katechetik, auch Naturgeschichte und Landwirthschaft nöthig; 7. Candidaten des Weltpriester-Standes behalten ihre Stipendien und Religionsfonds-Beiträge während ihres öffentlichen Studiums.

So hörte also nach achtjährigem Bestand das Generalseminar zu Innsbruck wieder auf, aus dem — ungeachtet es nicht in gutem Rufe stand, sehr brave Priester hervorgingen [1]).

Auf diese a. h. Entschliessung kündigte der Bischof von Brixen sogleich durch Circulare an alle Dekanate die Errichtung eines theologischen Studiums für seine Diözesanen schon für das Schuljahr 1790—91 an, da ohnehin dort das Seminargebäude seit 1764 neu gebaut dastand und in Brixen das theologische Studium für das Territorium des Bischofs nie aufgehört hatte; — eine Ankündigung, die vom Gubernium als des l. f. Placets ermangelnd gerügt wurde. Der Bischof zeigte auch dem Gubernium die Lehrer dieses Studiums und die Vorlesebücher an, worüber aber theilweise Ausstellungen — Forderungen zu Prüfungen, oder gänzliche Verwerfung des Antrages erfolgte [2]). Der Bischof, welcher schon unter dem 21. Juni 1790

---

1) Wie Mich. Feichter, Joh. Fuhrmann, Kaspar Hirn. Joh. Hagg etc., die einen ausgezeichneten Ruf als Seelsorger etc. hatten.

2) Die vom Bischof bestimmten Professoren und Vorlesebücher waren Feichter für hl. Schrift nach Reineccius und grammatica patavina für griechische und hebräische Sprache; Oettl für Naturgeschichte nach Sander, Katechetik und Pädagogik nach den Lehrbüchern und Schriften in Innsbruck; Brock für Dogmatik nach Gazaniga und Bertieri; Winkler für Moral nach Reufenstuhl oder Schanza; Hofer für Kirchenrecht nach Pehem; der Kapuziner Chizzali für Kirchengeschichte nach Dannenmayr: Plaikner für Liturgie nach Missale, Brevier und Rituale; der Exjesuit Malsiner für Pastoral nach Giftschüts; — worüber die Hofstelle bemerkte. Feichter und Oettl dürfen indessen lehren; da sie aber ihre Studien erst im letzten Jahre im Generalseminar vollendet, so hätte Feichter zum Beweise zusammenhängender Kenntnisse der Gottesgelahrtheit längstens in zwei Jahren die rigorosen Doctorsprüfungen wie alle theologischen Professoren zu machen, Oettl aber sich mit den Zeugnissen der Schulen-Oberaufsicht über die gehörten Gegenstände seines Faches auszuweisen, oder bis Ende des Jahres die Prüfungen zu machen; Chizzali und Malsiner haben sich auf ihr Ordens-Studium, das bekanntlich unvollständig eingerichtet war, der Prüfung zu unterziehen; Brock und Hofer, die ihre Studien auf der Universität machten, können auf Vorlegung ihrer Direktorial-Zeugnisse, — wie auch Plaikner lehren; Lehrbuch sei in Dogmatik Klüpfel, in Moral Schanza; die Schüler haben sich nach vollendetem Studium in Innsbruck prüfen zu lassen, da dem Staate an der Religionslehre und Seelsorge gelegen sei.

dem Kaiser auf seine Aufforderung eine weitläufige Schrift über Beschwerden überreicht, aber bisher keine Antwort erhalten hatte, betrieb unter dem 3. Febr. 1791 eine solche und setzte auch die Klage über die Gubernial-Rüge wegen Ausschreibung des Studiums und über die Beschränkung seines Studiums durch Lehrbücher, wiederholte Prüfungen der Lehrer und der Schüler in Innsbruck bei. Allein unter dem 7. August 1791 kamen neue Vorschriften über Kloster- und bischöfliche Studien, nach welchen Kirchengeschichte und Dogmatik, dann Moral und Pastoral noch auf kurze Zeit von je einem Professor, die hl. Schrift aber von zwei Professoren zu lehren, Lehrer, welche die Theologie nicht nach der Studien-Reformation vom Jahre 1774 (§ 104) studirt hätten, nebst der Konkursprüfung über ihr Fach vorher noch über die ganze Theologie die Prüfung zu machen, alle Lehrer innerhalb zwei Jahren nach ihrer Anstellung den Doctorgrad zu erlangen hätten, das Kirchenrecht aber als nicht theologisches Fach am Lyceum zu hören sei, — Vorschriften, nach welchen sich weder das Ordinariat, noch die Professoren fügen wollten; und so blieb das theologische Studium in Brixen für österreichische Unterthanen und l. f. Anstellungen nach den Regierungs-Vorschriften ungültig, wurde aber doch bei den folgenden Kriegszeiten, bei denen man auf die strenge Handhabung der Vorschriften oft weniger bedacht war, auch von österreichischen Unterthanen der Diöcese Brixen freilich zum Aerger der Professoren des öffentlichen Studiums in Innsbruck nicht wenig besucht.

§ 131.

Mit der a. h. anbefohlenen Verbesserung der Studien-Einrichtung wurde wieder der ehemalige Generalien-Referent der Studien-Hof-Commission, v. Martini, betraut, und die Folge waren unter Anderm verbesserte Studienplane für die Philosophie, Theologie und Jurisprudenz vom Jahre 1790. Ueber das medizinische Studium traten im Plane keine Veränderungen ein.

Der philosophische Studienplan erweiterte das Studium der Philosophie auf drei Jahre.

Es war zu lehren im

I. Jahrgang:

Logik mit empyrischer Psychologie, Metaphysik . . .	täglich 1 Stunde,
Elementar-Mathematik	» 1 »
Allgemeine Naturgeschichte	wochentl. 3 »
Philosophische Literatur der alten Classiker	täglich 1 »

II. Jahrgang:

Physik	» 1 »
Angewandte Mathematik	» 1 »
Universalgeschichte mit Geographie	» 1 »
Philosophische Literatur der Classiker	» 1 »

III. Jahrgang:

Das Uebrige der Metaphysik und praktische Philosophie	» 1 »
Theorie der schönen Künste und Wissenschaften . . .	» 1 »
Universalgeschichte	» 1 »
Aesthetik, klassische Literatur	» 1 »

Diplomatik, Numismatik, Alterthumskunde, Technologie, praktische Geometrie sollen in ausserordentlichen Stunden gelehrt werden.

Der Plan, welcher zunächst für Wien vorgeschrieben war, trat in Innsbruck bis zur Herstellung der Universität und auch dort nicht ohne bedeutende Abänderungen in das Leben.

Der theologische Studienplan vom Jahre 1790 erweiterte diess Studium wieder auf 4 Jahre und schreibt vor, zu lehren im

I. Jahre: Kirchengeschichte mit Rücksicht auf Patrologie und theologische Literärgeschichte;

Altes Testament, d. i. Archäologie der hl. Schrift, hebräische Sprache, Exegese.

II. „ Neues Testament, d. i. griechische Sprache, biblische Hermeneutik und Exegese;

Kirchenrecht.

III. „ Dogmatik;

Moral.

IV. „ Pastoral.

Der Professor des alten Bundes hatte auch ausserordentliche Vorlesungen über mit der hebräischen Sprache verwandte Dialekte (chaldäisch, syrisch, arabisch), der Professor des neuen Bundes aber Vorlesungen über höhere Exegese — jeder wöchentlich zwei Stunden zu geben.

Dieser Plan wurde auch in Innsbruck gleich eingeführt, und da Potaschnig Domherr in Laibach wurde, so erhielt der Seminar-Präfekt Bertholdi auf Konkurs unter dem 20. Oktober 1791 das Fach der Kirchengeschichte; Rudolf aber auf Konkurs vor Mich. Feichter das alte Testament; Ziegler wurde im Jahre 1791 Domherr in Linz und hatte auf Konkurs zum Nachfolger den Seminar-Präfekt Spechtenhauser, der im Jahre 1787 auf Ableben Tominik's die Dogmatik supplirt hatte. Pädagogik und Katechetik waren mit der Pastoral verbunden; auch mussten die Theologen fortwährend Naturgeschichte und Landwirthschaft beim Professor der Naturgeschichte oder Mathematik hören. Dieser Plan blieb der Hauptsache nach in Oesterreich bis zum Jahre 1848. Nur Naturgeschichte und Landwirthschaft hörten später zum Theil als Obligatfächer auf.

Auch das juridische Studium begriff nach dem Plane vom Jahre 1790 vier Jahre; er schrieb zu lehren vor im

I. Jahre:	Natur-, Staats- und Criminalrecht . . .	täglich 2 Stunden,			
	Deutsche Reichsgeschichte	„	1	„	
II. „	Geschichte des römischen Rechtes, Institutionen und Digesten	„	2	„	
	Oeffentliches Kirchenrecht	„	1	„	
III. „	Privat-Kirchenrecht	„	1	„	
	Lehen- und deutsches Staatsrecht . . .	„	2	„	
IV. „	Politische Wissenschaften	„	2	„	

In Innsbruck wurde dieser Plan erst bei Eröffnung der Universität eingeführt und etwas modifizirt.

§ 132.

Um die Wünsche des Landes Tirol zu vernehmen, berief Kaiser Leopold auf den 22. Juli 1790 einen offenen Landtag nach Innsbruck, der bis zum 11. September dauerte. 580 Votanten brachten ihre Desiderien vor, die dann durch eine Deputation a. h. vorgelegt wurden. Ueber Religion und Kirchen-Angelegenheiten erfolgte die a. h. Entschliessung unter dem 17. März 1791. Betrifft sie auch nicht unmittelbar das höhere Studium, so war sie doch für die Professoren des Kirchenrechts und der Pastoral bei ihrem Unterrichte massgebend, und da sie in ihrer Wesenheit wenigstens theoretisch bis zum Jahre 1848, ja bis zum Concordate vom

Jahre 1855 bestand und von den Studien-Vorständen oft auf sie hingewiesen wird, so scheint ein Auszug derselben hier nicht am unrechten Platze zu stehen.

I. Religion und Sitten. Ihr Verfall kommt vom schlechten Unterrichte des Volkes, für den die Bischöfe durch Aufstellung guter Pfarrer zu sorgen haben. II. Gottesdienst. a. Die Andachtsordnung bleibt, wie sie dermalen gehalten wird, bis Einheit erzielt werden kann. b. Prozessionen auf Verlangen der Gemeinden und in nicht zu grosser Entfernung gestatten den Pfarrern die Bischöfe. c. Die Erlaubniss zu Hauskapellen, besonders in Städten, sollen die Bischöfe nicht so leicht geben. d. Zu Andachten mögen die Bischöfe auch eigene Gebete und Lieder verfassen lassen und zur Bestätigung einsenden. e. Nachmittägige Predigten und Litaneien an Sonn- und Feiertagen ohne Störung der übrigen Ordnung werden erlaubt. f. Instrumentalmusik zu Aemtern und Litaneien wird erlaubt, wenn das Kirchenvermögen zureicht, g. sowie Abendandacht auf dem Lande, jedoch ohne Segen und mit angemessenen Gebeten und Gesängen. h. Dankandacht mit Predigt am letzten Tag des Jahres ist gestattet. i. Wahl der Bilder und Reliquien, sowie Anordnung des Gottesdienstes, jedoch nach den Vorschriften, steht den Bischöfen allein zu; bei Visitationen haben sie darüber zu wachen. k. Die Bruderschaften, mit Ausnahme jener der Nächstenliebe, bleiben abgeschafft; diese vertritt auch die Stelle der Altars-Bruderschaft. l. Die l. f. Verordnungen werden ausser der Kirche publizirt.

III. Bischöfliches Hirtenamt. a. Das l. f. Placet über Bullen und päpstliche Rescripte nach den Verordnungen vom 2. Sept. 1761 und 20. März 1781 bleibt aufrecht, selbst bezüglich früherer noch nicht placitirter Erlasse. b. In Civil- und Criminalverhandlungen stehen alle Staatsbürger, sohin auch Geistliche, unter derselben Gerichtsbarkeit, in geistlichen Handlungen stehen diese unter geistlichen Gerichten. Suspensionen, Sequestrationen der pfarrlichen Einkünfte können nur mit Wissen der Bischöfe von weltlichen Gerichten durch eine Sentenz aus den Verhandlungs-Akten geschehen. c. Klagen über Stolgebühren werden vom weltlichen Gerichte im Einverständnisse mit dem Bischofe abgethan. d. Kapläne etc. stellt der Bischof an, Pfründner können ohne Einwilligung des Patrons nicht versetzt werden. e. Erlasse zur Verbindlichkeit der ganzen Diözese oder eines Theils derselben fordern das Placet der Landesstelle; Regierungs-Erlasse an die Geistlichen gehen durch die Bischöfe, werden aber auch den Kreisämtern zur Ueberwachung und Auskunft mitgetheilt. f. Die Einsicht in fromme Stiftungen wird den Bischöfen gewährt, g. ebenso die Einsicht des Rechnungs-Standes des Religionsfondes, daher ihnen ein Ausweis über den Pensions-Stand der Geistlichen mitgetheilt wird. h. Die Bischöfe werden Dekanate mit einträglichen Pfründen verbinden, um Landgeistliche zu schonen.

IV. Verwaltung des Pfarramtes. a. Nur beim Mangel an geschickten Weltpriestern sollen taugliche Ordensgeistliche bei Pfründen verwendet werden. b. Billig bleibt die Aufsicht über uneheliche Kinder den Geistlichen. c. An Sonn- und Feiertagen sind Seelsorger nicht vor Gericht zu rufen. d. Gebrechen der Geistlichen haben Gerichte dem Bischof, und erst, wenn von dort keine Abhülfe erfolgt, der politischen Stelle anzuzeigen. e. Kapläne und Vicarien, die der Religionsfond unterhält, erhalten vom Pfarrer den landesüblichen Unterhalt; die Beiträge des Religionsfonds bezieht der Pfarrer. Die Ueberschreitung der vorgeschriebenen Zahl der Hülfspriester hat die Landesstelle zu verhindern. Andere Verordnungen bleiben aufrecht.

Noch mag die Verordnung vom 2. April 1788 angeführt werden, dass bei Prozessen milder Fonde, sowie überhaupt über kirchliche Gegenstände bei dem Land-

rechte und Appellationsgerichte ein politischer Repräsentant zu Bemerkungen etc.
gegenwärtig zu sein hatte.

§ 133.

Wenn man die Schicksale der hohen Schule zu Innsbruck in den 9 Jahren
dieser Periode überschaut, so bemerkt man leicht, dass das freie willkührliche Wal-
ten der Regierung für dieselbe nicht zum Segen war. Das medizinische und juridische Studium als Facultät und damit das Befugniss, Doctoren dieser Studien-
Abtheilungen zu creiren, hörte ganz auf, und es konnten nur mehr Landärzte und
juridische nur mit den nöthigsten Kenntnissen versehene Beamte gebildet werden.
Wenn die Philosophie auch Facultät blieb, so war sie — mit drei Professoren,
denn die politischen Wissenschaften gingen zur Jurisprudenz über — fast noch
mehr herabgesunken, als die Medizin und Jurisprudenz. Nur die Theologie hatte
äusserlich ein besseres Aussehen, sie blieb nicht nur Facultät, sondern gewann
wegen des errichteten Generalseminars für Theologen um die Hälfte mehr Professoren. Dabei hatte sie aber das Unglück, viermal ihren Studienplan verändern zu
müssen und auf ein Studium von drei Jahren herabzusinken, ferner an den neuen
Professoren und durch den häufigen Wechsel derselben fast keine ausgezeichneten
Lehrer zu haben, und gerade die geschicktesten wegen ihrer freien Grundsätze bei
den Ordinariaten verdächtigt zu sehen.

Es erflossen in dieser Zeit auch Anordnungen, welche selbst für die künftige
Universität von grossem Einflusse waren. Die eigene Jurisdiction der Universitäten
hörte ganz auf, die Amtskleidung der Professoren wurde abgeschafft, der Kanzler
und Prokanzler bestanden kaum mehr dem Namen nach, das Promotions-Wesen
wurde aller kirchlichen Formen entkleidet und äusserst vereinfacht. Die Ferien
wurden so verändert, dass das Studium während der wärmsten Jahreszeit verkürzt,
oder den Studenten die Herbst-Unterhaltungen der Weinlese, des Jagens und Vogel-
fanges benommen wurden.

Sonst hatte die Bibliothek ein neues dem Lyceum näheres Lokale erhalten,
und wenn für die Studirenden durch die Aufhebung der Convicte Aufsicht und Erziehung litt, so gewannen sie durch die dadurch und durch das eingeführte Schulgeld, endlich durch Aufhebung einiger geistlicher Corporationen neu entstandene
Handstipendien.

Siebenter Abschnitt.

Die Universität von ihrer Wiederherstellung im Jahre 1792
bis zu ihrer zweiten Aufhebung im Jahre 1811.

§ 134.

Die Kriege, deren Schauplatz in dieser Zeit Europa und namentlich auch Tirol
war, hatten auf die Universität manchen Einfluss, nicht bloss weil sie die Studien

16 *

theilweise störten und auch Professoren und Studenten in Kriegsangelegenheiten verwickelten, sondern auch die Staatsbehörden in fester Handhabung der Vorschriften hinderten. Sie brachten endlich Tirol an Bayern, wo dann die Universität eine Einrichtung nach bayrischem Fusse erhalten musste, aber vor vollendeter Organisirung in Folge des Jahres 1809 wieder aufgehoben wurde. Da die bayrische Periode zu kurz ist, einen eigenen Abschnitt zu machen, so geben wir das Wichtigste derselben am Ende dieses Abschnittes.

Der Geist der österreichischen Studien-Einrichtung ist aus den frühern Perioden bekannt. Die Universitäts-Leitung erhielt zwar bei ihrer Wiederherstellung eine von der frühern Einrichtung ziemlich verschiedene Gestalt; es dauerte jedoch nicht lange, bis man wieder im Wesentlichen auf die frühere Einrichtung, namentlich auf die Direktoren zurückkam. Wir geben die Veränderungen mit Rücksicht auf die Hauptmomente der Universität, schicken aber die wichtigsten allgemeinen Anordnungen (§§ 135—138) voraus.

§ 135.

Die neue Studien-Einrichtung ergibt sich in vieler Beziehung aus einer unter dem 8. Februar 1791 a. h. genehmigten organischen Verordnung über das Studienwesen, welche unter dem Titel „Nachrichten über die Schul- und Studien-Ansalten" in 36 Paragraphen bekannt gemacht wurde [1]).

Die wichtigsten Bestimmungen dieser neuen Vorschrift sind folgende:

A. Jede Studien-Abtheilung, sohin an der Universität das Professoren-Collegium jeder der vier Facultäten hat sich als Lehrer-Collegium unter Vorsitz ihres Dekans wenigstens monatlich einmal zu versammeln und über ihre Studien-Angelegenheiten — genaue Befolgung des vorgeschriebenen Lehrplanes, Einführung klassischer Vorlesebücher, Vervollkommnung der Lehrmethode, Aufrechthaltung der Schulzucht, — aber auch zur Bearbeitung von Lehramts-Vorschriften, über Prüfungen, über Gebrauch der öffentlichen Bibliothek, Herausgabe eines gelehrten Journals, Vorschlägen zu Lehrämtern, Stipendien, überhaupt über Aufnahme und Verbesserung der vaterländischen Studien-Anstalten zu berathen und insbesondere Nachforschung über Sitten und Betragen der Schüler zu pflegen.

B. Diese Lehrer-Versammlungen sind dem Studien-Consesse in der Hauptstadt untergeordnet, welcher aus dem jeweiligen Universitäts-Rektor als Präses und sechs Mitgliedern — Eines von jeder Facultät der Universität, dann von den Landesgymnasien und Normalschulen — besteht. Diese Assessoren sollen Männer sein, die in Schul- und Studiengeschäften stets berufsmässig gearbeitet und dadurch in denselben Einsicht und Erfahrung erlangt haben, — Alters halber jubilirte Professoren oder in Ermanglung von solchen auch Mitglieder der Lehrer-Collegien, in diesem Falle jedoch ohne Theilnahme an den Lehrer-Versammlungen. Wie jede Lehrer-Versammlung ihre besondern Angelegenheiten besorgt, so muss der Studien-Consess das Allgemeine, den Zusammenhang des ganzen Lehr- und Studienwesens übersehen und darüber die Oberaufsicht tragen. Die Lehrkörper und der Studien-Consess haben insbesonders taugliche Lehrer nach allenfalliger Prüfung vorzuschlagen, und der Assessor der philosophischen Facultät hat auch in den Gymnasien, und der Assessor der Gymnasien in den deutschen Schulen nachzusehen, damit die in die Lehrzweige Eintretenden die gehörige Vorbereitung erhalten mögen.

C. Der Studien-Consess ist der Landesstelle (dem Gubernium) unterge-

---

1) Die Nachrichten wurden eigens gedruckt und vertheilt. Man findet sie auch in Unger: Darstellung der Gesetze über höhere Studien. Wien 1840. I. Th. S. 257.

ordnet, bei welcher ein eigener Referent über Schul- und Studien - Angelegenheiten besteht.

D. Die Landesstelle hat über die Anträge des Studien - Consesses die Entschliessungen der Hofkanzlei abzuverlangen, namentlich über Ernennung von Professoren, Bestätigung der Assessoren des Studien-Consesses, Erhöhung der Lehrer-Besoldungen, Bewilligung ausserordentlicher Remunerationen, Ehrentitel und Ehrenstellen, wesentliche Abänderungen in den Studienplanen, Ein- und Ausführung der in den Studien-Consessen gut befundenen Vorschläge und Verbesserungen in öffentlichen Erziehungsanstalten.

Nebst diesen wesentlichsten Bestimmungen wird weiter angeordnet:

1. Dem Ordinariate ist bezüglich der Reinheit der katholischen Lehre die Einsicht in die theologischen Studien fortwährend zu gestatten; auch könnten die Lehrerversammlungen einer verständigen Inspektion unterworfen werden.

2. Oeffentliche, besonders mehrjährige Lehrer sollen ausserordentliche Vorlesungen gegen Collegiengeld halten; aber Privat-Collegien und Repetitionen sind ihnen nicht erlaubt.

3. Es ist nach den vorgeschriebenen Vorlesebüchern zu lehren, Notaten dazu können den Schülern in einem mit Vorwissen des Studien-Consesses kurz gefassten Abdrucke derselben mitgetheilt werden.

4. Jeder Professor wird in seinen Vorlesungen nach dem Vortrage die Schüler prüfen und nach jedem Semester eine Endprüfung in Gegenwart des betreffenden Assessors des Studien-Consesses vornehmen, vorzüglich über den zweifelhaften Fortgang einzelner Schüler; auch müssen die Schüler eine vom Assessor gegebene Aufgabe schriftlich ausarbeiten als Controle der ertheilten Fortgangs-Note.

5. Bei Anstellungen im Staatsdienste, die zu Rathsstellen führen können, sind gute Zeugnisse der ordentlich absolvirten Studien und eines untadelhaften Lebenswandels nöthig und ist überhaupt solchen Competenten der Vorrang zu geben.

6. Bei Verleihung von Stipendien ist auf Dürftigkeit, Fleiss und Sitten, dann Fähigkeit und guten Fortgang zu sehen, und bei gleichem Fortgang hat das bessere Zeugniss über Fleiss und Sitten zu entscheiden. Die Betheiligten sind öffentlich bekannt zu geben. Zur Controle über Fleiss können die Plätze der Vorlesungen für Einzelne numerirt und die Namen der Schüler öfter abgelesen werden.

7. In Gymnasien ist an Sonn- und Feiertagen eine geistliche Rede zu halten, bei welcher auch Akademiker gegenwärtig sein sollen. Ueber Osterbeicht ist sich mit Beichtzetteln auszuweisen.

8. Ferien sind vom 1. September bis 16. Oktober, können aber in einzelnen Provinzen in einer andern Zeit bestehen. Während derselben haben die Schüler eine vom Professor gegebene Aufgabe zu verfassen.

9. Die Censur besonders der das Unterrichtswesen betreffenden Bücher üben die geschickten Facultäs-Professoren, welche ihre Urtheile schriftlich übergeben.

10. Ueber die Bücher ihres Faches in der öffentlichen Bibliothek soll die Lehrer-Versammlung Einsicht nehmen und die neu anzuschaffenden Bücher in Vorschlag bringen; den öffentlichen Lehrern sind die nöthigen Bücher auf bestimmte Zeit zum Privatgebrauche gegen ausgestellte Empfangsscheine zu überlassen.

11. Vorzügliche Lehrer können durch Remunerationen, Vermehrung der Besoldung, Rangserhöhung, Beförderung zu ansehnlichern Lehrämtern belohnt werden; ausgezeichneten Lehramts - Candidaten sind ausserordentliche Vorlesungen vom Studien-Consesse zu bewilligen.

12. Seine Majestät erwarten, dass Stifte und Klöster die Erwerbung nützlicher Kenntnisse und Wissenschaften zu ihrem Amtsgeschäfte machen und sich in den

philosophischen Studien, vorzüglich der Mathematik nach dem vorgeschriebenen Studienplane widmen.

13. Die Universität ist Landstand der Provinz. —

Diese a. h. Entschliessung wurde von Wien sammt dem Verzeichnisse der Vorlesungen an der Wiener Universität und sammt noch ausführlicheren Punkten zu Berathschlagungen der Lehrkörper und Studien-Consesse und endlich mit einem Formulare mitgetheilt, einen Ausweis über die Professoren in 15 Rubriken zu verfassen [1]).

Nebst manchen Wiederholungen und nähern Bestimmungen schon bestehender Verordnungen, z. B. über Vorlesebücher, Prüfungen etc. enthält sohin diese a. h. Entschliessung:

1. Die Veränderung der Landes-Studien-Commission der Direktoren mit dem Vorsitze eines Gubernialbeamten in den Studien-Consess der von den Facultäts-Professoren gewählten Assessoren unter dem Vorsitze des jeweiligen Universitäts-Rektors.

2. Die Bestimmung der Auszeichnung der Professoren nicht mehr nach dem Senium, sondern nach Verdiensten.

3. Die Zurückführung der Ferien auf die ursprünglichen Monate, jedoch mit Abkürzung der Zeit und allenfalligen Ausnahmen.

4. Die erste Anordnung über sonn- und feiertägliche Predigt für Akademiker in Gemeinschaft mit den Gymnasialschülern.

5. Die ersten organischen Vorschriften über die Rücksichten bei Stipendien-Verleihungen (vgl. jedoch § 122).

6. Die Aufmunterung der Klöster und Stifte vorzüglich zum physikalisch-mathematischen Studium.

7. Endlich die Auszeichnung der Universität als Landstand.

§ 136.

Als das allgemeine Circulare vom 8. Februar 1791 erfloss, war auch die Wiederherstellung der Innsbrucker Universität im Zuge. Bei dem offenen Landtage im Jahre 1790 war es eine der ersten Bitten, dass die Landes-Universität wieder hergestellt werde; Seine Majestät erklärte sich unter dem 25. November 1790 hiezu geneigt und forderte Bericht über den Stand des Lyceums — behandelte Lehrfächer, Zahl der Professoren, ihre Besoldung; — über Fonds und Bedeckung der Mehrauslagen. Da die Bitte auch vom Gubernium kräftigst unterstützt wurde, besonders nachdem unter dem 25. Jänner 1791 statt des Grafen Sauer der Baron Waidmannsdorf zum Gouverneur ernannt worden war, wo dann auch der Mehraufwand vom a. h. Aerar angesprochen wurde, weil von den Ständen, bei denen die Bischöfe wegen ihren eigenen Schulen nicht für Errichtung der Universität wären, und welche Stände drei Millionen Schulden zu bezahlen hätten, die Uebernahme dieses Mehraufwandes nicht erwartet werden könnte: so erfolgte unter dem 30. November 1791 die a. h. Bewilligung zur Wiederherstellung der Universität für das künftige Schuljahr, mit dem Auftrag, diess öffentlich bekannt zu geben, wobei noch bemerkt wurde, dass vor der Hand das hohe Aerar den Abgang der Kosten decke, für die Zukunft aber die Stände ernstlich darauf bedacht sein sollen.

---

1) Namen, Charakter, Jahr, Monat und Tag der Geburt, Geburtsort und Vaterland, Stand, Grundlegung zu den höhern Wissenschaften, Sprachkenntnisse, Reisen- und Länderkenntniss, Lehramt, Antrittszeit desselben, akademische Würden, Belohnungen, Aemter neben dem Lehramt, Druckschriften, ob wirklicher, quiescirter oder jubilirter Lehrer der hohen Schule.

Die nähern Bestimmungen enthält sehr detaillirt die a. h. Entschliessung vom 16. März 1792, worin Professoren, Fächer, Gehalt, überhaupt der Aufwand und dessen Bedeckung angeführt wird [1]. Die Universität sollte aus 6 Professoren der Theologie, 5 der Jurisprudenz, 6 der Medizin und 4 der Philosophie, sohin aus 21 Professoren bestehen, zu denen noch vier Lehrer — der italienischen und französischen Sprache, des Fechtens und Tanzens kamen, die auch für das Theresianum angestellt waren. Der Gehalt ist für die Professoren der Theologie auf 500 fl. und wenn sie aus Klöstern in Innsbruck waren, auf 300 fl., in der Philosophie auf 600 und für Geistliche wie in der Theologie; in der Jurisprudenz auf 800 und 1000 fl., in der Medizin endlich nach den verschiedenen Fächern auf 400, 600, 800, 900 und 1009 fl. gesetzt; auch ist der Gehalt des Dienstpersonals und der Lehrer, so-

---

[1] Die a. h. Entschliessung bestimmt:

I. Thologie.

a. Kirchengeschichte für Bertholdi	500 fl.
b. Hermeneutik des alten Bundes und orientalische Sprachen für Rudolf	500 „
c. Hermeneutik des neuen Bundes und griechische Sprache für Sortschan	500 „
d. Dogmatik für Jäger	500 „
e. Moral für Spechtennauser	500 „
f. Pastoral für Iaser	500 „

II. Juridisches Studium.

a. Natur-, allgemeines Staats- und Völkerrecht, dann Criminalrecht für Hammer	1000 „
b. Kirchenrecht für Banniza	1000 „
c. Deutsche Reichsgeschichte, Lehen- und deutsches Staatsrecht für v. Weinhart	800 „
d. Römisch-bürgerliches Recht für Beer	1000 „
e. Politische Wissenschaften, allgemeine Staatskunde für Hauk	800 „

III. Medizin.

a. Chemie, Botanik, spezielle Naturgeschichte (war noch kein Professor bestimmt)	900 „
b. Prosektor und Lehrer der Anatomie für Müller	400 „
c. Chirurgie, Geburtshülfe für Rottruff	800 „
d. Physiologie, materia medica für Luzenberg	900 „
e. Pathologie, praktischer Unterricht für Aerzte und Landärzte für Protomedicus Scherer	600 „
f. Vieharzneikunde, theoretischer Unterricht für Land-Wundärzte für Niedermayr	1000 „

IV. Philosophie.

a. Logik, Metaphysik, praktische Philosophie für Nitsche	600 „
b. Elementar- und angewandte Mathematik für Zallinger	500 „
c. Physik, allgemeine Naturgeschichte für Stadler	600 „
d. Praktische Mathematik, Technologie für Stapf	600 „

V. Diener.

a. der Physik und Mathematik	60 „
b. des Rektors	75 „
c. Notar — auch des Studien-Consesses	350 „

VI. Lehrer.

a. der französischen Sprache (da er schon vom Theresianum 100 fl. bezog)	100 „
b. der italienischen Sprache (hat vom Theresianum 200 fl.).	
c. Fechtmeister	100 „
d. Tanzmeister (hat vom Theresianum 300 fl.)	

VII. Für Lehrmittel.

a. der Chemie mit Handlanger	350 „
b. der Chirurgie und Anatomie	100 „
c. Heizung der Hörsäle (gegen Verrechnung)	150 „

Zusammen 15,785 fl.

wie der Beitrag zu Lehrmitteln bestimmt, und am Schlusse bemerkt, dass der jährliche Aufwand für die Universität um 6600 fl. grösser sei, als er für das Lyceum war, und dass der Abgang des Studienfonds dafür 8380 fl. 58 ¾ kr. betrage, der bei der Hofkammer angewiesen werde. Wegen Bedeckung für fernere Lehrer wird auf den a. h. Erlass vom 30. November 1791 hingewiesen, und die Aeusserung der Stände gewärtiget.

Bezüglich der Fächer des Rechtsstudiums war in der a. h. Entschliessung noch bemerkt, dass österreichisches Privatrecht, Gesetzbuch und Gerichtsordnung zu Innsbruck überflüssig sei, weil die meisten Zuhörer aus Italien, Schweiz und Schwaben sind und die Einheimischen sich leicht mit Privatpraxis behelfen können. Ueber Fächer der Philosophie aber ist gesagt, Diplomatik, Heraldik, Alterthumskunde, Numismatik soll ein Chorherr von Neustift mit Unterhalt vom Stifte, Landschaft, Collegiengeld lehren; Geschichte, klassische Literatur, lateinische Sprache müsse an Gymnasien besser betrieben und allenfalls zur weitern Fortbildung gegen Honorar Gelegenheit gegeben werden. (Vgl. § 131.)

Die Universität war weder in Bezug auf Lehrfächer, noch auf Professoren und ihren Gehalt — zumal in der Philosophie und Theologie glänzend bedacht; auch ist von Einhaltung der Lokalien und selbst von einem Pedell und Thorsteher (doch wird der Diener des Rektors den einen Dienst versehen haben) und von den Bezügen für die Geschäfte des Rektors keine Rede. Es traten auch bald — ja selbst zum Theil vor Eröffnung der Universität Modifikationen des a. h. Erlasses ein, wie sich aus den folgenden Paragraphen ergeben wird.

§ 137.

Das erwähnte Organisationsdekret der Universität wurde von dem Gubernium dem Lyceal-Rektor mit der Weisung eröffnet, die Anträge über Lehrstunden, Hörsäle etc. vorzulegen, damit bis zur Eröffnung der Universität für das künftige Schuljahr vorgesorgt werde, was dann auch geschah.

Die feierliche Eröffnung der Universität, zu welcher die Studenten zahlreich zu erscheinen und für das Wohl Ihrer Majestät, der (in Innsbruck residirenden) Erzherzogin Elisabeth etc. zu beten geladen wurden, hatte — worauf der eben in Innsbruck anwesende Hofrath und Hofkommissär Gröller drang — am 15. Oktober, als dem Namenstage der Kaiserin statt. Am Vorabende dieses Tages begab sich eine Deputation von zwölf Universitäts-Gliedern zum Gouverneur Baron v. Waidmannsdorf, ihn zur Feierlichkeit einzuladen, welcher sie auch zur Erzherzogin Elisabeth wies. Am Tage selbst stellten sich alle Professoren vor den Gouverneur, worauf der Zug in die Universitätskirche in folgender Ordnung ging: Pedell und Dienerschaft der Universität, Professoren nach den Facultäten, Studien-Consess, Rektor der Universität, die tirolischen Stände, das Gubernium (die Erzherzogin Elisabeth hatte sich schon früher in den Chor der Kirche begeben); rechts im Presbyterium war das Gubernium, links waren die Stände; im Schiffe der Kirche war der Platz für den Studien-Consess, die Professoren etc. Bei der Feierlichkeit erschien auch der Landrechts-Präsident (Alois Graf Sarnthein), der kommandirende General Baron v. Neugebauer; auch andere hervorragende Persönlichkeiten nahmen Theil. Die geistlichen Funktionen hielt der Prälat von Wilten. Nach dem Gottesdienst ging der Zug in der nämlichen Ordnung in den Bibliotheks-Saal, wo der Gubernial-Referent v. Strobl eine Rede hielt, welche nach der Uebergabe des Universitäts-Scepters durch den Gouverneur vom Universitäts-Rektor danksagend beantwortet wurde. Zum Schlusse ward sogleich durch den Protomedicus Professor Scherer der neu ernannte Professor der Chemie und Botanik, Mathias

Schöpfer, zum Doctor der Medizin promovirt. Der Gouverneur gab dann Tafel, bei welcher der Rektor Stadler mit andern Professoren erschien.

§ 138.

Ueber die Ausführung und Modifikationen der a. h. Anordnungen ist Folgendes anzuführen:

Die Mitglieder des Studien-Consesses wurden von den vier Facultäten durch an das Gubernium abgegebene verschlossene Stimmzettel der einzelnen Professoren gewählt und waren — nebst dem jeweiligen Universitäts-Rektor als Präses — für die Theologie der Gubernial-Commissions-Rath Ertl, für die Jurisprudenz Professor Banniza, für die Philosophie der ehemalige Professor, dann Seminardirektor Albertini, für die Medizin Professor und Protomedicus Scherer, wozu für die Gymnasien der Gymnasial-Professor Primisser, für die deutschen Schulen der Normalschuldirektor Defraine kam. Damit der Consess auch von der öffentlichen Bibliothek Kenntniss erhalte, wurde mit Hofdekret vom 30. April 1792 auch der Bibliothekar Wikosch als Mitglied desselben ernannt. Sekretär war der Universitäts-Notar Mühlbacher gegen eine Remuneration von 50 fl. jährlich; dieser erhielt zu den übrigen Geschäften der Facultäten einen Aktuar mit 100 fl. Gehalt (den Gubernial-Concipisten Kempter). Seine erste Sitzung hielt der Consess am 18. Februar 1792. Mit Hofdekret vom 26. Juni 1792 wurde ihm aufgetragen, sich über Kleinigkeiten bei der Hofstelle nicht anzufragen, übrigens bei Berichten immer die eigene Meinung beizusetzen [1]). Die Mitglieder blieben aber theilweise nicht während der ganzen Zeit des Bestehens des Studien-Consesses; so wechselten die Assessoren für die Gymnasien öfter; für die deutschen Schulen trat schon im Jahre 1793 statt Defraine der neue Schuldirektor Hubel ein, und da nach drei Jahren vorschriftmässig eine neue Wahl vorzunehmen war, Albertini [2]) die Wahl nicht mehr annahm, Ertl aber nach Linz versetzt wurde, so traten im Jahre 1795 für Philosophie Stadler, für Theologie Isser ein; Scherer, Wikosch und Banniza aber wurden neuerlich bestätiget, letzterer erhielt jedoch im Jahre 1798 an Appellationsrath Jellenz, der vor Aufhebung der Universität in Innsbruck Professor des Kirchenrechtes gewesen war, einen Nachfolger.

Der Gouverneur Waidmannsdorf hatte unter dem 29. September 1794 dem Kaiser ein merkwürdiges Promemoria über verschiedene das Studienwesen betreffende Gegenstände vorgelegt, von dem in dieser Periode noch öfter die Rede sein wird, und über das nach manchen Berathungen der politischen Stellen und neuerlicher Aeusserung Waidmannsdorf's unter dem 17. Dezember 1794 die a. h. Entschliessung herabgelangte. Der Gouverneur äusserte sich über den Studien-Consess nicht günstig und hielt für besser, wenn unter dem Vorsitze des Guberneurs im Beisein des Landeshauptmanns, des Prokanzlers und des Universitäts-Rektors die Studien- und geistlichen Gegenstände von zwei Gubernial-Räthen vorgetragen und verhandelt würden; einen geistlichen Referenten bei dem Gubernium hielt er für schädlich und bezeichnete insbesonders Ertl ohne Vertrauen. — In diese organischen Aenderungen ging damals die a. h. Entschliessung nicht ein, vielmehr blieb der Studien-Consess und im Wesentlichen die Einrichtung bis zum Jahre 1802,

---

1) Die Protokolle des Studien-Consesses liegen im Universitäts-Archiv.

2) Er war mit 900 fl. pensionirt, aber noch 1807 von der k. bayr. Regierung als Direktor des Lyceums nach Trient mit 300 fl. Zulage geschickt, wo er aber in Wahnsinn verfiel und in seinem Geburtsort Brez 1820 starb. (S. Tiroler Bote Nr. 69 vom Jahre 1825.)

wo er mit a. h. Handbillet vom 29. April 1802 als den Erwartungen nicht entsprechend aufgehoben und die frühere Einrichtung der Studien-Direktoren nur mit dem Unterschiede wieder hergestellt wurde, dass diese nicht mehr eine Landes-Studien-Commission als Collegium bildeten, sondern jeder Direktor unmittelbar unter dem Gubernium stand und eine eigene Instruktion erhielt [1]), — eine Einrichtung, die bis zum Jahre 1848 mit einer kleinen Unterbrechung in der königl. bayr. Periode blieb. Direktoren wurden die Assessoren; nur für Philosophie wurde der theologische Professor Bertholdi, und für die Gymnasien der theologische Professor Koch als Direktor aufgestellt.

Tirolischer Landstand wurde die Universität nicht, obschon sie die Sache wiederholt und noch im Jahre 1800 in Folge des a. h. Erlasses vom 8. Febr. 1791 in Verhandlung brachte. Die Stände beriefen sich dagegen auf die a. h. Verfügungen bezüglich der genau bestimmten Zahl der Vocalen bei dem Landtage, auf den Umstand, dass die Universität keine eigenen Güter habe, wie die übrigen Stände, und überhaupt darauf, dass dadurch der ganze Organismus des tirolischen Ständewesens verändert werden müsste.

Statt des für Gymnasisten und Akademiker gemeinsamen Predigers wurde unter dem 4. Jänner 1793 vom Gubernium ein eigener akademischer Prediger beantragt und mit Hofdekret vom 22. April der Servit Mayr als solcher mit 150 fl. Gehalt bewilligt.

Uebrigens wurde schon im Jahre 1792 an einem Entwurfe über die ganze Universitäts-Einrichtung vorzüglich vom damaligen Rektor Stadler gearbeitet, der zuerst von einer Deputation — bestehend aus einem Individuum jeder Facultät, dann von jeder Facultät insbesondere, endlich vom Senate geprüft wurde und sich über den Zweck aller Vorschläge und Berathungen in Universitäts-Gegenständen, Wahl und Rechte des Universitäts-Rektors, akademische Feste und Gottesdienste, eigene Kleidung der Professoren, Bibliothek, Rechte und Obliegenheiten des akademischen Senates und der Dekane verbreitete und auf erlassene Vorschriften basirte. Es ist mir nicht bekannt, dass er eine höhere Genehmigung erhalten hat.

Da öfter Fälle über verlorene Zeugnisse vorkamen, so trug ein Hofdekret vom 22. September 1793 auf, ein jährliches Verzeichniss aller Studirenden mit ihren Klassen bei der Universität aufzubewahren [2]).

§ 139.

Nach der Angabe dieser Veränderungen im Allgemeinen kommen nun die einzelnen Momente der Universität zu berücksichtigen.

In den Lokalien trat keine wesentliche Veränderung ein. Nach der Aufhebung des Generalseminars und der theresianischen Ritter-Akademie stand das ganze ehemalige Jesuiten-Collegium zur Disposition der Universität; denn die für die Theresianisten noch fortgehenden Repetitionen etc. konnten bequemer im ehemaligen Franziskaner-Kloster, welches die Akademie für die Lokalien im Jesuiten-Gebäude erhalten hatte, gegeben werden. Daher erhielt auch die Universität im Jahre 1792 bis 1793, wo für Adaptirung von Lokalitäten 300 fl. bewilligt wurden, ihre

---

1) Man findet sie bei Unger l. c. I. Th. S. 219. Sie wurde später erweitert. — Ertl wurde nach dem Antrage Waidmanndorf's als Domherr nach Linz versetzt und hatte beim Gubernium Zobl zum Nachfolger.

2) Die Einsendung der Kataloge an die Regierung war schon früher (§§ 78, 81, 83) vorgeschrieben. Die Aufbewahrung der Kataloge bei der Universität oder den Facultäten scheint früher nicht Statt gefunden zu haben.

gegenwärtige Aula. Die westlichen Lokalitäten des Gebäudes wurden jedoch niemals ganz für die Universität, sondern für Staatsbeamte etc. oder zur Miethe benützt. Was die Universität kostete, ist § 135 angegeben. Aber schon aus dem Angeführten erhellt, dass neue Ausgaben hinzukamen. Sie bekümmerte sich jedoch um den Fond nicht mehr, da die Besoldungen etc. lediglich von dem Cameral-Zahlamte bezogen und auch andere Ausgaben von dem Gubernium angewiesen und Alles von der Provinzial-Staatsbuchhaltung controlirt und präliminirt wurde [1]), und zwar nicht ausschliesslich für die Universität, sondern für den Studienfond überhaupt, der nach einem Ausweise der Hofbuchhaltung vom 10. Mai 1794, welche die Angaben der Provinzial-Staatsbuchhaltung controlirte, eine

Einnahme von . . . . . 35,473 fl. 46 ½ kr.

und eine Ausgabe von . . . 35,079 fl. 44 kr.

sohin einen Ueberschuss von . 394 fl. 2 ½ kr.

hatte [2]).

Die Tiroler Stände, welche nach den a. h. Erlässen um Beiträge für die Universität angegangen werden sollten, bewilligten im Jahre 1792 auf 2 Jahre einen jährlichen Beitrag von 200 fl. für medizinische (physiologische) Lehrmittel und eine allenfallige Leibrente von 300 fl. im Falle des Austrittes Laiharding's vom Lehramte, wogegen dieser sein Naturalienkabinet der Landschaft zu Gunsten der Universität unter gewissen Bedingungen, z. B. abgesonderter Aufbewahrung etc., überliess [3]).

Die Matrikelgelder bezog mit $\frac{1}{3}$ der Rektor, $\frac{1}{3}$ die Universitätskasse, $\frac{1}{3}$ der Pedell und Notar; aber im Jahre 1804 wurden die letzteren $\frac{2}{3}$ dem Studienfond zu verabfolgen befohlen. Sie betrugen vom Jahre 1800 bis 1804 von 87 bis 141 fl. jährlich.

§ 140.

Die Professoren betreffend, wurden bei der Wiederherstellung der Universität Mehrere, z. B. Beer, Hammer etc., ohne Konkursprüfung ernannt, da eine solche

---

1) Für die Verwaltung des Studienfondes waren den Beamten 200 fl. bewilliget, und da diese einige Jahre nicht bezogen wurden, mit Hofdekret vom 9. Oktober 1795 ihnen neuerlich zugesprochen.

2) Das Detail ist folgendes:

A. Einnahmen.

1. Stiftungs-Beiträge ex camerali	5,673 fl.	6 kr.
2. Salzaccis	6,887 fl.	16²/₄ kr
3. Urbarialgefälle	16 fl.	20²/₄ kr.
4. Interessen von Aktiv-Kapitalien	14,516 fl.	5 kr.
5. Aerarialbeitrag für die Universität	8,380 fl.	58²/₄ kr.
Zusammen	35,473 fl.	46²/₄ kr.

B. Ausgaben.

1. Besoldungen	21,475 fl.	15 kr.
2. Pensionen	7,767 fl.	28²/₄ kr.
3. Remunerationen	1,038 fl.	12 kr
4. Beiträge	3,456 fl.	10¹/₄ kr.
5. Studien-Erfordernisse . . .	1,296 fl.	32 kr.
6. Steuern	2 fl.	1²/₄ kr.
7. Ausserordentliches	44 fl.	4²/₄ kr.
	35,079 fl.	44 kr.
Sohin Ueberschuss	394 fl.	2²/₄ kr.

Der Fond hatte auch vom Jahr 1793 einen Ueberschuss (Kassarest) von 5665 fl. 37¹/₄ kr. Die Kirchen-Erfordernisse wurden vom Religionsfond bezahlt.

3) Wann es mit dem Universitäts-Naturalienkabinet vereinigt wurde, ist mir unbekannt.

zum Vorschlag nur facultativ, ihre Tauglicheit aber dem Professoren-Collegium und dem Studien-Consesse bekannt war.

Ihr Verhältniss zu einander scheint im Ganzen ein freundliches gewesen zu sein. Uneinigkeiten waren ihnen schon durch das Hofdekret vom 14. Okt. 1792 unter Androhung der Suspension untersagt.

Das Collegiengeld hörte auf die Bitte der tirolischen Stände auch für die juridischen Professoren auf.

Als im Jahre 1802 allen Beamten mit einer Besoldung unter 800 fl. ein Theurungsbeitrag von 10 bis 15 Prozent des Gehaltes bewilliget wurde, suchten auch die Professoren dieser Kategorie, zu welchen die theologischen und mehrere philosophischen gehörten [1]), um diese Begünstigung an, und wahrscheinlich in Folge dessen wurde unter dem 11. April 1804 der Gehalt der theologischen Professoren auf 600 fl. erhöht, während die juridischen Professoren mit dem Gesuch um Gehalts-Erhöhung zurückgewiesen wurden.

Seit dem Jahre 1803 hatte die Universität wiederholt bei dem Guberneur, bei dem Gubernium, bei ihrem beständigen Rektor (§ 141), bei Seiner Majestät selbst um Gehalts-Erhöhung für alle Professoren wegen der damaligen Theurung angesucht und endlich die a. h. Entschliessung vom 8. August 1805 erwirkt, vermöge welcher den theologischen Professoren ihr Gehalt auf 800 bis 1000 fl. (der Ueberschuss über 600 fl. aus dem Religionsfond), den medizinischen und philosophischen Professoren auf 600 bis 1000 fl., den juridischen endlich von 1200 bis 1500 fl. erhöht wurde; allein diess Dekret wurde der Universität unter der österreichischen Regierung nicht mehr, sondern erst unter dem 6. Jänner 1806 auf Zudringen der Professoren von der königl. bayr. Regierung mitgetheilt, von dieser aber demselben keine Folge gegeben.

Nach dem Hofdekret vom 22. März 1792 haben die Universitäts-Professoren den Rang nach den kaiserlichen Räthen und nach dem Hofdekret vom 28. Okt. 1792 ist ihnen bei Gericht der Titel „Herr“, ihren Gemahlinnen der Titel „Frau“ und Sitz zu geben.

§ 141.

Einige Professoren erhielten in dieser Periode eine Auszeichnung. Denn es wurde schon angeführt, dass sie zum Theil Assessoren bei dem Studien-Consesse und nach der Aufhebung desselben Direktoren von Studien-Abtheilungen wurden; sowie auch die Facultäts-Dekane Vorsitzer der Lehrerversammlungen waren. Dagegen hörte die Beförderung der Senioren der Facultäten zu kaiserlichen Räthen auf.

Der Prokanzler verlor seinen Einfluss fast gänzlich, ja bei der Organisirung

---

1) Nebst den theologischen Professoren gehörten in diese Kategorie der medizinische Professor Albaneder mit 500 fl. Gehalt und 150 fl. Zuschuss; der philosophische Professor Zallinger mit 600 fl. und Mersi mit 500 fl. Die eigenhändig geschriebenen Fassionen dieser Professoren liegen bei den Universitäts-Akten. Der philosophische Professor Nitsche erscheint mit 700 fl. Gehalt und 150 fl. Zulage (vgl. § 146), Stapf mit 600 fl. Gehalt und 350 fl. Zuschuss als Baubeamter. Auch die Fassionen der Gymnasial-Professoren und der Lehrer an der Normal-Hauptschule liegen bei, wornach Präfekt Rigler 500 fl., Unterkircher 400 fl., Geiger, Maurer und Burgmann 350 fl. Roschman (Servit) 250 fl., der Schuldiener 81 fl. und 60 fl. Zuschuss hatte. — An der Normalhauptschule hatte der Katechet Peiger 300 fl. und 100 fl. für den Unterricht der Theologen in der Katechetik, und Lehrer Hofer 350 fl., Gastl 300 fl., Hörtenberger 250 fl. Der Gehülfe Stakl 200 fl., der Schuldiener 150 fl. Der Zeichnungsmeister 350 fl., dessen erster Gehülfe 200 fl., der zweite Gehülfe 70 fl. Der Servit Benitz Mayr als Universitäts-Prediger erscheint mit 150 fl.

der Universität war nirgends von einem Kanzler oder Prokanzler eine Rede. Daher wendete sich der Bischof von Brixen unter dem 27. Dezember 1792 in der Angelegenheit an den Guberneur, der ihm erwiederte, dass der engere Ausschuss der Stände einen solchen bereits in Antrag gebracht habe und der Bischof sich desswegen an das Gubernium wenden möge. Auf das erwähnte Promemoria des Guberneurs vom 29. September 1794, in welchem der Guberneur auch diesen Gegenstand aufnahm, enthielt die Erledigung bezüglich des Kanzlers die a. h. Bestimmung, dass Seine Majestät dem Bischof von Brixen ex mera gratia das Kanzleramt mit dem verleihen wolle, dass er nur die gewöhnlichen Rechte des Ordinarius habe, wie der Dompropst in Wien und der Erzbischof in Prag; auch stehe ihm frei, einen tauglichen, dem Hofe anständigen Vicekanzler zu wählen, der den Sitzungen des Universitäts-Consistoriums (Senats), den akademischen Feierlichkeiten, insbesondere den akademischen Promotionen beiwohnen könne, aber nicht den Prüfungen, wohl aber den öffentlichen Vorlesungen, jedoch ohne alle Auszeichnung. Der Bischof schlug als Prokanzler den pensionirten Professor, Rath und Hofkaplan Kopf vor, der auch bestätiget würde, aber sogleich dem Bischofe bemerkte, dass er bei dem Studien-Consesse keinen Zutritt habe, bei den Promotionen die Licenz — sohin sein Wirkungskreis aufgehoben, daher sein Einfluss sehr klein seie und seine Auszeichnung nur etwa bei der Frohnleichnams-Prozession in der Präcedenz vor den übrigen Professoren nach dem Rektor bestehen werde.

§ 142.

Eine bemerkenswerthe Veränderung ging im Jahre 1800 bezüglich des Universitäts-Rektorates vor. Am 7. Oktober d. J., da eben der Erzherzog Johann in Innsbruck war, brachte der Universitäts-Rektor Luzenberg die Wahl dieses Erzherzogs zum beständigen Rektor der Universität im Senate zur Sprache, und es wurde einstimmig beschlossen, dem Antrag durch den Guberneur Vorschub zu geben. Am 8. Oktober hatte die ganze Universität beim Erzherzog Aufwartung, wobei der Rektor den bezüglichen Antrag vorbrachte, der vom Erzherzoge gnädig aufgenommen wurde. Dieser besuchte gleich darauf mit dem Guberneur die Universität, wobei er in der Naturgeschichte und Physik und in der Bibliothek grosse Kenntnisse verrieth; der Rektor war am nämlichen Tage beim Erzherzog zur Tafel geladen. Am 20. Oktober dankte der Rektor sammt den vier Dekanen dem Guberneur und bat, sein Porträt in der Stuba academica aufstellen zu dürfen und jenes des Erzherzogs verschaffen zu wollen. Unter dem 1. November 1800 bewilligte Seine Majestät diese Wahl als „der Universität zur ausgezeichneten Ehre gereichend". Am 24. November erfolgte die feierliche Einsetzung des neuen beständigen Rektors, zu welchem Ende die Universität durch gedruckte Billete sämmtliche Freunde und Verehrer der Wissenschaften in die Stuba academica einlud, wo dann der nunmehrige Rektor Stapf über Zweck der Universitäten und Erreichung desselben an der Innsbrucker Universität eine Rede hielt, die dann bei Wagner gedruckt wurde. Alle Civil- und Militärbehörden, die tirolische Landschaft, die hohe Geistlichkeit waren bei der Feier vertreten, und viele andere Gäste und Studirende gegenwärtig. Das Diplom an den Erzherzog vom nämlichen Tage ist vom Rektor und den vier Dekanen [1]) unterschrieben. Im Jahre 1801 beschloss die Universität, dass der jeweilige nunmehrige Prorektor jährlich dem Erzherzog zum Neujahre und Namenstage zu gratuliren und ihm am Ende des Jahres die wichtigsten Universitäts-Ereignisse mitzutheilen habe. Es versteht sich von selbst, dass die Uni-

---

1) Bertholdi, Orsler, Niedermayr und Zallinger.

versität ihrem Rektor, wenn er nach Innsbruck kam, ihre Verehrung bezeugte, wie sie denn z. B. im Jahre 1804 in 5 Wagen bis zum Schupfenwirthshaus (etwa eine Stunde von Innsbruck) entgegenfuhr. Der Erzherzog versprach in Angelegenheiten der Universität namentlich wegen Gehalts-Verbesserung etc., seinen Beistand bei dem Kaiser, lud den Rektor zur Tafel u. s. w.

In der Wahl und den Geschäften des Prorektors trat sonst keine Veränderung ein; er hatte wie früher der Rektor die allgemeinen Geschäfte der Universität zu besorgen [1]).

Uebrigens wurde zur Anschaffung einer goldenen Kette für den Prorektor unter dem 23. April 1801 eine Verwendung des bei der Landschaft anliegenden Universitäts-Kapitals per 350 fl. [2]), und da diess nicht bewilliget wurde, unter dem 22. Juli diese Anschaffung aus der Rektoratskasse beschlossen.

§ 143.

Ueber die einzelnen Facultäten ist Folgendes zu berichten:

Jede Facultät erhielt bald nach der Herstellung der Universität den Auftrag, über einen Entwurf einer Instruktion der Facultät, unter Angabe der Verhältnisse der Lehrer (Alter, Vaterland, Dienstjahre, Besoldung, Fach), der Lehrgegenstände (ob einige entbehrlich oder neue einzuführen seien), über Prüfungen pro gradu und Vota darüber, über Taxen und Feierlichkeiten bei den Promotionen, dann über Schuldisputationen, Wahl des Dekans und dessen Verrichtungen, endlich über Wahl der Assessoren des Studien-Consesses gutächtlichen Bericht zu erstatten. Alle Facultäten thaten diess aber ohne besondern Erfolg.

Was insbesonders die Theologie betrifft, so wurde nach dem Lehrplan von 1790 [3]) gelehrt. Doch konnte die Prüfung aus der hebräischen und griechischen Sprache nach einem Erlasse vom 28. August 1804 schwächern Theologen nachgesehen werden etc. Die Facultät hatte zwar in dem von ihr abgeforderten Berichte vom 8. Mai 1793 manche Anträge gestellt, auf welche jedoch die Hofstelle in ihrer Erledigung vom 8. September 1793 im Wesentlichen erwiederte, praktische Seelsorgs-Uebungen können nach dem Studienplane nicht stattfinden, auch nicht ausserordentliche exegetische Vorlesungen aus dem Grundtexte in deutscher Sprache, statt deren eine gute Bibel-Uebersetzung zur häuslichen Lektür den Studenten zu empfehlen sei, dem Professor des neuen Bundes seien jedoch ausserordentliche exegetische Vorlesungen nicht verboten; spezielle Naturgeschichte sei für Theologen kein Obligat-Studium, theologisches Privat-Studium verboten, die Wahl der Dekane durch einen Turnus nicht beschränkt, sein Verhältniss zum Repräsentanten der Facultät beim Studien-Consess in den Nachrichten über Unterricht ausgesprochen, theologische Doctoren seien bei Besetzungen schon nach dermaligen Vorschriften zu berücksichtigen.

Mit Hofdekret vom 9. März 1792 war verordnet, die Katechetik an der Normalhauptschule zu hören, und zwar nach Hofdekret vom 25. Jänner 1793, um zu den höhern Weihen zugelassen zu werden, mit einem Fortgange wenigstens der ersten Klasse.

---

1) Im Jahre 1806 betrug sein Empfang für Holz 361 fl. 5½ kr., die Ausgabe 224 fl. 32 kr., für Schreibmaterialien der Empfang 34 fl. 44 kr., die Ausgabe 13 fl. 14 kr. etc.

2) Vielleicht aus dem Ertrag der frühern Rektors-Kette.

3) § 130. Als Vorlesebücher kommen vor: Kirchengeschichte: Dannenmayr, — Hebräisch: Schröder und Michaelis, — hebr. Altertbümer: Faber, — Hermeneutik: Mayr, — Griechisch: Trendelenburg, — Dogmatik: Klüpfel, — Kirchenrecht: Pehem, — Moral: Schanza, — Katechetik: Schmidt, — Pastoral: Giftschütz.

In seinem Promemoria hatte Guberneur Waidmannsdorf angetragen, den unvorsichtigen Professor Spechtenhauser [1]) zu versetzen und dessen Kanzel bis zur Wiederbesetzung durch Herculan Oberrauch unentgeltlich, ferner die Hermeneutik des alten Bundes (Rudolf's Fach) durch Sortschan gegen eine Remuneration von jährlich 200 fl. versehen zu lassen. Die a. h. Entschliessung sprach auch Spechtenhauser's Versetzung aus, was ihm zu intimiren sei, die weitere Weisung werde nachfolgen. Es scheint aber keine solche erfolgt zu sein, wenigstens blieb er bis 1820, wo er starb, Professor. Auch Rudolf, dessen Krankheit sich damals zu bessern schien, blieb bis 1797.

Behufs des gelehrten Bibelstudiums alten Testamentes bezüglich der mit der hebräischen Sprache verwandten Dialekte wurde im Jahre 1795 auf Antrag des Professors Rudolf die Anschaffung von Hülfsmitteln für sechs theologische Schüler auf Kosten des Religionsfondes mit dem Beisatze bewilliget, allenfallige Nachschaffungen und Einband der Bücher durch eine kleine Bezahlung für den leihweisen Gebrauch dieser Bücher zu besorgen. Diese kleine Bibliothek blieb bis zur Aufhebung des theologischen Studiums im Jahre 1823 und wurde auch mit andern Büchern vermehrt [2]).

----

1) Er hatte besonders in seiner Antritts-Rede Mangel an Klugheit und Bescheidenheit, vorzüglich in seinen Citaten, verrathen. Franz Zallinger sagt davon in einem in der Dipauliana vorfindigen Aufsatze: Contendit, problema esse, et poene verum, quod Helvetius dixit: ac. hominum mores religione christiana non fuisse emendatos, illamque in hunc finem inutilem esse; causam hujus rei inquisiturus attulit vero 1mo quod christiana religio tantum doceat, quid credendum, non quid agendum sit, simul affirmavit, multa vendi pro dogmate, quae non sunt, multos fidem sufficere putare, ob rectam fidem illos alios contemnere, in dogmaticos invectus est, in moralistas omnes: 2do quod velint omnes Naturae impulsus mortificatione subigere, ubi etiam in religiosos ascetas ipsamque ecclesiam inconvenientissime (ut ex breviario probavit) invehebatur, contraque negligi opera charitatis; 3tio quod Deum nimis severum sibi depingant veluti monarcham orientalem ubi motiva timoris, motiva omnia supernaturalia rejecit, invectusque est non parum in confessarios. De Ludovico XIV contendit, 14 habuisse scorta, rejecit quoque actionum discrimen versus Deum et proximum seque ipsum — sane scandalose. — Auch Rudolf galt bei Manchen als unvorsichtig in seinem Vortrage und war kränklich.

2) Ein Verzeichniss vom Jahre 1808 gibt an:

I. An Sprachlehren:

1. Hebräische von Reineccius	22	Exemplare.
2. „ „ Jahn	4	„
3. Elementarbuch von Jahn	3	„
4. Michaelis Abhandlung über syrische .		
Sprache	6	„
5. Arabische Sprachlehre von Hetzel . .	4	„
6. „ „ „ Jahn . .	2	„
7. Aramäische Sprachlehre von Jahn . .	2	„

II. Bibeln:

1. Von Reineccius	5	„
2. „ Däderlein	4	„
3. „ Simonis	1	„

III. Lexika:

1. Hebräische von Moser	4	„
2. Syrische von Castelli	5	„
3. Hebräisches von Simonis	1	„
4. „ „ Buxtorf	1	„

IV. Hülfsbücher anderer Art für das alte Testament:

1. Einleitung in das alte Testament von Jahn	3	Exemplare.
2. „ „ „ „ „ 1. Theil	1	„
3. Scheidius: glossarium arab. latin. . .	6	„

Bis zum Uebergang Tirols an Bayern standen in der Theologie nur drei neue Professoren ein, nämlich Koch für Sortschan, der im Jahre 1797 Domherr in Laibach wurde, Craffonara für Jäger, der im Jahre 1801 säcularisirt die Pfarre Lienz erhielt und Scheth für den immer kränkelnden Rudolf, der pensionirt wurde [1]. Alle drei wurden auf Konkursprüfung und Vorschlag der theologischen Facultät angestellt, der nur für Craffonara nicht einstimmig war, für den Professor Bertholdi den akademischen Prediger Mayr wollte, daher auch der Vorschlag der Facultät wiederholt zur bessern Begründung ihres Gutachtens zurückgeschickt wurde.

Nach Hofdekret vom 19. Oktober 1801 mussten Competenten um theologische Lehrkanzeln ein Sittenzeugniss ihres Ordinariats oder ihres Ordens-Vorstehers beibringen.

Da zur Anstellung an l. f. Seelsorgs-Posten öffentliche Studien oder wenigstens Prüfungen an einer öffentlichen Lehranstalt erforderlich waren, so kamen bei der theologischen Facultät von Zeit zu Zeit solche Prüfungen, z. B. eines Brugger aus der Diözese Chiemsee etc., vor, wofür die theologische Facultät als Taxe 3 fl. bestimmte [2].

Unter dem 7. September 1799 erfolgte auf Ansuchen der Tiroler Stände — analog der Verordnung bei Aufhebung des Generalseminars ein Normale für Klosterstudien, nach welchem Klöster, welche die bewilligte Zahl von Conventualen nicht haben, Candidaten nach absolvirtem Gymnasium aufnehmen und im Kloster durch konkursartig geprüfte Lehrer in den philosophischen und theologischen Studien mit Kirchenrecht nach den vorgeschriebenen Lehrbüchern und Normen und gegen Prüfung der Schüler an der Universität nach vollendetem Fachstudium unterrichten können, — ein Normale, das unter dem 25. März 1802 dahin gemildert wurde, dass Stifte und Klöster allein, oder in Verbindung mit Klöstern desselben Instituts das theologische Studium mit Kirchenrecht in drei Kursen mit vier Lehrern nach dem bestehenden allgemeinen Studienplan und vorgeschriebenen Lehrbüchern bei geprüften Lehrern vollenden können, am Ende jeden Studienjahres jedoch die Hauptsätze jedes vorgetragenen Studientheiles zu einer öffentlichen Disputation aussetzen, zur Censur und Genehmigung des theologischen Direktors einsenden und dann drucken lassen sollen, wogegen die Prüfung der Schüler an der Universität aufhöre.

Konkursartige Lektoren-Prüfungen kommen bei der theologischen Facultät oft vor, z. B. im Jahre 1800 von Tauscher aus Wilten, Catrein aus Neustift für Dogmatik, Florentin und Jäger aus dem Franziskaner-Orden für den neuen Bund und Moral etc. Die Prüfungen hiessen konkursartig, weil sie wie bei Konkursen zu

---

4. Versio Jesaiae arabica von Paulus . . 6 Exemplare.
5. Psalterium syriacum von Erpenius . . 6 „
     V. Hülfsbücher für das neue Testament:
1. Biblia graeca Reineccii . . . . . . 8 Exemplare.
2. Grammatica graeca . . . . 8 „
     VI. Andere Werke:
1. Dannenmayr: Institutiones historiae eccl. 12 „
2. Jus can. publicum . . . . 5 „
3. „ „ privatum . . . . . . 10 „
Bei Aufhebung der Theologie ging die Bibliothek auf 23 Werke zu 236 Bänden vermehrt an die Universitäts-Bibliothek über.

1) Mit 333 fl. 20 kr. Er musste öfter supplirt werden; noch unter dem 16. December 1801 erhielt Koch 82 fl. 20 kr. und Isser 50 fl. für Supplirung seiner Fächer. Er war von Kaltenbrunn und starb 1806 in Wien.

2) Eph. th. 26. Nov. 1793. — Die übrigen Angaben sind aus der Gubernial-Registratur oder dem Universitäts-Archiv genommen.

öffentlichen Lehrämtern — nur nicht mit comparativer Würdigung abgehalten wurden. Nach h. Erlass vom 26. Juli 1805 mussten die Lehramts-Candidaten nach 1774 studirt oder alle Prüfungen mit Ausnahme der biblischen Sprachen gemacht haben.

§ 144.

Auch in der juridischen Facultät wurde bei der Wiederherstellung der Universität der Studienplan vom Jahre 1790 (§ 131) eingeführt. Als Vorlesebücher waren Martini, Pütter, Heineccius, Pehem, Sonnenfels vorgeschrieben.

Die Erledigung des Facultäts-Berichts über Verbesserung der juridischen Studien (§ 131) vom 6. September 1793 enthielt wenig Besonderes. Den Professoren wurde — was wohl schon in der a. h. Entschliessung vom 8. Februar 1791 ausgesprochen ist — erlaubt, gegen Honorar Vorträge über österreichische und tirolische Gesetze, über allgemeine Civil- und Criminalordnung und Geschäftsstyl zu halten, und Disputationen wie in der Philosophie unter den Schülern anzustellen. Mit Hofdekret vom 4. Februar 1801 wurde der Vortrag des österreichischen Privatrechtes von einem Doctor der Rechte unter Aufsicht und ohne auch andere Fächer zu lehren bewilliget, was früher auch Banniza in eigenen Stunden gethan hatte; diess mit dem römischen Rechte in Verbindung zu lehren, wurde nicht erlaubt etc.

Unter dem 24. August 1804 erhielt aber diess Studium einen neuen Plan, in welchem das österreichische Privatrecht und der Geschäftsstyl endlich ordentliche Fächer wurden und auch die Eintheilung der Fächer zum Theil eine Aenderung erlitt [1]).

In seinem Promemoria hatte Waidmannsdorf über Professor Hauk bemerkt, dass er nicht nach dem Vorlesebuch lehre und verdächtig sei, da eine Aufgabe über französische Revolution alle seine Schüler mit Ausnahme des einzigen Coreth nach schlechten Grundsätzen beantwortet hätten, daher er auf seine Versetzung antrage. Diese erfolgte auch im Jahre 1794 und für ihn trat Orsler ein. Die übrigen Professoren blieben mit Ausnahme Banniza's, der auf sein Abtreten und Ableben Schuler im Jahre 1801 zum Nachfolger hatte.

Da eine Gehaltsverbesserung der Professoren — ohne grössere Forderungen an den Studienfond, resp. an das a. h. Aerar — eintreten konnte, so erhielt im Jahre 1792 auf das Ableben des Jesuiten Amon, dessen Pension somit einging, Professor Hauk, und auf das Ableben des Jesuiten Schmel Professor Weinhart eine Gehalts-Zulage von 200 fl., so dass sie hierin den übrigen Professoren der Rechte gleichgestellt wurden.

---

1) Es war vorgeschrieben im
I. Jahre in beiden Semestern:

Natur-, Staats und Völkerrecht	täglich 2	Stunden.
Statistik	„ 1	„
II. Jahre:		
Römisches Recht	„ 2	„
Rechtsgeschichte	„ 1	„
III. Jahre:		
Kirchenrecht	„ 2	„
Lehen- und deutsches Staatsrecht	„ 1	„
IV. Jahre:		
Politische Wissenschaften	„ 2	„
Oesterreichisches Privatrecht im Winter und Geschäftsstyl im Sommer	„ 1	„

§ 145.

Das medizinische Studium trat schon mit erweitertem Lehrplan in die Universität ein und wurde im Jahre 1804 noch mehr erweitert und geordnet.

Es trat nämlich ein, mit vier Jahrgängen zur Bildung der Aerzte [1]), mit zwei Jahrgängen zur Bildung der Wundärzte und Geburtshelfer, einem zweimonatlichen Kurse für Hebammen und eine Kanzel für Vieharznei. — Im Jahre 1804 wurde das Studium für Aerzte auf 5 Jahre erweitert [2]); Wundärzte hatten zwei oder auch drei Jahre zu studiren [3]), und es kam noch ein Kurs für Pharmazeuten dazu [4]).

Natürlich musste das chemische Laboratorium wieder hergestellt werden, wozu mit Hofdekret vom 17. August 1792 der Betrag von 90 fl., im Jahre 1801 aber für Chemie und Geburtshülfe 526 fl. 37 kr. bewilliget wurden.

Ein sehr wichtiger Erwerb war für die Medizin der botanische Garten, der bisher noch immer gefehlt hatte. Durch die Aufhebung der Franziskaner in Innsbruck im Jahre 1784 fiel ihr Garten dem Religionsfond und durch die a. h. Entschliessung vom 22. Jänner 1780 der Garten der Jesuiten der theresianischen Ritter-Akademie zu. Beide Gärten — der theresianische nach Aufhebung der Akademie, der Franziskaner-Garten nach Aufhebung des Generalseminars — waren zu Gunsten der Fonds verpachtet (ersterer für 40, letzterer für 62 fl. 30 kr.). Im Jahre 1795 wurde die Pachtung des Seminar-Gartens zur Benützung der Universität bewilligt. Mit Hofdekret vom 21. Oktober 1798 und 12. September 1799 erhielt die Universität als Eigenthum vom Jesuiten-Garten 1259 Quadrat-Klafter, wogegen der Ritter-Akademie der Franziskaner-Garten mit 1580 Klafter überlassen wurde. Dem Religionsfond wurden vom Studienfonde dafür 1303 fl. 30 kr. bezahlt und 172 3/4 Quadrat-Klafter des Jesuiten-Gartens für die akademische Kirche vorbehalten. Dem Professor Schöpfer wurde seine Besoldung auf 900 fl. mit der Bedingung erhöht, dass er den Garten zum akademischen Gebrauche herzustellen und zu besorgen habe.

Was das medizinische Lehrpersonale betrifft, so wurde mit a. h. Entschliessung vom 16. März 1792 die Kanzel der Chemie und speziellen Naturgeschichte getheilt, für erstere Mathias Schöpfer mit 750 fl. (350 fl. zu chemischen und botanischen Erfordernissen nach Hofdekret vom 26. Juni 1792), für letztere der

1) Es war im
I. Jahre: Chemie, Instrumentenlehre, spezielle Naturgeschichte, vorzüglich Botanik.
II. „ Anatomie.
III. „ Physiologie, Materia medica, auch Klinik.
IV. „ Pathologie und medizinische Praxis
gegeben. —

2) Aerzte hatten nach gut absolvirter Philosophie im Inlande, im
I. Jahre: Anatomie, Chemie, spezielle Naturgeschichte, besonders Botanik, allgemeine und spezielle Chirurgie,
II. „ Physiologie mit höherer Anatomie, Instrumenten- und Bandagenlehre.
III. „ Pathologie und Materia medica,
IV. und V. Jahre: Spezielle Therapie der acuten und chronischen Krankeiten und medizinisch-chirurgisch praktischen Unterricht am Krankenbett zu hören.

3) Wundärzte mussten, wenn sie bei einem Meister die Lehrjahre vollendet hatten, in einem, sonst in zwei Jahren hören: Anatomie, allgemeine und spezielle Chirurgie, medizinisch-theoretischen Unterricht und in einem andern Jahre chirurgische Operations-, Instrumenten- und Bandagenlehre nebst Geburtshülfe, chirurgischen Unterricht am Krankenbette, praktischen Unterricht der Geburtshülfe, endlich spezielle Therapie.

4) Ihre Lehrfächer waren: Spezielle Naturgeschichte, Chemie und Botanik.

Gubernial-Sekretär Laiharding aufgestellt, der seine Gubernial-Sekretär-Stelle beibehalten sollte, was aber mit Hofdekret vom 7. November 1794 nicht gestattet
wurde [1]). — Viele Verhandlungen hatten auch wegen des Prosectors Müller Statt.
Nach Hofdekret vom 13. Oktober 1792 sollte er Prosector für Chirurgie bleiben
und der Professor der Physiologie nach seinem eigenen Antrag sich selbst behelfen;
aber mit Hofdekret vom 2. August 1793 wurde dessen anderweitige Unterbringung
anbefohlen, da er — der lateinischen Sprache unkundig — den Professor nicht,
wie er sollte, suppliren könne. Indessen blieb er — tauglich zum Unterricht für
Italiener, deren Sprache er verstand — bis zum Jahre 1801, wo er mit 250 fl.,
die aber bald auf 300 fl. erhöht wurden, in Pension trat. — Statt seiner wurde
Piller als Professor der Anatomie mit 800 fl. aufgestellt. — Bei Einführung des
neuen Studienplanes im Jahre 1804 trat Scherer, der schon mit Hofdekret vom
16. Juni 1792 eine Zulage von 300 fl. erhalten hatte, als Professor der Pathologie etc. aus, und seine Stelle übernahm Niedermayr; für Thierarzneikunde aber
sollte ein eigener Professor mit 400 fl. eintreten.

§ 146.

In der Philosophie wurde bei der Wiederherstellung der Universität der Studienplan von 1790 (§ 131), jedoch mit einigen Beschränkungen eingeführt, indem ein
drittes philosophisches Jahr nicht bestand, klassisches Studium und Aesthetik nicht
gelehrt wurde und Anfangs auch die Geschichte mangelte. Für Heraldik etc. suchte
man zwar in Neustift, dann Wilten etc. einen Professor; da man aber keinen tauglichen Mann für das Fach fand, schlug man den Serviten Benitz Mayr vor, der sich
die hiezu nöthigen Kenntnisse verschaffen würde; allein bei diesem Umstande erklärte ein Hofdekret vom 23. August 1793, dass „diese Kanzel bis zur Auffindung
eines fähigen Individuums unbesetzt bleiben möge".

Mit der Erledigung der Anträge über diess Studium (§ 142) kam der Auftrag vom 5. Dezember 1793, dass der Bibliothekar Wikosch als Professor der
Weltgeschichte aufgestellt werde und dafür 150 fl. erhalte. Auch wurde im Erlasse bemerkt, dass Schuldisputationen erlaubt seien, dabei aber die Schüler nach
Belieben in syllogistischer oder anderer Form antworten könnten. Oeffentliche Repetitoren wurden nicht mehr erlaubt.

Im Jahre 1804 wurde eine ganz neue Kanzel, nämlich der Religionslehre eingeführt und dieselbe dem im Jahre 1793 aufgestellten akademischen Prediger und
Gymnasial-Sitten-Aufseher Mayr verliehen.

Unter dem 12. Juli 1805 wurde — sehr weitläufig — ein neuer philosophischer Studienplan vorgeschrieben, nach welchem an Universitäten in drei Jahren
(für Lyceen genügten zwei Jahre) insbesondere auch griechische Sprache und im
dritten Jahre klassisches Studium und nach dem künftigen Berufe der Schüler noch
andere Fächer theils als obligat, theils als sehr nützlich zu hören waren [2]). — Die

1) Vielmehr sollte er bei der Vacatur einer kompetenten Stelle, z. B. des Biblio-
thekars-, Schlossverwalters etc., berücksichtiget werden. Er hatte als Gubernial-Sekretär
700 fl. Gehalt, als Professor der Naturgeschichte 500 fl. und dazu von der Landschaft
300 fl. mit dem Versprechen einer Leibrente im Falle des Abtretens vom Lehramte,
wofür er aber sein Naturalienkabinet überliess (vgl. § 139). Er starb schon 1797, und
auf ihn folgte Keesbacher.

2) Es war vorgeschrieben im

I. Jahre:

Theoretische Philosophie	4 Stunden wochentlich,
Weltgeschichte	3 „ „
Mathematik	8 „ „

17*

Zahl der Professoren war auf 9 gesetzt, und zwar für: *a*. Philosophie, *b*. Mathematik, *c*. Physik, *d*. Geschichte, *e*. Religionslehre, *f*. klassisches Studium, *g*. Naturgeschichte, Technologie etc., *h*. Aesthetik, Geschichte der Künste und der Philosophie, *i*. Pädagogik, Mathesis forensis, Diplomatik etc. Dieser Plan wurde in Tirol nicht mehr eingeführt, weil es bald darauf an Bayern überging [1]).

Die Professoren betreffend, hatte Guberneur Waidmannsdorf in seinem Promemoria angetragen, dass Professor Stapf's Kanzel, den er auf Auftrag des Polizeiministers schon einmal — jedoch ohne Erfolg — hätte untersuchen müssen, aufzuheben und der Lehrgegenstand den Professoren Stadler und Zallinger zuzutheilen wäre, da Stapf beiden Aemtern nicht ohne Vernachlässigung vorstehen könne; weil auch Nitsche nicht bei dem Vorlesebuche bleibe und durch eine zum öffentlichen Vortrage bestimmte Rede, deren Vortrag aber verboten wurde [2]), sich verdächtig gemacht habe, so wäre auch er zu versetzen, und seine Kanzel durch Tauscher von Wilten zu versehen; die Geschichte endlich wäre im Gymnasium zu lehren. Die a. h. Entschliessung hierüber besagte, Stapf's Kanzel wäre nicht aufzuheben, er selbst aber zu entfernen, wenn er gefährliche Grundsätze zeige oder beide Aemter

Religionslehre	2	Stunden	wochentlich.
Griechische Sprache	1	„	„
II. Jahre:			
Praktische Philosophie	4	„	„
Weltgeschichte	3	„	„
Physik	8	„	„
Religionslehre	2	„	„
Griechische Sprache	1	„	„
III. Jahre:			
Für Alle: Studium der Classiker	5	„	„
„ „ Religionslehre	2	„	„
Dann für Juristen: Geschichte der österreichischen Staaten	3	„	„
Für Theologen und Mediziner: Griechische Philologie	2	„	„
Für Mediziner: Naturgeschichte	4	„	„
Empfohlen war:			
Den Theologen und Juristen: Naturgeschichte mit Land- u. Forstwirthschaft	6	„	„
Aesthetik	5	„	„
Den Juristen: Technologie	4	„	„
Mathesis forensis	2	„	„
Geschichte der Künste und Wissenschaften	3	„	„
Auch wohl Diplomatik und Heraldik.			
Den Theologen: Pädagogik	2	„	„
Geschichte der Philosophie	4	„	„

Für Einige empfehlenswerth, sohin in ausserordentlichen Stunden zu geben, wurden erklärt: Numismatik, höhere Mathematik, Astronomie, neuere Sprachen, — wohl auch Diplomatik und Heraldik.

1) Mit Hofdekret vom 10. Februar 1804 war auch die Errichtung einer Realschule in Verbindung mit der Universität gegen Remuneration für die zu verwendenden Professoren und Lehrer ausgesprochen. Die darüber abgehaltenen Commissionen hatten bei den unruhigen Zeiten keinen Erfolg.

2) Das Thema war: Trägt die Aufklärung Schuld an den Uebeln, welche ihr gewöhnlich zur Last gelegt werden. — Nitsche hatte schon durch gedruckte Billete zur Eröffnung des Studienjahres 1793 in die Aula academica zu ihr eingeladen. Der Universitäts-Rektor hatte die Rede unbedenklich gefunden, der Guberneur aber, welcher davon hörte, sie abgefordert, durch den Gubernial-Rath Trentinaglia prüfen lassen und ihren Vortrag verboten.

ohne Vernachlässigung nicht versehen könne; Nitsche's sonst gut gemeinte Rede habe nicht gut gewählten Stoff. er soll versetzt werden; aber Tauscher, ein Mönch ohne Berühmtheit, ohne Konkurs für Philosophie, für welche ein Weltlicher nach der Erfahrung tauglicher wäre, da nur Malebranche ein Geistlicher und guter Philosoph zugleich war, könne nicht angenommen werden [1]); die Geschichtskanzel sei nicht aufzuheben, aber dem Wikosch unter Bedrohung aufzutragen, in Behandlung der Geschichte sich mit aller Klugheit und Bescheidenheit zu benehmen [2]). Sonst trat nur Stadler im Jahre 1799 von der Facultät durch Todfall ab, worauf Zallinger die Physik (mit 600 fl. Gehalt), v. Mersi aber — noch juridischer Stipendist — die Mathematik als Supplent, dann auf Konkurs unter dem 3. Oktober 1800 definitiv mit dem Gehalte von 500 fl. übernahm. — Nitsche erhielt schon im Jahre 1792 eine Zulage von 100 fl. und später für die Nebenvorlesungen für Italiener in lateinischer Sprache 150 bis 200 fl. Remuneration.

§ 147.

Bezüglich der Lehrart und der Prüfungen war nun das bis zum Jahre 1848 dauernde System vollkommen organisirt. Der Professor erklärte in den Lektionen den ihm vorgeschriebenen Auktor, collegisirte auch die Schüler über die aufgefasste Lehre, hielt am Ende des Semesters oder Jahres in Gegenwart des Direktors etc. mit jedem einzelnen Schüler die öffentliche Prüfung, klassifizirte die Geprüften nach den vier bekannten Abstufungen und überreichte das Verzeichniss derselben mit den Noten etc. dem Direktor und durch diesen den höhern Behörden.

Der Vortrag der meisten Lehrgegenstände sollte schon nach frühern Vorschriften (§ 123) deutsch sein. Allein diess fand Schwierigkeiten, da in Südtirol italienisch gesprochen wird. Daher kamen von dort und andern Orten Vorstellungen gegen diese Vorschrift, um so mehr, als das ausländische Studium für Oesterreicher keine Gültigkeit hatte. Die Universität und selbst das Gubernium sprachen sich daher für die lateinische Unterrichtssprache aus. Bezüglich der medizinischen Vorlesungen erklärte auch ein Hofdekret vom 11. Juni 1792, dass es bei den Vorlesungen nicht auf Sprache, sondern auf Gründlichkeit ankomme, daher auch die Hauptfächer dieses Studiums — Physiologie, Pathologie, Materia medica, Therapie und Klinik lateinisch gegeben wurden. Auf den Gubernial-Bericht vom 4. September, in welchem für die meisten Lehrfächer die lateinische Sprache bevorwortet wurde, sprach zwar die Hofstelle unter dem 14. Oktober 1792 ihre Verwunderung aus, da selbst in Roveredo die deutsche Sprache vorgeschriebener Lehrgegenstand sei, verbot jedoch nicht absolut für alle Fächer die lateinische Unterrichtssprache. Das Gubernium hielt am 8. Nov. 1792 in Gegenwart des in Innsbruck anwesenden Hofraths Gröller über diesen Gegenstand noch einen Vortrag zu Gunsten der lateinischen Unterrichtssprache, den der Hofrath zu unterstützen versprach und machte bald darauf eine neue Vorstellung. Da selbst die tirolischen Stände bei den Postulats-Verhandlungen im Jahre 1793 und 1794 den lateinischen Vortrag zur Sprache brachten und der Guberneur Waidmannsdorf in seinem Promemoria die Philosophie lateinisch gelehrt wissen wollte und zwar nicht bloss wegen der welschen Studenten, sondern auch nach dem Beispiele anderer Universitäten, wegen der philosophi-

---

1) Dagegen wurde unter dem 7. September 1799 bei Besetzung der Kanzel der Moralphilosophie. Logik und Metaphysik caeteris paribus Rücksicht auf Geistliche versprochen.

2) Nitsche sollte mit Walch in Graz Platz wechseln; da aber Walch dagegen Vorstellungen machte, blieb auch Nitsche auf seinem Platze.

schen Terminologien und sonstigen Vorzügen der lateinischen Sprache, — so wurde mit a. h. Entschliessung vom 30. Mai und 17. Oktober 1794 bezüglich der philosophischen Lehrgegenstände, namentlich der Logik, nebst dem deutschen auch der lateinische Vortrag und zwar gegen eine jährliche Remuneration von 150 fl. für den Professor der Philosophie bewilligt und unter dem 1. Dez. 1794 die Abforderung eines Honorars für diesen Vortrag nicht gestattet, da für den Professor durch Remunerationen gesorgt sei. Allein im Jahr 1795 war ein einziger italienischer Schüler, und die Vorlesungen in lateinischer Sprache wurden unter dem 26. August 1795 nur bei wenigstens zehn italienischen Schülern gestattet, und zugleich befohlen, die Massregel des lateinischen Vortrages im italienischen Tirol bekannt zu geben.

In der Theologie waren seit 1804 alle Fächer mit Ausnahme der Pastoral lateinisch vorzutragen.

In der Jurisprudenz scheint keine Veränderung eingetreten zu sein. Dass eine feste Ordnung hierin eintrat, ist mir nicht bekannt, wenigstens dauerte sie nicht lange.

In ihren Berichten über die Verbesserung der Studien hatten sich die Facultäten auch insbesondere über die akademischen Promotionen zu äussern. Obschon nun allerlei Anträge gemacht wurden, so blieb es doch in der Hauptsache bei den frühern Vorschriften (§ 123), insbesondere bei der einfachen Promotionsweise, wobei noch Stufen in Doctordiplomen und die übliche Begleitung des Notars bei Einladungen zu den Feierlichkeiten derselben als überflüssig erklärt wurden.

In der Philosophie wurden nur mehr zwei rigorose Prüfungen — aus Philosophie (Logik, Metaphysik und praktischer Philosophie) und Mathematik mit Physik, jede durch zwei Stunden gefordert und der ganze Kosten überstieg nicht 50 bis 60 fl. [1]). Da solche Doctorate für Promotionen in den höhern Facultäten nicht mehr nöthig waren, so waren sie sehr selten.

In der Theologie blieben die vier rigorosen Prüfungen mit Abhandlung und Disputation (§ 108), und jeder prüfende Professor in jeder Prüfung und jeder bei der Disputation oder Promotion betheiligte Professor erhielt seinen Dukaten, was 38 Dukaten à 4 fl. 30 kr. betrug. Die ganze Auslage auch für Notar, Pedell, Thorsteher und Diplom kam auf 170 fl. Auch in der Theolgie waren Promotionen sehr selten [2]).

In der Jurisprudenz waren drei rigorose Prüfungen, jede mit drei, eine wegen der politischen Wissenschaften mit vier Professoren, deren Jeder immer einen Dukaten erhielt, dann eine Disputation wieder um einen Dukaten für jeden Opponenten, endlich die Promotion à 97 fl. 40 kr. [3]), so dass die Gesammtkosten bei 197 fl. betrugen. Die Verfassung einer Abhandlung ward also nicht mehr gefordert. In den 13 Jahren des Bestehens der Universität kamen nach einer Angabe des Notars [4]) 95 juridische Promotionen, sohin im jährlichen Durchschnitte 7, vor; im Jahre 1794 wurden 10 promovirt.

In der medizinischen Facultät endlich wurde zum Doctorate eine theoretische,

---

1) Für jeden prüfenden Professor 4 fl., dem Promotor 6 fl., dem Notar 3 fl., dem Pedell 1 fl. 30 kr., dem Thorsteher 1 fl. etc. Ueber die Kosten wird man sich die Bemerkung § 35 S. 62 gegenwärtig halten müssen.

2) Im Jahre 1796 wurde der von Villingen flüchtige Benediktiner Georg Maurer zum theologischen Doctorate promovirt.

3) Dem Promotor 12 fl. (bei zwei Promovenden 16 fl., bei drei aber 24 fl.), jedem der fünf Professoren 10 fl. 50 kr., jedem der drei Dekane einen Dukaten, dem Rektor 6 fl., dem Notar 3 fl., dem Pedell 2 fl., dem Thorsteher 30 kr.

4) In einer Bittschrift um Entschädigung nach der Aufhebung der Universität.

eine praktische und eine klinische Prüfung nebst Abhandlung und Disputation gefordert [1]). Nach der erwähnten Angabe des Notars ergaben sich in dieser Periode
17 Doctor-Promotionen, dazu 14 chirurgische Promotionen, dann 28 Apotheker-
und 47 Hebammen-Diplome.

§ 148.

Es wurde schon angeführt, dass die frühern Einrichtungen, welche die Studenten zum Fleiss in den Studien antreiben mussten (§ 94), fortbestanden. Jedoch
war nach einem Hofdekret vom 12. August 1794 nur Stipendisten und vom
Unterrichtsgelde Befreiten streng aufgetragen, die öffentlichen Lehranstalten und
zwar in den festgesetzten Jahrgängen zu besuchen, während Andere zu Prüfungen
zugelassen werden konnten, mochten sie die Kenntnisse wo immer erhalten haben.
Selbst Staatsbeamten war erlaubt, die abgängigen Studien nachzuholen. Die Zeugnisse für die Studirenden unterschrieb nebst dem Professor auch der Assessor des
Studien-Consesses, so lang dieser bestand, und dann der Direktor, ja zur Zeit des
Consesses auch der Universitäts-Rektor [2]).

Besonders besorgt war man für die Disziplin und Sittlichkeit der Studenten.
Nach einem Gubernial-Dekret vom 9. Juli 1793 war die studirende Jugend vom
Herumschwärmen bei Tag und Nacht, Lärmen auf Gassen zur Nachtzeit, unmässi-
gem Spielen und andern Ausgelassenheiten, wie auch von spätem Aufenthalte in
Wirthshäusern ernstlich zu warnen, und befohlen, die Wirths- und Kaffeehäuser
nach Verlauf der zum Ausschenken erlaubten Stunden durch Patrouillen zu untersuchen und Diejenigen, die zur Nachtzeit durch Herumschwärmen und Lärmen auf
den Gassen sich verfänglich machten, auf die Hauptwache zu setzen, des andern
Tages hierüber an die politische Stelle die Anzeige zu machen und mit aller Strenge
vorzugehen, — eine Warnung, die den Studenten unter dem 21. Oktober 1793
erneuert wurde. Auch die Polizei und der Magistrat erhielten diessfalls gemessene
Aufträge. Im Studienplan der Philosophie vom Jahre 1804 wurde den Philosophen
das bestehende Verbot, Kaffeehäuser, Schenken und Theater zu besuchen, erneuert.
Mit Hofdekret vom 18. Juni 1802 wurde dem Vorstande der öffentlichen Biblio-
thek wiederholt die ernste Weisung ertheilt, religions-, sitte- und staatswidrige
Grundsätze enthaltende Bücher, wie Voltaire, Rousseau, Helvetius etc., Niemanden
als Jenem zu verabfolgen, der sie von Amtswegen für sein Lehrfach zur Wider-
legung dieser Grundsätze oder wie immer zur Vertheidigung der guten Sache für
Religion und Staat benöthigt. Unter dem 13. Mai 1794 wurde der Wagner'schen
Buchhandlung nur gestattet, reifern Studenten mit geprüften guten Sitten auf den
Vorweis erhaltener Erlaubniss Bücher zu leihen, da auch nicht verbotene Bücher
— Romane, Rittergeschichten, Theaterstücke, Revolutionsgeschichten etc., die Köpfe
der Studenten erhitzen und verwirren. — Auch wurden durch Verwendung Stadler's
im ersten Jahre der wiederhergestellten Universität Disziplinar-Vorschriften ver-
fasst, die sich auf Religion und Andachtsübungen, Betragen gegen Regierung und
Beamte, Sicherheit und Ordnung, Universität und deren Vorstände, Schul- und
Studien-Ordnung, Verwendung, Anstand und sittliches Betragen, endlich Verträg-
lichkeit unter einander verbreiteten, und wahrscheinlich eine höhere Genehmigung

---

1) Das Consess-Protokoll, worin die Kosten angegeben werden, fand ich nicht;
wahrscheinlich betrugen sie bei 150 fl.

2) Diess ärgerte den Professor Jäger so sehr, dass er die Zeugnisse nicht unterschreiben und keine Sitten-Note beisetzen wollte, worüber er auf Auftrag des Guberniums vom 14. November 1795 die gehörige Zurechtweisung erhielt.

erhielten, und den Studenten bekannt gegeben wurden, da sich in den Verhandlungen über Vergehen der Studenten öfter auf Disziplinar-Vorschriften bezogen wird.

Zur Aufmunterung in Fleiss und Sittlichkeit mussten den Studenten nicht bloss die Aussicht auf Berücksichtigung bei künftigen Anstellungen, sondern auch die Hoffnung auf Unterstützung durch Stipendien während der Studienjahre dienen. Mit den theresianischen- Regelhaus- und Hallerdamenstifts-Stipendien ging im Wesentlichen keine Veränderung vor (vgl. § 124). Die Schulgeldstipendien aber hörten natürlich mit dem Schulgelde wieder auf; Nikolaihaus-Stipendien gab es nun 50 in einem Betrage von 4266 fl. 40 kr. [1]

Dass diese Stipendien nicht ausschliesslich für Akademiker bestimmt waren, wurde schon anderweitig bemerkt. Auf die Würdigkeit der Studenten zum Genusse dieser Stipendien wurde so sehr gesehen, dass mit Hofdekret vom 18. August 1804 sogar für Stipendien jure sanguinis et loci erste Klasse in Fortgang, Fleiss und Sitten gefordert wurde. Uebrigens wurden die Stipendien nicht mehr bloss auf ein Jahr, sondern bei fortwährender Würdigkeit auf die Studienzeit, wenn die Stifter nicht etwas Anderes bestimmten, und zwar vom Gubernium vergeben; nur die theresianischen Stipendien verlieh die Hofstelle.

Ungeachtet dieser Vorkehrungen und Aufmunterungen zum Fleiss und zu einem guten Betragen ging es in diesen kriegerischen und revolutionären Zeiten auch an der Innsbrucker Universität nicht ohne Exzesse ab.

Guberneur Waidmannsdorf beginnt sein wiederholt erwähntes Promemoria damit, dass er sagt: „wie sehr die so merkliche Umstaltung der Sitten, Zucht und

---

1) Nach einem buchhalterischen Ausweise vom Jahre 1800 betrug das Stammvermögen der Nikolaihaus-Stipendien theils bei Privaten, vorzüglich aber bei öffentlichen Kassen und Aemtern 103,410 fl., der jährliche Ertrag aber mit einigen gestifteten Beiträgen von der Cameral- und Schwazer Creditskasse und der Stadtcommune 4839 fl. 56 kr. Die Stipendien waren folgende:

a. 8 Musikstipendien à 107 fl. 52 kr. . .	862 fl. 56 kr.
b. 5 Mayerfeld'sche Stipendien à 96 fl. . .	480 „ — „
c. 5 Staudacher'sche à 80 fl. 48 kr. . .	404 „ — „
d. 4 Troyer'sche à 98 fl. 48 kr.	395 „ 12 „
e. 1 Doswald'sches	144 „ 38 „
f. 1 Eghen'sches	30 „ — „
g. 1 Tratzberg'sches	190 „ — „
h. 1 Santner'sches	80 „ — „
i. 1 Platner'sches	67 „ 4 „
k. 1 Dangl'sches	72 „ — „
l. 1 Winkler'sches	108 „ — „
m. 2 Almosen-Stipendien à 45 fl. . . .	90 „ — „
n. 2 Daiser'sche à 41 fl. 20 kr.	82 „ 40 „
o. 3 theologische à 90 fl.	270 „ — „
p. 7 Gemeine à 80 fl.	560 „ — „
q. 8 „ à 50 fl.	400 „ — „
r. 1 „	30 „ — „
50 Stipendien	4266 fl. 40 kr.

Die unter b. bis l. genannten Stipendien waren Familien-Stipendien für Zöglinge im Jesuiten-Convicte zu Hall (Borgiashaus) und Innsbruck (Nikolaihaus). Der im Ganzen sehr erhöhte Betrag dieser Stipendien schreibt sich wohl vorzüglich davon her, dass nach Aufhebung des Generalseminars das vom Nikolaihause dazu verwendete Kapital (§ 120) wieder zu Stipendien verwendet wurde. Der Preis für das verkaufte Lokale gehörte natürlich auch dem Fonde, der aber auch die auf dem Institute haftenden Verbindlichkeiten zu bestreiten hatte, daher sich z. B. die Musikstipendien schreiben, weil Zöglinge des Institutes für Musik in der Jesuitenkirche etc. verwendet werden mussten. Das Lokale erwarben sich bei ihrer Wiederkehr nach Innsbruck die Jesuiten.

Ordnung das Gymnasium zu Innsbruck und besonders die Universität in den nachtheiligsten Ruf gesetzt habe, sei Seiner Majestät bekannt ". Auf die Anzeige des k. k. Landrechtes, dass immer mehr Fälle vorkommen, welche von Sittenlosigkeit, Ausschweifungen, Verschwendung der Studirenden ... den unzweideutigsten Beweis liefern ... da Eltern etc. ihre Kinder etc. ohne Aufsicht lassen, boshafte Leute zu ihrem Unglücke sie unterstützen, insbesondere Kaffeehäuser, Kaufleute etc. ihnen Kredit geben, so dass Conti von 40 bis 70 fl. jährlich von Schustern und Schneidern vorgelegt werden, und (wie das Gubernium in einem spätern Hofbericht vom 30. Oktober 1795 bezüglich dieser Verfügung nachträglich zur Rechtfertigung beifügt) auf das Ansinnen des Stadtmagistrats und auf die immerwährenden Klagen der tirolischen Landschaft und des Publikums über die Sittenlosigkeit und Unordnungen unter der studirenden Jugend — machte das Gubernium schon unter dem 4. April 1792 die Verordnung — dass: *a.* allen Kaufleuten und Handwerkern, welche jungen Studenten ohne Vorwissen Derer, denen sie anvertraut sind, auf Kredit Waaren etc. geben oder Arbeiten anfertigen, ihre Forderungen verfallen seien, und *b.* Gastwirthe, Cafétiers etc., die nicht nur auf Kredit geben, sondern überhaupt übermässigen Aufwand erlauben, oder auch immerwährendes Spiel gestatten, und Jenen, die solchen jungen Leuten Geld anbieten, Kleidungsstücke oder Meubles abkaufen, oder auch Pfänder von ihnen annehmen, nebst Verlust der Forderungen und Abnahme der in Handen habenden Pfänder oder angekauften oder wie immer an sich gebrachten Werthschaften, Effekten etc. auf das Empfindlichste gestraft werden [1]).

Insbesonders fand bald nach Eröffnung der Universität in der Bettler-Bründl-Kapelle (eine halbe Stunde von Innsbruck) eine arge Misshandlung eines Crucifix-Bildes durch vom Gallwieser Wirthshause heimkehrende Studenten der Universität statt, worüber die Untersuchungs-Akten bis zur Hofstelle gelangten und für die Thäter nur wegen mildernden Umständen — eines zufällig nicht nüchternen Zustandes, sonstiger guter Aufführung, geäusserter Reue etc., die noch milde Strafe des Stipendien-Verlustes, Incarcerirung, Abbitte vor den Vorstehern der Studienanstalt, Reparations-Kosten des Crucifixes und der Kapelle und geistliche Exercitien [2]) ausgesprochen wurde.

Im Jahre 1793 befand sich der englische Lord Leveth Hanson in Innsbruck, dessen Kammerdiener Ferari einigen Studenten Freiheit und Freimaurerei so einschwätzte, dass sieben derselben einen Klub errichteten, dessen Seele Ferari war, mit Zusammenkünften, Abzeichen für Mitglieder, einer Art Constitution in Versen zum Auswendiglernen, um alle schriftlichen Daten zu vermeiden; wer ein Mitglied anwarb, ward als Meister des Klubs erklärt etc. Die Zahl der Glieder stieg auf 31; man spekulirte auf Revolution in Italien. Da indessen gerade in Italien ähnliche

---

1) Im Jahre 1794 hatte der Jurist Giovanelli von Trient an Wein, Chokolade etc. beim Cafétier Moll eine Schuld von 46 fl. 38 kr. Auf Klage des Vaters von Giovanelli wurde Moll zu acht Tagen Arrest und Abgabe des Schuldbetrages in cassam pauperum verhalten. Ein Rekurs nach Hof hatte nach mehreren Berichten die Bestätigung des Urtheils, jedoch mit der Bemerkung zur Folge, dass Verluste sich nicht auf jene Forderungen beziehen können, bei denen Kreditoren das in rem versum beweisen können, dass ferner Meubles- etc. Käufer wissen müssen, sie gehören den Studenten, weil sonst Unterhändler zu bestrafen wären, endlich dass die Strafe nicht in Geld oder dupplo der Forderung, sondern in Arrest — ausser bei Honoratioren, zu bestehen habe. (Statthalterei-Akten.)

2) Bei den Serviten Benitz Mayr, der schon damals als Prediger sich auszeichnete und aus dieser Veranlassung die nachher gedruckten „Betrachtungen über Religion und Kirche. Innsbruck 1829" schrieb.

Klubs entdeckt wurden und auf Theilnahme geheimer Klubs Todesstrafe gesetzt war, überdiess das Gerücht über das Bestehen eines solchen Klubs in Innsbruck ruchbar wurde, beschloss derselbe seine Auflösung, jedoch noch vor der Ausführung dieses Beschlusses wurden am 7. August 1794 vom Militär 19 Mitglieder von ihren Betten zunächst in die Militärkaserne, dann auf die Universität gebracht und dort bis über den Anfang des Studienjahres, der sich eben desswegen verzog, detentionirt, untersucht etc. Ferari wurde zur lebenslänglichen Festungsstrafe, die sieben ersten Mitglieder zum Arrest von 1—4 Monaten, der Lord zum Exil aus den österreichischen Staaten verhalten, die Uebrigen kamen mit Verweis davon [1].

Unter dem 4. Mai 1794 erschien in der Kemptner Zeitung ein Aufsatz, worin erzählt wird, dass die Innsbrucker Universität selbst beim Kaiser des Jacobinismus verklagt worden sei und der Kaiser die Untersuchung darüber anbefohlen habe. Der akademische Senat beschloss diesen Artikel ignorirend zu verachten [2]. Sollte wohl obige Klubs-Geschichte so verstellt worden sein?

§ 149.

Der Studien-Consess, so lang er bestand, — war als von der Universität etc. zum Theil aus ihren Mitgliedern gewählt im Ganzen völlig von dem Geiste der Universität beseelt, sohin auch in allen wichtigen Fragen in vollkommener Harmonie. Das Nämliche lässt sich aber nicht vom Gubernium, wenigstens nicht vom Gouverneur Waidmannsdorf sagen, der nach dem bisher Angeführten weder mit allen Universitäts-Professoren, noch mit dem Studien-Consesse zufrieden und einverstanden war. Ueber sein Promemoria kam rücksichtlich der Professoren im Allgemeinen die beachtenswerthe a. h. Bemerkung, dass sie sich der Erörterung solcher Gegenstände, worin gleichsam eine Verzeichnung der von der Staatsverwaltung zu befolgenden Grundsätze zu liegen scheint, enthalten und mehr beim eigentlich gelehrten Stoff zu den Wissenschaften, welche sie lehren, mit kluger Bescheidenheit stehen bleiben, zumal heutigen Tages Untersuchungen politischer Gegenstände, wozu mehr Weltkenntniss, Tiefe des Verstandes und Erfahrung, als zu eigentlich gelehrten Materien gehört, in zu grosser Zahl erscheinen ... in solchen Dingen auch nur zu leicht Missverstand oder Missdeutung bei den Zuhörern entstehen. — Auch sei jede öffentlich zu haltende akademische Rede vier Wochen vorher dem Studien-Consesse und von diesem acht Tage vor Abhaltung derselben mit seinen Bemerkungen dem Gubernium zu übergeben. — Den Ständen, so wurde ferner bemerkt, könne im Studienwesen kein Einfluss gelassen werden.

Von weitern unangenehmen Verhältnissen zwischen Universität und Regierung — auch nach der Aufhebung des Studien-Consesses und auf den Wiedereintritt der Direktoren — ist mir nichts bekannt. Unter Bayern traten jedoch theilweise eigene Verhältnisse ein, von denen in der Folge die Rede sein wird. Wenn gleich die Universität ganz unter der Regierung stand, so wendeten jedoch die fast beständigen Kriege ihre Aufmerksamkeit von Universitäts-Angelegenheiten ab. Der Revers gegen geheime Gesellschaften wurde von den Professoren im Jahre 1801, wie von andern Beamten abgefordert, da sie im Grunde nichts Anderes als Beamte der Regierung waren.

§ 150.

In dem oft erwähnten Hoferlass vom 17. Dezember 1794, in welchem auch dem Bischofe von Brixen die Kanzlerstelle an der Universität und die Aufstellung

---

1) Vgl. Zoller: Denkwürdigkeiten von Innsbruck II. 327. Schützenzeitung vom Jahre 1862. Nr. 7 und 9.

2) Eph. th. 4. Juni 1794, wo man eine Abschrift dieses Artikels findet.

eines Prokanzlers bewilliget wurde (§ 140), war über das Verhältniss des Ordinariats zur Universität ausgesprochen, dass Seine Majestät in den dem Staate unterstehenden Anstalten den Bischöfen keinen unmittelbaren Einfluss einräumen, son-; dern Alles, was zur Ergreifung oder Behauptung einer Art bischöflicher Jurisdiction beim Studienwesen Anlass geben könnte, beseitiget wissen wolle. Die Ordinariats-Aufsicht beschränke sich auf die Reinigkeit der nach den in der katholischen Kirche allgemein angenommenen Glaubenssatzungen vorzutragenden Lehre und die zur Ausübung dieser Aufsicht unumgänglich nöthigen und die öffentliche Staatsgewalt nicht verringernden Mittel . . . Allenfallige Erinnerungen soll das Ordinariat nicht allgemein, sondern spezifizirt nach genauester Wahrheit der Landesstelle im gewöhnlichen Wege vorlegen und die a. h. Entschliessung ohne Verkleinerung des Rufes der Professoren abwarten. Mit Direktorial-Präsidial-Erlass vom 4. Febr. 1794 war aufgetragen, dass theologische Lehrbücher vor ihrer Einführung den Ordinariaten zur Aeusserung zu übergeben sind; überhaupt seien Collissionen mit den Ordinariaten zu vermeiden, daher die Bücher-Censur im Zweifel ad praesidium gubernii, diess an das Direktorium berichten soll.

Da die Universität an den für ihr Ansehen günstigen Verordnungen, die den Bischöfen bei der ihnen nicht zusagenden Anwendung derselben bedenklich schienen, festhielt und auf ihre Befolgung drang, so konnte es nicht an Collissionen zwischen Universität, resp. Studien-Consess. und Ordinariaten fehlen, von denen ein Paar hier angeführt werden mögen.

Im Jahre 1795 machte der Studien-Consess dem Gouverneur unter dem 23. Juli die Anzeige, dass auf Beschwerden der Bischöfe von Chur, Trient und Brixen unter dem 5. Jänner d. J. allerhöchst erklärt worden sei, von der Vorschrift, die bischöflichen theologischen Schulen nach dem Fuss der öffentlichen für österreichische Unterthanen einzurichten und die Lehrer derselben zu den Prüfungen zu verhalten, könne nicht abgegangen werden; dessen ungeachtet aber werde in Trient Kirchengeschichte, orientalische Sprachen, Pastoral gar nicht, Dogmatik nicht nach dem vorgeschriebenen Auktor, Kirchenrecht nach römischen Grundsätzen gelehrt, und doch studiren nur drei Schüler der Trientner Diözese in Innsbruck; es wäre daher den Richtern aufzutragen, die dort studirenden österreichischen Unterthanen anzuzeigen, ihnen bei dem unsichern Vorwand nicht österreichischer Anstellung das Studium dort nicht zu gestatten und bei Anstellungen an österreichischen Pfarren genau auf österreichische Studien zu sehen. — Auf den hierüber erstatteten Hofbericht kam das Hofdekret vom 4. September 1795, in welchem der beantragte Erlass an die Gerichte und an den Bischof gebilliget wurde, mit dem Beisatze, dahin zu wirken, dass die Bischöfe ihre Studien nach dem österreichischen Fusse einrichten, dabei aber eine Compromittirung des Hofes zu vermeiden.

Im Jahre 1797 machte der Studien-Consess dem Gubernium die Anzeige, dass in Bruneck durch einen gewissen Falkensteiner, in Bozen durch einen Tapfer, der Philosophie lehre, in Pfunds durch einen Lechleitner, der 60—70 Schüler habe, und selbst in Partschins (durch den Pfarrer Kiem) Winkelschulen zur Bildung von Priestern bestünden, und er fügte bei: „die Ordinariate Brixen und Trient und Chur fahren ungestraft fort, solche auf Winkelschulen gebildete, mit etwas Scolastik und Casuistik leichthin übertünchte Jünglinge zu den hl. Weihen zu befördern, indessen sie sehr fähige und mit den besten Zeugnissen versehene Jünglinge, welche ihre wissenschaftliche Laufbahn auf einer öffentlichen Lehranstalt zurückgelegt haben, hintansetzen und unter allerlei Vorwänden denselben den Zutritt zu dem Priesterstande verweigern. Im Bisthum Chur erlaubt sich auch der untergeordnete Klerus, weil er die Stimmung der hohen Geistlichkeit kennt, öffentlich sowohl als geheim gehässige Ausfälle über die Lehranstalten, Lehrbücher und Lehrer, und sollen diese sogar auf öffentlichen Kanzeln vertheidigt werden, wodurch der zur Meuterei ohnehin geneigte Geist der dortigen Landesbewohner zum allerwenigsten nicht gebessert wird.‘ Der Studien-Consess trug an, *a.* bei solchen Schulen doch nur geprüfte Lehrer zu dulden, *b.* die Austretenden von solchen Lehranstalten ohne Prüfung an öffentlichen Lehranstalten zu den hl. Weihen nicht zuzulassen, *c.* zur Controle die zum Priesterthum beförderten Geistlichen bekannt zu geben. — Auf die vom Gubernium ausgegangenen Aufträge entschuldigte sich der Pfarrer und Benefiziat in Partschins mit dem Ersuchen der Gemeinde um Unterricht ihrer Söhne wegen Priestermangels, und mit der Versicherung des Hofkommissärs Lehrbach auf Abänderung der Hof-Verordnungen über Religion und Unterricht hinzuwirken. — Lechleitner stellte unter dem 13. Dezember 1797 in einer weitläufigen Schrift die Privatschulen als Wohlthat dar, die in Griechenland, in den ersten Zeiten des Christenthums und noch in England so viel Gutes gestiftet haben, Armuth erlaube den Bauern den Besuch öffentlicher Lehranstalten nicht, der gute Erfolg seines Privatunterrichtes sei anerkannt, den Plan desselben lege er bei etc. Diese dem Studien-Consesse mitgetheilte Schrift widerlegte dieser unter dem 10. Februar 1798 an das Gubernium ebenso weitläufig, — Lechleitner's Anstalt sei keine Privat-, sondern Winkelschule, umfasse gegen die a. h. Vorschriften Gymnasium, Philosophie und Theologie, lehre im Gymnasium nur Latein und Rhetorik, in der Philosophie nichts von Naturgeschichte, Physik, Mathes etc., Alles in 5 statt 11 Jahren, durch Einen Lehrer statt 16 Professoren. In Griechenland seien die Schulen unter Aufsicht gestanden, im Mittelalter hätten die vernachlässigten Schulen die traurigsten Folgen gebracht etc. — Der Bischof von Trient hatte unter Anderm auch auf die Ausartungen der Studirenden auf den öffentlichen Schulen hingewiesen, der Studien-Consess aber gegen ihn bemerkt, dass der Bischof im Jahre 1797 zehn an öffentlichen Anstalten nicht geprüfte Jünglinge ausgeweiht habe, er drang unter Hinweisung auf den a. h. Erlass vom 17. Dezember 1794 allen Ernstes auf spezielle Angaben der Anschuldigungen [1]).

Im Jahre 1802 glaubte das Ordinariat Brixen nach dem ihm zustehenden Wirkungskreise Bedenken gegen das Moralvorlesebuch von Wanker äussern zu sollen [2]), welche das Gubernium dem Studien-Consesse, dieser der Universität, resp. theologischen Facultät mittheilte. Diese vertheidigte natürlich das Buch gegen die Anschuldigungen des Ordinariats, und der Studien-Consess sprach sich an das Gubernium dahin aus, es sei aus dem Ganzen ersichtlich, dass es den bischöflichen Curien, Consistorien und Offizialen nicht so fast darum zu thun sei, die Reinheit der Lehre handzuhaben; denn diessfalls sei Wanker, wie die theologische Facultät sattsam dargethan habe, untadelig, als vielmehr die öffentlichen Lehranstalten und die auf denselben vorgeschriebenen Lehrbücher wo nicht zu verlästern, wenigstens in den Augen des Publikums verdächtig zu machen. Es sei nämlich der Contrast zwischen der Lehre, welche den Schülern der Theologie auf allen k. k. Lyceen und Universitäten eingeflösst werde, und zwischen dem alten Schlendrian der Casuistik zu auffallend, welcher den Zöglingen an bischöflichen Seminarien öffentlich und als Privatschülern beigebracht wird. Unbekümmert um das Fortschreiten der Wissenschaften nach den Bedürfnissen des Zeitalters, hängen die Lehrer dieser Schulen und die Räthe der Consistorien von Trient, Brixen und Chur blindlings an dem

---

1) Akten bei der Statthalterei-Registratur.
2) Die Anzeige über den Gebrauch dieses Vorlesebuchs wurde schon im Jahre 1795 an das Ordinariat gemacht; damals erklärte dasselbe wegen Mangels eines Exemplars dieses Buchs keine Aeusserung abgeben zu können.

steifen Trott der scolastischen Theologie, und wenn sie an einem jungen Menschen bemerken, dass er mehr Licht zu ihnen bringt und sie in bessern Einsichten überschaut, so ist er der Gegenstand ihres Missmuthes und wird als verdächtig in der Lehre von den hl. Weihen ganz ausgeschlossen oder doch Denjenigen in der seelsorglichen Beförderung nachgesetzt, welche auf Winkelschulen und bischöflichen Seminarien nach ihrem Schlage gebildet worden sind. Die Beispiele hievon an den Bisthümern Brixen, Trient und Chur sind häufig und auffallend. Mancher Jüngling, der jetzt im Vaterlande in einer andern Bestimmung zwar zu seinem Glücke wesentliche Dienste leistet, z. B. ein Mörl, ein Müller, ein Schuler, wurden von den Consistorien von den Weihen ausgeschlossen, weil sie zu helle Köpfe waren, als dass sie hätten hoffen können, sie nach ihrem Schlage umzuwandeln, oder mussten in auswärtige Diözesen sich begeben, z. B. ein Oberschneider etc., wo sie aber eben durch ihre Tauglichkeit und rühmliche Verwendung in der Seelsorge eben so sehr die hiesige Lehranstalt rechtfertigen, als das Verfahren der Consistorien in das wahre Licht setzen. Traurig ist die Bemerkung, dass mancher wackere Jüngling mit den schönsten Kenntnissen ausgerüstet, wenn er von seinen geistlichen Obern Beförderung erhalten will, an seinen Grundsätzen zum Verräther und zum Heuchler werden muss, wenn er sich nicht allen Denjenigen nachgesetzt sehen will, welche vor drei, vier Jahren noch als Hausknechte, Schreiner, Schuster, Bäckergesellen in ihren Werkstätten sassen, nun aber wider die Warnung des Apostels mit einem Riesenschritte in das Heiligthum übergetreten sind. Man darf auf dem Lande umhersehen, um sich von der Wahrheit dieser Angaben zu überzeugen. Zwar befehlen die höchsten Vorschriften, dass kein österreichischer Unterthan zu den hl. Weihen befördert werden soll, ohne vorher an einer öffentlichen Lehranstalt geprüft zu sein, und die übrigen Ordinariate, z. B. Salzburg, Chiemsee, benehmen sich mit österreichischen Unterthanen darnach. Nur für Trient, Brixen und Chur sind sie ohne Wirkung, und diese Bischöfe weihen und befördern zur Seelsorge, ohne hierauf die mindeste Rücksicht zu nehmen. So sind z. B. in Brixen in den Jahren 1797, 1798, 1799 nach den eigenen Angaben des Priester-Katalogs fünfzig Priester geweiht worden, wovon vier einzige ordentlich hier studirt, von allen übrigen Keiner sich zur Prüfung stellte; von Trient studirte mehrere Jahre fast gar Keiner hier. Der Studien-Consess hat diese Umstände schon öfter der h. Landesstelle vor Augen gestellt, und thut es auch dermalen nicht aus Selbst- oder Eifersucht für die öffentliche Lehranstalt, denn die Lehrer finden ihre süsseste Belohnung in der getreuen Erfüllung ihrer Pflichten, worüber sie bisher nur den Beifall allerhöchst erhalten haben, sondern aus pflichtmässiger Beförderung der guten Sache. So viel ist gewiss, dass wenn die bischöflichen Offizialen ihren bisherigen Gang ungestört fortgehen können, eine öffentliche theologische Lehranstalt für den ungleich grössern Theil Tirols so gut als überflüssig ist. Es thut daher Noth, den Herren Fürstbischöfen die a. h. Verordnungen wiederholt einzuschärfen, vermöge welcher a. kein kaiserlicher Unterthan zu den hl. Weihen zugelassen, b. noch in die Seelsorge versetzt werden darf, der nicht seine Prüfung bei der öffentlichen Anstalt gehörig gemacht hat, und c. sollen die Lehrer ihrer Studien-Anstalten vorschriftmässig geprüft werden. Und die Obrigkeiten wären zu verhalten, jeden Fall anzuzeigen, wenn ein Geistlicher in der Seelsorge angestellt und in ein Benefizium installirt werden sollte, der sich nicht mit Zeugnissen einer öffentlichen Lehranstalt auszuweisen vermag. Schliesslich wird um eine a. h. Entschliessung wegen Wanker als Vorlesebuch gebeten [1]).

---

1) Das Concept von Isser's Hand liegt bei den Studien-Consess-Akten der Universität.

Solche Aeusserungen, die den Ordinariaten wohl nicht unbekannt blieben, zeugen von der Spannung zwischen denselben und der Universität. Die Regierung ging zwar von ihren Grundsätzen in der Hauptsache nicht ab; allein bei den beständigen Kriegen wurden sie doch nicht mit Kraft durchgesetzt; auch wollte man a. h. Orts mit den Ordinariaten in gutem Benehmen bleiben; die Ordinariate aber konnten der Universität um so weniger vertrauen, als ihr Ruf besonders in Bezug auf das theologische Studium damals nicht gut war (vgl. § 157).

§ 151.

Die beständigen Kriege dieser Zeit hatten ausser ihrem gewöhnlichen Nachtheil für die Studien [1]) noch manchen andern Einfluss auf die Universität. Unter dem 7. August 1793 schickte die Universität 1000 fl. (371 fl. 25 kr. von den Studenten, 628 fl. 35 kr. von den Professoren) als Kriegsbeitrag ein, und die unter dem 16. Mai 1804 ausgeschriebene Kriegssteuer hatten auch die Professoren zu entrichten [2]).

Im Jahre 1796 wurden auf Auftrag des Hofkommissärs Lehrbach Matrikel, Kataloge, Hauptverordnungen, Ephemeriden, Rektorats-Insignien nebst Kirchensilber verpackt und nach Wien geschickt, aber im November wieder zurückerhalten. Auf die unglückliche Schlacht bei Rivoli am 14. Jänner 1797 wurden am 17. April jubente magis quam annuente gubernio, wie die theologischen Ephemeriden sagen, die Studien geschlossen, da 5 Hörsäle auf Präsidialweisung vom 4. April für Verwundete herzurichten waren; die auf den 17. April ausgeschriebene Konkursprüfung für das neue Testament konnte auf neuerliche Ausschreibung erst am 11. Mai 1797 abgehalten werden. Selbst Rektor Nitsche flüchtete sich nach Wien, da der Feind bereits bis Sterzing vorgedrungen wäre, und übergab die Universitäts-Akten dem Professor Stadler [3]). Im folgenden Jahre kommen wenige Studenten wegen der ungewissen Kriegsverhältnisse [4]), und die Studien begannen ungeachtet des am 17. Oktober 1797 zu Campo formio geschlossenen Friedens einen Monat nach der vorgeschriebenen Zeit.

Im Jahre 1799 wurden die Vorlesungen wieder unterbrochen, da eine Kompagnie von 170 Mann [5]) unter dem Doctorand Brenner als Hauptmann vom 18. März bis 15. April im Felde stand. Auch dem Studenten der Philosophie, Martin Teimer [6]), wurde unter dem 19. März 1799 die Errichtung einer Schützenkompagnie vom Gubernial-Präsidium erlaubt. Die Vorlesungen wurden unter dem 17. März mit dem Auftrage eingestellt, die wichtigsten Universitäts-Akten in Sicherheit zu bringen.

---

1) Inter arma Musae silent.

2) Von Besoldungen à 301 bis 600 fl. 5 Prozent, von 601 bis 999 fl. 7 Prozent, von 1000 fl. bis 2000 fl. 10 Prozent, von 2000 bis 4000 fl. 12 Prozent, über 4000 fl. 15 Prozent.

3) Die theologischen Ephemeriden bemerken, dass sie dem Exrektor Niedermayr hätten übergeben werden sollen.

4) Rarus studentium numerus ex belli pacisque alea.

5) Die Zahl wird verschieden angegeben, z. B. 215 Mann etc., sie bestand aber nicht aus alleinigen Akademikern, sondern auch Gymnasialschülern etc. und wurde bei ihrer Rückkehr vom Generalmajor Nobili und der Schutzdeputation belobt. Ihr Feldkaplan Benitz Mayr hielt bei der Danksagung für die glückliche Rückkehr eine schöne Rede. —

6) Der nämliche, der sich im Jahre 1809 renommirt gemacht hatte.

Für den Patriotismus der Tiroler in dem Kriege wurde jeder Facultät der Innsbrucker Universität für drei Individuen die unentgeltliche rigerose Prüfung und Promotion zum Doctorate an der Wiener Universität bewilligt. Inwiefern hievon Gebrauch gemacht wurde, ist mir unbekannt.

Im Jahre 1800 gingen viele Studenten aus Furcht vor einem Einfall der Franzosen ohne Prüfung von der Universität; am 11. Juli trat Waffenstillstand ein mit gleichzeitiger Besetzung .des Innthals durch Franzosen und Oesterreicher vom Jänner bis März 1801, wo der Lüneviller Friede geschlossen wurde, der bekanntlich die Säkularisation der geistlichen Fürstenthümer, sohin in Tirol die unter dem 6. November 1802 durch den Guberneur Grafen Bissingen als Commissär erfolgte k. k. Besitznahme des Bisthums-Territoriums von Trient und Brixen herbeiführte. Auf Graf Bissingen folgte als Guberneur Graf Brandis, dem am 7. November 1802 die Universität, wie dem nunmehrigen Vicepräsidenten Strobl die vier Dekane aufwarteten etc.

Die wichtigste Folge der weitern Kriege war für Tirol das Einrücken des französischen Generals Ney, von der Scharnitz kommend, der am 10. November 1805 in der Pfarrkirche feierlichen Dankgottesdienst halten liess [1]).

Nach der Schlacht bei Austerlitz am 2. Dezember 1805 folgte der Pressburger Friede, der Tirol an Bayern brachte, das Graf Arco als bayrischer Commissär vom französischen Commissär Villemanzi am 11. Februar 1806 übernahm und auch den Prorektor und Bibliothekar Wikosch zur Tafel lud [2]).

§ 152.

Die nächsten Vorgänge an der Universität nach der königl. bayrischen Besitznahme Tirols waren die Beeidigung der Professoren am 4. März 1806, dann die unter dem 20. April beschlossene Anzeige an das Gubernium, dass die kostbaren Geräthe der akademischen Kirche mit andern Schätzen nach Oesterreich abgeführt worden seien. Sonst ging das Studium im Jahre 1806 nach früherer Einrichtung fort.

Das Personal der Universität blieb bis auf den Protomedicus Scherer, der schon am 27. Oktober 1805 mit der Erzherzogin Elisabeth als ihr Leibarzt abgereist war; dann Scheth, Professor des neuen Bundes, und Wikosch, Professor der Geschichte und Bibliothekar, welche nach dem Schuljahr 1806 nach Oesterreich abgingen [3]). Die Stelle Scheth's erhielt provisorisch Feilmoser, Conventual des Stiftes Fiecht und damals Cooperator im Achenthal, welcher sich durch seine koukursartigen Prüfungen im Jahre 1801 für die Bibelfächer und im Jahre 1802 für die Moral und als Lektor im Stifte durch seine gedruckten Thesen aus diesen Fächern

---

1) Wer die nähern Umstände wissen will, mag unter Anderm lesen: Moriggl, Feldzug des Jahres 1805. Innsbruck 1861.

2) Ausführliche Urkunden über den Uebergang Tirols an Bayern findet man unter Anderm im: Sammler für Geschichte und Statistik von Tirol: Innsbruck 1807, I. Bd.

3) Scherer blieb .bei der Erzherzogin Leibarzt bis zu ihrem Ableben im Jahre 1808, wo er als Professor der Landwirthschaft nach Graz kam und im Jahre 1834 starb. Appellations-Präsident Dipauli liess eine Biographie als Nekrolog über ihn drucken. Scheth und Wikosch wurden Professoren in Olmütz und Ersterer in der Folge Gubernial-Rath in Brünn, und im Jahre 1826 Dompropst in Brixen, wo er zwei Druckschriften: „Einleitung in das Heiligthum der Evangelien. Innsbruck 1842-" und „Praelectiones in Mattheum. Oen. etc." herausgab und im Jahre 1854 starb. Wikosch starb im Jahre 1826 als Professor an der Wiener Universität.

bekannt gemacht hatte, obschon Gubernialrath Zobl für die Stelle den Subregens des Brixener Priesterseminars, Feichter, in Antrag brachte. Für Wikosch erhielt die Biblothekars-Stelle Bertholdi zu seiner Professur der Kirchengeschichte, die Weltgeschichte aber provisorisch Albertini, Nepot des ehemaligen Professors, Generalseminar-Direktors und Studienconsess-Assessors Albertini. Für Scherer wurde zuerst der Arzt Bertholdi aufgestellt.

Die anderweitigen Verfügungen der Regierung waren das unter dem 16. April 1806 erlassene Verbot des Privatstudiums und nach Gubernial-Erlass vom 3. September der Befehl, dass die Theologen von Trient und Brixen in Innsbruck geprüft werden müssen; die Konkursprüfungen zu Professuren hörten auf, nach der allerhöchsten Entschliessung vom 2. November 1806, nur über den mündlichen Vortrag musste nach weiterer a. h. Entschliessung vom 14. November 1806 das Gutachten abgegeben werden. Auch die Büchercensur hörte mit einigen Beschränkungen auf. — Im März 1807 wurde aufgetragen, innerhalb acht Tagen über Universitätsgebäude, Einrichtung, Gesetze, Vorlesungen und deren Sprache und Bücher, Ferien, Zahl und Salar der Diener zu berichten, wobei die Direktoren Namen, Vaterland, Religion, Studien, frühere Beschäftigung, Alter, Dienstzeit, Sitten, Kenntnisse, Lehrgabe, Druckschriften, Fleiss und Betragen der Professoren anzugeben hatten. Am 29. März 1807 erhielt die Universität den Auftrag, akademische Grade nicht auctoritate caesarea oder pontificia, sondern regia zu ertheilen. Nach Verordnung vom 29. Juli 1807 musste das Universitätslokale jährlich vom Bauamte unter Beiziehung eines Professors untersucht und das Resultat mit dem Ueberschlage zur Reparatur mit Rücksicht auf möglichste Sparsamkeit vorgelegt werden; unter dem 18. November 1808 wurden zu Reparaturen 600 fl. bewilligt. —

Von der Aufhebung der Universität war nie eine Rede, vielmehr wurde unter dem 2. Februar 1808 kundgegeben, dass der König die Universität zur grössten Vollkommenheit bringen wolle, wenn es die Einkünfte zulassen, und dass für die gegenwärtigen Professoren nach Verdienst werde Rechnung getragen werden. Am 8. März 1808 berathschlagte die Universität über Danksagung an den König, Gouverneur etc. und über die Einrichtung der Lehranstalt nach bayrischem Fusse, und die Ankündigung der Vorlesungen an der Innsbrucker Universität für das zweite Semester 1808 erschien bereits im Regierungsblatte mit 29 Professoren, deren Mehrere in verschiedenen Facultäten lehrten, z. B. in der Philosophie (allgemeine Abtheilung) unter 13 Professoren 6 von andern Studien-Abtheilungen.

Im Laufe dieses Jahres wurden auch mehrere auswärtige Professoren — im Jänner Schultes von Krakau, im April Thanner von Landshut, im Oktober Machir von Dillingen — für Naturgeschichte, Philosophie und Mathematik ernannt. Die grösste Schwierigkeit machte die Kostenbestreitung, da der Betrag von beiläufig 8000 fl. aus dem österreichischen Aerar und die Interessen der in Oesterreich anliegenden Kapitalien des Studienfonds aufhörten und der Salzaccis mit a. h. Entschliessung vom 6. Oktober 1806 aufgehoben wurde. Unter dem 5. September 1808 bewilligte nun der König auf 6 Jahre aus der Provinzialhauptkasse 4000 fl. und im Juli 1807 erfolgte die Versicherung, dass die Einkünfte des Stiftes Welschmichel, das ohnehin unter Administration gesetzt und der Auflösung nahe sei, die Bestimmung haben, die Renten des Universitätsfondes zu vergrössern. Endlich erfolgte unter dem 12. September 1808 die diessfalls wichtigste Entschliessung, dass die jährlichen Rentenüberschüsse der Stifte Wilten, Stams, Sonnenburg, Neustift und Welschmichel nebst den bisherigen Einkünften für die hohe Schule in Innsbruck verwendet, die förmliche Dotations-Urkunde der Universität aber bis zur Kenntniss des bezüglichen Vermögens durch Vorlage des Resultates der Inventarien verschoben werde [1]).

Da hierdurch für die Kostenbestreitung der Universität mehr als hinlänglich gesorgt schien, so liess auch das Organisirungsdekret der Universität nicht lang auf sich warten; es wurde unter dem 21. Oktober 1808 ausgefolgt. Jedoch kommt von der Zwischenzeit der bayrischen Besitznahme Tirols bis zur förmlichen Organisirung der Universität noch Einiges anzuführen.

§ 153.

Am 25. November 1807 kam König Maximilian mit Familie das erste Mal, bei seiner Durchreise nach Italien zu seiner mit dem Vicekönig verehelichten Tochter, nach Innsbruck, und vor seiner Rückkehr im Jänner 1808, wo er sich einige Tage in Innsbruck aufhielt, musste die Universität wegen eines Oberhauptes Vorsorge treffen, da der im Jahre 1806 mit Gubernial-Bewilligung gewählte Prorektor Schuler sein Amt wegen Gesundheits-Rücksichten nicht versehen konnte und zu einer definitiven Wahl keine Bewilligung vorlag. Unter dem 6. Jänner 1808 wurde in einem akademischen Concil der abwesende juridische Professor und Dekan Maurer, und als er sich brieflich gegen diese Wahl erklärte, und auf Nitsche oder Hubel hinwies, durch schriftlich abgeforderte Vota Spechtenhauser per vota majora als Vicegerens und nach der unter dem 2. Februar ertheilten Bewilligung der Rektorswahl am 18. Februar als wirklicher Rektor gewählt. Bei der Anwesenheit des Königs, der am 6. Jänner beiläufig um 7 Uhr Abends bei festlich beleuchteter Stadt etc. ankam, brachten unter andern Festlichkeiten auch die Akademiker einen Fackelzug mit Cantate [2]). Am 21. Mai kam der König mit seiner Familie wieder unter dem Geläute aller Glocken nach Innsbruck, und die Universität hatte am 23. Mai Aufwartung, bei welcher vorzüglich Professor Zallinger sehr freundlich behandelt und ihm bei dem nachmaligen Besuche der Universität vom König die Anschaffung der nothwendigen physikalischen Instrumente für das Kabinet aus des Königs Privat-Dispositions-Kasse versprochen wurde [3].)

---

1) Das Vermögen der Stifte und deren Erträgniss wies sich so aus:

	Vermögen:		Renten:	
Stams	645.501 fl. 49	kr.	23.548 fl. 25³/₄	kr.
Wilten	423.657 fl. 15	kr.	17.066 fl. 40	kr.
Neustift	692.799 fl. 52³/₄	kr.	27.951 fl. 16¹/₄	kr.
Welschmichel	287.910 fl. —	kr.	11.516 fl. 24	kr.
Sonnenburg	106.101 fl. --	kr.	4.301 fl. 14	kr.
Zusammen	2,155.969 fl. 56¹/₄	kr.	86.384 fl. —¹/₄	kr.

2) Gedichtet vom Professor Benitz Mayr, in Musik gesetzt vom Pfarr-Organisten Falk. Die erste Strophe lautete:

König: seit wir dich gesehen
So erhaben und so mild.
Fangen wir an zu verstehen,
Was es heisse: Gottes Bild.
Nicht des Krieges Schlachtgeschicke,
Nicht ein siegelschwer Papier;
Nein! der erste Deiner Blicke,
Der Dich uns gab, gab uns Dir.

Chor: Sehen muss man unsern König,
Man sieht ihm den Vater an,
Kron und Scepter glänzen wenig,
Neben Dir, Maximilian.

3) Nach dem a. h. Rescripte vom 9. August 1808 waren die Instrumente: eine

Bis zur Organisirung der Universität blieb übrigens — mit Ausnahme der Fächer- und Professoren-Vermehrung vorzüglich im Jahre 1808 — der Hauptsache nach Alles im alten Zustande. Die Direktoren standen fortwährend an der Spitze der Facultäten, selbst ein Prokanzler wurde für den im Jahre 1805 verstorbenen Kopf in der Person des theologischen Professors Koch aufgestellt, der jedoch selbst bei der Frohnleichnams-Prozession hinter dem theologischen Direktor Isser gehen musste.

Bezüglich der Professoren trat v. Mersi von der Philosophie zur juridischen Facultät über, Kurz wurde für medizinisch-gerichtliche Praxis, Braun für Vieharzneikunde, Albaneder (früher Prosector) als Professor der Anatomie, Hermann für Pathologie, Schöpfer junior statt seines Vaters für Chemie und Botanik angestellt.

Die Studienfächer erhielten auch schon vor der förmlichen Organisirung eine andere Eintheilung nach bayrischem Fuss. Sie bestanden nach der Bekanntgebung im Regierungsblatte [1]) — theils aus allgemeinen Wissenschaften (beiläufig die philosophischen Fächer nach österreichischem Fusse) in vier Abtheilungen — Philosophie, Philologie mit Aesthetik, Geschichte, Mathematik mit Naturlehre, mit sechs Professoren, jedoch so, dass die Nebenfächer — Pädagogik, Anthropologie, Technologie, hebräische Sprache, Geschichte Deutschlands etc. von den Professoren der Hauptfächer oder anderer Studien-Abtheilungen, z. B. hebräische Sprache von einem Professor der Theologie, Pädagogik vom Direktor der Normalhauptschule etc. gelehrt wurde, — theils aus positiven Wissenschaften, ebenfalls mit vier Abtheilungen — Religionslehre (Theologie) mit sechs Professoren, nebst Kirchenrecht, das der juridische Professor Schuler gab, — Rechtswissenschaft mit fünf Professoren, — Arzneiwissenschaft mit neun Professoren, — kameralistische Wissenschaften (Staats- und Landwirthschaftslehre, Finanz-, Forst- und Baukunst) von verschiedenen Professoren anderer Abtheilungen [2]).

§ 154.

Noch verdient ausdrücklich das Ansehen und der Einfluss bemerkt zu werden, welche die Universität, besonders die theologische Facultät, um diese Zeit bei der Regierung, besonders den Ordinariaten gegenüber, genoss. Die Professoren — alle königliche Räthe — gingen bei dem feierlichen Akte der Einführung der Landeskonstitution am 26. September 1808 zum Theil selbst dem Adel vor [3]). Auf h. Befehl mussten alle Aerzte Tirols, die nicht an österreichischen Universitäten doctorirt waren, bei der Universität neuerlich geprüft werden. Während ein

---

astronomische Pendeluhr à 350 fl., ein Dollandisches Fernrohr mit 4 Schuh 3½ Zoll Oeffnung à 400 fl., ein kordaischer Kreis à 1000 fl., ein Theodolit à 400 fl., ein Hängekompass à 15 fl., Modell einer Dampfmaschine à 1800 fl., zusammen 3965 fl. — aus eigener Privat-Dispositions-Kasse, sobald sie fertig sind, zu bezahlen. — Statt der Dampfmaschine — als in gebirgigen Gegenden wenig brauchbar — wurde unter dem 20. November 1808 um einen Hardleyischen Sextant und einen Chronometer gebeten. — Uebrigens wurde unter dem 16. April 1808 durch Zallinger, v. Mersi und Nitsche — damals Gymnasialrektor — das wissenschaftliche Armarium des Stiftes Wilten zum Gebrauche der Universität und des Gymnasiums untersucht. Das Naturalienkabinet erhielt Zuwachs vom Schlosse Ambras und Stift Neustift. Vorzüglich wurde die Bibliothek aus Werken der tirolischen Stifte vermehrt.

1) Seite 967 vom Jahre 1808.
2) Im Jahre 1807 wurde auch das noch bestehende Lesekasino durch die Bemühung des Hofkommissärs Grafen Arco errichtet, an dem die meisten Professoren gegen einen monatlichen Beitrag von 1 fl. Theil nahmen.
3) Eph. th. ad h. d.

Universitäts-Diplom für Hebammen bisher nur für Städte und grössere Orte gefordert [1]), für das Land aber sich mit dem Unterrichte bei Kreisärzten etc. begnügt
wurde, mussten nun alle Hebammen den Kurs an der Universität hören.

Der Einfluss der theologischen Facultät ergibt sich daraus, dass alle Studirende der Theologie, selbst der bischöflichen Seminarien, in Innsbruck geprüft werden mussten. Als der Regens des Brixener Seminars am Schlusse des Schuljahres
1807 sich anfragte, ob diess auch dann zu geschehen habe, wenn sich die Professoren von Brixen prüfen liessen, erklärte das Gubernium über Bericht der theologischen Facultät, dass die Theologen von Brixen allerdings und zwar am Ende des
Schuljahres zur Prüfung in Innsbruck zu erscheinen haben [2]). Bei diesen Prüfungen wurden die Theologen häufig zu schwach befunden, oder doch mit schlechten
Klassen betheiligt [3]). — Ueber Pfarrkonkurs-Elaborate von drei Competenten um
die Pfarre Niederdorf erklärte sich im Jahre 1807 das theologische Direktorat
weder mit den Fragen noch Antworten zufrieden und bemerkte, dass von der Exeges
der hl. Schrift gar keine Meldung geschehe. Ueber 32 Pfarrkonkurs-Elaborate der
Trientner Diözese fiel das Gutachten der theologischen Facultät dahin aus, dass die
Antworten Unkenntniss der Hermeneutik, natürlichen Theologie im Zusammenhang
mit der positiven und in der Katechetik die Fragen Ungeschicklichkeit der Examinatoren verrathen, die der wahren christlichen Moral bar nur nach Casuistik haschen
und die biblische Exeges, Pastoral bei Kranken, Kanzelvortrag gar nicht berücksichtigen [4]). In den Jahren 1808, 1810, 1811 und 1813 wurde der Pfarrkonkurs für alle Priester Tirols bei der Universität selbst abgehalten und die Arbeiten
der Konkurrenten von den Professoren censurirt, wobei drei Klassen und in jeder
Klasse drei Noten gemacht wurden [5]). Wie Prüfungsgegenstände wurden der theologischen Facultät auch — nach damals noch bestehenden österreichischen Gesetzen — theologische Thesen [6]) und selbst die Direktorien [7]) der Ordinariate und
Klöster vor der Drucklegung zur Begutachtung mitgetheilt. Sogar als der Innsbrucker Stadtpfarrer dem neuangekommenen Professor Thanner wegen seiner nicht
geistlichen Kleidung Anstände in Betreff des Messelesens machte, wurde darüber
vom Gubernium das theologische Studien-Direktorat vernommen.

---

1) Es musste sohin von der Vorschrift unter Maria Theresia (§ 90) abgekom-
men sein.

2) Eph. th. 30. Juni 1807.

3) So erhielt Georg Putzer schon Diakon am 6. April 1807 aus Hermeneutik.
Dogmatik, Moral zweite Klasse, mit dem Gutachten der Facultät an das Gubernium,
ihn zur Priesterweihe nicht zuzulassen, da er Kirchengeschichte, Einleitung und Exeges
der hl. Schrift gar nicht gehört habe. (Eph. th. ad h. d.)

4) Eph. th. 23. Januar, 23. Februar, 6. April 1807. Dagegen klagt das Kon-
stanzer Ordinariat in einem Schreiben vom November 1807, dass die Theologen von
den Universitäten und Lyceen ohne besonders praktische Schriftkenntniss ankommen.

5) Vgl. königl. bayrisches Regierungsblatt vom Jahre 1807, S. 1662. Unter dem
30. Dezember 1806 wurde vorgeschrieben, dass Candidaten der ersten Klasse, aber nicht
Andere, Pfründen mit einem Ertrage unter 600 fl., deren Verleihung übrigens nach
Ordnung der Klassifikation und caeteris paribus nach den Seelsorgsjahren zu geschehen
hätte, dreimal an einen in der Klassifikation Nächststehenden überlassen können. Wer
keine Note erhielt, war zur Seelsorge nicht befähigt.

6) Im Jahre 1807 erklärte die theologische Facultät Kirchenrechts-Thesen des
Stifts Wilten theilweise als irrig oder den der Zeit nicht angemessen.

7) Als die Facultät die Uebertragung der Feste auf den kommenden Sonntag
selbst in divino officio begutachtete, musste das Ordinariat Trient und Brixen unter Berufung auf die Bulle Clemens XIV. dagegen protestiren.

18 *

Von vorzüglich wichtigen Folgen war ein unter dem 21. August 1807 [1]) ab-
gegebenes Gutachten der theologischen Facultät. Der Hofkommissär Graf Arco
hatte den Bischöfen geschrieben, sie möchten dem Willen des Königs in Besetzung
geistlicher Pfründen, die vom König auszugehen hätte, nachgeben. Der Bischof
von Trient erwiederte, nicht nachgeben zu können, da es sich um ein göttliches
Recht handle. Hierüber gaben, da das Gubernium die theologische Facultät zum
Gutachten aufforderte, zuerst Isser, Bertholdi und Spechtenhauser, dann über Zuthun des frühern Seminardirektors etc. Albertini alle theologischen Professoren, sohin
auch Craffonara, Koch und Feilmoser, durch Unterschrift des vom Direktor Isser
zur Versammlung mitgebrachten bereits rein geschriebenen Aufsatzes ihr Gutachten
im Wesentlichen dahin ab: Der König kann allerdings salvo jure divino geistliche
Benefizien vergeben, da die Collation der geistlichen Einkünfte keine geistliche, sondern eine weltliche, dem Landesfürsten zustehende Sache ist, von Patronen der
Kirche auch erfolgt, und die Kirchengeschichte unzählige Beispiele l. f. Pfründen-
Verleihungen aufweist. Die Ertheilung der Jurisdiction, so wie das Urtheil über
die Würdigkeit des Competenten, welches der Bischof im Zeugnisse über die Zulassung zum Pfarrkonkurse ausspricht, steht dem Bischof zu. Wollte der Bischof
sich nicht fügen, wäre er von der Diözese zu entfernen und dem Domkapitel die
Aufstellung eines Generalvikars aufzutragen — als sede episcopali vacante oder
impetita. Da dem Bischofe besondere zur Wahl ausser seiner Terna zu missfallen
scheine, so wünsche die Facultät für den Fall missliebiger Ordinariats-Vorschläge
die Zurücksendung derselben bis zur Vorlage einer annehmbaren Terna. — Diess
Gutachten, über das in der Hauptsache alle Professoren einverstanden waren, und
in demselben nur den Passus über Entfernung des Bischofs theilweise etwas hart [2])
fanden, wendete das Gubernium nicht bloss auf den Bischof von Trient, sondern
auch auf den in gleicher Art sich äussernden Bischof von Chur an (dessen Aeusserung der theologischen Facultät nicht bekannt gegeben wurde), ohne zu bedenken,
dass das Churer Domkapitel als ausländisch nicht beauftragt werden konnte, einen
Vikar des Bischofs zu setzen. Weil man schriftlich nicht übereinkommen konnte,
lud das Gubernium die Bischöfe von Trient, Chur und Brixen nach Innsbruck ein,
was die zwei ersteren annahmen, während der Bischof von Brixen sich mit Kränklichkeit entschuldigte. Die zwei Bischöfe gaben auch in Innsbruck nicht nach und
so wurde der Bischof von Trient unter Begleitung des Grafen Wolkenstein über die
Grenze nach Salzburg, jener von Chur unter Begleitung des Polizeidirektors Schubert
über die Grenze nach Graubünden am 24. Oktober 1807 gebracht, und dann in
Trient zum Generalvikar der Domherr Graf Spauer gewählt, dem auch die Jurisdiction über Vintschgau, das zum Churer Bisthum gehörte und welche der Bischof
in Augsburg nicht annahm, ohne Einstimmung etc. des Churer Bischofs übergeben
wurde. In einem öffentlichen Anschlage vom 21. November 1807 rechtfertigte
Graf Arco die Deportation der Bischöfe durch ihre falschen Berichte nach Rom,
welches sich natürlich über diese Massregeln beschwerte. Uebrigens wurden die
Verfügungen in der Trientner Diözese ohne Unruhen aufgenommen, während in
Vintschgau gewaltige Gährungen entstanden, die zum Aufstand in Tirol im Jahre
1809 sicher nicht wenig beitrugen. — Der König von Bayern — durch die tirolische Deputation in München nach dem Aufstande auf diess ungeeignete Verfahren
der Regierung als Ursache des Aufstandes aufmerksam gemacht — erwiederte, es

---

1) Daher die theologischen Ephemeriden diesen Tag als dies facultatis sacrae
nunquam obliviscendus angeben.

2) duriuscula.

sei in Tirol nichts geschehen, als was die theologische Facultät in Innsbruck gebilliget habe [1]). Der Bischof von Brixen gab über Benefizien-Besetzung, Pfarr-
konkurs in Innsbruck, bei dem jedoch der Ruraldekan in Innsbruck intervenirte,
nach, befahl auch Stifts-Conventualen von Fiecht, dem Regierungs-Auftrag, nach
Vintschgau als Hülfspriester zu gehen, Folge zu leisten [2]), wurde aber auch von
der Regierung ausgezeichnet, so dass er z. B. bei einer offenen Tafel des Königs in
Innsbruck seinen Platz zwischen König und Königin erhielt. Allein dass auch nach
einem Schreiben des Grafen Arco vom 6. Februar 1808 der Subregens Feichter
wegen Begünstigung und Verbindung mit dem Bischof in Chur und Verleitung
königlicher Unterthanen zum Ungehorsam (so heisst es im Schreiben des Guberniums) nicht mehr im Seminar, ja nicht mehr in Brixen belassen werden konnte
und unter dem 15. Februar 1808 der dortige Landrichter beauftragt wurde, denselben innerhalb 24 Stunden nach Lienz zu instradiren, konnte auch in Brixen
wegen der grossen Achtung für Feichter nicht angenehm sein [3]).

§ 155.

Kehren wir zur Organisirung der Universität zurück. Das h. Organisirungs-
Dekret vom 21. Oktober 1808 wurde der Universität unter dem 20. November

---

1) So versichert Feilmoser in den theologischen Ephemeriden vom 21. August 1807
vom Deputirten Graf Tannenberg nach der Rückkehr von München selbst gehört zu
haben. Dem Verfasser: „Tirol im Jahre 1809. Innsbruck 1853", der Seite 3 ff. die
Ursachen des Tiroler Aufstandes sehr lobenswerth angibt, scheint diese sicher beachtenswerthe Veranlassung zur Behandlung der Bischöfe und des daraus entstandenen Uebels
nicht bekannt gewesen zu sein. Wenn übrigens die theologische Facultät kein weiteres
Gutachten abgegeben hat, von welchem mir nichts bekannt ist, so besagt die Aeusserung des Königs doch auch zu viel. Ob Professor Bertholdi, wie Flir: „Bilder aus den
Kriegszeiten Tirols. Innsbruck 1846" sagt, nähern Antheil an der Behandlung der Bischöfe hatte, ist mir unbekannt, wohl aber ist nicht alles dort Gesagte (der Titel des
Aufsatzes ist Novelle, verspricht daher nicht streng historische Wahrheit) historisch
richtig, z. B. was gerade von B. (ungezweifelt Bertholdi) gesagt wird: „eine hohe Gestalt in blauem Frack und gelben Nankins-Pantalons etc. — jetzt tritt er ein in schwarzer
Staatsgalla mit bayrischem Ordensband etc." Bertholdi hatte kein bayrisches Ordensband, und Männer, die den Bertholdi gut kannten, wissen von einer stutzermässigen
Kleidung desselben — sein Aeusseres war eher cynisch vernachlässigt — nichts. Flir
hat wohl spätere Sagen etwas exaltirter Köpfe, z. B. des Simon Platzer benützt, der
— damals in Vintschgau und auch verfolgt — allerlei hörte und zusammenschrieb. —
Uebrigens ist die besonders auch durch den charakterlosen Honstetten beförderte Aufregung in Vintschgau bekannt genug; er liess die bravsten Priester exiliren, weil sie
das Absag-Instrument vom Bischof in Chur, der die Geistlichen von seiner Jurisdiction
nicht entliess, nicht unterschrieben, daher dorthin versetzte Geistliche — Simon Köfler
in Burgeis, Mathias Hermeter in S. Martin, Vincenz von Ambach in Platt etc. — als
Schismatiker galten. Ein Kapuziner hatte, von S. Martin abgehend, bei seiner letzten
Messe alldort das Ciborium geleert, nachher das ewige Licht ausgelöscht, dann erklärt,
von jetzt an werde hier keine gültige Messe mehr gelesen etc. Beim Pfarrkonkurs in
Innsbruck im Jahre 1808 erschien kein einziger Priester von Vintschgau. Uebrigens
übergab Rom mit Breve vom 3. und 7. September 1808 den tirol.-chur. Diöcesan-An-
theil dem Bischof von Brixen zur provisorischen Administration, wodurch aber die Ruhe
nicht hergestellt wurde. Der im Mai 1808 zum Pfarrer in Meran ernannte theologische
Professor Koch resignirte nach erkannten Verhältnissen jener Pfarre bald nach dem
Antritte derselben wieder, worauf sie Professor Jud versah.

2) Wenigstens berichten diess die theologischen Ephemeriden dieser Zeit.

3) Honstetten soll dem Domprobst und Consistorial-Präses in Brixen für den Fall
der Widersetzlichkeit gegen die Regierungs-Anordnungen den Verlust seiner Pfründe
und des Consistorial-Präsidiums in Aussicht gestellt haben. (Eph. th. 24. Okt. 1807.)
Es ist nicht wahrscheinlich, dass ein Mann wie Baron Buol durch solche Drohungen
sich hätte einschüchtern lassen.

förmlich eröffnet und enthielt ihre Einrichtung nach dem Muster der Landshuter Universität in IX Punkten, nämlich:

I. Eintheilung der Lehrgegenstände — fast ganz nach der bereits § 152 angeführten Anordnung. Die Vorleseordnung war semestralisch 4 Wochen vor dem Anfang des Lehrkurses dem Ministerium vorzulegen und nach dessen Genehmigung in Druck zu legen. Ferien waren vom 15. April bis 1. Mai und 15. September bis November. Nach Hoften zu lehren, war verboten, die Wahl der Vorlesebücher aber frei.

II. Personale. Man unterschied ordentliche, ausserordentliche und Privat-Lehrer; der Rang nach Facultäten war aufgehoben; sämmtliche ordentliche Professoren sind königliche Räthe. Ein Privatdocent muss geprüft und graduirt sein und sich auch durch eine Abhandlung und Vorlesung als tauglich ausweisen. Die sämmtlichen gegenwärtigen Lehrer werden bestätiget.

III. Akademische Gesetze waren nach jenen von Landshut besonders gedruckt; eine privilegirte Gerichtsbarkeit gab es nicht.

IV. Verfassung. Die Universität wird geleitet durch: Ministerium, Kreis-Commissariat, Senat, Rektor. Der Rektor wird jährlich mittelst verschlossener — zwei Namen enthaltenden — Zettel aller ordentlicher Professoren gewählt und vom König bestätigt. Er hat die unmittelbare Aufsicht über die Universität, erstattet jährlich über deren Zustand Bericht. Der Senat besteht aus vier beständigen, vom König genehmigten und aus vier abwechselnden vom Senate gewählten Gliedern unter dem Vorsitze des Rektors. Er hat väterliche Disziplinargewalt, aber keine eigentliche Gerichtsbarkeit. Ein Prokanzler ist mit den politischen Verhältnissen unverträglich.

V. Verhältniss der Universität zur Polizei. Oeffentliche Verhältnisse und Lokal-Ordnung handhabt nach den akademischen Gesetzen die Polizei.

VI. Verhältniss der einzelnen Sektionen. Die allgemeine Sektion ertheilt nur einen philosophischen Grad. Wenn bei theologischen Promotionen Glaubensbekenntniss nöthig erachtet wird, ist es nur vor der theologischen Facultät abzulegen. Vier Wochen vor dem Ende des Studienjahres berathet jede Sektion über Verbesserung ihrer Einrichtung und legt das Resultat dem Ministerium vor. Die Direktoren hören auf. Die Rechts-Facultät ist Spruch-Collegium.

VII. Attribute. Ueber sämmtliche Kabinete ist das Verzeichniss vom General-Commissariat zu legalisiren. Die naturhistorischen Sammlungen von Ambras und der Burg sind mit jener der Universität zu vereinigen. Die Professoren der Physik und Chemie, dann der Chirurgie und Anatomie haben sich wegen Anschaffungen zu verständigen. Anträge über Erweiterung des botanischen Gartens und über Gewächshaus sind vorzulegen.

VIII. Die Verwaltung des Universitätsfondes wird angeordnet mit der Administration über Stiftungen.

IX. Der Stand der dermaligen Besoldungen wird bestätigt, eben so Spechtenhauser als Rektor, und als Senatsglied Isser und Bertholdi, Hammer und v. Mersi, Keesbacher und Niedermayr, Thanner und Nitsche — jedoch widerruflich. Für das künftige Jahr tritt die gewöhnliche Wahl ein etc.

Die akademischen Gesetze wurden gedruckt (III.) und bestimmten in X Abschnitten und 23 Quartseiten das Betragen der Akademiker in ihren verschiedenen Verhältnissen.

Jeder Akademiker musste im Matrikel-Instrumente eigenhändig an Eidesstatt Gehorsam und Ehrfurcht gegen Rektor und Senat, Frömmigkeit, gutes Betragen,

Vermeidung geheimer Gesellschaften [1]), endlich Befolgung der akademischen Gesetze versprochen und dabei 3 fl. (für Rektor, Universitätskasse, Notar und Pedell),
2 fl. für die Bibliothek und 24 kr. für ein Exemplar der Universitätsgesetze, welches er erhielt, bezahlen. Die Matrikel wurde ihm — vom Rektor und Polizei-
direktor gefertigt — zurückgestellt.

Für akademische Promotionen bestanden in jeder Facultät eigene Vorschriften,
die jedoch Vieles gemein hatten und die Taxen für die examinirenden Professoren,
für die Promotion, für die Bibliothek (5 fl. bei jeder Promotion), für Diplom bestimmten und das ganze Verfahren ordneten [2]).

Durch einen Erlass vom 15. Dezember 1808 waren für acht Attribute der
Universität die bestimmten Beträge ausgesprochen [3]).

Nach der Eröffnung des Organisationsdekretes war man vollauf mit der Ausführung desselben beschäftigt. Der akademische Senat wurde am 8. Dezember 1808
durch Grafen Lodron als k. Commissär eingesetzt, und er begann am 12. Dezember
seine Sitzungen mit dem Beschlusse von Dankadressen an Seine Majestät, an den
Minister Montgelas, Grafen Arco etc.; am 4. Jänner 1809 beschloss er alle Donnerstag um 4 Uhr Sitzung zu halten. Am 9. Jänner wurden in Gegenwart des
Commissariats-Rathes in Studien-Angelegenheiten (v. Mieg) nach einer Rede des
Rektors in der Aula academica die Gesetze verlesen. Von den vielen Senats-Ver-
handlungen mag Folgendes angeführt werden: als Name der Universität ward
Leopoldino-Maximiliana gewählt; die frühere Prokanzler-Taxe bei Graduirungen soll
dem Rektor zukommen; die Professoren Craffonara und Maurer sollen Prokuratoren
der Studenten in Geld-Angelegenheiten à 3 Prozent sein; zwölf neue Sigille sollen
für die Universität angeschafft werden [4]); Verzeichnisse der Kabinete wurden im
Auftrage des Organisationsdekretes abgefordert; über die Spruchfähigkeit der juridischen Facultät wurde Aufklärung erbeten; die Bibliothek erhielt eine neue Instruktion in 20 Paragraphen [5]), und Alois Röggl, Stiftsherr von Wilten (im vorigen

---

1) Pietatem veram, sobrios et compositos mores, vestitum honestum, et quid-
quid in omni vita ingenuum et liberalem hominem decet, sedulo sectaturum, secretas
sociétates cujuscunque nominis sint, aversaturum etc.

2) So war z. B. für die Promotion zum medizinischen Doctorat unter dem 8. Dezember 1808 angeordnet, dass die Prüfung zu bestehen habe: 1. in schriftlicher Beantwortung der vom medizinischen Professorenkollegium gestellten Fragen über Zulassung
zur Prüfung, wo thunlich in lateinischer Sprache; 2. Behandlung eines Kranken und,
wenn er zugleich Doctor der Chirurgie wird, eine Sektion und Anlegung eines wichtigen
Verbandes; 3. öffentliche Prüfung vor allen Professoren durch drei Stunden; 4. Ausarbeitung einer druckwürdigen Schrift in lateinischer Sprache; 5. Vertheidigung von
approbirten ad valvas angeschlagenen Sätzen vor gewählten Opponenten, mit der Freiheit, zu opponiren, auch für Andere. Der Eid, den er ablegen musste, enthielt, dass
ihm die Religion heilig sein werde, dann den schuldigen Gehorsam gegen Regierung,
Achtung gegen literäre Institute, besonders des graduirenden, Moralität, Fortsetzung der
Bildung. Dienst für die leidende Menschheit mit unermüdetem Eifer und Benützung
aller Kräfte und strenge Gewissenhaftigkeit ohne alle Nebenabsichten.

3) Nämlich: a. für Bibliothek jährlich 500 fl., b. Naturalien-Sammlung 250 fl.,
c. chemisches Laboratorium 200 fl., d. botanischen Garten 250 fl., e. chirurgische Instrumente 200 fl., f. anatomisches Theater 100 fl., g. Veterinär-Institut 100 fl., h. Physikalisches Kabinet 300 fl.

4) Sie wurden unter dem 13. Februar 1809 bewilligt, dann unter dem 14. April 1809
84 fl. Vorschuss angewiesen und unter dem 18. Jänner 1811 wurden sie an das Ministerium abzugeben befohlen.

5) Bücher werden nur auf 4 Wochen ausgeliehen, vier Mitglieder der Universität
untersuchen jährlich dieselbe, jeder Professor übergibt jährlich ein Verzeichniss der wichtigsten in seinem Fache erschienenen Werke; von jedem in Bayern erschienenen Druck-

Jahre Gymnasial-Professor), wurde Bibliotheks-Adjunkt zur Verfassung eines Real-
kataloges, Beschreibung der alten Druck- und Handschriften etc. — B sonders
viele Mühe machte dem Senate Professor Schultes mit seinen Anträgen und Forde-
rungen, z. B. über manche von den frühern Kabinets-Aufsehern Zallinger und
Keesbacher angeblich nicht erhaltene Gegenstände, Verbesserung des Kabinets-
Lokals und der Dotation, Abstellung der Semestral-Prüfungen, wogegen jeder
Doctorand der positiven Wissenschaften Doctor der Philosophie sein soll; Erbauung
eines Gewächshauses, wobei er mit Professor Machir in Streit kam etc. Ein im
Naturalienkabinet gefundenes Seidenpapier mit astronomischen Beobachtungen der
Jesuiten in Peking wurde auf Schultes's Antrag an Herrn Zach nach Weimar
geschickt. —

Die Zahl der Akademiker war im Jahre 1808 bis 1809 436 (99 von der
allgemeinen Klasse, 147 in den drei theologischen, 98 in den drei juridischen, 66
in den 4 medizinischen und 26 in den zwei chirurgischen Lehrkursen).

§ 156.

So grossartig, mit 30 Professoren, stand die Universität wohl niemals da, als wie
nach der Einrichtung unter Bayern. Allein sie erreichte nicht einmal ihre vollständige
Organisirung, z.B. in der Dotationsfrage, weil die bekannten Vorfälle des Jahres 1809
dazwischen traten. In diesem Jahre war Tirol, resp. Innsbruck, vom 14. April bis
19. Mai und vom 29. Mai bis 28. Juni, endlich vom 15. August bis 25. Oktober
unter österreichischer, resp. Sandwirth Hofer'scher Verwaltung. Dieser sechsmalige
Regierungswechsel berührte natürlich auch die Universität mannigfaltig, worüber
Einiges anzuführen ist.

Nach der Ankunft der Oesterreicher wurden am 22. April mit andern Civilbeamten auch die Professoren Bertholdi, Spechtenhauser und Schultes nach Klagenfurt, Ungarn und Böhmen abgeführt [1]. Der Unter-Intendant Roschman schrieb
diese Massregel der Forderung einiger ehemaligen Landstände — des Prälaten von
Wilten, Stadler's etc. — zu, denen er habe nachgeben müssen. Schultes kam nicht
mehr zurück, sondern wurde Akademiker der Wissenschaften in München, dann
Professor in Landshut; Bertholdi und Spechtenhauser aber standen im Jahre 1810
wieder, jedoch nicht zur nämlichen Zeit als Professoren ein. Die Rektorats-Akten
hatte Letzterer bei seinem Abgange dem Professor Isser übergeben, welcher am
23. April dem österreichischen Commissär davon die Anzeige machte. Da der
österreichische kommandirende General Chasteler erklärt hatte, dass vor der Hand
Alles nach bayrischem Fusse fortzusetzen sei, wurde Isser am 27. April als provisorischer Rektor gewählt; am vorigen Tage hatte jedoch auf Antrag Roschman's
der Senior der Universität, Professor Weinhart, die Eidesformel für Oesterreich
unterschreiben lassen. —

Die Rektorswahl und die erbetenen nöthigen Ausgaben aus der Rektoratskasse,
die 1520 fl. 37½ kr. enthielt, billigte der provisorische Kreis-Commissär Trentinaglia. Der Senat beschloss, den Anfang des zweiten Semesters auf den 2. Mai
durch die Zeitungen bekannt zu geben. Allein diess kam anders. Die schon anwesenden unbeschäftigten Studenten fassten den Entschluss, eine Militärkompagnie

---

werke erhält die Bibliothek vom Verleger ein Exemplar; jeder Professor bezahlt beim
Antritte seines Amtes für sie 22 fl. etc.

1) Siehe Geschichte der Deportirung königl. bayrischer Civilbeamten nebst Bemerkungen über gleichzeitige Kriegsereignisse. Von einem Deportirten 1810. 2 Bände.
Als Verfasser wurde Schultes genannt.

zu bilden, und ihre Koryphäen (Witting, Drexel etc.) gingen am 18. April zum General Buol und Unter-Intendanten Roschman sich die Bewilligung hiezu und Professor v. Mersi als Hauptmann zu erbitten. Rektor Isser und Professor Feilmoser, diess hörend, suchten vergebens die Akademiker auf der Universität etwas abzukühlen, gingen dann unter Lärm zu Buol und Roschman, wo sie v. Mersi trafen, der den Antrag von sich ablehnen wollte, und hörten da von Roschman, die Schulen können dermalen nicht beginnen, es sei Manches darin zu ändern, Buol hätte den v. Mersi bereits als Hauptmann dekretirt und den Studenten den Befehl zum morgigen Ausrücken nach Scharnitz gegeben. Die drei Professoren hinterbrachten den Studenten das Geeignete, und der akademische Senat überliess die Sorge für Montur etc. dem Hauptmann v. Mersi, der am 29. April schon von Zirl aus dringend um Lebensmittel, Geld, Zulage der Löhnung (täglich 30 kr.) für die Kompagnie von 216 Köpfen, die aber auf 194 herabsanken, einschritt. Als indessen der Intendant Hormayr von Brixen, wo er das philosophische Studium bewilligte, ankam, gestattete er der Universität, die ihm am 4. Mai aufwartete, die Rückkehr der Studenten-Compagnie, die am 7. Mai, vom Obrist Taxis und Major Kapferer belobt, eintraf. Auf den folgenden Tag waren Professoren und Studenten zum Erscheinen im Redoutensaale angewiesen; und da die Professoren bei Hormayr erschienen, um in den Saal zu begleiten, schickte er sie — mit Ausnahme des einzigen Prorektors und Mersi's — in den Saal voraus, liess dort angekommen die Studenten um sich und die Professoren einen Kreis bilden, in dessen Mitte er den Mersi umarmte, die Namen der in das Feld gezogenen Patrioten abforderte, den Krieg als Kampf gegen Rohheit, Tyrannei etc. erklärte, die — nicht bald unterdrückt — vollständigen Vandalismus zur Folge haben müssten etc. Dann bestimmte er einige Studenten Vorarlbergs, welche dahin zurückkehrend zur Vertheidigung des Vaterlandes auffordern sollten, mit der Aussicht auf hohe Belohnung bei glücklichem Erfolge; diese kamen aber — aller schriftlichen Autorisation bar — bald in die grösste Verlegenheit [1]. — In Bezug der Universität bewilligte er die Studien wieder zu beginnen, bestimmte aber — als auf Befehl des Erzherzogs Johann — den Professor Maurer als Prorektor, und nicht diesen, sondern den Professor Beer als Präses des akademischen Senats, dessen Mitglieder Maurer, Isser, Nitsche, Weinhart, Niedermayr, Mayr und Hubel sein sollen; ferner für abgängige Professoren den Cooperator Kök für die Moral, den ehemaligen Professor Koch, nunmehrigen Kurat in Lermos, für Kirchengeschichte, endlich Professor Schöpfer für Naturgeschichte, und befahl die Studien nach österreichischem Fuss einzurichten, daher z. B. Thanner, obschon Verfasser von philosophischen Lehrbüchern, doch nach Karpe lehren musste. Kök lehrte die Moral bis 24. Mai 1810, wo sie wieder Spechtenhauser übernahm, Kök aber zu seiner Pfarr-Cooperatur zurückkehrte; Koch erklärte, nur das von ihm früher gelehrte Fach des neuen Bundes zu übernehmen, daher Feilmoser auch die Kirchengeschichte bis zur Rückkehr Bertholdi's lehrte.

Aber die Franzosen und Bayern hatten am 11. Mai die Grenzen Tirols wieder überschritten, und am 19. Mai bei den schlechten Anstalten Chasteler's Innsbruck wieder besetzt [2]. — Am folgenden Tag wartete die Universität dem Herzog von

1) Darunter war der noch lebende Pfarrer Hiller in Wollfurt, der den Hergang eben so, wie die über diese Begebenheiten sehr ausführlichen theologischen Ephemeriden, erzählte.

2) Hormayr liess bei seiner Flucht ein Proclama drucken, das den General Jellachich mit 24.000 Mann bei S. Johann stehen liess, um die Bauern zum vergeblichen Widerstand bei Schwaz und Vomp zu entflammen, die bekanntlich vom Feind eingeäschert wurden.

Danzig, Le Febre und dem bayrischen General Baron v. Wrede auf, wobei Ersterer das abgebrannte Schwaz zur Unterstützung empfahl, daher am 23. Mai Professor Albaneder und Albertini zwei Wägen Kleider und Nahrungsmittel mit 400 fl. Geld dahin brachten. Den sogleichen Wiederbeginn (Fortsetzung) der Vorlesungen machte wieder Isser als provisorischer Rektor bekannt.

Da Le Febre und Wrede sogleich nach Wien zogen und nur der humane Deroi mit wenigen Truppen in Tirol blieb, andererseits Buol, Theimer, Hormayr, Speckbacher, Hofer die Bauern bearbeiteten, kam es schon am 25. Mai am Berg Isel zu Gefechten und am 29. Mai zum Abzug Deroi's aus Tirol.

Die Studien gingen sehr unordentlich fort. Professor Maurer war abwesend, Koch, auf sein Gesuch wegzubleiben von Hormayr abschlägig beschieden, kam erst jetzt; viele Studenten waren abwesend und wussten nicht einmal von der Fortsetzung der Vorlesungen, daher diese und die im August abzuhaltenden Prüfungen durch die Zeitung bekannt gemacht wurden. Dem von den Bauern ausgeplünderten Notar Mühlbacher wurden von der Rektoratskasse, die dann leer war, 180 fl. verabfolgt. — Die Aufregung wuchs mit jedem Tage. Am 28. Juni wurde in Hötting eine Prozession gehalten, bei der das Waldbildniss der Mutter Gottes von 6 Schimmeln unter Begleitung von Spiessträgern, wobei auch ein Mohr figurirte, herumgezogen wurde und einige Akademiker als Musikanten mitwirkten. Diese versoffen ihren Lohn dafür bis gegen Mitternacht und streiften dann lärmend durch die Gassen der Stadt [1]). Da dergleichen Studenten-Spektakel öfter vorfielen, warnte sie auf Auftrag des Kreis-Commissariats ein Anschlag auf der schwarzen Tafel, der aber beschmutzt wurde. — Gegen Ende Juli befahl Hormayr wieder die Errichtung einer Studentenkompagnie unter Professor Mersi, der ernste Vorstellungen dagegen machte. Aber am 23. Juli legte der Prorektor dem Senate den Befehl des Stadtkommandanten De-Lama vor, die Kompagnie unter Hauptmann v. Mersi sogleich zu errichten. Da einerseits bereits der Waffenstillstand bekannt wurde, andererseits Erzherzog Johann dem General Buol befahl, Tirol nur auf seinen Befehl zu verlassen, so erhielt v. Mersi nur nach Majoritäts-Beschluss des Senats den schriftlichen Auftrag, dem Befehle nachzukommen. Ungeachtet wiederholter Vorstellungen dagegen und neuer Befehle [2]) dafür kam es doch bis 29. Juli nicht zum Auszuge der Studenten, und an diesem Tage machte Buol den Waffenstillstand, seinen Abzug und die Ermahnung zur Unterwürfigkeit bekannt, am folgenden Tage aber zog wieder Le Febre mit 27,000 Mann in Innsbruck ein.

Die Studien lösten sich bei diesen Umständen von selbst auf. Einige Professoren prüften Studenten vor ihrem Weggehen wenigstens schriftlich, Andere gaben

---

1) Vor der Wohnung des Ex-Gymnasial-Präfekten Rigler, eines Exjesuiten, liessen sie diesen in saecula saeculorum leben; vor Feilmoser's Wohnung schrieen sie: Ketzer, bayrischer Hund, ist überall kund etc.

2) Am 24. Juli wurden die Studenten zusammenberufen; Viele erschienen nicht, Andere entfernten sich nach Bekanntgebung des Befehls, die Uebrigen erklärten, nur mit Allen ausziehen zu wollen etc. Die Schwierigkeiten wurden dem Stadtkommandanten mit der Unterschrift mehrerer Studenten bekannt gegeben: dieser aber sprach auf der Stelle die Pflicht aller Waffenfähigen von 15—50 Jahren zu einer Sturmkompagnie aus. Am 25. Juli erfolgte daher die Formirung der Liste. Mersi gab noch einmal dem Senate, dieser der Schutzdeputation die Schwierigkeiten bekannt, — dass die Meisten keine Waffen zu behandeln wüssten, Juristen mit Italienern auszuziehen sich weigerten, von diesen Unruhen zu befürchten seien u. s. w. Am 26. Juli erwiederte Kreis-Commissär Baron Schneeburg, die Studenten hätten nur in der Stadt Dienste zu leisten. Aber am 29. Juli befahl De Lama, unverzüglich nach Rattenberg auszurücken, wozu sich um 5 Uhr die Studenten versammeln sollten etc.

ihnen Zeugnisse ohne Prüfung; mancher Professor, z. B. Machir, war nicht mehr hier. Viele flüchteten sich nach dem Einzuge Le Febre's, wie der Schulrath Kepler selbst, Professor Thanner, der am 10. August, Professor Kurz [1]), der am 12. August abreiste etc.

Die Professoren hatten bereits 6 Monate keine Besoldung erhalten.

Bekanntlich musste Le Febre am 14. August Innsbruck und Tirol wieder verlassen, und es trat die eigentliche Sandwirths-Regierung ein, die ungeachtet der Studien-Ferien doch auf die Universität manchen Einfluss nahm.

Am 21. August wurden die Professoren Feilmoser und Albertini [2]) nebst den zwei Gymnasialprofessoren Jud und Gilg [3]) von zwei Schützen zuerst nach Steinach, dann nach Bruneck eskortirt. In Bruneck durften die Priester nur unter Militärwache Messe lesen; ihre Abführung in das Schloss Welsberg verhinderte der Landrichter Ottenthal von Taufers, der auch bei dem unbärtigen Wörndtle ihren Aufenthalt in Taufers vermittelte. Jud wurde am 10. September nach Meran abgeführt, wo er nicht einmal Messe lesen durfte; dorthin wurde unter dem 26. August auch der Normalschuldirektor eskortirt. — Diesen Professoren wurden im Jahre 1810 die Deportations-Kosten vergütet. — Professor Isser wurde wegen angeblicher Trunkenheit und Pflichtvergessenheit vom Kommandanten Hofer im Amte als provisorischer Rektor suspendirt, worauf die Professoren am 31. August beschlossen, den Professor Maurer um Fortführung des Prorektorats zu ersuchen und dem Isser ihr Bedauern auszudrücken; da Maurer das Prorektorat nicht annahm, führte es Exrektor Schuler.

Die Regierung dekretirte auch die Herstellung des Meraner Lyceums und des theologischen Studiums in Brixen, für das die Professoren bestimmt wurden [4]) und über die Innsbrucker Studien-Anstalten wurde sich in einem Erlass vom 8. Oktober [5]) vom Oberkommando an die Landes-Administration dahin ausgesprochen: „Da die hiesigen Lehranstalten, besonders die Universität je länger je mehr beim Oberhirten, beim Klerus und beim Volke in Misstrauen kommen und so Manche vom Lehrpersonale in Betreff ihrer Religions-Grundsätze, ihrer Lehren, ihres Benehmens gegen die Kirche etc. und zum Theil auch wegen ihrer Sittlichkeit den nothwendigen guten Ruf bei der tirolischen Nation verloren haben, so zwar, dass die Sicherung der allgemeinen Ruhe und das Beste der Lehranstalten, welche nicht von übel berüchtigten Lehrern besetzt sein dürfen, die Entfernung der Professoren Bertholdi und Spechtenhauser und späterhin auch anderer Professoren nothwendig machte, so kann die Oberkommandantschaft nicht umhin, darauf zu bestehen, dass solche Individuen von der hiesigen Lehranstalt nicht mehr beizubehalten sind.“ Es wird dann gesagt, Hubel sei schon im Jahre 1805 für ein Bureau bestimmt wor-

---

1) Dieser reiste mit zwei Postoffizieren nach Unterinnthal, wurde beim hl. Kreuz unweit Schaaz von Bauern überfallen, im seinem Hause auf dem nahen Berge erkannt und — jedoch ohne Zurückstellung des abgenommenen Geldes — entlassen. Von den zwei Postoffizieren, die ziemlich viel Geld bei sich gehabt haben sollen, erfuhr man selbst auf späteres Vorladungs-Edikt nichts.

2) Feilmoser wurde vom Meraner Schützenhauptmann Moser am 13. August von seiner Wohnung zu den Kapuzinern, Albertini vom Hauptmann Achenthaler zum Wirth beim goldenen Adler abgeführt; dahin kam am 20. August auch Feilmoser und die zwei Gymnasial-Professoren.

3) Diese hatten im Jahre 1808 als Professoren des Meraner Gymnasiums sich gegen den Bischof von Chur nach den Regierungs-Aufträgen gefügt und Jud hatte nach Koch's Resignation die Pfarre Meran eine Zeit lang verwaltet.

4) Es waren Feichter, Sinnacher, Hofer, Unterbacher, Duregger und Soell.

5) Concipiente Professore Koek, wie Rapp l. c. S. 662 sagt.

den, Isser soll eine Pfründe erhalten; dann wird das Lehrerpersonale nach einer dem Ordinariate im September zugefertigten Liste, da kein Lehrer ohne günstiges Zeugniss des Bischofs anzustellen sei, für Theologie und Philosophie [1]), dann für das Gymnasium und die Normalhauptschule [2]) neu bestimmt.

Bezüglich der Bibliothek gab Hofer den Befehl, die von den Klöstern ihr zugekommenen Werke auszuscheiden und die verbotenen Bücher zu verbrennen. Hierüber beschloss der Senat unter dem 18. September, Exrektor Isser mit Keesbacher und Zallinger soll bei dem General-Prov.-Administrator v. Reinhart, und beim Studien-Referenten v. Anderlan Vorstellungen machen, dem Bibliotheks-Adjunkten Röggl aber wurde aufgetragen, inconsulto senatu academico in Zukunft hierin nichts zu thun. Dieser erwiederte auf die Zuschrift, es sei nur ein Ausscheiden der Werke befohlen, eine Extradiction erfolge inconsulto administratore Provinciae nicht. Da der Senat unter dem 20. September die spezifische Angabe der ausgeschiedenen Bücher verlangte, erwiederte Rögl unter dem 27. September, dass er sich eine solche Arbeit allein und noch dazu in den Ferien verbitten müsse, übrigens diese Werke nach den Regierungs-Grundsätzen den respektiven Eigenthümern zurückzustellen und nicht mehr als Bibliothekswerke zu betrachten sein dürften. Auf diese Erklärung wurde Röggl nach Senatsbeschluss vom 2. Oktober vom Prorektor wieder mündlich erinnert, inconsulto senatu academico kein Buch wegzugeben.

In dieser Senatssitzung wurde auch eine Einlage für Isser und der Antrag wegen eines Anleihens zur Bezahlung der Besoldungen des Universitäts-Personals beschlossen, da selbst der Stiftungs-Administrator v. Preu kein anderes Mittel hiezu wusste.

Doch es nahte, wie bekannt, das Ende der Sandwirth'schen Regierung. Nachdem am 25. Oktober wieder vom General Wrede Innsbruck besetzt und am 1. November der Berg Isel in 1½ Stunden mit Hülfe von mehr als 20 Kanonen genommen worden war, wurde den Professoren auf Befehl des französischen Administrations-Commissärs Drouet d'Erlon vom 7. November bedeutet, die Studien unverzüglich zu beginnen, wobei natürlich an eine Ausführung der Hofer'schen Befehle Niemand denken konnte.

§ 157.

Das letzte Jahr vor der zweiten Aufhebung der Universität verfloss unter manchen Nachwehen des vorigen Jahres und Bemühungen die Verhältnisse zu

1) Es war folgendes, und zwar:
I. Für Theologie: Pastoral: Fuhrmann, Cooperator von Imst.
 Moral: Nikolaus Kök.
 Kirchengeschichte: Alois Röggl von Wilten.
 Bibelstudium: Koch und Alois Lamp von Stams.
 Kirchenrecht: Joh. Schuler.
II. Für Philosophie: Logik etc.: Kaspar Hohenbalken in Meran.
 Mathes: Rainer, Gymnasial-Professor.
 Physik: Zallinger.
 Religion: Kaspar Hirn.
 Geschichte: Winter von Meran.
 Aesthetik: Servit Mayr, wenn er nicht nur Prediger, jedoch mit ganzem Gehalt bleibt.
2) Für das Innsbrucker Gymnasium waren bestimmt:
 Kaspar Unterkircher, David Moritz, Alois Geiger, Peter Burgmann, Hermann Mader, als Präfekt der Exjesuit Rigler. Nitsche ist zu quieszieren.
 Direktor der Normalschule ist Piger etc.
Eine Copie dieses Erlasses liegt bei den Universitäts-Akten. Von den juridischen und medizinischen Professoren ist keine Rede.

ordnen; unter mancher Unordnung und Verwirrung und bald unter Furcht über Aufhebung der Universität.

Die abgängigen Professoren wurden durch die im vorigen Jahre eingeleitete Supplirung ersetzt, ja in der Theologie wurden sogar Craffonora und Kök, welche durch die in Südtirol ausgebrochenen neuen Unruhen in der Rückkehr von den Ferien aus Kortsch verhindert wurden, im Dezember durch den Serviten Voglsanger und den Pfarrcooperator Riedl durch einige Wochen supplirt. Thanner und Machir erhielten zwar den Auftrag, nach Innsbruck zurückzukehren; allein Machir kam — durch Krankheit sich entschuldigend — gar nicht, und Thanner ging, ohne seine Lehrkanzel anzutreten, nach Gastein in das Bad, daher auch diese Lehrkanzeln supplirt werden mussten. Stapfs Kanzel, der am 16. Okt. 1809 starb, wurde gar nicht versehen; die Universität bezeichnete zwar für ihn den Baubeamten Patscheider, dessen Zeugnisse und Aeusserung auch das Kreis-Commissariat abforderte, jedoch unter dem 10. Februar 1810 die Supplirung durch einen schon bestehenden Professor auftrug, da ein Antrag hierüber erst mit dem Berichte über die hiesigen Lehr- und Bildungs-Anstalten an Seine Majestät gestellt werden könne; allein kein Professor übernahm diese Supplirung, die Prüfung von Stapfs ungeprüften Schülern jedoch v. Mersi gegen eine Taxe von 2 fl. Die eigene Lehrkanzel für praktische Mathematik und Technologie hörte mit dem Ableben des ersten Professors dieses Faches wieder auf [1]).

Den Studenten suchte man das vorige Jahr möglichst unschädlich zu machen. Damit sie wegen ausständiger Prüfungen an der Aufnahme weniger gehindert würden, wurde die Inscription bis nach Neujahr verschoben, bis wohin sie die Prüfungen nachtragen könnten. Immatrikuliren konnte man sich noch später lassen. Die im zweiten Semester des vorigen Jahres ungeprüften Schüler der letzten Gymnasialklasse wurden in das allgemeine Studium (Philosophie), jedoch mit dem aufgenommen, dass sie dasselbe zwei Jahre zu hören hätten; die immatrikulirten und aus einigen Fächern geprüften Akademiker wurden wegen Aufsteigens nicht weiter belästigt. Die Zeugnisse über in Brixen und Trient absolvirte Philosophie wurden anerkannt. Und da manche Studenten Zeugnisse über gehörte Naturgeschichte und Mathematik haben wollten, schrieb der Rektor desswegen an Schultes und Machir, die sich aber mit dem bei der Verwirrung ihrer Abreise von Innsbruck verlornen Kataloge ihrer Schüler entschuldigten, wobei Machir sich ungemein verbindlich über seinen Aufenthalt in Innsbruck äusserte.

Der französische Administrations-Commissär Drouet d'Erlon hatte bei einer Audienz des Rektors und der Senioren der Universität Misstrauen gegen die Professoren geäussert; daher wurde ihm nach vorläufiger Besprechung mit dem bayrischen Hofkommissär v. Türkheim und Baron v. Reinhart am Anfange des Schuljahres eine Vertheidigungs-Schrift in französischer Sprache überreicht und eine solche übergab auch v. Mersi über sein Benehmen im vorigen Jahre, dessen Angaben, insoweit sie die Universität betrafen, von dieser auf sein Ansuchen bestätiget wurden.

Dem Bibliotheks-Adjunkten Röggl wiederholte der akademische Senat unter dem 10. November 1809 die schon früher gegebenen Weisungen, und da die Bibliothek nicht selten und selbst ausser den Amtsstunden auch von Offizieren besucht

---

1) Stapfs Ableben machte der Universität auch manche andere Mühe, da er seit 1805 wegen Fussleiden die Vorlesungen nur mehr in seinem Zimmer geben konnte und dazu von den Kabineten Manches zu sich bringen liess, was man nach dem Tode nicht fand, zumal er Manches, z. B. Vega's Logarithmen, sogar Studenten mitgetheilt hatte

und Bücher nach Hause genommen wurden, so wollte Röggl den Bibliotheks-
Schlüssel einem Professor übergeben, den jedoch der bezeichnete zunächst bei der
Bibliothek wohnende Professor Nitsche nicht annahm; man wendete sich sohin an
den Sekretär des Drouet um einen Befehl zur Abstellung dieser Missbräuche; Drouet
verbot das Wegnehmen von Büchern selbst gegen Empfangsscheine, und da Röggl
diess sogar auf die Professoren ausdehnte, machte der Senat unter dem 10. Febr. 1810
die Anordnung, jeder Borger eines Buches habe seinen Namen etc. in ein alphabe-
tisch geordnetes Vormerkbuch eigenhändig einzutragen und der Adjunkt dort bei
der Zurückstellung des Buches den Empfang eigenhändig zu bestätigen.

Manche Verwirrung machten in diesem Jahre die Promotionen zu akademischen Würden, bei denen man es nicht so genau nahm, zumal bei der Furcht der
Aufhebung der Universität. Die vorgeschriebene Dissertation und Disputation wurde
manchem Doctoranden nachgesehen, ja in der Medizin sich mit der alleinigen schrift
lichen Prüfung begnügt. Insbesonders kam bei einem Doctoranden Bertolini der Fall
vor, dass man die rigerosen Prüfungen zur Approbation als genügend anerkannte, mit
Ausnahme jener über die Materia medica, die Professor Luzenberg gab; Bertolini
musste also das Fach noch einmal hören, was er auch zur Zufriedenheit des Professors that. Nun wollten die übrigen Professoren dem Bertolini das Doctordiplom
ausfertigen, wogegen sich jedoch Luzenberg sträubte, und als diese Ausfertigung
selbst das Kreis-Commissariat befahl, an das Ministerium rekurirte. Jetzt tadelte
selbst das Kreis-Commissariat den Vorgang, weil man den Bertolini, wenn er bei
den rigerosen Prüfungen nicht bestand, einfach hätte abweisen, sonst ihm das
Diplom nicht vorbehalten sollen. Das Ministerium rügte unter dem 22. Febr. 1810
scharf, dass man ohne Dissertation und Disputation Diplome ausfertigte, und verbot dem Bertolini das Diplom zu übergeben, bevor er nicht durch Dissertation,
öffentliche Prüfung und Disputation den Vorschriften genügt hätte.

Das grösste Anliegen war bald die Sorge über den Fortbestand der Universität. Wenn auch im Dezember die Uebersendung der zwölf Universitäts-Sigille
und der Befehl an Machir und Thauner zur Rückkehr nach Innsbruck keine ungünstigen Zeichen für den Fortbestand waren, so fanden sich doch schon im Erlasse, mit welchem die Supplirung der Mathematik durch Mersi genehmigt wurde,
Zweifel erregende Ausdrücke, und Bertholdi, der sich noch in München aufhielt,
wurde ersucht, sich an die nach Beilegung der Unruhen abgeschickte Tiroler Deputation anzuschliessen und sich für die Universität zu verwenden, was er jedoch
ohne besondere Vollmacht und Genehmigung nicht thun zu dürfen erklärte. Man
schickte ihm unter dem 9. Dezember auch eine Abschrift von der dem Drouet
übergebenen Vertheidigungs-Schrift der Universität. Bertholdi berichtete noch im
nämlichen Monate, dass das Schicksal der Universität vom Schicksale Tirols abhänge und erstere mit bleibe, wenn letzteres getheilt werde. — Ungeachtet der
nachhin ausgesprochenen Theilung Tirols kam doch keine Entscheidung über die
Universität während des Verlaufes des Schuljahres, obschon die Hoffnung auf den
Befehl, in der Universität Lokalien für Beamte herzurichten, weil der Kronprinz die
ganze Burg für sich benöthige, noch mehr schwand. — Als am Ende des Schuljahres noch keine h. Entschliessung angelangt war und der Rektor um Holz für
das künftige Schuljahr ansuchte, wurde vom Kreis-Commissariat erwiedert, dass
vorher die Entscheidung über die Universität abzuwarten sei. Noch am 4. November machte der Senat bei dem Umstande, dass Professoren der Innsbrucker Universität in München während der Ferien von hochgestellten Beamten den Antrag,
die Universität wenigstens im ersten Semester des Schuljahres noch bestehen zu
lassen, vernommen hätten, eine energische Vorstellung, das Schuljahr beginnen zu

dürfen, da die Zeit hiezu schon verflossen sei, so viele Studenten darauf warten, Wohlthäter sonst die Unterstützung entziehen, kein Akademiker bei der Ungewissheit ein Quartier bestellen könne u. s. w. Aber auch diese Vorstellung gab das Kreis-Commissariat ohne andere Erledigung nach München, wo der König unter dem 25. November 1810 endlich die Aufhebung der Universität beschloss.

§ 158.

Ueber die Verhältnisse der Universität zu den Dikasterien, über die besondere Wirksamkeit des akademischen Senates in innern und äussern Universitäts-Angelegenheiten, oder über Begebenheiten, welche die Universität besonders interessirten, ist ausser den bereits erwähnten Ereignissen in dieser Periode nichts Besonderes anzuführen.

Auch zeichnete sich die Universität während der Periode ihres zweiten Bestehens vom Jahre 1792 bis 1810 weder durch besonders hervorragende Professoren, noch durch die Achtung im Lande aus.

Einige Professoren verdienen jedoch Erwähnung, da Mehrere Schriftsteller waren. So veröffentlichte Stadler — im Jahre 1756 Jesuit, vom Jahre 1777 bis 1783 Professor der griechischen Sprache am Gymnasium und seit 1780 auch der Physik an der Universität und seit 1786 der Naturgeschichte am Lyceum, dann an der Universität bis 1799 — ein Paar Schriften im Drucke [1]). Stapf, ein Schüler des Franz Zallinger, von Prien bei Landeck, wusste seine Schüler für sein Fach zu beleben und bildete eine Schule. Der Plan seiner Vorlesungen — im Jahre 1782 von der Hofstelle genehmigt — wurde vom Gubernium und im Jahre 1798 etwas verändert von ihm selbst dem Drucke übergeben [2]). Auch Laiharding, der nur wenige Jahre Professor war, liess Mehreres drucken [3]). Die im Jahre 1808 von der bayrischen Regierung nach Innsbruck versetzten Professoren Thanner und Schultes waren auch fruchtbare Schriftsteller, — Ersterer Canonicus von Matsee, ein enthusiastischer Verehrer der Schelling'schen Philosophie [4]), Letzterer ein Freigeist, ohne sich jedoch in Innsbruck als solchen zur Schau zu tragen, sonst ein Mann von Kenntnissen und Geschicklichkeit, der während seines kurzen Aufenthalts in Innsbruck durch seine Vorlesungen und Einrichtung des Naturalienkabinetes

---

1) Unvermögen des Glockengeläutes, die Gewitter zu vertreiben. — De satione. — Nachrichten von ihm gibt der: Innsbrucker wochentlicher Anzeiger vom Jahre 1799 Nr. 11. (Vgl. § 138, S. 250.)

2) „Nachrichten von dem öffentlichen Unterricht und Uebersicht der Lehrgegenstände der praktischen Mathematik und Technologie an der k. k. Universität zu Innsbruck unter dem Lehramte des Prof. Jos. Stapf." Der Plan seiner Vorlesungen war beiläufig folgender: I. Jahr: Allgemeine Rechenkunst — Rechnungsführung nach doppelter Buchhaltung — Geometrie und Trigonometrie — Nivellirung, Markscheidekunst, Berechnung der Körper nach Inhalt. II. Jahr: Mechanik — Hydraulik — Navigation und Brückenbau — Strassenbau und Nebenbefestigung — bürgerliche Baukunst. Dazu das Praktische: Bau-Ueberschläge, Entwürfe, Eintheilung der Gebäude, Bau-Risse; — Militär-Architektur, Regeln für Festungen. — In der Technologie behandelt er besonders die Künste in und für Tirol. Seine Lehrkurse gingen aber auch über zwei Jahre. — Eine Biographie über ihn schrieb Prof. v. Mersi: „Neue Zeitschrift des Ferdinandeums, VII. Bändchen. 1841." Seine Schriften hatten die Vignette eines den Mond anbellenden Hundes.

3) Schon vor dem Antritte der Professur: Beschreibung der Tiroler Insekten, 2 B. — Ueber Wetterläuten. — Als Professor seine Antrittsrede: Ueber das Angenehme der Naturgeschichte, — dann Manuale botanicum, — Vegetabilia Europaea und Anderes.

4) Thanner kam bei der Aufhebung der Universität nach Salzburg, wo er in hohem Alter starb.

interessirte. — In der medizinischen Facultät hatten mehrere Professoren guten Ruf als praktische Aerzte, wie Keesbacher, Niedermayr, Luzenberg; aber sie waren, so viel bekannt, keine literärischen Celebritäten. Protomedicus Scherer gab seine Lehramts-Antritts-Rede und in Zeitschriften mehrere Aufsätze in den Druck, liess sich besonders die Landwirthschaft angelegen sein und bewirkte die a. h. Entschliessung vom 4. Juni 1794, nach welcher die bei Errichtung der Ackerbaugesellschaft bewilligten Prämien von 1, 2 und 3 Dukaten wieder jährlich vertheilt werden durften. In der juridischen Facultät bemühten sich die Professoren, ihre Schüler zu guten Beamten zu unterrichten; aber durch literäre Thätigkeit zeichnete sich ausser Banniza, der von 1768 bis 1798 Professor war (§ 113), Keiner aus. Als Professor war Beer — nachmals Landrechts-Präsident — besonders gelobt. Auch von den theologischen Professoren, die in dieser Periode abtraten, ist nichts weiter zu erwähnen. — Nicht unerwähnt aber darf noch Jellenz (§§ 117, 138) bleiben, der im Jahre 1805 als juridischer Direktor starb [1], — ein etwas frei gesinnter, aber sehr braver Mann, dem Benitz Mayr auf sein Ableben eine Trauerrede auf der Universität hielt, die gedruckt wurde — so viel bekannt die letzte auf ein Universitätsglied. Die Leiche trugen acht Juristen zu Grabe, Gubernium und Appellationsgericht folgten ihr. Er ist auch der Letzte, dem auf der Universitäts-Aula ein bleibendes Denkmal — eine Büste von Blei, unter Zauner's Leitung von einem Tiroler in Wien verfertigt — aufgestellt wurde. Die Juristen gingen durch einen Monat in Trauer.

Vielleicht würde die Universität unter Bayern sich zu einem grössern Rufe erschwungen haben, wenn sie länger bestanden hätte. Unter Oesterreich konnte sie wegen der Beschränktheit ihres Fondes, bei der kleinen Zahl der Professoren, bei den ihr zu Gebot stehenden Lehrmitteln etc. den aufstrebenden grössern Universitäten von Wien und Prag wohl nicht das Gleichgewicht halten; sie gehörte zu den kleinen Universitäten, wie man sie seit Kaiser Joseph II. unterschied.

In Tirol selbst, wo die Grundsätze der Josephinischen Regierung in der Masse des Volkes nie Wurzel fassten, war man schon desswegen, weil jene Grundsätze nach der allgemeinen Meinung in der Universität nur zu sehr eingedrungen waren und vertreten wurden, mit ihr im Allgemeinen wenig zufrieden, zumal auch die Ordinariate mit ihr nicht in gutem Benehmen standen (§§ 149, 150) und den geistlichen Korporationen die Abhängigkeit von ihr nicht angenehm sein konnte [2].

---

1) Die theologischen Ephemeriden sagen von ihm: vir ex omni parte doctus, sapiens, justi tenax et humanus ac fervidus sobriae intemerataeque religionis christianae cultor. — In der Trauerrede auf Maria Theresia am 20. Dezember 1780 sagt er unter Anderm: Durch diese unsere Mutter fing es an, im südlichen Deutschland zu tagen. Sie hat die Weltweisheit, die unter der Tyrannei der Scolastik so lange seufzte, in ihre natürliche Freiheit gestellt. Sie hat für die Kunst der Künste, das Leben der Menschen zu erhalten, die erfahrensten Lehrer gewählt, kostbare botanische Gärten angelegt, unzählige Siechenhäuser gestiftet und dem angehenden Arzt am Bette des Kranken seine Kunst zu prüfen geboten. Sie hat die Jurisprudenz von der Schikane gesondert, sie zum Heiligthum der Gesetze, zur Lehrerin der Rechtlichkeit, zur Schule der menschlichen Pflichten geweiht. Durch sie redet die Religion nicht mehr durch laue Casuistik zu uns; erklärt uns Gottes Geheimnisse, ist nicht mehr selbst Geheimniss; ist uns Führerin durch das Leben, die Klippen zeigend, woran Andere gestossen sind.

2) Der Franziskaner Herculan Oberrauch (§ 113), der bis zur königl. bayrischen Periode in Innsbruck blieb und als geschätzter Beichtvater und Rathgeber auch in weitern Kreisen einen nicht kleinen Einfluss hatte, äusserte sich über die Universität, namentlich über die theologische Facultät in dieser Periode sehr unzufrieden. So schrieb er am 6. Febr. (das Jahr setzte er nicht bei, wahrscheinlich 1798): „Einige Studenten sind standhaft, auch unter den Juristen, weil in jure nicht so vergiftete Professoren

— Bayern und sohin die bayrischen Einrichtungen waren den Tirolern ohnehin zuwider. —

§ 159.

Die Periode des zweiten Bestehens der Universität war sohin — wenn wir zum Schlusse noch einen Rückblick auf dieselbe machen — eine Periode fast beständiger für Oesterreich unglücklicher Kriege, die den Lehrern und Schülern manche Unbequemlichkeiten brachten, wohl auch die literäre Thätigkeit der Professoren hemmten, öfter förmliche Störungen der Studien und zuletzt die Aufhebung der Universität herbeiführten. Die höchsten Studienstellen in Wien waren indessen in ihrem Berufe doch nicht unthätig und brachten z. B. im Jahre 1804 bis 1805 einen neuen philosophischen, juridischen und medizinischen Studienplan, der namentlich das medizinische Studium bedeutend erweiterte. — Die Universität war im Jahre 1792 freilich mit sehr beschränkten Studienfächern wieder errichtet, aber sie erweiterten sich bald — in der Philosophie mit der Geschichte und im Jahre 1804 mit der Religionslehre, ein bisher noch niemals bestandenes Fach, — in der Jurisprudenz durch die anbefohlene Rücksicht auf das bürgerliche Gesetzbuch und die neue Gerichtsordnung und den Geschäfts-Styl, — in der Medizin durch die Einleitungswissenschaften und erweitertes Studium am Krankenbette, — in der Theologie endlich durch Beförderung der gründlichen Kenntnisse der hl. Schrift mittelst Hülfsmittel zum Verständniss ihrer Grundsprache. Die gallicanisch-canonistischen Grundsätze waren an der Universität einheimisch, und der immer mehr ausgeprägte Zweck des Studiums war die Bildung praktischer Männer [1]. War es auch Regierungs-Grundsatz, mit den Ordinariaten gut auszukommen, so hatten diese auf die Uni-

---

sind, wie in der Theologie. Die schlechtesten sind Bertholdi und Spechtenhauser, denen der Gleissner Laser mithilft, Gesellschaft leistet, ja oft vorangeht. Was im Studien-Consess geschieht, ist, wie Herr Koch sagt, zum Erstaunen. Die Landschaft allein macht die Leute nicht besser, sondern nur etwas behutsamer." — Dann unter dem 31. August: „Sage man mir nicht, man verfolge unsere Religion nicht, mir ist kein Dogma bekannt, welches seit 12 Jahren nicht öffentlich wäre angefochten worden, und dieses geschieht aus einem verborgenen Geheisse. Einer, der mit dem Professor der Scriptur sehr vertraut ist, sagte ihm neulich, er soll doch nicht gar so ausbrechen; allein die Antwort war: will Jemand zu Wien gelten, muss er suchen, im hiesigen Land als Ketzer verschrieen zu werden, man kann dadurch Canonicate erhalten. Und in Wahrheit, der Herr Ertl, de Pretis, Ziegler, die man von hier weggebracht hat, sind Canonici cathedrales in Linz und andern Orten. So hat der Pastoral-Professor in Wien wegen ärgerlichen Lehren eine Pfarre von 6000 fl. zur Strafe annehmen müssen. Man darf nur die gebotenen Vorlesebücher betrachten und man wird leicht sehen, wohin es will. Man will die Religion stürzen und den Erlöser aus dem Weg räumen, timebant vero plebem. Man arbeitet auch auf einer andern Seite zum Verderben der Jugend. So z. B. hielt der Professor Rudolf drei bis vier Lektionen aus Gelegenheit der jüdischen Alterthümer, so dass Jünglinge errötheten und aus den Lektionen zu laufen begannen. Diess ging über alle Komödien, weit über Ovidius de amore, es war das Aeusserste; allein er sagte, man müsse es so machen, ohne dieses könnte man die hl. Schrift nicht verstehen." — Wahrscheinlich im Jahre 1804 schrieb er: „Die hiesige hohe Schule kostet jährlich 17,000 fl., so viel verwenden wir auf das Unnütze, damit ich nicht sage, auf das Verderbliche." — Die Sammlung dieser Originalbriefe an Söll in Brixen befindet sich in den Händen des Canonicus Amberg. — Ob Herculan in Betracht seiner Verhältnisse zur Universität, von der er als Professor entlassen wurde etc., nicht zu schwarz sah, mag dahingestellt sein. Aus seinen Aeusserungen — es kommen in den Briefen viele ähnliche vor — soll sich nur ergeben, wie Manche von der Universität damals dachten.

1) Es wurde sogar die Abschaffung des Lehrfaches des öffentlichen Kirchenrechts, das dem Geschäftsmann wenig nützt, und des römischen Rechts, welches durch das bürgerliche Gesetzbuch ersetzt würde, in Anregung gebracht.

versität fast gar keinen Einfluss, der Prokanzler bestand beinahe nur dem Namen
nach und verschwand endlich ganz als mit den Zeitverhältnissen nicht mehr ver-
träglich.

Ueberhaupt hatte die neu hergestellte Universität mit der ursprünglichen fast
nur mehr den halben Namen (Leopoldino-Franziscea, Leopoldino-Maximiliana) und
unter Oesterreich die Eintheilung in vier Facultäten, unter Bayern aber nicht einmal diese letztere gemein, während fast alle Privilegien und Statuten der Universität aufgehoben oder mit neuen vertauscht wurden. Lehrzweck, Lehrstoff, Lehrart, Aufstellung der Lehrer, Universitäts-Senat und dessen Wirksamkeit, selbst
Lokale und Fond der Universität war verändert, und bei ihr von einer Selbstständigkeit keine Rede, da sie als förmliche ganz vom Staate geleitete Anstalt dastand.

Achter Abschnitt.

Von der zweiten Aufhebung der Universität im Jahre 1810 bis zu ihrer Wiederherstellung im Jahre 1826.

§ 160.

Kaum in einer Periode war man so sehr mit Umänderung und Einrichtung
der hohen Schule beschäftigt, wie in dieser [1]). In den ersten drei Jahren nach aufgehobener Universität suchte man das Lyceum nach königl. bayrischen Vorschriften
zu ordnen und nach der Wiedervereinigung mit Oesterreich handelte es sich um die
Wiederherstellung der Anstalt nach österreichischem Fusse. Die Bemühungen
hatten jedoch nur ein ausgedehntes Lyceum zur Folge, und nicht eine Universität,
um welche man sich bewarb. — Der Kampf der theologischen Facultät mit dem
Episcopate, der auch in dieser Periode nicht aufhörte, endete gegen alle Erwartung
mit der gänzlichen Aufhebung des theologischen Studiums in Innsbruck. — Um
diese Punkte drehen sich in diesen Jahren die vorzüglichsten Ereignisse der Innsbrucker hohen Schule, die nun einzeln angeführt werden sollen.

Das bereits erwähnte Aufhebungs-Dekret der Universität vom 25. November 1810 sprach sich im Wesentlichen dahin aus, dass Seine königliche Majestät
in reiflicher Ueberlegung der Verhältnisse der bestandenen Universität Innsbruck,
welche mit den nach Abtretung des italienischen Tirols noch vorhandenen Fonds
nicht mehr bestehen könne, die Aufhebung derselben und die Substituirung eines

1) Um die Mitte des vorigen Jahrhunderts war auch viel über Organisirung der
Universität und ihrer Studien verhandelt; damals handelte es sich um Verbesserung
der frühern Universitäts-Einrichtungen und die Verhandlungen gingen von der höchsten
Regierung aus; jetzt handelte es sich um Wiederherstellung der Anstalt in den frühern
Zustand, und die Verhandlung ging vorzüglich von der Universität und ihren Freun-
den aus.

wohl eingerichteten Lyceums mit vollständiger philosophischer und theologischer Sektion zu beschliessen geruht habe. Der allenfallige Fonds-Ueberschuss nach Bedeckung der Real- und Personal-Exigenz soll zur Unterstützung der im Innkreise unfundirten Elementarschulen, auch wohl zu einer Anzahl Stipendien für im Innkreise geborne und die Universität besuchenden Jünglinge verwendet werden. Einsweilen ist der Professor und Bibliothekar Bertholdi General-Rektor des Lyceums mit seinem bisherigen Gehalte und den Funktions-Emolumenten, Spechtenhauser Professor der Moral nebst Homiletik, Feilmoser Professor der Exegese und orientalischen Sprachen, Craffonara Professor der Dogmatik; in der allgemeinen Sektion Zallinger Professor der Physik und höhern Mathematik, v. Mersi Professor der Elementar-Mathematik, die er auch an den höhern Gymnasialklassen zu geben hat, Nitsche Professor der Philosophie, Albertini Professor der Geschichte, Schöpfer Professor der Naturgeschichte, Mayr Professor der Religionslehre und Aesthetik, Unterkircher Professor der deutschen und griechischen Literatur. Die Professoren der juridischen und medizinischen Sektionen sind bis weiterer Entschliessung in Quiescenz, das subalterne Personale bleibt provisorisch in seinen Funktionen. Die Studirenden der Medizin und Rechte sind unverzüglich nach Landshut und Erlangen anzuweisen.

§ 162.

Diese provisorische Anordnung musste im Laufe des ersten Lycealjahres und noch vor der definitiven Einrichtung des Lyceums ergänzt und theilweise modifizirt werden.

Da nach königl. bayrischer Einrichtung der Rektor eines Lyceums von jeder Sektion einen Assistenten an seiner Seite hatte, so wurde am 1. Dezember 1810 von den Professoren als Assistent für die allgemeine Sektion Albertini, für die theologische Sektion aber Feilmoser gewählt und vom Kreis-Commissariate auch bestätigt. Sie waren gleichsam die Vorstände der Sektionen, wie früher die Dekane, hatten aber insbesonders den Rektor in seinem Amte zu unterstützen und wohl auch zu suppliren. Der theologische Assistent übernahm daher auch die theologischen Ephemeriden, die er vom Jahre 1806, seit welcher Zeit sie nicht mehr fortgesetzt wurden, ergänzte, sowie auch die Obsorge für die kleine theologische Bibliothek und die Verwaltung des Tschider'schen Legates. Obschon die Assessoren nur auf drei Jahre gewählt wurden, so blieben die Genannten doch bis zur Einführung der österreichischen Einrichtungen.

Da der alte Professor Nitsche — früher auch Rektor des Innsbrucker Gymnasiums, welches Amt nun Professor Grasser übernahm, die Professur namentlich der theoretischen Philosophie nicht mehr übernehmen wollte, so wurde hiezu der Gymnasial-Professor Gilg aufgestellt.

Besondere Schwierigkeit machten die akademischen Predigten, die bisher Professor Mayr gehalten hatte, der nun die Predigten in der Stadtpfarre übernehmen musste [1]). Da für Gymnasial- und Lyceal-Schüler ohnehin ein gemeinschaftlicher Gottesdienst vorgeschrieben sei, so könne — sprach die Regierung aus — für die Predigten bei demselben durch die geistlichen Professoren beider Institute gesorgt

---

1) Dort hatte nämlich der bisherige Prediger, Cooperator und Benefiziat Althuber in einer Predigt sein Bedauern ausgedrückt über Länder, welche kein Messopfer hätten. Da die hier residirende Kronprinzessin akatholisch war, so deutete man diess auf dieselbe, wie denn Althuber's Aeusserungen auf der Kanzel überhaupt öfter zu wenig aufgeklärt erschienen.

werden. Eine Vorstellung des Rektors mit dem Antrage auf Besuchung des akademischen Gottesdienstes von Seite des Kronprinzen veranlasste die Erwiederung des Kreis-Commissariats, dass man von den Normativen nicht abgehen könne, Mayr von der Obliegenheit, an den ihn treffenden Sonntagen für die Studirenden zu predigen, frei zu sprechen sei und es dem freundschaftlichen Benehmen der königlichen Professoren unter sich überlassen werde, in welcher Ordnung sie die Predigten anfangen und wie sie dabei sich wechselseitig Aushülfe leisten wollten. Am 10. Dezember 1810 wurde unter dem Vorsitze des Lyceal-Rektors eine Sitzung aller geistlichen Professoren des Lyceums und Gymnasiums abgehalten und die Reihe der Prediger bestimmt, wobei nur der Lyceal-Rektor und der Professor Spechtenhauser, sich mit zu vielen Arbeiten entschuldigend, keine Predigt übernahmen [1]. Craffonara las auch an Sonn- und Feiertagen die Messe für die Studenten, bei der die Orgel gespielt wurde [2]. Eine nochmalige Vorstellung des Lyceal-Rektors bei einer andern Gelegenheit, „dass lieber ein Prediger mit einem Honorar bestellt werden möge, weil die Ansichten so vieler Prediger verschieden seien, die Gabe der Deutlichkeit nicht Allen zukomme, ohne Plan Manches gar nicht, Manches oft abgehandelt und die Aufmerksamkeit mehr auf den Prediger als auf die Sache gerichtet werde etc.," hatte nur die Erledigung zur Folge, dass zwei Professoren — jeder für einen Monat abwechseln mögen, wozu sich natürlich kein Professor herbeiliess. Die Predigten wurden sohin während dieses Schuljahres abwechselnd gehalten, hörten aber im nächsten Jahre mit h. Bewilligung für die Lyceisten ganz auf, indem diese ermahnt wurden, die Predigten Mayr's in der Pfarrkirche zu besuchen.

Im Final-Berichte über das erste Lyceal-Schujahr machte der Rektor auf manche Uebelstände am Lyceum aufmerksam — auf den kleinen Gehalt mancher Professoren, wie Mayr's mit 350 fl., Feilmoser's und Albertini's als Assessoren mit 600 fl.; — über die herabwürdigende Gleichstellung des Lyceums und Gymnasiums, welche die ehemaligen Universitäts-Professoren besonders schmerzlich berührte; — über ein eben so schmähliches als fruchtloses Dekret des Kreis-Commissariats vom 11. Juli 1811 an das Ordinariat Brixen, Generalvicariat Freisingen, unter dem damals manche Seelsorgs-Stationen Tirols standen, und an die Dekanate Ulten und Vilanders der Diözese Trient, aber zum Königreich Bayern gehörig, welches den natürlich ganz vergeblichen Auftrag enthielt, entbehrliche Mess-Stipendien für die geistlichen Professoren des Lyceums und der Gymnasien von Innsbruck, Meran und Brixen an das Lyceal-Rektorat einzuschicken, wofür man nach der Bemerkung des Rektors vielmehr bezüglich der geistlichen Professoren die Arrha als Wittwenfond aufheben sollte; — über den Abgang mehrerer Lehrfächer, wie in der Theologie der Encyklopädie, in der Philosophie der Landwirthschaft etc.; — über die Inkonvenienz, die Philosophie an Universitäten in einem Jahre absolviren zu können, während sie an Lyceen durch zwei Jahre g. hört werden muss, wodurch den Lyceen nothwendig Zuhörer entzogen werden; — über die Unordnung im Stipendienwesen etc.

§ 163.

Die definitive Organisirung des Lyceums erfolgte unter dem 22. Nov. 1811

---

[1] Die geistlichen Professoren waren Craffonara, Feilmoser, Zallinger, Unterkircher, Burgmann (der für sich Gilg substituirte), Rainer, Mader und Grasser — nebst Bertholdi und Spechtenhauser.

[2] Diess geschah Anfangs vom Studenten Alneider, bis der Gymnasial-Musiklehrer Goller, ein Conventual des Stiftes Fiecht, folgte. Sie erhielten eine Remuneration von 40 fl. jährlich. Letzterer unterrichtete auch die Theologen im Choralgesange, wofür er jährlich 25 fl. erhielt.

dahin, dass den theolgischen Professoren ihre Kanzeln nun definitiv verliehen und Bertholdi als Rektor und nebst dem als Professor der Kirchengeschichte und Bibliothekar auch als Professor des Kirchenrechts aufgestellt wurde; in der Philosophie aber auch nur vier Professoren, nämlich Zallinger für Physik und Mathematik, Mayr für Philosophie, Albertini für Geschichte und Pädagogik, Schöpfer für Naturgeschichte und Landwirthschaft zu bestehen haben; Bertholdi's Gesammtgehalt war 1170 fl., von den übrigen Professoren erhielt jeder 750 fl. R.-W. und hatte wochentlich 12 Stunden Vorlesungen zu geben. Philologie und Literärgeschichte könne ein Professor des Gymnasiums suppliren. Nitsche und Anfangs v. Mersi und Hubel wurden quiescirt, Hubel blieb jedoch Normalschuldirektor und Mersi wurde später als Gymnasial-Professor in Bayern verwendet. — Diese Verordnung wurde am 2. Dezember 1811 bei einer Lyceal-Sitzung in Gegenwart des Schulrathes Müller dahin zu modifiziren beantragt, dass die Philosophie Albertini, die Pädagogik Mayr übernahm, und nach einigen Verhandlungen wurde — um den Gymnasial-Professor Unterkircher, der Literärgeschichte und Philologie gab, es aber unentgeltlich später nicht mehr thun wollte, vom Lyceum ganz fern zu halten — endlich das Studium so geordnet, dass in den zwei Jahrgängen der allgemeinen Klasse Albertini Philosophie und Geschichte, Zallinger Physik und Mathematik, Schöpfer Naturgeschichte, Chemie und Landwirthschaft, Mayr Religionslehre, deutsche Klassiker, Moralphilosophie und Pädagogik, Bertholdi Literärgeschichte, Feilmoser lateinische und griechische Klassiker, in den 3 Jahrgängen der Theologie aber Bertholdi Kirchengeschichte und Kirchenrecht, dann Patrologie und Liturgie, Spechtenhauser Moral und Pastoral, Craffonara Dogmatik und theologische Encyklopädie mit Methodologie, endlich Feilmoser das ganze Bibelstudium mit den orientalischen Sprachen, dann Katechetik übernahm. — Dazu gab in der Musik — auch im Choral — der für das Gymnasium aufgestellte Musiklehrer Goller vom Stifte Fiecht, und in der italienischen Sprache der ebenfalls für das Gymnasium aufgestellte italienische Sprachlehrer Staffler auch für die Lyceisten Unterricht.

Die am Lyceum oder auch an der Universität zu Landshut absolvirten Theologen — andere theologische Lehranstalten gab es für den Innkreis (bayrisch Tirol) nicht — mussten nach Ordinariats-Anordnung in Brixen vor der Priesterweihe beiläufig durch ein Quartal unterrichtet, geprüft, durch Exercitien etc. vorbereitet werden, und zwar auf eigene Kosten für den Unterhalt. — Der Pfarrkonkurs am Lyceum ging ebenfalls fort, nur intervenirte bei demselben auch der Schulrath.

§ 164.

So herabgekommen war die Universität, die kurz zuvor in der grössten Blüthe dastand, seit ihrem Bestehen niemals. Das juridische und medizinische Studium hatte nun ganz aufgehört und vom letztern wurden Hülfsmittel nach Salzburg gebracht, während bei der ersten Aufhebung der Universität durch Kaiser Joseph II. wenigstens in den für die Praxis nothwendigsten Zweigen dieser Studien noch Unterricht ertheilt wurde. In den zwei belassenen Studien-Abtheilungen erreichte die Zahl der 8 Professoren nicht die frühere Zahl der Professoren mancher einzelnen Sektion. — Dazu kamen noch manche andere demüthigende Verhältnisse. Die ehemaligen Universitäts-Professoren wurden theilweise sehr herabwürdigend behandelt. Professor Schuler und Kurz wurden Assessoren bei dem Stadtgerichte in Salzburg, v. Mersi Gymnasiallehrer zu Neuburg an der Donau, Keesbacher unter dem 1. Oktober 1810 wegen aufrührerischen Reden — mit den besten Zeugnissen des akademischen Senates über sein Lehramt versehen — unter polizeilicher Aufsicht nach Straubing exilirt; den belassenen Professoren wurde aus dem a. h. Rescripts vom 25. November 1810 der Beisatz, dass ihnen ihr Rang bleibe, nicht einmal intimirt [1]). Bei einer Aufwartung vor dem Kronprinzen wurden die Lyceal-Professoren nach dem Stadtmagistrat und nach dem Klerus zugelassen. Kein einziger Lyceal-Professor wurde je zur Tafel des Kronprinzen geladen, — eine Ehre, welche selbst Bauern von Meran zu Theil wurde [2]). Zum Pfarrkonkurse mussten die Lyceal-Professoren mehrere Fragen dem Schulrath Müller zur Auswahl vorlegen. Vorzüglick schmerzte es, dass die Professoren des Lyceums jenen des Gymnasiums gleichgestellt waren und beide Institute als Eine Anstalt betrachtet wurden. Die Lyceal-Professoren — früher von so grossem Einfluss (§ 153) — konnten ihren Missmuth über ihre jetzige Herabwürdigung nicht immer verbergen; so erschienen sie mit ihrem Rektor bei der öffentlichen Schlussfeier der Gymnasial- und Lyceal-Studien vom Jahre 1811 im Redoutensaale nicht einmal in der amtlichen Gallakleidung, wofür sie aber vom Commissariats-Kanzleidirektor Hettersdorf und Schulrath Müller sogleich, dann später vom Kreis-Commissariate schriftlich einen Verweis erhielten, der unter dem 31. August 1812 wegen Nichterscheinens dabei wiederholt wurde. Unter dem 9. Dezember 1813 stellte das Rektorat auf Verlangen sämmtlicher Lyceal-Professoren an das Kreis-Commissariat die Anfrage, „ob die Zurücksetzung der Lyceal-Professoren vom Commissariate angeordnet sei, oder bloss von der Willkühr der Studienfonds-Administration herrühre, da Remunerationen und Gratifikationen für Volksschulen und Gymnasien pünktlich erfolgen, während sie für das Lyceum, dessen Fond doch besser stehe, stocken“.

§ 165.

Bezüglich der politischen Fonds, für welche eine eigene Stiftungs-Administration aufgestellt war, herrschte grosse Unordnung und Verlegenheit. So wurde z. B. zur Kenntniss der Stipendien-Stiftungen, ihres Vermögens und Erträgnisses erst unter dem 16. September 1808 vom Ministerium eine Beschreibung der Stipendien in 19 Rubriken aufgetragen. Die Gehalte der Professoren flossen sehr unordentlich und waren z. B. im Jahre 1810 wohl in halbjährigem Ausstande; man vertröstete auf den Verkauf der Gallwiese (einer dem Stifte Wilten gehörigen Realität); aber auch nach diesem Verkaufe erhielten die Professoren wohl auch nur für einen halben Monat ihren Gehalt, weil der Erlös zu andern Zwecken verwendet wurde [3]). Am 12. April 1811 berichtete das Rektorat, es könne keinen Gottesdienst mehr halten, wenn nicht die ausständigen Schulden für Wachs, Oel etc. vorher bezahlt würden. Die Bibliothek erhielt vom Jahre 1809 bis 1813 gar keine Dotation. Selbst im gedruckten Jahresbericht, der am Schlusse eines jeden Studienjahres mit der Klassifikation der Schüler nach Plätzen gemeinschaftlich mit dem Gymnasialberichte und der Klassifikation der Gymnasialschüler öffentlich bekannt gemacht werden musste, wurde im Jahre 1813 die gänzliche Zerrüttung des Studienfondes angeführt, was freilich vom Kreis-Commissariat unter dem 30. Sept. 1813 als ungehörig gerügt wurde. Im Jahre 1810 wurde einem Seiler die Benützung

---

1) In einer Einlage des Lyceal-Rektors vom 6. Oktober 1815 — eine Auszeichnung des Professors Zallinger betreffend — wurde bemerkt, „dass sich die königliche Kreisstelle damals in Studien-Sachen unter dem Einfluss gewisser Individuen befand, welche sich die Herabwürdigung der Lyceal-Anstalt so sehr angelegen sein liessen, dass man sich sogar nicht entblödete, in einer amtlichen Mittheilung aus einer a. h. Verordnung jene Stelle wegzulassen, wo den Lyceal-Professoren die Beibehaltung ihres oranges als ehemaligen Universitäts-Professoren ausdrücklich zugesichert wurde“.

2) Eph. th. 25. Oktober 1810.
3) Eph. th. 11. Januar 1811.

des Lyceal-Dachbodens zu seiner Arbeit um den jährlichen Miethzins von 10 fl.
überlassen, wobei der Rektor, der über diese ohne sein Wissen erfolgte Verfügung
wegen Unsicherheit der Kabinete und Feuersgefahr etc. Vorstellungen machte, vom
Kreis-Commissariate unter dem 30. März 1811 einen Verweis erhielt, da die Sorge
für Lokalien nicht ihm anvertraut sei.

Für den Lyceal-Aufwand hatte übrigens das Rektorat jährlich das Exigenz-
Präliminare mit Rücksicht auf möglichste Sparsamkeit vorzulegen, das in fixen Besoldungen 7802 fl. betrug, für die übrigen Bedürfnisse aber kaum 700 bis 800 fl.
erreichte [1]).

Dass das überflüssige Lycealgebäude Beamten eingeräumt wurde, ist schon
bemerkt worden.

Eine Veränderung der Professoren fiel nach erfolgter Organisirung des Lyceums unter Bayern nicht vor und ist auch sonst über sie nichts weiter anzuführen.
Die Klassifikation der Schüler in gedruckten Katalogen mit den Gymnasialschülern
kommt bei der hohen Schule nur in dieser Zeit bis zum Uebergang Tirol's an Oesterreich vor.

§ 166.

Die Lyceisten waren gesetzlich fast den Gymnasialschülern gleichgestellt; sie
hatten z. B. mit denselben gemeinschaftliche Kommunion zu empfangen, wurden
wie diese nach Plätzen klassifizirt etc. Die Professoren behandelten sie aber nicht
pedantisch.

Ueber Fleiss und Sittlichkeit der Studenten kommt nichts Nachtheiliges vor,
vielmehr wird in den Finalberichten Zufriedenheit über sie ausgesprochen. Nur im
Jahre 1814 vor dem Uebergang Tirol's an Oesterreich machte eine kleine Rauferei
unnöthiges Aufsehen. Am 27. März d. J. Abends sang ein Student auf freiem
Platz im Innrain mit einer Cither; Bursche wollten ihm die Cither nehmen, und da
er sich wehrte, rotteten sich bald mehrere Bursche, aber auch Studenten zusammen;
doch zerstreute man sich bald, wobei nur ein Student von den Burschen bis zur
Thür seines Quartierhauses verfolgt und ihm dort Stock und Hut abgenommen

---

1) Die Besoldungen betrugen:

Für Rektor etc.		1170 fl.
„ jeden der sieben übrigen Professoren à 750 fl.		5250 „
„ Notar		450 „
„ Pedell		200 „
„ Thorsteher		72 „
„ Bibliotheks-Scriptor		400 „
„ Bibliotheks-Diener		260 „
	Zusammen	7802 fl.

wobei freilich der Notar über Entgang jährlich: 350 fl. aus den Erträgnissen der Matrikel, Promotionen und Zeugnissen, der Thorsteher wegen Entgangs von 30 fl. an Neu-
jahrsgeldern und 60 fl. wegen Dienstleistungen bei der Anatomie klagte.
Für die übrigen Bedürfnisse trug der Rektor für das Jahr 1812—13 an:

Physikalisch-mathematisches Kabinet	50 fl.
Chemie und Naturalienkabinet	60 „
Botanischer Garten	40 „
Bibliothek	300 „
Landkarten	20 „
Dinte, Papier, Regierungsblatt	21 „
Orgelspiel, Musik beim Gottesdienst	64 „
Holz für Lyceum und Bibliothek	215 „
Zusammen	770 fl. R.-W.

wurde, die er am folgenden Tag wieder erhielt. Doch erhoben sich am nächsten Tage neue Streitigkeiten auf der Gasse, denen aber die von einem Studenten aus der Hauptwache erbetene Patrouille bald ein Ende machte, bei deren Ankunft sich die Tumultuanten zerstreuten. — Ueber diesen Vorfall kam von der Polizeidirektion, vom Stadt-Commando, vom Kreis-Commissariat nicht bloss der Befehl genauer Untersuchung, sondern — zumal vom Kreis-Commissariat — der gemessene Auftrag, solche Vorfälle zu verhüten und die Lyceisten allen Ernstes davor zu warnen. Dieser Auftrag wurde — auf erfolgte Berathung mit allen Professoren — den Studenten in sehr gemilderten Ausdrücken durch einen Anschlag an der schwarzen Tafel bekannt gegeben.

Stipendien wurden den Studenten vom Jahre 1809 bis 1813 gar nicht verliehen, selbst die Interessen des Tschider'schen Legates — nun von 685 fl. R.-W., und die Maximilianische Stiftung für arme bei einem Jahrtag erscheinende Studenten stockte [1]. Erst unter dem 20. November 1813 erhielten wieder 21 Studenten (8 Adeliche, darunter 7 Gymnasisten 1140 fl. und 13 Nichtadeliche 1080 fl.) Stipendien, wobei die theresianischen nicht gerade an Adeliche verliehen wurden [2]. Zur Erhaltung eines Stipendiums war schriftliche und mündliche Prüfung vorgeschrieben, den Theologen stand statt der Stipendien der Eintritt in das Landshuter Priesterseminar offen, wohin auch mehrere Theologen aufgenommen wurden [3].

Im Jahre 1809 wurde in Tirol das erste Mal die Militär-Conscription eingeführt, wobei der akademische Senat sich verwendete, dass nur nachlässige und hoffnungslose Studenten in die Conscription einbezogen werden möchten. Allein in der Erwiederung wurde auf die bestehenden Vorschriften hingewiesen, nach welchen nur ausgezeichnete Studien-Zeugnisse befreien. Unter dem 12. März 1812 erschien das neue Normale, welches das erste Drittel der Studenten befreite; da aber alle Seminaristen und Lehramts-Candidaten ebenfalls frei waren, bewarb sich das Rektorat des Lyceums unter dem 5. Dezember 1812 um die Befreiung aller Theologen, die ja auch Lehramts-Candidaten wären, und an Universitäten, wo die Studenten nicht nach Plätzen gereiht werden, fast ausnahmslos ausgezeichnete, sohin befreiende Zeugnisse erhielten. Aber auch diese Vorstellung wurde zurückgewiesen, weil nicht die Befreiung aller Theologen, sondern nur jener mit vorzüglichem Fortgange in der Absicht Seiner Majestät liege.

Im Jahre 1809 wurden für die Obergymnasien und Lyceen in Bayern auch Waffenübungen vorgeschrieben, und unter dem 26. Mai 1813 vom Kreis-Commissariate auch für Innsbruck in wöchentlichen 3—4 Stunden der Sommermonate angeordnet und dann auch angefangen. — Mehrere Studenten, besonders der Universität, gingen zu der unter dem 28. Febr. 1813 angeordneten sogenannten mobilen Legion zum Dienste des Vaterlandes innerhalb seiner Grenzen, da den Studirenden mit guten Sitten und gutem Fortgang der Eintritt als Offiziere und baldige weitere Beförderung in Aussicht gestellt wurde. Mehrere Tiroler blieben sohin auch nachher in bayrischen Diensten.

---

1) Eph. th. 11. Januar 1811.

2) Nach einem buchhalterischen Ausweis vom 13. April 1812 betrug das bei der bayrischen Schulden-Tilgungs-Kasse liegende Stipendien-Kapital 216,764 fl. mit 8641 fl. 53 kr. jährlich Interessen; der auswärtig anliegende Stipendienfond aber 71,599 fl. mit 3551 fl. 57 kr. Interessen; endlich der theresianische Akademiefond ebenfalls bei der Schuldentilgungskasse 127,522 fl. mit 5041 fl. 52 kr. R.-W. Interessen.

3) Z. B. im Jahre 1813 Schnitzer und Schranz, im Jahre 1814 Falkner, Patsch etc.

Uebrigens sank in den vier Jahren von 1810—1814 die Zahl der Lyceisten von 206 auf 92 herab [1]).

§ 167.

Der Uebergang Tirol's von Bayern an Oesterreich geschah nicht ganz ohne Störung, die man bei den getroffenen Vorsichtsmassregeln und auf die eingetretene Allianz zwischen beiden Regierungen nicht hätte erwarten sollen, sich jedoch aus der Ausdehnung des Verhaltens gegen die Franzosen auch auf die Bayern, die den Tirolern damals noch verhasst waren, und wohl auch aus dem übel verstandenen Patriotismus einzelner unruhiger Köpfe erklärt, und auch auf das Lyceum einigen Einfluss hatte.

Da sich im Jahre 1813 der Krieg wieder mehr in die Nähe Tirols etc. zog, und Oesterreich sich gegen Frankreich erklärt hatte, wurden unter dem 24. Mai dieses Jahres alle politischen Aeusserungen verboten und vom Ordinariate Brixen unter dem 20. August und um die nämliche Zeit vom Kreis-Commissariate unter Hinweisung auf das Jahr 1809 — von ersterem an die Kuratgeistlichkeit, von letzterem an die Beamten — sohin auch Professoren Ermahnungen und vom Kreis-Commissariate auch Vorschriften zum Verhalten bekannt gegeben. Obschon nun am 12. Oktober die Allianz Bayern's mit Oesterreich vom Kreis-Commissär Lerchenfeld bei einem Balle bekannt gegeben und am 23. Oktober desswegen ein Te Deum abgehalten wurde, so traten dessen ungeachtet schon vom 12.—15. Okt. und noch mehr vom 10. bis 19. Dezember auch in Innsbruck Unruhen ein, welche die Schliessung der Studien vom 10. bis 19. Dezember zur Folge hatten. Ungeachtet der schon früher angekommene kaiserliche Commissär Roschman eine Proklamation erlassen hatte, so drangen doch am 11. Dezember bei 300 liederliche Bursche bis zur Hauptwache, verjagten die unexercirten Bayern, überfielen das Zeughaus und verbreiteten eine Proklamation de dato Bozen 5. Dezember mit der Unterschrift: ‚tirolische Nation', die zur Landesvertheidigung aufforderte, und am 12. Dezember war im Oberinnthal ein Kluibenschädl — früher Laien-Bruder in Stams — thätig, alle Wege gegen Scharnitz und Leutasch zu besetzen, um die Bayern nicht entkommen zu lassen, — Vorgänge, welche die Pfarrprediger Mayr und Stauder von der Kanzel aus brandmarkten. Selbst die Ankunft und Proklamation des österreichischen Generals Bellegarde vom 12. Dezember, welch letztere die Bauern für ein Werk Lerchenfeld's ausgaben, stellte die Ruhe nicht her, ja sie wollten selbst den Lerchenfeld nach Wolfsthurn bei Sterzing zu andern dort gefangenen Beamten abführen, wovon sie aber die Charakterfestigkeit Lerchenfeld's bei ihren Drohungen abhielt. Erst die Ankunft des österreichischen Militärs am 19. Dezember stellte die Ruhe vollkommen her [2]).

---

1) Es waren:

im Jahre:	Philosophen:	Theologen:	Zusammen:
1810—11	86	120	206
1812	60	58	118
1813	55	57	112
1814	33	59	92

2) Auch eine Schrift. angeblich von einem alten Geistlichen. welche den Aufstand mitunter nicht ohne Grund dem Drucke und der Untreue der Bayern zuschreibt, circulirte in den Händen der Bauern. auf welche auch der nachher so bekannte Hagleitner Einfluss nahm. — Man findet diese Bauern-Proklamation wörtlich in den theologischen Ephemeriden vom 9.—13. Dezember 1813. deren Verfasser Feilmoser als Augenzeuge sich weitläufig über die damaligen Ereignisse verbreitet. Vgl. auch Jäger: Wiedervereinigung Tirols mit Oesterreich in den Jahren 1813--1816. Wien 1856.

Die förmliche Uebergabe Nordtirols an Oesterreich erfolgte am 26. Juni 1814, um welche Zeit eine Menge Tiroler, die in Bayern als Beamte angestellt waren, nach Tirol dekretirt wurden [1]), darunter Professor v. Mersi als Gymnasial-Professor von Innsbruck, dem aber, wie Andern, der bevollmächtigte Commissär Roschman vor einer a. h. Entschliessung den Antritt des Amtes verweigerte. Auch die Tiroler Alumnen des Landshuter Priesterhauses kamen im Juli zurück.

Das Lyceum feierte die Wiedervereinigung mit Oesterreich am 29. Juli 1814 durch eine musikalische Akademie, wobei auch eine Cantate vom Professor Mayr produzirt wurde [2]).

§ 168.

Nach dem Uebergange Tirols an Oesterreich hatten laut Erlasses des Hof-Commissärs [3]) vom 9. Juli 1814 in den Studien die königl. bayrischen Einrichtungen fortzugehen, wenn nicht ausdrücklich Anderes vorgeschrieben werde. Es wurde sohin in jenem Jahre nichts geändert, jedoch vom 15. Juli 1814 bis Ende des Schuljahres der kranke Professor Feilmoser durch Rektor Bertholdi supplirt.

Die erste Verhandlung ergab sich über Schulbücher, da die Hof-Commission unter dem 11. Juli 1814 über dieselben, dann über den vorräthigen Verlag und in der weitern Verhandlung über die Preise unter Vorlage eines Exemplars Aufschluss verlangte. Es wurde berichtet, dass unter Bayern hierüber keine Vorsorge bestand, daher wegen des hohen Preises von zu Vorlesungen tauglichen Büchern mehrere Professoren, wie Zallinger, Bertholdi, Spechtenhauser, Feilmoser zur Schonung der Studenten Vorlesebücher herausgegeben hätten; die Wagner'sche Buchhandlung als akademische dürfte zur vorläufigen Anschaffung der nöthigen Vorlesebücher (Rechberger's Kirchenrecht, Reichenberger's Moral, Karpe's Philosophie, Frind's Religionshandbuch) zu bestimmen sein, und endlich wurden mit dem Finalberichte über das Schuljahr auch Exemplare der gebrauchten Vorlesebücher sammt der Anzeige ihres Preises dem Commissariate vorgelegt [4]).

Auch das Schuljahr 1815 begann nach königl. bayrischer Einrichtung, nur hatte v. Mersi, der am Gymnasium nicht lehren wollte, die Physik, weil Zallinger

---

1) Man nannte sie Maikäfer, weil sie — wie man glaubte, mit falschem Datum — schon im Mai nach Tirol dekretirt wurden.

2) In der Stadt wurde die Wiedervereinigung mit Oesterreich am 24. Juli mit feierlichem Gottesdienst, Predigt von Mayr, die gedruckt wurde, Beleuchtung der Stadt etc. gefeiert.

3) Die Hof-Commission (Roschman) war damals die oberste politische Stelle im Lande, die unter der Central-Organisirungs-Hof-Commission in Wien stand. Unter Roschman stand das provisorische Kreis-Commissariat. Im Jahre 1815 wurde das Gubernium wieder hergestellt und Graf Bissingen Guberneur, dem im Jahre 1819 Graf Chotek, im Jahre 1827 Graf Wilczek, dann nach dreijähriger Supplirung durch Hofrath Benz im Jahre 1840 Graf Brandis bis 1848 folgte.

4) Es waren folgende: 1. Nau's Landwirthschaftslehre 1 fl. 36 kr., 2. Winter's Katechetik 1 fl. 12 kr., 3. Zallinger's Mathes (2 Theile) 1 fl. 30 kr., 4. Zallinger's Physik 1 fl. 30 kr., 5. Blumenbach's Naturgeschichte 3 fl., 6. Feilmoser's Einleitung in den neuen Bund 1 fl. 48 kr., 7. Feilmoser's hebräische Sprachlehre 24 kr., 8. Spechtenhauser's Pastoral 1. Theil 1 fl. 48 kr., 2. Theil 1. Abtheil. 45 kr., 9. Ast's Philologie 3 fl. 30 kr., 10. Mutscheller's Moral (3 Th.) 2 fl. 48 kr., 11. Bertholdi's Kirchenrecht (2 Th.) 1 fl. 12 kr. — Diesen wurden die von den Professoren für sich gebrauchten Bücher, die sich die Studenten nicht anschaffen mussten, beigefügt: 12. Krug's Logik 6 fl. 13 kr., 13. Krug's Metaphysik 5 fl., 14. Krug's Aesthetik 5 fl. 36 kr., 15. Bayer's Grundriss der Universalgeschichte 5 fl. 24 kr., 16. Herrn's Handbuch der Geschichte des europäischen Staatensystems 5 fl. 48 kr. R.-W.

um Pension angesucht hatte, nebst Pädagogik auf Erlaubniss des Hof-Commissärs übernommen, was die Central-Organisirungs-Hof-Commission mit dem Beisatze bestätigte, dass Mersi auch die Aufsicht über das physikalische Kabinet übernehme, die Pädagogik aber der Normalschuldirektor Hubel lehre [1]).

Der Rektor hatte auf Auftrag der Hof-Commission vom 20. September 1815 einen sehr ausführlichen Bericht über den Zustand des Lyceums [2]) erstattet. Auch im Finalberichte machte er auf die Hauptdifferenzen zwischen der bayrischen und österreichischen Studien-Einrichtung — dass Bayern drei, Oesterreich vier theologische Jahrgänge, Bayern zwei, Oesterreich drei philosophische Jahrgänge, Bayern einen Rektor, Oesterreich Direktoren zur Leitung der Studien habe, — aufmerksam.

Eine Verlegenheit machten die aus Bayern zurückkehrenden juridischen Schüler, welche bei der Hof-Commission um Studien-Gelegenheit ansuchten, da in Tirol ein juridisches Studium nicht bestand. Die Commission stellte die Frage über einen Privatlehrer, als welcher der ehemalige Professor Hammer bezeichnet wurde; dieser aber erklärte nur ein öffentlicher, aber durchaus kein Privatlehrer werden zu wollen, und einen andern Privatlehrer wusste das Rektorat nicht vorzuschlagen. Die Hof-Commission beschied sohin die Bittsteller unter dem 9. Jänner 1815, dass sie ihre häuslichen Studien, so gut es gelinge, fortsetzen mögen und man sich hohen Ortes verwenden werde, ihnen Gelegenheit zu den Prüfungen zu verschaffen. Die Central-Organisirungs-Hof-Commission bewilligte nebst der Erklärung, dass das juridische Privatstudium unter einem tauglichen Lehrer bei gehörigen Zeugnissen über die Vorstudien nicht verboten sei, unter dem 3. Juli 1815 auch diess, dass das im Ausland gehörte Naturrecht, europäische Staatsrecht, römische Recht, politische Wissenschaften gültig und nur aus österreichischer Staatskunde, Kirchenrecht, Criminal- Civil- und Wechsel-Recht, politische Gesetzkunde, Polizei-Uebertretungen und Verfahren in und ausser Streitsachen Prüfung zu bestehen sei. Um diese Prüfungen machen zu können, wurde in Innsbruck eine Prüfungs-Commission aufgestellt [3]).

Auch wurden um diese Zeit dem Lyceal-Rektorate einzelne Verordnungen über die Einrichtung der Studien-Angelegenheiten nach österreichischem Fusse mitgetheilt, z. B. unter dem 15. Jänner 1816 über jährliche Einsendung einer Tabelle von absolvirenden Fachstudirenden an Seine Majestät mit den Noten aus allen Fächern der Studien-Abtheilung in triplo, über Einsendung der Klassenverzeichnisse der Studenten am Ende des Semesters, wozu unter dem 19. März 1816 gedruckte Formularien mitgetheilt wurden, über Vorlage der Personalstands-Tabellen der Professoren in duplo etc. Der Finalbericht über das Schuljahr 1815—16 wurde bereits nach mitgetheilten Vorschriften eingestellt, von der Central-Organisirungs-Hof-Commission aber unter dem 19. Februar 1817 ausgestellt, dass die Klassenverzeichnisse nach Jahrgängen, nicht auch nach den Fächern eingestellt wurden, bei Ungeprüften die Ursache hievon nicht angegeben sei und die Uebersichtstabelle

---

1) Diess Fach hatte unter Bayern, wie bemerkt wurde, Mayr. Unter Oesterreich trug sich der zur Berathung über Schulgegenstände beigezogene Hubel wieder für diess Fach an. — Am Gymnasium wurde statt Mersi Schwalt aufgenommen.

2) Hauptgattungen der Lehrkanzeln. Lehrer, deren Besoldung und Emolumente, Vorlesebücher, Lehrzeit für die Fächer, wöchentliche Stundenzahl der Vorlesungen, Zahl der Schüler, literärische Apparate, Sammlungen, Fonds zur Bestreitung der Ausgaben, Leitung der Studien, Ferien, Beschaffenheit des Gebäudes etc.

3) Sie bestand aus den Appellations-Räthen Dipauli (der aber bald nach aufgestellter Commission im Jänner 1816 nach Wien als Hofrath abging) und Reinisch, dann den ehemaligen Professoren Weinhart und Hammer.

mangle. — Unter dem 16. Februar wurde bemerkt, kein Professor dürfe zwei Fächer lehren, was bei Albertini, Mayr und Mersi der Fall sei, und Chemie und Mineralogie sei kein vorgeschriebenes Fach des zweiten philosophischen Jahrganges. Im Mai 1816 wurde das Normale über Konkursprüfungen zu Lehrämtern, im September 1816 die a. h. Verordnung vom 8. November 1784 über die im Fortgange zu ertheilenden Noten mit der Bemerkung übermacht, dass die Noten über Fleiss und Fortgang in den Verzeichnissen mit Buchstaben eigenhändig vom Professor ausgedrückt werden müssen etc.

§ 169.

Bald nach der Wiedervereinigung Tirol's mit Oesterreich wurde es — man möchte sagen — eine brennende Frage, in welchem Umfange die hohe Schule in Innsbruck wieder hergestellt werden sollte, und vielfach ein dringliches Bemühen, wieder eine Universität zu erhalten [1]).

Unter dem 31. Juli 1814 gab das Lyceal-Rektorat bei dem Umstande, dass sich die tirolischen Stifte, deren Vermögens-Ueberschuss unter Bayern für die hohe Schule in Innsbruck verwendet wurde, um ihre Wiederherstellung, sohin Zurückstellung des für die hohe Schule bestimmten Stiftsvermögens bewarben, eine Vorstellung um Wiederherstellung der Universität an die Hof-Commission, deren Sekretär Adam Miller, wie man sagte, derselben in der Hoffnung, eine Professursstelle bei ihr zu erhalten, günstig war. Das Rektorat führte in der Eingabe an, dass die Stiftung der Universität auf den Salinenfond in Hall, der Beitrag des h. Aerars von 8380 fl. 58 kr. im Jahre 1792, und die Vermögensüberschüsse der Stifte Wilten, Neustift, Stams, Welschmichel und Sonnenburg eine jährliche Rente von 60,486 fl. [2]) abwerfen, sohin die Erfordernisse der Universität nach einem Entwurfe vom 8. August 1805 à 30,000 fl. ohne Belästigung des h. Aerars decke.

Dagegen gab der Abt von Wilten, Marcus Egle, welcher mit einer von Roschman gewählten Deputation nach Wien reiste, am 20. Aug. 1814 ein Gesuch vom 14. Aug. 1814 in die Hände des Kaisers, in welchem er in seinem und der übrigen Tiroler Stifte Namen um Wiederherstellung der Stifte bat und sein Gesuch im Wesentlichen damit motivirte, dass bei dem bösen Geiste der bayrischen Regierung, welche schlechte Priester in das Land zog, verderbliche Grundsätze verbreitet etc., — die bischöfliche Gewalt gelähmt und sehr viel geschadet wurde, die Herstellung eines bessern Zustandes aber von Seiner Majestät erwartet werde. Dazu gehöre auch die Wiederherstellung der Stifte, für welche in Tirol so viele Gründe wie in Oesterreich sprechen, wo sie bestehen, und die auch früher an Universitäten, Gymnasien, Seel-

---

1) Selbst der Kreis-Accessist Joseph Dipauli legte unter dem 14. Juli 1814 der Hof-Commission einen Plan zur Herstellung der Universität — wahrscheinlich nicht ohne Einfluss seines Vaters, des Appellations-Rathes — vor, der bei den Statthalterei-Akten liegt. Darin werden unter Anderm als Professoren bezeichnet: Salvotti für das römische Recht, Johann v. Ebner für Civilrecht, er — Dipauli selbst — für politische Wissenschaften, David Moritz für Philosophie. — Alle Männer, die zu gleicher Zeit in Landshut an der Universität waren: — die Errichtung der Universität wird insbesondere auch wegen Erhaltung des National-Charakters, Einheit zwischen Deutsch- und Welschtirol motivirt, auch auf mehrere Professoren für ein Fach, Berufung auswärtiger Professoren zu inländischen, nicht beständige Vorlesebücher, auf eine Kunstschule mit Kunstsammlungen, ja auf eine eigene Jurisdiction zur Erhöhung des Selbstgefühls der Studenten, Verbindung des äussern Anstandes mit Wissenschaft etc. hingedeutet.

2) Seinen Irrthum in der Berechnung — aus Angaben der Fonds-Administration bei welchen andere Fonds, der theresianischen Ritter-Akademie, Schulen etc., beigezogen waren, berichtigte das Rektorat später selbst.

sorgen und zum Nachwuchs der Geistlichen durch Convicte wirkten, deren (der Stifte) Aufhebung, da ihr Bestehen durch die im Pressburger Frieden garantirte tirolisch-ständische Verfassung gesichert wurde, ungerecht und überhaupt ihr eingezogenes Vermögen ein geraubtes Gut sei, welches Seine Majestät wohl nicht behalten wolle; die Stifte wären zur Stellung von Individuen an der Universität und an Gymnasien mit der Zeit bereit, was nützlicher sei, als die Einziehung und Abnützung ihrer Güter mit wenigem Vortheil, indem Rechtschaffene sie nicht kauften, die Herstellung der Stifte koste dem h. Aerar nichts, sie versehen für 40,000 Menschen die Seelsorge, für welche dermalen Priester-Mangel sei; die Wiederherstellung zu bewilligen, sei höchste Zeit, da die Güter abgestreift, Pachtzinse nicht entrichtet und so viele Reparationen nothwendig seien etc.

Da das Rektorat von dieser Eingabe und Ansicht Kenntniss erhielt, so gab dasselbe unter dem 2. Mai 1815 eine neuerliche Vorstellung an das Gubernium, welche vorzüglich gegen die obige Bitte der Stifte gerichtet war, die den günstigen Erfolg ihres Gesuches schon mit der Ankunft des neuen Gouverneurs Gr. Bissingen, jedoch vergeblich erwartet hatten. Nachdem der Rektor einige Angaben der früheru Einlage vom 31. Juli v. J. berichtiget hatte, bemerkte er weiter, dass die Nützlichkeit der Universitäts-Herstellung keinem Zweifel unterliege und es sich nur um den Fond hierzu handle, der nicht vom erschöpften Aerar oder dem armen Tirol, wohl aber nach der bayrischen Einrichtung von den Stiften genommen werden könnt- [1]. Gegen diese Verwendung des Vermögens der Stifte werde zwar eingewendet, dass:

a. die Stifte nicht aufgehoben, sondern nur unter Administration gesetzt worden seien [2]; diess widerspreche aber ausdrücklich den königl. bayrischen Verordnungen, wie diess der Verkauf von Kloster-Mobilien, ja Pontificalien und Grundstücken, Höfen, Mühlen etc., die Wegnahme der Bibliotheken, Anweisung bestimmter Pensionen, ja des Holzbedarfes für jedes im Kloster lebende Individuum, die Aussetzung der brauchbaren Individuen in die Seelsorgs-Pfründen der Weltpriester und die Anweisung der übrigen Renten für die Universität beweise. Von der Erbsfähigkeit seien die Exreligiosen der in Bayern doch gewiss aufgehobenen Klöster auch ausgeschlossen [3];

1) Den Stand des Fondes vom 1. Juli 1814 gibt der Rektor in einer Beilage — seine frühere Angabe berichtigend — so an:

1. Exjesuitenfond	. .	849 fl.	2	kr.
2. Stift Wilten	. . .	16.392 fl.	40²/₄	kr.
3. „ Stams	. . .	25.244 fl.	18³/₄	kr.
4. „ Neustift	. .	24.560 fl.	55²/₄	kr.
5. „ Sonnenburg	.	15.631 fl.	36³/₄	kr.
	Zusammen	82.678 fl.	33²/₄	kr.

Da die Ausgaben auf Exposituren, Pensionen,
Besoldungen des Lyceums etc. . . . . . 65.229 fl. 47²/₄ kr.
betragen, so könne der Mehraufwand der Universität mit dem Ueberschuss von . . . 17.448 fl. 46 kr.
gedeckt werden, da bei einem Gehalte von 800 fl. für einen theologischen, 1000 bis 1200 fl. für einen juridischen, 900 fl. für einen medizinischen und 700 bis 900 fl. für einen philosophischen Professor nur 14.450 fl. mehr als bisher erforderlich wären.

2) Ein Erlass des bayrischen Kreis-Commissariats vom 23. Mai 1814 sagt: „In Gemässheit der a. h. Entschliessung vom 1. November v. J. soll die Verlassenschaft der Conventualen der unter Administration gesetzten Klöster im Innkreise nicht wie die der Conventualen der aufgehobenen Klöster behandelt, sondern von den einschlägigen Fonds in Anspruch genommen werden."

3) Die Behauptung, „die Klöster in Tirol seien von der Regierung nicht bloss unter Administration gesetzt, sondern förmlich aufgehoben worden." widerspricht zwar

b. dass diese Aufhebung unrechtmässig wäre; allein diess widerspreche den in Oesterreich selbst geltenden Grundsätzen und Beispielen; die Conventualen hätten wohl das Recht zum standesmässigen Unterhalt; Prälaten könnten aber zu Dignitäten bei Domkapiteln befördert werden, Conventualen selbst wollen nicht mehr in das Stift zurück; die Wiederherstellung der Universität sei wichtiger als jene der Stifte; letztere fordern nach der a. h. Verordnung vom 25. März 1802 besondere Gründe, nämlich normalmässige Zahl der Individuen in den noch bestehenden Klöstern und nach den allgemeinen Grundsätzen Dienstleistung in Seelsorge, Krankenpflege und Unterricht; nun sei aber jene Normalzahl nicht vorhanden, die Seelsorge werde von Weltpriestern — ohne Opposition gegen die Bischöfe, ohne so häufigen Personenwechsel durch die Prälaten, ohne Entzug des Nachwuchses der Geistlichen bloss für Klöster und Klosterämter besser als von Kloster-Conventualen geübt; für Unterricht thun die Stifte mit Ausnahme Marienberg's, das allerdings besondere Rücksicht verdiene, nichts; auch weil sie von Unterrichtsanstalten entfernt wären; alle Stifte hätten nicht für Ein Gymnasium taugliche Leute; mit Krankenpflege gebe sich endlich kein Stift ab;

c. dass die Prälaten Landstände seien; — allein statt ihrer könnten nach einer a. h. Anordnung vom 3. Februar 1787 Glieder der Domkapitel, sowie nach der Verordnung Kaiser Leopold's Glieder der wiederherzustellenden Universität gewählt werden. — Uebrigens sei unrichtig, dass das Volk die Wiederherstellung der Stifte wünsche, den Gemeinden seien Weltpriester lieber, als excurrirende Seelsorger, jene seien mehr geachtet, die Stifte gerade wegen genauer Forderung der Abgaben nicht beliebt etc. — Da diese Schrift, wie das Rektorat erfuhr, „wegen Vorliebe gewisser Leute für Klöster" lange Zeit nicht nach Wien vorgelegt wurde, bat es unter dem 7. August 1815 nochmals um diese Vorlage an den Kaiser. — Dieser äusserte bei der Audienz der Professoren am 25. Oktober 1815, dass die Wiederherstellung der Universität bei der Armuth der Klöster auf Schwierigkeiten stosse; der Guberneur aber gab noch bei der Aufwartung am 1. Jänner 1816 dafür gute Hoffnung. Allein unter dem 12. Jänner 1816 erging die a. h. Entschliessung über die Wiederherstellung der Stifte Stams, Wilten, Neustift und Marienberg mit Dem, dass sie die stiftischen Pfarreien wieder und die zu organisirenden Gymnasien und philosophischen Lehranstalten des Landes nach und nach mit Lehrern aus ihrer Mitte besetzen und, bis sie diess vermögen, die aufgestellten Lehrer aus ihren Mitteln besolden [1]).

---

dem Buchstaben der diessfälligen a. h. Entschliessung vom 9. Juli 1807, in welcher ausdrücklich nur „die Administration aller Klöster zu Gunsten des Kultus, Unterrichts und der Erziehung angeordnet wird, da sie nicht immer gut administrirt werden, und zu obigen Zwecken vorzüglich berufen sind". Aber das zugleich angeordnete Verfahren mit den Klöstern, wie es das Rektorat heraushebt, und wie es in der a. h. Entschliessung und noch mehr in der Instruktion für die Administratoren enthalten ist, geht allerdings auf Aufhebung oder allmäliges Aussterbenlassen der Klöster, da die Aufnahme von Candidaten untersagt, Chorgebet abgestellt ist und im Falle nur mehr alte Priester nach dem Tode der jüngern in einem Kloster sein sollten, dieselben in andere Klöster unter Assignation der Jedem angemessenen Sustentations-Quote zugewiesen sind; und die Vermögenstheile „des dadurch sich selbst auflösenden Klosters" für Kultus, Unterricht und Erziehung gewidmet, in den Stiftungsfond zur zweckmässigen Verwendung incamerirt werden sollen. Zur commissionellen Behandlung der „Säcularisation" wurden auch die erbetenen Instruktionen über Aufhebung der ständigen Klöster in Bayern zur analogen Anwendung mitgetheilt. — So nach den Akten in der Statthalterei-Registratur. — Ob das Verfahren den Vorschriften des Kirchenrechts entsprach, ist ohnehin eine andere Frage.

1) Durch commissionelle Verhandlungen wurde dann bestimmt, dass die Stifte

§ 170.

War durch die Wiederherstellung der Stifte der Rektorats-Antrag auf die Universitäts-Dotation in der Wesenheit vereitelt, so war doch über die Beschaffenheit der hohen Schule in Innsbruck noch immer nichts entschieden. Der im Jahre 1815 Tirol durchreisende neue Hofrath Jüstel, welcher sich über Schul- Studien- und geistliche Angelegenheiten genaue Kenntnisse verschaffen wollte, hatte über die Innsbrucker Lyceal-Anstalt vom Rektor schriftliche Aufklärung über: Schulen, Akademien, Pädagogien, Bibliothek, und zwar: Geschichte, Dotirung, Ausgaben, Einkünfte dieser Anstalten, — über Professoren, Fächer, Vorlesebücher, Lehrart, Aufsätze, Prüfungen, Zeugnisse, — dann Disziplinar-Vorschriften, Gottesdienste, Schülerzahl, Stand, Alter und Anstellung der Professoren, Gehalt, Bezüge, Schulgeld, Stipendien, Gebäude, Kostenbestreitung, Attribute, Privilegien etc. abgefordert, bei einer mündlichen Besprechung aber über die Herstellung der Universität sich nicht näher ausgesprochen [1]. Der Kaiser selbst aber, der im Jahre 1815 auch die Lokalien des Lyceums, der Bibliothek etc. besah, hatte, wie bereits angeführt wurde, schon damals Bedenken über ihre Herstellung bei der Armuth der Stifte geäussert. Er kam am 27. Mai 1816 wieder wegen der Landeshuldigung nach Innsbruck und brach auch bei der damaligen Audienz der Lyceal-Professoren die Frage über die Wiederherstellung der Universität ohne entscheidende Aeusserung

---

Wilten. Stams und Neustift jährlich vor der Hand 9230 fl. dem Studienfonde bezahlen. Durch wiederholte Vorstellungen erwirkten aber die Stifte die a. h. Entschliessung vom 20. April 1835, dass die Stifte Tirols in Bezug auf Leistungen nicht strenger zu behandeln seien, als in andern Provinzen Oesterreichs, worauf in Folge weiterer Verhandlungen die Stifte Stams und Wilten dem Religionsfond einen jährlichen Betrag von circa 6000 fl. abführen, das Stift Neustift aber die Versehung des Brixener Gymnasiums übernahm. — Das durch ein etwas späteres Dekret hergestellte Stift Fiecht sollte das Haller Gymnasium übernehmen, was auch zum Theil geschah; später wurde es aber von dieser Verbindlichkeit frei. — Auch die Beibehaltung der bestehenden oder Wiederherstellung der aufgehobenen Kapuziner-Klöster wurde unter dem 23. Jänner 1815 und bald darauf auch jene der Franziskaner-Klöster a. h. unter Anderm mit Dem bewilligt, dass sie die Candidaten nach gut absolvirtem Gymnasium mit Gubernial-Bewilligung aufnehmen können, jedoch zu Gelübden nur nach vollendetem öffentlichem Studium der Philosophie zulassen dürfen. Ein eigenes philosophisches Studium wurde damals nicht, wohl aber ein theologisches mit vier Jahrgängen und wenn es nach dem öffentlichen Studium eingerichtet ist, bewilligt.

Uebrigens erwiederte die Central-Organisirungs-Hof-Commission unter dem 11. November 1816 auf eine Einlage des Fiechter Stifs-Conventualen Martin Goller, in welcher er gegen die Rückkehr in sein Stift nebst den oben angegebenen Gründen für die unter Bayern erfolgte Aufhebung der Stifte auch noch andere anführte, z. B. dass ohne Aufhebung der Klöster von ihrer Herstellung keine Rede sein könne, dass über Stifts-Individuen politisch nach Belieben verfügt worden sei, dass statt eines Obern der Administrator im Stifte Alles verfügte, dass Anlehen der Stifte reduzirt wurden, dass bis zum Jahre 1814 die Verlassenschaften der Stifts-Conventualen den Verwandten zufielen, die Stiftspriester als Exconventualen betrachtet wurden und im Jahre 1809 von Oesterreich selbst den Bayern die Aufhebung der Klöster zum Vorwurfe gemacht wurde, sohin der Ausdruck „Administration" sich nur auf die Vermögensverwaltung für bestimmte Fonde beziehe u. s. w. — lediglich nur, dass, „nachdem die Stifte Wilten etc. unter der bayrischen Regierung nicht aufgehoben wurden, alle Professen als wirkliche Glieder der Stifte angesehen werden müssen und keines sich als bereits säkularisirt betrachten dürfe, die ausser den Stiften verwendeten Professen sohin nach kirchlichen und politischen Gesetzen von den Ordens-Obern abhängig seien".

[1] Wohl aber machte er Erinnerung wegen Einigkeit mit den Ordinariaten, führte auch die Klage eines Franziskaner-Lektors über Dannenmayr's Instit. hist. eccles. als Vorlesebuch an, da dort die evangelische Armuth als vom hl. Franziskus übel verstanden dargestellt werde etc.

ab [1]). Das Gubernium hatte unter dem 30. März d. J. nach einem innerhalb acht Tagen zu erstattenden Bericht über den Stand der Universität im Jahre 1805 abgefordert, der auch unter dem 5. April weitläufig vom Rektor erstattet wurde. — Wiederholte Hofberichte des Gouverneurs und Guberniums empfahlen die Wiederherstellung der Universität, deren Verlust lediglich der Anhänglichkeit Tirol's an Oesterreich zuzuschreiben sei, angelegentlichst; allein unter dem 5. August 1816 erfolgte nur die a. h. Bewilligung, auch die juridischen und medizinischen Studienfächer des ersten Jahrganges nach Lyceal-Art öffentlich zu lehren, wozu bald darauf die österreichischen Studienplane des medizinischen Studiums vom Jahre 1804 und 1810 mitgetheilt wurden. — Mit der unter dem 28. Oktober 1816 erfolgten Ernennung des Professors Schuler für das im zweiten juridischen Jahrgange zu lehrende Kirchenrecht nach Rechberg's dritter Auflage wurde auch angeordnet, dass die Theologen bei diesem Professor diess Fach zu hören haben, und dass der erste philosophische und theologische Jahrgang nach der Verfassung der österreichischen

---

1) Das Wesentliche dieser Audienz mag zur Charakteristik des Kaisers und zur Aufklärung einiger damaligen Verhältnisse aus den theologischen Ephemeriden hier stehen: Nach der gewöhnlichen Begrüssung war die Wiederherstellung der Universität besprochen; Rektor Bertholdi äusserte: Eure Majestät dürfen nur Ja sagen. Kaiser: Ja sag' ich, so bald ich Geld sehe; — dann nach einigen andern Worten hierüber: Ueber die theologische Facultät beklagen sich die Bischöfe, dass man die heilige Schrift zu einer Fabel mache. Feilmoser hervortretend: Eure Majestät! Kaiser, lächelnd, schnell: Ah lupus in fabula (Lachen). Feilmoser: Ich habe zwar ein Lehrbuch unter der königlich bayrischen Regierung herausgegeben, aber es ist von der Hofstelle genehmigt und provisorisch damit fortzufahren erlaubt worden. — Kaiser: Ich habe schon in Wien auch einen solchen Professor, der nicht schweigen kann, ich hab' ihm auch einen Wischer gegeben, weil er sagt, das Buch Job — nicht wahr? — ist ein Gedicht. Feilmoser: Ja, Eure Majestät, diess Vorlesebuch hab' ich auch gehabt, es ist allgemein vorgeschrieben. Kaiser: Thut nichts, lassen Sie die Sache weg, es macht nur Scandal, es führt zu nichts, macht weder kalt noch warm. Feilmoser: Ich habe die neueste Auflage vom Jahre 1814, welche mit Censur gedruckt ist. Kaiser: Macht nichts, lassen Sie's weg, ich sag's Ihnen als guter Freund. Ich weiss schon, es ist keine Glaubens-Sache — denken — denken können Sie, aber schweigen. Feilmoser: Ich habe es nicht als meine Erfindung vorgetragen. Kaiser: Ich weiss schon, dass es nicht Ihre Erfindung ist. — Der Rektor bemerkte, dass bei einer neuen Auflage des Buches solche Sachen wegzulassen wären, und leitete das Gespräch auf das Kirchenrecht und Klagen über ihn. Ich vertheidige die Rechte Eurer Majestät. Kaiser: Ich weiss schon; da bin ich Mann, von meinen Rechten lass' ich mir nichts nehmen; ich hoffe mit den Bischöfen auszukommen; ich will' aber auch keinen Geistlichen kompromittiren, darum hab' ich überall, wo eine Universität oder ein Lyceum ist, einen weltlichen Professor für das Jus canonicum. Diesen können sie nicht so herumbeissen. Wenn einmal die Universität hergestellt ist, werden Sie schon auch wieder von diesem Fache enthoben werden. — Das Gespräch kam auf geistliche Angelegenheiten. Kaiser: Ich da! bei neun Bischöfen! Das mag ich nicht haben, ich werde sie etwa auf drei reduziren. Allein drei Seminarien sind mir zu theuer; ich werde Eines für Alle errichten. — Endlich kam die Rede auf die Philosophie. Kaiser: Logik, Metaphysik ist sehr wichtig, werden aber in Bayern schlecht gegeben, ich würde keinen solchen Professor dulden. Es haben mir schon auch Einige solche Lehrer vorbringen wollen; aber da verfahr' ich ohne Schonung. — Der Rektor bemerkte, dass solche mystische Lehren hier nie vorkommen, die die Jugend verderben. Kaiser: Es ist abscheulich, es ist abscheulich! — Der Kaiser fragte, ob von den Professoren Einige in Bayern angestellt waren; v. Mersi erklärte sich für den Einzigen, der mit diesem Exil bestraft worden sei. Kaiser: Nun, wenn einmal das Seminar hergestellt sein wird, wird die theologische Facultät — zu arbeiten haben, — organisirt werden," vel simile quid. Die auswärtigen Bischöfe verloren, wie der Kaiser sagte, bei der neuen Diözesan-Eintheilung im Jahre 1819 ihre Jurisdiction in Tirol, und es blieben nur Trient, Brixen und Salzburg als Ordinariate für diese Provinz; Bertholdi wurde auch bald von der Kanzel des Kirchenrechtes enthoben; aber das Generalseminar realisirte sich nicht.

Lyceen einzurichten sei; auch wurde der Vorschlag über Einrichtung aller 4 Studien-Abtheilungen abverlangt.

Das Schuljahr 1816—17 hatte also wieder alle 4 Studien-Abtheilungen nach österreichischem Fusse, jedoch nicht mit allen Jahrgängen, die erst nach und nach vollständig nach den österreichischen Vorschriften eingeführt wurden.

Dem Antrag zum Vorschlag, alle Studien-Abtheilungen nach österreichischem Fusse einzurichten, entsprach der Rektor nach den mitgetheilten Vorlese-Ordnungen von Graz und Olmütz unter dem 20. November 1816 wieder mit der Bitte, der Anstalt den Namen Universität zu geben, da italienische Studenten ohne Aussicht auf akademische Promotionen der Universitäten wegbleiben würden. Auch das Gubernium sprach sich wie früher immer, so noch unter dem 1. Juli 1817 kräftigst für Herstellung einer Universität aus, allein es blieb vor der Hand bei einem ausgedehnten Lyceum mit vollständigen theologischen und philosophischen Studien, dann mit einem juridisch-politischen und einem medizinisch-chirurgischen Studium, zu dessen vollständiger Einrichtung mit dem Schuljahre 1817—18 entweder vorhandene Professoren auch der frühern Zeit oder Supplenten verwendet und berufen und die vorschriftmässigen Konkurse zur definitiven Besetzung der vakanten Posten ausgeschrieben wurden.

Hiebei wurde unter dem 6. November 1819 auf einen neuerlichen Antrag des Guberniums unter Nachweisung der Mittel für eine Universität eine solche nicht abgeschlagen, sondern nur bemerkt, dass die Professoren mit den Lycealgehalten wohl schwerlich zufrieden sein würden, beantragte Supplirungen mancher Lehrfächer bloss gegen eine Remuneration von 100 fl. nicht thunlich seien, endlich die bezeichneten Bedeckungsmittel der Kosten nicht gehörig nachgewiesen erscheinen.

Uebrigens stieg die Zahl der Studirenden im Schuljahre 1816—17 schon wieder auf 184, indem die zwei philosophischen Jahrgänge 71, die drei theologischen 41, die zwei juridischen 46 (darunter im zweiten Jahrgange 8 Theologen wegen des Kirchenrechtes), endlich der medizinisch-chirurgische Jahrgang 16 Zuhörer zählte.

§ 171.

Die Innsbrucker hohe Schule war also, vom Jahre 1817—18 angefangen, ein ausgedehntes Lyceum, d. i. ein Mittelding zwischen Universität und zwischen Lyceum. — Es gab nämlich damals in Oesterreich drei Abstufungen höherer öffentlicher Lehranstalten, — Universitäten, ausgedehnte und einfache Lyceen. An Universitäten und ausgedehnten Lyceen wurden alle vier Studien-Abtheilungen gelehrt, jedoch mit dem Unterschiede, dass an Universitäten das medizinische Studium auch vollständig, an Lyceen aber nur ein medizinisch-chirurgisches Studium zur Bildung von Landärzten gelehrt und nur an Universitäten die höchsten akademischen Würden ertheilt werden konnten. An einfachen Lyceen wurde aber nur Philosophie und Theologie gelehrt. Die Einrichtung des ausgedehnten Lyceums in Innsbruck wie an allen solchen Anstalten der österreichischen Monarchie war im Wesentlichen folgende.

An der Spitze des Lyceums stand wieder der Rektor, der jährlich wechselte, und nach dem Turnus aus einer der 4 Studien-Abtheilungen gewählt und vom Gubernium bestätiget wurde. Dieser hatte nach einem Hoferlasse vom 29. Okt. 1819 nun wieder mit der Baudirektion die Aufsicht über die Lokalien; ferner hatte er für ökonomische Bedürfnisse der Anstalt — Holz, Kanzlei, Einrichtung der Hörsäle etc. — durch Berichte an das Gubernium zu sorgen, Proclame, die alle Akademiker und allgemeine Angelegenheiten, z. B. Feierlichkeiten, betrafen, zu erlassen, die jährlich gedruckte Studien-Ordnung am Anfange des Jahres dem Gubernium und theils unmittelbar, theils durch das Gubernium nach Hof und an andere Lehranstalten mitzutheilen, die verschiedenen Ausgaben dem Gubernium zu verrechnen etc. — Nachdem unter dem 7. April 1818 die Wahl eines Rektors von der Central-Organisirungs-Hof-Commission bewilliget worden war, wurde für das Jahr 1818—19 der juridische Professor Schuler, für das folgende Jahr der philosophische Professor Mayr etc. zum Rektor gewählt.

Für die Studien sorgten die a. h. aufgestellten bleibenden Direktoren, welche wieder die Seele der vier Studien-Abtheilungen waren. Für sie wurde unter dem 28. Juni 1809 eine weitläufige Instruktion allerhöchst erlassen und später auch nach Innsbruck mitgetheilt, die sich über die vereinte Aufsicht der 4 Direktoren über die Studien-Anstalt, vorzüglich aber über die Aufsicht eines jeden Direktors über das bezügliche Studium, dessen Professoren und Schüler, dann über die Facultät und ihr Verhältniss zum akademischen Senate, der aus allen ordentlichen Professoren bestand und zur Landesstelle verbreitete. Die Direktoren konnten sich z. B. in Versammlungen untereinander über Studien-Angelegenheiten berathen, hatten aber vorzüglich die bestehenden Vorschriften zu überwachen, die öfter übertretenen zu republiziren, allenfallige Vorschläge über Verbesserungen der Fachstudien, zu ausserordentlichen Vorlesungen mit detaillirter Vorlage des Planes etc. dem Gubernium zu überreichen, diesem, wenn es nöthig war, taugliche Supplenten der Lehrfächer namhaft zu machen, die Prüfungen der Lehramts-Candidaten zu leiten und die Besetzungs-Vorschläge zu erstatten, Lehrbücher, Thesen, akademische Reden (die also nicht mehr vorläufig an die Landesstelle gingen), andere zugewiesene Bücher (diese mittelst ihres Lehrpersonals) zu censuriren, den Vortrag der Professoren, der genau nach den vorgeschriebenen Vorlesebüchern sein musste, zu überwachen, daher öfter unvermuthet die Vorlesungen zu besuchen, Streitigkeiten klug zu schlichten, Gebrechen etc. abzuhelfen, am Ende des Jahres die von den Professoren gehörig ausgefüllten Kataloge mit ihrer Unterschrift, nebst den Uebersichts-Tabellen, und am Anfang des Jahres auch die Personalstands-Tabellen dem Gubernium zu übergeben, die Tage der Prüfungen der Studirenden zu bestimmen, dabei beizusitzen oder im Verhinderungsfalle den ältesten Professor als Beisitzer zu bestimmen und wohl selbst auch Fragen zu stellen, — die unentgeltlich zu verabfolgenden Studienzeugnisse zu unterschreiben, Nach- und Wiederholungs-Prüfungen bei genügenden Gründen zu erlauben, die Vorschläge für Stipendien zu erstatten; sie konnten und mussten bisweilen Facultäts-Versammlungen in parte oder tote, z. B. zu Dekanats-Wahlen, die der Direktor bestätigte, halten; sie erschienen beim akademischen Senate, bei dem sie ihren Rang unmittelbar nach dem Rektor hatten, und korrespondirten unmittelbar mit dem Gubernium, dessen Chef sie jährlich die Tabellen der ihre Studien-Abtheilung absolvirenden Schüler mit allen Fortgangs-Noten übergaben. Ihr jährlicher Finalbericht hatte sich über das Personale der Lehrer, Zahl der Schüler, Zustand der Lehranstalt, verdienstliche Handlungen an derselben, Druckschriften, Remunerationen und Auszeichnungen der Professoren, auf die während des Jahres erlassenen Normalverordnungen und auf allenfallige Verbesserungs-Vorschläge zu verbreiten etc. — Ihr Amt war übrigens nur ein Ehren-Amt.

Die Professoren waren nach dem Konkurs-Normale vom Jahre 1784 anzustellen; über die Konkursprüfung bestanden die detaillirtesten Vorschriften, z. B. über öffentliche Ausschreibung derselben in der Wiener- und Landeszeitung, über die Fragen, die versiegelt von der Hofstelle kamen und auf Beantwortung in 12 Stunden ohne Hülfsmittel berechnet, vom Direktor vor zwei Professoren und den Konkurrenten zu eröffnen, unter beständiger Aufsicht von Professoren zu beantworten waren, über die Beantwortungs-Elaborate, die mit Bezeichnung der Uebergabszeit von einem Professor zu übernehmen und zu paraphiren, dann entweder von jedem Profssor oder von bestimmt bezeichneten Professoren der Studien-Abtheilung einzeln mit dem motivirten Gutachten und Terno-Vorschlag dem Direktor zu übergeben waren, über die mündliche Vorlesung, über die jeder Professor der Studien-Abtheilung schriftlich das Gutachten über Sprachorgan, mündlichen Vortrag, Geschicklichkeit, den Gegenstand gründlich und ordentlich zu entwickeln, abgeben musste; — über den Vorschlag des Direktors an das Gubernium, den er mit allen Akten dem Konkurs-Protokolle und der Competenten-Tabelle (über Stand, Anstellung, Ort und Tag der Geburt, bisherige Anstellungen, Sprachkenntnisse, moralisches Betragen, frühere Konkurs-Prüfungen, Resultat der dermaligen Prüfung, mündlichen Vortrag, Anmerkungen) mit seiner motivirten Terna nicht bloss nach der Prüfung, sondern nach allen andern Rücksichten dem Gubernium zu übergeben und dabei alle Competenten dem Landes-Chef zur Vorlage der Notizen über politische Gesinnung anzuzeigen hatte. — Der a. h. ernannte Professor wurde bei dem Gubernium beeidet, hatte den Revers über geheime Gesellschaften abzugeben, bezahlte die 25 Prozent Carenz und 10 Prozent Charakter-Taxe, und wurde dann andern Beamten gleichgehalten. — Ein allenfalliger Lehramts-Supplent erhielt 60 Prozent des systemisirten Gehaltes des definitiven Professors der untersten Gehalts-Stufe, und wenn er schon einen Gehalt hatte, 50 Prozent. Privat-Lektionen waren den Professoren verboten etc. — Berühmte Männer ohne Konkurs-Prüfung wurden in Innsbruck in dieser Zeit nicht angestellt, wohl aber bei der ersten Organisirung schon früher gewesene Professoren; auch wurden bisweilen Lehrer von andern Lehranstalten auf ihr Ansuchen nach Innsbruck versetzt.

Für die Aufnahme von Schülern in ein Fachstudium war ausnahmslos das Zeugniss über gut absolvirtes Vorfach und zur Aufnahme in einen höhern Jahrgang des Studienfaches das Zeugniss über das gut absolvirte Vorjahr von einer öffentlichen Lehranstalt nothwendig; übrigens war das Studium unentgeltlich ohne Collegiengeld.

Die Kosten des Lyceums bestritt der Studienfond durch das Cameralzahlamt. Der Salzaccis, welcher nach einem Berichte der Haller-Saline-Direktion vom 18. November 1817 vom Jahre 1786 bis 1804 durchschnittlich 7042 fl. 26 kr. abwarf, wurde nach Hofkammerdekret vom 13. Juli 1818 von der Staatskasse mit jährlich 7000 fl. übernommen, ein allenfalliger Abgang aber dem Studienfonde vom h. Aerar nach Ausweis des jährlich vom Gubernium einzustellenden Präliminare vorgeschossen.

Die Lokalien blieben in der Hauptsache wie früher, da die nöthigen Räume dem Lyceum wieder zurückgestellt wurden.

Diess mag über das Lyceum und dessen Einrichtung, über Fond, Lokale, Professoren etc. im Allgemeinen genügen; es folgen nur noch die Angaben über die einzelnen Facultäten, vielmehr Studien-Abtheilungen, und über einige besondere Verhältnisse des Innsbrucker Lyceums.

§ 172.

Am wichtigsten sind die Schicksale der theologischen Facultät, die im Jahre 1823 ganz aufgehoben wurde, obschon sie vorher grossentheils organisirt worden war.

Der Lehrplan dieser Facultät, insoweit es sich um denselben unter der öster-

20 *

reichischen Regierung handelt, blieb immerfort jener vom Jahr 1790 (§§ 131, 143). Nur die Vorlesebücher wurden von Zeit zu Zeit, jedoch nicht sehr, geändert [1]).

Das Direktorat versah beständig der frühere Lyceal-Rektor Bertholdi, obschon er als Professor nie mehr definitiv angestellt wurde.

Von den frühern Professoren der Theologie wurde der einzige Craffonara unter dem 28. Jänner 1820 definitiv angestellt, jedoch lehrten auch die andern drei und zwar Bertholdi bis zur Aufhebung der Theologie in Innsbruck, Feilmoser und Spechtenhauser bis zum Jahre 1820, wo Ersterer entfernt wurde und Letzterer starb. Bei der Einrichtung des Studiums nach österreichischem Fusse im Jahre 1817 wurden aber auch zwei Supplenten für den alten Bund und die Pastoral aufgestellt. Auf Konkurs-Prüfung wurde unter dem 1. November 1821 Ambros Stapf für Moral, unter dem 11. Jänner 1822 Georg Habtmann für Pastoral, unter dem 3. Juni 1822 Kohlgruber für den neuen Bund als definitive Professoren allerhöchst ernannt, Letzterer stand jedoch in das Lehrfach nicht mehr ein, da bald darauf die Aufhebung des ganzen theologischen Studiums in Innsbruck bekannt wurde. Katechetik und Methodik gab Scherer, Katechet an der Normalhauptschule; Pädagogik der Normalschuldirektor Hubel.

Da das theologische Studium im Jahre 1816 aus drei in vier Jahre getheilt wurde, so mangelte bis zum Jahre 1819 immer ein Jahrgang. Die Schülerzahl war unter Oesterreich Anfangs sehr klein, im Jahre 1816 nur 41, doch vermehrte sie sich allmälig.

Nach einem Hofdekret vom 17. März 1817 versteht es sich von selbst, dass zur Priesterweihe aus Kirchenrecht, Moral, Pastoral, Katechetik und Pädagogik erste Fortgangs-Klasse erforderlich ist.

Der Gehalt der von Bayern übernommenen Professoren blieb unverändert; auch den aufgestellten Supplenten wurde er (aus Versehen) im gleichen Betrage angewiesen; der in Oesterreich systemisirte Gehalt war 600, 700 und 800 fl. C.-M. für je zwei Professoren nach den Dienstjahren.

§ 173.

Wie man schon aus den oben angeführten Aeusserungen des Hofraths Jüstel und Seiner Majestät selbst abnehmen kann, war das Verhältniss der theologischen Facultät zu den Ordinariaten und wohl auch zu den geistlichen Orden kein freundliches, was wenigstens zum Theil von den bestehenden l. f. Vorschriften in publico ecclesiasticis und über die Studien herkam, auf welche die Facultät bei vorkommenden Veranlassungen rücksichtslos hinwies. Es wiederholten sich förmlich wieder Erscheinungen, wie nach dem Uebergang Tirol's an Bayern (§ 154), die theilweise näher angeführt zu werden verdienen. — Als der Bischof von Trient im Jahre 1816 Fragen über Konkurs-Prüfung aus der Pastoral für Priester Garbari abverlangte, wurden dieselben unter dem 23. November von der theologischen Facultät mit der

---

1) Sie waren: In der Kirchengeschichte Dannenmayr, in den Bibelfächern alten Bundes Jahn, in der Hermeneutik Arigler, in der Dogmatik Klüpfel, in der Moral Reiberger, in der Pastoral Reichenberger, in der Pädagogik Milde, in der Katechetik Leonard, in der Methodik Peutl, in den orientalischen Sprachen Jahn, seit 1823 auch Oberleitner. In der Einleitung des neuen Bundes brauchte Feilmoser seit 1809 sein eigenes Vorlesebuch, nach dessen Entfernung wurde Sandbichler und Hug benützt, ohne dass sie bestimmt vorgeschrieben waren. — Mit Ausnahme der Pastoral und deren Nebenfächer, dann der Pädagogik, die eigentlich ein philosophisches, jedoch auch den Theologen vorgeschriebenes Fach war, wurden die Fächer lateinisch gelehrt. Landwirthschaft war für Theologen nicht mehr Obligat-Studium.

Bemerkung mitgetheilt, dass ein Professor die Studien an einer österreichischen Lehranstalt absolvirt haben müsse, was der Direktor am 13. März 1817, wo die Beantwortung der Fragen der ersten Klasse nicht würdig erklärt wurden, unter Berufung auf die a. h. Vorschrift vom Jahre 1792 wiederholte. — Auf das zum Drucke vorgelegte Brixener Direktorium für Geistliche bemerkte der Direktor unter dem 23. Juni 1815, dass das Geburtsfest des Kaisers nicht angemerkt sei, dagegen die Bemerkungen über Rosari-Bruderschaft in Brixen zu streichen wären, weil ja keine Bruderschaften ausser jener der Nächstenliebe bestünden. Ueber ein Kapuziner-Direktorium bemerkte er unter dem 2. August 1815, dass die darin vorkommende Verbindung mit ausländischen Klöstern und die Anführung päpstlicher Rescripte, insofern sie das Placetum regium nicht hätten, zu rügen wäre und unter dem 2. September 1815 über ein Trienter Direktorium, dass der 19. März — Joseph — nicht als gebotener Feiertag, wohl aber der 26. Juni (Vigil) als solcher bezeichnet sei — da doch Lokal-Patrocinien nicht als Feiertage anzusehen wären; es scheinen hiebei Erinnerungen an die ehemalige Territorialhoheit unterzulaufen; von dem Geburtsfest des Kaisers (12. Februar) geschehe keine Erwähnung; über ein Franziskaner-Direktorium wurde unter dem 23. Oktober 1815 bemerkt, dass es keine Erwähnung von des Kaisers Geburtsfeste mache, auch nicht von der Kollekte am Weihungs-Tage des Bischofs, „als ob die Ordensgeistlichen nicht eben so dem Diözesan-Bischof unterworfen wären".

Auch die nun nicht mehr bei der theologischen Facultät abgehaltenen Pfarr-Konkurs-Prüfungen gaben zu Klagen Anlass. Auf einen Auftrag des Kreis-Commissariats vom 20. April 1815, aus Veranlassung eines hierüber von der Hofstelle geforderten Berichtes, — anzugeben, welche Vorschriften über Pfarr-Konkurse unter der vorigen österreichischen Regierung bestanden, wurde unter dem 21. April von dem Direktorate erwiedert, *a.* Gegenstände der Prüfung seien Paraphrase des neuen Bundes, Kirchenrecht, Dogmatik, Moral, Pastoral, Predigt, Katechese, Krankenbesuch, mündlicher Predigt-Vortrag; *b.* Examinatoren seien die Professoren, wo öffentliche Studien bestehen, sonst wenigstens vier approbirte Männer — nach der Verordnung vom 17. Dezember 1814 (siehe gegen Ende diess § 6); *c.* in den Diözesen Trient und Brixen wären bis zur Säcularisation, ja bis zur königl. bayrischen Regierung diese Konkurse ohne Einfluss der k. k. Professoren gehalten worden, — gegen den Geist der a. h. Vorschriften, da alle Examinatoren nach dem österreichischen Studienplan gebildet und geprüft sein sollen, während nach dem gelindesten Ausdruck die Grundsätze der Brixener- und Trientner Examinatoren dem Geiste der verbesserten Studien an österreichischen Lehranstalten nicht entsprechen; Aufsicht sei um so mehr nothwendig, da in Tirol viele Geistliche in Winkelschulen oder sonst in curialistischen Grundsätzen gebildet wurden. Auch Konkurse an zwei Orten unter verschiedenen Censoren etc. wären nicht zweckmässig. — Als im Jahre 1815 der Pfarr-Konkurs beim Dekanatamte in Innsbruck unter Zuziehung des einzigen theologischen Professors Craffonara gehalten worden war, richtete der Rektorats-Assessor Feilmoser unter dem 22. Mai 1816 wieder eine Einlage an das Gubernium, unter Beziehung auf die a. h. Entschliessung vom 27. Dezember 1814, bemerkend, „dass die a. h. Entschliessung vom 9. Febr. 1789 bei Consistorien, wo ein öffentliches theologisches Studium besteht, zu dem Pfarr-Konkurse die Professoren der Moral, Pastoral und des Kirchenrechtes, wo aber kein solches Studium besteht, wenigstens vier andere in der geläuterten Theologie und im ächten Kirchenrechte bewanderte Männer berufe, nach der a. h. Entschliessung vom 31. Jänner 1792 aber auch die Paraphrase des neuen Bundes Prüfungsgegenstand sei, sohin nach der Natur der Sache und Observanz auch der Professor des neuen Bundes als Examinator beizuziehen sei. Da nun bei dem Konkurse am 9. und 10. d. M. der Professor der Moral und Pastoral und des Kirchenrechts nicht beigezogen wurden, so werde um die Weisung über etwaige Abänderungen der a. h. Verordnungen zu ihrer Bescheidung oder um Massregeln zu ihrer Beruhigung gebeten, da obige Verordnungen auch den Studenten aus dem Kirchenrechte bekannt seien". Wirklich erfolgte dann unter dem 30. Mai 1816 die Gubernial-Weisung, dass nach der höchsten Verordnung vom 4. September 1815 [1]) die einschlägigen Professoren in Innsbruck die Prüfungs-Fragen bei Pfarr-Konkursen vorlegen und die Antworten der Konkurrenten klassifiziren. Allein es blieb bei der vom Bischof aufgestellten Prüfungskommission in Innsbruck, bei der von den k. k. Professoren nur Craffonara Antheil nahm.

Eine besondere Veranlassung, sich gegen das Ordinariat Trient (was sich auch von Brixen verstand) auszusprechen, gab den Professoren der Theologie eine Vorstellung dieses Ordinariats gegen die a. h. Entschliessung mittelst Dekrets der Central-Organisirungs-Hof-Commission vom 27. Dezember 1814, deren wichtiger Inhalt folgender war: 1. Privat-Patronate geistlicher Pfründen mit den Patronatslasten leben wieder auf; 2. die Bischöfe haben dem Gubernium die Pfarr-Konkurs-Examinatoren anzuzeigen und die in den österreichischen Provinzen bestehenden Pfarr-Konkurs-Vorschriften in volle Wirksamkeit zu treten; 3. die von Privat-Patronen zu Pfründen präsentirten Priester bedürfen keiner Bestätigung der Landesstelle; 4. die Pfarreien der Brixner und Trientner Territorien sind landesfürstlichen Patronats, wenn sie keinen Privatpatron haben; 5. der Bischof übergibt zur Besetzung derselben den Vorschlag mit den Bittschriften und der Tabelle der Competenten der Landesstelle, die ihn nur bei Pfründen über 500 fl. Ertrags oder wenn sie mit dem bischöflichen Vorschlage nicht einverstanden ist, der Hofstelle vorlegt; 6. die Pfarreien liberae collationis sind aber nach der a. h. Vorschrift vom 9. Jänner 1797 vom Bischofe als Patron cum rosis et spinis zu vergeben, und wenn er diess nicht will, landesfürstlichen Patronats. — Dabei wird bemerkt, dass sich Bedenken wegen unwürdiger Priester von selbst beheben, da *a.* kein ausländischer Priester ohne politische Bewilligung in's Inland aufgenommen werden darf, *b.* der Ausweis der neugeweihten Priester jährlich der Hofstelle vorgelegt werden muss; *c.* die Konkurs-Vorschriften handzuhaben sind und der Konkurs nur für 6 Jahre gilt. — Wenn die Vorschriften über Baulichkeiten vom 19. Jänner 1797 nicht mehr passen sollten, wären Abänderungen zu beantragen. Die Frage über die Zahl der Bisthümer in Tirol wäre in Verhandlung zu nehmen und vom Gubernium der Ausweis über verliehene Pfarreien alle Quartale vorzulegen. — Gegen diese allerhöchste Entschliessung, namentlich gegen die l. f. Pfründenverleihung, richtete der Bischof von Trient, Emmanuel Graf Thun an Seine Majestät unter dem 15. Jänner 1815 eine ähnliche Vorstellung wie im Jahre 1807 unter Bayern (§ 154), des wesentlichen Inhaltes: Die Verleihung der Pfründen sei ein wesentliches Recht des Bischofs, gegen das nur die päpstlichen Reservationen und die Patronate eine Ausnahme machen. Diese Verleihung sei auch das Mittel, den Klerus, den der Bischof ohnehin am besten kenne, zum Gehorsam und zur Fortbildung zu vermögen. Das Gewissen erlaube ihm nicht, von der bisherigen Verleihung abzugehen, da er die Erhaltung der bischöflichen Rechte beschworen hätte. Der Papst möge hierin

---

1) Diese Central-Organisirungs-Hof-Commissions-Verordnung sprach aus: „Die Hauptverordnung über die Pfarrkonkurse sei vom 11. Februar 1792, sie seien jährlich zweimal bei den Consistorien abzuhalten, doch könne diess auch in Innsbruck zugegeben werden, da dort eine theologische Lehranstalt bestehe."

einen Ausweg finden. Es sei ihm unbegreiflich, wie die Central-Organisirungs-Hof-Commisssion zu dieser Vorschrift komme, da der Bischof die Pfründen nicht als Patron vergebe. Das Recht der l. f. Advocatie und Inspektion fordern diese Verleihung nicht. Der Erwirkung des höchsten Placeti wolle er sich unterziehen, ja das Patronatsrecht Dem überlassn, der im Nothfalle die Dotation und Restauration der Pfründe übernehme. Diese Vorstellung wurde wieder der Innsbrucker theologischen Facultät um Aeusserung zugestellt und der Direktor erwiederte unter Beziehung der drei andern Professoren Craffonara, Spechtenhauser und Feilmoser, die den Bericht auch unterschrieben, im Wesentlichen: Die Vorstellung des Bischofs beruhe theils auf unrichtigen Ansichten des christlichen Alterthums, theils auf Verkennung der Verhältnisse zwischen Kirche und Staat, theils auf Misskennung der Vortheile für das Ordinariat aus der kaiserlichen Verordnung. Zur Zeit der Apostel und in den ersten Zeiten der Kirche gab es keine kirchlichen Bezirke, wie jetzt, und keine freie Verleihung nach Apostelgeschichte VI. 3—6; die Priester wurden auf bestimmte Kirchen mit Einfluss des Volkes gewählt und dann geweiht. (Peter de Marca de concordia sacerdotii et imperii L. VIII. 6.) Freie Verleihung war nach Van Espen (l. pag. 762, Nr. 6 omnia beneficia praesumuntur habere patronos, fundatores et dotantes) vielmehr Ausnahme. — Während Privatpatronat wegen egoistischen Absichten oft nicht vortheilhaft sei, lege die Regierung bei der Verleihung allgemeine öffentliche Rücksichten zu Grunde. Rechtlos und der Kenntniss der Gemeindebedürfnisse zuwider seien die päpstlichen Reservationen, die jedoch gegen des Bischofs Behauptung die Pfründen-Verleihung als kein wesentliches Recht des Bischofs beweisen. Auch den Ordinariaten könne eine oder die andere Seite der Priester unbekannt bleiben, daher sei das Zusammenwirken nützlich und die alterthümliche Sitte des Zeugnisses des Volkes oder wenigstens der Vornehmern werde dadurch besser als bei der freien oder Privat-Verleihung in Gang kommen (vgl. 1. Tim. III. 7), da die Regierung erste Stimmführerin der Laien sei, die auch zum Begriffe der Kirche gehörten. Wenn nach der Geschichte die Kaiser so wesentlichen Antheil zur Bischofswahl genommen haben, so wäre es ungereimt, ihnen den geringern bei Aufstellung von Pfarrern abzusprechen. Jetzt sei auch der Einfluss der Geistlichen auf den Staat, z. B. im Schulwesen, sehr gross. Gerade die österreichischen Gesetze geben dem Bischofe bei l. f. Verleihungen grössern Einfluss, als bei Privat-Verleihungen, da die Landesstelle den vom Bischof pmo loco vorgeschlagenen ernennen muss und die Hofstellen ohne wichtige Ursachen vom Ordinariats-Vorschlage nicht abgehen werden. Der Bischof habe die Aufnahme in den geistlichen Stand, urtheile über Bewilligung zur Pfarr-Konkurs-Prüfung etc. — Der Eid könne nur die selbstständig vorhandene Verbindlichkeit in subjektiver Hinsicht verstärken und habe daher keine Bindekraft, wenn der Gegenstand physisch oder rechtlich oder moralisch unmöglich sei oder werde. Der Eid der Bischöfe sei nach Ursprung und dem einzig möglichen vernünftigen Sinne gegen die Missbräuche gerichtet, Rechte und Güter der Kirche den Privat-Interessen des Bischofs, seiner Familie und Günstlinge zu opfern, zu verschleudern, könne aber die Rechte eines Dritten nicht schmälern oder bessere Ordnung hindern. Das österreichische Gesetz sei nützlicher als das einfache Placet, das der Bischof selbst zugebe, zumal in Trient, wo die kirchlichen Grundsätze so zurück sind, dass selbst im vorliegenden gewiss von einer dort ausgezeichneten Persönlichkeit verfassten Schrift dem Papste unveräusserliche Rechte des Bischofs und allgemeine Kirchengesetze nach Belieben umzuändern und Eide aufzulösen zugegeben, das Verleihungs-Recht als wesentlich erklärt und doch wieder den Patronen zugeschrieben und die Abtretung an Fundatores etc. zugegeben werde, aber nur nicht an Jene, welche die Lasten im eventuellen

Falle immer tragen, wobei noch nicht eingesehen werde, dass bei geringem Vermögen der Kirche wegen Beiträgen der Gemeinden mit der Zeit bei allen Kirchen Privatpatrone entstehen müssen. Wenn der Bischof im Nothfall das Privatpatronat überlassen wolle, gestehe er ja selbst, dass er die Pfründe als Bischof und Patron zugleich vergebe. — Man soll in Trient ein Studium errichten, das den Verordnungen vom 2. April 1802 und 26. Juli 1805 entspreche etc. — Auch das Ordinariat Brixen hatte ähnliche Vorstellungen gemacht [1]), die aber der theologischen Facultät nicht mitgetheilt wurden.

Bei so divergenten Ansichten, die den Ordinariaten nicht unbekannt bleiben konnten, musste eine immer grössere Spannung zwischen der theologischen Facultät und den Ordinariaten die nothwendige Folge sein.

Wenn auch der Regierung und dem Kaiser selbst die Vertheidigung der Staatsmaximen von Seite der theologischen Facultät nicht unangenehm sein konnte, so war doch — nach den angeführten Aeusserungen des Hofrathes Jüstel und des Kaisers selbst — ein solches Verhältniss zwischen Ordinariat und theologischer Facultät um so weniger erwünscht, als die Regierung dem erstern, mit dem es überhaupt gut auskommen wollte, in dieser Zeit auch in Studien-Angelegenheiten mannigfaltig entgegenkam, indem die Anstellung theologischer Professoren schon seit 1801 ein Sittenzeugniss des Ordinariats oder Ordensvorstandes forderte, theologische Thesen nach a. h. Entschliessung vom 22. August 1820 vor ihrer Vertheidigung dem betreffenden Ordinariate zu unterlegen waren, die Bischöfe nach der a. h. Entschliessung vom 24. Juni 1821 über die Reinheit der christkatholischen Lehre nicht nur in ihren Diözesan-Lehranstalten, sondern auch an den Schulen der Universitäten und Lyceen ihrer Diözesen, wie auch bei Religionslehrern der philosophischen Studien und an Gymnasien-, Real- und Hauptschulen nach Thunlichkeit und Vermögen zu wachen und Abweichungen und Gebrechen in besagter Hinsicht den betreffenden Behörden ohne Zeitverlust anzuzeigen hatten, selbst die Konkurs-Prüfung über die Kanzel der philosophischen Religionslehre nach der a. h. Verordnung vom 2. April 1822 bei den Ordinariaten abzuhalten und zu würdigen war und die Ordinariate berechtiget wurden, in die Collegien und Exhorten behufs der Berichterstattung Männer abzuschicken, ja nach der a. h. Verordnung vom 13. April 1822 die bischöflichen Commissäre bei der ganzen Religionsprüfung gegenwärtig zu sein hatten, selbst prüfen durften und über jede solche Semestral-Prüfung an den Bischof Bericht erstatten mussten.

§ 174.

Die von Bayern an Oesterreich übergegangenen theologischen Professoren waren, wie aus dem Gesagten schon erhellt, den Ordinariaten, zumal jenem von Brixen, wie wohl auch anderweitig keine angenehmen Persönlichkeiten. Craffonara aus Wengen, seit 1801 Professor der Dogmatik, — sonst nach der gewöhnlichen Meinung der schwächste dieser vier Professoren, war der unverdächtigste [2]). Bert-

---

1) Unter dem 13. Jänner 1816 erfolgte die a. h. Entschliessung: „Es muss bei der Verordnung vom 27. Dezember 1814 bleiben . . . Ferner will ich, dass den beiden Rekurrenten über ihre in unbescheidenen Ausdrücken verfassten Vorstellungen mein Missfallen zu erkennen gegeben, dem Bischof von Trient aber anbei bedeutet werde, dass ich auf eine bestimmte Erklärung die Anheimsagung seines bischöflichen Amtes zu genehmigen kein Bedenken nehmen werde und daher diese oder die genaue Befolgung meiner Befehle, wie dieses von den übrigen Bischöfen meiner Staaten, ohne den Pflichten ihres Hirtenamtes zu nahe zu treten, geschieht, erwarte.“

2) Als ehemaliger Hofmeister bei den Grafen Trapp stand er in bessern Häusern

holdi von Nonsberg, seit 1791 Professor der Kirchengeschichte, früher Studien-
Präfekt im Generalseminar, ein Mann von vielen, besonders historischen Kenntnissen
und als Vorsteher mit guten Leitungsgaben versehen, aber unter dem 29. Aug. 1801
vom ständischen Ausschusse an den Kaiser verklagt, dass er die Fehler der Päpste
energisch hervorhebe, ihr Gutes aber nicht, worüber der Ausschuss scharf zurechtgewiesen wurde, — stand unter Bayern wegen seiner freien Grundsätze im Lande
nicht in gutem Rufe, wie er denn ein Kirchenrecht „nach Rechberger's Grundsätzen
und dem königl. bayrischen Regierungsblatte" herausgab, in welchem er die Lehre
über die Ehe selbst nach dem code Napoleon aufnahm. — Spechtenhauser, ebenfalls
Zögling und Präfekt des Generalseminars und seit 1791 Professor der Moral, an
Talent und Kenntnissen dem Bertholdi nicht gleich, aber sonst ein fleissiger Professor mit gutem Vortrage, nur etwas steif, hatte sich schon durch seine Antritts-
rede nicht ungegründeten Verdacht zugezogen, und wegen der Wahl Wanker's als
Lehrbuch beim Ordinariate verfänglich gemacht [1]); auch seine Pastoral, die er in
den Druck gab, scheint nicht befriedigt zu haben [2]). Um die Propstei in Innichen
hatte er noch in seinem Todesjahre 1820 vergeblich competirt. — Am meisten war
Feilmoser von Hopfgarten dem Ordinariate Brixen verdächtig. Schon im Jahre 1804
hatte das Ordinariat über die von ihm als theologischem Lektor im Stifte Fiecht
zum Drucke gegebenen Thesen sogar beim Kaiser Klage geführt [3]). Bei seiner
Berufung zum Professor im Jahre 1806 wurde er dem ebenfalls zur Sprache gebrachten Feichter aus Brixen vorgezogen [4]). Im Jahre 1810, wo Bayern bei der
Befürchtung neuer Unruhen die von Brixen zurückkehrenden Kapitelboten anvertrauten Briefe aufzufangen befahl, ward ein Brief Feichter's an Cooperator Kök des
Inhalts entdeckt, — dieser möchte die verdächtigen Sätze aus Feilmoser's Einleitung des neuen Bundes ausziehen und dem Consistorium einsenden. — Von der
Regierung erhielt Feilmoser noch im Jahre 1816 und 1817 Zufriedenheitsbezeu-
gungen; aber im Jahre 1818 erschien eine anonyme Schrift (wie man allgemein
glaubte, des Gymnasial-Professors Unterkircher), „die Lehrweisheit in einem Beispiele" etc., um zu zeigen, dass Feilmoser's Einleitung in den neuen Bund bestimmt
sei, „das Ansehen der hl. Schrift zu untergraben und dem Rationalismus, um wenig
zu sagen, die Bahn zu brechen" [5]). Auf diese Schrift erhielt Feilmoser nicht mehr

---

— auch wegen seiner Musikkenntnisse im öftern Verkehr, war im Jahre 1816 bei der
Erbhuldigung Direktor der k. k. Edelknaben, wofür er eine 40 Dukaten schwere goldene
Dose erhielt etc.

1) §§ 143, 150.

2) Die Ordinariats-Approbation der letzten Abtheilung, die erst unter der österreichischen Regierung gedruckt wurde und daher dieser Approbation bedurfte, verzögerte
sich so lange, bis der Verfasser im Jahre 1816 unmittelbar an die Hofstelle sich wendete.

3) So erzählt er selbst in den theologischen Ephemeriden vom 3. Juni 1816 be-
merkend, dass die Beschwerde nicht auf die assertorische Behauptung, „Job, Tobias,
Judith und Jonas seien Lehrgedichte" gerichtet war. — Ueber die Thesen des neuen
Bundes kam er mit der theologischen Facultät, namentlich mit Professor Koch, in Streit.

4) Unter dem 1. Juni 1816 bemerkt er: Gesuche um Dispens zum Fleischgenusse
an Fasttagen wegen Quartiers und Kost bei einer dispensirten Familie und im Jahre
1807 vom Breviergebete wegen vielen Arbeiten hätte ihm das Ordinariat rund abgeschlagen, weil die Gründe nichtig seien; und über das zweite Gesuch mit der weitern
Bemerkung, „dass man diese Dispens nur in Krankheiten und Augenschmerzen mit
andern Gebeten zu verwechseln pflege und es noch keinem Professor eingefallen sei,
darum anzusuchen."

5) Da Feilmoser nach österreichischen Censur-Vorschriften unter seinem Namen
durch eine Gegenschrift nicht antworten durfte, erschien die Antwort erst auf seine
Versetzung nach Tübingen im Jahre 1820, „Verketzerungskunst in einem Beispiele etc.
von Feilmoser. Rottweil 1820"

die Ordinariats-Erlaubniss, Beicht zu hören, und bei weiterer Verhandlung, an welcher sich theologische Professoren der Universität Wien betheiligten [1]), erfolgte die a. h. Absetzung und Zurücksendung Feilmoser's in sein Stift Fiecht [2]).

Der geistliche und Studien-Referent bei dem Gubernium, Galura (vom Jahre 1815 bis 1819, wo er Generalvicar in Vorarlberg, im Jahre 1828 aber Bischof von Brixen wurde), scheint den damaligen theologischen Professoren wegen der beständigen Reibungen mit dem Ordinariate nicht günstig gewesen zu sein [3]), und sein Einfluss war nach Stellung und bekannter persönlicher Beliebtheit bei dem Hofrath Jüstel, mit dem er im Generalseminar in Wien war, und beim Kaiser selbst immerhin bedeutend.

Allein alle diese Verhältnisse würden nicht zugereicht haben, die theologische Facultät aufzuheben, an der noch in der letzten Zeit ihres Bestehens definitive Professoren, und zwar solche, die dem Ordinariate durchaus nicht missliebig waren, ernannt wurden (§ 172); auch erwartete in Tirol wohl Niemand diese Aufhebung, und zwar um so weniger, als vielmehr über Errichtung eines Generalseminars für die Theologen Tirol's verhandelt wurde und das Gubernium unter dem 9. Jänner 1817 im Auftrag der Central-Organisirungs-Hof-Commission Vorschläge über die Lokalien zu demselben zu machen hatte. Allein unter dem 24. April 1821 befahl Seine Majestät, dass es in vieler Hinsicht sehr erwünschlich wäre, dass alle geistlichen Candidaten unter unmittelbarer Aufsicht der Bischöfe untergebracht und gebildet würden, — in reifliche Ueberlegung zu nehmen, ob es nicht möglich sei, durch Erweiterung des Lokals der bischöflichen Seminarien diesen Zweck zu erreichen. Um die nämliche Zeit hatte der Bischof von Brixen, dem das Brixener Seminar bereits zurückgestellt war, bei dem Kaiser um ein theologisches Studium in einer Einlage gebeten, welche von den Hofstellen dem Gubernium unter dem 22. Aug. 1821 mit der Bemerkung übermittelt wurde, es handle sich hauptsächlich um die Frage, ob für alle Candidaten des Weltpriester-Standes in Tirol und Vorarlberg (mit Ausnahme des Salzburger Diözesan-Antheils) ein einziges Generalseminarium in Innsbruck oder für jede der beiden Diözesen Trient und Brixen ein eigenes Seminarium mit theologischem Studium und im letztern Falle rücksichtlich der Brixener Diözese

---

1) In der zweiten Auflage seiner Einleitung vom Jahre 1830 klagt Feilmoser in der Vorrede „über die schwäbischen Normaltheologen in Wien".

2) Gerade zu gleicher Zeit im Jahre 1820 kam an Feilmoser die Einladung des württembergischen Ministeriums auf eine Lehrkanzel an der Universität Tübingen, die er annahm und bis 20. Juli 1831, wo er starb, so viel bekannt, ehrenvoll versah. In der Leichenrede (gedruckt Rottenburg bei Engel 1831) sagt der katholische Stadtpfarrer und Wilhelm-Stifts-Direktor unter Andern, in seiner letzten Krankheit habe Feilmoser das Bekenntniss abgelegt, „dass er sich je länger je mehr von der Wahrheit und Vortrefflichkeit des Lehrbegriffes und der Einrichtung unserer Kirche überzeugt habe, und dass er in ihrem Glauben sterbe" In Tübingen soll er insbesonders auf die Richtung der Studien des hochverdienten Möhler Einfluss gehabt haben. Sein Betragen in Innsbruck war allgemein geachtet und um die Studenten vielfach verdient.

3) Wenigstens bemerken die theologischen Ephemeriden unter dem 23. April 1817: Sub hoc fero dies Galura . . . in consilio remotis secretariis coacto de professoribus theologiae Bertholdi, Spechtenhauser et Feilmoser amovendis rogationem tulit, recoctis criminationibus vagis de sententiis periculosis, miraculis solicitatis, libris biblicis ad fabulas pertractis, veste clericali exuta etc. documentis idoneis destitutis. Expertus est quidem adversarios, eosque graves, attamen semper aliquid haeret. Fassus tamen dicitur, eos esse professores idoneos, sed gratia destitutos (vulgi an curiarum episcopalium?) honore quidem et emolumentis non esse diminuendos censuit etc. Professorem Albertini ad philosophiam, non ad historiam universalem adhiberi voluit, quod haec valde possit esse perniciosa etc. Directorem facultatis theologicae semetipsum commendavit ex defectu alicujus idonei.

in Brixen als Diözesan- oder in Innsbruck als l. f. Studium bestehen soll. — Endlich hatte um die nämliche Zeit der tirolisch-ständische Ausschuss-Congress auf Anregung des Bozener Propstes Eberle die Bitte gestellt, in Trient und Brixen zur Erzielung eines hinreichenden und wohlunterrichteten Klerus unentgeltliche Seminarien zu errichten. Obschon nun das Gubernium entschieden ein öffentliches theologisches Studium in Innsbruck für Brixen und ein theologisches Studium und Seminar in Trient beantragte, weil von einer Aufhebung des theologischen Studiums in Innsbruck doch keine Rede sein werde und „bei einem doppelten Studium sich die Differenzen verewigen würden", so erfolgte doch unter dem 20. September 1822 die a. h. Entschliessung — über Auflösung des theologischen Studiums in Innsbruck und Errichtung eines bischöflichen Studiums im Seminar zu Brixen und Trient, — und auf weitern Antrag des Bischofs von Brixen wurden die Innsbrucker Professoren Craffonara, Stapf, Habtmann und der seit 1817 provisorische Professor Probst, der im Jahre 1821 die Konkursprüfung für das Bibelfach alten Bundes und die orientalischen Dialekte für Innsbruck gemacht hatte, auf ihre eingeholte Einwilligung und zugleich Feichter, der schon im Jahre 1791 schriftlichen Konkurs mit Rudolf um eine k. k. Lehrkanzel bestanden hatte, für den neuen Bund und ein v. Söll für Kirchengeschichte und Kirchenrecht als Professoren genehmigt, der für den neuen Bund in Innsbruck ernannte, vom Ordinariate Brixen übergangene Kohlgruber aber nach Graz übersetzt. Dem Professor Söll wurde jedoch die konkursartige Prüfung zur Bedingung gemacht, und da er sich dieser nicht unterzog, schon im Jahre 1824—25 statt seiner Professor Sinnacher unter der nämlichen Bedingung aufgestellt. Den in Innsbruck definitiv angestellten Professoren blieben ihre Emolumente (über 600 fl. aus dem Studienfonde); die übrigen Professoren erhielten 600 fl. C.-M., jedoch nicht mehr aus dem Studien-, sondern Religionsfonde, der auch für die studirenden Theologen in Trient und Brixen je 100 Stipendien à 80 fl. und überhaupt den Abgang der Seminarfonde bezahlte [1]. So hörte das seit mehr als 150 Jahren in Innsbruck bestandene öffentliche theologische Studium und die an der dortigen hohen Schule immer am meisten ausgezeichnete Facultät auf, welche dem Lande Tirol einen grossen Theil seines Klerus bildete, gegen dessen Berufstüchtigkeit selbst die Ordinariate niemals etwas einwendeten, so sehr sie sich auch gegen die Studien-Einrichtung und einzelne Professoren beschwerten.

§ 175.

Weniger ist von den drei übrigen Studien-Abtheilungen nachzutragen.

1) Von den nach Brixen übersiedelten Innsbrucker Professoren wurde Craffonara im Jahre 1826 Domherr, 1837 Scolasticus, als welcher er im Jahre 1849 starb; Stapf — Verfasser mehrerer Druckschriften, vorzüglich des im Jahre 1832 allgemein in Oesterreich als Lehrbuch vorgeschriebenen Epitome theologiae moralis — starb als Domherr im Jahre 1844, Habtmann wurde 1825 Stadtpfarrer in Innsbruck, 1837 Domherr und Seminar-Regens in Brixen und starb als erster infulirter Dompropst im Jahre 1859. Probst wurde im Jahre 1832 Professor des neuen Bundes in Graz, 1836 Gubernialrath in Innsbruck und 1856 als solcher (Statthaltereirath) pensionirt. Der nach Graz versetzte Kohlgruber wurde 1830 Professor an der Universität Wien, wo er im Jahre 1836 Domherr wurde und im Jahre 1854 als Domcustos starb. — In den ersten Zeiten des neu errichteten Brixener Studiums studirte dort v. Riccabona, Gasser, Rudigier, Fessler, alle vier nachher Bischöfe. — Körle, nachher Professor in Wien, — die als Schriftsteller bekannten Jos. Thaler, Albert Jäger etc.; Pius Zingerle, Hoffmann, Joh. Amberg, Beda Weber etc. hatten auch in Innsbruck die Theologie ganz oder wenigstens zum Theil absolvirt. — Zingerle ist als orientalischer Sprachkenner bekannt, Hoffmann unter Anderm Herausgeber mehrerer Vorlesebücher in neuen Auflagen.

Das juridisch-politische Studium, wie es nunmehr hiess, wurde nach dem österreichischen Lehrplane (Zeiler's) vom Jahre 1810 eingerichtet, in welchem nach Aufhebung des römischen Reiches nur mehr die Bildung für österreichische Unterthanen in der doppelten Rücksicht als Juristen und politische Beamte — jedoch auch mit Naturrecht und Statistik bezweckt wurde, übrigens das Kirchenrecht, da die diessfällige Reformation in Oesterreich bereits durchgeführt war, nicht mehr polemisch nach Pehem, sondern plan nach Rechberger gelehrt werden soll.

Das Studium hatte vier Jahrgänge, nach sehr genauen Vorschriften über Stundenzahl für die Lehrfächer, Vorlesebücher u. s. w. [1]

Nebst den frühern Professoren Maurer, v. Mersi und Schuler kamen im Jahre 1819, wo Professor Hammer in Windegg durch den Blitz getödtet wurde, als neue Professoren Prokner, von Olmütz nach Innsbruck versetzt, und Neupauer auf Konkurs.

Der Gehalt der Professoren bestand fortwährend in 1000, 1200 und 1500 fl. nach dem Senium; für Statistik war eine Remuneration von 400 fl. bestimmt.

Auch das Privatstudium dieser Studien-Abtheilung war erlaubt, jedoch die Bewilligung von Fall zu Fall von der Landesstelle einzuholen, welche bei einem tauglichen Privatlehrer gegen jährliche Prüfung des Privatschülers bei der öffentlichen Studien-Anstalt gegeben wurde.

Als Direktor dieses Studiums wurde unter dem 21. Juni 1817 der Gubernialrath und Kammer-Prokurator Rapp aufgestellt, der diess Amt bis zum Jahr 1830 versah, in welchem er nach Linz versetzt worden ist.

§ 176.

Die medizinisch-chirurgische Lehranstalt wurde ebenfalls nach dem österreichischen Plane vom Jahre 1810 hergestellt, und hatte zwei Jahrgänge; es wurde gelehrt im

I. Jahre: Einleitung, Anatomie, theoretische Chirurgie, Physiologie, allgemeine Pathologie und Therapie, materia medica et chirurgica, Bandagen- und Instrumenten-Lehre;

II. Jahre: Chirurgische Operationslehre mit Uebungen, chirurgische Therapie am Krankenbette, Geburtshülfe mit Uebungen, gerichtliche Arzneikunde und Thierarzneikunde (letztere drei Fächer durch ein Semester).

Direktor des Studiums war seit 1820 der Protomedicus und Gubernialrath v. Ehrhart, der diess Amt bis zum Jahre 1849 versah, wo er in Pension trat.

Als Professoren wurden — nebst den frühern Professoren (Albaneder für Ana-

---

1) Es wurde gelehrt im

I. Jahre:
a. Encyklopädie, Natur- und Criminalrecht (Professor Maurer)   9 Stunden wochentlich.
b. Statistik (v. Mersi)   5   „   „

II. Jahre:
a. Römisches Recht im ersten,
b. Kirchenrecht im zweiten Semester (Schuler)   9   „   „

III. Jahre:
a. Bürgerliches Gesetzbuch (Prokner)   9   „   „
b. Lehen- Wechsel- und Handelsrecht (Neupauer)   5   „   „

IV. Jahre:
a. Politische Wissenschaften und Gesetzkunde (v. Mersi)   . .   9   „   „
b. Geschäfts-Styl, gerichtliches Verfahren (Neupauer)   . . .   5   „   „

Die Vorlesebücher waren: Zeiler, Martini, Heineccius, Rechberger, Böhmer, Sonnenleitner, Sonnentels

tomie und Braun für Veterinärkunde) auf Konkurs angestellt: Karpe für Medizin, Wattmann für Chirurgie und Hinterberger für Geburtshülfe, alle drei im Jahr 1819. Aber auf Hinterberger, der nach Linz abging, folgte im Jahre 1823 Amerer, und auf Wattmann, der nach Wien befördert wurde, im Jahre 1825 Mauermann.

Der Gehalt war für die zwei Hauptprofessoren der Medizin und Chirurgie 800 fl., für den Professor der Anatomie und Hebammenkunst 600 fl.; allein Albaneder hatte 200 fl. Personalzulage und Unterberger etc. für den Hebammen-Unterricht in der italienischen Sprache 200 fl. Remuneration; die gerichtliche Arzneikunde wurde mit 300 fl. remunerirt.

Zur bessern praktischen Bildung erhielt diess Studium mit nicht unbedeutenden Kosten zwei neue Einrichtungen. Unter dem 25. September 1819 wurde nämlich für die Geburtshülfe von der Studien-Hof-Commission eine ambulirende Gebäranstalt mit jährlich 800 fl. gegen Verrechnung aus dem Studienfonde in der Art bewilliget, dass jede Hebamme, die eine Schwangere zum Gebrauche des Unterrichtes anzeigte, 2 fl., die gebrauchte Schwangere 5 fl. und für allenfallige Voruntersuchungen noch 1 fl. 30 kr. erhielt; beim wirklichen Gebrauche durften höchstens 4 Schüler oder Schülerinnen erscheinen. — Ferner wurde im Jahre 1821 im Stadtspitale ein medizinisch-chirurgisches Klinikum aus den Kranken des Spitals eingerichtet, das dem Studienfonde jährlich 1500 bis 2000 fl. kostete, da er die Verpflegung der Kranken gegen die bei jedem gewählten Kranken berechnete kleinste tägliche Verpflegsgebühr, die ihm zu Guten kam, übernahm. Die zwei Hauptprofessoren hatten — Jeder für die betreffende Abtheilung die Behandlung der Kranken; Jedem stand jedoch ein eigener Adjunkt zur Seite, der ebenfalls grösstentheils vom Studienfonde bezahlt wurde, aber nur 2, höchstens 4 Jahre den Dienst, zu dem er vom Gubernium aufgestellt wurde, versehen konnte. Hiezu wurden gewöhnlich neu absolvirte Mediziner oder Chirurgen gewählt.

Dagegen wurde der botanische Garten, zu dessen Reparation im Jahre 1817 die Summe von 451 fl. 40 kr. gegen Verrechnung bewilliget wurde, mehr vernachlässiget, ja theilweise dem Gärtner überlassen, indem im Jahre 1821 der Direktor und der Professor der Naturgeschichte in der Philosophie erklärten, zum Unterricht den ganzen Garten nicht nöthig zu haben.

§ 177.

Das philosophische Studium wurde zuerst nach dem österreichischen Plane vom Jahre 1805 (§ 146) hergestellt. Aber unter dem 28. September 1824 wurde ein neuer Plan (von Hofrath Powondra) allerhöchst genehmigt. Dieser reduzirte dieses Studium wieder auf zwei Obligatjahre, nahm vorzüglich auf Beförderung der lateinischen Sprache Rücksicht und empfahl viele Fächer als Freistudium, darauf rechnend, dass viele Studenten sich an dem Studium derselben betheiligen werden; für das juridische Doctorat war auch das Freifach der Welt- und österreichischen Staatengeschichte und für künftige Humanitätslehrer an Gymnasien oder Professoren der Philosophie, Geschichte, klassische Literatur und Aesthetik als Obligatfach bezeichnet. Obligatfächer waren im ersten Jahre Religionslehre und lateinische Philologie in je 2 wöchentlichen Stunden, theoretische Philosophie in 5 und Mathematik in 7 Stunden, im zweiten Jahre Religion und Philologie wie im ersten Jahre, Moralphilosophie in 3 und Physik in 8 Stunden. Philosophie, Physik und Mathematik wurden lateinisch gelehrt; auch für die Freifächer waren die Lehrstunden bestimmt. Von den Freifächern war die Weltgeschichte 2 Stunden im ersten, 3 im zweiten Jahre, Naturgeschichte in 4 Stunden, Erziehungskunde in 2 Stunden, österreichische Staatengeschichte in 3 Stunden, historische Hülfswissenschaften in

2 Stunden, klassische Literatur in 4 Stunden, griechische Philologie in 2 Stunden, Landwirthschaft in 5 Stunden wochentlich zu lehren. Die Zahl der Professoren war sieben [1]. — Auch in der französischen und italienischen Sprache wurde von einem Lehrer wie früher Unterricht gegeben.

Von den frühern Professoren wurde nur Mayr für Religionslehre und provisorisch Albertini für Geschichte beibehalten; dann kam bald für Mathematik Schwalt vom Gymnasium, auf Konkurs im Jahr 1818 Friese für Naturgeschichte, Ettingshausen für Physik, Peintner von Lichtenfels für Philosophie, endlich im Jahr 1821 Müller für Philologie.

Der Gehalt der Professoren war 800, 900 und 1000 fl. nach dem Senium für Laien; für Priester aber in jeder Stufe um 200 fl. geringer. Von den Professoren wurde Ettingshausen schon im Jahre 1821 nach Wien befördert, und hatte Suppan, von Görz kommend, zum Nachfolger, für den braven Müller kam im Jahre 1824 Niederstetter. Mayr, wegen Augenleiden zur Professur im Jahre 1824 unfähig, wurde durch Lechleitner von Stams und darauf von dem Katecheten der Normalhauptschule, Scherer, supplirt, bis im Jahre 1826 Rost definitiv eintrat. Für Pädagogik erhielt der Religions-Professor, der diess Fach nun zu übernehmen hatte, eine Remuneration von jährlich 200 fl.

Der Gehalt der Professoren blieb bis zum Jahre 1848 in diesem Mass systemisirt.

Die Direktoren dieser Studien-Abtheilung wechselten Anfangs öfter; es wurden die Appellationsräthe Adlersburg und v. Jenull aufgestellt, dann die Stelle vom Professor Schwalt supplirt, bis mit a. h. Entschliessung vom 24. September 1826 Baron Boul, Gubernialrath, als solcher ernannt wurde, der das Amt bis zum Jahre 1838, wo er als Hofrath nach Wien abging, rühmlichst versah.

Zur Beurtheilung der philosophischen Professoren-Konkursprüfungen kam unter dem 22. Mai 1819 ein eigenes Normale, nach welchem nicht alle Professoren in allen Fächern, sondern nur mehrere bestimmte Fachprofessoren für die einzeln bestimmt bezeichneten Fächer der Studien-Abtheilung ihr Gutachten abzugeben hatten, da nicht Alle in allen Fächern bewandert sein könnten.

§ 178.

Von der philosophischen Studien-Abtheilung traten zwei Männer — Einer am Anfange, der Andere am Ende dieser Periode aus, die eine Zierde derselben waren und eine besondere Erwähnung verdienen.

---

1) Nämlich ein Professor der
a. Philosophie, der 1) Philosophie in 8, 2) Geschichte der Philosophie in 2, somit . . . . 10 wochentlichen Stunden.
b. Mathematik, der 1) reine Mathematik in 7, 2) praktische Geometrie in 3, somit . . . . 10 „ „
c. Religion, der 1) Religions-Unterricht in 4, 2) sonntägliche Exhortationen 1, 3) Erziehungskunde in 2, somit 7 „ „
d Physik, der diess Fach in . . . . 8 „ „
e. Geschichte, der 1) Universalgeschichte in 5, 2) österreichische Geschichte in 3, 3) historische Hülfswissenschaften in 2, somit . . . . 10 „ „
f. Klassischen Literatur, der 1) lateinische Philologie in 4, 2) das eine Jahr klassische Literatur in 4 und griechische Philologie in 2, das andere Jahr höhere Aesthetik in 5, somit . . . . 10 oder 9 „ „
g. Naturgeschichte, der 1) diess Fach in 4, 2) Landwirthschaft oder ein anderes analoges Fach in 5, somit . . 9 „ „
zu geben hatte. Vorlesebücher waren: Likowetz, Appelthauer. Frint im Auszuge von Leonard, Baumgarten, Brand, Ficker etc.

Der Erste derselben war Franz v. Zallinger, im Jahre 1743 in Bozen geboren, im Jahre 1760 Jesuit, als solcher 2 Jahre in Trient Grammatikal- und in München 1 Jahr Rhetorik-, dann in Ingolstadt 2 Jahre Mathematik-Professor. Nach Aufhebung seines Ordens war er zwei Jahre Rhetorik-Professor in Innsbruck, dann Adjunkt der Mathematik bei Professor Weinhart an der Universität, und im Jahre 1777 definitiver Professor der Physik. Diese Kanzel oder jene der Mathematik, auch wohl beide zugleich, und dazu bisweilen auch noch Naturgeschichte, lehrte er bis zum Schlusse des Jahres 1815 ununterbrochen fort. Dort suchte er wegen Altersschwäche um Pensionirung an, und das Gubernium forderte, was auch schon im Jahre 1812 von der bayrischen Regierung, jedoch ohne besondern Erfolg, geschehen war — Bericht über seine verdienstliche Laufbahn und Anträge über eine Auszeichnung. Das Lycealrektorat erwiederte im Wesentlichen, v. Zallinger zähle bereits 50 Dienstjahre, habe 18 Druckschriften veröffentlicht, darunter praelectiones ex mathesi pura et applicata (mit Hofdekret vom 24. Juli 1793 Vorlesebuch) — ex mathesi elementari im Jahre 1807, ex physica theoretica et experimentali im Jahre 1805 etc., er sei unter Bayern nicht bloss, wie alle Universitäts-Professoren, sondern noch durch ein eigenes Diplom königlicher Rath geworden; er habe auch in der Seelsorge nicht weniger geleistet, als Geistliche mit ausschliesslicher Bestimmung zu derselben (er hinterliess 1238 gehaltene Predigten in Manuscript und hörte alle Sonn- und Feiertage in der Jesuitenkirche von 5 Uhr früh Beicht etc.). Man trage daher nicht bloss auf Pensionirung mit ganzem Gehalt (750 fl. R.-W.), sondern auf Auszeichnung mit einer goldenen Kette und Ehrencanonicat bei der Kathedrale in Trient an. — Alles wurde allerhöchst genehmigt und Zallinger am 3. Jänner 1816 feierlich von allen Professoren und Studenten zur kaiserlichen Burg begleitet, wo ihm der Gouverneur mit passender Anrede die Insiguien umhängte. Abends wurde er von den Studenten mit einer Cantate überrascht [1]. Bei seinem Tode am 2. Oktober 1828 waren noch 107 physisch-mathematische und 44 theologische Abhandlungen und sehr genaue meteorologische Beobachtungen von 50 Jahren vorhanden. Er war ein Mann, der seiner innern Grösse zu wenig äussere Achtung vor den Studenten verschaffte.

Der zweite ist Benitz Mayr, geboren zu Hall im Jahre 1759, Servit, im Jahre 1793 akademischer Prediger, im Jahre 1804 auch Professor der Religionslehre in der Philosophie und später auch von andern Fächern, namentlich der Aesthetik, Verfasser von einer Menge Gelegenheitsgedichten, allgemein hochgeachtet. Augenübel zwang ihn, zwei Jahre vor seinem Tode der Lehrkanzel, aber nicht ganz dem Predigen zu entsagen. Nebst vielen Gelegenheits-Reden wurden im Jahre 1839 sechs Bände seiner Predigten gedruckt. Er starb 1826. Auf Anregung des juridischen Studiendirektors Rapp wurde ihm durch Subscriptionsbeiträge seiner vielen Freunde und Verehrer mit einem Kosten von 225 fl. R.-W. in der Jesuiten-Kirche ein Monument in schwarzem Marmor aufgestellt [2], der erübrigte Beitrag von

---

1) Verfasst von Professor Benitz Mayr, worin Zallinger als Architas von Tirol geschildert wird, dem z. B. Gold das schwerste Metall, Ruhm in der Luft ein Wiederhall sei etc. Vgl. übrigens die Schrift Dipauli's: „Meteorologische Beobachtungen von 50 Jahren von Franz v. Zallinger. Nach des Verfassers Tode herausgegeben mit einer Biographie desselben und biographischen Nachrichten von seinen Brüdern Jakob und Johann und von ihrem Verwandten Joseph v. Zallinger. Innsbruck 1833."

2) Vgl. Bote von Tirol vom Jahre 1828. Nr. 100. Die Tafel hat die Aufschrift:
D. O. M.
Honori et virtuti
Philippi Benitii Mayr

von 1500 fl. Conventions-Münze aber zu einem Stipendium für Studirende verwendet. —

§ 179.

Die schon in frühern Zeiten eingeführten Massregeln, den Fleiss und die Sittlichkeit der Studirenden zu befördern, hatten auch in dieser Zeit einen entsprechenden Erfolg. — Bei dem Fleisse der Schüler war auch ihr Fortgang entsprechend, ja die Hofstelle rügte in Erledigung der vom Jahre 1817—18 vorgelegten Prüfungsakten in jenen der Theologie die zu guten Fortgangsnoten. Jedoch wurde im Finalberichte vom Jahre 1814 vom Rektor bemerkt, dass am Gymnasium zu Trient kein Buchstaben Griechisch und das Griechische auch in Bozen sehr wenig betrieben werde, daher für die dorther kommenden Schüler ein griechischer Anfangs-Unterricht zu ertheilen wäre. Ueberhaupt bitte man um bestimmte Vorschrift, inwiefern die zu Trient gemachten philosophischen und theologischen Studien zur Aufnahme in das hiesige Lyceum als geltend angesehen werden können.

In disziplinärer Hinsicht kam unter dem 15. Jänner 1817 ein Polizei-Erlass an den Lyceal-Rektor, in welchem vorkommt, dass die Studenten in der Kirche ihren Rücken gegen das Hochwürdige kehren, lachen, schwätzen, Mädchen stören, — dann dass sie halbe Tage und Nächte bei Billard, Caffee- und Wirthshäusern sich aufhalten, wogegen Massregeln zu treffen seien. Der Rektor gab den Erlass durch einen Anschlag an der schwarzen Tafel den Studenten mit der Bemerkung kund, dass er seit 8 Jahren immer das Betragen der Studirenden gerühmt, jetzt aber diese Zuschrift erhalten habe. Er gebe sie, um die Ehre der Lehranstalt zu behaupten und den grössten Theil der Akademiker von der Ansteckung einiger Nichtswürdigen zu bewahren — mit der Erklärung kund, dass ein Studirender, der sich in erster Beziehung eines Vergehens schuldig machen sollte, beim ersten Falle von allen Lehranstalten ausgeschlossen werde, und dass in zweiter Beziehung die Disziplinar-Vorschriften werden gehandhabt werden, nach welchen auf diese Vergehen die Strafen der Incarceration, Entlassung etc. gesetzt sind, die auch unnachsichtlich folgen werden.

Andere Exzesse ergaben sich selten. In der Nacht vom 24. auf 25. April 1816 nach einem „Vale" auf die Abreise eines Juristen nach Wien wurden Studenten,

---

Nati Halae XVI Cal. Jan. A. C. MDCCLX
Oenip. Ordinis Serv. B. V. M. adscripti
In hujate caesarea Universitate
Phil. A. A. L. L. ac Doct. Relig. Prof. p. o.
Lustris VI et ultra in hac aede
Oratoris longe facundissimi.
qui
Ingenio, Eruditione, exemplo
Professa in Egenos liberalitate
Consilio ubique praesenti
De Iuventute, Urbe, Patria
Optime meritus
Bono publico vixit, non sibi.
Pie ob. XVII Cal. Jul. A. MDCCCXXVI.
Miro sui desiderio relicto
Tanti viri memoriae
Senatus academicus
Aere amicorum pietate conluto
Stipe quoque liter. inde condito
Hoc monumentum in luctu P. F.

vom Sternwirth nach Hause gehend und sich bei der Annasäule Personen, die sie für Studenten hielten, nähernd, mit Schimpfworten — „Philister, Bettelstudenten, Suppenpumper" begrüsst, was eine Rauferei mit Verwundung zur Folge hatte, die ein Offizier von der nahen Hauptwache bald zu Ende brachte. Da der Verwundete keine Genugthuung forderte, ward die Sache auf Verhör mit Verweis und Warnung abgethan. — Im Jahre 1822 zog „eine Nachäffung der Burschenschaften an deutschen Universitäten", wie sich die Präsidial-Eröffnung vom 14. Juni 1822 ausdrückte, einigen Studenten einen mehrmonatlichen Untersuchungs-Arrest und nach dem Schlusse derselben noch Incarcerirung mit Fasten zu. — Solche Verbindungen kamen in Innsbruck seit dem Bestehen der hohen Schule, so viel bekannt, nicht vor, wenn man nicht die Büberei vom Jahre 1793 (§ 148) hieher rechnen will. Auch fielen die in dieser Zeit jährlich dem Gubernial-Präsidium zu machenden Anzeigen wegen Spuren geheimer Verbindung sonst immer, so viel bekannt, negativ aus [1].

Die Unterstützung der Studirenden durch Stipendien musste erst wieder geordnet werden, da die Umsetzung des österreichischen Goldfusses (Conventions-Münze) in den bayrischen 24 fl.-Fuss (Reichswährung) bei dem Wechsel der Regierung, dann die Reduzirung der Landesschuld bei der Theilung Tirol's im Jahre 1810 auf 64 Prozent, die österreichischen Finanz-Operationen vom Jahre 1811 angefangen, endlich selbst die veränderte Verwaltung der Fonde der bei den öffentlichen Kassen und zum Theil auch bei Privaten angelegten Kapitalien einen andern — im Durchschnitte viel kleinern Werth [2]), sohin auch ein kleineres Erträgniss gaben, und überdiess manche andere Verwirrung herbeigeführt hatten [3]).

Die fortgesetzten Bemühungen des Guberniums und der Staatsbuchhaltung, die Stipendien zu liquidiren und zu ordnen, gaben das Resultat, dass die Renten des theresianischen Fonds statt früher mit 8910 fl. 26 kr. nun mit 4300 fl. — kr.,
Nikolaihaus-Fonds „ „ „ 4839 fl. 56 kr. „ „ 2530 fl. — kr.,
Regelhaus-Fonds „ „ „ 758 fl. — kr. „ „ 457 fl. — kr.,
Hallerdamenstifts-Fonds „ „ „ 404 fl. — kr. „ „ 250 fl. — kr.,
erschienen, wonach denn auch die Stipendien verkleinert werden mussten, so dass

---

1) Es ist bekannt, dass der deutsche Bund damals über Universitäten Gesetze zu erlassen fand, wie unter dem 20. September 1819, dass Professoren, welche verderbliche der öffentlichen Ruhe und Ordnung oder die Grundlage der bestehenden Staats-Einrichtung untergrabende Lehren verbreiten, ohne anderweitige Anstellung entlassen, Theilnehmer von geheimen Gesellschaften zu keinem Amte zugelassen werden etc. — Das Fest an der Wartburg am 18. und 19. Oktober 1817, der Mord Kotzebue's durch Sand am 23. März 1819 etc. rechtfertigten dergleichen Massregeln etc.

2) Vgl. § 182 Note.

3) Unter dem 26. November erwiederte die Hof-Commission auf eine Anregung wegen Stipendien-Verleihung, die Renten des im Inlande anliegenden theresianischen Stiftungsfondes betragen nach der Reduktion von 64 Prozent noch 3458 fl. 48 kr. Die Passiven 979 fl. 56 kr., die Retardaten 1098 fl. 3½ kr., sohin der Ueberschuss nur 1380 fl. 49½ kr. Die Renten des gemeinen Stipendienfondes betragen 887 fl. 48 kr., die Passiv-Vorschüsse 490 fl. 11 kr., die Retardaten 447 fl. 20 kr., zusammen 937 fl. 13 kr., wonach sich ein Passivum von 49 fl. 25 kr. zeige. Zudem sei die Zinsflüssigkeit aus dem Schuldentilgungsfond ungewiss. Es könne daher in diesem Jahre keine Stipendien-Verleihung stattfinden. Auch wäre das Stipendien-Vermögen zum Unterhalt der Innsbrucker-Lehranstalten verwendet worden, und die Liquidirung der in Wien angelegten Kapitalien werde nicht so bald in das Reine gebracht werden. Doch sprach ein Commissions-Erlass vom 3. Dezember 1814 aus, dass Familien-Stipendien, deren Fonde bei öffentlichen Kassen anliegen, nach Gerechtigkeitspflicht bezahlt werden sollen, wie denn im Jahre 1815 auch einige öffentliche Stipendien verliehen wurden.

vom Theresianum 18 Stipendien à 300, 250 und 200 fl., vom Nikolaihaus-Fond
14 Stipendien, vom Regelhaus 13, vom Hallerdamenstift 5 Stipendien bestanden [1]).
Ausser dem Mayr'schen Stipendium (§ 177) entstanden durch den im Jahre
1821 verstorbenen Grafen Friedrich Trapp 6 Stipendien à 60 fl. R.-W. für Theologen des ehemaligen Gräfl. Trapp'schen Gerichtsbezirkes und im Jahre 1822 durch
die Tiroler-Landschaft 8 Stipendien (2 für Theologen à 200 fl., 2 medizinische
und 2 polytechnische à 200 fl., endlich 2 für Künstler à 400 fl.); die ständisch-
theologischen wurden jedoch, soviel bekannt, niemals verliehen, weil das theologische
Studium in Innsbruck aufhörte und die Theologen ohnehin vom Religionsfonde eine
so bedeutende Unterstützung genossen, auch das Trientner- und Brixener theologische Studium kein öffentliches ist. Eben desswegen wurden den Theologen auch
keine andern öffentlichen Stipendien verliehen, und sie geniessen nur solche Stipendien, die ausdrücklich für Theologen gestiftet, oder als Familien-Stipendien etwa an
solche vergeben oder belassen wurden.

Die Zahl der Studenten war im Jahre 1823 — dem letzten mit allen vier
Studien-Abtheilungen — 373 (190 Philosophen, 50 Theologen, 97 Juristen und
36 Mediziner), und nahm, da sich ihre Zahl in der Philosophie und Jurisprudenz
vermehrte, auch in den folgenden Jahren ungeachtet der aufgehobenen Theologie
nicht nur nicht ab, sondern vermehrte sich [2]).

§ 180.

Die Lehrmittel hatten sich nach dem Jahre 1809 unter Bayern keiner Theilnahme zu erfreuen.

Die physikalisch-mathematischen Kabinete blieben in ihrem Stande, sowie das
Naturalien-Kabinet, und erhielten unter Oesterreich wieder eine Dotation. Professor
Albaneder regte auch die Zurückstellung des medizinisch-chirurgischen Kabinetes
von Salzburg an (§ 164), wovon mir der Erfolg nicht bekannt ist.

Die Bibliothek hatte nach Angabe des Rektors und Bibliothekars Bertholdi
im Jahre 1815 eine Bücherzahl von 26,777 [3]), obschon nach seiner Bemerkung
kein einziges Pflichtexemplar neu gedruckter Werke an sie abgegeben worden war.
Die Abgabe dieser Pflichtexemplare an die Bibliothek wurde auch von Oesterreich
unter dem 16. Okt. 1815 von der Polizeihofstelle und unter dem 17. Jänner 1816
von der Studien-Hof-Commission aufgetragen. Dagegen wurde nach der Wiederherstellung der Klöster und Stifte die Zurückstellung der von ihnen an die Bibliothek abgelieferten Werke [4]) ausgesprochen, unter dem 2. November 1815 die Verfassung eines Verzeichnisses dieser Bücher und unter dem 22. Februar 1826 sich
auf die wirkliche Zurückstellung bereit zu halten befohlen (§ 193) [5]).

---

1) Vgl. §§ 124, 148 und Zeitschrift des Ferdinandeums vom Jahre 1829 und
1830, wo die Resultate der schon in frühern Jahren geschehenen Liquidirungen etc.
angegeben werden. — Doch werden vom Nikolaihause manche Familien-Stipendien ausgeschieden. — Die Stipendien-Vorschriften wurden in eine Verordnung zusammen-
gefasst, die unter dem 21. Februar 1820 vom Gubernium durch den Druck öffentlich
bekannt gemacht wurde.

2) So waren z. B. im letzten Jahre des Lyceums (1826) 295 philosophische (35
mehr als im Jahre 1825), 200 juridische (27 mehr als im Jahre 1825) und 57 medizinisch-chirurgische — also zusammen 552 Schüler, nebst 13 Hebammen.

3) Diese Zahl scheint zu klein, nachdem so viele Werke von Stiften und Klöstern an die Bibliothek abgeliefert worden waren.

4) Sie sollen sich auf mehr als 20,000 Bände belaufen haben.

5) Bis zum Jahre 1816 wurde ein bei Mauls gefundener und vom Bibliothekar
Wikosch vindicirter Mitrastein von alterthümlichem Werthe in der Bibliothek aufbewahrt, dort aber auf hohen Auftrag nach Wien abgeliefert.

Eine förmliche neue Organisirung des Bibliotheks-Personals etc. erfolgte mit der a. h. Entschliessung vom 12. August 1820 dahin, dass wieder ein eigener Bibliothekar mit einer Besoldung von 800 fl., dann ein Scriptor mit 400 fl. und ein Diener mit 250 fl. aufgestellt, die Dotation von 300 auf 500 fl. erhöht und zur Besetzung der Bibliothekar-Stelle der Konkurs ausgeschrieben und Bericht über das Lokale erstattet werde. — Ueber letztern Punkt wurde mannigfaltig berathen, mit dem endlichen Resultate, dass mit Studien-Hof-Commissions-Dekrete vom 6. Februar 1822 die Dachbedeckung mit Steinplatten, Herstellung einer Gibelmauer, mit Eisenblech beschlagene Fensterladen, und ferner unter dem 5. Okt. 1822 noch überdiess eine Tragspritze unter dem Dache, alle 14 Tage Reinigung der Kamine des Gebäudes, Ueberwerfung der hölzernen Oberladen mit starkem Mörtel und Verbindung eines Blitzableiters auf diesem Gebäude mit dem Blitzableiter auf der nahen Kirche anbefohlen wurde. Als Bibliothekar aber wurde unter dem 5. Oktober 1822 der bisherige Geschichtsprofessor Albertini a. h. ernannt.

Andere Verordnungen, wie über Anschaffung von Büchern nach Antrag der Studien-Abtheilungen und Genehmigung des Guberniums, über Ausleihen der Bücher, Final-Bericht, Rechnungslegung über Dotation u. s. w. blieben in Wirksamkeit.

§ 181.

Um diese Zeit entstanden manche andere Anstalten, welche auf die Innsbrucker hohe Schule wenigstens nicht ganz ohne Einfluss und Bedeutung waren.

Die unter Bayern ganz aufgehobenen oder reduzirten oder umgestalteten Gymnasien Hall, Brixen, Bozen, Meran, Roveredo und Feldkirch wurden wieder hergestellt und vermehrten die Studentenzahl.

In Brixen und Trient wurde das theologische Studium ganz nach österreichischem Fusse organisirt und unter die Aufsicht des geistlichen Referenten bei dem Gubernium als Direktor gestellt, der dasselbe alle drei Jahre auch zu untersuchen hatte, was aber nur einmal geschah und nachher aufhörte. In Trient wurde auch die Philosophie als öffentliches Studium errichtet. — Auch die Stifte und Klöster erhielten nach und nach wieder theologische Studien, über welche die nächste Aufsicht das Ordinariat — gewöhnlich durch die Ortsdekane als Commissäre führte, die jedoch alle drei Jahre vom Studien-Referenten des Guberniums nach einer eigenen Instruktion untersucht, übrigens gleich den öffentlichen Studien bezüglich geprüfter Lektoren, vorgeschriebener Vorlesebücher, Vorlage der Kataloge, Berichte, auch Thesen eingerichtet sein mussten. Die Franziskaner und Kapuziner erhielten im Jahre 1819 auch die Bewilligung zu einem philosophischen Haus-Studium unter gleicher Modifikation, jedoch ohne Einsendung von Thesen etc.

Unter dem thätigen Guberneur Graf Chotek (vom Jahre 1819 bis 1826) entstanden in Innsbruck auch andere Institute.

Hierher gehört vorzüglich das Nationalmuseum (Ferdinandeum, nach dem Namen des damaligen Kronprinzen) zur Sammlung und Aufbewahrung von allem in Tirol artistisch, technologisch, geschichtlich und statistisch Interessanten und Merkwürdigen, dem im Jahr 1824 mehrere Lyceal-Lokalien zu seinen Sammlungen gegen eine kleine Vergütung überlassen wurden [1]).

---

1) Im Jahre 1837 erhielt es durch Kaiser Ferdinand 20,000 fl. und von den Tiroler Ständen 15,000 fl. zur Aufführung des dermaligen Lokales, und nach dem Tode des thätigen und geschickten Vorstandes Alois Dipauli im Jahre 1839 dessen um 6000 fl. vom hohen Aerar gekaufte Bibliotheca Tirolensis zur Aufbewahrung. Die Erhaltung der Anstalt geschieht durch bestimmte Beiträge der Mitglieder.

Ein anderes Institut ist der Musikverein, dessen Statuten schon unter dem 14. April 1819 von der Polizei-Hofstelle genehmiget wurden. Auch er erhielt zu seinen Uebungen Anfangs Lokalien im Lyccalgebäude, die er später wegen Störung der Lektionen verlassen musste, seine Uebungen aber in einem Lokale des Theresianums fortsetzte. Er leistete Aushülfe bei dem akademischen Gottesdienst, wozu Musik-Stipendisten [1]) die Verbindlichkeit auferlegt und von der Kirchen-Dotation eine Vergütung geleistet wurde. Er gab auch Gelegenheit zum Musik-Unterricht für Studirende und besteht noch fort.

Auch der landwirthschaftliche Verein — aus der ehemaligen Ackerbaugesellschaft entstanden — wurde neu organisirt. Er hatte Mitglieder und Filialen in ganz Tirol und eine Dotation von der tirolischen Landschaft, und kam mit dem Lyceal-Unterricht über Landwirthschaft in Verbindung, gab auch eine Zeit lang eine Zeitschrift heraus etc. — Dieser und der vorige Verein wurden ebenfalls grossentheils durch zahlende Mitglieder erhalten.

Die Regulirung der Armenanstalt im Jahre 1820 durch eine eigene Commission mit Beiträgen — auch statt der Neujahrs- und Namenstags-Gratulationen und durch Subscriptionen unter Aufhebung des Bettels auf Grund einer a. h. Entschliessung vom 17. Febr. 1816 — nahm auch die Lyceal-Professoren in Anspruch, unterstützte arme Studenten, die aber ihre Armuth mit Zeugnissen belegen mussten; dagegen sollte nach einer Gubernial-Verordnung vom 3. April 1822 kein Student in die Philosophie eintreten dürfen, ohne seine Unterhaltsfähigkeit auszuweisen.

Das Censurgeschäft nach früheren Verordnungen leitete der Studien-Referent des Guberniums, der den Professoren, aber auch andern geeigneten Männern Werke zur Censurirung mittheilte. Das Bücher-Revisions-Amt übernahm im Jahre 1819 der juridische Professor v. Mersi, der im Jahre 1822 den Titel: „kaiserlicher Rath", übrigens für das Geschäft eine Remuneration erhielt.

§ 182.

Die Lyceal-Kirche stand unter Bayern unter der Stiftungs-Administration, welche keine besondere Aufmerksamkeit auf dieselbe verwendet zu haben scheint; wenigstens machte die Baudirektion im Jahre 1817 dem Gubernium die Anzeige, dass die nöthige Aufsicht fehle und das Gebäude Schaden leide. Im Jahre 1819 ging diese Aufsicht wieder auf den Lyceal-Rektor über, der in technischer Beziehung die Baudirektion zu benützen hatte und die nothwendigen Reparaturen mit den Voranschlägen bei dem Gubernium beantragte, das sie mit der Kostenbestreitung aus dem Religionsfonde ausführen liess.

Schon im Jahre 1816 hatte der Rektor dem Gubernium angezeigt, dass die Stiftungen an der Kirche seit 11 Jahren unpersolvirt seien und dass zur Besorgung der Gottesdienste etc. ein Kirchpropst aufzustellen sein dürfte, was auch unter dem 2. Mai 1816 in der Person des Professors Craffonara geschah. Das Einkommen der Kirche, zu deren Unterhalt im Jahre 1792 (§ 127) 700 fl. Dotation angewiesen wurden, die man im Jahre 1798 auf 952 fl. 20 kr. vermehrte, bestand in 838 fl, 37½ kr. [2]). Unter dem 4. Dezember 1817 wurde

---

1) Aus dem Nikolaihaus-Fonde (§ 148).

2) Nach einem Bericht der Provinzial-Staatsbuchhaltung vom 18. Juni 1839 an das Gubernium hatte die Kirche beim Uebergang Tirol's an Bayern an Kapitalien 7400 fl. à 3½ Prozent bei der Schwazer Kreditskasse und 14,869 fl. Tirol.-W. à 4 Prozent bei der Tiroler Landschaft (wahrscheinlich für Stiftungen) angelegt. Diess machte zusammen 19,909 fl. 31 kr. C.-M. Das Kapital der Kreditskasse reduzirte Bayern auf

wieder diese frühere Dotation gegen Verrechnung flüssig gemacht. Nach Craffonara's Uebersiedlung als Professor nach Brixen übernahm das Kirchenpropstamt der Gymnasial-Präfekt Schnitzer, dem unter dem 30. Jänner 1827 die Religionsfonds-Dotation auf 791 fl. 22 kr. herabgesetzt wurde, da sich bei der Rechnungslegung Ueberschüsse gezeigt hatten.

Der akademische Gottesdienst an Sonn- und Feiertagen mit der Predigt vom Religionslehrer der Philosophie ging, nachdem Mayr von den Pfarrpredigten unter Oesterreich frei wurde, gleichmässig fort.

§ 183.

Die zweite Aufhebung der Universität schlug ihr, wie aus dem Gesagten (§ 164) erhellt, eine Wunde, dergleichen sie seit ihrer Errichtung niemals getroffen hat. Sie wurde nicht nur ihrer Vorrechte beraubt, sondern verlor das erste Mal die zwei Unterrichts-Abtheilungen für Medizin und Jurisprudenz durch 8 Jahre gänzlich und erhielt dieselben später nur mehr im verkümmerten Masse zurück. Aber empfindlicher war noch der unerwartete Schlag der gänzlichen Aufhebung der theologischen Facultät im Jahre 1823, die wohl zum Theil eine Folge der seit mehr als 50 Jahren zwischen der Universität, resp. der theologischen Facultät, und den Ordinariaten — namentlich dem Ordinariate Brixen — bestandene Spannung gewesen sein mag, nach den amtlichen Akten aber Folge des geltend gemachten Grundsatzes war, dass die Theologen unter den Augen des Bischofs in Seminarien gebildet werden sollen, was in Innsbruck, wo kein Bischof ist, nicht geschehen konnte. Die Aufhebung der theologischen Facultät, die seit der Errichtung der Universität immer wenigstens als eine der vorzüglichsten und meistens als die vorzüglichste Facultät galt, beraubte die Provinz Tirol des Mittels, im Lande zu theologischen akademischen Würden zu gelangen, die nun ausser der Provinz, vorzüglich in Wien, gesucht werden mussten, wo im Jahr 1817 im Geiste des Centralisations-Systems das höhere Bildungs-Institut für Weltpriester errichtet worden war [1].

Für auswärtige Studirende konnte die Lehranstalt nun gar keinen Reiz mehr haben, da an jeder höhern Lehranstalt erreicht werden konnte, was Innsbruck darzubieten vermochte. Aber auch die Landeskinder, welche in der Medizin oder Jurisprudenz höhere Kenntnisse oder akademische Grade erlangen wollten, mussten sich an andere Institute begeben, was vorzüglich von den Südtirolern geschah, die auch die deutsche Unterrichts-Sprache vom Besuche der Innsbrucker Lehranstalt abschreckte. Durch die Professoren wurden die Studirenden wohl auch nicht ange-

---

3700 fl. mit 129 fl. 30 kr. Interessen, das Vermögen der Tiroler Landschaft wurde im Jahre 1805 in die Staatsschuldentilgungskasse nach Wien gebracht und die Interessen durch das Finanzpatent vom Jahr 1811 auf 2½ Prozent Einlösungsscheine à 497 fl. 44¼ kr. oder 199 fl. 7½ kr. C.-M. herabgesetzt, daher beide Kapitalien nur mehr 328 fl. 37½ kr. C.-M. ertrugen. Da aber die Kirche für Opferwein, Licht, Oel, Hostien vermöge Stiftungen Naturalbezüge unter den Jesuiten erhalten hatte (vgl. § 127), welche auf jährlich 510 fl. C.-M. berechnet wurden, so betrug das ganze jährliche Einkommen 838 fl. 37½ kr.

Welche Aenderungen mit den Stiftungen vorgingen, ist mir unbekannt, jene des Hypolit de sanctissimo wurde an die Pfarrkirche übertragen, von der Rutroff'schen der ganze Betrag zu hl. Messen überlassen.

[1] Freilich wurde nun bei Beförderungen, welche früher das theologische oder kanonische Doctorat forderten, z. B. selbst bei Ernennungen zu Bischöfen, auf dieses Requisit nicht mehr gesehen. Auch waren die theologischen Doctorirungen in Innsbruck nie sehr zahlreich, obschon die Theologie unter Oesterreich selbst am Lyceum Facultät blieb, sohin das Recht der Ertheilung des Doctorats hatte.

zogen; denn manche der älteren Professoren waren entmuthigt, wie die an der frühern Universität angestellten theologischen etc., oder schon gealtert, wie der Mathematik-Professor v. Zallinger und der Religions-Professor Mayr. Andere waren Neulinge, die sich, wie z. B. Ambros Stapf, erst einen Ruf verschaffen mussten, oder bei einiger Auszeichnung bald ehrenvollere und einträglichere Posten erhielten, wie der Physik-Professor Ethingshausen, der Chirurgie-Professor Wattmann etc.

Neunter Abschnitt.

Die Universität von ihrer zweiten Wiederherstellung bis zum Jahre 1848.

§ 184.

Wie die zweite Hälfte der Regierung des Kaisers Franz und die Regierung des Kaisers Ferdinand bis zum Jahre 1848 so ruhig verfloss, wie keine andere so lange Periode der österreichischen Monarchie, so war auch das Studienwesen überhaupt und insbesonders die Universität Innsbruck so wenigen Veränderungen ausgesetzt, wie in keiner der frühern Perioden, selbst die erste kaum ausgenommen. Alles ging nach der einmal getroffenen Einrichtung fort. Bloss das medizinische Studium machte eine kleine Ausnahme (§ 192). Neue organische Gesetze wichtiger Art und grössern Umfanges wurden nicht gegeben, wohl aber die bereits bestehenden öfter mit kleinen Abänderungen erneuert, oder auch in umfassenden Erlassen zur Uebersicht gebracht. Etwaige neue Verordnungen waren meistens von keinem grossen Einfluss. Man darf jedoch nicht glauben, dass man die damalige Studien-Einrichtung für ganz ausgezeichnet und über alle Verbesserungen erhaben ansah; vielmehr wurde selbst bei den höchsten Studien-Behörden für alle Facultäten an neuen Studienplanen gearbeitet, die man aber nicht vereinzelt, sondern im organischen Zusammenhange nach gänzlicher Vollendung aller Plane mit zweckmässiger Zusammenstimmung und Abfolge einführen wollte [1]). Aber dem kam das Jahr 1848 zuvor.

Bei dieser Beschaffenheit des Studienwesens in dieser Periode kommt von der hohen Schule zu Innsbruck in dieser Zeit um so weniger Vieles anzuführen, als die Studien an allen Lehranstalten gleicher Kategorie in der ganzen österreichischen Monarchie auf gleichem Fusse eingerichtet waren und diese Einrichtung aus gedruckten Werken [2]) entnommen werden kann, aus welchen allgemeine Anordnungen,

---

1) Vgl. Kink I. c. S. 627 ff.
2) Man sehe: Unger, systematische Darstellung der Gesetze über die höhern Studien in den gesammten deutsch-italienischen Provinzen der österreichischen Monarchie. 2 Theile. Wien 1840. — Barthenheim, Oesterreich's Schul- und Studienwesen. Wien 1843

die ohnehin in der Hauptsache den frühern grossentheils gleich blieben, anzuführen wenigstens dann überflüssig wäre, wenn sie nicht besonders charakteristische Bestimmungen enthalten.

Es wird daher nur die Wiederherstellung der Universität, dann Weniges über ihre Einrichtung und Schicksale bis zum Jahre 1848 anzuführen sein.

§ 185.

In den a. h. Entschliessungen über die Berichte in Bezug auf die hohe Schule in Innsbruck war nirgends ausgesprochen, dass keine Universität in Innsbruck hergestellt werden soll, sondern immer nur der Mangel an Fonds hiezu zur Sprache gebracht. In Folge der § 170 angeführten a. h. Entschliessung vom 10. September 1819 reichte der Lyceal-Rektor (Albaneder) unter dem 20. Februar 1820 eine neue Bitte um die Universität ein, die auch durch eine Vorstellung der tirolischen Stände verstärkt wurde, auf welche mit Studien-Hof-Commissions-Dekret vom 10. Jänner 1823 die a. h. Entschliessung erfolgte, den Ständen zu bedeuten, die Umstaltung des Lyceums in eine Universität könne nur stattfinden, wenn sie im Stande sein würden, die hiezu nöthigen Fonds ohne Beschwerung der Contribuenten und des Staatsschatzes aufzubringen. Unter dem 25. Jänner 1825 erfolgte ein neues Einschreiten des Lyceums, in welchem auf Collegiengelder, Erträgnisse der nicht wiederhergestellten Stifte Gries und Welschmichel, auf die im Jahre 1792 bewilligten 8358 fl. 58 kr. hingewiesen, übrigens der Mehrbetrag zu einer Universität nach dem Muster von Prag auf 11,968 fl. 20 kr. (für die juridische Facultät mit 1200 fl., für die philosophische mit 1400 fl., für die medizinische mit 9363 fl.) berechnet wurde. Die Stände und das Gubernium unterstützten das Gesuch wieder kräftigst mit Gründen, die vorzüglich von der Stiftung des Kaisers Leopold auf die Haller Salinen, von den Bedürfnissen des Landes, von der Aufhebung der Universität lediglich in Folge des Patriotismus für Oesterreich, von den geringen Mehrkosten etc. hergenommen waren, wobei auch die Verbindung des theologischen Studiums in Brixen mit der Universität zu einem Ganzen in Anregung kam. Diess hatte endlich die a. h. Entschliessung vom 27. Jänner 1826 zur Folge, mit welcher das Innsbrucker Lyceum zu einer Universität mit dem Rechte, Doctoren der Philosophie und der Rechte zu kreiren, mit dem Beisatze erhoben wurde, dass es bezüglich des theologischen und medizinischen Studiums lediglich in dem dermaligen Zustande zu bleiben habe und hierdurch den Professoren kein Recht auf höhern Gehalt erwachse.

Das Institut der höhern Studien in Innsbruck mit zwei einzigen Facultäten — ohne theologisches und ohne vollständiges medizinisches Studium, mit dem Rechte, nur in zwei Studien-Abtheilungen Doctoren zu kreiren, war sohin eine Universität eigener Art, wie sie vielleicht nirgends bestand. Sie hatte jedoch für die Provinz Tirol den Vortheil, dass der juridische Doctorgrad, welcher zu manchen Stellen, z. B. Fiscalamt, Advokatur, nothwendig war, im Lande selbst erworben werden konnte, für die Stadt Innsbruck aber den Nutzen, dass eine etwas grössere Konkurrenz der Studirenden erwartet werden durfte; für die juridischen und philosophischen Professoren endlich brachte sie die Emolumente für die Prüfungen und Promotionen der Doctoranden, die wenigstens für die juridischen Professoren nicht ganz unbedeutend waren, da sich doch manche Doctorats-Promotionen in dieser Facultät ergaben, während sie in der philosophischen Studien-Abtheilung äusserst selten blieben. — Der Staatsschatz wurde durch diese Erhebung der Lehranstalt zur Universität zunächst nicht beschwert. Die Kosten derselben betrugen jährlich bei 30,000 fl [1]). Sonst wurde in den Lokalien und im Fonde und in dessen Verwaltung durch diese neue Einrichtung nichts geändert und auch die Studiengegenstände erhielten keine wesentliche Vermehrung oder Veränderung.

§ 186.

Die nähern Bestimmungen über die Einrichtung des höhern Studiums zu Innsbruck, insbesonders in Bezug auf das neue Recht der Doctoren-Promotionen und auch in Bezug auf die Diplome des chirurgischen Studiums bestehen in folgenden:

Der Rektor wird per turnum aus den drei Studien-Abtheilungen jährlich von den Professoren gewählt und vom Gubernium bestätigt. Doctoren des Collegiums der Innsbrucker Universität haben dabei passives Stimmrecht. — Sohin wurden hierin die Professoren der medizinisch-chirurgischen Studiums, obschon diess keine Facultät bildete, doch den übrigen Professoren gleich gehalten. Eine Wahl auf einen Doctor, der nicht zugleich Professor war, konnte in dieser Periode nicht vorkommen, wie eine solche auch nach der ersten Organisirung der Universität niemals vorkam.

Der akademische Senat besteht aus dem Rektor, den Direktoren, Dekanen und Senioren der Studien-Abtheilungen, zusammen neun Individuen, — also mit Beschränkungen, wie sie durch die theresianischen Studien-Reformen eingeführt wurden.

Die Dekane der zwei Facultäten werden jährlich aus der Mitte der Facultäts-Professoren von allen Professoren der Facultät gewählt und dem Gubernium angezeigt.

Die Seele der einzelnen Studien-Abtheilungen blieben fortwährend die Direktoren, deren Wirksamkeit durch die Erhebung der Studien-Anstalt zur Universität nicht verändert wurde.

Das philosophische Doctorat fordert drei, das juridische vier rigorose Prüfungen und das letztere auch eine Disputation über 50 Thesen aus allen Fächern dieses Studiums, aber keine Dissertation.

Die Gegenstände der philosophischen Prüfungen sind Philosophie, Physik mit Mathematik und Geschichte. — In der Medizin wurde das Magisterium über Chirurgie und das Diplom für Hebammen ertheilt, wenn sich die Candidaten bei den Prüfungen dazu würdig zeigten.

Die Taxen für das philosophische Doctorat stiegen nicht auf 100 fl.

Das juridische Doctorat aber kostete 248 fl.

In dem medizinisch-chirurgischen Studium war für das Magisterium der Chirurgie der Betrag von 62 fl. 30 kr. und für das Befugniss der Hebammen 21 fl. 50 kr. zu bezahlen [2]).

---

1) Im Jahre 1847 waren die Kosten 31,262 fl., im Jahre 1849 aber 29,852 fl., in den frühern Jahren durchschnittlich etwas geringer.

2) So nach der Angabe des Universitäts-Notars. Einiges Nähere ist nach der nämlichen Quelle Folgendes:
a. In der Philosophie kostete jedes Rigorosum 14 fl. 30 kr. (davon bekam der Direktor 3 fl., der Dekan 2 fl. 30 kr., jeder der prüfenden Professoren — der Mathematik, Physik, Geschichte und Philosophie — 2 fl. 15 kr.) Für die Promotion bezahlte man 40 fl. 10 kr. (dem Rektor, Dekan und Promotor und jedem Professor 4 fl. 30 kr.). Die Gesammtkosten gibt der Notar mit 93 fl. 50 kr. an.
b. Im Rechts-Studium kostete: 1. jede rigorose Prüfung 38 fl. (9 fl. je dem Direktor und Dekan, zugleich Professor, und 4 fl. 30 kr. den vier übrigen Professoren, das Uebrige dem Pedell etc.); — 2. die Disputation 29 fl. (dem Direktor und jedem der

Das Diplom kostete sowohl in den zwei Facultäten, als für das Magisterium der Chirurgie 10 fl., die Hebammen aber bezahlten dafür 3 fl. 30 kr.

Nebenausgaben, z. B. für den Druck der Thesen etc., kommen hier nicht in Betrachtung.

§ 187.

Zur Feier der Restauration der Universität, welche nach a. h. Bewilligung nun Leopoldino-Francisca hiess, wählte man auf wiederholte Berathung der Professoren und Rücksprache mit dem Gubernium den 30. April, wo auch die Landstände in Innsbruck tagten. Für die diessfällige Feierlichkeit wurde jene über die erste Wiederherstellung der Universität im Jahre 1792 zum Vorbilde genommen. Der Lehrkörper erbat sich am Vorabende vom Gubernium förmlich die Erlaubniss hiezu und die Gegenwart des Guberniums etc. dabei; am Tage selbst holte der Lehrkörper die Landesstelle und die Mitglieder des ständischen Ausschuss-Congresses von der Burg ab. Um 10 Uhr ging der Zug (wegen schlechten Wetters durch die Lokalien des Theresianums und der Universität) in folgender Ordnung zur Universitätskirche: Notar, Professoren der Philosophie, Medizin und Rechtswissenschaft mit den Direktoren und dem Rektor, ständischer Ausschuss mit dem Landmarschallsamtsverwalter, Gubernium und zuletzt der Guberneur. — Beim Austritte aus dem Universitäts-Lokale zur Kirche bildete das bürgerliche Scharfschützen-Corps unter dem Oberschützenmeister Grafen Trapp Spaliere und liess die türkische Musik spielen. In der Kirche nahm am Presbyterium auf der Evangelien-Seite das Gubernium, auf der Epistelseite der ständische Congress, im Schiffe der Kirche der Lehrkörper etc. Platz. Das Veni Creator, Hochamt, Te Deum hielt der Prälat von Wilten unter Salven der bürgerlichen Scharfschützen. Nach der kirchlichen Feierlichkeit ging der Zug in der nämlichen Ordnung nach dem festlich geschmückten Redoutensaale, wo rechts das Gubernium, links die Stände, in der Mitte der Rektor, die Direktoren und Professoren, dann die Civil- und Militärbehörden, Adel und Geistlichkeit etc. Platz nahmen. Hierauf hielt der Studien-Referent Gubernialrath Sondermann eine Rede, auf die der Guberneur dem Rektor der Universität den Universitäts-Scepter überreichte und dieser (Professor Dr. Maurer) in einer Gegenrede dankte [1]). An diesem Tage gab der Guberneur Tafel, zu welcher der Universitäts-Rektor, die Direktoren etc. geladen waren; Abends war das Universitäts-Lokale durch die Akademiker beleuchtet und Fackelzug mit Musik vor der Wohnung des Guberneurs, Studien-Referenten, Landmarschallamts-Vertreters, Rektors und der Direktoren. — Am folgenden Tage (1. Mai) gab der Rektor seinen Vakanztag, den der Lehrkörper auch für die Zukunft auf diesen Tag festsetzte.

---

fünf Professoren 4 fl. 30 kr.); — 3. die Promotion 57 fl. (dem Direktor und Dekan je 9 fl., dem Promotor, zugleich Professor, 13 fl., jedem der übrigen vier Professoren 4 fl. 30 kr., Dekanatskasse 2 fl., Siegeltaxe 2 fl., Aktuar 2 fl., Pedell 1 fl., Thorsteher 30 kr. etc.).

c. Im medizinisch-chirurgischen Studium kostete 1. die Prüfung aus der Chirurgie 25 fl. (dem Direktor 9 fl., jedem der drei Examinatoren 4 fl. 30 kr., dem jüngsten Examinator 3 fl. 30 kr.); — 2. die Prüfung aus der Geburtshülfe 13 fl. 30 kr. (dem Direktor, Professor des Faches und der Chirurgie je 4 fl. 30 kr.); — 3. die Promotion (Eidesgelobung) 14 fl. — Die Prüfung für Hebammen kostete ebenfalls 13 fl. 30 kr., die Abnahme des Eides 3 fl. — Doch sollten arme Hebammen unentgeltlich geprüft werden. — Für 4 fl. 30 kr. kommt eigentlich 1 Dukaten, für 9 fl. 2 Dukaten etc. vor.

1) Beide Reden sind gedruckt in der Broschüre: Reformation der k. k. Universität Innsbruck, bei Wagner 1826, welche die Universität veröffentlichte, und deren Ertrag von 275 fl. 37 kr. (die Druckkosten betrugen 54 fl. 43 kr.) an die drei Studien-Abtheilungen der Universität und an den Gymnasial-Präfekt für arme Studenten vertheilt wurde. —

Zum Andenken an die Wiederherstellung der Universität wurde auch das Bildniss Seiner Majestät Franz I. von Arnold mit einer goldenen Rahme bewilligt [1]), und beide Facultäts-Dekane erhielten goldene Ketten mit dem Bildnisse des Kaisers (à 1232 fl. C.-M.). — Ein Diplom über Herstellung der Universität wurde nicht ausgefertigt, weil diese auch im Jahre 1792 nicht geschehen war. Es wurde aber festgesetzt, dass jährlich die Restauration mit feierlichem Gottesdienste und einer akademischen Rede gefeiert werde, wie eine solche Feierlichkeit auch am Anfang und Ende des Schuljahres nach Hofdekret vom 2. Dezember 1826 stattfindet. Die Sigille der Universität wurden theilweise verändert.

§ 188.

Wie schon bemerkt wurde, blieb die Studien-Einrichtung etc. in dieser Periode im Wesentlichen ziemlich unverändert; dessen ungeachtet erflossen doch hohe und a. h. Anordnungen über das Universitätswesen. — So wurde z. B. unter dem 4. April 1827 eine weitläufige Verordnung über das Privatstudium erlassen, das in der Philosophie und Rechtswissenschaft, aber nicht in der Medizin und Theologie erlaubt war; die Privatlehrer mussten vom Gubernium genehmigt, die Schüler in einer Facultät aufgenommen sein und dort wie öffentliche Schüler geprüft und in die Studien-Kataloge als Privatschüler eingetragen werden. Unter dem 9. Dezember 1837 wurden die Vorschriften über Konkursprüfungen zu Lehrämtern in einer Verordnung von 58 Paragraphen mitgetheilt; eine andere Verordnung vom 3. Juni 1839 enthielt das Normale über die Substitution bei Lehrämtern nach dem im § 171 angefürten Haupt-Grundsatze, aber mit sehr vielen anderen Bestimmungen über Dauer, Reisegebühren etc. Unter dem 8. Juni 1826 wurde eine ausführliche Weisung über die Folgen nachtheiliger Fortgangs- und Sittenklassen erlassen, nach welcher z. B. eine zweite Klasse in der Religionslehre und eine dritte in einem andern Obligatfach das Aufsteigen in eine höhere Studien-Abtheilung hindert, wenn die schlechte Klasse nicht durch eine wiederholte Prüfung reparirt wird.

Von kürzeren Verordnungen mögen zur Charakterisirung dieser Studien-Zeit noch folgende Vorschriften berührt werden. Nach der a. h. Entschliessung vom 1. Mai 1827 durften bis zur a. h. Entschliessung vom 27. November 1837, welche die vorige Entschliessung aufhob, auch bei Lehranstalten in näher bestimmten Graden Verwandte oder Verschwägerte in Subordinations-Verhältnissen nicht angestellt sein. Nach der a. h. Entschliessung vom 26. März 1728 waren den Professoren Privat- oder ständische Bedienstungen und Advokatur verboten, und nach der a. h. Entschliessung vom 19. September 1837 auch Domherren-Stellen — ohne a. h. Erlaubniss [2]). Nach der a. h. Entschliessung vom 9. September 1826 waren die Professoren in den ersten drei Jahren nicht stabil, und erst nach dieser Zeit spricht, und zwar die a. h. der a. h. Entschliessung vom 16. Juni 1832 die Anstellungs-Behörde, im Falle der Professor entsprochen hat, die definitive Anstellung aus. Nach der a. h. Entschliessung vom 28. Mai 1837 haben die Professoren genau nach ihren Vorlesebüchern vorzutragen, — eine Erneuerung der schon lange bestehenden Verordnung. — Ehrenbezeugungen der Direktoren, Professoren und Lehrer von Seite der Schüler durch Musik, gemalte oder in Kupfer gestochene Porträte u. dgl. waren im Geiste des a. h. Normals vom Jahre 1765 schon allerhöchst unter dem 15. Februar 1823 verboten. Nach der a. h. Entschliessung vom

---

1) Das Bildniss kostete 300 fl., die Rahme 61 fl. 45 kr. C.-M.
2) Professor Maurer hatte die Erlaubniss zur Advokatur früher erhalten, dem Professor Prokner, der sie nachher ansuchte, wurde sie abgeschlagen.

12. Juni 1832 kann 14 Tage nach Anfang des Studienjahres der Direktor, einen Monat die Landesstelle, zwei Monate die Hofstelle bei genügenden Verspätungs-Gründen Studenten zu den Studien zulassen. Ausländische Studien gelten nach der a. h. Entschliessung vom 27. Juli 1829 nicht, und nach der a. h. Entschliessung vom 7. Dezember 1825 sind Ausländern über 13 Altersjahre inländische Studien nur mit a. h. Bewilligung gestattet, was durch mehrere nachfolgende a. h. Verordnungen näher bestimmt wurde. Selbst Reisen der Studenten in das Ausland fordern die a. h. Bewilligung (a. h. Entschliessung vom 22. Sept. 1831), und wenn sie mit Eltern reisen, die Bewilligung des Landeschefs (11. Nov. 1833). Nur Theologen und Studenten mit Vorzugsklasse geniessen. die Befreiung vom Militär (a. h. Entschliessung vom 7. und 23. August 1830); beurlaubte Soldaten aber können ihre Studien fortsetzen (a. h. Entschliessung vom 23. August 1830), sind jedoch im Zeugniss als „miles in comeatu" aufzuführen (Studien-Hof-Commissions-Dekret vom 16. Juni 1832). Repetenten müssen alle Obligatfächer des Jahrganges wieder hören (a. h. Entschliessung vom 7. Mai 1829). — Beichtzwang findet bei Medizinern und Juristen nicht statt (a. h. Entschliessung vom 27. Dezember 1836). Der Grund einer zweiten Sittenklasse ist in dem Katalog anzugeben (St.-H.-C.-D. vom 29. April 1831). Der Professor hat die Unterlassung einer oder mehrerer Lektionen dem Direktor vorher schriftlich unter Angabe der Gründe anzuzeigen (St.-H.-C.-D. vom 2. Februar 1826). Von einer Lehranstalt ausgeschlossene Studenten sind allen betreffenden Studienanstalten des Inlands und wenn politische Verbindungen der Grund davon sind, den deutschen Regierungen durch die Gesandtschaften bekannt zu geben (a. h. Entschliessung vom 23. September 1827, 24. Juni 1837, vgl. § 179 Note). Bei Konkurs-Prüfungen ist auch die Tendenz der im Elaborate ausgesprochenen Lehren und Grundsätze, welche auf Gesinnung und Moralität schliessen lassen, zu berücksichtigen (a. h. Entschliessung vom 9. Januar 1827) etc.

Man wird aus den angeführten wenigen Verordnungen dieser Zeit sehen, wie genau anscheinende Kleinigkeiten selbst durch a. h. Entschliessungen bestimmt, wie sehr Professoren und Studenten gegen nachtheilige Grundsätze des Auslandes und in ihrer Pflichterfüllung überwacht waren, und wie sehr das ganze Studium nur für die österreichischen Staaten berechnet wurde.

§ 189.

An der Universität zu Innsbruck ging in dieser Periode im Allgemeinen Alles im geregelten Gange fort, ohne dass sich viel Besonderes zutrug. Nur ein Paar Ereignisse mögen angeführt werden, die einiges Aufsehen erregten.

Das erste betrifft die Universitätsfeierlichkeit bei dem jährlichen Restaurationsfeste, oder vielmehr die Reden bei derselben und bei den andern akademischen Festen, zu welchen das Gubernium auch immer geladen und von zwei eigens deputirten Professoren in den Fürsten-Chor zum Gottesdienste, dann in die Aula academica zu einer Festrede und nach derselben wieder in die Burg zurückbegleitet wurde. Im Jahre 1832 wurde der Universität vom Gubernium bemerkt, dass bei der Feierlichkeit so wenig Studenten erscheinen, und den akademischen Reden so viel möglich Einheit, innerer Gehalt und praktische Tendenz zu geben sei. Diese der Universität eben nicht schmeichelhafte Bemerkung hatte jedoch damals keinen weitern Erfolg. Allein im Jahre 1834 führte ein juridischer Professor beim Restaurationsfeste in seiner Rede, bei der auch Tiroler Stände gegenwärtig waren, unter Anderm an, dass die in Tirol nach dem Steuerfusse angelegten Wüstungen das Fünfzig-, ja Hundertfache der Grundsteuer betragen, was nicht nur zu einer Ahndung des

Gubernial-Präsidiums, sondern auch zu Erkundigungen über die Censur und Abhaltung solcher Reden Anlass gab. Von Wien erfolgte auf die Erkundigung des Guberniums die Aufklärung, dass dort jährlich nur zwei Reden, die nach Vorschrift der Direktor der bezüglichen Facultät vorläufig censurirt, gehalten werden. Das Gubernium theilte hierauf der Universität wohl die Vorschrift über vorläufige Censurirung dieser Reden, aber nicht den Umstand mit, dass nur zwei Reden gehalten werden müssen, und stellte zugleich die Frage, ob statt den Turnus nach den drei Studien-Abtheilungen, bei welchem am Restaurationsfeste, wo gewöhnlich die Landstände in Innsbruck tagen, immer die juridische Facultät die Festrede zu halten hatte, nicht ein anderer Turnus — etwa nach den Professoren in jeder Facultät — einzuführen wäre. Der akademische Senat erwiederte, dass nur zwei Reden in jedem Jahre zu halten sein dürften (worüber er nicht gefragt wurde), wobei dann der bisherige Turnus wohl fortbestehen könne. Da diess aber der hohen Anordnung vom 2. Dezember 1826 über Abhaltung von drei Festreden während des Schuljahres widersprach, so wurde Hofbericht erstattet, auf welchen die Studien-Hof-Commission unter dem 11. Jänner 1835 erklärte, dass die Rede am Schlusse des Jahres nicht allgemein vorgeschrieben sei und „bei wenigem Eifer und Talent der Professoren unterlassen werden könne", — eine Bemerkung, die natürlich an der Universität wenig Freude machte, aber doch die Unterlassung der dritten jährlichen Rede zur Folge hatte.

Ein zweites Ereigniss von wichtigerem Belange war das Betragen des philosophischen Religionslehrers und akademischen Predigers bei Gelegenheit einer juridischen Disputation behufs des Doctorats. Zu dieser hatte der Doctorand als fünfzehnte These den Satz aufgestellt: „Die Kirche kann keine trennende Ehehindernisse setzen." Der Religionslehrer hielt sich verpflichtet, unter dem 8. Jänner 1831 bei der bischöflichen Oberaufsichts-Behörde über diese Lehre eine Protestation einzureichen, die These als unwissenschaftlich, akatholisch, irreligiös zu bezeichnen und die Zurücknahme derselben unter Drohung der Anzeige an Seine Majestät zu verlangen. Da der juridische Direktor (Schrott) die Thesen nicht beanstandet hatte, weil ähnliche Thesen öfter ausgesetzt worden waren etc., sich jedoch vor der Disputation überzeugte, dass diese These nicht zur Sprache kommen werde, so fand die Disputation am 10. Jänner 1831 statt. Allein bei dem Anfang derselben erschien der Religionslehrer und verlangte stürmisch Aufschub der Disputation, gegen ein solches Scandal protestirend. Der Universitäts-Rektor (Suppan) erwiederte, der Gegenstand sei Sache des Direktors, daher sich der Religionslehrer an den juridischen Direktor wenden möge. Jener erklärte diesen nicht als seine Oberbehörde und verliess den Saal, ohne dass der Direktor etwas zu erwiedern fand, und die Disputation ging fort. Nach derselben wurde aber der Vorgang sogleich in ein Protokoll aufgenommen und vom Rektorate dem Gubernium vorgelegt. Vom Gubernium erhielt der Religionslehrer schon unter dem 11. Jänner einen derben Verweis mit der Drohung der Suspension im Wiederholungsfalle und mit der Anzeige des gleichzeitig erstatteten Hofberichtes. Diesen Bericht erledigte die Hof-Commission unter dem 28. Februar jedoch an das Gubernial-Präsidium damit, dass sie — den Vorgang sowohl in Beziehung auf die eingetretene Collission als insbesonders auf die gegenwärtigen Zeitverhältnisse und auf die Möglichkeit von nachtheiligen Folgen, welche derselbe herbeiführen könnte, als äusserst unangenehm bezeichnend — den Religionslehrer nur mit einem Verweise bestrafte, weil die Disputation doch ohne Störung vorging und keine unlautern Absichten zu erkennen seien. In Folge dieses Vorfalles wurden zu dergleichen Disputationen nicht mehr bestimmte Thesen, sondern nur Materien ausgesetzt, z. B. „über das Recht, trennende Ehehindernisse zu setzen '. Es ist nicht unwahrscheinlich, dass dieser Vorfall zu weitern Verhandlungen bei den Hofstellen etc. führte, da im Jahre 1834 Rechberger's Kirchenrecht, das bekanntlich auch im Eherechte die freien Grundsätze lehrte, als Vorlesebuch abgeschafft wurde.

Bei dem Dienstpersonale der Universität ergab sich am Anfange dieser Periode eine gänzliche Veränderung. Der Notar Mühlbacher musste im Jahre 1825 mit einem Gehülfen und auch mit Geld-Aushülfen unterstützt werden, bis er nach 53 Dienstjahren im Jahre 1829 in das Irrenhaus abgegeben und nach seinem im Jahre 1830 erfolgten Ableben auf Kosten des Spitals zu Innsbruck begraben wurde. Sein Nachfolger war der im Jahre 1827 als Gehülfe angestellte v. Atzwang. Dem im Jahre 1828 verstorbenen Pedell Brock folgte Hofer, und den bei zweifelhaftem Rufe pensionirten Thorsteher löste Nigg ab.

§ 190.

Gehen wir auf die einzelnen Studien-Abtheilungen über.

Der juridische Studienplan vom Jahr 1810 (§ 175) wurde auch in dieser ganzen Periode beibehalten, und nur hie und da ein anderes Lehrbuch für einzelne Fächer vorgeschrieben [1]), worunter wohl die schon erwähnte Entfernung des Kirchenrechts von Rechberg durch die a. h. Entschliessung vom 17. Jänner 1834 am merkwürdigsten ist und wahrscheinlich erfolgte, weil um diese Zeit auf den römischen Hof, dem die kirchlichen Grundsätze in Oesterreich seit den Zeiten Maria Theresiens und noch mehr Joseph's II. nicht angenehm waren, allerhöchsten Ortes mehr Rücksicht genommen, ja schon an einem Konkordate gearbeitet wurde.

Direktor dieses Studiums war nach der Versetzung des Gubernial-Raths und Kammerprokurators Rapp nach Linz im Jahre 1830 der Appellations-Rath Schrott zuerst provisorisch, dann mit a. h. Entschliessung vom 20. März 1831 definitiv, auf den im Jahre 1835 der Landrechts-, dann Appellationsgerichts-Präsident Jenull und im Jahre 1843 der Landrechts-Präsident Graf Alberti folgte.

Von den fünf bei der Restauration der Universität angestellten Professoren (Maurer, Mersi, Schuler, Prokner und Neupauer) blieb nur Prokner in dieser ganzen Periode auf seinem Posten. Im Ganzen traten acht Professoren ab, von denen zwei (Schuler und Mersi) pensionirt wurden, zwei (Maurer und v. Scari) als Professoren starben, die übrigen eine Beförderung, wenigstens auf ihr Ansuchen eine erwünschte Versetzung erlangten [2]).

Im Jahre 1838 erhielt diese Facultät ein neues Fach und einen neuen Professor für die Finanzwissenschaften an Geiger, Sekretär bei der Cameral-Gefällen-Verwaltung, der zuerst provisorisch mit 400 fl., aber später mit dem gewöhnlichen Gehalte eines juridischen Professors definitiv mit Resignation seiner frühern Stelle angestellt wurde.

Die Schülerzahl dieser Facultät kann durchschnittlich auf 130—140, die Zahl der jährlich Graduirten mit 10 angenommen werden.

---

1) Z. B. Zizius in der Theorie der Statistik, Hess in der Encyklopädie etc.

2) Am meisten wechselten die Professoren des Lehen- und Wechselrechts: nach Neupauer, der Handels- und Wechselgerichtsrath in Wien, dann Appellationsrath in Innsbruck wurde, kam im Jahre 1831 Wessely, im Jahre 1837 Koppel, im Jahre 1840 Kalesa, im Jahre 1843 Theser, der bei der Kanzel blieb, während seine Vorgänger auf ihr Ansuchen auf andere Universitäten versetzt wurden. Auf Schuler folgte im Jahre 1832 Koppatsch, auf Maurer, der im Jahre 1836 starb, im Jahre 1838 Waser, endlich auf den im Jahre 1842 pensionirten v. Mersi, der erst im Jahre 1861 starb, v. Scari aus Olmütz und nach dessen Tod im Jahre 1847 Kerer.

Uebrigens fand man allerdings den Studienplan für die Rechtswissenschaft hohen Ortes nicht ganz passend, da für die Wissenschaft als solche zu wenig und selbst für die künftige Bestimmung der Studenten als Beamte nicht ganz zweckmässig gelehrt wurde. Nach vielen Verhandlungen wurde im Jahre 1847 ein neuer Plan dieser Studien-Abtheilung zur a. h. Sanktion vorgelegt, der dahin ging, dem Unterricht eine den Forderungen der fortschreitenden Wissenschaften, dann den Bedürfnissen des österreichischen Dienstes entsprechendere Einrichtung zu geben, wozu man diess Studium in a b s o l u t o b l i g a t e für alle Juristen, in r e l a t i v o b l i g a t e (je nach Forderungen für den politischen, Justiz- und Cameraldienst), endlich in f r e i e Fächer eintheilte, nur eine Annualprüfung, jedoch unter dem Jahre nebst den Collegien auch Disputationen und selbst schriftliche Ausarbeitungen forderte, übrigens dem juridischen Professoren-Collegium in manchen Gegenständen beschliessende Macht unter Leitung des Direktors einräumte. Allein das Jahr 1848 kam um so mehr für die Genehmigung des Antrages zu früh, als man a. h. Ortes für eine einzelne Studien-Abtheilung einen Lehrplan nicht genehmigen wollte.

§ 191.

Auch in der philosophischen Facultät dauerte der Studienplan vom Jahre 1824 (§ 176) durch diese ganze Periode. Selbst die Vorlesebücher wurden wenig geändert [1]).

Als Direktor folgte im Jahre 1838 auf Buol der Gubernial-Rath v. Mensi.

Seit 1826 bis 1848 traten in der Facultät zwölf neue Professoren ein, alle auf Konkursprüfung, mit Ausnahme von Fuchs für die Naturgeschichte, der im Jahre 1847 hieher versetzt wurde. Am längsten blieb Friese Professor, bis er im Jahre 1847 nach Wien befördert wurde, nachdem er schon in Innsbruck eine Zulage von 200 fl. zu seinem Gehalte erhalten hatte. Auch die meisten andern von Innsbruck abtretenden Professoren wurden auf ihr Ansuchen versetzt oder befördert; bloss Jäger und Rost wurden als nicht entsprechend entlassen, Schwalt aber starb im Jahre 1838 als Professor [2]).

In den Nebenfächern trat mit der a. h. Entschliessung vom 17. Juli 1841 die Aenderung ein, dass der Professor der italienischen Sprache, Nowotny, der auf Vanzetta, wie dieser auf Pontara gefolgt war, auch die deutsche Sprache für Italiener, welche in Innsbruck studirten, zu lehren hatte, die dann im dritten Semester ihres hiesigen Studiums die Prüfungen in der deutschen Sprache machen mussten. Der Professor erhielt für diesen Unterricht zu seinem Gehalte von 500 fl. noch

---

1) In der Physik wurde statt Baumgarten im Jahre 1844 Ethingshausen vorgeschrieben etc.

2) Einiges Nähere hierüber ist Folgendes. Im Jahre 1826 trat Weber für Geschichte ein, die er schon im Jahre 1825 supplirt hatte; da er Pfarrer in Hall wurde, folgte ihm im Jahre 1845 Albert Jäger vom Stifte Marienberg. Ebenso trat im Jahre 1826 für die Religion Rost ein, dem nach der Entlassung in sein Bisthum Prag nach zeitweiliger Supplirung im Jahre 1836 Beskiba und diesem im Jahre 1838 Haidegger folgte. In die Philosophie kam nach Lichtenfels, der nach Wien befördert wurde, im Jahre 1828 Gabriel und nach dessen Uebersetzung nach Graz im Jahre 1839 Jos. Jäger und auf dessen Entlassung im Jahre 1843 Schenach. Auf Niederstetter folgte im Jahre 1835 Flir, der dem Supplenten und Stiftspriester von Neustift, Heussle, entschieden in der Konkurs-Prüfung vorging; in der Physik auf Suppan, der Prälat seines Stiftes Lamprecht in Steiermark wurde, im Jahre 1836 Kuczynsky und nach dessen Beförderung zur Krakauer Universität im Jahre 1838 Anton Baumgartner; im Jahre 1838 auf Schwalt's Ableben Böhm für Mathematik und für die Naturgeschichte auf Friese im Jahre 1847 Fuchs.

eine Remuneration von 200 fl.; auch wurde ihm der Titel, aber nicht der Charakter und die Rechte eines Professors zugestanden.

Die Zahl der Studirenden dieser Abtheilung kann man durchschnittlich auf wenigstens 200 annehmen [1]).

Unter dem 30. April 1826 wurden besonders genaue jährliche Vorlagen an die Behörden über die Studirenden der Philosophie vorgeschrieben; nämlich nebst dem Finalberichte die Kataloge aller Studirenden mit einer Uebersichts-Tabelle von 24 Rubriken über jeden Studirenden, dann Tabellen über die Freifächer mit 9 Rubriken, eine allgemeine Uebersichts-Tabelle mit 31 Rubriken, ein Katalog der nachträglich oder wiederholt Geprüften nebst Uebersicht in 9 Rubriken, endlich der Ausweis der Prüfungs-Ordnung.

Es verdient besonders angemerkt zu werden, dass die Freifächer nicht jene Theilnahme der Studirenden fanden, welche man bei Einführung des philosophischen Studienplanes erwartete. So waren z. B. im Jahre 1833 für Geschichte und Naturgeschichte 42 Zuhörer eingeschrieben, von denen sich nur 7 aus diesen Fächern prüfen liessen; etwas besser war es im Jahre 1846, wo die Geschichte 68 Zuhörer, darunter 34 Geprüfte, die Naturgeschichte 42 Zuhörer, darunter 26 Geprüfte, zählte; und doch sollten diese zwei Fächer die grösste Theilnahme unter den Studirenden finden. In den übrigen Freifächern war die Zahl der Theilnehmer noch viel kleiner, z. B. in der österreichischen Geschichte 6 Zuhörer, darunter 2 Geprüfte, ebenso in der Landwirthschaft mit 3 Geprüften. Auch dieses letzte Fach wollte man besonders heben, brachte es mit dem landwirthschaftlichen Vereine in Verbindung, warf zur Anschaffung für Instrumente eine Dotation aus, aber das Fach wollte doch keine Theilnahme finden; nur unter Professor Fuchs, der aber bald befördert wurde, schien sich das Interesse für dasselbe zu verstärken.

Diese geringe Theilnahme an den Freifächern mag wenigstens eine Mitursache gewesen sein, dass an einem neuen philosophischen Studienplane gearbeitet wurde, der auch schon im Jahre 1834 von einer Commission (Hofrath und philosophischer Studien-Referent bei der Studien-Hof-Commission, Halaska, Professor Ethingshausen und Professor Exner) allerhöchst vorgelegt wurde, und 1. allgemeine Bildung, 2. spezielle Vorbereitung für die drei höhern Facultäten und 3. Pflege allgemeiner Wissenschaften um ihrer selbst willen zum Zwecke hatte, und daher die Fächer in absolut, dann relativ nothwendige und in Freifächer eintheilte. Er hatte aber das Schicksal, das über den juridischen Studienplan angeführt wurde.

§ 192.

Dagegen blieb der medizinisch-chirurgische Lehrplan vom Jahre 1810 nur bis zum Jahre 1835, wo der neue unter dem 31. März 1833 a. h. genehmigte Plan zur Ausführung kam. Nach diesem Plane wurde diess Studium auf 3 Jahre ausgedehnt und mit zwei neuen Kanzeln — der Vorbereitungswissenschaften und der praktischen Medizin, welche von der theoretischen geschieden wurde und sohin mit zwei Professoren vermehrt [2]).

---

1) Im Jahre 1827 waren 259, im Jahre 1839 nur 195 und in den folgenden Jahren noch weniger, weil a. h. Massregeln zur Verminderung der Studirenden vorgeschrieben worden waren.

2) Es wurde gelehrt im

I. Jahre: *a.* Einleitung — Physik, Chemie, Pharmazie, Botanik (nach Visgrell),
      b. Anatomie;

II. Jahre: *a.* Physiologie, Pathologie und Therapie (nach Eble),
      b. Arzneimittel-Lehre, pharmazeutische Waarenkunde, Diätetik, Rezeptirkunst (nach Schraff);

Direktor dieses Studiums blieb Ehrhart.

Unter dem Professor blieb nur Mauermann während dieser ganzen Periode an der Lehranstalt; alle übrigen Professoren wurden neu angestellt oder bald anderswohin versetzt oder befördert. Nebst den zwei neu angestellten Professoren für die neuen Kanzeln — Michael für die Vorbereitungswissenschaften, Scharf für die theoretische Medizin traten noch sieben neue Professoren ein [1]).

Der Gehalt der Professoren blieb wie früher; die neu systemisirten Professoren hatten je 800 fl. und die Professoren der praktischen Medizin und der Chirurgie erhielten als Spitalärzte aus dem Spitalfonde je 150 fl. jährliche Remuneration; ein Jeder hatte auch einen Assistenten mit 300 fl. Remuneration zur Hälfte aus dem Spitalfonde; ein dritter Assistent der Hebammenkunst ward ganz aus dem Studienfond bewilligt. Die Assistenten — gewöhnlich bald nach absolvirten Studien aufgenommen — konnten den Dienst immer nur auf einige Jahre erhalten.

Die Zahl der Studirenden war durchschnittlich kaum 30, oft noch weniger, z. B. im Jahre 1846 nur 17, die Zahl der Hebammen bei 20.

Vor Einführung des neuen Lehrplans hatte der Apotheker Oelacher populäre Vorlesungen aus der Chemie im Ferdinandeum zu geben angefangen, die aber im Jahre 1834 unter Hinweisung auf die Vorschrift, dass der Plan zu Privatvorlesungen vorläufig von der Hofstelle zu genehmigen sei, untersagt wurden.

Die Aufnahme in das Studium forderte die vier absolvirten Grammatikalklassen oder das Zeugniss dreijähriger Praxis bei einem bürgerlichen Wundarzte und nach vollendetem Studium die Prüfung für das Magisterium nach zwei- bis dreimonatlicher Praxis im Spitale.

§ 193.

Für Lehrmittel wurde die systemisirte Dotation verabreicht; — für Anatomie 150 fl., für Chirurgie 100 fl., was aber mit Hofdekret vom 18. November 1833 verändert wurde, so dass die Chirurgie 150 fl., die Anatomie nur 100 fl. bekam. Das chirurgische Kabinet gedieh durch Professor Mauermann's Fleiss zu einer bedeutenden Vollkommenheit. Das physikalisch-mathematische Kabinet hatte jährlich 200 fl. Für besondere Bedürfnisse wurden aber auf Ansuchen der Professoren besondere Dotationen bewilligt; so öfter für physisch-mathematische Instrumente, und unter Professor Fuchs selbst für landwirthschaftliche Modelle. Zur Reparation des botanischen Gartens, der nicht besonders gepflegt wurde, betrug der Betrag vom Jahre 1824 bis 1833 doch 794 fl. 47 kr.

Bezüglich der Bibliothek ergaben sich wieder manche Veränderungen. — Sie

---

        c. Theoretische Geburtshülfe (nach Horn).
        d. Veterinärkunde:
III. Jahre: *a.* Medizinisch-praktischer Unterricht am Krankenbette, spezielle medizinische Pathologie und Therapie (nach Neumann).
        b. Chirurgisch-praktischer Unterricht und Uebung am Krankenbette.
        c. Chirurgische Operationslehre nach Chelius und Weller.
        d. Chirurgische spezielle Therapie nach Chelius und Weller,
        e. Gerichtliche Arzneikunde,
        f. Augenheilkunde.

2) Es waren im Jahre 1835 Ulrich für die Geburtshülfe, da Amerer abtrat, und Lange im Jahre 1837, da Ulrich nach Linz abging; für die praktische Medizin im Jahre 1838 Laschan, da Karpe starb; für Karpf im Jahre 1847 Kubik; für Albaneder, der starb, im Jahre 1843 Patruban und auf dessen Beförderung nach Prag im Jahre 1846 Dantscher; im Jahre 1846 Schwowoda für Braun, der starb, in der Thierarzneikunde.

erhielt einen neuen Vorstand. Ueber den Bibliothekar Albertini wurde nämlich am 5. September 1828 vom Militärarzt Zuck, einem Landsmann desselben, dem Gubernium die Anzeige gemacht, dass er an überspannten Ideen leide und dauerhafte Besserung kaum zu erwarten sei. Auf diese Anzeige übergab das Gubernium die provisorische Leitung der Bibliothek dem Professor der Naturgeschichte, Friese, welchem mit a. h. Entschliessung vom 17. August 1832 der Katechet der Innsbrucker Normalhauptschule, Martin Scherer, als definitiver Bibliothekar folgte, nachdem Albertini unter dem 18. Oktober 1830 mit 600 fl. pensionirt worden war [1]). Da weder der Bibliothekar Bertholdi an Albertini, noch dieser an Friese eine ordentliche Bibliotheks-Uebergabe unter Zuziehung von Universitäts-Professoren, und Vergleichung der Werke mit dem Kataloge, welcher nicht ganz unverdächtig, sondern hie und da radirt war, stattgefunden hatte, so übernahm Bibliothekar Scherer die Bibliothek ohne Garantie über ihre Vollständigkeit nach Ausweis der Kataloge [2]), und zwar um so mehr, als Friese, der mehr auf die Brauchbarkeit der Werke als auf ihren anderweitigen bibliothekarischen Werth wegen Alterthums etc. gesehen haben mag, manche geschätzte Werke, z. B. Incunabeln etc. weggegeben haben soll, — eine Behauptung, über welche die Verhandlung beim Gubernium, ja bei der Hofstelle selbst nur mit dem Erfolg eintrat, dass bei der Schwierigkeit, genaue Beweise für die Angabe zu erheben, die ganze Sache niedergeschlagen wurde.

Den Stiften wurden in dieser Zeit die unter der königlich bayrischen Regierung von ihnen der Bibliothek zugekommenen Werke, insofern sie ausfindig gemacht werden konnten, und nicht von ihnen der Bibliothek belassen wurden, wieder zurückgestellt.

Unter dem Bibliothekar Scherer, welcher in dieser ganzen Periode auf seinem Posten blieb und auch eine Gehaltszulage erhalten hatte, wurden neue Grund-, alphabetische und Fachkataloge der Bibliothekswerke verfasst, so dass nur noch ein eigentlicher Realkatalog abgeht.

Die Bibliotheks-Dotation wurde auf 600 fl. erhöht. Dazu wurden manche kostbare Werke, z. B. die Monumenta von Berz, die Ausgabe der Akademie der Wissenschaften in Wien etc., als Geschenk der Regierung mitgetheilt. Im Jahre 1834 erhielt sie durch Legat des Baron Franz Reinhart, Hofraths und Direktors des Haus-, Hof- und Staatsarchivs in Wien, dessen meisten Werke (5997 Bände). Auch durch ausserordentliche Dotationen, z. B. gerade zur Ergänzung der mangelhaften Werke dieses Legates, wurde sie öfter unterstützt. So stieg die Zahl der Bände über 40,000. Eine neue Bibliotheks-Instruktion in 176 Paragraphen war schon unter dem 23. Juli 1825 herabgelangt.

§ 194.

Die Studirenden wurden auch in dieser Periode durch die gesetzlichen Studien-Einrichtungen in Ordnung erhalten. Von besonderen Exzessen derselben ist nichts bekannt. Ihre Zahl kann durchschnittlich mit 350 angenommen werden.

Die Unterstützung durch Stipendien ging wie früher fort. Für die Schüler der Rechtswissenschaft wurde auf die Genesung des Kaisers Franz im Jahre 1827 ein Stipendium von jährlich 80 fl. 24 kr. durch das Appellationsgericht aus Bei-

---

1) Albertini, zuerst in das Irrenhaus nach Wien gebracht, versah später — nie ganz gesund — die Bibliothek in Trient und starb im Jahre 1850.

2) Nach Scherers Aeusserung machte ihn der Kaiser selbst bei einer Audienz hierauf aufmerksam.

trägen der Justizbeamten gestiftet, auf das Söhne tirolischer und vorarlbergischer Landrichter und Adjunkten Anspruch hätten. Diess Stipendium wurde im Jahre 1831—32 das erstemal vom Appellationsgerichte, das sich das Verleihungsrecht vorbehielt, vergeben, und diese Verleihung vom Gubernium bestätigt. Uebrigens behielten die Juristen ein ihnen verliehenes Stipendium nach a. h. Entschliessung vom 5. August 1837 auch noch ein Jahr nach absolvirten Studien, wenn sie in diesem Jahre den akademischen Doctorgrad nehmen. Die Mediziner konnten es, wenn sie auch den Operations-Kurs hörten, sieben Jahre geniessen, da auch ihr Studium so lange dauerte. Diese bezogen ihr Stipendium meistens an Universitäten anderer Provinzen, weil in Tirol kein medizinisches Studium bestand und Studirenden der Chirurgie nicht oft Stipendien verliehen wurden. Stipendien eines höhern Betrages wurden in dieser Zeit gewöhnlich Universitäts-Schülern, kleinere Stipendien den Gymnasial-Schülern verliehen, wenn nicht die Stiftung andere Bestimmungen machte. Im Jahre 1847 bezogen 38 Juristen Stipendien in einem Betrage von 2365 fl., und 33 Philosophen in dem Betrage von 1476 fl. an der Innsbrucker Universität, eine Summe, welche auch in andern Jahren beiläufig an sie verabfolgt wurde.

Die a. h. Entschliessung vom 23. Februar 1832, dass von den 42 nach Piemont gewanderten Studenten Fremde nicht mehr zurückkehren, Einheimische nicht weiter studiren durften, und die a. h. Entschliessung vom 30. Oktober 1831 über beschränkte Aufnahme von Studenten, welche aus dem insurgirten Polen zurückkehrten, hatten in Innsbruck keine Anwendung.

§ 195.

Von einem besondern Rufe einer Lehranstalt, an welcher nur Juristen und Landwundärzte gebildet wurden, konnte wohl keine Rede sein, da an der Innsbrucker Universität nur zu erreichen war, was an jeder andern Universität in einem weitern Umfange erreicht werden konnte. Vorzügliche Professoren sind an derselben nicht zu erwarten; denn ausgezeichnete Lehrer, wie Patruban in der Medizin, Kuzinsky in der Philosophie, Wesely in der Rechtswissenschaft suchten und erhielten bald an andern Orten eine Beförderung. Hervorragende Literaten hatte die Universität nicht, wohl aber mehrere Professoren, die als Schriftsteller wenigstens in einzelnen Abhandlungen oder Aufsätzen in Zeitschriften auftraten. So gaben die juridischen Professoren Prokner, Koppatsch und Scari, die philosophischen Professoren Friese, Suppan, Böhm und Flir kleinere Schriften heraus, die von Kenntnissen in ihren Fächern zeigten. Weber war der erste Redakteur der katholischen Blätter aus Tirol. Der fruchtbarste Schriftsteller war aber der sonst wenig geachtete und auch nicht sittenreine Joseph Jäger, der alle Zweige seines Faches — Psychologie, Logik, Metaphysik und Ethik in besondern Druckwerken bearbeitete, aber des Plagiates beschuldiget wurde. In der Medizin veröffentlichte Laschan — zuletzt Mitherausgeber der Ehrhart'schen medizinischen Zeitschrift, auch eine Sammlung der tirolischen Medizinalgesetze, und Albaneder eine Broschüre über Obladis.

Vieles Gerede veranlasste der Religionslehrer, welcher sonst sittlich, eifrig, auch nicht ungeschickt und Schriftsteller — hier doch so wenig gefiel, dass ihm seit dem Jahre 1829 der Geschichts-Professor Weber die Predigten gegen eine Remuneration jährlicher 100 fl. abnehmen musste. Man beantragte bei der Hofstelle seine Versetzung nach Graz, wogegen er ein weitläufiges Majestäts-Gesuch machte, in welchem er über Professoren, Vernachlässigung seines Faches in frühern Zeiten etc. klagte, dem aber Seine Majestät, obschon er als ehemaliger Zögling des Wiener Instituts zur höheren Bildung der Weltpriester höchsten Orts bekannt war, keine Folge gab. Nachdem unter dem 3. Oktober 1832 der zehnte Gubernial-Bericht mit dem Antrag auf seine Entfernung nach dem Gutachten von drei aufeinander folgenden f. b. Commissären über den Religionsunterricht (Dekane von Innsbruck), dann des f. b. Ordinariats von Brixen selbst und des philosophischen Direktors gemacht worden war, worin ihm vorzüglich Eigensinn, Mangel an Lehrgabe, Abweichung vom Vorlesebuche zur Last gelegt wurde, erfolgte mit a. h. Entschliessung vom 17. Februar 1833 die Zuweisung desselben an seinen Bischof in Prag [1]).

Spannung unter den Professoren war in dieser Periode selbst den Studenten kein Geheimniss, und auch auswärtig war man mit den an der Universität gelehrten Grundsätzen nicht allseitig zufrieden [2]).

Solche Erscheinungen konnten zum guten Rufe der Universität nicht beitragen. —

§ 196.

Der akademische Gottesdienst an Sonn- und Feiertagen war nach der allerhöchsten Vorschrift vom 30. März 1827 ausschliesslich für Akademiker oder nach der a. h. Anordnung vom 3. April 1828 wenigstens in der Art abzuhalten, dass die Akademiker eigene Plätze in der Kirche hatten. Diese Plätze wurden den Schülern der Philosophie in den Stühlen des Kirchenschiffes, den Juristen und Medizinern aber auf den sogenannten Chören angewiesen; wer sonst noch den Gottesdienst besuchen wollte, musste in dem übrigen Theil der Kirche und in den Kapellen Platz nehmen.

Die Messe hielt gegen eine kleine Betrauung Professor Suppan und nach dessen Abtreten der Bibliothekar Scherer.

Die Kirche musste allmälig eingedeckt werden; man that diess mit Kupfer, jedoch nicht auf einmal, sondern in mehreren aufeinander folgenden Jahren; im Jahre 1830 wurden z. B. dafür aus dem Religionsfond 1676 fl. verwendet.

Als im Jahre 1838 die Jesuiten zur Versehung des Theresianums und allmälig auch des Gymnasiums nach Innsbruck kamen, war ihnen nach der a. h. Entschliessung auch diese ehemalige Jesuitenkirche, jedoch ohne Störung des akademischen Gottesdienstes, zu übergeben und mit Hofdekret vom 4. August 1840 das Pauschale für den Bedarf derselben (§ 182) nicht bloss auf 952 fl. 20 kr., sondern noch um 200 fl. darüber erhöht, wovon sie alle Bedürfnisse — mit Ausnahme der Bauten — zu bestreiten hätten. Aber auch die innere Ausbesserung der Kirche wurde den Jesuiten gegen ein Pauschale überlassen, wobei sie auch an beiden Seiten des Presbyteriums Gemälde anbrachten (Sendung des Petrus durch Christus auf der einen, Sendung des heiligen Ignatius durch den Papst auf der andern Seite).

Sonst nahmen die Jesuiten auf die Akademiker keinen unmittelbaren Einfluss, einen mittelbaren aber auch insofern, als im Theresianum, das sie versahen, als Zöglinge auch Akademiker waren, und durch Beiträge ein anderes Studenten-Konvikt für ihre Aufsicht erbaut wurde, welches aber in Folge des Jahres 1848 an die Stadt Innsbruck (resp. an eine Gesellschaft für Militär-Einquartirung) durch Kauf über-

---

1) Nach Akten in der Statthalterei-Registratur.

2) Damalige Professoren erzählten mir, dass ein J. v. G. auf höhere Anregung nach seinen rigorosen juridischen Prüfungen zur Disputation Thesen aussetzte, die den Grundsätzen der Professoren entgegen waren; da diess aber nicht anging, unterblieb die Disputation gänzlich.

ging, ungeachtet bei dem Bauantrage ausgesprochen war, dass das Gebäude beständig für Unterrichtszwecke behalten werden soll [1].

In dem Dekrete vom 4. August 1840 war zugleich angeordnet, dass die Kirche, welche bisher als Eigenthum des Religionsfonds angesehen wurde, an den Studienfond gegen Abrechnung überzugehen habe, da die Kirche nicht wegen des Publikums, sondern wegen der Studenten nöthig war und das Jesuiten-Vermögen ohnehin für die Studien verwendet wurde [2].

§ 197.

In der langen Periode von 42 Jahren gingen sohin äusserst wenige bedeutende Veränderungen an der Universität Innsbruck vor. Es war wohl die einförmigste Zeit seit der Entstehung der hohen Schule. Das sonst als bedeutend erachtete Ereigniss der Einführung der Jesuiten in Tirol hatte auf die Universität so zu sagen keinen Einfluss, — ausser etwa für die Fonds, indem diese für die Kirche nun etwas mehr bezahlen mussten, was nicht mehr den Religionsfond, sondern den Studienfond berührte und auch keine nothwendige Folge der Einführung der Jesuiten war, sondern nur bei dieser Veranlassung zur Sprache kam.

An der Universität selbst möchte die bedeutendste Veränderung wohl die Erweiterung der medizinisch-chirurgischen Lehranstalt (§ 192) und die Einführung des deutschen Sprachunterrichtes (§ 191) sein. Allein die Folgen der letzten Massregel waren klein. Sie vermehrte die Zahl der Studirenden mit italienischer Muttersprache gewiss nur sehr wenig, und die hier Studirenden lernten mit seltener Ausnahme die deutsche Sprache in der Philosophie oder vielmehr im rechtswissenschaftlichen Studium nicht mehr. Nicht bloss die Südtiroler, sondern selbst Deutschtiroler studirten nicht ungern in Padua; letztere auch in der Absicht, um sich in der italienischen Sprache zu vervollkommnen, die den Beamten Tirols nicht nur sehr erwünscht, sondern an manchen Stellen geradezu nothwendig war und ist.

Der Besuch der Universität Innsbruck von Studirenden anderer Provinzen gehörte in dieser Periode zu den Seltenheiten, da hiezu kein einziger besonderer Grund vorhanden war, der auswärtige Studenten herbeilocken konnte.

Nach Aufhebung des theologischen Studiums in Innsbruck hatten zwar alle Divergenzen mit den Ordinariaten aufgehört, allein divergente Grundsätze unter den philosophischen Professoren gingen nicht ohne Spannungen in der Facultät ab und für die juridische Facultät zogen die der Hauptsache nach fortwährend gelehrten Grundsätze der josephinischen Zeit doch immer einen Anflug von Misstrauen herbei. Charakteristisch ist in dieser Periode wohl das gleichsam stereotype Verfahren im ganzen Unterrichtswesen, für welches bis zum kleinsten Detail die bestimmten, meistens allerhöchsten Vorschriften bestanden und überwacht wurden. Nur an die vorgeschriebenen Lehrbücher wollten sich, wie in allen Perioden (§§ 55, 59, 66,

---

1) Der Grundstein des Gebäudes wurde am 10. Februar 1843 selbst vom päpstlichen Nuntius Althieri in Wien bei seiner Durchreise nach Rom mit grosser Feierlichkeit gelegt; der Kaufschilling des Gebäudes — 80,000 fl. — aber den Bischöfen von Brixen und Trient zur Verwendung auf wohlthätige Zwecke etc. überlassen.

2) Nach dem buchhalterischen Bericht vom 22. Mai 1840 betrug
das jährliche Einkommen der Kirche   838 fl. 27   kr.
Somit seit dem Jahre 1814 . . . 21,864 fl. 18   kr.
Die Ausgaben dieser Zeit betrugen . 25,804 fl. 43¼ kr.
Doch leistete der eine Fond dem andern keine Vergütung, zumal durchschnittlich zur Erhaltung des Gebäudes jährlich nur 349 fl. 57 kr. verwendet worden und nun Reparationen von 1274 fl. 34½ kr. nothwendig waren.

76), so auch in dieser manche Professoren nicht genau halten, zumal wenn auch die Direktoren nicht pedantisch darauf drangen. Doch entfernte sich wohl kein Professor wesentlich von den Grundsätzen der vorgeschriebenen Vorlesebücher, sondern nur in unwesentlichen Sachen, z. B. in Ordnung der Materien, weitern Ausführung einzelner Partieen des Lehrstoffes, was freilich nur den Studirenden wegen Nachschreibens etc. Unbequemlichkeiten machte.

Immerhin muss der Universität auch in dieser Zeit das Zeugniss gegeben werden, dass sie bemüht war, ihrer Aufgabe zu entsprechen, brauchbare Männer für den österreichischen Staat als Beamte und Wundärzte zu bilden. Tiefere wissenschaftlichere Bildung bei den Studirenden zu erwecken, lag zunächst nicht in ihrer Aufgabe, und auch der Besuch der Universität Innsbruck hatte wohl fast ohne Ausnahme nur den Zweck, sich für den künftigen Beruf als Geschäftsmann zu bilden.

Zehnter Abschnitt.

Die Universität vom Jahre 1848 bis zum Jahre 1860.

§ 198.

So nahe auch die Ereignisse seit dem Jahre 1848 stehen, und so wenig sie daher schon jetzt zu einer Geschichte reif sind, so wenig dürfen sie ganz übergangen werden, da sie der Universität eine bedeutend veränderte innere Einrichtung gaben, sie theilweise etwas mehr auf den ursprünglichen Zustand zurückführten, insbesondere aber den deutschen Universitäten näher brachten. Selbstverständlich können hier fast nur allgemeine Angaben und Vorschriften gegeben werden, ohne in Particularitäten über Professoren etc. einzugehen, wobei vieles Angeführte auch von andern österreichischen Studien-Anstalten gleicher oder ähnlicher Kategorie gilt.

Das Charakteristische in der Geschichte dieser Zeit ist wohl diess, dass auf die Stätigkeit der langen frühern Periode und auf die Bedächtlichkeit, mit der man dem Studienwesen an Universitäten eine grössere Freiheit und einen wissenschaftlichen Charakter geben wollte, das Jahr 1848 einen völligen Umsturz der frühern Lehrverhältnisse herbeiführte, indem es in der Studien-Einrichtung gleichsam tabula rasa machte, worauf man statt der spezifisch österreichischen Bildung eine allgemeine nach dem Muster der deutschen Universitäten anstrebte, wobei es, da die Sache rasch vor sich ging, natürlich an übereilten und provisorischen Bestimmungen nicht fehlen konnte, die durch eine längere Zeit einer definitiven Entscheidung entgegen sahen, und wohl noch manche Modifikationen erleiden werden.

§ 199.

Das Jahr 1848 brachte in Innsbruck weder bei den Studirenden noch bei den Professoren bemerkenswerthe Exzesse hervor, ging jedoch nicht ohne alle Aufregung durch Deklamationen bei Zusammenkünften der Studenten und Professoren etc. und ohne Beleidigungen, z. B. gegen die Jesuiten, ab, denen Fenster ihres Kollegiums, aber vielleicht ohne Einwirkung von Akademikern, deren Professoren sie nicht waren, eingeworfen wurden. Im Ganzen war die Haltung der Studenten der Universität lobenswerth.

Den Professoren der Philosophie gab ein Verstoss zu einiger Demonstration Anlass. Als nämlich ein Ministerial-Erlass vom 6. April 1848 die Unterordnung der Universität unter das Gubernium aufhob und die Ministerial-Erlässe bereits unmittelbar an die Facultäten gingen, obschon die Facultäts-Direktoren noch nicht aufgehoben, jedoch faktisch nicht mehr die eigentlichen Leiter der Facultäten waren, wurde vom Ministerium dem Gubernium doch noch ein Dekret unbedeutenden Inhalts zur Intimation an die philosophische Facultät mitgetheilt, was auf dem früher gewöhnlichen Weg durch Erlass an den philosophischen Direktor geschah. Allein das Professoren-Collegium hielt sich befugt, das Dekret des Guberniums nicht anzunehmen, weil es nicht unmittelbar vom Ministerium mitgetheilt war, und der philosophische Direktor bezeichnete diess Verfahren der Facultät bei Remittirung des Gubernial-Erlasses an das Gubernium als „imitatio puerilis der Wiener Aula". Hievon kamen die Professoren der Philosophie, unbekannt wie, in die Kenntniss und führten darüber unmittelbar bei dem Ministerium Klage. Dieses gab dem Gubernial-Chef den Auftrag, die Sache ohne weitere Untersuchung beizulegen, was damit abgethan wurde, dass der Direktor seine Stelle an das Ministerium resignirte, da ohnehin die Direktoren in die neue Studien-Einrichtung nicht mehr passten.

Die Studenten zeigten ihren Patriotismus dadurch, dass sie zwei Militärkompagnien bildeten, deren eine 173 Mann stark unter Hauptmann Aigner, Oberlieutenant Professor Baumgarten und Feldkaplan Professor Schenach am 25. April 1848 in das Feld zog und nachdem sie in und bei Levico in Valsugana gute Dienste geleistet und eine feindliche Kanone erobert hatten, am 25. Juni wieder nach Innsbruck zurückkehrte; die andere aber 135 Mann stark unter Hauptmann Professor Boehm vom 28. April bis 6. Juli theils in Trient garnisonirend, theils bei Arco postirt Militärdienste that [1]).

Es versteht sich wohl von selbst, dass im zweiten Semester 1848 die Lektionen grossentheils aufhörten und keine ordentlichen Prüfungen stattfanden, ohne dass die Studenten desswegen in der Anrechnung der Studienzeit etc. beeinträchtiget wurden.

Uebrigens hatte sich in jenem Jahre das Gerücht verbreitet, dass die Universität von Innsbruck nach Salzburg verlegt werden soll, was Tirol und namentlich Innsbruck natürlich sehr beunruhigte, daher denn auch ein eigenes Gesuch an das Ministerium gerichtet und, wie damals sogar Unbedeutendes in die Presse kam, durch den Druck verbreitet wurde; auch eine ebenfalls gedruckte Bittschrift des verstärkten ständischen Ausschusses vom 18. September 1848 suchte um die Erklärung der Unrichtigkeit dieses Gerüchtes an, und die Stadt Innsbruck sandte eine eigene Deputation nach Wien, wo damals der Reichsrath tagte. Allein schon am 22. September — am Tage der Ankunft jener Deputation in Wien — erschien im Tiroler Boten die amtliche Ankündigung, dass von Seite des Unterrichtsministeriums zu wiederholten Malen selbst im Wege der Presse auf das Bestimmteste jenem Ge-

---

1) Siehe: Tirol. Landesvertheidigung im Jahre 1848 von Dr. Böhm. Innsbruck 1849. — Auch im Jahre 1859 zog wieder eine Studentenkompagnie unter Hauptmann Hupfauf vom 21. Juni bis 26. Juli in die Gegend von Riva. — Schenach, Boehm, Baumgarten und im Jahre 1859 der Universitäts-Rektor Ficker wurden allerhöchst dekorirt etc.

rüchte widersprochen worden sei, und da dessen ungeachtet ein Abdruck jener Petition um Belassung der Universität an das Ministerium des Unterrichts gelangte, so sei das Gubernium in deren Erledigung aufgefordert, den Bewohnern von Innsbruck die Versicherung zu geben, dass die Aufhebung oder Verlegung der Universität weder im Plan war, noch irgend von einer Seite in Antrag gebracht wurde, sondern erwähntes Gerücht völlig ungegründet sei, — eine Erklärung, welche auch Minister Doblhof auf eine Interpellation des Reichsraths-Deputirten Hasslwanter in der Reichsraths-Sitzung vom nämlichen Tage abgab [1].

Nach der Zusammenkunft der Bischöfe in Wien, in welcher die Errichtung einer sogenannten katholischen Universität zur Sprache kam, entspann sich in den Zeitungen von Innsbruck und Salzburg eine vergebliche Polemik über den hiezu tauglichsten Platz, als welchen sich sowohl Innsbruck als Salzburg ansehen wollte.

Zum Frankfurter Parlamente wurden auch die Universitäts-Professoren Kerer und Flir gewählt, letzterer erwarb sich dort besondere Achtung. [2]

§ 200.

Wie schon angedeutet wurde, folgten bald, sowohl in der Einrichtung der Universität überhaupt, als der einzelnen Facultäten insbesondere die wichtigsten Veränderungen.

Bezüglich der Universität überhaupt mögen die wesentlichsten Neuerungen folgende sein.

Die Universität wurde unmittelbar unter das Ministerium des Kultus und Unterrichts gestellt, jedoch so, dass nach dem Ministerial-Erlass vom 24. November 1849 der Landeschef, der überhaupt über den Vollzug der Gesetze zu wachen hatte, das Befugniss erhielt, an die Universität Weisungen zu geben, von ihr Auskünfte zu verlangen, die Korrespondenz der Universität mit dem Ministerium einzusehen und, wenn er wollte, die Berichte der ersteren mit Bemerkungen zu begleiten. — Die Facultäts-Direktoren hörten auf und statt derselben leiteten nach der a. h. Entschliessung vom 27. November 1849 die Dekane die Facultätsgeschäfte, der Dekan ist Präses des Facultätskollegiums, das in der Regel nur aus allen Facultäts-Professoren besteht, jedoch auch zwei Privatdocenten, wenn sie zwei Semester gelehrt haben, zulassen kann. — Die Geschäfte der ganzen Universität leitet der akademische Senat, welcher aus dem Rektor, den zwei Dekanen und Prodekanen und dem Prorektor (dem Rektor und den Dekanen des vorigen Jahres) besteht und vom Rektor zu den Sitzungen unter seinem Vorsitze berufen wird. Solche Sitzungen sollen wenigstens monatlich gehalten werden, und die Protokolle derselben sind dem Ministerium vorzulegen; Beides gilt auch von den Facultäts-Versammlungen unter dem Vorsitze des Dekans; eine solche Facultäts-Sitzung ist insbesonders um die Mitte des Semesters zu berufen, deren Gegenstand der Fleiss der Studirenden im

---

1) Die Deputation bestand aus Dr. Bereiter. Apotheker Oelacher, Kaufmann Karl Unterberger und Advokat Pfaundler. Die unerquickliche Polemik über den glücklichen Erfolg durch die Deputation oder durch Hasslwanter kann man im Tiroler Boten vom 5. Oktober 1848 etc. nachlesen.

2) Flir hatte im Jahre 1848 eine belehrende Broschüre über Constitution. Pressfreiheit etc. in den Druck gegeben. — In Frankfurt war besonders seine Rede über die Einheit Tirols gegen die vom Baron Prato. Gymnasialkatecheten von Roveredo, beantragte Abtrennung Südtirol's gut aufgenommen, und Flir wiederholt, da er sich auch als Prediger in der Kirche hatte hören lassen, zur Annahme der katholischen Frankfurter Stadtpfarre eingeladen, die dann der Deputirte Beda Weber. Professor am Meraner Gymnasium und Benediktiner von Marienberg, erhielt.

Besuche der Vorlesungen sein soll. Rektor und Dekane werden jährlich — ersterer vom Senate, letzterer von dem Professorenkollegium der Facultät gewählt und vom Ministerium bestätigt. Am Ende des Jahres hat jede Facultät über das verflossene Studienjahr Bericht an das Ministerium zu erstatten, wie früher der bezügliche Direktor, nachdem vorher über die allenfälligen Anträge von den Facultäten berathen worden ist. — Semestral- oder Annual-Prüfungen gibt es nicht mehr, doch muss von Semester zu Semester die Studien-Ordnung gedruckt und auch dem Minister vorgelegt werden, in welcher die vorzutragenden Fächer, Zeit des Vortrages von jedem Professor und Docenten und die Collegien (§ 205) etc. genau bezeichnet sind. — Die Anstellung der Professoren geschieht in der Regel im Wege des Konkurses, aber nicht einer Konkursprüfung, und mittelst Vorschlags des bezüglichen Facultätskollegiums an das Ministerium und durch dieses an den Kaiser; doch ernennt der Kaiser auch unmittelbar Professoren. Nebst den ordentlichen Professoren gibt es auch ausserordentliche und Privatdocenten. Erstere werden für gewisse Fächer, z. B. deutsches Recht, mit Besoldung angestellt, letztere sind zu einer Art Prüfung zu verhalten und beziehen in der Regel nur das Kollegiengeld (§ 205); öfters jedoch auch systemisirte Remunerationen (vgl. § 155).

§ 201.

Die einzelnen Studien-Abtheilungen betreffend, hat das medizinisch-chirurgische Studium die wenigsten Veränderungen erlitten.

Sein Direktor, Gubernial-Rath Ehrhart [1]), wurde im Jahre 1849 pensionirt und der Professor der praktischen Medizin, Laschan, erhielt seine Stelle, jedoch nicht mehr als Gubernial- oder Statthalterei-Rath, sondern als Medizinal-Rath, der wohl die Geschäfte des ehemaligen Direktors und Protomedicus versah, auch bei der Statthalterei über medizinische Gegenstände cum voto informativo vorträgt, aber über andere Gegenstände bei den Sitzungen nicht zu votiren hat und auch an Rang und Gehalt (1400 fl., Laschan mit einer Personalzulage von 100 fl.) den Räthen nachsteht.

Diese Studien-Abtheilung gehört jetzt nicht mehr zur Universität, die Professoren derselben sind daher nicht bei dem akademischen Senate und werden nicht mehr zu Rektoren gewählt; sie schliessen sich jedoch bei Feierlichkeiten, Aufwartungen etc. den Universitäts-Professoren an, haben auch Rang und Charakter derselben und die Ordnung ihrer Vorlesungen wird semestralisch mit den Vorlesungen der Universität durch den Druck bekannt gegeben. Prüfungen etc. bleiben beiläufig wie früher. Die Professorenzahl wurde auch nicht verändert, ihr Gehalt aber auf 900 fl. erhöht, nur der Professor der Veterinärkunde erhielt 600 fl. Die ausserordentlichen Vorlesungen für gerichtliche Arzneikunde und Augenheilkunde wurden mit 300 fl. remunerirt. — Der Professor der Vorbereitungswissenschaften hat einen Diener mit 180 fl.; für die chirurgische Abtheilung besteht ebenfalls ein solcher. Sie bekam ein eigenes physikalisches Kabinet, nimmt an dem botanischen Garten Theil; das chirurgische und anatomische Kabinet, die chirurgische und medizinische Klinik im Stadtspitale blieben wie früher mit drei Assistenten, dazu erhielt sie aber in der neuesten Zeit noch eine Gebäranstalt im Stadtspital. Der Studienplan blieb im Wesentlichen unverändert.

---

1) Ehrhart gab seit dem Jahre 1808 die von Hartenkeil an ihn übergegangene medizinisch-chirurgische Zeitschrift heraus, wurde im Jahre 1824 geadelt und starb am 8. November 1860. Im Jahre 1861 wurde bei Wagner in Innsbruck eine Art Biographie unter dem Titel: „Johann Nepomuk v. Ehrhart" gedruckt.

Die Zahl der Studirenden war fortwährend klein, jährlich beiläufig 17, von denen etwa 5 als Magistri chirurgiae absolvirten, dazu kamen beiläufig 20 Hebammen-Candidatinnen.

Seit dem Jahre 1848 erhielt die Studien-Abtheilung fünf neue Professoren [1]).

Zur nähern Einsicht mag in der Note die Studien-Ordnung vom Schuljahre 1859—60 stehen [2]).

---

1) Nämlich im Jahre 1849, wo Kubik zur praktischen Medizin statt Laschan überging, für die theoretische Medizin Seidl und nach dessen baldiger Beförderung nach Pest den frühern Supplenten Tschurtschenthaler, dann für Geburtshülfe statt Lange den Professor Mayrhofer und endlich auf Kubik's Ableben im Jahre 1856 Koerner. Im Jahre 1860 kam statt des verstorbenen Maurmann Professor Fischer.

2) Sie war folgende:

	Wöchent- lich Stunden.	Semester (erstes, zweites).

I. Jahrgang.

a. Michael, Professor der Vorbereitungswissenschaften, gab:

1. Medizinisch-chirurgische Encyklopädie und Physik	5	I.
2. Examinatorien über Physik (ausserordentlich)	2	I.
3. Medizinisch-organische Chemie	5	II.
4. Medizinische Pflanzenkunde	5	II.
5. Examinatorien über medizinisch-organische Chemie (ausserordentlich)	2	II.

b. Dantscher, Professor der Anatomie.

1. Knochen- Bänder- und Muskellehre, topographische Anatomie	5	I.
2. Rettungsmittel beim Scheintode und in plötzlichen Lebensgefahren (ausserordentlich)	1	I.
3. Allgemeine und pathologische Anatomie und Neubildungen (ausserordentlich)	1	I.
4. Gefäss- und Nervenlehre — allgemeine Anatomie	5	II.
5. Pathologische Anatomie der Gefässe, Brust- und Bauch-Eingeweide, Krankheiten der Knochen (ausserordentlich)	6	II.

II. Jahrgang.

a. Tschurtschenthaler, Professor der theoretischen Medizin.

1. Physiologie bis Jänner, — dann Allgemeine Pathologie	8	I.
2. Pharmakognosie (auch für Pharmazeuten)	3	I.
3. Kinderkrankheiten mit Ambulatorium (ausserordentlich)	3	I. & II.
4. Arzneimittellehre und Rezeptirkunde	10	II.

b. Mayrhofer, Professor der Geburtshülfe.

1. Theoretische Geburtshülfe für Hebammen	5	I.
2. „ „ „ Studenten	5	II.
3. Praktischer Unterricht und Uebung am Phantomen	6	II.

c. Veterinärkunde (supplirt) | 3 | II.

III. Jahrgang.

a. Fischer, Professor der Chirurgie und Augenheilkunde.

1. Chirurgisch-klinischer Unterricht	5	I. & II.
2. Spezielle chirurgische Pathologie	5	I. & II.
3. Operations- und Instrumentenlehre	2	I.
4. Chirurgische Verbandlehre	2	II.
5. Augenheilkunde	5	II.
6. Zahnheilkunde	1	II.

b. Koerner, Professor der speziellen Pathologie, Therapie und medizinischen Klinik.

1. Spezielle Pathologie, Therapie und medizinisch-klinischer Unterricht	10	I. & II.
2. Syphilitische Krankheiten (ausserordentlich)	2	II.

c. Dantscher.

Gerichtliche Medizin	5	I.

§ 202.

Die grösste Veränderung ergab sich nach dem Jahre 1848 in der philosophischen Facultät. Sie hörte in ihrer frühern Bestimmung — Erlernung der jedem gebildeten Manne zustehenden Kenntnisse, nach welchen man erst zu den höheren Facultäten übertreten könnte — ganz auf und wurde nun ein abgeschlossenes Studium für einige Hauptwissenschaften allgemeiner Art, in welchen man sich zu einer Vollkommenheit sollte ausbilden können. — Die früheren philosophischen Fächer gingen theilweise in das Gymnasium über, welches daher um zwei Jahrgänge auch zur Erlernung der Elemente jener Fächer erweitert wurde. Zum philosophischen Doctorgrade wird ein philosophisches Studium von drei Jahren gefordert. Im Jahre 1850 wurde die Kanzel der Religionslehre aufgehoben und die Facultät zählte nur mehr sechs ordentliche Professoren — für Philologie, Mathes, Physik, Geschichte, Philosophie und Naturgeschichte [1]), aber dazu auch Lehrer der deutschen und italienischen, der französischen, ja englischen Sprache und des Turnens [2]); allein nach und nach stieg die Zahl der ordentlichen Professoren auf eilf, indem die Kanzel der Chemie dazu kam, die Geschichte zwei Professoren erhielt und die Kanzeln der deutschen und italienischen Sprache ebenfalls mit ordentlichen Professoren besetzt wurden [3]). Zeitweilig wurde auch Stenographie gelehrt, der Unterricht in der englischen Sprache ging aber wieder ein.

Der Gehalt der Professoren wurde jenem der staatswissenschaftlichen Professoren mit 1000 fl. und Zulage von 200 fl. nach je zehnjähriger Professur gleichgestellt.

Die Facultät behielt dabei nicht bloss ihre früheren Kabinete mit ihren Dotationen, und zwar für Naturgeschichte und Physik nun unabhängig von dem medizinischen Studium, da im Jahre 1856 die Kabinete geschieden und der Medizin die der Philosophie minder nothwendigen Instrumente etc. überlassen wurden, sondern erhielt auch im Jahre 1850 eine Vergrösserung des botanischen Gartens durch die Verbindung des theresianischen Gartens, für den der Studienfond den Miethzins bezahlte; ferner nach der a. h. Entschliessung vom 8. Jänner 1856 ein auf 7446 fl. veranschlagtes Glashaus, um welches in frühern Zeiten vergeblich angesucht worden war und im Jahre 1856 einen Treibkasten.

---

1) Die Professoren waren Schenach, Boehm, Baumgarten, Alb. Jäger, Flir und Fuchs. Haidegger als Professor der Religion ging in die Seelsorge.

2) Diese waren Nowotny, Billaudet, Duffy, Dobrowich. Vom Studienfonde hatte nur der erste, von den Ständen der letzte seine Besoldung, die zwei Andern lehrten um Kollegiengeld.

3) Im Jahre 1860 waren die Professoren Wildauer, Baumgarten, Waltershofen, Glax, Ficker, Kopetzky, Schenkl, Occioni, Hlasiwetz und Pichler als Supplent für Naturgeschichte für den abgehenden Koehler, und dazu bestand ein Privatdocent — Huber für Geschichte. Zur Naturgeschichte kam nämlich Koehler statt des zum Polytechnikum nach Wien 1850 beförderten Fuchs bis 1859: statt des im Jahre 1851 an die Universität Wien beförderten Jäger kamen Ficker von Bonn und Glax von Wien; die Mathematik übernahm statt des zur Sternwarte nach Prag beförderten Boehm im Jahre 1853 Baumgarten und für ihn die Physik v. Waltershofen; zu Flir kam 1851 Kopetzky und im Jahre 1853, wo ersterer von Innsbruck schon abgegangen war, auch noch als ausserordentlicher Professor Malecky, und nach dessen Abgang im Jahre 1856 als ordentlicher Professor der klassischen Philologie Schenkl; für die italienische Sprache und Literatur wurde im Jahre 1854 Occioni als ordentlicher Professor aufgestellt und Hlasiwetz wurde schon im Jahre 1851 ausserordentlicher und im folgenden Jahre ordentlicher Professor der Chemie. Auf Schenach, der im Jahre 1857 nach Wien befördert wurde, folgte Wildauer, und auf das Ableben Nowotny's im Jahre 1859 Zingerle als ordentlicher Professor der deutschen Sprache und Literatur.

Die Errichtung des pharmazeutischen Studiums kostete, abgesehen von der Besoldung des neuen Professors der Chemie, über 8000 fl. zu Präparaten etc. und forderte noch einen Assistenten und die jährliche Dotation mit 500 fl.

Bei der so grossen Erweiterung des philosophischen Studiums, bei der so bedeutenden Vermehrung der Professoren und des Aufwandes war die kleine Zahl der Studenten dieser Facultät, etwa 15, zu bedauern. Man suchte aber theils die Zahl der Schüler zu vermehren, theils die Professoren anderweitig zu beschäftigen.

In ersterer Beziehung wurde den Juristen zur Pflicht gemacht, das Kollegium der Moralphilosophie, dann ein geschichtliches Kollegium und insbesondere die österreichische Geschichte durch ein Semester zu hören; dann wurde das neue Fach der Pharmazeutik (Apothekerkunst) organisirt und der philosophischen Facultät einverleibt, sohin deren Lehrstoff grossentheils philosophischen Professoren zugetheilt. Mit a. h. Entschliessung vom 27. November 1853 wurde nämlich angeordnet, dass die Candidaten dieses Faches im ersten Jahre Experimentalphysik und Naturgeschichte der drei Reiche, im zweiten Jahre die allgemeine unorganische, organische und analytische Chemie und Pharmakosie zu hören haben [1]), welche Fächer die Professoren der Philosophie lehrten. Endlich haben künftige Gymnasial-Professoren durch drei Jahre Vorlesungen aus der Philosophie zu besuchen.

In zweiter Beziehung wurde eine Commission zur Prüfung der Candidaten für Gymnasial-Professuren — grossentheils aus Professoren der Philosophie — zusammengesetzt [2]). Diese Prüfung besteht in einer Hausaufgabe, durch die sich der Candidat überhaupt als gebildet auszuweisen hat, dann aus einer schriftlichen Clausurprüfung durch 12 Stunden, endlich in einer mündlichen Prüfung, dann Probevorlesung. Der Candidat macht aber nur für eine der fünf Gymnasial-Lehrkategorien (Philologie, Geschichte mit Geographie, Mathematik mit Physik, Philosophie, deutsche Sprache) Prüfung und erhält, wenn er genügt, ein ausführliches Zeugniss der Fähigkeit zur Anstellung, vor der er noch ein Jahr bei einem Gymnasium praktizirt haben muss.

Dessen ungeachtet blieb die Zahl der Schüler so gering, dass mancher Professor in manchem Semester gar keinen Schüler hatte, daher auch leicht Urlaub, ja zu sogenannten gelehrten Reisen noch Unterstützung vom Ministerium erhielt. Doch ist die Zahl der Schüler im Steigen.

---

1) Zur Aufnahme in den pharmazeutischen Kurs, der zwei Jahre dauert, wird gefordert, dass der Candidat wenigstens das Untergymnasium (die 4 ersten Gymnasialklassen) mit erster Fortgangsklasse absolvirt, dann die Pharmakosie nach der Gremialordnung erlernt und zwei Jahre in einer öffentlichen Apotheke des Inlandes als Gehülfe gedient habe. Welche Professoren und in welchen Semestern etc. sie die bezüglichen Fächer geben, sieht man aus den unten in der Note angeführten Lehrgegenständen. Zum Magisterium der Pharmazie sind dann drei rigorose Prüfungen vorgeschrieben und zwar: a. aus Experimentalphysik und Naturgeschichte durch 2 Stunden vom Professor der Fächer unter Vorsitz des philosophischen Dekans; b. Bereitung von zwei pharmazeutischen Präparaten im chemischen Laboratorium vor dem Professor der Chemie, dem Direktor des medizinischen Studiums und einem Gaste; c. aus der Pharmakosie — allgemeiner, unorganischer, organischer, analytischer und pharmazeutischer Chemie und aus den Apotheker- und Medizinal-Verordnungen — vor dem Direktor der Medizin, dem betreffenden Professor und einem Gaste. — Die Taxe dafür ist 84 fl. 30 kr. (4 fl. dem Direktor der Medizin, 8 fl. für das Diplom, 3 fl. der Universitätskanzlei, das Uebrige den Examinatoren.)

2) Vorstand der Commission war Anfangs Flir, dann Schenach, endlich Baumgarten. Nebst philosophischen Professoren war eine Zeit lang auch der Gymnasialdirektor Sibinger Mitglied der Commission. Sie wird vom h. Aerar remunerirt, die Prüfungstaxe ist 10 fl. für den Studienfond.

Zur Veranschaulichung des Lehrsystems und dessen Veränderung mag in der Note [1]) die Lehrordnungvom Jahre 1850—51 und 1859—60 stehen.

1) Im Jahre 1850—51 lehrte:

	Wochentlich Stunden.	Semester.
a. Flir, Professor der Philologie, klassischen Literatur und Aesthetik.		
1. Prometheus von Aeschylus	2	I.
2. Parmenides von Plato	1	I.
3. Geschichte der epischen Poesie der Römer	3	I. & II.
4. Göthe's Faust	1	I. & II.
5. Perser des Aeschylus	1	II.
6. Poetik des Aristoteles	2	II.
b. Schenach, Professor der Philosophie.		
Geschichte der Philosophie von Kant bis Hegel	4	I. & II.
c. Boehm, Professor der Mathematik.		
1. Analytische Geometrie	5	I.
2. Trigonometrie mit praktischen Uebungen	3	II.
3. Höhenmessungen mit dem Barometer mit Uebungen	2	II.
d. Baumgarten, Professor der Physik.		
1. Magnetismus und Elektrizität	3	I.
2. Elektrische Telegraphie	1	I.
3. Elemente der Differential-Rechnung	4	I.
4. Elemente der Integral-Rechnung	4	II.
5. Optik mit Demonstrationen	3	II.
e. Koehler, Professor der Naturgeschichte.		
1. Mineralogie	5	I.
2. Botanik	3	II.
3. Zoologie	2	II.
4. Chemie mit praktischen Demonstrationen	5	I. & II.
f. Jäger, Professor der Geschichte — beurlaubt.		
g. Nowotny, Lehrer der italienischen und deutschen Sprache.		
1. Italienische Grammatik	3	I. & II.
2. Italienische Literatur mit Sprach- und Sprechübungen	2	I. & II.
3. Deutsche Sprache für italienische Studirende	3	I.
4. Syntax der italienischen Sprache	3	II.
5. Syntax der deutschen Sprache	3	II.
6. Böhmische Sprache	1	II.
h. Billaudet, Lehrer der		
Französischen Sprache	2	I. & II.
i. Hammer. Stenographie	2	I. & II.
k. Dobrowich. Turnkunst	2—3	I. & II.

Im Jahre 1859—60 lehrte:

a. Kopetzky, Professor der Philologie, klassischen Literatur und Aesthetik.		
1. Friede von Aristophanes	2	I.
2. Einleitung in das Studium der Philologie (für Lehramts-Candidaten)	2	I.
3. Horaz' Ars poetica	2	I.
4. Horaz' Oden	2	II.
5. Aristophanes' Wolken	2	II.
6. Ueber die Komödie der Römer — Plautus' Trinummus	2	II.
b. Schenkl, Professor der klassischen Philologie.		
1. Vergleichende Formenlehre der griechischen und lateinischen Sprache	3	I.
2. Isocrates Areopagiticum	1	I.
3. Ovid's Fasti I. und II. Buch	2	I.
4. Demosthenes' Rede vom Kranze (für Lehramts-Candidaten)	3	I.
5. Euripides Medea	3	II.
6. Lateinische Syntax	2	II.
7. Cicero's Brutus (für Lehramts-Candidaten)	3	II.

Von der Land- und Forstwirthschaft kommt nichts mehr vor; soll sich diess wohl daraus erklären, dass die Facultät vorzugsweise nur Wissenschaft, nicht prak-

	Wochent-lich Stunden.	Semester.
c. Wildauer, Professor der Philosophie.		
1. Metaphysik	3	I.
2. Disputationen über Hauptpunkte derselben	1	I.
3. Aesthetik — allgemeine — der Poesie etc.	4	I.
4. Praktische Philosophie	5	II.
5. Geschichte der Philosophie von Cartesius bis Hegel	3	II.
d. Baumgarten, Professor der Mathematik.		
1. Integral-Rechnung	6	I.
" "	4	II.
2. Analytische Geometrie im Raum	2	I.
3. Theorie der Zahlen	4	II.
e. Waltershofen, Professor der Physik.		
1. Elementar-Experimentalphysik für Pharmazeuten (I. Cursus)	5	I.
2. Physikalischer Unterricht für Lehramts-Candidaten	2	I.
" " " "	2	II.
3. Populäre Vorträge aus dem Gebiete der Physik	1	II.
4. Ueber die Constanten elektrischer Stromquellen	1	II.
f. Koehler, Professor der Naturgeschichte — beurlaubt, für ihn Pichler als Supplent.		
1. Naturgeschichte, Mineralogie. } zugleich für Phar-	5	I.
2. " Botanik und Zoologie. } mazeuten, I. Curs.	10	II.
3. Paläontologie mit Rücksicht auf Geognosie	2	I.
g. Ficker, Professor der allgemeinen Geschichte.		
1. Geschichte des Mittelalters	4	I.
" "	3	II.
2. Anleitung zur quellenmässigen Bearbeitung der Geschichte für Lehramts-Candidaten	2	I.
Dessgleichen	1	II.
3. Colloquien über einzelne Punkte der deutschen Verfassungsgeschichte	1	II.
h. Glax, Professor der österreichischen Geschichte.		
Oesterreichische Geschichte	6	I.
" "	4	II.
i. Hlasiwetz, Professor der Chemie.		
1. Chemie der unorganischen Verbindungen	5	I.
2. " " organischen "	5	II.
3. Pharmazeutische Chemie	5	I.
" "	3	II.
4. Analytisch-praktische Uebungen im Laboratorium, täglich 7 Stunden.		
k. Zingerle, Professor der deutschen Sprache und Literatur.		
1. Ueber Zeitgedichte Walther's von der Vogelweide	2	I.
2. Die deutschen Burgen und das Leben auf denselben im Mittelalter	1	I.
3. Gothische Bau- und Formenlehre	3	I.
" " "	2	II.
4. Schiller's Leben und Wirken	2	II.
5. Hartmann's von Aue: armer Heinrich	1	II.
l. Privatdocent Huber:		
1. Griechische Geschichte	3	II.
2. Uebungen auf dem Gebiete der alten Geschichte für Lehramts-Candidaten	1	II.
m. Billaudet, Lehrer der französischen Sprache.		
Französische Sprache	2	I. & II.
n. Thurner, Lehrer der Turnkunst.		
Turnkunst	3	I. & II.
o. Occioni, Professor der ital. Sprache und Literatur beurlaubt.		

tische Gegenstände zu lehren hat, oder daraus, dass der Professor der Naturgeschichte zu diesem Fache nicht Freude oder Kenntnisse hatte, oder dazu nicht
angehalten wurde? — Ein entsprechender Unterricht hierin wäre für Tirol gewiss
wünschenswerth; aber freilich zeigten sich auch in frühern Zeiten wenige Früchte
dieses Unterrichtes.

§ 203.

Im rechts- und staatswissenschaftlichen Studium trat nach dem Jahre 1848
völlige Freiheit ohne Prüfung, ohne Collegienzwang, ohne vorgeschriebene Ordnung
der Vorlesungen etc. ein; doch wurden drei Staatsprüfungen oder das juridische
Doctorat zu Anstellungen im Staatsdienste gefordert. Bald zeigte sich aber die
Nothwendigkeit, die Freiheit dieser Studien zu beschränken und eine feste Ordnung
einzuführen. Diess geschah mit den Ministerial-Erlässen vom 2. Oktober 1855
(a. h. Entschliessung vom 25. September 1855) und 5. November 1857, welche
folgende wesentliche Bestimmungen enthalten.

I. Das staatswissenschaftliche Studium dauert 8 Semester; ein Semester 4 ½
Monate, vom 1. Oktober bis 31. Juli jährlich; die Ferialtage unter dem Jahre
dürfen zusammen nicht über 1 Monat betragen.

II. Lehrgegenstände sind im

1. Jahre: Deutsche Reichs- und Rechtsgeschichte und römisches Recht sammt
der Geschichte desselben durch beide Semester.

2. Jahre: Gemeines deutsches Privatrecht im Wintersemester (frei, jedoch
dringend empfohlen), Rechtsphilosophie oder Encyklopädie der Rechtswissen-
schaften im Sommersemester, kanonisches Recht in beiden Semestern oder in einem
Semester 8 wöchentliche Stunden.

3. Jahre: Bürgerliches Recht in beiden Semestern, österreichisches Strafrecht
im Wintersemester und politische Wissenschaften in beiden Semestern, österreichischer Strafprozess im Sommersemester.

4. Jahre: Oesterreichischer Civilprozess nebst Verfahren ausser Streitsachen
durch beide Semester, politische Wissenschaften und Handels- und Wechsel-
recht im Wintersemester, österreichische Statistik im Sommersemester.

5. Jahr. Andere Fächer in angemessener Zeit zu hören sind: *a.* Völker-
und deutsches Bundesrecht; *b.* Bergrecht; *c.* Verwaltungs- und Finanzkunde;
d. Practica und Relationen aus dem österreichischen Civil- und Strafrecht; *e.* Lehenrecht und Particularrecht einzelner Länder und deren Geschichte; *f.* Statistik nicht
österreichischer Staaten; *g.* gerichtliche Medizin; *h.* Staats-Rechnungswissenschaft.
— Hiezu kommen noch als Obligatfächer die schon angeführten philosophischen
— praktische Philosophie, österreichische Geschichte und noch ein geschichtliches
Collegium.

III. Prüfungen. Die drei Staatsprüfungen — schon mit der Einführung
der Lehrfreiheit angeordnet, wurden mit der a. h. Entschliessung vom 16. April 1856
dahin geregelt, dass:

    a. die rechtshistorische, welche der juridische Dekan bewilliget, im 4. oder
       5. Semester das römische und kanonische Recht, deutsche Reichs- und
       Rechtsgeschichte,

    b. die judicielle — nicht vor den letzten 6 Wochen des 8. Semesters, das
       bürgerliche Gesetzbuch, Handel- und Wechselrecht, gerichtliches Verfahren
       in und ausser Streitsachen, Strafrecht und Strafprozess, endlich

    c. die staatswissenschaftliche nach vollendetem Studien-Quadriennium die österreichische Statistik, Nationalökonomie, Finanzwissenschaft umfasst und bei der judiciellen und staatswissenschaftlichen Prüfung auch die wichtigsten Thatsachen der österreichischen Geschichte, und die wichtigsten politischen und Finanzgesetze nicht unberücksichtigt bleiben.

Jede Prüfung wird wie früher vor einer Commission, bestehend aus Vorstand und Examinatoren, mündlich und öffentlich, jedoch mit geheimer Berathung über das Resultat, vorgenommen. Die Glieder der Commission ernennt das Ministerium — aus Professoren, aber auch aus Advokaten, Notaren, Beamten. Der Vorstand der rechtshistorischen ist zugleich Examinator. Die zwei letztern Prüfungen bewilligt der Vorstand. Bei einhelliger Approbation wird über Auszeichnung in einzelnen Fächern votirt. Eine einmalige Wiederholung bewilligt der Vorstand. Das Resultat ist im Prüfungs-Protokolle einzutragen und den Geprüften schriftlich zu bestätigen [1]).

IV. Das Doctorat wird den zwei letzten Staatsprüfungen gleich gehalten und fordert wie die letzte Staatsprüfung das Absolutorium des rechts- und staatswissenschaftlichen Studiums, welches nach der Ministerialverordnung vom 3. April 1856 mit bestimmten Rubriken über Semester zu Semester vom Dekan mit der Unterschrift auch des Universitäts-Rektors ausgefertigt wird und auch zur Staatsamts-Praxis nothwendig ist. Das Doctorat fordert drei rigorose Prüfungen: *a.* über römisches und deutsches, kanonisches und Lehen-Recht, *b.* über Völkerrecht, politische Oekonomie und Rechtsphilosophie, *c.* über österreichisches Civil- und Strafrecht und Prozesse. Aus einem Fache prüft nur Ein, höchstens ein zweiter Professor, dieser nach Senium [2]). Für jedes Rigerosum zahlt der Candidat 38 fl. Die Promotion kostet 67 fl. [3])

Die Zahl der ordentlichen Professoren wurde an der Innsbrucker Universität nur um einen oder zwei Professoren vermehrt; allein es kamen ausserordentliche Professoren und Privatdocenten hinzu, deren Zahl sich nicht gleich blieb.

Als neue ordentliche Professoren traten in den zehn Jahren neun ein [4]); für

---

1) Die Taxe ist für jede Prüfung 8 fl.; für halb vom Collegiengeld (§ 206) Befreite 4 fl., für ganz Befreite keine (auf eine besondere Ministerialbewilligung zu einer schriftlichen und mündlichen Prüfung für Privatisten 24 fl) zur Vertheilung unter die Prüfungsglieder durch den Vorstand.

2) So nach dem Gesetze: hier aber soll bisher noch immer die frühere Vorschrift mit vier rigerosen Prüfungen und über die früher dazu bestimmten Fächer gehalten werden, was doch sonderbar wäre.

3) Bei jeder Prüfung erhält der Dekan 9 fl., jeder der vier oder fünf prüfenden Professoren 4 fl. 30 kr.; Aktuar, Pedell und Thorsteher je 1 fl. Der allenfällige Ueberrest fällt dem Studienfonde zu. Bei der Promotion erhält der Dekan 9 fl., der Promotor 13 fl, der Rektor und jeder gegenwärtige Professor der Facultät 4 fl. 30 kr.; der Aktuar für Diplom 14 fl., der Pedell 1 fl., der Thorsteher 30 kr. Der allenfällige Ueberschuss (wegen Abgang eines Professors etc.) wird zur Bildung eines eigenen Universitäts-Kanzleifonds verwendet.

4) Nämlich im Jahre 1849 Phillips für Kirchenrecht und Rechtsgeschichte, dem nach dessen Beförderung nach Wien im Jahre 1852 Freiherr v. Moy folgte; Beidtel im Jahre 1850 für Lehen-, Handels- und Wechselrecht, da Theuer zum römischen Rechte überging; im Jahre 1851 Schuler, der schon im Jahre 1849 als ausserordentlicher Professor angestellt wurde, für Rechtsphilosophie und österreichisches Strafrecht; im Jahre 1853 Zielonacki als zweiter Professor für das römische Recht, der im Jahre 1855 nach Prag abging; im Jahre 1855 Michel von Olmütz als zweiter Professor für das bürgerliche Recht; im Jahre 1855 Maasen als ausserordentlicher Professor für das römische Recht, der 1858 ordentlicher Professor wurde; im Jahre 1858 nach Prokner's Pensionirung und Michel's Abgang nach Graz Pfaundler; endlich im Jahr 1860 Kleinschrod als ordentlicher Professor des deutschen Civilprozesses und römischen Rechtes. Im Jahre 1860 ging auch Maasen nach Graz ab.

das deutsche Privatrecht bestand seit 1856 ein Privatdocent [1]), der im Jahre 1858 ausserordentlicher Professor wurde; seit 1851 bestanden auch Privatdocenten für das Bergrecht und die Buchhaltung [2]) und im Jahre 1859 auch über das römische Recht [3]); seit 1856 wurden Vorträge über gerichtliche Medizin gegeben [4]).

Der Gehalt der ordentlichen Professoren ist 1000 fl. mit Vorrückung um 200 fl. nach je 10 Lehrjahren; Einzelne, z. B. Baron Moy, sind nach besondern Verträgen mit höhern Gehalten angestellt; dazu kommen die Collegiengelder und Promotions-Emolumenten, so dass ein Dekan dieser Facultät in einem Jahre auf ein Gesammtterträgniss von 5000 fl. kam. Die Privatdocenten werden grösstentheils systematisch remunerirt.

Vorstand der rechtshistorischen Staatsprüfung war Prokner, dann Schuler, dann Baron Moy; Vorstand der judiziellen Rapp, dann Hofrath und Oberstaatsanwalt Hasslwanter; der Vorstand der staatswissenschaftlichen blieb Hofrath Ebner.

Die Promotionen zum Doctorate waren in den ersten Jahren sehr zahlreich, so dass das Ministerium vom Jahre 1853 bis 1857 einen Ministerial-Commissär für dieselben in der Person des Hofraths v. Ebner, dann des Oberlandesgerichtsrathes Kiechl aufzustellen fand. Auch wurde unter dem 25. Dezember 1856 vom h. Ministerium aufgetragen, die rigerosen Prüfungen nur in deutscher Sprache vorzunehmen, da Rigerosanten die nicht vollständige Kenntniss der italienischen Sprache bei einigen Examinatoren zu ihrem Vortheile benützt hatten, was später wieder gemildert wurde.

Die Zahl der Studirenden blieb beiläufig wie früher.

Zur Vergleichung der Studien-Einrichtung mag auch hier in der Note ein Auszug der Vorlesordnung vom Jahre 1850—51 und dann 1859—60 stehen [5]).

---

1) Oberweis.
2) Ebner und Prosser.
3) Tewes.
4) Vom medizinischen Professor Ritter v. Mayrhofen.
5) Im Jahre 1850—51 lehrte:

	Wöchentlich Stunden.	Semester.
a. S c h u l e r , Professor der Rechtsphilosophie und des österreichischen Strafrechts.		
1. Rechtsphilosophie	9	I.
2. Oesterreichischer Strafprozess	7	II.
b. T h e s e r , Professor des Lehen- und römischen Civilrechts.		
1. Römisches Civilrecht	5	I. & II.
2. Lehenrecht	2	II.
c. P h i l l i p s , Professor des Kirchenrechts und der Rechtsgeschichte (im I. Semester beurlaubt).		
1. Kirchenrecht	5	II.
2. Deutsche Reichs- und Rechtsgeschichte	5	II.
d. P r o k n e r , Professor des allgemeinen österreichischen bürgerlichen Rechts.		
Oesterreichisches Civilrecht	9	I. & II.
e. B e i d t e l , Professor des Handels- und Wechselrechts und gerichtlichen Verfahrens.		
1. Handels- und Wechselrecht	3	I.
2. Gerichtliches Verfahren und Geschäfts-Styl	5	I.
3. Westgalizische Gerichtsordnung	5	II.
4. Oesterreichisches Wechselrecht	4	II.
f. K e r e r , Professor der politischen Wissenschaften, politischen Gesetzkunde und Statistik.		
1. Europäische Statistik	1	I.

§ 204.

Eine sehr wichtige Begebenheit dieser Periode ist die Wiederherstellung des theologischen Studiums und zwar an die Jesuiten, nachdem es im Jahre 1823 in

	Wöchentlich Stunden.	Semester.
2. Verfassungspolitik, Polizeiwissenschaft, Nationalökonomie und Finanzwissenschaft	9	I.
3. Oesterreichische Statistik	4	II.
4. Oesterreichisches Verfassungsrecht und Verwaltungsgesetzkunde	7	II.
5. Steuer- und Kreditswesen (öffentlich)	6	II.
g. Geiger, Professor der österreichischen Finanzgesetzkunde.		
1. Finanzgesetzkunde, I. Abtheilung	8	I.
„ II. „	6	II.
2. Tirolisches Grundsteuer-System (öffentlich)	2	II.
h. Ebner, Privatdocent.		
Bergrecht	4	II.
i. Prosser. Privatdocent.		
Staatsrechnungswissenschaft	4	II.
Im Jahre 1859—60 lehrte:		
a. Schuler (starb im I. Semester).		
1. Oesterreichisches Strafgesetz	6	I.
2. Encyklopädie der Rechtswissenschaften	4	I.
b. Theser.		
1. Institutionen	7	I.
2. Repetitionen über das dingliche (römische) Sachrecht	3	I.
3. Pandekten	11	II.
4. Römisch-rechtliches Repetitorium	2	II.
5. Römisches Obligationenrecht	1	II.
c. Moy.		
1. Deutsche Reichs- und Rechtsgeschichte	5	I. & II.
2. Canonisches Recht	3	I. & II.
d. Pfaundler, Professor des österreichischen Civilrechts.		
Oesterreichisches allgemeines Civilrecht	8	I. & II.
e. Beidtel.		
1. Civilverfahren in Streitsachen	9	I.
2. „ ausser Streitsachen	5	II.
3. Oesterreichisches Handels- und Wechselrecht	5	I.
4. Oesterreichische Finanzgesetzkunde	5	I.
5. Civilprozess-Practicum (öffentlich)	1	II.
f. Kerer.		
1. Nationalökonomie	4	I.
2. Polizeiwissenschaft	5	I.
3. Theorie der Statistik, Statistik europäischer Staaten	4	I.
„ „ „ „ Oesterreich's	4	II.
4. Oesterreichische Verwaltungsgesetzkunde	4	I.
„ „	3	II.
5. Neue österreichische Gewerbsordnung (öffentlich)	1	II.
6. Finanzwissenschaft	5	II.
g. Maassen, Professor des römischen Rechts (I. Semester beurlaubt).		
Pandekten	6	II.
h. Kleinschrod, Professor des gemeinen deutschen Civilprozesses.		
1. Theorie des gerichtlichen Verfahrens in bürgerlichen Streitigkeiten nach dem gemeinen deutschen Prozessrecht	5	II.
2. Repetitionen und Practicum der Pandekten	5	II.
3. Exegese des IV. Buchs der Institutionen (öffentlich)	1	II.
i. Oberweis, ausserordentl. Professor des deutschen Privatrechts.		
1. Gemeines deutsches Privatrecht	8	I.
2. Vergleichung des deutschen, römischen und österreichischen Familien- und Erwerbrechts (öffentlich)	2	I.

Innsbruck ganz aufgehoben worden war und die Jesuiten seit dem Jahre 1773 von diesem Fache auch als Exjesuiten entfernt bleiben mussten.

Die Jesuiten, welche zu Innsbruck im Jahre 1838 eingeführt, im Jahre 1848 aufgehoben, im Jahre 1852 aber wieder hergestellt worden und ihr früheres Lokal erwarben, erhielten im Jahre 1852 keine öffentliche Studien-Anstalt, ja nicht einmal ein Konvikt zu versehen. Anderswo wurden ihnen aber so viele Gymnasien anvertraut, dass sie aus Mangel tauglicher Subjekte dergleichen Lehranstalten nicht mehr übernehmen konnten. Der Unterrichtsminister wollte nun ihren Wirkungskreis dadurch erweitern und der Beschränktheit ihrer Sustentations-Mittel dadurch aufhelfen, dass er ihnen in Innsbruck, wo sie für die Studirenden ihrer Gesellschaft ohnehin die Theologie lehrten, das theologische Studium an der Universität gegen den Pauschalbetrag jährlicher 8000 fl. aus dem Studienfonde antrug [1]). Der Antrag wurde mit der a. h. Entschliessung vom 4. November 1857 genehmiget. Die Einführung der theologischen Facultät erfolgte unter dem 16. November 1857 durch ein feierliches vom Jesuiten-Provinzial in der akademischen Kirche gehaltenes Hochamt, nach welchem die neuen Professoren der Theologie das katholische Glaubensbekenntniss nach der Formel des Trientner Konzils vor dem Provinzial am Altare ablegten. Darauf hielt der Universitäts-Rektor (Baron Moy) in der Universitäts-Aula eine Rede, auf die der Jesuiten-Provinzial ebenfalls eine solche hielt, in welcher derselbe insbesondere das tiefe Studium der Jesuiten und die ihnen von den Päpsten ertheilte Macht, zu theologischen akademischen Würden zu befördern, betonte [2]). Der Feierlichkeit wohnte der Erzherzog Statthalter mit seinen Räthen und eine Menge angesehener Personen der Stadt bei.

Die Jesuiten stellen ihre Professoren wieder, wie früher, ohne Prüfung von Seite der Regierung und ohne politische Genehmigung an und lehren nach ihrem eigenen Plan. Nach der öffentlichen Bekanntgebung dauert ihr theolgisches Studium drei Jahre, in welchem vorzüglich Dogmatik (in allen drei Jahren zusammen wöchentlich 29 Stunden) vertreten ist [3]), was jedoch in andern Jahren nicht immer

	Wöchentlich Stunden.	Semester.
3. Geschichte des deutschen Staatsrechts	2	II.
4. Geschichte der tirolischen Rechtsquellen	2	II.
5. Vergleichung des deutschen, römischen und österreichischen Sachrechts	2	II.
k. Mayrhofen, Privatdocent.		
Gerichtliche Medizin	5	I. & II.
l. Ebner (Landesgerichtsrath) Privatdocent.		
Oesterreichisches Bergrecht (nebst Waldverhältnissen und Forstgesetzen)	4	I. & II.
m. Prosser (Staatsbuchhaltungs-Offizial) Privatdocent.		
Staatsrechnungswissenschaft	5	I. & II.
n. Tewes, Doctor der Rechte, Privatdocent.		
1. Geschichte der Institutionen des römischen Rechtes . . .	6	I.
2. Examinatorien aus der römischen Rechtsgeschichte und Pandekten	3	I.
3. Ueber den römischen Civilprozess (öffentlich)	2	I.
4. Vorträge über römisches Recht etc.	2	II.

1) Nach der Erzählung des damaligen Jesuiten-Provinzials in Oesterreich.

2) Beide Reden sind wiederholt in den periodischen Schriften jenes Jahres gedruckt.

3) Es wurde gelehrt im

I. Jahre:

1. Theologische Einleitung . . . . . 4 Stunden wöchentlich.

gleich blieb. Direktor des Studiums ist der jeweilige Rektor des Collegiums der Gesellschaft. Die Professoren werden auch nach dem Turnus der Facultäten zu Rektoren der Universität gewählt, was bei dem früheren Bestehen der Jesuiten niemals der Fall war. Ueber Ertheilung der theologischen Würden an der Universität soll noch verhandelt werden. Die Zahl der Professoren ist acht.

Mit Ausnahme der vorzüglich berücksichtigten Dogmatik ist der Studienplan der Jesuiten bezüglich der Fächer doch so ziemlich dem seit dem 1780ger Jahre bestandenen Plane des theologischen Studiums in Oesterreich nachgebildet, weicht jedoch von dem sowohl an Universitäten als an bischöflichen theologischen Lehranstalten bestehenden Plane ab [1]). Sie halten, wie an bischöflichen Lehranstalten,

2. Dogmatik	9	Stunden wochentlich.
3. Einleitung in das alte Testament	3	„ „
4. Kirchengeschichte	3	„ „
5. Hebräische Sprache	3	„ „
II. Jahre:		
1. Dogmatik	10	„ „
2. Einleitung in das neue Testament	5	„ „
3. Biblische Hermeneutik	3	„ „
4. Kirchenrecht	3	„ „
5. Kirchengeschichte	3	„ „
III. Jahre:		
1. Dogmatik	10	„ „
2. Moral	5	„ „
3. Biblische Exegese	4	„ „
4. Methodik und Katechetik	3	„ „

Im Jahre 1859—60 wurden die Vorlesungen in der gedruckten Ordnung so angegeben:

	Wochentlich Stunden.	Semester.
a. Wellscheller lehrt:		
1. Theologia fundamentalis	4	I.
2. „ dogmatica	5	I. & II
b. Hurter:		
Theologia dogmatica	5	I. & II.
c. Jung:		
Theologia moralis et pastoralis	5	I. & II.
d. Tuzer:		
1. Hermeneutica biblica	3	I.
2. Exegesis in pericopas selectas ex Epp. apost.	4	I.
3. Lingua hebraeica	2	I. & II.
4. Exegesis in Vaticinia Messiae selecta	4	II.
e. Wenig:		
1. Introductio in l. l. Novi Test.	3	I.
2. Lingua syriaca et chaldeica	2	I. & II.
3. Archaeologia biblica	3	II.
f. Staffler, 2do semestri. Nilles supplens.		
Jus canonicum	3	I. & II.
g. Jungmann:		
Catechetica et Eloquentia sacra	3	I. & II.
h. Kobler:		
Kirchengeschichte	3	I. & II.

Man wird hier manche Veränderungen vom Plane des Jahres 1857 bemerken.

1) Der vor dem Jahre 1848 bestandene theologische Studienplan befolgte die Ordnung, dass *a.* die Bibelfächer und Kirchengeschichte (hl. Schrift und Tradition) als Quellen vorausgeschickt, *b.* dann Dogmatik und Moral als Inhalt der katholischen Religionslehre vorgetragen, *c.* endlich deren Anwendung in der Seelsorge durch Pastoral etc. und auch Kirchenrecht gezeigt wurde. — Die Versammlung der Bischöfe zu Wien im Jahre 1849 kam bekanntlich über einen Studienplan überein, nach welchem *a.* im ersten

Prüfungen aus den einzelnen Fächern, und dazu noch öfter Disputationen. Das Kirchenrecht geben sie abgesondert von dem im staatsrechtlichen Studium gelehrten kanonischen Rechte.

Die Zahl der Studirenden stieg bisher mit Einschluss jener aus der Gesellschaft Jesu nicht über 60, und der grösste Theil derselben befindet sich — insofern sie nicht Jesuiten sind, in dem bei dem Collegium bestehenden Konvikte für Theologen. Die Studirenden sind meistens Ausländer, von den tirolischen Diözesantheologen befindet sich kaum Einer oder der Andere dort; Mehrere sind aus Stiften.

So unbeschränkt war das theologische Studium an der Universität den Jesuiten seit dem Bestehen der theologischen Facultät niemals überlassen.

§ 205.

Die Veränderungen in der Unterrichtsmethode und in der Weise, sich von der Auffassung der vorgetragenen Lehre bei den Studirenden zu überzeugen, ergeben sich aus den bereits angeführten organischen Anordnungen.

In dem medizinisch-chirurgischen Studium fand keine wesentliche Veränderung statt, ausser dass die Professoren auch nicht mehr an bestimmte Vorlesebücher gebunden sind. In der Theologie gingen die Prüfungen fort und kamen Disputationen, beiläufig wie unter den frühern Professoren aus der Gesellschaft Jesu, dazu. — In den zwei andern Facultäten ist der Vortrag weder an bestimmte Vorlesebücher gebunden, noch durch förmliche Prüfungen von Semester zu Semester der Ausweis über die angeeigneten Lehren gefordert, jedoch den Professoren empfohlen, ja aufgetragen, sich durch Colloquien, Disputationen, ja schriftliche Arbeiten der Schüler sich von den Kenntnissen zu überzeugen, ohne dass jedoch allen Schülern hiezu ein Zwang auferlegt wurde. — Für Philosophen gibt es kein als nothwendig vorgeschriebenes Mittel, sich diese Kenntnisse zu verschaffen, da das philosophische Doctorat nicht vorgeschrieben ist und bisher äusserst selten — etwa jährlich einmal vorkommt; doch müssen sich die Pharmazeuten und Lehramts-Candidaten besondern strengen Prüfungen unterziehen. Dagegen haben alle Juristen die erste Staatsprüfung und zu einer kaiserlichen etc. Anstellung auch noch die zwei andern Staatsprüfungen zu machen oder das juridische Doctorat zu nehmen. Die Staatsprüfungen — aus mehreren Fächern zugleich, nach mehreren Studienjahren und vor Männern, die theilweise, ja bei den höhern Staatsprüfungen grösstentheils nicht Professoren sind, haben allerdings eine weit höhere Bedeutung, als die frühern Semestralprüfungen durch den betreffenden Professor.

Die Unterrichtssprache ist nur in der Theologie fast durchgehends lateinisch, sonst deutsch, etwa hie und da mit Ausnahme eines Collegiums in der Philosophie.

In Ertheilung der akademischen Würden trat in der Medizin für das Magiste-

---

Jahre allgemeine Dogmatik. 2. Einleitung in die hl. Schrift. 3. Erklärung der hl. Schrift a. T. nach der Vulgata, 4. hebräische Sprache; — b. im zweiten Jahre 1. besondere Dogmatik, 2. Erklärung der hl. Schrift n. T. nach der Vulgata mit fortlaufender Rücksicht auf Begründung der Glaubenslehre, 3. Erklärung des Urtextes; — c. im dritten Jahre 1. Kirchengeschichte mit vorherrschender Rücksicht auf Dogmen- und Verfassungsgeschichte, 2. Moraltheologie mit besonderer Rücksicht des Beichtvaters; — d. im vierten Jahre 1. Pastoraltheologie, 2. Liturgik, 3. geistliche Beredsamkeit, 4. Katechetik und Unterrichtslehre, 5. Kirchenrecht gegeben werden soll. — Die theologischen Facultäten anderer öffentlicher Lehranstalten befolgen der Hauptsache nach den nämlichen Plan, öfter nur mit noch andern Fächern, z. B. Decretalen, biblischen Sprachen etc. von eigens dazu aufgestellten Professoren. Selbstverständlich haben nur die Facultäten das Recht, akademische theologische Würden zu ertheilen etc.

rium keine Aenderung ein, das theologische Doctorat wurde bisher seit der Wiedereinführung der Theologie nicht ertheilt; juridische Promotionen aber sind häufig, da das juridische Doctorat die zwei letzten Staatsprüfungen ersetzt und die Akademiker natürlich lieber bei ihren Professoren für das Doctorat sich prüfen lassen wollen, als durch andere Männer bei den Staatsprüfungen, obschon die Kosten für das Doctorat ungleich höher sind, als für die Staatsprüfungen (vgl. § 203). Eine Abhandlung und Disputation wird zum Doctorate nicht mehr gefordert.

Im Jahre 1859 wurde auch die Ertheilung des Doctorats aus der Chemie bewilligt.

§ 206.

Die Studirenden der Facultäten befinden sich mit Ausnahme der medizinischchirurgischen Schüler in ganz andern Verhältnissen, als vor dem Jahre 1848 oder vor der Aufhebung der Theologie im Jahre 1823. Die Theologen sind nämlich ganz den Jesuiten überlassen. Die Verhältnisse der übrigen Akademiker kann man am besten aus der Verordnung vom 29. September 1850 kennen lernen, deren Abschnitte von der Inscription der Akademiker, von ausserordentlichen Zuhörern, Evidenzhaltung der Hörer, ihren Studien, Besuch der Vorlesungen, Ferien, Abgang von der Universität, Beschwerdezug, Ausnahme für Theologen handeln. Es genüge, Folgendes anzuführen.

Spätestens 14 Tage nach dem Anfang des Studienjahres hat der Akademiker zur Aufnahme dem betreffenden Dekane sein Nationale zu übergeben, welches Namen, Alter, Geburtsort, Religion, Wohnung, Vater oder Vormund, frühere Studien, allenfalligen Stipendiengenuss und die Angabe zu enthalten hat, welche Vorlesungen und bei welchen Docenten er sie hören will. Wenn er noch nicht immatrikulirt ist, hat er auch die Aufnahmsbelege — Maturitätszeugniss des Gymnasiums oder Abgangszeugniss von einer andern Universität — vorzulegen. Der Studirende erhält dann den vom Rektor und Dekan unterschriebenen Matrikelschein und das Meldungsbuch in 12 Quartseiten, in welches von Semester zu Semester der gehörte Lehrgegenstand, Stundenzahl der gehörten Vorlesungen etc. einzutragen sind. Ein ausserordentlicher Zuhörer, der zur Aufnahme wenigstens 16 Jahre alt und mit den gehörigen Kenntnissen ausgerüstet sein muss, erhält statt des Meldungsbuchs einen Meldungsbogen in Folio zur Eintragung der betreffenden Angaben.

Die philosophischen Hörer haben wochentlich wenigstens 10 Stunden, die juridischen im Ganzen 20 Stunden, mit Ausnahme des 4. und 8. Semesters mit 12 Stunden, zu hören. — Beschwerden gehen an den Facultätsdekan und im weitern Zuge an den akademischen Senat und an das Ministerium. Zeugnisse über Frequentation werden durch das Meldungsbuch ersetzt, doch erhält ein die Universität verlassender Schüler ein Abgangszeugniss, ein absolvirter Jurist aber das Absolutorium. Jeder Studirende erhält nebst dem Meldungsbuch auch ein Exemplar der Disziplinar-Vorschriften, in welchem z. B. Versammlungen der Studenten, ausser zu gesellschaftlichen Zwecken, Verbindungen unter Studenten etc. untersagt werden. — Für Matrikel, Disziplinar-Vorschriften, Meldungsbuch etc. ist natürlich eine kleine Abgabe, auch zum Theil wegen Stempels zu entrichten. Eine neue bedeutende Abgabe der Studirenden, von welcher sie an der Innsbrucker Universität in frühern Zeiten — mit Ausnahme der Juristen bis zur ersten Aufhebung der Universität — frei waren, ist nun nach der a. h. Entschliessung vom 12. Juli 1850 das Collegiengeld, welches in jedem Semester wenigstens mit so vielen Gulden zu entrichten ist, als der Studirende wochentliche Collegien hört. Mit Gehalt angestellte Professoren haben die Obligatfächer um diesen Betrag zu lehren, Privatdocenten, auch bezahlte Professoren für Nebenfächer können mehr, aber nicht weniger fordern, doch muss jeder Professor alle dritte Semester ein publicum, d. i. ein Collegium von 1—2 Stunden in der Woche, ohne Entgeld geben [1]. — Die halbe oder gänzliche Befreiung vom Collegiengelde ertheilt bei tadelloser Aufführung, erwiesener Dürftigkeit, ausgezeichneten Studien rekurslos das Professoren-Collegium. Theologen und Schüler des medizinisch-chirurgischen Studiums zahlen kein Collegiengeld.

Die Unterstützung der Studenten durch Stipendien geht gleichmässig fort; hiesige Theologen erhalten keine Stipendien. Der Vorschlag zur Betheilung mit Stipendien geschieht durch das Professoren-Collegium der Facultäten, für Studirende der Medizin durch den Direktor des medizinisch-chirurgischen Studiums, die Verleihung aber durch die Statthalterei.

§ 207.

In den Lokalitäten der Universität ging die doppelte Veränderung vor, dass das ganze ehemalige Jesuiten-Collegium — sohin auch die in neuerer Zeit mit der Baudirektion um jährliche 600 fl. vermietheten Räumlichkeiten der Universität überlassen wurden, da die neu errichtete theologische Facultät und wohl auch die chemische Kanzel der Philosophie und überhaupt die vermehrten Studienfächer und Docenten neue Lokalien forderten; — dass aber anderer Seits gleich bei der Erweiterung des Gymnasiums zu acht Klassen drei Zimmer der Universität und später bei Errichtung mehrerer Gymnasial-Nebenklassen noch mehrere Räume dem Gymnasium überlassen wurden.

Bezüglich des Universitätsfondes blieben im Wesentlichen die frühern Verhältnisse, nur dass der Aufwand sehr bedeutend stieg, da er z. B. im Jahre 1847 nur mit 35,366 fl., im Jahre 1857 aber 52,193 fl., sohin um 16,827 fl. mehr präliminirt wurde. — Auch in der Manipulation traten Veränderungen ein, indem z. B. der Aufwand für die einzelnen Studien-Abtheilungen besonders ausgewiesen werden musste u. s. w. Für Lehrmittel wurde bedeutender Aufwand gemacht, da das medizinische Studium, wie schon bemerkt wurde, von der Philosophie getrennte Kabinete der Physik und Naturgeschichte und ein eigenes von dem philosophischen verschiedenes Laboratorium erhielt [2], eine eigene chemische Kanzel mit kostspieligen Apparaten etc. errichtet, ein neues Glashaus erbaut, der botanische Garten mit d. :u theresianischen vergrössert und die Dotation für keinen Zweig vermindert, wohl aber zum Theil sehr bedeutend vermehrt wurde.

Insbesonders erhielt auch die Bibliothek einen Zuwachs durch die Wittwe des Hofraths Jarke, welche dessen Werke — beiläufig 2000 Bände — der Innsbrucker Bibliothek überliess. Der Minister bewilligte ihr auch wiederholt auf An-

---

1) In seinem a. u. Vortrage motivirte der Minister das Collegiengeld vorzüglich mit der Nothwendigkeit von Privatlehrern zur Nachbildung von Professoren, ferner durch die dadurch erhöhte Wichtigkeit der Lehrer in den Augen der Schüler, dann durch den Vortheil und die Aufmunterung geschickter Professoren. Der Quästor der Universität hat nach jedem Semester dem Senate über das Collegiengeld etc. Rechnung zu stellen; ein fünfprozentiger Ertrag desselben fällt dem Studienfonde zu, was z. B. im Jahre 1856 im ersten Semester 107 fl. 49 kr., im zweiten 84 fl. 31½ kr. betrug. Ueber früheres Collegiengeld vgl. §§ 31 und 76.

2) Bis nach der Aufhebung der Jesuiten im Jahre 1773 war es nicht möglich, ein chemisches Laboratorium, vorzüglich wegen der Kosten desselben zu erhalten; nach dem Jahre 1848 erhielt die Universität allmälig deren drei, — eines für den neuen Professor der Chemie, eines für den Professor der Naturgeschichte etc. in der Philosophie, eines endlich für das medizinische Studium.

suchen einzelner Professoren für Bücher ihres Lehrfaches nicht unbedeutende ausserordentliche Dotationen. — Im Personale derselben ging die Veränderung vor, dass im Jahr 1858 der Bibliothekar Scherer pensionirt und der Gymnasiallehrer Zingerle provisorisch, im Jahre 1859 aber Koegeler von Salzburg — früher schon hier Bibliotheks-Scriptor — definitiv als Bibliothekar aufgestellt, resp. übersetzt wurde.

§ 208.

Wie schon aus dem bisher Angeführten sich ergibt, wurde nach dem Jahre 1848 auch das Verhältniss der Universität zur Regierung wesentlich geändert. Der Grundsatz der Lehrfreiheit schaffte die Controle der Professoren durch Direktoren, durch vorgeschriebene Lehrbücher, Semestralprüfungen ihrer Schüler etc. ab. Die höchste Landesregierung, die bis zum Jahre 1854 ohnehin aufhörte und den Rest ihrer Macht in dem Statthalter konzentrirte, und die für Gymnasien und deutsches Schulwesen bis zur Organisirung der Statthalterei eingesetzte Schulbehörde, von der dann nur die zwei Räthe blieben, hatten mit der Universität nichts zu thun, der Statthalter selbst aber nur einen sehr geringen Wirkungskreis über ihren Lehrberuf (§ 199), der auch nach der Organisirung der Statthalterei nicht erweitert wurde. Die Universität steht unmittelbar unter dem Ministerium. Die Berichte über ihr Wirken an den Minister macht die Universität selbst, resp. ihr Rektor, und der Dekan jeder Facultät; in der Provinz steht sie unter keiner unmittelbaren Aufsicht. Die Kenntnisse des Ministeriums über sie schreiben sich von ihren Berichten unter Vorlage statistischer Angaben und Protokolle her; aber auch einzelne Professoren schrieben nicht selten unmittelbar an den Minister. Wie sehr auch in Innsbruck diese Errungenschaft der Universität das Selbstgefühl der Professoren erhob, davon wurde schon § 198 ein Beispiel bezüglich der Professoren der Philosophie angeführt. — Eine Auszeichnung ist die Theilnahme des Universitäts-Rektors am Landtage und eventuell am Reichstage. Rektor Kerer wurde Landstand und als solcher für die erste Periode des Reichstages von 6 Jahren auch für diesen gewählt.

In ökonomischer Beziehung blieb das Verhältniss zur Regierung, wie früher, nur dass auch diessfalls zu Gunsten einzelner Professoren z. B. über Bibliotheks-Dotationen etc. oder durch unmittelbare Berichte der Facultäten etc. grösserer Aufwand bewirkt wurde.

Mit dem Ordinariate stand die Universität in keinerlei Verhältniss. Selbst der Universitäts-Prediger wurde nicht vom Ordinariate aufgestellt. Ob das Ordinariat durch das Dekanalamt etc. auf irgend eine Art eine Aufsicht übte, ist mir unbekannt. Die Einführung der theologischen Facultät geschah mit Genehmigung der Landes-Ordinariate. Vor Anstellung eines Professors des Kirchenrechts ist jedoch der Lokal-Bischof de ejus fide et doctrina zu vernehmen. [1]

§ 209.

Nach Aufhebung der Jesuiten im Jahre 1848 kehrte für die akademische Kirche wieder die frühere Einrichtung zurück (§ 196). Professor Schenach übernahm das Kirchpropstamt, und nach Aufhebung der Religions-Kanzel und sohinigem Abtreten des Professors Haidegger hielt Professor Flir die Kanzelvorträge an Sonn- und Feiertagen, wofür er remunerirt wurde. Diese hörten niemals auf. Die Dotation für die Kirche musste wieder verrechnet werden. Allein nach der Wiederherstellung der Jesuiten erhielten sie wieder die Besorgung der Kirche mit der ihnen

---

1) Litterae archiep. Vienn. ad Card. Viale Prelà d. d. 18. August 1855.

früher bewilligten Dotation, und nach Flir's Abgang von der Universität besorgten sie auch die akademischen Predigten gegen eine Remuneration von jährlich 200 fl. aus dem Studienfonde; dafür liegt ihnen die Abhaltung des akademischen Gottesdienstes, dann der Aemter am Anfang und Ende des Schuljahres und am Restaurations-Feste, für verstorbene Professoren etc. ob. Der Gottesdienst in dieser Kirche kann jedoch nicht als akademischer Gottesdienst bezeichnet werden, da die Akademiker zum Erscheinen bei demselben nicht gehalten sind und darüber keine Controle besteht; er ist vielmehr in der Regel Gottesdienst für das Publikum der Stadt, überhaupt, welches daran zahlreichen Antheil nimmt, was auch von den Studirenden der Theologie gilt. Nur bei den streng akademischen Festen erscheinen die Professoren in corpore, die Schüler aber gewöhnlich nicht zahlreich. Die Jesuiten halten jedoch in der Kirche nicht bloss die erwähnten Gottesdienste, sondern die kirchlichen Verrichtungen, wie sie in jeder andern Kirche gehalten werden, dann die Ordensfeste, hören Beicht etc. Die Baulichkeiten der Kirche besorgt der Studienfond, gleich jenen der Universität etc.

§ 210.

Von einer Auszeichnung der Universität, wie sie — zumal bis zum Jahr 1858 — mit zwei Facultäten bestand, deren Eine in manchem Studienjahre fast mehr Professoren als Schüler zählte, konnte wohl keine Rede sein; doch wurde die rechtswissenschaftliche Facultät wegen der häufig ertheilten Doctorats-Promotionen etwas mehr besucht (§ 205). Unter den juridischen Professoren hatten Einige literären Ruf, wie Philipps, der von Bayern berufen, aber vor weniger als zwei Jahren an die Universität zu Wien befördert wurde; auch Professor v. Moy, Verfasser mehrerer Schriften, gibt ein Archiv für Kirchenrecht heraus; Professor Prokner schrieb einzelne Abhandlungen über Gegenstände des bürgerlichen Rechtes, das er seit 1819 an der Universität mit gutem Rufe über seine Kenntnisse gelehrt, und der auch eine Personalzulage mit dem Rathstitel sich erworben hatte, mit welcher er in Ruhe versetzt wurde. Schuler war jedoch publizistischer Schriftsteller. Unter den abgetretenen philosophischen Professoren war Flir der ausgezeichnetste und seit langer Zeit eine Zierde der Universität; er hatte viele besonders ästhetische und klassische Kenntnisse und einen guten Vortrag auch als Prediger, wesswegen er einen besondern Einfluss auf die Studirenden und grosse Popularität auch in weitern Kreisen genoss [1]. Auch Professor Schenach gab eine Metaphysik in den Druck [2], wie der ebenfalls nach Wien übersetzte Albert Jäger — zwar nicht als Professor der Innsbrucker Universität, wo er nur kurze Zeit lehrte, mehrere historische Werke veröffentlichte.

Unter den noch lehrenden Professoren gilt der von Bonn berufene Ficker, Verfasser mehrerer historischer Werke, als gediegener Geschichtsforscher — zumal der Reichsgeschichte, der eine Schule bildet. Auch Hlasiwetz hat als Chemiker guten Ruf.

Die neu hergestellte theologische Facultät der Jesuiten zog wegen des Rufes der einst so berühmten und einflussreichen Gesellschaft Jesu manche auswärtige Candidaten der Theologie an die Universität, da die Jesuiten sonst nicht nur in

---

1) Vgl. § 199 Note. Er wuede seit 1853 zuerst bei dem Unterrichtsministerium mit Beibehaltung seines Professor-Charakters und Gehaltes verwendet, dann nach Rom als Rektor der deutschen Kirche all' anima versetzt und endlich zum Uditore della rota romana befördert, als welcher er aber am 7. März 1859 starb.

2) Er wurde im Jahre 1857 nach Wien befördert, wo er im Jahre 1860 starb.

Oesterreich, sondern in Deutschland kein öffentliches theologisches Studium haben; allein die Zeit ihres Wirkens ist noch zu kurz, um über ihre Leistungen schon jetzt ein bestimmtes Urtheil abgeben zu können; doch nimmt die Theilnahme der Studirenden an dieser Facultät zu.

Die Zahl der Studirenden an der Universität stieg jährlich — zumal bis zur Wiedereinführung der Theologie — etwa auf 200, wozu noch höchstens 30 Chirurgen kamen.

§ 211.

Aus dem bisher Angeführten ergibt sich, dass die letzten 12 Jahre der Universität als eine Periode der Umänderung ihrer Einrichtung bezeichnet werden können, bei welcher in den ersten Jahren mit der Einführung der Lehr- und Lernfreiheit und mit dem Zwecke, auch streng wissenschaftliche Bildung zu befördern, so vieles früher Bestandene hastig abgeschafft, in der ganzen Periode aber Neues hergestellt wurde, ohne jedoch die Umstaltung bisher ganz zu vollenden.

Abgeschafft wurde die Vorschrift, vorgeschriebene Vorlesebücher zu gebrauchen; abgeschafft die Prüfung nach vollendetem Vortrag eines Faches, überhaupt Collegial- und Semestralprüfung; abgeschafft die Controle der Professoren und Studenten durch Direktoren und selbst durch die Landesstelle; abgeschafft die Konkursprüfung zur Anstellung im Lehramte; — abgeschafft das ganze philosophische Studium nach seinem frühern Zwecke, von dem Berufs-Studium eine allgemeine Bildung bei den Studirenden zu vermitteln; — abgeschafft die Religionskanzel und der Zwang zum akademischen Gottesdienst; abgeschafft die Vorschrift, bestimmte Fächer im philosophischen Studium zu besuchen; abgeschafft die Forderung einer Abhandlung oder auch nur einer Disputation vor Erhaltung der akademischen Doctorswürde etc. Das Studium der Landwirthschaft und die Prüfung für Geometer, die früher öfter vorkam, hörte auf. ·

Neu aber ist der Uebergang der Studirenden zu jeder beliebigen Facultät nach erhaltener Reiferklärung durch ein öffentliches Gymnasium ohne Vermittlung des philosophischen Studiums; neu die Freiheit von aller Prüfung mit Ausnahme jener zur allenfalligen Doctorswürde; neu die Staatsprüfung bei den Juristen, und zwar durch Männer auch ausser dem Gremium der Professoren; neu die wenigstens theilweise den Professoren überlassene Wahl der Lehrgegenstände für jedes Semester; neu in der Philosophie die Einführung von ordentlichen Lehrkanzeln für die deutsche und italienische Sprache und Literatur, dann für Chemie; neu ein förmliches pharmazeutisches Studium; neu das dreijährige philosophische Studium für künftige Gymnasial-Professoren; neu in der rechtswissenschaftlichen Facultät die ordentliche Kanzel für deutsches Recht; neu die Kanzeln für Staatsbuchhaltung, für Bergrecht, für gerichtliche Medizin; neu die theilweise Aufstellung mehrerer Professoren für das nämliche Fach und daher in diesem Falle für die Studirenden die freie Wahl der Docenten; neu die Aufstellung von Privatdocenten und ausserordentlichen Professoren; neu die Gleichstellung der Gehalte für die philosophischen und juridischen Professoren; neu die Gehaltsverbesserung nach je 10 Lehrjahren und nicht mehr nach dem Senium unter den Collegen; neu die Verwendung der philosophischen Professoren bei der Gymnasialprüfungs-Commission und theilweise der juridischen Professoren bei Staatsprüfungen; neu das Collegiengeld; neu das Meldungsbuch mit den von Semester zu Semester einzutragenden Bemerkungen; neu die Vorschrift monatlicher Professoren-Sitzungen in den Facultäten mit Vorlage des betreffenden Protokolles an das Ministerium; neu der Jahresbericht der Dekane nach vorläufiger Berathung des Professoren-Collegiums über allenfallige Verbesserungs-Vorschläge;

neu die Einnahme des Studienfonds durch einen kleinen Theil des Collegiengeldes; neu die Bildung eines Universitätskanzleifondes aus dem Ueberschuss der Prüfungstaxen für das Doctorat; neu die Wiedereinführung der theologischen Facultät in einer neuen Form unter Jesuiten; neu die Absonderung des medizinisch-chirurgischen Studiums von der Universität u. s. w.

Diese Veränderungen beziehen sich vorzüglich auf die philosophische und auf die rechts- und staatswissenschaftliche Facultät, indem die theologische Facultät grösstentheils die Form behalten hat, die sie unter den Jesuiten in den letzten Zeiten von 1773 hatte.

Das medizinisch-chirurgische Studium erlitt, wie schon bemerkt wurde, keine wesentliche Abänderung, wohl aber eine Zurücksetzung.

Ob die neue den deutschen Universitäten nachgebildete Einrichtung die gehofften besseren Früchte bringen wird, muss wohl erst die Zeit lehren, indem die bisherige Erfahrung noch zu kurz ist. Doch darf mit vielem Grunde angenommen werden, dass brave Studenten mit vorzüglichen Talenten, die ihre Kräfte nicht mehr auf Semestralprüfungen etc. über etwaige Kleinigkeiten, oder auf ihnen gar nicht zusagende Gegenstände verwenden müssen, unter der Einwirkung tüchtiger Professoren sich besser als früher bilden werden. — Auch dürfte man die eingeführten Staatsprüfungen, wenn sie zweckmässig und mit unnachsichtlicher Forderung der Kenntnisse, die ein Jurist nach absolvirten Studien haben soll, abgehalten werden (auf was man freilich, wie bei Doctoratsprüfungen, schonungslos dringen sollte), für eine gute Einrichtung erklären, die nicht bloss die Studirenden zum Fleisse ermuntert, sondern ihre die wichtigsten Studienzweige umfassenden Kenntnisse auf eine unzweideutige Weise erprobt.

Eilfter Abschnitt.

Vergleichender Rückblick auf die hohe Schule während ihres Bestehens.

§ 212.

Wollte man noch einen vergleichenden Rückblick auf die Schicksale der hohen Schule in Innsbruck seit ihrem Entstehen werfen, so zeigt sich in diesem Zeitraum von 200 Jahren natürlich sowohl an der Universität überhaupt als an den einzelnen Facultäten oder Studien-Abtheilungen eine grosse Veränderung.

Sehen wir zuerst auf die hohe Schule überhaupt, so war sie bald eine vollständige, bald eine unvollständige, bald keine Universität. Eine vollständige Universität mit den gewöhnlichen vier Facultäten und mit allen Vorrechten einer solchen war die hohe Schule seit ihrer vollendeten Organisirung im Jahre 1687 bis zum Jahre 1783, und dann wieder vom Jahre 1792 bis 1810, also in 116 Jahren. Eine unvollständige Universität war sie — abgesehen von der ersten Organisirungs-Periode — seit dem Jahre 1826, da sie nur zwei Facultäten — die philosophische und juridische, und seit 1857 auch noch die dritte (theologische), aber keine medizinische Facultät hatte. Keine Universität, sondern nur ein Lyceum war die hohe Schule vom Jahre 1783 bis 1792, damals mit allen vier, zum Theile jedoch sehr beschränkten Studien-Abtheilungen, und wieder vom Jahre 1811 bis 1826, aber bis zum Jahre 1817 nur mit der philosophischen und theologischen Studien-Abtheilung, von dort an aber auch mit den juridischen und medizinisch-chirurgischen Studien bis zum Jahre 1823, wo die theologische Studien-Abtheilung aufhörte. — Der Grund der Aufhebung der Universität im Jahre 1782 waren die Grundsätze des Kaisers Joseph II., der die Universitäten vermindern wollte, aber wohl auch Geldverlegenheit zur Bestreitung der Kosten; der Grund der zweiten Aufhebung unter Bayern im Jahre 1810 waren die Folgen des Jahres 1809 für Tirol, und namentlich nach der Theilung des Landes ebenfalls Geldverlegenheit zur Kostenbestreitung. Die nämliche Geldverlegenheit war auch Ursache der so lange verzögerten und endlich im Jahre 1826 nur unvollständigen Herstellung der Universität, da die medizinische Facultät zu grossen Aufwand gefordert hätte, wobei auch die kleine Krankenzahl in der Klinik des Innsbrucker Spitals und der Abgang anderer zu einer medizinischen Facultät geforderten Attribute für die praktische Bildung der Aerzte hinderlich erschien. Die Aufhebung der theologischen Facultät im Jahre 1823 geschah im Grunde ebenfalls wegen zu grossen Kosten für mehrere theologische Anstalten in Tirol und ein eigenes Priesterseminarium in Innsbruck, wobei aber vorzüglich die Maxime geltend gemacht wurde, dass die Theologen unter den Augen des Bischofs ihre Bildung erhalten sollten.

Ein flüchtiger Rückblick auf die Physiognomie der hohen Schule zeigt dieselbe in verschiedenen Zeiten in einer vierfach wesentlich verschiedenen Gestalt. Zuerst bis zum zweiten Drittel des vorigen Jahrhunderts verfügte nämlich die Universität über ihre innern Angelegenheiten nach ihren Statuten grösstentheils selbst. Dann aber schritt häufig unter Widerstand der Universität oder einzelner Facultäten schon seit dem 1730ger Jahre, vorzüglich aber seit dem Jahre 1748, die Regierung ein, indem sie den Einfluss der Jesuiten schwächen, die Lehrmethode verbessern, zweckmässigere Unterrichtsgegenstände vorschreiben, die Universität unter ihre Aufsicht stellen und sie allmälig zu einer gänzlichen Staatsanstalt umstalten wollte, was sie jedoch erst um 1760, ungeachtet ihr die Streitigkeiten der Universität selbst zu Hülfe kamen, nach Anstellung von Direktoren, die nicht aus dem Gremium der Professoren genommen waren, als erreicht ansehen konnte. Von dort an war die hohe Schule eine Staatsanstalt, welche Priester, Juristen, Aerzte nach ihren nicht immer gelungenen und nach den Zeitbedürfnissen, namentlich nach dem Gallicanismus modifizirten Planen bilden sollte. Das wichtige Privilegium der eigenen Gerichtsbarkeit über ihre Mitglieder war der hohen Schule im Jahre 1784 wohl für immer genommen. Dieser Zustand dauerte bis zum Jahre 1848, wo die Lehr- und Lernfreiheit errungen wurde, welche freilich bald durch manche Vorschriften modifizirt werden musste. Man könnte die erste Periode als jene der Selbstregierung, die zweite als jene der Umstaltung in eine Regierungsanstalt, die dritte als jene der Staatsanstalt zur Bildung ihrer Beamten, die vierte endlich als jene der Lehr- und Lernfreiheit, auch wohl der freien Forschung, bisher wohl auch als jene der Reorganisirung bezeichnen.

Selbstverständlich modifizirten sich Lehrgegenstände und ihr Inhalt und Form wenigstens allmälig nach dem Standpunkt der Wissenschaften in den verschiedenen

Perioden; allein selbst die Einrichtungen welche den ursprünglichen Geist der Universität wesentlich charakterisirten, alterirten sich im Laufe der Zeiten bedeutend. Die Universität war nämlich als entschieden katholische Universität gestiftet und vorzüglich den Jesuiten, welche in der Hälfte des XVII. Jahrhunderts noch in voller Blüthe dastanden, und der Aufsicht des Bischofs als Kanzler der Universität anvertraut, sowie dieser ihr Charakter durch manche andere Einrichtung, wie wiederholte Glaubensbekenntnisse, Feste etc. gesichert wurde (§ 49). Allein die Macht der Jesuiten sank, und nachdem ihr Einfluss an der Universität schon lange geschwächt war, traten sie 1773 ganz ab. Der Einfluss des Kanzlers und seines Stellvertreters verminderte sich schon in der ersten Hälfte des vorigen Jahrhunderts allmälig in hohem Grade und unbekümmert um denselben gingen die Umänderungen in den Fächern, in der Lehrmethode und in den Einrichtungen z. B. des Senates im Jahre 1748, in der Aufstellung eines weltlichen Professors im Kirchenrechte im Jahre 1760, die Abschaffung des Eides zur Vertheidigung der unbefleckten Empfängniss Maria's im Jahre 1781 und insbesonders auch in den Grundsätzen des Naturrechtes in der rechtlichen Facultät vor sich. In den folgenden Zeiten konnte das Ordinariat, wenn gleich der Vicekanzler und sohin auch der Kanzler bis zur bayrischen Regierung dem Namen nach bestand, kaum seine Aufsicht über die Reinheit der katholischen Religionslehre geltend machen, die demselben jedoch durch keine allerhöchste Entschliessung jemals abgesprochen und vom Kaiser Franz II. ausdrücklich garantirt war. Die Lehranstalt blieb doch bei allen Veränderungen immer eine katholische und einen erklärten akatholischen Professor hatte sie niemals, wahrscheinlich auch keinen akatholischen Schüler.

Die Einwirkung der Regierung nach dem Nützlichkeits-Prinzip zur Bildung tauglicher Beamten seit den 1730ger Jahren hatte auch sehr wichtige Folgen, die sich nicht bloss in der Einführung mancher neuer Lehrgegenstände und in der Modifizirung der Lehrart durch Beschränkung der Dialektik, Prüfung der Schüler u. s. w., sondern auch vorzüglich durch Herbeischaffung nützlich erachteter Hülfsmittel zum Erwerbe zweckdienlicher Kenntnisse wie der Herstellung einer öffentlichen Bibliothek, der Attribute für die philosophische und medizinische Facultät, ja selbst eines neuen Universitäts-Lokales etc., seit der Mitte des vorigen Jahrhunderts zeigten. Diess und die bei vermehrten und erweiterten Studienfächern vergrösserten Salarien der Professoren vermehrten die Auliegenheit des Universitätsfondes aus dem ursprünglich zur Kostenbedeckung bestimmten Salzaccis, dem das Staats-Aerar seit der Studien-Reform unter Maria Theresia, namentlich nach der a. h. Anordnung seit dem Jahre 1753 zu Hülfe kam. — Nach der Aufhebung der Jesuiten wurde zwar aus den bisherigen Einkünften der Universität und den Gütern der Jesuiten ein eigener Studienfond mit Einschluss der k. k. Gymnasien hergestellt, der aber ohne Aushülfe des h. Aerars den Bedürfnissen nicht zu genügen vermochte [1]. Ja unter Bayern wurde der Salzaccis ganz eingezogen, und unter der wieder eingetretenen österreichischen Regierung statt desselben vom Domänenstande 7000 fl. jährlich, der weitere Abgang aber vom h. Aerar verabfolgt. Von den Tiroler-Ständen, auf welche die Regierung so oft seit der Errichtung der Universität hinwies, wurde niemals ein bedeutender Beitrag, sondern höchstens nur zeitweilig für bestimmte Zwecke, z. B. für einen Veterinärarzt eine Aushülfe geleistet. Der Salzaccis war aber Abgabe des Landes. — Uebrigens hatte sich der Aufwand für die

---

1) So wurde z. B. schon im Jahr 1758 und so jährlich vom h. Aerar 1500 fl. und bei der Wiederherstellung der Universität im Jahre 1792 jährlich 8380 fl. 58¼ kr. für sie bezahlt.

Universität von den jährlichen 5000 bis 6000 fl. der ersten Zeiten bis zum Jahre 1792 auf 16,000 fl. gesteigert, und im Jahre 1857 erhielt die geringst besoldete Facultät der Theologie für ihre Professoren allein 8000 fl., also weit mehr, als Anfangs die ganze Universität kostete, die jetzt jährlich über 50,000 fl. fordert, ein Aufwand, den die Universität mit Dank hinnehmen muss, der Oekonom aber bei dem gegenwärtigen Finanzzustand nicht allseitig gerechtfertigt findet, z. B. wenn für Gelegenheit zu Wissenschaften und Kenntnissen ohne entsprechenden Erfolg und Bedürfniss oder für mehrere Professoren der nämlichen oder sehr verwandten Fächer oder in vermeintlich zu grossem Masse etc. Geld verwendet wird.

Die Zahl der Universitäts-Professoren hat sich bis auf die neueste Zeit wohl etwas, aber nicht sehr vermehrt. Sie stieg von den im Jahre 1677 bestandenen 15 ordentlichen Professoren bis zur Wiederherstellung der Universität im Jahre 1792 auf 21, also um 6. Allein nach der Organisirung seit dem Jahre 1849 zählt sie nun 33 ordentliche Professoren, nebst mehreren Privatdocenten, obschon die Studentenzahl von 600 der frühern Zeiten auf 250—300 gesunken ist. — Im Ganzen hatte die hohe Schule seit ihrer Errichtung bis zum Jahre 1860 — mit Ausschluss der im Jahre 1857 eingetretenen Jesuiten — 425 ordentliche Professoren, von denen 228 Jesuiten, 13 andere Ordensmänner, 48 Weltpriester und 136 Laien waren. Alle Professoren mussten bis zum Wiedereintritt der österreichischen Regierung im Jahre 1814 Doctoren ihrer Facultät und in frühern Zeiten auch Doctoren der Philosophie sein, bis zur ersten Aufhebung der Universität ihre Vorlesungen im Amtskleide halten, seit 1774 ihre Anstellung in der Regel durch Konkursprüfung erlangen und bis Kaiser Joseph II. das katholische Glaubensbekenntniss abgelegt haben. Etwas Besonderes ist noch, dass bis zur Aufhebung der Universität im Jahre 1782 kein Ordensmann Rektor derselben sein durfte. Der Unterricht wurde bis in die zweite Hälfte des vorigen Jahrhunderts durchaus lateinisch gegeben, bis er allmälig — mit theilweiser Ausnahme in der Theologie ganz deutsch wurde.

Die Ferien waren in der grössern Zeit des Bestehens der hohen Schule in den Monaten September und Oktober, wozu die Unterhaltung der Professoren und Studenten durch Jagd, Weinlese, Vogelfang etc. reizte, doch siegte im Jahre 1785 auf einige Jahre die Ansicht, dass in den wärmsten Monaten Juli und August von den Studien auszuruhen wäre und im Nothfalle für Gesundheit durch Bäder etc. gesorgt werden könne. Im Jahre 1826 ward für Innsbruck der Schluss des Schuljahres auf den 8. September festgesetzt. Jetzt sind die Hauptferien im August und September und betragen im Ganzen wohl 3 Monate im Jahre. Von andern Ferialtagen bestand die kleinste Zahl wohl in der Periode der Regierungs-Controle, wo den Professoren auch die grösste Zahl der Vorlesungen vorgeschrieben war, die in den ersten Zeiten nicht einmal durchgängig täglich in einer Stunde bestanden.

Schwerlich würde sich ein um 1700 lebender Professor auf diese Veränderungen in den äussern und innern Verhältnissen der Universität zu finden wissen oder — etwa mit Ausnahme der Theologie — in den Bänken einen Akademiker ohne Mantel zu finden glauben, wahrscheinlich auch keine rigorosen Prüfungen bestehen können. Ob aber ein jetziger Professor durch die Tiefe und den Umfang der Kenntnisse in den gelehrten Fächern z. B. des römischen Rechtes, durch die dialektischen Fragen und besonders durch die scolastische Philosophie und selbst die lateinische Sprache nicht auch von einem damaligen Professor in Verlegenheit gesetzt würde, darf wohl auch gefragt werden.

Dreimal während ihres Bestehens veranlasste die Innsbrucker hohe Schule oder vielmehr nicht bedeutende Schritte einzelner Glieder derselben wichtige Folgen in weitern Kreisen. Professor Schwarzl's halblaute Erklärung über den Eid zur Vertheidigung der unbefleckten Empfängniss Maria's hatte die Abstellung desselben in der ganzen österreichischen Monarchie zur Folge (§ 112); ein Briefchen des Professors Hauck über seine Doctorats-Promotion zog die Aufhebung alles Kirchlichen bei Doctorats-Promovirungen ebenfalls in der ganzen Monarchie nach sich (§ 123); endlich trug die Aeusserung der theologischen Facultät über eine Vorstellung des Trientner Ordinariats in Betreff der Besetzung geistlicher Pfründen zu den Begebenheiten des Jahres 1809 in Tirol bei (§ 154). Die erste dieser Gegenstände machte seiner Zeit grosses Aufsehen, die Veranlassung zu den letzten zwei Ereignissen scheint ziemlich unbekannt geblieben zu sein, jedoch in einer Geschichte der Universität und deren Schicksale im Allgemeinen wiederholte Erwähnung zu verdienen.

§ 213.

Unter den einzelnen Facultäten hat seit der Entstehung der Universität keine so grosse Veränderungen und einen so grossen Umschwung und so viele Studienplane erlitten, als die philosophische. Von ihren ursprünglichen Fächern ist gar nichts geblieben. Denn Logik, Physik, Metaphysik und Mathematik werden in einem ganz andern als dem ursprünglichen Inhalte gelehrt und sind in ihrem frühern Umfange grossentheils in das Gymnasium verwiesen. Sie ging von ihrer ersten vorzüglich auf die Dialektik berechneten Einrichtung in ein Erlernen der jedem Gebildeten nothwendigen Kenntnisse über, wobei im Jahre 1734 die Geschichte und Eloquenz, im Jahre 1765 die hebräische Sprache, die aber bald mit der Eloquenz in die Theologie überging, und die griechische Sprache, ferner im Jahre 1769 die politischen Wissenschaften kamen, welche 1784 zur Jurisprudenz geschlagen wurden; dafür ward Naturgeschichte etc. mit wechselndem Umfang und in diesem Jahrhundert Religionslehre und Pädagogik in diese Studien-Abtheilung aufgenommen. In der Periode des zweiten Bestehens der Universität wurde auch Technologie betrieben, und nach Einführung der deutschen Unterrichts-Sprache unter Kaiser Joseph II. bisweilen selbst Latein gelehrt.

Unter der neuen österreichischen Regierung nach der bayrischen Periode wurden mathematische und physikalische Kenntnisse in solchem Umfange gelehrt, dass sehr wenige Schüler ein nachhaltiges Wissen dieser Fächer in der kurzen Lehrzeit sich anzueignen vermochten. — Dass nach dem Jahre 1848 die ganze frühere Einrichtung des philosophischen Studiums aufhörte, wurde wiederholt angeführt. Die Philosophie wurde eine wissenschaftliche Anstalt, an welcher sich der Liebhaber von einigen Hauptwissenschaften, von der Vernunft-Spekulation, dann von Mathematik, von Physik, von Geschichte, von der griechischen und römischen Philologie, selbst von einigen neuern Sprachen, nämlich der deutschen und italienischen, zur Virtuosität zu bilden Gelegenheit haben soll. Selbstverständlich finden sich solche Liebhaber für die meisten Wissenschaften nur sehr Wenige, und vielleicht noch Wenigere, bei denen dieser Zweck auch wirklich erreicht wird. Den philosophischen Professoren sind daher auch andere Geschäfte anvertraut (§ 202).

Seit dem Bestehen der Facultät hatte sie 180 ordentliche Professoren, von denen 133 der Gesellschaft Jesu, 3 andern Orden, 13 (mit Einschluss von 4 Exjesuiten) dem Weltpriesterstande und 31 dem Laienstande angehörten. Bis zum Jahre 1760 lehrten an derselben nur Jesuiten, jetzt lehrt nicht einmal mehr E in Priester in der Philosophie. Die Zahl der Professoren wuchs von den ursprünglichen 4 Lehrern auf 8, und seit dem Jahre 1848 auf 13; die Besoldung für jeden

Professor, die für einen Jesuiten nicht einmal durchgängig 200 fl. betrug, wenigstens auf 1000 fl.

Einen hervorstechenden Charakter hatte die Facultät niemals, wohl vorzüglich wegen des schnellen Wechsels zumal von talentirten Professoren; doch wurden die naturhistorischen Wissenschaften durch Weinhart und die Zallinger, und Sprachen durch Weitenauer rühmlich befördert. Oefter hatte diese Facultät Reibungen mit andern Facultäten und später selbst mit der Regierung, so um 1700 wegen Bestrafung ihrer Schüler durch eigene, nicht durch die Universitäts-Jurisdiction (§ 44), im Jahre 1713 mit der theologischen Facultät wegen des Promotionsrechtes (§ 36), wiederholt mit der medizinischen und juridischen Facultät wegen der Zahl der philosophischen Studienjahre (§ 38), ein Gegenstand, welcher später die wechselnden Regierungsvorschriften, namentlich das Intercalarjahr herbeiführte (§§ 55, 77, 131, 146 u. s. w.), ferner mit der Regierung vorzüglich wegen Lehrmethode und Lehrbüchern (§§ 66, 79). Nachklänge solcher Reibungen finden sich auch im Jahre 1831 durch einen Religions-Professor (§ 189), und 1848 durch die ganze Facultät.

§ 214.

An Fächern und am Lehrpersonale und Lehrstunden hat das medizinische Studium im Laufe der Zeit sich am meisten erweitert, aber als Facultät im Jahre 1781 (und im Jahre 1810 bis 18 selbst alsLehrfach), sohin als tieferes Studium zu sein aufgehört.

Diess Studium begann nämlich als Facultät im Jahre 1674 mit einem einzigen Professor, zu dem im Jahre 1677 ein zweiter und im Jahre 1679 ein dritter, und später nur bisweilen ein vierter kam; diese Professoren lehrten medizinische Institutionen und Praxis (wohl beiläufig die nachherige theoretische und praktische Medizin), dann kümmerliche Anatomie, und dazu bisweilen die Aphorismen des Hypokrates; aber Jeder in den ersten Zeiten nur etwa in drei- bis vierwochentlichen Stunden. Gewöhnlich waren sie auch Physiker der Regierung oder der Stadt. Die Chirurgie und mit ihr den beständigen vierten Professor erhielt die Facultät im Jahre 1733, und im Jahre 1735 übernahm dieser auch die Anatomie, da die Facultät einen Lehrer der Chirurgie nicht als Facultätsprofessor gelten lassen wollte. Im Jahre 1754 wurde mit der Chirurgie auch der Hebammen-Unterricht vereinigt. Im Jahre 1775 kam ein Professor der Chemie und Botanik hinzu, zwei Fächer, die früher nur nebenbei (ersteres Fach nicht einmal praktisch auf der Universität, sondern in der Hofapotheke) gelehrt wurden, und im Jahre 1781 endlich ein Professor der Thierarzneikunde, so dass bei der Aufhebung der Universität im Jahre 1782 bereits 6 medizinische Professoren (für Institutionen, Praxis, Chirurgie mit Hebammenkunst, Anatomie, Veterinärkunde, Chemie mit Botanik) bestanden, zu denen bei der Wiederherstellung der Universität im Jahre 1792 nur ein siebenter Professor bei einer andern Eintheilung der Fächer kam.

Seit der zweiten Hälfte des vorigen Jahrhunderts wurden auch medizinisch-chirurgische Kabinete errichtet und von einem medizinischen Professor das Stadtspital zur Bildung der Studirenden übernommen. Vom Jahre 1782 bis 1792 und wieder vom Jahre 1810 bestand, wie schon bemerkt wurde, keine medizinische Facultät mehr, sondern seit 1817, wie schon früher seit 1782 nur ein medizinisch-chirurgisches Studium zur Bildung von Landärzten und zum Hebammen-Unterricht. Im Jahre 1819 kam aber ein geburtshülfliches Ambulatorium, im Jahre 1821 eine förmliche medizinische und chirurgische Klinik im Stadtspitale unter der Leitung der betreffenden Professoren mit je einem Adjunkten (Assistenten) und erst in den letzten Jahren auch eine Gebäranstalt hinzu, bei welcher ebenfalls neben dem Professor ein Assistent besteht.

Man sieht hieraus, dass für die praktische Bildung der Chirurgen weit besser gesorgt ist, als in frühern Zeiten für die Bildung selbst der Doctoren der Medizin, so dass selbst für einzelne Krankheiten — der Augen, Zähne etc., Krankheiten für verschiedene Alter und Geschlechter — besonderer Unterricht vorkommt. Diess ist gewiss sehr gut, wenn nur auch die Studirenden im Stande sind, in zwei, und seit 1835 in drei Jahren sich die mannigfaltigen Kenntnisse anzueignen, die auf der Universität vom absolvirten Gymnasisten in 5—7 Jahren zum nämlichen Zwecke erworben werden müssen; um dann freilich als Doctoren der Medizin und — nach dem siebenjährigen Studium auch als Operateurs das Studium zu beschliessen. Ob aber die Wiederherstellung einer medizinischen Facultät nach den Forderungen unserer Zeit für Tirol erwünscht wäre, kann gefragt werden. Denn einerseits sind die Kosten dazu sehr bedeutend und die Unterrichtsmittel vielleicht doch sehr ungenügend; anderseits aber ist in grössern Orten an Aerzten kein Mangel, und wenn die Wundärzte, die oft nicht mit Unrecht Vertrauen haben, aufhören sollten, hörte auch an sehr vielen kleinern und abgelegenen Orten die ärztliche Hülfe auf, weil ein Doctor der Medizin dort von seiner Kunst wohl nicht leben könnte und wohl auch nicht leben wollte.

Diese Studien-Abtheilung hatte die kleinste Zahl der Professoren, nämlich nur 50, deren Gehalt von 200 bis 300 fl., bei vermehrten Lektions-Stunden etc. höher und nun auf 900 fl., bei Nebenfächern und den Spitalärzten auch noch mit Remunerationen gestiegen ist; sie hatte immer die kleinste Anzahl von Studirenden, die selten bei 30 betrug, öfters aber 10 nicht erreichte. Die Professoren aber scheinen zur Zeit der vollständigen Universität wenigstens theilweise sehr ausgezeichnete Aerzte gewesen zu sein.

§ 215.

Verfolgt man die Einrichtung des Studiums der Jurisprudenz, das später den Namen juridisch-politisches bekam und jetzt staatsrechtliches heisst, so wird man bemerken, dass zuerst bereits ein das kanonische Recht, und zwar statutenmässig durch einen Jesuiten, und das römische Recht nach seinen drei Abtheilungen — Institutionen, Codex und Pandekten — von drei weltlichen Professoren, nebenbei jedoch auch etwas vom Lehen- und politischen Rechte und von der Gerichtsordnung gelehrt wurde, die Landes-Statuten aber, nach welchen doch verfahren und bei Streitigkeiten entschieden werden sollte, in Schatten gestellt waren. Aber schon im Jahre 1733 erhielt diess Studium durch die Einführung des neuen Lehrfachs des Naturrechts und Voranstellung des öffentlichen Rechtes eine wesentliche Umgestaltung und einen neuen Professor, sowie seit dem Jahre 1748 eine grössere Berücksichtigung der Landesgewohnheiten aufgetragen, und im Jahre 1770 für das Kirchenrecht ein weltlicher Professor aufgestellt wurde, der die nach gallikanischen Grundsätzen angenommenen Rechte des Staates gegen das kirchliche Recht zu vertheidigen hatte. Seit der Studien-Reformation kam das römische Recht immer mehr in Abnahme, da es nur Ein Professor zu lehren hatte; ja nach dem Wiedereintritte der österreichischen Regierung wurden die beiden früher wichtigsten fast einzigen Lehrfächer des kanonischen und römischen Rechtes einem einzigen Professor zu lehren aufgetragen, der in einem Semester das römische und in einem andern das kanonische Recht vorzutragen hatte. Das ganze Studium zielte nur auf Bildung österreichischer Staatsdiener, so dass selbst das Lehrfach der Reichsgeschichte aufhörte, nachdem von Kaiser Franz II. die deutsche Kaiserkrone niedergelegt war.

Dagegen mussten nach dem Erscheinen der österreichischen Gesetzbücher (bürgerliches Gesetzbuch, Strafgesetz, Gerichtsordnung, Finanzgesetz) die bezüglichen Fächer zum Theil durch ausschliesslich dafür aufgestellte Professoren gelehrt werden. Ganz aufgehört hat das juridische Studium nur vom Jahre 1810 bis 1817 unter Bayern, aber auch nach der ersten Aufhebung der Universität vom Jahre 1783 bis 1792 war es nur von zwei ordentlichen Professoren und hie und da von Privatdocenten vertreten. — Erst nach dem Jahre 1848 wurde wieder auf Wissenschaft und praktische Bildung zugleich gesehen, daher die Fächer theilweise mehr getrennt wurden und insbesonders eine neue Kanzel für das deutsche Recht entstand.

Die Zahl der Professoren änderte sich in dieser Facultät weniger, als in den meisten übrigen Studien-Abtheilungen. Sie zählte bald nach der ersten Organisirung schon 4 bis 5 Professoren und vor dem Jahre 1848 auch nur 6, obschon diese grösstentheils andere Fächer als anfänglich zu lehren oder die frühern Nebenfächer nun als Hauptfächer zu behandeln hatten. Ueber die neueste Einrichtung dieses Studiums vgl. § 203.

Seit der Stiftung der Universität stieg die Gesammtzahl der ordentlichen Professoren auf 71, von denen 16 dem Jesuiten-Orden, 55 dem Laienstande angehörten. Bis auf die neueste Zeit waren die letztern unter allen Professoren am besten besoldet, jetzt sind sie aber hierin den weltlichen Facultätsprofessoren gleichgestellt. Bis zur ersten Aufhebung der Universität bezogen diese Professoren allein ein Collegiengeld, das im Jahre 1749 in ein Lektionsgeld überging.

Einer besondern Auszeichnung scheint sich auch dieses Studium niemals erfreut zu haben, obschon es fast immer einer oder der andere sehr geschickte Professor hatte, der in ältern Zeiten häufig zum Staatsdienste, in neuern Zeiten auch auf besser gestellte Universitäten befördert wurde.

Eine sonderbare Erscheinung ist es, dass das Kirchenrecht — bis auf die neuesten Zeiten an Universitäten und höhern Lyceen immer ein juridisches Fach — nun sowohl in der staatsrechtlichen als theologischen Facultät von eigenen Professoren dieser Studien-Abtheilungen gegeben wird. Ob wohl dieses Verfahren zur Harmonie zwischen Staat und Kirche geeignet ist?

§ 216.

Die Theologie war seit der Entstehung der Universität bis zum Jahre 1823 ununterbrochen eine vorzügliche, wo nicht die vorzüglichste Facultät der Lehranstalt. Sie war bis zum Jahre 1753 bereits nur ein Unterricht in der speculativen Theologie (Dogmatik) und — jedoch weniger — in der Casuistik (Moral), indem das Schriftstudium und die Controversen — welch letztere man wohl auch zur Dogmatik rechnen kann, und später wirklich dazu gezogen wurde — als sehr unbedeutende Fächer betrachtet, häufig schon von Philosophen besucht und nur in einer, seit dem Jahre 1734 in zwei wöchentlichen Stunden gelehrt wurden; von andern Fächern aber war keine Rede. Unter Maria Theresia erhielt das theologische Studium eine sehr veränderte Richtung; denn das Studium der hl. Schrift wurde durch den Unterricht in den Originalsprachen derselben und allmälig durch andere Hülfswissenschaften erweitert, auch die Eloquenz zuerst in der Philosophie, bald aber (im Jahre 1761) als theologisches Fach eingeführt und im Jahre 1779 in die Pastoral mit Katechetik umgestaltet; dann wurde die Kirchengeschichte, von der früher nur Weniges, z. B. von Konzilien in den Controversen vorkam, — von der Philosophie, im Jahre 1773 als Patrologie, und seit 1779 förmlich als Kirchengeschichte in die Theologie verpflanzt; endlich das Kirchenrecht seit 1780 von einem weltlichen Professor auch als Obligatfach für Theologen in der juridischen

Facultär erklärt. Diese Reformation sollte Anfangs vorzüglich die Lehrmethode und den Einfluss der Jesuiten paralysiren, daher im Jahre 1760 für die von ihnen gelehrten theologischen Fächer gerade so viele Professoren, als sie selbst dafür hatten, aus andern Klöstern oder Stiften aufgestellt wurden; dann sollte sie auch auf gründliche Bildung praktischer Seelsorger hinwirken. — Diese Studien-Reformation, die auch nach Maria Theresia fortging und in welche allmälig die Mehrzahl der Professoren, besonders unter Kaiser Joseph II., bereitwilligst einging, gab zu manchen Reibungen mit den Ordinariaten Anlass, die erst mit der Aufhebung des theologischen Studiums in Innsbruck im Jahre 1824 völlig endeten.

Das theologische Studium dauerte gewöhnlich 4 Jahre, unter Kaiser Joseph Anfangs 5, dann 4, endlich wie später unter Bayern 3 Jahre, wobei besonders die Dogmatik, mit welcher die Controversen verbunden wurden, und auch das Bibelstudium verkürzt und die Patrologie nur in der Kirchengeschichte zu berücksichtigen befohlen wurde.

Während der ganzen Zeit des theologischen Studiums in Innsbruck wurden drei Mönche in Bezug auf die Orthodoxie ihrer Lehre bei den Kirchenvorstehern verdächtig und zwar der Jesuit Benedikt Stattler, von dem 4 Werke, der Franziskaner Oberrauch, von dem die zum Druck gegebene Moral — freilich erst nach der Zeit ihrer Professur in Innsbruck in den römischen Index der verbotenen Bücher kam, und der Benediktiner Feilmoser, dessen Einleitung in den neuen Bund von dem Ordinariate in Brixen etc. beanständet wurde. — Zwei Ordensmänner — der Servit Güntherod und der Benediktiner Feilmoser — wurden auf Betreibung des Ordinariats vom Kaiser in ihr Kloster zurückgeschickt, wohin aber Keiner zurückkehrte [1]).

Die fixe Zahl der Professoren bis zur Studien-Reformation war fünf, nämlich drei Jesuiten für Dogmatik und Moral und zwei Weltpriester für hl. Schrift und Controversen, nach der Studien-Reformation aber ordentlich und meistens sechs, jedoch bisweilen z. B. als den Jesuiten drei andere Ordenspriester an die Seite gesetzt wurden und zur Zeit des Generalseminars vom Jahre 1783—1790 acht, in welcher Zahl auch die Jesuiten im Jahre 1857 bei der Wiederherstellung des theologischen Studiums nach 34jähriger Aufhebung desselben in Innsbruck es übernahmen.

Die Zahl der sämmtlichen theologischen Professoren bis zum Jahre 1823 beläuft sich auf 125, worunter 80 Jesuiten, 9 andere Ordensmänner und 36 Weltpriester begriffen sind.

Das thätigste Leben mag in dieser Facultät nach dem Jahre 1760 geherrscht haben, wo den Jesuiten aus andern Orden Rivalen beigegeben waren, und z. B. Stattler, Oberrauch, Weitenauer lehrten.

§ 217.

Die Frage, inwiefern die Universität in den 200 Jahren seit ihrer Gründung zum Bessern fortgeschritten sei, verdiente eine ausführliche Beantwortung, bei der von der genauen Fixirung des Zweckes der Universität auszugehen sein würde, um die jeweilige Einrichtung derselben als Mittel zur Erreichung dieses Zweckes zu beurtheilen. Hier mögen nur wenige sehr unmassgebliche Bemerkungen stehen.

A. In den ersten Zeiten der Universität überwog das wissenschaftliche Inter-

---

1) Wegen andern Gründen (des Betragens) wurden auch ein Paar Professoren der Philosophie (§§ 195, 191) und ein Professor der Rechte (§ 89) allerhöchst entlassen und ein Professor der Medizin kam der Entlassung, wie es scheint, zuvor (§ 44).

esse die praktischen Rücksichten für das Leben, indem in der Philosophie vorzüglich Dialektik, in der Theologie scolastische Speculation, in der Jurisprudenz römisches Recht, in der Medizin theoretische Kenntnisse gelehrt wurden, während für das Leben wohl auch damals an den abgehenden Akademikern andere Kenntnisse erwünscht gewesen wären. — Nach der Studien-Reformation wurde vorzugsweise auf eine für das Leben brauchbare Bildung der Akademiker hingearbeitet. — Seit dem Jahre 1848 wollte man beide Rücksichten miteinander verbinden, indem man an der Universität Wissenschaft gelehrt wissen wollte, aber von derselben zugleich für das thätige Leben gebildete Beamte, Geistliche, Aerzte etc. abgehen sollten. — Es unterliegt wohl schwerlich einem Zweifel, dass die Verfolgung beider Zwecke besser ist, als das Hinarbeiten auf nur einen Gesichtspunkt.

Mit Rücksicht auf die Bildungs-Anstalten, wie sie bei uns bestehen, und auf die Absicht, aus welcher die Universität von der überwiegenden Mehrzahl besucht wird, dürfte doch immerhin das praktische Moment das vorwiegende zu bleiben haben [1]). Die Akademiker sollten in ihrer Mehrzahl die Universität als gebildete Männer mit Liebe und Tüchtigkeit für ihren gewählten Beruf verlassen. Tiefere Wissenschaft bleibt Ausnahme, und die gepriesene Wissenschaftlichkeit ist sehr oft nicht mehr, als ein mehr oder weniger bewusstes Nachbeten neu scheinender Ansichten, und nicht ungeeignet, die Bescheidenheit, welche talentirte junge Männer so sehr empfiehlt, durch vorreife Raisonnir- und Reformirlust zu verdrängen, während gründliche und passende Berufskenntnisse etc. mangeln. Vergleiche auch § 149. Für eigentliche Wissenschaft sollte die Akademie der Wissenschaften sorgen.

B. Ungezweifelt ist im Lehrstoffe ein grosser Fortschritt gemacht worden, man mag sowohl die Einführung neuer Lehrfächer in jeder Studien-Abtheilung als die Erweiterung der Kenntnisse in den von jeher bestehenden Fächern in das Auge fassen. In den von jeher gelehrten Fächern, welch' ein Unterschied! Zum Beispiel in der Physik der ersten Zeiten der Universität, und in der jetzigen Lehre derselben über Elektrizität, Galvanismus, Optik, Luft etc., — welch' ein Unterschied in der ehemaligen und jetzigen Anatomie, Chemie etc., auch wohl, welch' ein Unterschied zwischen den ehemaligen einzelnen Traktaten der Dogmatik und Moral und den jetzigen zusammenhängenden Systemen dieser Wissenschaften! [2]) Und wie viele neue Fächer wurden in jeder Studien-Abtheilung eingeführt, deren Keinem Nutzen und Interesse wird abgesprochen werden können? Wer muss daher den Fortschritt im Lehrstoff nicht bloss des wissenschaftlichen Interesses wegen, das neu entdeckte oder gründlicher bewiesene Wahrheiten mit sich führen, sondern auch wegen des Nutzens, den z. B. in der Theologie Pastoral, Kirchengeschichte, gründliches Schriftstudium etc., in der Rechtswissenschaft Naturrecht, Statistik, Gesetzkenntniss etc., in der Medizin Anatomie, erweiterte Klinik etc., in der Philosophie Chemie, Sprach-Studium etc. gewähren, nicht dankbarst anerkennen? — Muss man aber zugeben, dass die Auffassung vieler Kenntnisse und das Eindringen in die Tiefen der Wissenschaften, wie sie jetzt die Universität darbietet, an und für sich ein grosser Fortschritt ist, so dringen sich doch bezüglich der Benützung dieser Menge und Tiefe der dargebotenen Lehrfächer auch einige Bedenken auf. Denn 1. könnte durch das Studium so vieler auch weitschweifiger Fächer sich gar leicht ein ex omnibus aliquid, in toto nihil ergeben. 2. Wenn alle in den einzelnen Studien-Abtheilungen vorge-

---

1) Cujus (veri investigationis) studio a rebus agendis abduci contra officium est. Cicero de off. I. 6.

2) Die Jesuiten lehren die Dogmatik noch nach Traktaten, beiläufig wie früher (§ 38), jedoch wohl nach einem zusammenhängenden System.

24 *

schriebenen Fächer studirt werden müssen, so muss Vieles studirt werden, was Einzelne nicht brauchen. Was nützt z. B. dem politischen Beamten eine genaue Kenntniss dessen, was der Justiz- oder Finanzbeamte wissen muss, und umgekehrt? Allerdings tragt man nicht schwer an den Kenntnissen; aber die gründliche Aneignung so vieler Kenntnisse, wie sie bereits in jeder Studien-Abtheilung gegeben werden, ist für die meisten Schüler eine Unmöglichkeit. Wäre daher nicht die proponirte, aber wohl zu wenig ausgeführte Eintheilung der Facultäts-Fächer in solche, welche allen und welche einigen Studirenden der Facultät nothwendig sind, wünschenswerth? Sollte nicht mehr Rücksicht genommen werden, dass die nothwendigen Fächer vor Allem gründlich aufgefasst werden müssen? Wie Vieles studirt man nicht, um es wieder zu vergessen? 3. In der Philosophie insbesondere besteht die Freiheit, nach Belieben Fächer zu studiren; allein es bestehen auch Bedenken. Schon dass dieser Facultät Nebenzweige — Pharmazie und Gymnasial-Lehrinstitut — eingepflanzt sind, ist sonderbar, da Erstere eher zur Medizin gehört, Letzteres aber vielmehr von erfahrenen Gymnasiallehrern als von Professoren des höchsten menschlichen Wissens, die den Gymnasial-Unterricht praktisch nicht kennen, besorgt werden sollte. Hätte man ferner auch über die dargebotene Gelegenheit zur Erreichung der höchsten Stufe der Wissenschaft in einzelnen Zweigen nichts einzuwenden, so zeigt sich in Innsbruck bisher das Unpassende der Einrichtung schon dadurch, dass sich bei manchem Professor Jahre lang keine Schüler melden und er nur etwa nebenbei mit Gymnasiallehramts-Candidaten eine ihm eigentlich fremde Beschäftigung findet. 4. Dass aber bei aller Erweiterung der Lehrgegenstände an der Universität gerade für formelle Bildung kein Obligatfach besteht, ist gewiss bedenklich, so lange im Gymnasium für das philosophische Studium nicht besser Rechnung getragen wird. Ohne formelle Bildung ist gründliches Studium unmöglich, mit einer solchen alles Studium erleichtert, daher dasselbe gerade vor dem Uebertritt zu den Fachstudien eine Hauptsache. Auch eine gründliche Ueberzeugung über die Hauptwahrheiten der Metaphysik sollten die Studirenden zum Fachstudium mitbringen, eben weil sie die Hauptwahrheiten sind. 5. Endlich wird in allen Vorträgen eine unter dem Schilde von Wissenschaftlichkeit getriebene Ausspinnung der Materien zu verderblichen Grundsätzen für die Menschheit, für Staat und Kirche, welche den Glauben an die ewigen Wahrheiten von Gott, Unsterblichkeit und Tugend untergraben, Umsturz der menschlichen Gesellschaft befördern, auf Religions-Indifferentismus etc. hinzielen etc., fern bleiben, dagegen aber der Vortrag der Fächer gegen solche Lehren so umfassend und gründlich sein sollen, wie es unsere Zeiten und der Zweck wahrer Bildung fordern. Ohne diese Bedingungen könnte man in der Behandlung der Lehrfächer und im erweiterten Lehrstoffe den Fortschritt zum Bessern für Studirende nicht finden und unbedingter Vortrag sogenannter freier Forschung liesse nach Umständen in den Köpfen junger Leute ein unerwünschtes Chaos und nicht unbedenkliche Gährung fürchten. *C.* Entschieden anerkannt muss der Fortschritt in den Lehrmitteln werden. Diessfalls lässt sich kein Vergleich zwischen den erstern und spätern Zeiten der Universität anstellen, da in den ersten Zeiten solche Lehrmittel — Bibliothek, medizinische und philosophische Kabinete — gar nicht bestanden und erst um die Mitte des vorigen Jahrhunderts den Anfang nahmen, seither aber im Ganzen immer mehr vervollkommnet wurden. — Ob der wachsende Aufwand für die Lehrmittel auch fortwährend zweckmässiger verwendet wurde, kann hier freilich nicht erörtert werden.

D. Auch die Unterrichtsform — ich meine, der Vortrag des Lehrstoffes, die Vorsorge für die Auffassung desselben, endlich die Anregung zum eigenen Studium

— hat sich zum Theil geändert, vielleicht aber nicht in jeder Beziehung gebessert. Der Vortrag des Lehrstoffes war nämlich in den ersten Zeiten der Universität von den Schülern nachgeschrieben, sohin mehr oder weniger ein Diktiren; später bestand er in der Erklärung eines vorgeschriebenen Vorlesebuches; jetzt ist er den Professoren freigelassen und wird meistens in freien Vorträgen aus dem Gedächtnisse oder aus Heften bestehen. — Das Diktiren der ersten Zeit wurde wohl mit Recht als Zeitverlust abgeschafft. — Der freie Vortrag der neuesten Zeit macht grössern Eindruck und gibt dem Professor in den Augen der Schüler mehr Ansehen; allein er wird nicht fixirt, selten genau nachgeschrieben, noch seltener nach vollendetem Lehrfache nachstudirt und ist — zumal wenn von einem schönen Vortrage die Rede ist, nur Gabe einzelner Professoren. Es scheint daher kein Fortschritt zum Bessern zu sein, wenn den Professoren frei gelassen wird, nach oder ohne Vorlesebuch zu lehren. Er soll nach einem Vorlesebuch lehren, das er aber als Kenner des Faches selbst wählen kann, wenn er nicht die eigenen Vorträge wenigstens in skizzirter Form in den Druck gibt und diese des Druckes würdig sind. Jetzt hat man ja bereits über jedes Fach gute Vorlesebücher; und ein mittelmässiges Vorlesebuch ist in der Regel besser, als selbst verfertigte Vorträge sich oft überschätzender Professoren. Ein fähiger Professor kann ja den freien Vortrag nach einem genau einstudirten Vorlesebuch wählen. Ein solches gewährt auch eine Controle über die Grundsätze des Professors, welche zu kennen doch auch dem Publikum daran liegt.

Die Vorsorge für die Auffassung des Vortrages wurde in den ersten Zeiten durch Repetitionen (Collegien) der Professoren und in der Philosophie der Instruktoren befördert; nach der Reformation der Studien wurden auch zu diesem Zwecke die oftmaligen Collegien in den Vorlesungen vorgeschrieben; jetzt besteht keine Vorschrift, ausser etwa jene über Colloquien und Examinatorien, zu denen die Schüler in der Regel nicht verhalten werden können. Dass nun die bezahlten Collegien schon vom Grafen Chotek aufgehoben wurden und Studirende den Professor zum Verständnisse seines Vortrages nicht mehr unterstützen, muss wohl als Fortschritt zum Bessern betrachtet werden, weil doch der Schüler für eine bessere Erklärung der Vorlesungen nicht wird bezahlen sollen, der Professor gar leicht zu einem vernachlässigten Vortrag wegen Bezahlung für einen bessern verleitet werden kann, nicht alle Studirende diese Kosten aufwenden können etc., die Nachhülfe durch Studenten aber dem Professor ein schlechtes Zeugniss über seinen Vortrag ausstellt. Wer jedoch weiss, wie oft der Vortrag des Professors nicht vollständig, nicht richtig aufgefasst wird, muss eine Controle hierüber gewiss wünschen, die der Professor gleich nach oder auch unter der Vorlesung zumal über schwierigere Materien durch Abforderung der diessfälligen Rechenschaft sich verschaffen kann und soll. Aehnliches wird in einzelnen Vorschriften der Reformationsperiode nach den 1750ger Jahren gefordert.

Die Anregung zum Fleisse der Schüler geschah in den ersten Zeiten der Universität durch die Ehre bei Circuln, Disputationen, Prüfungen am Ende der Studien und akademische Würden; nach der Studien-Reformation vorzüglich nur durch Prüfungen in den Vorlesungen und nach geschlossenem Vortrag eines Gegenstandes, darüber ausgestellte Zeugnisse und an die Behörden vorgelegte Verzeichnisse; in den neueren Zeiten auch durch Stipendien, jetzt durch letztere, nur ausnahmsweise durch Jahres- etc. Prüfungen, vorzüglich aber durch Staatsprüfungen und Doctorate, wobei man nach erhaltener Reiferklärung durch das Gymnasium den Fleiss der Schüler schon voraussetzt. — Ohne über diesen Punkt in andere Bemerkungen einzugehen, ist es wohl kein Fortschritt zum Bessern, wenn die Studenten, wie zum Beispiel bei dem staatsrechtlichen Studium zwei Jahre ohne alle Prüfung über die gehörten Gegenstände bleiben. Die Mehrzahl verwendet die Jahre zu wenig für ein ernsthaftes Studium. Fordert eine mündliche Prüfung eines jeden Schülers zu viele Zeit und müsste sie sich — wenn man nicht die nämlichen Fragen wiederholen wollte, auch auf unbedeutende Kleinigkeiten erstrecken, so dürfte doch eine schriftliche Prüfung über gut gewählte Fragen nach Vollendung des Vortrages über ein Lehrfach und ein Zeugniss über die ausgewiesene Auffassung, für das im Zweifel noch ein kurzes Colloquium kommen könnte, mehr nützen, als die einfache Bestätigung über Frequenz der Vorlesungen im Meldungsbuche. — Uebrigens muss die beste Anregung zum Fleisse in einem Lehrfache der Professor geben, der es versteht, Interesse für sein Fach zu wecken, bereit ist, bei unvollständiger Auffassung des Vortrages nachzuhelfen, durch humane und geschickte Behandlung die Schüler an sich zieht und — was ein vorzügliches Mittel zum gründlichen Studium ist, der es vermag, bei den Schülern schriftliche Aufsätze über gut gewählte anregende Fragen zu veranlassen. Diess Moment spricht vorzüglich für Universitäten mit einer nicht zu grossen Schülerzahl; bei vielen Schülern wäre eine solche Behandlung freilich mühsam, aber doch gewiss nützlich.

E. Wie wurde aber für Gewinnung solcher Professoren von jeher gesorgt? Und zeigt sich hierin ein Fortschritt zum Bessern? Die Jesuiten wählten und wählen aus ihrer Mitte die Professoren; andere Professoren wurden durch Konkurs, seit der Aufhebung der Jesuiten auf Konkursprüfung, seit 1850 aber wieder nur durch Konkurs und aus Privatdocenten aufgestellt. — Vorläufige Kenntniss über die allseitige Tauglichkeit eines Individuums zur Professur für ein Fach ist gewiss das beste, das einzig sichere Mittel, gute Professoren zu erhalten. — Setzt man diese Kenntniss und fähige Leute in der Gesellschaft Jesu und gewissenhafte Auswahl derselben voraus, wer kann ihre Aufstellungsart tadeln? — Man möchte wünschen, dass auch die Regierung eine solche Auswahl hätte. Konkursprüfung mag wohl die nöthigen Kenntnisse des Candidaten über sein Fach beweisen, aber weniger die übrigen Eigenschaften für einen Professor, die wichtiger sind, als tiefe Kenntnisse, indem mancher Professor bei wenigern Kenntnissen (die kompetenten Kenntnisse muss ein Professor allerdings immer haben) an sonstigen guten Eigenschaften — namentlich bei regem Interesse für die Fortbildung seiner Schüler und einer guten Lehrmethode mehr leistet, als der gelehrteste Mann ohne jene Eigenschaften. — Das Institut der Adjunkten und Privatdocenten ist gewiss gut; aber für alle Fächer kann man solche nicht aufstellen, und einen mittelmässigen Privatdocenten wieder entlassen scheint oft eine harte Massregel. — Es ist sohin schwer zu entscheiden, ob in der Art Universitäts-Professoren aufzustellen es besser geworden ist. Man sollte glauben, dass eine Konkursprüfung, die zweckmässig abgehalten wird (wie auch bei Aufstellung der Privatdocenten eine Prüfung stattfindet), und auf die auch die übrigen Eigenschaften des Candidaten nach frühern Vorschriften erforscht wurden (§ 171), die Aufstellung eines untauglichen Professors fast unmöglich mache und beim Mangel von entschieden tauglichen Individuen ungeachtet obiger Bedenken hätte beibehalten werden sollen. Es dürften sich nicht viele Fälle ergeben haben, dass auf gute Konkursprüfung angestellte Professoren nicht entsprochen hätten. Für diesen Fall wäre auch die Aufrechthaltung der vom Kaiser Franz eingeführten mehrjährigen provisorischen Anstellung als Professor erwünscht gewesen; nur hätte bei nicht ganz entsprechenden Professoren ihre Entlassung auch unnachsichtlich erfolgen sollen. Dass die bessere Stellung der Professoren diessfalls anzuerkennen ist, versteht sich von selbst. Dass aber noch überdiess ein Collegiengeld eingeführt wurde, das in Innsbruck früher nur theilweise wegen der ehemaligen Privat-Collegien bestand, dürfte zur Vervollkommnung der Professoren kaum beitragen. Die

Versuchung liegt nahe, die Zahl seiner Schüler, sohin das Collegiengeld nicht gerade durch Auszeichnung im Lehrfache, sondern durch andere Mittel — Nachsicht gegen Studenten in verschiedener Richtung, mehr unterhaltenden als wissenschaftlichen Vortrag u. dgl. zu vermehren. Einen vorzüglichen Professor soll man nicht durch diese empfindliche Steuer der Studenten oder vielmehr ihrer Eltern, sondern auf andere Art auszeichnen. Andere Empfehlungsgründe des Collegiengeldes scheinen sehr problematisch.

F. Der Aufenthalt an der Universität fällt in der Regel in die Jahre, in welchen sich der Charakter des Menschen bildet und seine Lebensgrundsätze eine entschiedene Richtung erhalten. In dieser Beziehung war im ersten Jahrhunderte der Universität durch den religiösen Zeitgeist, durch Konvikte, Kongregationen, vorgeschriebene Andachten etc. gesorgt; Kaiser Franz II. schrieb noch insbesondere die Theilnahme an akademischen Predigten und eine Religionskanzel vor. Jetzt wird wohl ein akademischer Gottesdienst gehalten, aber eine Theilnahme der Akademiker an demselben ist nicht geboten und überhaupt der Grundsatz angenommen, dass der vom Gymnasium für die Universität reif erklärte Student sich selbst überlassen bleibt. Man darf zweifeln, ob diess ein Fortschritt zum Bessern sei. Der Sprung vom Gymnasialzwang zur vollen Freiheit im Betragen und Studium scheint nicht ohne Bedenken. Sehr leicht könnte die den Studirenden zugetraute Selbstständigkeit bei Manchen in ein verächtliches, ja verderbliches burschikoses Wesen ausarten. Denn Charakterfestigkeit, durch das Gymnasium bewirkt, darf wohl bei den wenigsten Studirenden vorausgesetzt werden [1]. Der Mensch ist überhaupt mehr zum Bösen als zum Guten und insbesonders die Jugend zu einer Freiheit geneigt, welche die sanften Fesseln der Religion nur zu gern mehr oder weniger abschüttelt. Zudem fordert der gute Charakter beständige Ausdauer bei allen gegenseitigen Lockungen, Beispielen, Vorspiegelungen durch Schriften etc., während zu Abwegen, die den Menschen oft für sein ganzes Leben verführen, einzelne Fehltritte genügen. Da Religion und Sittlichkeit als Haupt-Erfordernisse eines soliden Charakters selbst für den Staat und dessen Beamte etc. gewiss nicht von minderer Wichtigkeit sind, als angemessene Kenntnisse, so scheint es, dass hierauf mehr Bedacht zu nehmen und z. B. an der Universität ein Religions-Collegium für alle Akademiker keine überflüssige Vorsorge wäre. Praktische Philosophie, philosophische Moral ersetzt ein solches offenbar nicht.

G. Im ersten Jahrhundert ihres Bestehens war die Universität in ihren innern Angelegenheiten grösstentheils von der Regierung unabhängig und hatte sogar die Jurisdiction über ihre Angehörige. Seit der Mitte des vorigen Jahrhunderts wurde die Universität unter die Lokal- und höchsten Behörden mittelst der Direktoren etc. gestellt, und die Jurisdiction unter Kaiser Joseph II. gänzlich aufgehoben. In Folge des Jahres 1848 ist die Universität von den Lokalbehörden ganz eximirt und nur dem Ministerium untergeordnet, an welches sie selbst ihre Berichte etc. macht. — Die Aufhebung der Universitäts-Jurisdiction dürfte wohl allerdings als Fortschritt zum Bessern erklärt werden, da die Erfahrung das Unbefriedigende derselben, die daraus entspringende Spannung mit der Regierung etc.

---

1) Wenigstens nicht selten bleibt ein solcher
      inberbis juvenis tandem custode remoto Unterhaltung liebend
      Cereus in vitium flecti, monitoribus asper,
      Utilium tardus provisor, prodigus aeris,
      Sublimis cupidusque et amata relinquere perdix
und als solcher bedarf er wohl zur Vermeidung von Abwegen und Bildung eines soliden Charakters der Nachhülfe.

genügend nachweist und die Jurisdiction für alle Staatsbürger gleich geübt werden soll. — Dass aber die Universität unter keiner Aufsicht der Lokalbehörden steht, ist eine auffallende Ausnahme von allen Instituten. In solchen befindet sich doch selten Alles in gutem Zustande, ein Institut wird sich aber über Gebrechen, die von ihm selbst herrühren, schwerlich selbst anklagen; und die Versuchung liegt nahe, das Gute'in einem zu vortheilhaften Lichte erscheinen zu lassen. Wenn auswärtig von kompetenter Seite auf gehörige Einsicht einem Institut der gute Zustand und die Zufriedenheit ausgesprochen wird, so gereicht es demselben gewiss zur grössern Ehre und Beruhigung, als ein zweifelhaftes Selbstlob. Eine Ueberwachung der Universität dürfte aus Rücksicht für dieselbe und für das Land angezeigt erscheinen. Die Aufsichtslosigkeit könnte doch auch den Fleiss eines Professors nach und nach vermindern oder seinen Vortrag auf weniger zustehende Gegenstände lenken. Von Mitprofessoren ist bei einer immerhin möglichen unerfreulichen Richtung eines Collega die Veranlassung einer Abhülfe nicht so leicht zu erwarten, wie von Männern unabhängiger Stellung. Dass diese Aufsicht nur tüchtigen und humanen, in Universitäts-Gegenständen erfahrenen Männern, wie die ehemaligen Facultäts-Direktoren nicht allemal waren, anzuvertrauen wäre, versteht sich wohl von selbst. Ausgezeichnete jubilirte oder anderweitig verwendete Professoren oder wenigstens für die betreffenden Facultätswissenschaften sich interessirende solide Männer dürften sich hiezu immerhin finden.

Gelten diese freilich sehr unvollständigen und unmassgeblichen Bemerkungen über die Fortschritte der Universitäts-Einrichtung wenigstens theilweise nicht ausschliesslich nur der Universität Innsbruck, so darf man über diese insbesondere wohl mit Grund sagen, dass sie absolut allerdings sehr wesentliche Fortschritte gemacht hat, indem wohl Niemand ihre ursprüngliche Einrichtung, z. B. in Bezug auf die Zahl der Professoren, Lehrstoff und auch Lehrweise etc. zurückwünschen wird, dass sie aber relativ sehr verloren hat, indem sie früher unter den Universitäten, selbst neben Wien und Prag etc., einen ehrenvollen, ebenbürtigen Platz behauptete, jetzt aber sich solchen Universitäten nicht mehr an die Seite stellen darf.

§ 218.

Gehörte aber die Universität Innsbruck seit langer Zeit nicht mehr zu den berühmten Lehrinstituten in und ausser Deutschland, und gewannen ihr insbesondere seit einem Jahrhundert die mehr beförderten Universitäten in grössern Städten bei weitem den Vorrang ab, so stellte sie sich doch in mancher Beziehung ihren Schwestern nicht unrühmlich an die Seite und erwarb sich auch in spätern Zeiten nicht bloss in Tirol, sondern selbst auswärtig nicht unbedeutenden Einfluss.

Als ein anerkannter Vorzug von ihr darf nicht unberührt bleiben, dass die Studirenden, soweit die Nachrichten reichen, mit Ausnahme von verhältnissmässig sehr wenigen Vergehungen und muthwilligen Streichen, durch ein sehr solides Betragen sich auszeichneten und sich zu ehrenhaften Männern für die Provinz und oft für die Monarchie bildeten.

In den ersten 70—80 Jahren nach ihrer Gründung zog der frische Geist und die rege Thätigkeit des neuen Institutes, das damalige grosse Ansehen der Jesuiten als vorzügliche Lehrer, der noch fortdauernde Verfall mancher andern Universität in Folge der Reformation, der entschieden katholische Charakter der Lehre und wohl auch der Umstand zahlreiche Studenten nach Innsbruck, dass bei der durchaus lateinischen Unterrichtssprache [1]) jede Nation — der Deutsche wie der

---

1) Es ist zu bedauern, dass die Eifersucht der Nationen diese allgemeine Band

Italiener, der Ungar wie der Franzose etc. gleichmässig an den Vortheilen der Universität Thoil nehmen konnte.

Es versteht sich wohl von selbst, dass sich in Tirol die Wissenschaften und Kenntnisse durch die Universität verbreiteten. Während die ersten Professoren in der Medizin und Jurisprudenz (in der Philosophie und Theologie waren meistens ausländische Jesuiten) im Auslande gesucht werden mussten [1]), zeigten sich später zu den vacanten von Laien versehenen Lehrkanzeln, insofern es sich nicht um Einführung neuer Lehrfächer [2]) handelte, ein Ueberfluss von Tiroler Competenten. Jünglinge, die sich zu Aerzten, Beamten, Advokaten bilden wollten, mussten nun nicht mehr im Auslande mit Gefahr für Glauben und Sittlichkeit kostspielig ihre Absicht erreichen, und die ärztliche, ja selbst wundärztliche Hülfe, die in manchen Theilen Tirol's früher schwer oder gar nicht zu finden war, verbreitete sich allmälig über das ganze Land. War auch schon vor Einführung der Universität die Möglichkeit gegeben, durch Bildung im Lande zum Priesterthume zu gelangen und sogar seit Einführung der Jesuiten allmälig kein Mangel an Priestern, so muss der vortreffliche Klerus von Tirol, der seine Bildung dann meistens an der Universität erhielt, vorzüglich dieser verdankt werden. Und sollte es nicht auch vorzüglich der Universität zuzuschreiben sein, dass das vaterländische Geschichts - Studium durch einen Roschman, Resch und andere Männer so sehr in Aufnahme kam, nachdem das Geschichtsfach einmal an der Universität eingeführt war? Sollte das wissenschaftliche Interesse, das sich im vorigen Jahrhunderte bei dem tirolischen Adel zeigte, nicht ebenfalls von der Universität einen Impuls bekommen haben, da nicht wenige Universitätsglieder dabei sich betheiligt zeigten? Wohl in keinem Lande hat sich der Einfluss einer Universität so sehr bis zum Bauern herab erstreckt, wie in Tirol, wo ein Pater Anich, ein Blasius Huber durch ihre mathematischen und astronomischen Kenntnisse und Arbeiten gerechte Bewunderung erregten. Die so häufigen öffentlichen feierlichen Disputationen und die Druckschriften der Professoren, unter denen sich besonders manche medizinische Abhandlung durch zeitgemässen praktischen Inhalt auszeichnet, konnten unmöglich ihren wohlthätigen Einfluss verfehlen.

Man darf wohl auch sagen, dass es der Universität niemals an vorzüglichen Männern fehlte, wie schon die vielen Druckschriften derselben zeigen, die in jeder Periode der Universität erschienen. Unter den 425 Professoren der Universität sind bei 170 als Schriftsteller bekannt [3]); sicher liessen aber Mehrere ihre Arbeiten

---

der Gelehrsamkeit, das jede bessere Schrift zum Gemeingute aller Liebhaber des betreffenden Gegenstandes machte, gelöst hat, so dass der Mann, der nunmehr auf Gelehrsamkeit Anspruch machen will, viele kostbare Zeit auf Erlernung einer Menge von Sprachen verwenden muss, während in frühern Zeiten die einzige lateinische Sprache den Zugang zu allen gelehrten Werken und höhern Lehranstalten öffnete.

1) Die ersten juridischen Professoren — Mayr, Widmann, Dinsel, Weitenauer, Hetzmann etc. — sowie die ersten medizinischen Doctoren — v. Sala, Statlender, Fischer etc. — waren keine Tiroler; nur Weinhart war von Innsbruck.

2) Riegger, erster Professor des Naturrechtes, — Bacchetoni, erster Professor der Chirurgie, — Egloff, erster Professor der Geburtshülfe, noch Schiverek erster Professor der Chemie, waren Ausländer; doch hatten Bacchetoni und Egloff auch in Innsbruck Medizin studirt.

3) De Luca gibt (Anhang S. 83) die Zahl der Schriftsteller aus der Gesellschaft Jesu, die Professoren an der Innsbrucker Universität waren, unter Anführung ihres Namens und ihrer (oft nicht vollständig) angeführten Druckwerke in den verschiedenen Abtheilungen seines Journals mit 49 an, eine Zahl, welche nach der „Bibliotheque des scrivains de la compagnie de Jesu de Backer, 7 voll. Liege 1852—1861" gewiss zu klein

drucken; genaue Angaben und Verzeichnisse hierüber bestehen nicht. Die praktischen Schriften z. B. der Medizin-Professoren Holer von Doblhof und v. Sterzinger,
der einen bessern Salzsud in Hall veranlasste, des Weltpriesters Kopf, der Kanoniker
Plank und Kemter von Wilten, der beiden Juristen Rudolphi, des juridischen Professors Hermanin, des Kanonisten Seybold und vieler Andern konnten nicht ohne
heilsamen Einfluss für die Wissenschaften sein, und Weinhart durch seinen Nucleus
Medicinae und Medicus officiosus, Froehlich durch seinen Commentar über das peinliche Recht, Weitenauer durch seine sprachlichen und biblischen Werke, Schmalzgruber durch sein Kirchenrecht, Oberrauch durch sein System der Moraltheologie,
Franz v. Zallinger durch seine physisch-mathematischen Werke, und Professoren,
wie z. B. Ignatz Weinhart, der das Mappirungswesen in Vorarlberg zu leiten hatte,
verbreiteten den Ruf der Universität über die Grenzen Tirol's. So manche Universitäts-Professoren wurden auch durch Titel [1], durch Beförderung zu angesehenen
Aemtern [2], durch Berufung zu höhern Lehranstalten etc. [3] ausgezeichnet, und zeigen die Achtung, in welcher das Institut, dessen Glieder sie waren, gestanden ist.

---

ist, da z. B. die in demselben unter Anzeige ihrer Druckwerke aufgeführten Innsbrucker
Universitäts-Professoren der Gesellschaft Jesu, Hitzler, Michon, Obermayr, die beiden
Rassler, Sterzinger, Stotz, Werdenfels, Widmann bei De Luca nicht als Schriftsteller er-
scheinen, wogegen freilich wieder bei Backer von De Luca angeführte Schriftsteller, zum
Beispiel Borm, die beiden Daiser etc. mangeln. Schon aus De Luca und Backer liessen
sich wenigstens über 60 Schriftsteller der Gesellschaft Jesu, welche an der Innsbrucker
Universität lehrten, sammt deren Druckwerken anführen.

1) Der Medizin-Professor Weinhart erhielt den Charakter eines kaiserlichen Rathes
und Leibarztes Joseph I., Linzing die Würde eines Hofarztes, Woller den Titel eines
Regierungsrathes etc., in neueren Zeiten Prokner und v. Mersi den Titel: kaiserlicher
Rath. Kopf war geistlicher Rath mehrerer Ordinariate etc.

2) Joh. Andr. Rudolphi wurde Hofkammerrath, Mayr, Tschiderer, Pichler, Zeno
wurden wirkliche Regierungsräthe, Christian Froehlich zuletzt sogar Regierungskanzler,
Holer Leibarzt des Kaisers Leopold in Wien etc.

3) Rieger und Behem wurden zu Lehrämtern nach Wien befördert. Solche Beförderungen braver Lehrer waren in neuerer Zeit nur zu häufig. Theologische Professoren des Weltpriesterstandes erhielten gute Pfründen; Epp wurde als geistlicher Rath
nach Brixen berufen, dann gleichsam Dekan vom Innthal; Weyeter war zugleich Ruraldekan von Innsbruck etc.

Beilagen.

A.

Verzeichniss der Professoren an der Universität Innsbruck vom Jahre 1673 bis zum Jahre 1860 nach den Facultäten.

(Bis zum Jahre 1781 nach De Luca.)

I. Theologen.

1) 1673. Jakob Demenou, speculative Theologie (Jesuit, wie die übrigen ohne nähere Bezeichnung).
2) — Ferdinand Visler, speculative Theologie.
3) 1673 Jakob Prugger, Moral.
4) — Joan Stotz, Polemik.
5) 1674 Eustachius Furtenbach, Moral.
6) 1675 Joan Digisser, hl. Schrift (Weltpriester).
7) — Sigmund Epp, Polemik (Weltpriester).
8) 1676 Friedrich Ininger, speculative Theologie.
9) 1677 Joan Hader, Moral.
10) 1679 Georg Spiznagl, speculative Theologie.
11) — Christian Weiss, Moral.
12) 1680 Bernard Sonnenberg, speculative Theologie.
13) — Franz Baroni, speculative Theologie.
14) 1681 Joan Jakob Froehlich, Polemik (Weltpriester).
15) 1682 Kaspar Schmierl Moral.
16) 1684 Jakob Wex, speculative Theologie. — 1687 Kirchenrecht.
17) — Gotthard Luca, Moral.
18) 1685 Ignatz Pletten, Moral.
19) 1686 Kaspar Siber, Polemik (Weltpriester).
20) 1687 Paul Zingnis, speculative Theologie.
21) 1688 Joan Banholzer, speculative Theologie.
22) 1689 Joan Halden speculative Theologie.
23) 1691 Peter Zendron, Moral. — 1681 Kirchenrecht.
24) 1693 Franz Roll, speculative Theologie.
25) 1695 Vincenz Migazzi, speculative Theologie.

26) 1697 Adam Ehrenreich (eigentlich Ehrentreich) speculative Theologie.
27) — Joseph Payr, Polemik (Weltpriester).
28) 1698 Theobald Rieden, Moral.
29) — Wolfgang Reiter, Polemik (Weltpriester).
30) 1699 Jakob Bandalie, speculative Theologie. — 1701 Kirchenrecht.
31) 1700 Georg Tonauer, speculative Theologie.
32) 1701 Joan Weinzierlin, Polemik (Weltpriester).
33) 1702 Simon Zanna, speculative Theologie.
34) 1703 Franz Schmalzgruber, speculative Theologie.
35) 1704 Ludwig Simonzin, speculative Theologie.
36) 1705 Ferdinand Amatori, speculative Theologie.
37) — Matthias Tausch, hl. Schrift (Weltpriester).
38) 1706 Christoph Campi, Polemik (Weltpriester).
39) 1708 Romed. Visintheiner, speculative Theologie.
40) 1709 Franz Gaun, speculative Theologie.
41) 1710 Ludwig Michon, Moral.
42) — Joan Summer, hl. Schrift (Weltpriester).
43) 1711 Joseph Guldimann, Moral.
44) 1712 Christian Schmid, Polemik (Weltpriester).
45) 1713 Bernard Zech, speculative Theologie.
46) 1715 Leonard Lehner, Moral.
47) — Franz Hochstetter, Polemik (Weltpriester).
48) 1716 Ferdinand Ziegler, speculative Theologie.
49) 1718 Franz Mossu, speculative Theologie.
50) 1720 Joan Rassler, speculative Theologie.
51) 1721 Adam Dichel, speculative Theologie.
52) 1723 Anton Coreth, speculative Theologie.
53) 1725 Franz Sterzinger, speculative Theologie.
54) — Dominikus Brunelli, hl. Schrift (Weltpriester).
55) 1726 Augustin Diesbach, speculative Theologie.
56) 1728 Leonard Hausmann Moral.
57) 1729 Nikolaus Willes, Polemik (Weltpriester).
58) — Nikolaus Seedorff, speculative Theologie.
59) 1730 Claudius Guelat, speculative Theologie.
60) — Dominikus Schaider, speculative Theologie.
61) 1731 Magnus Koller, speculative Theologie.
62) 1732 Joan Schwaikhofer, Moral.
63) 1733 Casimir Krieger, speculative Theologie.
64) — Hieronymus Tschiderer, speculative Theologie.
65) 1735 Joan Mohr, speculative Theologie.
66) 1736 Joseph Fitterer, Moral.
67) 1738 Karl Deyring, Moral.
68) 1739 Matthias Stettlinger, speculative Theologie.
69) — Hieronymus Schaser, Moral.
70) 1740 Leopold Neustifter, Moral.
71) 1741 Joseph Binner, speculative Theologie.
72) — Franz Mannhart Moral.,
73) 1744 Romedius Thun, speculative Theologie.
74) 1745 Sebastian Hundertpfund, speculative Theologie.
75) 1746 Paul Lochmann, Moral.

76) 1747 Andreas Scharer, speculative Theologie.
77) 1749 Ignatz Rhomberg, speculative Theologie.
78) — Melchior Schwaighofer, Moral.
79) 1751 Joan Bernstich, speculative Theologie.
80) 1752 Michael Morizi, speculative Theologie.
81) 1753 Anton Gallus Weyeter, Polemik (Weltpriester).
82) — Norbert Ruprecht, Moral.
83) 1755 Franz Horaz, speculative Theologie.
84) 1756 Amand Groner, speculative Theologie.
85) — Ferdinand Kopf, hl. Schrift (Weltpriester).
86) 1757 Sebastian Zinnal, Moral.
87) 1758 Ignatz Bayr, speculative Theologie.
88) 1760 Joseph Erhard, speculative Theologie.
89) — Jakob Hitzler, speculative Theologie.
90) — Ludwig Wagemann, Moral.
91) 1761 Adrian Kemter, Dogmatik (vom Stifte Wilten).
92) — Joachim Plattner, Dogmatik (vom Stifte Stams).
93) 1762 Florian Ricci, Moral (Franziskaner).
94) 1766 Michael Plank, Dogmatik (vom Stifte Wilten).
95) 1767 Virgilius Kroell, Dogmatik.
96) — Herculan Oberauch, Moral (Franziskaner).
97) 1769 Benedikt Stattler, Dogmatik.
98) 1770 Anton Träxl, Dogmatik.
99) - Alderik Jäger, Dogmatik (vom Stifte Wilten).
100) 1771 Joan Cronthaler, Dogmatik.
101) 1773 Karl Bauer, Dogmatik.
102) 1774 Hilarion Staffler, biblische Sprachen (Franziskaner).
103) — Anton v. Sterzinger, geistliche Beredsamkeit (Weltpriester, wie alle folgenden ohne nähere Bezeichnung).
104) 1777 Joan Graser, Patristik.
105) 1779 Karl Güntherod, Kirchengeschichte (Servit).
106) — Karl Schwarzl (Patristik, theologische Literärgeschichte, Polemik.
107) 1783 Franz Ziegler, Moral bis 1791.
108) — Thomas Pogatschnig, Kirchengeschichte bis 1790.
109) — Joseph Lanaz, Dogmatik bis 1784.
110) 1784 Jakob Sortschan, hl. Schrift des neuen Bundes bis 1791.
111) — Marcarius Pisenti, Polemik (Carmelit) bis 1785.
112) — Kaspar Tominik, Dogmatik bis 1790.
113) 1785 Franz Ertl, hl. Schrift des alten Bundes bis 1791.
114) 1786 Philipp Hofer, Pastoral bis 1787.
115) 1787 Gallus Isser, Pastoral bis 1810.
116) — Joseph Rudolf, hl. Schrift des a. B. bis 1800.
117) — Joan Bertholdi, Kirchengeschichte bis 1823.
118) 1792 Joan Spechtenhauser, Moral bis 1819.
119) 1797 Ingennin Koch, hl. Schrift des n. B. bis 1808.
120) 1801 Franz Craffonara, Dogmatik bis 1823.
121) — Joseph Scheth, hl. Schrift des a. B. bis 1806.
122) 1806 Benedikt Feilmoser, hl. Schrift des a. B. bis 1819 (vom Stifte Fiecht).
123) 1821 Joseph Stapf, Moral bis 1823.
124) 1822 Georg Habtmann, Pastoral bis 1823.

Vom Jahre 1857 Jesuiten.

1) Joan Wollscheller, Dogmatik.
2) Joseph Staffler, Kirchenrecht.
3) Andr. Kobler, Kirchengeschichte.
4) Athanasius Posizio, Moral bis 1859.
5) Joan Wenig, alter Bund.
6) Anton Tuzer, neuer Bund.
7) Joseph Jungmann, Pastoral.
8) Hugo Hurter, Dogmatik.

II. Juristen.

1) 1673 Sebastian Mayr, Codex.
2) — Georg Widmann, Pandekten.
3) — Georg Dinssl, Institutionen.
4) 1674 Joan Stotz, Kirchenrecht (Jesuit).
5) 1676 Florentin Weitenauer, Institutionen.
6) 1677 Joan Heitzmann, Pandekten.
7) — Wolfgang Obermayr, Kirchenrecht (Jesuit).
8) 1681 Joan Tschiderer, Pandekten.
9) — Peter Zendron, Kirchenrecht (Jesuit).
10) 1688 Joan Ulrich Rudolphi, Institutionen.
11) 1687 Franz Woller, Pandekten.
12) — Pompeato-Luchini, Institutionen.
13) — Jakob Wex, Kirchenrecht (Jesuit).
14) 1695 Christoph Froehlich, Institutionen.
15) 1696 Franz Mouleto, Kirchenrecht (Jesuit).
16) 1698 Franz Carneri, Institutionen.
17) 1700 Max Rassler, Kirchenrecht (Jesuit).
18) 1701 Jakob Bandalie, Kirchenrecht (Jesuit).
19) 1703 Konrad Vogler, Kirchenrecht (Jesuit).
20) 1706 Thomas Hermanin, Institutionen.
21) 1712 Joseph Seybold, Kirchenrecht (Jesuit).
22) 1717 Anton Andr. Rudolfi, Institutionen.
23) 1719 Joan Ferdinand Froehlich, Institutionen.
24) 1720 Franz Zeno, Institutionen.
25) 1733 Paul Riegger, Natur-, Staatsrecht und Reichsgeschichte.
26) — Georg Muschgay, Codex.
27) — Michael Promberger, Pandekten.
28) — Karl Püchler, Institutionen.
29) 1736 Anton Soell, Kirchenrecht (Jesuit).
30) 1739 Peter Inama, Institutionen.
31) 1741 Franz Zech, Kirchenrecht (Jesuit).
32) 1743 Joseph Binner, Kirchenrecht (Jesuit).
33) 1748 Franz v. Payr, Pandekten etc.
34) 1752 Anton Zwinklin, Kirchenrecht (Jesuit).
35) 1753 Viktor Soel, Kirchenrecht (Jesuit).
36) 1756 Franz Widmann, Kirchenrecht (Jesuit).
37) 1758 Franz de la Paix, Institutionen, Naturrecht.
38) 1760 Franz Holl, Kirchenrecht (Jesuit).

39) 1768 Joseph Banniza, Pandekten, Criminalrecht.
40) 1770 Georg Lackies, Kirchenrecht.
41) 1771 Joh. Behem, Kirchenrecht.
42) 1777 Franz v. Weinhart, Reichsgeschichte, Statistik.
43) 1779 Franz Jellenz, Kirchenrecht.
44) 1780 Wenzl Dinzenhofer, Staats-, Lehen- und Privatrecht.
45) 1783 Johann Hauck, politische Wissenschaften bis 1795.
46) 1792 Joseph Peer, römisches Recht bis 1804.
47) — Thomas Hammer, Natur- und Criminalrecht bis 1810.
48) 1795 Joseph Orsler, politische Wissenschaften bis 1805.
49) 1801 Joan Schuler, Kirchen- und römisches Recht bis 1830.
50) 1804 Valentin Maurer, römisches — später Natur- und Criminalrecht bis 1836.
51) 1806 Andr. v. Mersi, politische Wissenschaften etc. bis 1842.
52) 1818 Ferdinand Neupauer, Lehen- Handels- und Wechselrecht bis 1830.
53) — Cajetan Prokner, bürgerliches Gesetzbuch bis 1838.
54) 1831 Joseph Wesely, Lehen- etc. Recht bis 1835.
55) 1832 Joh. Kopatsch, Kirchen- und römisches Recht bis 1849.
56) 1837 Joh. Koppel, Lehen- etc. Recht bis 1838.
57) 1838 Joseph Waser, Natur- und Criminalrecht bis 1850.
58) — Matthias Geiger, Finanzgesetze bis 1858.
59) 1839 Franz Kalesa, Lehen- etc. Recht bis 1841.
60) 1842 Ernest Theser, Lehen- und römisches Recht bis 1850.
61) — Hieronymus Scari, politische Wissenschaften bis 1846.
62) 1847 Joh. Kerer, politische Wissenschaften bis 1846.
63) 1849 Georg Phillips, Kirchenrecht und Reichsgeschichte bis 1851.
64) 1850 Karl Beidtl, Lehen- etc. Recht bis 1851.
65) 1851 Joh. Schuler, Natur- und Criminalrecht bis 1860.
66) — Karl v. Moy, Kirchenrecht etc.
67) 1853 Joseph Zielonalby, römisches Recht bis 1854.
68) 1855 Adelbert Michel, römisches Recht bis 1856.
69) — Friedrich Maasen, ausserordentlich — 1858 ordentlich — römisches Recht.
70) 1858 Ignatz Pfaundler, bürgerliches Gesetzbuch.
71) 1860 Emil Kleinschrod, deutscher Civilprozess etc.

III. Mediziner.

1) 1674 Gaudenz v. Sala, medizinische Institutionen, sodann Praxis.
2) 1677 Ferdinand v. Weinhart, medizinische Institutionen.
3) 1689 Theodor Statlender, Anatomie.
4) 1691 Franz Hohler v. Doblhof, Aphorismen.
5) — Peter Linsing Institutionen.
6) 1712 Wolfgang Fischer, Institutionen.
7) 1716 Karl Egloff, Anatomie.
8) 1722 Franz v. Payr, Institutionen.
9) 1730 Joan Bindler, Anatomie und Botanik.
10) 1733 Hieronymus Bacchetoni, Chirurgie, dann auch Anatomie.
11) 1741 Karl Gerstner, Pathologie und Praxis.
12) 1742 Nikolaus v. Sterzinger, Institutionen.
13) 1750 Kaspar Egloff, Anatomie und Chirurgie.

14) 1764 Joan v. Menghin, Institutionen, Materia medica.
15) 1771 Joseph Rottruf, Anatomie, Chirurgie, Botanik.
16) 1775 Swibert Schiverek, Chirurgie und Botanik.
17) 1780 Alois Trabucco, Anatomie.
18) 1781 Claudius Sberer, Thierarzneiwissenschaft.
19) 1790 Franz Niedermayr, Thierarzneiwissenschaft bis 1792, theoretische Medizin bis 1810.
20) 1790 Luzenberg, Physiologie, Materia medica bis 1810.
21) — Matth. Schoepfer, Chemie und Botanik bis 1806.
22) 1798 Joan Laicharding, Naturgeschichte bis 1797.
23) 1798 Joan Keesbacher, Naturgeschichte bis 1810.
24) 1800 Joseph Biller, Anatomie, Chirurgie, Hebammen bis 1806.
25) 1806 Joseph Braun, Thierarznei.
26) — Ignatz v. Hermann extr. Phathologie 1808.
27) — Josoph Albaneder, extr. Anatomie, wieder 1817 bis 1842.
28) — Franz Schoepfer, Chemie und Botanik bis 1810.
29) 1818 Franz Karpe, Medizin bis 1837.
30) — Joseph Wattmann, Chirurgie bis 1824.
31) — Joseph Unterberger, Hebammen, 1823.
32) 1823 Joan Amerer, Hebammen bis 1835.
33) 1825 Franz Maurmann, Chirurgie bis 1858.
34) 1835 Fabian Ulrich, Hebammen bis 1843.
35) 1836 Anton Karf, Pathologie und Therapie bis 1838.
36) — Emanuel Michael, Vorbereitungswissenschaften.
37) 1838 Ignatz Laschan, Pathologie und Therapie bis 1848.
38) — Franz Kurzach, theoretische Medizin bis 1846.
39) 1846 Karl Dantscher, Anatomie.
40) 1847 Wilhelm Lange, Hebammen bis 1850.
41) — Gustav Swoboda, Vieharznei bis 1848.
42) — Jakob Kubik, theoretische Medizin bis 1853, praktische bis 1855.
43) 1851 Virgil Mayrhofen, Hebammen.
44) 1853 Emanuel Seidl theoretische Medizin bis 1855.
45) 1856 Anton Tschurtschenthaler, theoretische Medizin.
46) — Anton Koerner, praktische Medizin.
47) 1859 Joseph Fischer, Chirurgie.

IV. Philosophen.

1) 1673 Kaspar Schnierl, Physik (Jesuit, wie alle andern ohne nähere Bezeichnung).
2) — Dionis Schmutz, Metaphysik.
3) — Franz Waldner, Logik (wie fast alle Eintretenden).
4) 1674 Peter Zendron, 1691 der Theologie.
5) 1675 Joan Gerolt.
6) — Ignatz Werdenstein.
7) 1676 Bernard Sonnenberg.
8) 1677 Christian Golckhover.
9) — Michal Grueber, Mathematik.
10) 1678 Ernest Borm.
11) — Joan Plawen.
12) — Jakob Agricola, Mathematik.

13) 1679 Rudolf Bellecius.
14) 1680 Peter Cherriere.
15) — Joan Stadler.
16) 1682 Friedrich Poli.
17) 1684 Theobald Rieden, 1698 der Theologie.
18) — Peter Mabilion, Mathematik.
19) 1685 Michel Lindner.
20) 1686 Vincenz Migazzi, 1695 der Theologie.
21) 1687 Kaspar Maendl, Mathematik.
22) 1688 Adam Ehrenreich, 1696 der Theologie.
23) 1689 Joseph Reiss.
24) — Ferdinand Orban, Mathematik.
25) 1690 Konrad Reinhart.
26) — Jakob Bandalie, 1699 der Theologie, 1701 Kirchenrecht.
27) 1691 Andreas Paul.
28) — Franz Payr.
29) — Renatus Paulin, Mathematik.
30) 1692 Franz Schilcher.
31) 1693 Simon Zanna, 1702 der Theologie.
32) — Joachim Reitmayr, Mathematik.
33) 1694 Nikolaus Staudacher.
34) 1695 Anton Stocker.
35) 1697 Barth. Angermüller.
36) 1698 Ferdinand Heissler.
37) 1699 Heinrich Braun.
38) — Joseph Guldimann, Mathematik, 1711 der Theologie.
39) 1700 Peter Pfister.
40) — Peter Riederer, Mathematik.
41) 1701 Anton Heislinger.
42) 1702 Ferdinand Amatori, 1705 der Theologie.
43) — Joseph Heldtmann, Mathematik.
44) 1703 Franz Fux.
45) 1704 Franz Steinhart.
46) 1705 Franz Gaun, 1709 der Theologie.
47) 1706 Deocar Heigl.
48) 1707 Matth. Scheich.
49) — Joseph Obermatt, Mathematik.
50) 1708 Joan Apach.
51) 1709 Joseph Trapp.
52) — Vincenz Bonhora, Mathematik.
53) 1710 Magnus Aman.
54) 1711 Christian Leopold.
55) — Anton Reisacher, Mathematik.
56) 1712 Martin Otto.
57) 1713 Joan Cazan.
58) — Joseph Wenzl, Mathematik.
59) 1714 Joseph Mohr.
60) — Anton Soell, 1736 Kirchenrecht.
61) 1715 Adam Dichl, 1721 Theologie.
62) 1716 Joachim Ernst.

63) 1717 Christian Müller.
64) — Joseph Schreier, Mathematik.
65) 1718 Benedikt Soyter.
66) — Anton Coreth, 1723 Theologie.
67) 1719 Leopold Neustyfter, 1740 Theologie.
68) 1721 Franz Halden.
69) 1722 Maurus Chardon.
70) 1723 Hieronymus Tschiderer, 1733 der Theologie.
71) — Joseph Wilden.
72) 1725 Hieronymus Elsasser.
73) — Heinrich Hiss, Mathematik.
74) 1726 Hieronymus Schaser, 1739 der Theologie.
75) — Karl Payr, Mathematik.
76) 1727 Romedius Thun, 1744 der Theologie.
77) 1728 Joan Vintler.
78) 1729 Franz Joanesser.
79) — Benedikt Plaicher, Mathematik.
80) 1730 Bernard Amand.
81) — Franz Mannhardt, Mathematik.
82) 1731 Franz Xaver Mannhart, Logik; 1741 der Theologie.
83) — Joseph Fitterer, Mathematik; 1736 der Theologie.
84) 1732 Anton Zwinklin, 1752 Kirchenrecht.
85) 1733 Joseph Zallinger.
86) — Viktor Soell, 1753 Kirchenrecht.
87) 1734 Martin Denkh.
88) — Adam Bernard.
89) 1734 Anton Ziegler.
90) — Franz Ivanesser, allgemeine Geschichte.
91) 1736 Max Peintner.
92) — Joan Schelkopf, Mathematik.
93) — Thaddäus Eberschlager, Geschichte.
94) 1737 Joan Hackler.
95) — Joseph Veith, Mathematik.
96) — Norbert Ruprecht, Geschichte; 1753 der Theologie.
97) 1738 Joan Bernstich, 1751 der Theologie.
98) 1739 Franz Lussi.
· 99) 1740 Michael Morizi, 1751 der Theologie.
100) 1741 Paul Lochmann, 1746 der Theologie.
101) 1742 Augustin Epp.
102) — Ignatz Weinhart, Mathematik.
103) 1743 Dominik Unterberger.
104) 1744 Joan Gummer.
105) 1745 Georg Fränklin.
106) 1746 Joseph Daiser.
107) 1747 Ludwig Wagemann, 1760 der Theologie.
108) 1748 Amand Groner, 1756 der Theologie.
109) 1749 Karl Lachemayr.
110) 1750 Joan Daiser.
111) — Joseph Fasser, Geschichte.
112) 1753 Michael Schwaikhofer.

113) — Ignatz Weitenauer, biblische Sprachen.
114) — Sebastian Gassmayr, Beredsamkeit.
115) 1754 Sigmund Raith.
116) — Franz Sizzo.
117) 1756 Franz Herz.
118) — Georg Soellmayr.
119) 1758 Michael Ortlieb.
120) — Joseph Eppensteiner, Beredsamkeit.
121) 1759 Joseph Unterrichter.
122) — Desiderius Griesenbeck.
123) — Karl Christiani, Ethik.
124) 1761 Karl Crauer.
125) — Joan Graser, Ethik (Weltpriester).
126) 1762 Ferdinand Grebmer.
127) 1764 Benedikt Stattler.
128) — Nikolaus Sette.
129) 1766 Ignatz Stahl.
130) — Cajetan Herz, Beredsamkeit.
131) 1768 Joan Zallinger.
132) — Franz Stadler.
133) 1769 Melchior Zech, Beredsamkeit.
134) — Joan Wüstenfeld, politische Wissenschaften (Laie).
135) 1774 Joan Albertini, Logik, Metaphysik und Ethik (Weltpriester).
136) 1776 Jakob Zallinger, Physik.
137) 1777 Karl Michaeler, Geschichte.
138) — Franz Zallinger, Physik, dann auch Naturgeschichte, Mathematik.
139) 1780 Ignatz de Luca, politische Wissenschaften (Laie).
140) — Joseph Stadler, Physik.
141) 1783 Franz Zinner, Philosophie bis 1788 (Laie, wie die folgenden ohne nähere Bezeichnung).
142) 1789 Friedrich Nitsche, Philosophie bis 1811.
143) 1792 Joseph Stapf, Technologie etc. bis 1809.
144) 1793 Martin Wikosch, Weltgeschichte bis 1806.
145) 1800 Andr. v. Mersi, Mathematik, 1806 zum Jus.
146) 1804 Benitz Mayr, Religion (Servit) bis 1826.
147) 1806 Joan Albertini, Geschichte bis 1822.
148) 1808 Ignatz Thanner, Philosophie (Priester) 1 Jahr.
149) — Machir, Mathematik, 1 Jahr.
150) — Schultes, Naturgeschichte, 1 Jahr.
151) 1818 Simon Schwalt, Mathematik bis 1838.
152) 1819 Johann Friese, Naturgeschichte bis 1848.
153) — Andr. Ettingshausen, Physik bis 1822.
154) — Anton Müller, Philologie bis 1825.
155) — Johann Peintner v. Lichtenfels, Philosophie bis 1826.
156) 1822 Joachim Suppan, Physik bis 1835 (vom Stifte St. Lamprecht).
157) 1825 Joan Niederstetter, Philologie bis 1834.
158) 1826 Anton Rost, Religion bis 1835 (Weltpriester).
159) — Ingenuin Weber, Geschichte bis 1845 (Weltpriester).
160) 1828 Laurentius Gabriel, Philosophie bis 1838.
161) 1835 Alois Flir, Philologie bis 1852 (Weltpriester).

25 *

162) 1836 Karl Beskiba, Religion bis 1837 (Weltpriester).
163) — Stephan Kuczynsky, Physik bis 1839.
164) 1838 Michael Haidegger, Religion bis 1850 (Weltpriester).
165) 1839 Joseph Jäger, Philosophie bis 1843.
166) — Joseph Boehm, Mathematik bis 1853.
167) 1840 Anton Baumgartner, Physik, — 1851 Mathematik.
168) 1845 Georg Schenach, Philosophie (Weltpriester) bis 1858.
169) 1846 Albert Jäger, Geschichte bis 1851 (vom Stifte Marienberg).
170) 1849 Anton Fuchs, Naturgeschichte bis 1850.
171) 1850 Joseph Koehler, Naturgeschichte bis 1860.
172) 1851 Heinrich Hlasiwetz, Chemie.
173) 1852 Karl Kopezky, Philologie.
174) 1853 Julius Ficker, Geschichte.
175) — Heinrich Glax, österreichische Geschichte.
176) — Adelbert v. Waltenhofen, Physik.
177) 1854 Honorat Occioni, italienische Sprache und Literatur.
178) 1856 Karl Schenkl, Philologie.
179) 1857 Tobias Wildauer, Philosophie.
180) 1859 Ignatz Zingerle, deutsche Sprache und Literatur.

Von 1853—1856 war Malecky ausserordentlicher Professor der klassischen Philologie.

B.

Päpstliche Confirmations-Bulle der Universität Innsbruck.

Innocentius Episcopus servus servorum Dei ad perpetuam rei memoriam. Ex supereminenti apostolinae dignitatis specula, in qua Dominus noster Jesus christus, qui suscitat de pulvere egenum et de stercore elevat pauperem, ut sedeat cum principibus et solium gloriae teneat, humilitatem nostram inscrutabili suae divinae sapientiae consilio collocare dignatus est, ad praclaros fructus, qui ex Universitatibus studiorum generalium oportunis christiani orbis locis erectis in agro dominico, qui est fidelium ecclesia curae nostrae divinitus commissa, provenire dignoscuntur, mentis nostrae aciem inflectentes, non possumus non toto mentis affectu Universitatum hujusmodi erectionibus adgaudere, et ipsas Universitates, cum a nobis petitur, nostri et apostolicae sedis Patrocinii praesidio constabilire, atque illis ea gratiarum et privilegiorum munera impartiri, quae ad earum felicem in omnibus et per omnia successum et conspicuiorem statum peropportuno fore perhibentur; et quidem ad ea libentius procurrimus, quo ipsae Universitates ad majorem omnipotentis Dei gloriam et fidei catholicae propagationem ac sanctae romanae ecclesiae exaltationem, haeresium vero depressionem et exstirpationem munifica non minus quam provida Regum catholicorum laudabilibus Majorum suorum, qui fidem catholicam semper protexisse comprobantur, vestigiis inhaerentium pietate in ipsorum Regum Provinciis fidei orthodoxae vere cultricibus erectae atque institutae dicuntur. Exhibita siquidem nobis nuper pro parte dilectorum filiorum supremi Regiminis superioris

Austriae ac Status provinciae et ditionis Tyrolis magistratusque oppidi civitatis nuncupati oenipontani Brixinensis Dioecesis petitio continebat, quod charissimus in christo filius noster Leopoldus primus rex Romanorum in Imperatorem electus, cui dicta provincia haereditario jure spectat, provide consideratis natura et opportunitate provinciae et oppidi praedictorum, prae aliis a belli rumoribus tutis, aurae salubritate victus ubertate aliarumque rerum necessariarum etiam ad professorum et Studentium animorum tranquilitatem et recreationem comoditate, quodque ea ratione adolescentes istius provinciae plerique nobiles, qui alioquin incredibili sumptu, parique animae et corporis periculo in exteras regiones ablegantur, in patria non longe a parentum conspectu sine timore morum corruptelae remansuri sint, animoque revolvens, quantum ex literarum studiis orthodoxa fides incrementum suscipiet, si inibi Universitas studii generalis pro omnibus facultatibus erigeretur et institueretur, e qua viri prodeant virtu te ac literis conspicui, et vel revocandis ad sanctae romanae ecclesiae gremium vicinis haereticis vel saltem ab istius provinciae visceribus pestiferae animarum lui (arcendae) idonei, ad majorem Omnipotentis Dei gloriam, fidei catholicae propagationem atque sanctae romanae ecclesiae exaltationem, majorum suorum predecessorum imperatorum vestigiis inhaerendo Universitatem studii generalis pro omnibus facultibus in dicto oppido oenipontano austriacorum archiducum antiquissima regia et provinciae capite ad instar aliarum Universitatum catholicarum Germaniae et in provinciis, quae suae caesareae Majestati haereditario jure subsunt, erectorum, erexit, instituit, fundavit et munificentissime dotavit, imo ditavit, eidemque Universitati oenipontanae sic erectae jurisdictionem in ejus membra et subditos, facultatem condendi statuta pro bono Universitatis illius membrorum et subditorum regimine aliaque privilegia, favores, indulta, libertates et immunitates reliquis Universitatibus austriacis concessas et indultas auctoritate sua caesarea concessit et largitus est, Cancellarium Universitatis sic erectae pro tempore existentem Episcopum Brixinensem denominando, ac patres societatis Jesu et clericos saeculares sacrae scripturae, theologiae scolasticae et moralis ac sacrorum canonum cathedris praeficiendo. Cum autem, sicut eadem petitio subjungebat ad uni-cujusque justitiam ministrandam et defectus morum corripiendos juris civilis peritia pernecessaria videatur etiam clericis et ecclesiasticis personis, et ad reddendam dictam Universitatem oenipontanam conspicuiorem plurimum intersit, ut nostris et sedis apostolicae gratiis et prilegiis condecoretur, Nobis propterea pro parte supremi Regiminis superioris Austriae, Status provinciae et ditionis Tyrolis magistratusque praedictorum fuit humiliter supplicatum, quatenus ipsius Universitatis majori decori et venustati, illiusque inibi docentium et studentium caeterorumque membrorum commoditatibus opportune providere de benignitate apostolica dignaremur; Nos igitur eosdem supremum Regimen superioris Austriae ac Status provinciae et ditionis Tyrolis magistratumque supradictos eorumque singulares personas a quibusvis Excommunicationis, Suspensionis et Interdicti aliisque ecclesiasticis sententiis, censuris et poenis a jure vel ab homine quavis occasione vel causa latis, si quibus quomodolibet innodati existunt, ad affectum praesentium tantum consequendum horum serie absolventes et absolutos fore censentes, hujusmodi supplicationibus inclinati Universitatem oenipontanam hujusmodi auctoritate caesarea, ut praefertur, erectam ad instar aliarum similium Universitatum in aliis Germaniae partibus eadem caesarea auctoritate erectarum et apostolica auctoritate confirmatarum et approbatarum pariformiter, in qua Universitate ultra scientiarum omnium rudimenta etiam Philosophiae et theologiae moralis et scolasticae ac jus canonicum per dictos presbyteros societatis Jesu, sacra scriptura et controversiae fidei per clerico saeculares, jus civile et scientia medica per professores saeculares et laicos doceri debeant, ad instar aliarum Universitatumut praefertur erectarum et approbatarum, apostolica auctoritate perpetuo tenore praesentium approbamus et confirmamus, illique apostolicae firmitatis robur adjicimus, omnesque et singulos tam juris quam facti etiam quantumvis substantiales etiam solemnitatum in similibus requisitarum defectus etiam perpetuo supplemus, ac cathedras theologiae moralis et scholasticae hujusmodi ac juris canonici per dictos presbyteros societatis Jesu ac sacrae scripturae et controversiarum fidei per dictos clericos saeculares administrandi, erigendi et statuendi ac designandi facultatem et licentiam desuper oportunam dicta apostolica auctoritate earundem tenore praesentium concedimus, et impartimur. Et insuper pro tempore existenti cancellario, Rec. tori, Vicerectori, decanis, facultatum professoribus Magistris, doctoribus, lectoribus, praeceptoribus, graduatis, scholaribus, pidellis, notariis, nuntiis et aliis officialibus ac personis nec non membris et subditis, ut omnibus et singulis facultatibus, privilegiis, indultis, libertatibus, immunitatibus, exemptionibus, favoribus, gratiis, honoribus praeminentiis et praerogativis quibusvis, aliis Universitatibus supradictis caesarea auctoritate erectis et institutis ac a sede apostolica confirmatis et approbatis, illarumque pro tempore existentibus cancellariis, vicecancellariis, rectoribus, vicerectoribus, facultatum decanis, professoribus, magistris, doctoribus, lectoribus, praeceptoribus graduatis, scholaribus, pidellis, notariis, nuntiis et aliis officialibus et personis nec non membris et subditis in genere vel in specie utraque auctoritate praedictis quomodolibet concessis seu legitime praescriptis, quibus illi de jure, usu, consuetudine utuntur, potiuntur, fruuntur, et gaudent, ac uti, potiri, frui et gaudere possunt et poterunt, quomodolibet in futurum similiter et pariformiter ac aeque principaliter absque ulla prorsus differentia, dummodo tamen sacris canonibus et concilii tridentini decretis aliisque apostolicis constitutionibus non repugnant, uti, potiri, frui et gaudere libere ac licite valeant; nec non clericis et ecclesiasticis juri civili ac medicinae operam dandi, ac tam dictis quam quibusvis aliis, qui in quavis alia Universitate disciplinis et facultatibus praedictis studere inceperint et studia sua in dicta Universitate oenipontana continuare et qui in eadem per tempus debitum studuisse et moribus idonei comperti fuerint, in artibus philosophiae et theologiae, nec non etiam clerici et ecclesiastici fuerint, ut praefertur, utriusque juris et medicinae facultatibus praedictis Baccalaureatus etiam formati et licentiaturae nec non Doctoratus et Magisterii et quosvis alios Universitatum memoratorum solitos gradus earum scientiarum, in quibus studuerint, a cancellario sive vicecancellario, nec non rectore, vicerectore, facultatum decanis et doctoribus Universitatis iisque, ad quos spectabit, recipere et ipsorum graduum solita insignia sibi exhiberi facere et postquam hujusmodi gradus et illorum insignia susceperint, scientias in quibus graduati fuerint, dummodo sic promovendi professionis fidei juramentum in manibus pro tempore existentis episcopi brixinensis sive ejus in spiritualibus vicarii generalis juxta ejusdem concilii tridentini formam solemniter emittant, docere et interpretari, in eisque disputare, nec non quoscunque actus gradui seu gradibus per eos receptis convenientes facere et exercere, omnibusque et singulis privilegiis, gratiis, favoribus, praerogativis et indultis, quibus alii in Universitatibus studiorum generalium, ut praefertur, memoratis auctoritatibus erectis confirmatis et approbatis juxta illarum constitutiones et mores promoti de jure, usu, consuetudine aut alias utuntur, fruuntur et gaudent, uti, frui et gaudere possint in omnibus et per omnia, perinde, ac si gradus hujusmodi in Universitatibus a sede apostolica erectis seu approbatis juxta illarum constitutiones et consuetudines hujusmodi suscepissent. Ulteriusque pro tempore existenti episcopo brixinensi unacum rectoribus Universitatis pro salubri et spirituali directione regimine et administratione ejusdem Universitatis illiusque rectorum, decanorum, professorum, magistrorum, doctorum, lectorum, praeceptorum, graduatorum, scholarium, pidellorum, notariorum, nuntiorum et aliorum officialium ac personarum nec non membrorum et subditorum quaecunque statuta, ordinationes et capitula licita tamen et honesta ac sacris canonibus nec non concilii tridentini praedicti decretis minime contraria facere edere et pro rerum et temporum ac personarum qualitate et varietate mutare corrigere et reformare, seu illa cassare et alia denuo condere libere et licite valeant, eisdem apostolica auctoritate et tenore concedimus et indulgemus, ac licentiam et facultatem desuper impartimur, decernentes, praesentes literas semper et perpetuo validas et efficaces esse et fore, suosque plenarios et integros effectus sortiri et obtinere, ac ab omnibus, ad quos nunc quomodolibet spectat et pro tempore spectabit firmiter et inviolabiliter observari et adimpleri debere, sicque et non aliter per quoscunque judices, ordinarios et delegatos etiam causarum palatii apostolici auditores et ejusdem sanctae romanae ecclesiae cardinales etiam de latere legatos, vicelegatos, dictae sedis nuntios judicari et diffiniri debere, irritumque et inane, quidquid secus super his a quoquam quavis auctoritate scienter vel ignoranter contigerit attentari, non obstantibus, quatenus opus sit, nostrae et cancellariae apostolicae regula de gratiis ad instar non concedendis aliisque promissis ac quibusvis aliis apostolicis nec non in synodalibus provincialibusque et universalibus conciliis editis specialibus vel generalibus constitutionibus et ordinationibus ac quarumque Universitatum studiorum generalium etiam juramento confirmatione apostolica vel quavis firmitate alia roboratis statutis et consuetudinibus, privilegiis quoque indultis et literis apostolicis eisdem Universitatibus illarumque rectoribus aliisque superioribus et personis sub quibuscunque tenore et formis ac cum quibusvis etiam derogatoriorum derogatoriis aliis efficacioribus et insolitis clausulis ac irritantibus decretis in genere vel specie aut aliter quomodolibet concessis approbatis et innovatis, quibus omnibus etiam pro illorum sufficienti derogatione de illis eorumque totis tenoribus specialis specifica expressa et individua quaevis alia exquisita forma ad haec servanda foret, illis aliter in suis firmitate ac robore permansuris, hac vice duntaxat horum serie specialiter et expresse derogamus, caeterisque contrariis quibuscunque. Volumus autem, quod singuli magistri, doctores, lectores et professores ejusdem Universitatis ut praefertur erectae in principio cujuslibet anni seu renovatione studiorum facta prius per ipsos et eorum quemlibet in manibus Ordinarii loci vel ab eo deputandi catholicae fidei professione juxta articulos pridem a sede apostolica propositos, se nihil, quod illi quomodocunque repugnet, aut sit contra bonos mores, lecturos, docturos aut interpretaturos, solemni juramento obstringere debeant, in hocque idem Ordinarius sedulam operam juxta ejusdem concilii tridentini decreta adhibere teneatur. Nulli ergo omnino hominum liceat hanc paginam nostrae absolutionis, approbationis, confirmationis, defectuum suppletionis, licentiae, concessionis et impartitionis, indulti decreti voluntatis infringere vel eidem ausu temerario contraire; si quis autem hoc attentare praesumpserit, indignationem omnipotentis Dei ac beatorum Petri et Pauli apostolorum ejus se noverit incursurum. Datum Romae apud sanctam Mariam Majorem, anno incarnationis dominicae millesimo sexcentesimo septuagesimo septimo; quinto Calendas Augusti, Pontificatus nostri anno primo.

(Folgen zehn Unterschriften.)

C.

Beilage zur allerhöchsten Entschliessung vom 7. April 1734, wie die Philosophie zu lehren sei.

———

Die Philosophie kan ganz leicht exemplo plurimarum Academiarum in zwei Jahren tradirt werden; damit aber solches nützlich geschehe:

Solle denen discipulis gleich anfänglich die Historia Philosophiae, und recensio .veterum Philosophorum per modum prolegomenon gegeben werden. Consule Clerii Philosoph: ubi omittenda, quae contra orthodoxam fidem pugnant; Nachmahlens seynd quaedam Dialectica et Logica sambt der Metaphysica mit auslassung der unnöttigen obscuren und weitleüffigen, und nur den Verstand deren Auditorum verderbenden, keinesweegs aber selben, wie man Meistens bisshero geglaubt, eröffnenden quaestionen denen discipulis vorzulesen.

Wan nun an stat des dictirns und schreibens, womit man die mehristo Zeit Vergeblich zuebringet, eine gedruckte Verfassung dessen denen discipulis wird in die Hand gegeben werden, so kan die Logica et Metaphysica durch einen Professorem in einem Jahr in denen Vormittag-stunden ohne sondere Bemühung tradirt werden, dem Professori könen zur ausarbeithung dieser Verfassung unter andern dienlich sein, L'art de penser, seu ars cogitandi latine versa; Pro logica et Metaphysica Bourchot, P. Viva Neapol. S. J., Axiomata P. Ulloa: nachmittag solle die Mathesis docirt werden.

In secundo anno Philosophiae solle in denen Vormittagstunden das erste halbe Jahr hindurch die Physica generalis tradirt werden, jedoch dergestalten, dass alle unnuze quaestiones ausgeschlossen, hieentgegen der tractatus de causis in ordine ad jurisprudentiam, und was sonsten ad altiora nöthig, und pro bono Publico nuzlich, ausführlicher gegeben werde; das übrige halbe jahr in denen vormittägigen stunden solle in Physica particulari, ac experimentali zugebracht werden, zu abfassung der hierzue gehörigen Lehre (welche gleichfalls gedrucket werden muss) kan dem Professori inter alios dienen, Bourchotti Physica generalis et particularis: les experiences de la Physique: Ulloa Physica particularis etc. In denen nachmittags-stunden kan das erste viertl jahr durch einen besonderen Professoren ganz gemählich die Ethica ex Aristotole vel Seneca nach arth des Bourchotti docirt werden; so dan ist denen discipulis durch die übrige Jahrs-Frist die Cosmographia, Geographia, und chronologia als 2 höchst nöttige Subsidia zu erlehrung der Historia beizubringen; zu diessfälliger Verfassung kan der Professor consuliren Cellarii Geograph. vet. und den Hübner etc. in Chronologia des Petavii rationarium temporum, wobey nicht zu vergessen, auf die indictiones, computum Ecclesiasticum, und andere zu der Historie nöthige Behelfe.

Pro tertio anno Vormittag Historiam universalem, praesertim profanam et ecclesiasticam a Christo nato, nachmittag rei litterariae et studium eloquentiae.

Per Historiam litterariam hic intelligitur notitia Authorum ad rem Historicam et alias scientias facientium: Subsidia Professori etiam dare possunt Lanylet, du Frenoy, Menken, Struvis Bibliothecae, Morhofii Polihistoria, Stertii Bibliotheca Juris Publici, Lazius de mig: gentium: vitas generales virorum literatorum scripserunt Jacob. Philipp. Tomasinus, Leo Allatius, Baillet, Boissardus, et alii, videndi in Catalogo Bibliothecae earum Imperialis; Pro Historia Universali Turselinus, Hübner, qui tamen ab erroribus purgandus est, Brictius, Cluverius Sleidanus etc.

Uebrigens wird denen Professoribus insgemein recommandirt, dass sie in ihre zum Druck zu verfertigen habende Lehr, wie auch in ihre mündliche explication keine exotische und Barbarische Wörther einflüessen lassen, sondern sich eines guten klaren lateinischen Styli bedienen, den Clericus und Bourchot nebst vielen anderen gelehrten haben gezeigt, dass man die Philosophie tradiren könne, ohne dass nöthig seye, bei denen disciplen die von ihnen kurz ehevor mühesam erworbene lateinische Sprache widerumb zu verderben.

D.

Reformations-Dekret der Innsbrucker Universität vom Jahre 1748.

Hochansehnlicher k. k. geheimbe Rath!

In Verfolg erhaltener allergnädigster Verordnung vom 13. Jänner jetzt laufenden Jahres haben Ihre Kais. und Königl. Majestät etc. aus meiner allergehorsamst erstatteten Relation sowohl als auch durch dero Hofkanzley sich allermildest vortragen lassen, wie etwa denen bei der Innsbrucker Universität nicht nur überhaupts eingeschlichenen Mänglen, sondern auch denen in facultate juridica vorzüglich unterwaltenden Uneinigkeiten möglichst abgeholfen und eine bessere Ordnung eingeführt werden könne, daraufhin den allergnädigsten Entschluss, wie nachstehet, gefasset, dass nämlich

1. Die Professores und übrige Subordinirte in ihren dermahligen Officiis a. g. bestättiget, und gegenwärtige Einrichtung ersagter Universität künftiges Studienjahr ihren Anfang nemmen, sohin siehe zu Herbeylockung der Jugend ehestens kundt gethan werde, welche dan folgendermassen hiefüro, und zwar bey der theologischen Facultät anvorderist eingeleitet und bestellt seyn solle, dass

2. Daselbs an statt deren ehevor vorhanden gewesenen zwey Professorum S. Scripturae, et controversiarum nur ainer zu tradirung derselben verbleiben, einfolglich des bereits verstorbenen genossenes Salarium per 300 fl. sambt dem Holzgeld ersparet, beide diese Cathedrae in aine geworfen, und solche Dogmatica genennet, selbe zu gedeylicher Erläuter- und Begreifung der Theologiae Speculativae S. Scriptura et controversiarum mit Anmerkung aus der Kirchen-Historie, und besonders aus denen conciliis begleitet, sodann hierinnen öftere disputationes angestellet, anmit das ganze Studium theologium in drey cathedras, als Speculativam, Moralem et Dogmaticam eingetheilt werden solle. Zu beständiger Bevestigung dieses modi tradendi

3. Ist der a. h. Will, und Mainung, dass das bisshero zu allainiger Versplitterung der Edlen Zeit yblich geweste Dictiren und Schreiben der Lectionen mittelst Anhandennemmung eines guten Autoris abgestellet, und die Sache dahin allainig eingeschränkt werden soll, womit nur die Sententiae contrariae mit ainichen Notis erläuteret und dictiret werden dürfen. Hingegen was die Facultatem juridicam belanget,

4. Beharren Ihro k. und k. Majestät etc. nochmals auf die ehevorig allergnädigste Verordnung, dass die cathedra codicis mit der cathedra juris publici bey

weiter erfolgender Unterbringung des Professoris Mussgay für beständig dem Namen nach vereinbahrt, jedoch derselben in seiner Besoldung und ybrig geniessenden accidentien gelassen, beede Professores Digestorum et Institutionum aber ernstlich verwiesen werden sollen, dass selbe, weillen der Codex pro Supplemento et correctione Institutionum et Digestorum anzusehen ist, pro casibus emergentibus in ihren Lectionibus auf solches Supplementum und correctiones, worauf zwar, ohne dass die authores ihre Achtung haben, fürdenken, und anmit nach und nach den codicem der Jugend einflössen möchten. Diesen aber auch desto füglicher nachzukommen, wollen

5. A. h. dieselbe die allergnedigste Abänderung dahin gemacht haben, dass die Pandecta pro futuro nicht mehr in ainem Jahre, wie dermahlen, sondern nach dem Beispiel der Universitäten zu Prag und Wien in zwei Jahren tradirt, anmit denen Auditoribus bessere Zeit und Gelegenheit gegeben werde (zumahlen sye auch fürohin dem juri publico, feudali, et criminali besonders obliegen sollen); gemächlich und mit Vortheill wegen des zwischen gesambten Lectionen öfter in materiis fürseyenden Zusammenhangs aller Studiis abwarten zu können. Zu welchem Ende

6. Das Jus publicum in Zukunft von denen Studiosis sorgsamer cultiviret, folglich in zwey Studia nachfolgender massen auf zwey Jahre eingethaillet werden solle, dass in dem ersteren das Jus naturae et gentium, im anderten hingegen Historia germaniae et deinde jus publicum S. R. J. gegeben, hierzu wochentlich drey Lectiones nemblich am Erchtag, Donnerstag und Sambstag umb 8 Uhr vormittag genommen, und massen

7. Die Notturft erheischet, dass aines mit dem andern nicht confundirt werde, denen Digestis et Institutis der Monntag, Mitwoch, und Freytag dergestallten bestimmt seyn soll, dass der Professor Institutionum von halber 8 Uhr bis neun, hingegen der Professor digestorum von dieser Zeit bis umb halber Eylf, (damit all, und jede sonsten etwa in denen ybrigen Stunden durch conditionen, Instructionen, und andere Umbstände Verhinderte die Lectiones frequentiren können) sollche halten werde. Wobey Ihre k. und k. Majestät etc. besonders allergnedigst wollen und befehlen, dass vom ersagten Professore Digestorum die Tradirung des Juris criminalis und dem Prof. Institutionum das Jus feudale also besorgt werde, dass erstermeltes Jus criminale Erchtag, Donnerstag und Sambstag nachmittag von 2 bis halber 4 Uhr, zu tradiren seye, der Professor Institutionum dagegen sich zu beemsig, und seine Lectiones so einzutheilen habe, damit er um die Mitte des Monats Junii mit denen Institutis fertig, sofort das feudale gleich darauf in denen vorherigen Stunden, und Tägen, nemblich Montag, Mittwoch und Freytag anfangen, und fortsetzen möge. Beede Professores sollen aber pflichtschuldigst Achtung tragen, dass

8. allenthalben, wo Praxis a Jure communi unterschieden ist, jene in explicationibus fleissig mitbeygefüget, das Statutum et consuetudines Tyrolenses, Recessus Imperii, mores Germaniae ac proxin beeder Reichs- wie auch Schwebischer Land-Gerichten mitallegirt, mithin denen Studenten gleichsamb gelegenheit gegeben werde, ainen vorläufigen Bericht von allen solchen Umbständen zu yberkomen, wessenthalben umb solches desto eher und erspriesslicher zu erhalten, sye beede Professores die materien, so nicht mehr in usu seynd, oder wo das ohnehin schon abrogirte Jus antiquum weitläufig vorhanden, nur allainig pro notitia berühren, und sich blos bey denen utilioribus mit besonderm Fleys aufhalten sollen. Das Jus canonicum habe bey denen P. P. Soc. Jesu wie bisher zu verbleiben, nur dass es nachmittag montag, mittwoch und freytag zu tradiren seye. Auf dass aber

9. die cathedrae aller Welt — Reich und Armen, Geist- und Weltlichen offen stehen, und ein jeder dorten Gelegenheit finde, sich zum gemeinen Beston zu quali-

fiziren, so ordnen und befehlen Ihre k. und k. Majestät, dass vor recensirte Collegia publice an denen zugleich bemerkten Tägen und auf die mitberührte Art von denen Professoribus in ihren Mantel-Klayd umb auch bey denen auditoribus mehrer Ehrerbiettung, und Gehorsamb zu erhalten in dem neben der Bibliothec wegen des Einheizens zur Winters-Zeit befindlichen Auditorio publico gehalten, und dorten de cathedra klar und deutlich die explication des zukommenden objecti der Studirenden Jugend angedeyhen, sofort wenigstens drey viertl Stund in sothaner explication zurückgelegt, die ybrige Zeit hingegen auf das Examen der Auditorum verwendet werden solle, aus welchem ein jeder solches mittelst Auslegung der den vorigen Tag a Professore explicirten materiae auf die Art und Weis, wie dieser die explication verrichtet, zu vollbringen habe; wo zuweillen der Prof., wenn er findet, dass der repetens etwelche von ihnen vorigen Tags angeführte Umbstände und rationes auslasset, denselben interrumpiren und dessen erinnern, auch selbsten ihn an Orth und Ende, wo es erforderlich, mit wenigen nervosen argumenten oppugniren, oder durch andere auditores, denen sich hierüber zu melden freystehen solle, es bewürken lassen, kaineswegs aber sollchen Repetenten Tags zuvor die Repetition angetragen, sondern in Collegio selbsten darzu gezimmend aufgerufen, auch umb die Jugend in ainem beständigen Fleys zu erhalten, ohnvermutet zwey oder drey Täg nacheinander bierinnen yberfallen, nicht minder zuweilen mitten in der Repetition, wenn der Repetens satisfaction leistet, ain anderer unverhofft substituirt, und der ybrige Thaill ad repetendum yberlassen werden solle; sintemahlen dieser Vorgang die Jugend beharrlich aufmerksamb machen, auch durch vorangeführte Repetition sye ainen geschickt- anstandig und ordentlichen modum proponendi erlangen wird. Hiernächst

10. gedenken Ihre k. u. k. Majestät durch sollche neue Methode zu tradiren die bisherige Collegia privata vollendts nicht aufzuheben, sondern erlauben annoch allergnädigst, dass selbe weiters beybehalten werden; die Professores sollen jedoch ohnnachlässlich verbunden seyn, obiger methodum in lectionibus privatis, dann auch die Zeit quoad lectiones publicas genau zu beobachten, die lectiones vormittag zu halten, und in sollcher die materien expliciren, wie oben allergnädigst vorgeschrieben worden ist, damit die arme hierinfalls genug besorget seyen, auch denen Reicheren nebst denen lectionibus publicis die collegia privata zu besserer Belehr- und Erleichterung dienen. Die Authores seyen

11. künftighin in Jure naturae et gentium Hugo Grotius — in jure publico Mascovii Principia Juris publici, — In jure feudali Examen Strykii — In Digestis Zoesius — In Institutionibus Schamberger, — In jure criminale Nemesis Tyrolensis des gewesten Regierungs-Kanzlern v. Frölich, jedoch ohne sich mit denen Controversis aufzuhalten. Damit nun auch

12. Processus juris civilis et criminalis practice eingeleitet werde, und die Studirende Jugend daraus ainen Nutzen habe, so soll dem Professori Institutionum, so die leichteste Cathedrum habe, und nachmittag niemahlen occupiret seye, ad libitum, nicht publice, sondern privatim zugegeben, auch ihme hierob von denen frequentirenden ain Genuss beygeleget werden, wellche nach der gemainen dann vattorländischen Process-Ordnung mittelst Constituirung eines Actoris, rei et Referentis, und in criminali mit Anhandennemmung ventilirter Criminal-Acten zubeschehen hätte. Zu solchen

13. denen Auditoribus währenden anberaumbten Triennio verschafften occupationen wurde dem Publico besser gerathen seyn, hierdurch jene, so dem liederlichen Leben, allzuvielen Gassentreten, Besuchung der Würts- und verdächtigen Häuseren, Schlagen, und Balgen, Zusammenrottirung, dan denen zum Müssiggang,

und denen Eltern causirenden grossen Kösten geraichenden Soldaten-Aufzügen nachgehen, hievon abzuhalten, und damit zuerwerben, dass in denen O. und V. O. Dicasteriis zu Landts-Richtern und Schreibern, in den collegio advocatorum, dan bey denen Gerichteren auf dem Lande tüchtige und wohlerfahrene Subjecta erzieglet werden, massen Ihre k. u. k. Majestät etc. allzumissfällig vernommen haben, dass besonders das jus publicum, welches in Ansehung der Schwäbisch- und Vorlanden bei denen O. O. Dicasterien von ainer hochen nothwendigkeit ist, bisshero in so wenige Betrachtung gezogen worden. Wessentwegen Allerhöchst dieselbe das pragmatical Gesetz allergnädigst angeordnet haben wollen, dass kainer bey denen O. und V. O. dicasteriis als Rath, auch zu denen vorländischen Landrichter- und Schreiber-Stellen, nicht minder zum Advocaten-Ambt in Vorschlag gebracht werden solle, er habe dann das Jus civile, canonicum, criminale feudale et NB. Publicum in beeden Universitäten Ihnsprugg oder Freyburg, oder auch noch zu Wien oder Prag absolviret, und hieryber die erforderliche Attestata Universitatis beygebracht, dergestallten dass solches ainem jedweden hierinnfalls vor anderen auch tüchtig- und geschickten Candidaten ain praecipuum und praerogativ zuwegen bringe. Was aber die gewöhnliche Gerichtshalter und Gerichts-Schreiber anlanget, so wäre bei sollchen hinraichend, wenn sye nur die Attestata vom absolvirten Studio civili et criminali der Regierung, allwo sye yber ihre Wissenschaft zu examiniren seyen, beybringen. Nun auch

14. auf die medicinische Facultät zu gelangen, so ist der a. h. Will und Mainung, dass nach absolvirtem Laufe der Philosophie, damit die Studiosi Medicinae aine vollkommene Erkenntnuss in der diessfälligen theorie und Art zu curiren yberkommen, Sye in denen Institutionibus, Anatomia, Botanica, Chirurgia und was sonsten zu diesen Studio de morbis toti corpori comunibus sive qui peculiaribus corporis membris accidunt, gehöret, vier ganze Jahre dergestallt zubringen sollen, dass niemande zu dem gradus Medicinae gelange, er habe dann 6 Jahr dem Studio Philosophico et Medicinae entweder in Ihnsprugg oder an ainer andern approbirten Universität fleissig obgelegen, zumahlen daselbst der ohnverantwortliche Fehler bey dieser Facultät nicht ohngeahndet bleiben könne, dass man soviele Candidatos Medicinae ohne die geringste Schwierigkeit ad gradum aufzunehmen pflege, annebst kain Brauch seye, dass die Junge Medici von denen Professoribus und Physicis zu den Kranken-Bett geführt, folglich fast kaum Gelegenheit vorhanden, wo in Praxi was zu erlehren seye. Derohalben Ihre k. u. k. Majestät für ain beständig ohnybertrettliches Gesez aingeführt wissen wollen, dass kainer mehr ad gradum Doctoratus angenommen werden dürfe, er hab dann zuvor durch genugsambe Urkunden dargethan, dass er nebst obigen sechs, drey à vier Jahr in Orten, wo Krankenhäuser und Lazareten vorhanden, eine stets fleissige Praxis geführt, so nicht nur von denen Chirurgis, welche annebenhin etwellicher massen der lateinischen Sprache kundig, und nicht befugt seyn sollen, andere innerliche Medicament vorzuschreiben, als welche in ordine zum Gebrauch der äusserlichen Krankheiten, wo die chirurgische Hand erforderlich ist; vorzüglich dienen, sondern auch von denen Professoribus Medicinae selbsten zu verstehen seye, da ybrigens nicht zu erhalten wäre, dass ain sollcher ohnpracicirter Professor seinen discipulis mit Grund, und Frucht aine Lehr geben könnte. Was nun

15. diese Facultät an sich betrifft, so solle nach Absterben des dermahligen Professori Aphorismorum von Payr diese Cathedra als yberflüssig aufgehoben, und reduciret, und der Professor Praxeos ernstlich angewiesen werden, die Aphorismos, wie es vorhin schon öfters geschehen ist, auszulegen, und geschicklich an Ort und Enden bei jedwedem Zufalle, wovon gehandelt würde, zu appliciren, allso, dass füro-

hin nur 3 Medicinae cathedrae, nemblich Institutionum, Anatomiae et Chirurgiae simul, dann Praxeos mit nachstehender Obliegenheit verbleiben sollen, dass

16. die Professores Medicinae gleich denen Professoribus Juris yber ainen gewissen authorem lesen, mithin auch daselbst das Schreiben aufgehoben seye, und weillen das Studium medicum yberhaubts auf 4 Jahre gesetzet worden, der Profesror Institutionum sollche in ainem Jahr tradiren, und hierzu das bekannte Compendium Institutionum, sive fundamentorum Medicinae Laurentii Heisteri nemmen, und lesen, anbey nicht ausser Acht lassen solle, wo nicht in der öffentlichen Schul, doch wenigstens zu Haus zweymahl die Wochen ainen compendiosen Tractat de conscribendis medicorum formulis ad indicationes vel indigentias medicas et chyrurgicas etwelche Principia chymiae, nicht minder introductionem aliquam ad rem herbariam nach denen bekanntest- und gelehrtesten Authoren zu tradiren. Der Professor Anatomiae et Chirurgiae aber

17. habe alle Jahr nach einem gewissen Autore solche zuexpliciren und die öffentliche anatom. demonstrationes in der Universität, wie bisshieher beobachtet worden, fortzusetzen, anbey die Chirurgie, wie sye in scholis, denen Medicinae studiosis, allso zu Haus teusch denen chirurgis nach dem dermahligen Gebrauch zutradiren. Wogegen

18. der Professor Praxeos den diessfalligen cursum in drey Jahren zurückzulegen, mithin den dritten Theil dovon alle Jahr und zwar hierzu den Ihnsprugger Professorem Weinhart zu expliciren, auch selbigem zuweilen etwelche Auslegung de instituendis consultationibus et responsionibus medicis hinzuzufügen, sodann die Aphorismos, wie oben erwähnt worden, an gehörigen Orten miteinzurucken, endlich im fall bei denen gewöhnlichen lectionibus Universitatis die Zeit hierzu nicht erklekete, desentwegen etwelche Collegia zu Haus zweymahl die Wochen in unterschiedenen Stunden von denen, wo der Professor Institutionum und Anatomiae et Chirurgie ihre Lectiones oder Collegia halten, anzustellen, damit die Studenten aines jeglichen Professoris lectiones oder Collegia nach Erforderniss und denen zerschiedenen materien frequentiren können, und sollen. Und umb solcher Ordnung

19. desto gewisser zur Wirklichkeit zu verschaffen, ist der allergnädigste Befehl und Mainung, dass anstatt denen bissherigen wochentlichen 4 Lectionen nur 3 nemblich am Montag, Mittwoch und Freytag und zwar von ain und ain halb Stund angeordnet und eingeführt werden sollen, damit der Prof. Institutiorum von halber 8 bis neun und der Prof. Praxeos von 9 bis halber 11 Uhr, sohin die Prof. Anatomiae et Chyrurgiae die andere gleiche Zeit 3 Täge in der Wochen ihre lectiones halten und besorgen können, womit sye dann gelegenheit haben, die etwa vorfallende Collegia privata auf die andern Täge nach Erheischung einzutheilen. — Intuitu facultatis philosophicae.

20. haben Ihre k. u. k. Majestät etc. sehr missfällig vernommen, dass wider den ausdrücklichen a. h. Befehl das Dictiren und Schreiben immer im Schwung gehe, welches a. h. dieselbe wiederholt vor allem abgestellter wissen wollen, nachmahlen allergnädigst auftragend, dass sye Facultät ainen gewissen Authorem zu jedwederer philosophischen Wissenschaft, damit solche insgesambt in 2 Jahren absolvirt werden können, expliciren, und anstatt deren Kupferstiche bey dem Gradibus Philosophicis und diesertwegen haltenden dissertationibus allainig die quaestiones disputabiles drucken lassen solle, wobey dem Professori Matheseos noch besonders injungirt wirdet, dass er gegen Ende des Jahres zweymal die Woche hindurch öffentliche lectiones experimentales gebe, und vorderist die Elementa Geometriae mit vollkommnem Grund docire, auch, da die wenigsten, so ad Medicinam aspiriren, in Ihnsprugg ain rechtschaffenes Studium Philosophicum, praesertim Physicae ex-

perimentalis et Mechanicae, ad effectum et Phaenominorum naturalium causas explicandas zurücklegen thun, auch thails aus mangl der Gelegenheit nicht zurücklegen können, und mehrere nützliche operationes ex Physico-Mechanicis öfters vorzunemmen hätten, Also und zu diesem Ende habe Ihre k. u. k. Majestät etc. in allergnädigster Erwägung, dass hierzu besondere Unkosten um die nöthige Instrumenten und Maschinen zuverfertigen und beyzubehalten erforderlich seyen, aus dem Universitätsfonde ain ergiebiges, wovon unten ain mehrers folgen wird, auf etliche Jahre allergnedigst anzuweisen geruhet, bis mit der Zeit man zu bessern Kräften auch durch Gutthätern gelange, umb sollche wichtige Werke in das Universitäts- oder anderes öffentliches Ort für das gemaine Wesen zubringen. Endlich

21. die Historiam belangend, verordnen Ihre k. u. k. Majestät ebenfalls aine bessere und nützlichere normam tradendi, als bissher beobachtet worden, womit nemblich sollche auf 2 Jahre reducirt, mithin in dieser Zeit vollends tradirt, vordrist aber denen Studiosis die fondes und prima principia hierinfalls nützlicher und recht an die Hand gegeben werden sollen. Nun auch auf die Universität

22. yberhaubts zu gelangen wollen, ordnen und befehlen Ihre k. u. k. Majestät, dass die vorhandenen Studia academica in bessere Obsorg und Befolgung genommen, hiervor nicht abgegangen: von den juridisch und medizinischen Facultäten kain ainziger etwa in Philosophica e scholis eliminirter, oder mit nicht genugsamben Testimoniis versehener Auditor (massen durch solche nur die Anzahl der unruhigen und dem Publico gefährlichen vermehrt wird) bey schwärer Verantwortung angenommen, auf die academische Zucht eine schärfere Ein- und Rücksicht getragen, von denen Rectoribus die Parthey besser angehöret, niemanden zu viel nachgesehen, oder villmehr die Ybertretter, wie bisshero mittelst eigener Autoritet beschehen, nicht mehr foviret; die besonders in Facultate Juridica durch das unruhige Betragen des Professoris Inama und denselben annoch hierinnon unterstützt gehabten, oder denen maisterlosen Studenten mit Rath und That an Hand gegangenen Professorem Bacchettoni die Jahr hero obgewaltete Streittigkeiten, welche nur zur liederlichen nachfolge, Beyspiel, und Aergerniss der Jugend, auch des Publici gedienet, viele frembde wohlerzogene Kinder entweders von dortiger Universität abgehalten, oder die gegenwärtig gewesenen abgetrieben haben, einfolglichen den Zerfall derselben endtlich selbsten verursachen müssen, aus dem Grunde gehoben werden sollen. Zu welchem Behufe Ihre k. u. k. Majestät einem hochansehnl. Geheimben Rath so gemessen als allergnedigst auftragen, in plena sessione nach Einberufung des Rectoris und gesambter Professorum in a. h. Nahmen ihme Professori Inama seine Unart fürzuhalten, auf das schärfste zuahnden, und peremtorisch zuwarnen, dass im fall er sich in der bisherigen Widersetzlichkeit, unanständigen Aufführung, und Aufwicklung der Studenten wieder Verhoffen weitershin betretten lassen werde, er ipso facto der Professur ohne fernerer a. h. Gnade verlurstiget seye, ein Hochansehnlicher geheimer Rath hierinnen gleich fürgehen, und allainig hievon a. h. Orts den allergehorsamsten Bericht erstatten, sonsten auch ernannten Professori Bacchettoni wegen obberührten Betragens, jedoch in mitioribus terminis aine gleichfällige Ahndung und Erinnerung widerfahren lassen solle. Zu sonstiger Verhüttung

23. alle bishero fürgewalteten Confusionen, Partheylich- und Hitzigkeiten solle fürohin der Senatus academicus aus dem ainzigen Rectore und denen 4 Decanis facultatum in Erkrank- oder Verhinderung ains derselben dem nächst nachgehenden ältern Professore, mit Ausschluss all ybrigen Professorem et membrorum bestehen, jedoch, wenn causa criminali vorhanden, sollche durch die gesambte Professores der Juridischen und Medicinischen Facultät allein abgeurtheilt werden, und

sofern ein ecclesiasticus Rector Magnificus ist, ein Vicerector, wie hernachfolget, das Präsidium führen solle. Wie auch ferners

24. Ihre k. u. k. Majestät etc. aus obiger Ursache ainen beständigen Protectorem der Universität allergnedigst angeordnet haben wollen, zu dem untermeistens auch die Klagen unter der Hande vom Rectore oder von andern denselben Gliedern gebracht, und in der Stille die defectus Professorum und andere geringe Vorfallenheiten verbessert werden sollen; zu diesem Protectorat wollen a. h. dieselbe einen jeweiligen Directorem und Hof-Vicekanzlern ains Hochansehnl. geh. Raths allermildest ernennet haben, jedoch dass ainer ohne den andern nicht fürzugehen, sondern allemahl communicato consilio die vorkommende Sachen zuschlichten, auch die Statuta academica ad executionem bringen zu lassen, und darob zu dringen gehalten seyn sollen. Thätte sich aber eine Incorrigibilität ains Professors herfür, oder aber die Universitäts- und Facultäts-Verfallenheit wäre altioris indaginis, so solle selbe ad Plenum aines Hochansehnl. geh. Raths gebracht, und dorten yberlögt werden, damit entweder collegialiter eine Vorsehung beschehe, und pro exigentia a. h. Orts der allerunterthänigste Bericht abgestattet werde. Die Wahl eines Rectoris

25. solle von gesambten Profesoribus geschehen, sodann der erwehlte einem hochansehnlichen geh. Rath vorgeschlagen werden, umb des subjecti Anständig-, nützlich- und Fähigkeit bevor in deliberation zunemmen, und da ex facultate theologica ainer Rector ist, so solle in sollchem Fall der letzt ausgetrettene Rector aus der juridischen Facultät das Vice-Rectorat, umb desto ehender in Civilibus et criminalibus an Handen zuseyn, wenn sonsten ein hochansehnl. geh. Rath wider dessen Persohn nichts einzuwenden findet, fortführen, und aus erstersagter Facultät ein anderer Decanus, wann bemelter Vice-Rector dieses Officium ob sich hat, erwehlet werden, welches Vice-Rectorat sonsten in keinem andern Fall, wie der auch nahmen hat, Platz greifen solle. Das Rectorat

26. wie auch das Decanat jedweder Facultät solle bey einem jedweden Subjecto drey Jahre verbleiben, allso alle drey Jahr gesambte diessfallige Wahlen erneuert werden, wodurch die bisher ob der öftern Veränderung entstehende Schädlichkeiten gehoben werden, welches triennium bei der nächst künftigen Wahl anzufangen habe. Ingleichen

27. solle der P. Provincialis der P. P. Soc. Jesu fürohin jederzeit bevor seine dispositiones academ. einem Hochansehnl. geh. Rath, obe sollche der Universität nützlich sey oder nicht, mithin zu fernerer Aenderung ohnverweigerlich anzeigen, nicht minder demselben

28. von der juridischen und medicinischen Facultät jeder Candidatus, welcher ad gradum aspirirt, vor der Promotion vorgeschlagen, und ein schriftlicher Bericht cum voto, und dem Anhang yberraicht werden, wie der Promovendus beschaffen seye, auch ober ehevor denen Statutis academicis ain genügen gelaistet habe, worauf, wenn ein Hochansehnl. geh. Rath sollchen nach wohlerwogenen Umbständen tüchtig erkennet, derselbe seine Approbation geben könne, damit von der Facultät selbsten künftig hin keine Promotion ohnfähiger Leute vorgenommen werde, noch favores unterlaufen. Die Attestata Universitatis

29. sollen fernerhin pro futuro, ehe sie ausgefertiget werden, allemal von dem Decano Facultatis, von welcher der Supplicant ist, revidirt, auch die Feriae dergestalten eingeschränket werden, dass sollche umb Weihnachten den 23. Dezember anzufangen, und den 2. Jan. drauf aufzuhören, und im Festo Paschatis vom Mittwoch in der Charwoche bis Mittwoch nach Ostern zuwähren, wie dann auch die Studien an sich selbsten gleich den Tag nach aller Seelen ihren Anfang zu nemmen haben. Was ybrigens

30. ein- so andere zu gering salarirte Professores betrifft, so habe Ihre k. u. k. Majestät gesambte Professores in ihren dermahligen officiis, Würden, Besoldungen und Accidentien allergnedigst bestättigt, und bewilliget, dass, weilen der Professor Institutionem Medicinae zu seinen ausgeworfenen 300 fl. die a. u. angesuchte Zulag verdiene, von denen bei der theologischen Facultät erspahrten 310 fl. 100 fl.; beede Professoribus Praxeos et Anatomiae jedwederm 50 fl., denen Patribus Soc. J. in Ansehen, dass sie respectu ihrer 8 Professuren allzu gering bedacht seyen, die noch ybrige 110 fl., dann noch 90 fl. aus dem Universitäts-Fundo, und andere 200 fl. bis die Universität zu bessern Kräften komme, und ein eignes Laboratorium wieder aufgerichtet werden könne, zu den operationibus Physico-mechanicis aus ersagtem Fundo verabfolgt werden sollen; Ein Hochansehnl. geh. Rath habe aber Eyfrig darauf zu beharren, dass sothane Gelder getreulich zu diesem Ende verwendet, verrechnet, und der daraus erwartete Nutzen in der That verspüret werde.

31. Ist auch der a. h. Will und Mainung, dass weilen die Universität keinen Carcerem civilem hat, einem jeweiligen Pedello jährlich 30 fl. Quartiergeld abgereichet werden solle, damit er ein- so andere Behältnisse zu erstermeltem Behuf an der Hand habe, einfolglich der Rector Magnificus hierdurch in instanti oftmals ad evitanda majora mala hinreichige Hülfe thun könne. Respectu der Exercitien-Maistern

32. so sollen, sobald der Fundus Universitatis durch Heimfallung ein- so andern obenannter Professuren vermehrt würdet, zwey besondere Sprachmeister, nemblich ainer in der französischen, der andere in der Wellschen Sprach jedweder mit 150 fl. Salario angestellet, und von ihnen 3 lectiones publice die Wochen gratis gegeben, auch ein gleiches von dem Fechtmeister beobachtet werden, wie dann auch bei Aufhörung ersagter beeder Professuren der Bedacht dahin zu nehmen wäre, einen wohl-abgerichteten und gelehrten Mann aufzustellen, welcher die Jugend in der Geometrie und über mechanische Wissenschaften practice instruiren könnte. Vorderist aber soynd Ihre k. u. k. Majestät etc. geneigt, zu Herbeylockung mehrerer adelicher Jugend eine Reit-Schul herzustellen, und gedenken dero a. h. Orts ein erkleklicbes mitbeyzutragen, sofern die Löbl. Herren Stände gleichfalls hierinnen mitwirken möchten. Ein Hochansehnl. geh. Rath habe darüber mit diesen letzteren bey nächstem Congress zu deliberiren, und deren Erklärung einzuhohlen, mir aber dann von dem Erfolg communication zu thun, damit ich sofort ein ganzes daraus zu-machen beylegent seye. Und da auch

33. aus den Universitäts-Rechnungen wahrgenommen worden, dass die Criminal-Kosten durch die erlaufenden Schriften und Diätengeld ain namhaftes betragen, nicht minder in Rechtliche Betrachtung gekommen, dass die diessfallige Arbeit und Mühewaltung nicht so dem corpori academico, wie vorzüglich der juridischen Facultät obliege, mithin diese allemahl eine Rücksicht verdiene, so haben Ihre k. u. k. Majestät den allergnüdigsten Beschluss dahin gefasset, dass ersagte Schriften-Gelder, so nur zur Verlängerung der Sachen und Anhäufung der Kösten dienen, aufgehoben seyen, hingegen das corpus academ. oder welche die Mühe in Verhör- und ybrigen Sessionen auf sich gehabt, von ainem Hochansehnl. geh. Rath den Bescheid auf gebührendes Anmelden erwarten soll, was etwa selben, im fall der Inquisit nicht solvendo wäre, ex fundo Universitate abzureichen seye, so aus Wichtigkeit des Processes, Zeit- und Mühe-Erforderung wird abgenommen werden können; Gestalten a. h. gedachte Ihre k. u. k. Majestät an ein Hochansehnl. geh. Rath die Ihnsprugger-Universität für beständig in allen ihren Anliegenheiten und Vorfallen-heiten angewiesen, und denselben die Einsicht und Direction des Fundi Universitatis, auch behörige Anschaffung der Gelder eingeraumet, der Hochlöblichen Hofkammer

aber nicht mehr als die Einbring- Besorg- und Verrechnung der hierzu ausgeworfenen Gefällen, und Zinsen, wie auch Aufwand der Rechnung bey der dortigen Buchhaltung, jedoch mit dem Unterschied, dass falls zwischen dieser und den Rechnungsführern wegen ain- so anderer Ausgabe ein Anstand sich fürfinden solle, dessen decision ainem Hochansehnl. geh. Rath zuzustehen habe, alleinig ybertragen wissen wollen, mit dem besondern der Universität zugelassenen praerogativ, dass

34. wann der Senatus academicus in puncto debiti oder sonstig- wichtigen Ursachen halber die Besoldung aines Professors oder andern Subordinirten zu verbietten oder mit Arrest zu beschlagen collegialiter erkennt, und dessfalls an den Hall-Ihntallischen Salz-Amts-Cassier die behörige Requisition erlasset, dieser in Zukunft sollche ohne Vorwissen ersagter Hofkammer zu respectiren und zu befolgen habe. In Betreff des von dem Veltin. Process noch haftenden Ausstandes à 200 fl. so wollen Ihre k. u. k. Majestät der Universität sollchen keineswegs nachsehen, jedoch zugeben, dass sothane 200 fl. zur Beyschaffung deren geringen Requisiten, welche zu Auszierung des Auditorii publici bey dem actibus publicis erforderlich seynd, vollkommen angeordnet werden, und ein Hochansehnl. geh. Rath hierauf sorgsambe Obacht tragen solle. Schliesslich

35. ist dem Rectori Magnifico zugestanden, die cassam rectoralem zu Bestreittung ein so anderer vorfallenden, und mit dem Fundo Universitatis kaine Gemeinschaft habenden Ausgaben zuführen, auch allergnedigst verwilliget worden, dass nebst denen Matricel- und Strafgeldern ain anderweitiger Zuwachs von denen Examibus und gradibus licentiae et doctoratus angedeihe, einfolglich pro examine ad gradum licentiae ein Student ex Facultate Theologica et Juridica 1 fl. und gradus doctoratus 2 fl. und in facultate medica für beedes zusammen 2 fl., hingegen in facultate philosophica pro Magisterio et Baccalaureato jedesmahlen überhapts 3 Duggaten abgegeben werden, hieryber aber der Rector auch richtige Rechnung führen, und seinen Successori auf gleiche Art sollche ybergeben solle.

Hieran beschieht der a. h. Will und Mainung und ain Hochansehnl. geh. Rath wird desselben unverlängten Vollzug ohnehin sich angelegen halten, und zu deren publication, auch weiterer Verfügung dasjenige ankeren, was in derley Fällen ehevor auch pro decoratione actus bräuchlich gewesen. Ich aber verharre in ohnveränderlicher Hochachtung — Eins Hochansehnl. geh. Raths

München, den 3. Mai 1748.

Gehorsambd
Dr. R. G. Chotek.

E.

Allerhöchste Entschliessung vom 28. August 1765 bezüglich der Universität Innsbruck.

Von der Römisch Kaiserlichen in Germanien, zu Hungarn und Böhmen etc. königl. Majestät, Erzherzogin zu Oesterreich Unserer allergnädigsten Frauen wegen: Dero Gubernio in den O. O. Fürstenthum und Landen hiemit in Gnaden anzufügen:

A. h. gedacht Ihro k. k. Majestät hätten in Erwegung, dass die hiesige Universität den blühenden Zustand und das Ansehen deren Wiener und Prager Universitäten bei weytem nicht erreichen, und ander zum Grund gelegten Gleichheit noch Vieles abgehen, aus landesmütterlicher Sorgfalt nach vorangegangener reifer Untersuch- und Ueberlegung folgende Zusätze, und abänderungen zur unverbrüchlichen künftigen Beobachtung allermildest vorzuschreiben geruhet, und zwar, so viel

die Universität überhaupt

betrifft, wollen Ihro k. k. Majestät

1. das Praesidium der Studien-Commission so wie zu Wien und Prag mit dem Protectoratu Studiorum, und zwar dermalen in der Persohn dero wirklichen geheimen Rath, Cämmerer und Gubernial-Praesidenten Herrn Grafen von Enzenberg vereinigen, und zum Vice-Praesidenten bey dieser Commission, um den mit so vielen wichtigen geschäften beladenen Herrn Praesidenten im Verhinderungsfall zu vertretten, den Herrn Gubernial-Rath Grafen v. Sarnthein in Erwegung seiner besitzenden Wissenschaften, und guten Einsicht allergnedigst benennet, der Studien-Commission aber

2. hiemit aufgetragen haben, dass dieselbe nicht allein auf die genaue Befolgung deren academischen Gesätzen beständig und feste Hand halten, sondern auch diessfalls zwischen denen academischen Gliedern entstandene Irrungen in so lang, biss die a. h. nähere Willens-Meynung eingeholet seyn wird, provisorie beylegen, und alle drey Monat an Ihre Majestät den ausführlichen Bericht über die Universitäts-Vorfallenheiten erstatten sollen;

3. seye der ausdrückliche a. h. Befehl, denen vier Facultäten, welche allhier nur aus denen würklichen Lehrern bestehen, alle graduirte Theologos, Juristen, Medicos und Philosophos, so danne auch die Notarios, chirurgos, und Apotheker, nicht minder die Hebammen, wie zu Wien und zu Prag einzuverleiben, und nebst denen dahin gehörigen Künstlern, als Buchdrucker etc. der Universitäts-Gerichtsbarkeit von nun an zu unterwerfen, dermalen aber die Annehmung derley Leuten gratis zu bewürken, wie dann, um des Befolgs gesichert zu seyn, die Decani die Catalogos dieser neu einverleibten Leuten der Studien-Commission zu überreichen hätten.

4. Sollen alle Streitt-Sachen, so sich zwischen denen Universitätsgliedern ereignen, nur einmal und in der ersten Instanz vom deme diessfalles neu zu errichten kommenden Universitäts-Judicio erkennet, und so dann die sonst gewöhnliche Appellation zu hiesiger Regierung genommen, auch

5. wann ein Academischer Burger von einem fremden Gericht angehalten und eingesperrt würde, derselbe also gleich dem Rectori Magnifico als deme in instantaneis die prima cognitio gebühret, zur weitern Erkantnuss ausgeliefert werden.

6. seyen Ihre k. k. Majestät nicht ungeneigt, die Bibliothec noch mit einigen höchst nothwendigen Werken aus einem ausserordentlichen Fundo zu versehen, doch hingegen befehlen a. h. dieselbe, dass jene 300 fl., welche schon dermalen zu Nachschaffung neuer Bücher bestimmt seynd, zum gleichen Behuf deren vier Facultäten, soviel als es möglich eingetheilet werden sollen, wo hiernächst Ihre Majestät auf das schärfeste anbefehlen, dass alle dermalen bei denen Professoribus oder sonst in privat Häusern befindliche der Bibliothek gehörige Bücher, ohne weiters dahin restituirt, die Catalogus hierüber zu Handen gebracht, oder allenfalls neu verfertigt, der Zuwachs an Büchern von Zeit zu Zeit fleissig eingetragen, und künftig ohne Recognition Niemanden einiges Buch, er möge seyn, wer er wolle, hinausgegeben werden solle.

Von dem Rectore

7. insbesondere zureden, seye demselben der auch in Wien von denen Canzleyen einem Rector gebende Titl „Herr" auch allhier nicht zu versagen.

8. Solle die Rectorswahl mit Anfang Septembers jederzeit vorgenommen werden, damit die Ihro Majestät vorbehaltene Bestättigung dieser Wahl noch vor dem November einlangen könne.

9. Das Wahl-Recht eines Rectoris solle nur dem austrettenden Rectori, denen vier Decanis, und vier Senioribus zu statten kommen, und von ihnen allein die Wahl ausgeübet werden, und wann

10. die philosophische Facultät einen Anwachs an würdig- und tüchtigen Mitgliedern erhalten solte, so gestatten und wollen Ihro Majestät, dass so dann auch aus dieser Facultät ein Rector, alle vier Jahre wann nemlich die Reihe an dieselbe kommt, genohmen werde, Religiosen aber sollen von dem Rectorat vermög Statuten Weyland Kaiser Leopoldi Majestät glorwürdigsten angedenkens, und wegen der zur Richtschnur genommenen Gleichheit mit der Wiener Universität ausgeschlossen seyn, und haben folglich Ihre Majestät die anno 1762, denen zwey Professoribus von Stams und Wiltau ertheilte Eligibilität wiederum aboliret, wobey weiters

11. allergnädigst anbefohlen, dass die bey der Rector-Wahl bisshero gewöhnliche, und ex cassa rectorali bestrittene Mahlzeit aufgehoben werden solle.

12. Wären die ausgesetzten Theses pro gradu mit der Formel, authoritate et consensu (P. T.) Magnifici Domini Rectoris etc. wie zu Wien zum Druck zu befördern.

13. Wird ein Student in die Matricel aufgenommen, so soll der Rector ihn nicht ehender den Eidschwur ablegen lassen, als er von der Wichtigkeit und Verbindlichkeit des Juraments auf das nachdrücklichste ermahnet worden, als worauf sich eine bessere Befolgung der academischen Gesätzen, als nicht bisshero beschehen, versprechen lasset.

Von denen Directoribus.

14. Alle vier Directores, welche von Ihro k. k. Majestät ernennet werden, und der allhiesigen Studien-Commission Beysitzer sind, haben den Rang sowohl vor den vier Decanis, als auch vor dem Cancellario, und eben dahero wollen Ihro Majestät mehrerer Anständigkeit halber auch dem Directoratui Medicinae den Rathscharacter von nun an allermildest einverleiben.

15. Gehen die vornehmsten Pflichten deren Directoren dahin, dass sie der Facultät vorstehen, alle deren Mitglieder in Facultäts-Sachen als zur Decan-Wahl, Verleyhung der academischen Würden, und so dergleichen versamlen lassen, auch dass sie

16. die Lehrer zu Beobachtung ihrer aufhabenden Instructionen Pflichtgemäss anhalten, selbige zu solchen Ende zu sich berufen, ermahnen, und die hervorkommenden Gebrechen der Commission zu weiterer Begleitung an a. h. Ort anzeigen; dahero es

17. sehr nützlich seyn wird, wann die Directores zuzeiten sich bey denen Vorlesungen unversehens einfinden, und ob wohl die Lehrer gründlich Vorlesen, als auch die Disciplen fleissig frequentiren, in augenschein nehmen.

18. Sobald die Vorlesungen von einer Wissenschaft zu Ende gebracht seyn werden; solle der Director ganz kurz Examina von allen Disciplen durch den Lehrer in seiner Gegenwart Vornehmen lassen, die classem primam, secundam et tertiam wie ein jeder verdient, anmerken, und zu Ende des Jahres die diessfällige catalogos zu a. h. Einsicht einsenden.

19. Die Approbation derer — nach den drey gedachten Classen besonders für die Unterthanen zu ertheilenden Attestata, dann die Censur der zu vertheidigen kommenden Lehrsätzen, und Abhandlungen seyen auch Directorialgeschäfte, mithin denen Directoribus in jeder Facultät zu überlassen, wobey von selbsten sich ergebe, dass jene Sätze, so zu Wien zugelassen worden sind, auch hier ohne allen Anstand für ächte erkennet werden müssen.

20. Liege dem Directori ebenfalls ob, der Einschreibung d ren Studenten beyzuwohnen, um solchen die benöthigte Einleitung über die das Jahr hindurch zu frequentirenden Vorlesungen zu ertheilen, nicht minder

21. Tag, und Stund zu dem Examine pro gradu zu bestimmen, worummen derselbe nun auch angegangen werden muss.

22. Sollen die vier Directores alle Jahr wechselweis an dem Fest des hl. Leopold's eine lateinische Rede in dem academischen Saal zur höchstseeligsten gedächtnuss des glorwürdigsten Universitäts-Stifters abhalten, worzu ein jedweder die Materie aus der Wissenschaft, welcher er vorstehet, zunehmen hätte.

23. So oft sich die ganze Universität versammelt, müssen auch die directores, wann anderst keine wesentliche Verhindernuss vorkommt, sich einfinden. Endlichen

24. habe zwar auch der Director die Repetitores publicos zubestellen, derselbe solle jedoch anbey das Gutachten der Lehrer vernehmen, damit keiner in einer Disciplin repetire, die er selbst nicht fleissig gehöret, und getrieben hat.

Von den Decanis.

25. Werde die Wahl eines Decans durch alle Glieder der Facultät so vorzunehmen seyn, dass ein jeder seine Stimme schriftlich abreiche, und den Nahmen desjenigen, den er erwählet, bloss aufschreibe, und stehe übrigens der Facultät frey, den alten Decan zu bestättigen; Sollte aber

26. die diessfällige Wahl auf ein von dem Directore für unwürdig erkanntes Subjectum ausfallen, so seye der Director befugt, die Wahl zu suspendiren, und von der Studien-Commission die Schreitung zu einer neuen Wahl anzusuchen.

27. Die Verrichtungen des Decans seyen hauptsächlich, dass er die Rechnungen der Facultät führe, die Stelle des Directors, wenn dieser verhindert ist, versehe, auch die Facultäts-Instrumenta, als die Diplomata, Concilia, et Responsa nebst dem Directore unterzeichne, und mit dem Facultäts-Insigel bekräftige; Wo übrigens einem jeden Decano vor allen Lehrern auch anderer Facultäten der Rang gebühre.

Von den Lehrern.

28. Die Nachrückung in einen höhern Gehalt, wie auch der Vorsitz werde bey denen Lehrern der nemlichen Facultät nicht nach der cathedra, so er versiehet, sondern nach dem Alter in seinem Lehramt künftighin um so mehr abzumessen seyn, als die a. h. Verfügung bereits gemachet worden, damit keiner sein Lehramt verwechseln dörfe. Die dermaligen Lehrer hätten zwar in ihren anjetzo geniessenden Vorrechten zu verbleiben; Wann aber ein neuer Canonist nachkommen sollte, müsse er diesem neuen Normale gemäss all anderen Professoribus als der jüngst in die Universität eingetrettene nachgehen.

29. seye den 3. Novembris das sogenannte Principium solemne zu halten, und denen Vorlesungen den 4. Novembris der Anfang zu machen, solche auch biss den 7. September mit Einbegriff deren Examinum täglich fortzusetzen, wo mithin der Sonntag und Donnerstag allein, nicht aber die durch die päpstliche Bull dispensirten Feyertäge frey seyn sollen.

30. alle actus Universitatis als Aemter, Senats-Versamluugen, gradus etc. sollen in denen mit Vorlesungen nicht gehinderten Stunden abgehalten werden, wie dann auch die Weynacht- und Oster-Ferien nicht länger, als acht Tage dauern sollen, wie solches alles die vom Kaiser Leopold vorgeschriebene Norma in sich haltet.

31. Müssen die ordentliche und gewöhnliche Vorlesungen auf der Universität und zwar in der vorgeschriebenen Kleidung, nicht aber zu Hauss gehalten werden.

32. Solle der Professor täglich zweymal nemlich vor- und nachmittag seine Zuhörer über die bereits erklärte Materien ohngefähr durch eine Viertl Stund prüfen, jedoch keinen vorhinein zu dem Ende bestellen, damit ein jeder täglich und in allen Materien bereit seyn müsse.

33. Aus diesen Prüfungen, und dem Final-Examine, welches ohne einige Rücksicht und der mindesten Einverständnuss mit den Disciplen über alle Materien, so das ganze Jahr vorkommen, zu halten ist, seyn die Nota, die einem jeden gebühren, besonders dem bey handen zuhabenden Catalogo anzumerken, auch darnach die Attestata mit Benennung der Class für die Unterthanen auszufertigen.

34. Bringe das bereits festgesetzte a. h. normale mit sich, dass die Lehrer vor allen andern Mitgliedern aller vier Facultäten, so kein Lehramt versehen, den Vorzug haben sollen.

35. Haben Ihre Majestät allermildest zu statuiren geruht, dass auf den Gehalt eines Lehrers von Niemand als vom a. h. Ort ein Verboth geschlagen werden könne, es wäre dann Sache, dass dieser Schulden halber in via juris angesucht werde.

36. Wollen a. h. dieselbe die den Lehrern von ihren Disciplen zu machen gewöhnlich geweste Musiquen als einen zunder eines eitlen Nacheifers, und einen Vorwand anderer unnöthiger Ausgaben für die Studirende Jugend fürohin eingestellt wissen.

37. sollen sowohl überhaupt als in allen Versammlungen Schmähworte, und anzügliche Redensarten eines Lehrers gegen den andern auf das schärfeste wiederum verbothen werden, und weilen die traurige Erfahrung gelehret, dass alle biss anher darwider gebrauchte Mittel zu ausrottung dieses Uebels nicht hinlänglich gewesen; so seye der schuldige das erste- und zweitemal mit dem Dritttel seines gehalts, das drittemal aber mit der absetzung von seinem Lehramt ohnnachbleiblich zu bestrafen. Wäre aber jemand bey der Universität, der diessfalls schon öfter ermahnet worden, so soll auch dessen Cassation bey der ersten Betrettung ohne weiters vollzogen werden.

38. soll jeder Lehrer schuldig sein, alle Monat eine Disputation statt einer Vorlesung dergestalten abzuhalten, dass ein Discipel 12 theses vertheidige, drey oder vier andere Mitschüler aber solche nach der in der Logik gelerneten Art de Methodi disputandi angreifen, nur müsse der Professor anatomie anstatt dieser Uebung die Demonstrationes fortsetzen. Hiernächst wäre

39. auch einem jeden Professori einzubinden, dass er alle Jahr eine kleine Abhandlung zum Druck befördere und durch die Studien-Commission am a. h. Ort einsende. Die Materia soll aber, so viel als möglich, neu seyn, und diese in sein auf habendes Lehramt einschlagen. Wobey der jährlich zu Leipzig herauskommende Catalogus Dissertationum allen zum Muster dienen könne, und bestreiten wohlhabende Discipul die Unkosten gerne, wenn man ihre Nahmen als Defendenten mitdrucket. Der Abgang aber könne ex cassa Rectorali anstatt der vorhin gewöhnlichen Mahlzeit ersetzet werden.

40. Hätte das Gubernium den P. Provinziali S. J. und denen übrigen geistlichen Vorstehern neuerdings zu intimiren, die Professores ohne a. h. Vorwissen und

einwilligung künftighin nicht abzuändern, in diesem fall aber drey andere hierzu tauglicho Subjecta durch die Studien-Commission und das Gubernium, welche ihr Gutachten beizufügen haben, in Zeiten vorzuschlagen.

Von denen Senioribus und dem Senat.

41. So lang die dermalige Seniores in der Facultät bleiben, sollen sie sich ihres Vorrechtes zu erfreuen haben. Bei sich ereignender Veränderung aber werden auch in der juridischen Facultät das Seniorat der Cathedrae juris publici nicht allein anhängen, sondern jenem, der länger in der Facultät ist, zugedacht werden, welches auch von der philosophischen Facultät zu verstehen seye.

42. seyen die Persohnen, welche den Senat ausmachen, bereits in der Einrichtung vom Jahre 1756 hinlänglich bestimmt, nämlich der Rector, die Decani und 4 Seniores. Ihre Majestät finden aber anständiger zuseyn, die Erörterung deren Civil- und Criminalprocessen nicht dem ganzen Senat, sondern einem besondern Judicio allermildest anzuvertrauen; das diessfällige Judicium aber aus dem Rectore facultatis juridicae, so lange er Rector bleibet, und in denen drey darauf folgenden Jahren, dann aus dem Decano und einem andern Mitgliede der nemlichen Facultät, der keine cathedram versiehet, nebst dem Notario zu errichten.

43. Sollte sich aber zutragen, dass der Exrector juridicus auch Decanus würde, so solle der Senat befugt seyn, einen andern ex professoribus juris an dessen Stelle zu setzen; der vice-cancellarius seye zu diesem judicio zu ziehen, wann der Process eine geistliche Persohn betreffen solle; wie dann derselbe nebst denen übrigen geistlichen Senatoren nach dem mit Brixen anno 1688 errichteten Vertrag die causas ecclesiasticas zu tractiren hat. Die Austheilung der Processen hanget lediglich von dem Exrectore als Praeside ab.

44. seye keines weegs nothwendig, dass, wenn ein Senator verhindert ist, an seinen Platz ein anderer ernennet werde; Wer aber ohne billige Ursach nicht erscheint, solle jedesmal einen Thaler straf erlegen.

Von der gottesgelehrtheit.

45. Die theologische Facultät, welche schon im Jahro 1752 auf einen viel bessern Fuss gesetzet worden, behalte ihre dermalige Schulbücher in so lang, als die zu Wien neu aufzulegenden authores, auch anhero übermacht werden können.

46. seye der a. h. Befehl, die Lehre de locis theologicis den theologis primi anni ex Melchiore Cano oder aus einem andern bewährten Schriftsteller alljährlich zu erklären.

47. solle die bedenkliche Lehre des probabilismi entweder nach den Grundsätzen des P. Antoine S. J. ausgeleget, oder darin ein anderer auctor vorgelesen wird, doch so bescheiden tradirt werden, dass man keine Ursache habe, diessfalls der akademischen Freyheit engere Schranken zu setzen.

48. So wie alle andern Lehrer hätten auch die Professores theologiae moralis die Dissertationes menstruas nach der oben vorgeschriebenen Art abzuhalten, und wer

49. die theologiam dogmaticam frequentiret, dem soll freystehen, die Moral zu hören, oder nicht. Niemand aber solle

50. von denen Vorlesungen der hl. Schrift dispensiret werden, und wer bey solchen sich nicht fleissig einfindet, dem sollen die Attestata facultatis von dem Directore abgeschlagen werden, ohne welche jedoch keiner ad examina zugelassen, noch Ihrer k. k. Majestät ad beneficia praesentirt werden kann; damit aber

51. die neuen cathedrae theologiae nicht ohne Zuhörer verbleiben, solle der

Director Gymnasii dahin besorget seyn, damit die Instructores nicht nach Willkür und partheyisch angestellet werden, wo übrigens diese cathedrae auch andern Klostergeistlichen, wann sie fähig seyen, offenstehen sollen. Hiernächst aber hätte das Gubernium der Landschaft und der Stadt Innsbruck zu bedeuten, dass sie zu denen Beneficiis keine andern Subjecta, als welche eine cathedram zu versehen fähig sind, praesentiren sollen, als wodurch ihrem Praesentations-Recht nichts benommen; zugleich aber der heilsame Endzweck erreichet wird, dass man zu Canzeln tüchtige Weltpriester überkomme, und die Wahl habe die trefflichsten Subjecta auszusuchen.

52. Werde dem Professori theologiae moralis aus dem Orden S. Francisci ein warmes Auditorium im Winter anzuweisen, und das benöthigte Holz aus dem Hofbauamt zu verabfolgen seyn.

53. sollen alle theologi die hebraisch- und griechische Sprache unausbleiblich und um so mehr frequentiren, als sie sonsten zu keinem gradu zugelassen werden können.

Bei der juridschen Facultät

54. haben die drey weltlichen Lehrer künftighin ihre Vorlesungen durch zwey Stund Vor- und Nach-Mittag nach dem im Jahre 1756 vorgeschriebenen Normale zu geben, und werde dahero für sie ein zweyter Hörsaal ausfindig zu machen, bis dahin aber, und immittelst denenselben die Stuba academica anzuweisen seyn. Der Professor Juris canonici aber, damit auch die theologi ihn hören können, soll seine dermalige Stund von halb vier bis 5 Uhr behalten.

55. Werde denen Professoribus erlaubet, die bisanhero eingezochene Collegiengelder auch Vorhinein, und zwar die Hälfte im Novembris, die andere Hälfte im April einzutreiben.

56. Der Puffendorf, welcher zu Wien schon vor einigen Jahren abgeschaffet worden, solle auch hier nicht mehr vorgelesen, und die zu Wien aufgelegte positiones juris naturalis in usum auditorii können an des Puffendorf's Stelle gebraucht werden, wie dann derley positiones auch für das Staats- und Völkerrecht bald nachfolgen werden.

57. seye unnöthig, dass die Juristen die Universal-Historie zugleich frequentiren, indem diese Wissenschaft, so in denen inferioribus hinlänglich tradiret wird, allenfalls in der Philosophie wiederholet werden kann.

58. Das Jus criminale solle nach denen Banizzae Elementis vorgelesen werden, es wäre dann, dass denen Professori Meisteri, oder Engavii Elementa Juris criminalis, oder ein anderes neues Lesebuch anständiger sein möchte.

59. Der Canonist solle die Principia Juris publici ecclesiastici Catholicorum nach der Wiener'schen verbesserten auflage seinen Zuhörern erklären, bis die Introductio ad Jus ecclesiasticum Riegeri gänzlich an das Licht getretten seyn wird.

60. Solle künftighin die Advocaten Stelle nur denen graduirten offenstehen, und auf diese Art bleiben die licentiati von der Advocatur fürohin ausgeschlossen.

61. Die an Seiten der hiesigen Regierung von der juridischen Facultät abgeforderten consilia oder andere Ausarbeitungen sollen Wechselweise von denen Professoribus verfertiget, ihnen aber hiezu die hinlängliche Zeit gelassen werden, damit sie sonsten in ihren Vorlesungen nicht gehindert werden.

62. Gleichwie alle Unterthanen, so um eine Judicial-Stelle einkommen, die Attestata absoluti studii juridici in einer neueingerichteten österreichischen Universität beyzubringen schuldig seyn sollen; also seyen derley Dienste als Richtern,

Vicarien, Advocaten in denen Dicasterien künftig allen denen abzuschlagen, welche in einer andern Universität graduirt worden sind, und im Fall neue Advocaten aufgenommen werden, solle hierüber vorläufig die Approbation des Gubernii eingeholet, auch die seit 3 Jahren her, zuwider der vorgeschriebenen Ordnung und vorhandenen a. h. Resolution aufgenommenen Advocaten im ganzen Land ohne weiters abgeschaffet, und diese Advocaten in so lange suspendiret werden, bis sie sich mit der erforderlichen approbation ausgewiesen haben.

Von der Medicinischen Facultät.

63. Die hiesigen Lehrer der Medicin sollen überhaupt alle Schulbücher, mithin auch Boerhavii Pathologiam alhier vorlesen, welche in der Wiener Universität mit dem besten Erfolg gebraucht werden.

64. Ihre Vorlesungen sollen täglich sein, wie in den übrigen Facultäten, und der Anatomicus hat sich besonders angelegen zu halten, mehrere Cörper zu seinen operationen ausfindig zu machen, welche ihme auch von dem Civil- und Militär-Stand auf Verlangen ohnentgeltlich verabfolget, und sodann ein Ort zur Begräbniss in dem sogenannten Pestfreundhof angewiesen werden sollen. Die übrigen hiezu benöthigten Unkosten von ohngefähr 75 fl. wären ex cassa Universitatis zu bestreitten, und fürnemlich auch das theatrum anatomicum mit dem nothwendigen Wasser zu versehen.

75. Seye das Burgerspital dem dermaligen Professori Institutionum medicorum nicht wechselweis alle andert Jahr, sondern auf beständig zu überlassen, und ihme auch der sonst gewöhnlich seyn sollende Gehalt von 60 fl. für seine Mühe abzuführen.

66. und weilen die Studiosi Medizinae in dem spital zur Praxim auf das Beste eingeführt werden können, so wäre ein Student, als Assistens dahin anzustellen, anbey aber zu trachten, dass in dem Spital mehrere kranke, wenn es die Einkünften erlauben, aufgenommen werden.

67. Und zumalen der grösste Abgang bey der medizinischen Facultät in der Chemie und Botanique bestehet, so werden Ihre Majestät für diese cathedras und pro metallurgica sowohl als für ein und andern gar zu gering Salarirten Lehrer das nöthige Unterkommen, und bessere Subsistenz zu verschaffen allermildest bedacht seyn, auch ein so anderes in das Werk setzen lassen, sobald der nöthige Fundus hierzu ausfindig gemacht worden seyn wird.

68. solle auch alhier in der Medicin, wie auch in all andern Facultäten der Gebrauch eingeführt werden, dass jene, so graduiren wollen, eine disputationem inauguralem vorhin sine Praeside abhalten, worzu sie fremde oppugnanten und nur in subsidium die Professores einzuladen schuldig seynd.

69. Die Medicin, Chirurgie, und Hebammenkunst solle keiner üben, der nicht in der Universität behörig geprüfet, und approbiret worden. Alle Landstreicher, Marktschreyer und Arcanisten aber seyen als wahrhafte Betrüger auszurotten.

70. Gleichwie ein grosser Missbrauch in deme obwaltet, dass die Materialisten denen Apothekern beständig eingreifen, als gehe zur Hebung dieses Uebels der a. h. Befehl dahin, dass erstere die Waaren nur in gewisen Orten, und Pfund- oder halb Pfund weis verkaufen, deren Preis vorhero dem Gubernio eröfnen, auch mit eurem Gubernial-Decret sich hierzu versehen sollen.

71. Die Consilia und Examina practica seyen auch von dem Directore und allen Professoribus vorzunehmen. Wird aber ein Chirurgus examinirt, solle der Professor chirurgiae nebst zwey anderen Stadt-Chirurgis hierzu berufen werden.

72. Gleichwie das Holz für das Auditorium Juridicum aus der Universitäts-Cassa bezahlet wird, also finde man allerdings billig, dass ein gleiches auch in dem Auditorio medico beobachtet werde.

73. Die in ein und anderen Districten, wo kein Physicus ist, befindliche Apotheken sollen wegen ihrer Missbräuchen in Physicaten verwandlet, und die Sache von dem Gubernio dahin eingeleitet werden, dass wo die Apotheker Wartgelder haben, diese abgestellet, und dafür solche Gelder einem Physico gegeben werden sollen. —

Von der philosophischen Facultät.

74. Die von dem P. Macko S. J. zu Wien aufgelegte philosophische Werke seyen viel brauchbarer, als jene deren man sich alhier biss anhero bedienet hat, und werden also diese Werke auch hierortes vorzuschreiben und nur dem Professori Matheseos, solang er Professor bleibet, sein eigenes Buch vorzulesen, die Erlaubniss zu geben seyn.

75. Die Professores logicae et physicae sollen, wie zu Wien bey ihrer Canzel verbleiben, und nicht von der Metaphysic zur Physic schreiten.

74. Da der Director Philosophiae zugleich Gubernial-Rath mithin oft mit anderen geschäften beladen ist, so wären in jenem Fall, wo er verhinderet seyn sollte, die Examina und Disputationes durch den sehr geschickten Medicinae Professorem Menghin als Vice-Directorem vorzunehmen.

77. Jene Studenten, welche die Mathematischen köntnüsse sich nicht beygelegt haben, seyen ohne Rücksicht dahin zu verweisen, ehe und vor sie zu der Physic gelassen werden.

78. So bald ein Theil der Philosophie als Logic, Metaphysic, oder Physic zu Ende gebracht seyn werde, solle ein Disputatio von dem geendigten Theil durch die zwey besten Zuhörer abgehalten, und Fremde zu Oppugnanten geladen werden.

79. Die Professores Logicae werden mit vielem Nutzen ihren Zuhörern die Werke Malebranchii, Lochy, Leibnitii, Bansierii, Codcourti, Wolfii, Antonii Genuensis, Baumeisterii, Boemii, Baumgarteni bestens zur Nachlese vorschlagen.

80. Denen Physicis entgegen werden die Werke Neutonii, Grovesandi, Moschenbrokii, de Sagulierii und denen Ethicis — Dariesii, Wolffii, Mülleri die gründlichste Anleitung und Aufklärung geben können. Der Professor Ethices solle jedoch von denen juridischen Lehrsätzen abbrechen.

81. könne den Fleiss und Eifer der studirenden Jugend nichts mehrer aufmuntern, und denen hier in Schwung gehenden ausschweifungen Einhalt thun, als die Erneuerung des Leopoldinischen Gesetzes, vermög welchen, wer nicht fleissig frequentiret, als kein Academicus zu halten, folglich nach einigen Ermahnungen von der Universität excludiret werden solle. Wornach sich also zu achten seyn wird.

Von den academischen Promotionen.

82. Niemand, mithin auch kein Ordensgeistlicher, der nicht die vorgeschriebene Examina und Disputation gehalten, solle graduirt werden. Die Lehrer sollen anbey sich wohl hüten, dass keiner den andern einrede, die hierzu bestimmte Frist nicht überschreite, und von dem Examinando die benöthigte Aufmerksamkeit nicht abziehe. Die Examina sollen dritthalb Stunden dauren, die Stimmen aber durch weiss- und schwarze Kugeln abgegeben werden.

83. Die Taxen seyen bereits in denen vorhin ergangenen a. h. Verordnungen bestimmt; nur dieses werde hiemit noch beygefüget, dass denen Directoribus zwar bey denen Examinibus, nicht aber bey der Disputation die doppelte Tax ohne Hand-

schuch abzureichen seye. Mit welcher gelegenheit annebst anbefohlen wird, dass, gleichwie bey andern Universitäten die Ertheilung der Nobilitation, Wappenbriefen und Restitutiones honorum nicht mehr üblich und von keinen Kräften, sondern den Landesfürsten allein reserviret sind, also auch deren Ausfertigung von der hiesigen Universität von nun an eingestellt werden solle.

84. Solle keiner ad gradum promoviret werden, es seye dann, dass der Director und die Professores dem Candidato die Erfüllung deren vorgeschriebenen Prüfungen schriftlich bezeiget haben. Darunter seyen für die Juristen die schriftliche Ausarbeitungen, und aus denen sieben Theilen der Rechtsgelehrheit von dem Directore aufzugebende Fragen vornebst die bessere Einrichtung der seit langer Zeit in Unordnung gebrachten Bibliothec der juridischen Facultät (bey welcher das nembliche, was oben § 6 befohlen worden, zu beobachten ist) denen Disciplen gute Dienste leisten würde.

85. Seyen die Gradus ein pures Universitäts-Recht, und dahero solche ohne weitere anfrage nach gutbefund deren Directoren und Professoren bey einer jeden Facultät zu conferiren. Wesswegen auch

86. denen Chyrurgis und Apothekern die Diplomata von der medicinischen Facultät ausgefertiget werden sollen.

87. Wobey aber Ihro k. k. Majestät a. h. Willens-Meynung ist, in denen Diplomatis und Attestatis die Notam eminentiae von darummen gänzlich wegzulassen, damit der Ehre der Universität nicht andurch zu nahe getretten werde, und seye genug, dass man in denen attestatis die Class, in denen diplomatibus aber, ob einer per majora oder per unanimia zugelassen worden seye, ausdrücke.

88. Wer in denen vorgeschriebenen Prüfungen nicht wohl bestehe, solle wenigstens auf drey Monate suspendiret werden.

89. Von dem Directore seye ein dorzu gewidmetes Protocoll zu führen, all dorinne, die Nahmen der Candidati, die Materia examinis, oder ob er per majora oder unanimia zugelassen, oder auf wielang suspendiret worden, fleissig anzumerken, auch dieses Protocoll von denen Professoribus zu unterschreiben, das originale an das Universitäts-Archiv zu hinterlegen, dem Directori aber eine Abschrift in Handen zu lassen.

90. finde man unnöthig zu seyn, dass der Notarius zu diesen Examinibus, davon er keine kanntniss haben kann, zugezogen werde. Zumalen aber

91. die Erfahrung gelehret hat, dass schwache und unfleissige Studenten, um diesen a. h. heilsamsten Verordnungen auszuweichen, sich nacher Freyburg begeben, und daselbst ohne vieler Mühe, und Wissenschaft den Gradum erlangen, So gehe der ausdrückliche a. h. Befehl dahin, dass die daselbst graduirte mit denen so zu Wien, Prag und Innsbruck nach aller Schärfe promovirt worden sind, nicht gleich gehalten, mithin deren von Ihro Majestät diesen Letzteren allergnedigst zugedachten Vorzügen in denen übrigen Erblanden in so lang zu berauben, als eine gründlichere Lehrart daselbst eingeführt worden seyn wird. Zu welchem Ende dann auch unter einstens an die N. ö. Regierung und Cammer die Verfügung gemachet worden ist, damit eines Theils die Freyburger Universität den schon längstens abgefoderten und unverantwortlich noch verweigerten Bericht über ihren dermaligen Zustand ehestens einschicken, andern Theils hingegen die Stände denen Professoribus ihre Salaria bis nach geleistet- allerunterthänigsten Folge nicht mehr abreichen sollen.

92. Wollten die hiesige juridische und medicinische Facultäten nach dem Beyspiel der Wienerischen eine Cassam viduarum zusammen errichten, so wollten Ihro k. k. Majestät ihnen die nemlichen Freyheiten allermildest ertheilen.

93. Seye der Notarius Universitatis zu einer besseren Ordnung seyner Canzley, dann dahin zu verweisen, dass er künftighin keine Schriften mehr ohne erhaltener behöriger Quittung zu seiner Legitimation aus Handen lassen solle.

Endlichen sollen diese Artikul nicht nur sogleich der Universität kund gemachet, sondern auch denen Professoribus samt ihren Instructionen, dann der studirenden Jugend insoweit selbe sie angehen, alljährlich vorgelesen, und scharf eingebunden, von ihme Gubernio aber auf die unnachbleibliche Beobacht- und Befolgung sammentlicher Vorstehender Puncten ein obachtsames Aug unablässig darauf feste Hand gehalten und die darwieder Handlende nach Maassgaab der a. h. Willens-Meynung ohne aller Rücksicht angehalten werden.

Decretum per sacram Caesareo Regiam Majestatem in consilio Cancellariae Bohemi-Austriaco-Aulicae-Oeniponti die 28. Mensis Augusti anno Domini 1765.

Rudolf Gr. Chotek.